Geschichte und Geschehen

Berufskolleg

Herausgeber
Dr. Jürgen Kochendörfer

Autoren
Dr. Jürgen Kochendörfer
Henning Küppers
Dr. Peter Offergeld
Dr. Silke Seemann

Ernst Klett Verlag
Stuttgart · Leipzig

Cover: Der Holzstich auf dem Buchumschlag aus dem 19. Jahrhundert ist wie ein spätmittelalterliches Kunstwerk angelegt. Er bildet das für die damalige Epoche typische Ringen um naturwissenschaftliches Denken ab. Der Mensch versucht einen Blick hinter das Himmelsgewölbe zu werfen. Ein geheimnisvolles Räderwerk scheint die Gestirne anzutreiben.

1. Auflage   1 5 4 3 2 1 | 14 13 12 11 10

Alle Drucke dieser Auflage sind unverändert und können im Unterricht nebeneinander verwendet werden. Die letzte Zahl bezeichnet das Jahr des Druckes.

Das Werk und seine Teile sind urheberrechtlich geschützt. Jede Nutzung in anderen als den gesetzlich zugelassenen Fällen bedarf der vorherigen schriftlichen Einwilligung des Verlages. Hinweis §52 a UrhG: Weder das Werk noch seine Teile dürfen ohne eine solche Einwilligung eingescannt und in ein Netzwerk eingestellt werden. Dies gilt auch für Intranets von Schulen und sonstigen Bildungseinrichtungen. Fotomechanische oder andere Wiedergabeverfahren nur mit Genehmigung des Verlages.

Auf verschiedenen Seiten dieses Heftes befinden sich Verweise (Links) auf Internet-Adressen. Haftungshinweis: Trotz sorgfältiger inhaltlicher Kontrolle wird die Haftung für die Inhalte der externen Seiten ausgeschlossen. Für den Inhalt dieser externen Seiten sind ausschließlich die Betreiber verantwortlich. Sollten Sie daher auf kostenpflichtige, illegale oder anstößige Inhalte treffen, so bedauern wir dies ausdrücklich und bitten Sie, uns umgehend per E-Mail davon in Kenntnis zu setzen, damit beim Nachdruck der Verweis gelöscht wird.

© Ernst Klett Verlag GmbH, Stuttgart 2010. Alle Rechte vorbehalten. www.klett.de

Autorinnen und Autoren: Dr. Jürgen Kochendörfer, Henning Küppers, Dr. Peter Offergeld, Dr. Silke Seemann

Redaktion: Jörg Peter Müller, Essen-Kettwig; Carsten Loth
Herstellung: Krystyna Schütze

Gestaltung: nach Entwürfen von kognito Visuelle Gestaltung, Berlin
Umschlaggestaltung: nach Entwürfen von kognito Visuelle Gestaltung, Berlin
Illustrationen: Lutz-Erich Müller, Leipzig
Kartografien: Kartografisches Büro Borleis & Weis, Leipzig; Ingenieurbüro für Kartografie J. Zwick, Gießen
Satz: Krause Büro, Leipzig
Reproduktion: Meyle + Müller, Medien-Management, Pforzheim
Druck: Offizin Andersen Nexö, Leipzig

Printed in Germany

ISBN 978-3-12-416450-6

Einleitung

Liebe Schülerin, lieber Schüler,

der Band **Geschichte und Geschehen für Berufskollegs** liegt nun vor Ihnen und begleitet Sie ein Jahr lang durch das Fach Geschichte mit Gemeinschaftskunde. Sicher haben Sie schon darin geblättert. Dann wird Ihnen aufgefallen sein, dass in diesem Band neben den Verfasser- und Quellentexten viele farbige Abbildungen, Fotos, Karikaturen, Karten und Schaubilder abgedruckt sind. Das wird Ihnen helfen, konkrete Vorstellungen über die Vergangenheit zu gewinnen, historische und gegenwärtige Zusammenhänge besser zu verstehen und diese fachkundig zu beurteilen.

Im Mittelpunkt des Bandes stehen die übergreifenden Themen Individuum und Gesellschaft in Vergangenheit und Gegenwart und Demokratie und Diktatur in Deutschland.

- Sie erfahren in einem Überblick von der Antike bis zur Gegenwart, wie die Menschen gelebt und welche Vorstellungen sie entwickelt haben, und stellen einen Bezug zu Ihrer eigenen Lebenswirklichkeit her. Die geschichtlichen Veränderungen im Verhältnis von Frauen und Männern sowie von Minderheiten und Mehrheiten werden dabei besonders berücksichtigt.
- Sie erkennen die historische und gegenwärtige Bedeutung der Menschenrechte für die moderne Zivilisation und können Sie als Wertorientierung in Ihre Urteile einbeziehen.
- Sie beschäftigen sich mit der demokratischen Tradition in Deutschland, die die Grundlage für unsere heutige Ordnung bildet.
- Sie untersuchen kritisch die Gefährdungen der Demokratie und deren Zerstörung durch die nationalsozialistische Diktatur.
- Sie setzen sich mit den furchtbaren Verbrechen auseinander, die Deutsche während der nationalsozialistischen Herrschaft begangen haben, begegnen aber auch mutigen Menschen, die ihr Leben im Kampf gegen dieses mörderische Regime gaben.

Geschichte und Geschehen für Berufskollegs weist Ihnen Wege zum selbstständigen Arbeiten. So finden Sie im Buch Methodenseiten, die Ihnen Hinweise zur Analyse von Textquellen, Bildern, Karikaturen, Plakaten oder politischen Reden geben. Gemeinsam werden Sie aktiv, wenn es darum geht, eine Sozialstudie, ein Expertengespräch, ein Rollenspiel oder eine Erkundung durchzuführen.
Online-Links lenken Sie auf die Homepage von Klett, wo Sie weitere Materialien und Links für Ihre Recherchen finden.

Viel Freude beim Entdecken wünschen Ihnen
die Autorinnen und Autoren

So arbeiten Sie mit dem Buch 6

1 Lebensformen früher und heute 8

1.1 Fit für die Zukunft? Jugend in einer Gesellschaft im Wandel 10
  Traditionen und Brüche: Zuwanderung und Integration 16
  Traditionen und Brüche: Frauen heute – gleiche Chancen? 18
  Methodentraining: Eine Sozialstudie entwickeln 20
1.2 Antike: Griechische Wurzeln in Europa 22
  Wie entstand die griechische Staatenwelt? 22
  Methodentraining: Textquellen auswerten 24
  Athen – wo die Demokratie entstand 27
  Methodentraining: Geschichtskarten verstehen 30
  Griechenland – die „Wiege" unserer Kultur 32
  Traditionen und Brüche: Vom Leben der Frauen im alten Griechenland 36
  Traditionen und Brüche: Nicht alle haben Bürgerrechte 38
1.3 Lebensformen in der mittelalterlichen Ständegesellschaft 40
  Traditionen und Brüche: Frauen im Mittelalter 54
  Traditionen und Brüche: Die Juden im Mittelalter 56
1.4 Aufbruch in die Neuzeit 58
  Methodentraining: Bilder untersuchen 70
1.5 Von der Aufklärung zur Französischen Revolution 72
  Das Zeitalter der Aufklärung 72
  Ausbruch der Revolution 77
  Die Revolution von der Volksherrschaft zur Kaiserzeit 86
  Traditionen und Brüche: Frauen in Aufklärung und Revolution 92
  Traditionen und Brüche: Gleichheit – nicht für alle 94
1.6 Zeitenwandel – die Moderne 96
  Traditionen und Brüche: Frauen kämpfen für ihre Rechte 102
  Traditionen und Brüche: Juden im Kaiserreich 104
  Wiederholen und Anwenden 106

2 Das Ringen um Menschenrechte damals und heute 108

2.1 Der lange Kampf um Menschenrechte 110
2.2 Menschenrechte im 21. Jahrhundert: Aktuelle Probleme und Herausforderungen ... 114
  Methodentraining: Im Internet recherchieren und präsentieren 122
  Methodentraining: Das Expertengespräch: Ein Interview vorbereiten und durchführen ... 124
  Wiederholen und Anwenden 126

3 Deutsche streben nach Einheit und Freiheit — 128

- 3.1 Restauration und „Vormärz" — 130
- Methodentraining: Karikaturen auswerten — 136
- 3.2 Auf den Barrikaden – die Revolution von 1848/49 — 138
- 3.3 Das Deutsche Kaiserreich wird gegründet — 148
- Wiederholen und Anwenden — 156

4 Die Weimarer Republik — 158

- 4.1 Zwischen Räterepublik und parlamentarischer Demokratie — 160
- Methodentraining: Politische Plakate analysieren — 166
- 4.2 Belastungen und Gefahren — 172
- 4.3 Die Zerstörung der Republik — 179
- Methodentraining: Ein Rollenspiel durchführen — 188
- Wiederholen und Anwenden — 190

5 Nationalsozialistische Diktatur und Zweiter Weltkrieg — 192

- 5.1 Machtübernahme und Etablierung der nationalsozialistischen Herrschaft — 194
- 5.2 Ideologie und Propaganda — 202
- 5.3 „Volksgemeinschaft" und Terror – das NS-Herrschaftssystem — 208
- 5.4 NS-Außenpolitik und Zweiter Weltkrieg — 216
- Methodentraining: Historische Reden untersuchen — 224
- 5.5 Verfolgung und Vernichtung der europäischen Juden 1933 bis 1945 — 226
- 5.6 Widerstand gegen den Nationalsozialismus — 236
- Methodentraining: Denkmäler erkunden — 244
- Wiederholen und Anwenden — 246

Verzeichnis der Namen, Sachen und Begriffe — 248
Bildnachweis — 256

So arbeiten Sie mit diesem Buch

Auf dieser Doppelseite möchten wir Ihnen kurz die unterschiedlichen Seiten und Elemente von Geschichte und Geschehen vorstellen.

Das Buch umfasst fünf Themeneinheiten, die alle in mehrere Kapitel unterteilt sind. Jede Themeneinheit beginnt mit einer **Orientierungsseite**. Ein kurzer Text führt in das Thema ein und wirft Fragen auf, die Sie am Ende der Themeneinheit beantworten können. Eine Zeitleiste und eine Karte helfen Ihnen dabei, das Thema zeitlich und geographisch einzuordnen. Epochentypische Bilder zeigen, um welche Themen es auf den kommenden Seiten geht.

Auf den Orientierungsseiten finden Sie jeweils Hinweise auf einen **Online-Link**. Mithilfe dieser Links gelangen Sie zu zusätzlichen, kapitelbezogenen Informationen und weiterführenden Verweisen im Internet. Einfach auf www.klett.de/online gehen und in das Online-Link-Feld die angegebene Nummer eingeben.

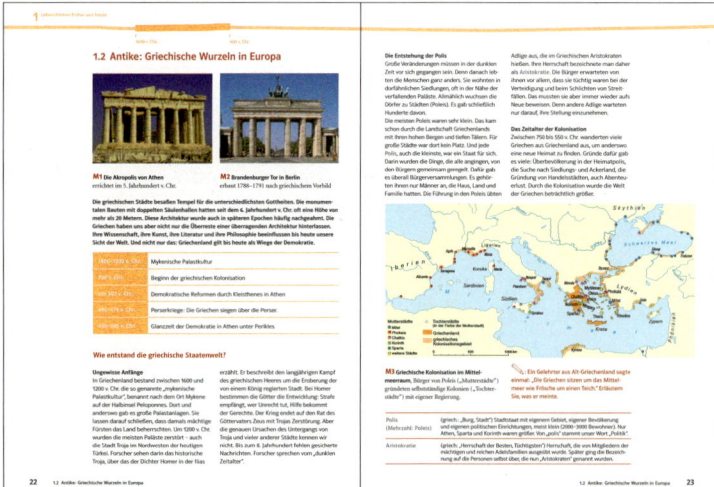

Jedes Kapitel beginnt mit einer kurzen Einleitung, die den Inhalt des Kapitels knapp skizziert und Bezüge zur Gegenwart aufzeigt. Anschließend folgt ein Datenkasten mit den wichtigsten Ereignissen.

Die **Verfassertexte** informieren Sie zusammenhängend über das jeweilige Thema des Kapitels. Historische und politische Fachbegriffe in diesem Text werden auf der jeweiligen Seite als Glossarstichwort erläutert. Wenn Sie gezielt nach einem bestimmten Begriff suchen, können Sie das Register am Ende des Buches benutzen. Die Kapitel umfassen zudem zahlreiche **Materialien (M)**: Karten, Schaubilder, Statistiken und verschiedene Gattungen von Text- und Bildquellen. Bei den Bildquellen finden sich Aufgaben zur Erschließung mit folgendem Symbol: ✎.

Arbeitsaufträge am Ende der Kapitel ermöglichen Ihnen, zu überprüfen, was Sie gelernt haben.

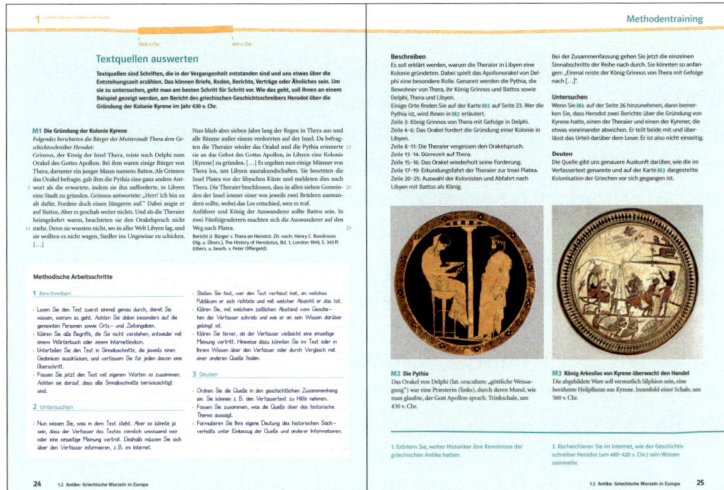

Die Doppelseiten zum **Methodentraining** helfen Ihnen dabei, sich historische und politische Inhalte selbst zu erschließen. Auf diesen Seiten wird Ihnen vorgeführt, wie Sie bestimmte Materialien (Texte, Bilder, Karten, …) auswerten können. Die methodischen Arbeitsschritte lassen sich auf andere Materialien des gleichen Typs anwenden.

Die Seiten **„Traditionen und Brüche"** beschäftigen sich ausführlich mit dem Alltag von Frauen und dem Leben von Minderheiten in verschiedenen Epochen der Geschichte.

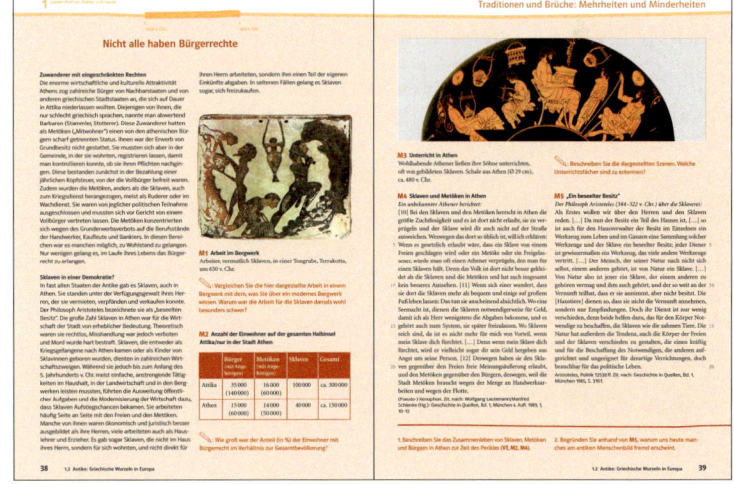

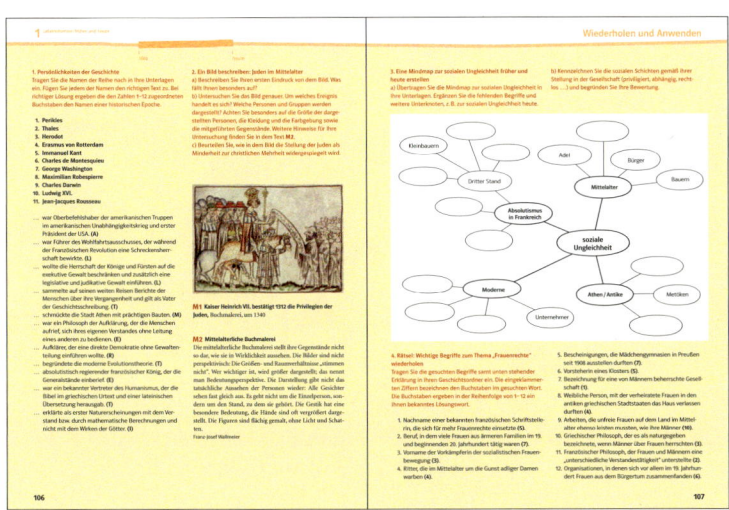

Am Ende der Themeneinheiten findet sich jeweils eine Doppelseite **„Wiederholen und Anwenden"**. Mithilfe der Materialien und Aufgaben dieser Seite können Sie üben und testen, was Sie in den Kapiteln zuvor alles gelernt haben.

1 Lebensformen früher und heute

„Jeder Mensch hat das Recht auf die freie Entfaltung seiner Persönlichkeit, soweit er nicht die Rechte anderer verletzt", heißt es in Artikel 2 des Grundgesetzes.
Das Grundgesetz beschreibt den Menschen in seiner Freiheit und gleichzeitig in seiner Beziehung zur Gemeinschaft. Bis zu diesem Menschenbild und den offenen Lebensformen der Gegenwart musste ein langer Weg zurückgelegt werden. Früher bestimmten fast immer Geburt und Herkunft über die Stellung und das Schicksal der Menschen; heute kann jeder Einzelne den Platz in der Gesellschaft einnehmen, der seinen Leistungen und seinen Fähigkeiten entspricht. Ungleichheit und Ungerechtigkeit werden nicht mehr als gottgewollt hingenommen wie in früheren Epochen.
Ausgehend von der Lebenssituation heute beantwortet das Kapitel folgende Fragen:
- Wie war die rechtliche, soziale und politische Situation der Menschen in Antike und Mittelalter?
- Wie gelang die allmähliche Befreiung von staatlichen und religiösen Zwängen seit der Frühen Neuzeit?
- Wie veränderten sich die Lebensbilder von Frauen und Männern und das Verhältnis von Minderheiten zur Mehrheitsbevölkerung im Laufe dieser Entwicklung?

Online-Link
416450-0101

500 v. Chr.	um 1000	1400
um 507 v. Chr. Demokratische Reformen durch Kleisthenes in Athen	**8. Jahrhundert** Das Lehnswesen entsteht.	**um 1450** Johannes Gutenberg entwickelt den Buchdruck.
490–479 v. Chr. Perserkriege: Die Griechen siegen über die Perser.	**10. und 11. Jahrhundert** Durch Burgenbau wird die Herrschaft über Land und Leute gefestigt.	**1492** Christoph Kolumbus landet in Amerika.
	1356 Die Goldene Bulle gibt den Kurfürsten die Macht der Königswahl.	

M1 Die Agora, der Marktplatz von Athen im 4. Jh. v. Chr.
Rekonstruktionszeichnung von Peter Connolly

M2 Der König vergibt Lehen an einen Bischof und einen weltlichen Fürsten
Wolfenbüttler Sachsenspiegel, 14. Jh.

Europa heute
- EU-Mitgliedsstaaten

Europa um 1000 n. Chr.
— Grenze des Heiligen Römischen Reiches

| 1600 | 1800 | 2000 |

um 1600
Galileo Galilei wird als Ketzer verurteilt.

1762
Jean-Jacques Rousseau veröffentlicht sein Buch „Vom Gesellschaftsvertrag".

1776
Die 13 englischen Kolonien in Nordamerika erklären ihre Unabhängigkeit.

1789
Die Französische Revolution beginnt.

1835
Erste deutsche Eisenbahnstrecke von Nürnberg nach Fürth

1859
Charles Darwin begründet die moderne Evolutionstheorie.

1900
Anfänge der Jugendbewegung

2000
Globalisierung

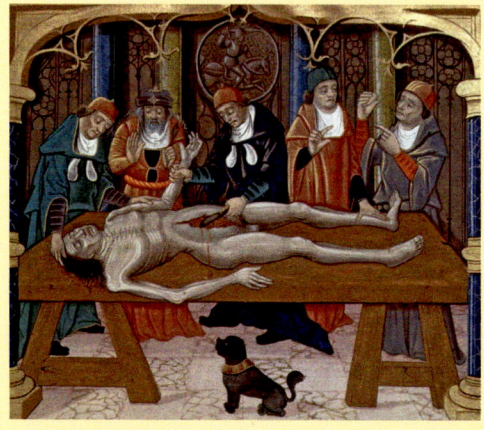

M3 Trotz des Verbots durch die Kirche öffnen Ärzte einen Leichnam
französische Buchmalerei, 15. Jh.

M4 Dichter Verkehr am Potsdamer Platz in Berlin
Fotografie, um 1930

1.1 Fit für die Zukunft? Jugend in einer Gesellschaft im Wandel

M1 Die ideale Lehrstelle?
„Ein bisschen flexibel müssen Azubis schon sein." Karikatur von Heiko Sakurei, 2003

Jugendliche heute haben ein gutes Gespür für die Themen und Probleme der Gesellschaft. Und viele haben recht genaue Vorstellungen von ihrem eigenen Leben. Sie wissen um die Wichtigkeit einer guten Bildung und sind leistungsbereit, sie wünschen sich Familie und wollen sich zugleich selbst verwirklichen, ihnen sind Gesundheit und eine intakte Umwelt wichtig. Diese Einstellungen treffen allerdings auf eine gesellschaftliche Situation, die durch große Unsicherheiten gekennzeichnet ist. Lebenswege und Berufslaufbahnen sind viel weniger vorgezeichnet und planbar als noch bei ihren Eltern und Großeltern.

Leben im Zeitalter der Globalisierung

Die individuelle Freiheit in der Lebensgestaltung gilt als ein hoher Wert bei der jungen Generation. Egal ob es sich um Bildung, Beruf, Partnerschaft, Freizeit oder Konsum handelt – überall steht die persönliche Entscheidung und Verantwortung im Mittelpunkt. Das war nicht immer so. In früheren Zeiten bestimmte meist die soziale Herkunft über die Stellung in der Gesellschaft und den Lebensweg. Aber auch heute beeinflussen soziale und wirtschaftliche Faktoren den Einzelnen in seiner Gestaltungsfreiheit, setzen ihm Grenzen und fordern Anpassung von ihm. Jugendliche spüren das in besonderer Weise, da sie im Übergang zum Erwachsenenalter ihre persönliche und berufliche Zukunft selbstständig zu planen beginnen. Die Gesellschaft bietet ihnen eine Fülle von Freizeit- und Konsummöglichkeiten und damit auch Lebensstile und Orientierungen an. Gleichzeitig werden sie mit der Unsicherheit einer Arbeitswelt konfrontiert, die sich rasch verändert und von ihnen eine hohe Flexibilität und gute Qualifikationen verlangt.
Ein fester Arbeitsplatz und ein gesichertes Einkommen sind längst keine Selbstverständlichkeit mehr. Dauerpraktika, Arbeit zu Niedriglöhnen, Zeitarbeit und andere prekäre

Arbeitsverhältnisse nehmen zu. Und auch die bisher vom Staat garantierten sozialen Absicherungen werden brüchiger. Diese Veränderungen sind oft nur schwer durchschaubar, weil die Regeln immer mehr von übernationalen Akteuren bestimmt werden, z. B. durch die Gesetzgebung der EU oder durch die internationalen Finanzmärkte. Für diese komplexen Zusammenhänge hat sich der Begriff Globalisierung eingebürgert. Damit ist gemeint, dass das lokale Geschehen unmittelbar von Entscheidungen und Handlungen an weit entfernt liegenden Orten auf der Welt abhängen kann. Denn noch nie gab es eine so enge weltumspannende Vernetzung von Handel und Transport, von Güterproduktion und Kapitalanlagen, von Kommunikation und Wissen wie seit Beginn dieses Jahrtausends. Durch die Globalisierung hat die weltweite Arbeitsteilung zugenommen. So gehört Deutschland zu den größten Textilmaschinenherstellern der Welt. Mehr als 95 Prozent dieser Maschinen werden exportiert, vor allem nach China, Indien und in die Türkei. Dort werden Garne gesponnen, Stoffe gewoben und Kleidungsstücke genäht, die dann auch in Deutschland preisgünstig angeboten werden. Das freut den Verbraucher. Es bedeutet aber auch, dass die Zahl der Beschäftigten der deutschen Textil- und Bekleidungsindustrie erheblich zurückgeht.

Die Arbeitsbedingungen in manchen Niedriglohnländern erinnern teilweise an die Zustände während der europäischen Frühindustrialisierung in der ersten Hälfte des 19. Jahrhunderts. Lange Wochenarbeitszeiten, geringe Löhne, ungesunde Arbeitsbedingungen und Kinderarbeit sind einige ihrer Kennzeichen. Aber ähnlich wie vor mehr als 100 Jahren in Europa schreitet in einigen Ländern mit geringen Lohnkosten die Industrialisierung schnell voran. Solche Schwellenländer sind u. a. Brasilien, China und Indien. Industriebetriebe in diesen Staaten konzentrieren sich aber keineswegs nur auf die arbeitsintensive Fertigung von Konsumgütern wie Kleidung oder Schuhe. Längst gibt es auch dort Unternehmen, die erfolgreich z. B. selbst Textilmaschinen herstellen und sie auf dem Weltmarkt anbieten. Das gilt mittlerweile für fast alle Bereiche des Maschinenbaus und der Kraftfahrzeugtechnik.

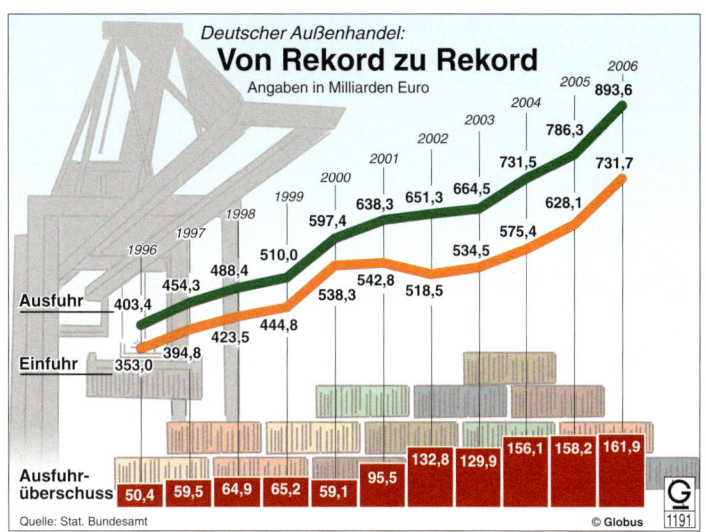

M2 Der Welthandel nimmt zu
Deutschland profitiert dabei durch hohe Exportüberschüsse.

✎: Analysieren Sie das Schaubild. Woraus lässt sich die Exportabhängigkeit der Bundesrepublik herauslesen?

Die Folgen für den heimischen Arbeitsmarkt

Durch die Globalisierung ist es möglich, arbeitsintensive Produktionen in Länder mit niedrigen Löhnen zu verlegen, z. B. nach Osteuropa oder in die Schwellenländer Südostasiens oder Südamerikas. Deutsche Unternehmen sind nur auf dem Weltmarkt konkurrenzfähig, wenn sie einen hohen Grad der Automatisierung erreicht haben und Produkte mit hohen Qualitätsanforderungen fertigen. Dazu bedarf es hervorragend ausgebildeter Fachkräfte. Für gering Qualifizierte gibt es

Globalisierung	Seit Mitte der 1990er-Jahre verwendeter Begriff, der zunächst nur die Verflechtung der Ökonomien durch Ausbau des Freihandels sowie durch freien Geld- und Kapitalverkehr bezeichnete. Er umfasst heute auch die weltweite Kommunikation und den Wissensaustausch sowie Problemfelder wie die internationale Sicherheit, Migration usw.

20. Jh. | 21. Jh.

M3 Naturgesetze
Karikatur von Thomas Plaßmann

✎ : Beurteilen Sie, ob es sich bei der Globalisierung wirklich um ein „Naturgesetz" handelt.

in Deutschland, ebenso wie in den anderen Industrienationen, immer weniger Arbeitsplätze. Dies wird schon daran deutlich, dass sie wesentlich häufiger arbeitslos sind als hoch Qualifizierte. Eine erfolgreiche Bildungspolitik kann deshalb die Nachteile hoher Arbeitskosten im internationalen Wettbewerb abmildern. Für Menschen mit einer unzureichenden Bildung und Ausbildung wird es in Zukunft vor allem Jobs im Niedriglohnbereich geben. Immer häufiger müssen solche unter dem Existenzminimum liegenden Arbeitsentgelte durch staatliche Sozialleistungen ergänzt werden. Die Höhe der Arbeitskosten, die die Preise der hergestellten Erzeugnisse erheblich beeinflussen, ist aber auch von den Lohnnebenkosten abhängig. Diese setzen sich aus den Beiträgen zur Renten-, Kranken-, Pflege- und Arbeitslosenversicherung zusammen. Ungefähr die Hälfte dieser Kosten wird von den Arbeitgebern getragen. Sozialversicherungskosten sind damit Teil des Arbeitseinkommens. Sie erhöhen die Arbeitskosten und können so dazu beitragen, dass eher Maschinen eingesetzt oder Unternehmen ins Ausland verlagert werden. Selbst wenn die Tarifparteien maßvolle Zuwächse bei den Arbeitsentgelten vereinbaren, kann dieser Erfolg durch steigende Lohnnebenkosten wieder zunichte gemacht werden.
Um die Arbeitskosten nicht weiter ansteigen zu lassen, wurden in den letzten Jahren eine Reihe von Veränderungen eingeleitet. In erster Linie wurde die Lebensarbeitszeit verlängert. Dies geschah einerseits durch eine Verkürzung der Schulzeit, z. B. der Gymnasialzeit von neun auf acht Jahre, durch die Straffung der Studienzeiten und durch eine Verkürzung der Wehrpflicht sowie andererseits durch die stufenweise Heraufsetzung des Rentenalters auf 67 Jahre. Wer vorzeitig in Ruhestand geht, muss erhebliche Abschläge bei der gesetzlichen Rente hinnehmen. Frühere Überlegungen, der Arbeitslosigkeit durch ein frühes Renteneintrittsalter zu begegnen, haben sich nicht als Erfolg erwiesen. Denn dadurch wurden die Lohnnebenkosten weiter erhöht, mit negativen Folgen auf dem Arbeitsmarkt.

Demografischer Wandel
Die Bevölkerung wird in Deutschland in den kommenden Jahrzehnten aufgrund geringer Geburtenraten allmählich zurückgehen. Gleichzeitig wird der Anteil älterer Menschen stark ansteigen. Die durch den medizinischen Fortschritt verbesserte Lebenssituation vieler Menschen bewirkt eine steigende Lebenserwartung. Der Anteil der Menschen, die aktiv im Beruf steht, wird also im Verhältnis zur Gesamtbevölkerung geringer. Dafür gibt es aber auch noch andere Gründe: Die Ausdehnung der Jugendzeit und die Vorverlegung des Seniorenalters trotz guter Gesundheit und vorhandenen Fähigkeiten der älteren Generation hat in den letzten Jahrzehnten zu einer Schrumpfung des eigentlichen aktiven Erwerbsalters geführt. Heute tritt man nicht mehr mit 14 Jahren in das Berufsleben ein wie zur Zeit der Großeltern, sondern viele Jahre später. Die Auszubildenden werden im Durchschnitt immer älter und bei der immer größer werdenden Gruppe der Studierenden ist ein Berufsbeginn nach dem 30. Lebensjahr keine Seltenheit. Erst dann zahlen die Berufsanfänger voll in die Renten- und Krankenkassen ein. Umgekehrt sieht es mit dem Ausscheiden aus dem Beruf aus; hier ist das reguläre Rentenalter von derzeit 65 Jahren eher die Ausnahme. Bis vor wenigen Jahren schickten manche Betriebe sogar hoch qualifizierte Mitarbeiter schon mit 60 Jahren oder noch früher in den Vorruhestand. In vielen Berufen erreichen die Arbeitnehmer aus gesundheitlichen Gründen nicht das vorgesehene Rentenalter. Das eigent-

liche beruflich aktive Erwachsenenalter wird also von beiden Seiten beschnitten. Die Folgen sind dann sowohl Fachkräftemangel als auch zu geringe Zahlungseingänge bei der Renten- und Krankenversicherung.

Der Fachkräftemangel wird, so ist zu befürchten, in den nächsten Jahren und Jahrzehnten noch wachsen. Ein wesentlicher Grund dafür ist: Weniger junge Menschen steigen in das Berufsleben ein. Seit vielen Jahren gehen die Geburtenraten in Deutschland, ebenso wie in den meisten anderen Industriestaaten, zurück. Dafür gibt es viele Gründe: Da sind einerseits die besseren Möglichkeiten der Empfängnisverhütung Die Familienplanung wird von vielen jungen Frauen und Männern heute bewusster gestaltet und auf die eigenen Berufswünsche und Lebensentwürfe abgestimmt. Andererseits fehlt es noch an Arbeitsplätzen, die auf die Bedürfnisse von Müttern und Vätern eingerichtet sind. Aber auch die Unsicherheit um den Erhalt des Arbeitsplatzes und die Angst vor Arbeitslosigkeit und Armut spielen eine Rolle. Wer sich dennoch für Kinder entscheidet, tut dies heute deutlich später und beschränkt sich oft auf ein oder zwei Kinder. Um die sozialen Sicherungssysteme nicht aus dem Gleichgewicht zu bringen und den Generationenvertrag nicht zu gefährden, wirkt der Gesetzgeber dieser Entwicklung entgegen. Überaus erfolgreiche Maßnahmen sind beispielsweise der Ausbau von Kinderbetreuungseinrichtungen für Unter-Dreijährige. Dadurch wird eine verbesserte Vereinbarkeit von Beruf und Elternschaft erreicht. Darüber hinaus fördert der Staat Familien durch die Gewährung von „Elternzeit" nach der Geburt und durch finanzielle Unterstützungen wie dem Elterngeld, dem „Ehegattensplitting" bei der Einkommenssteuer, dem Kindergeld, der beitragsfreien Mitversicherung von Kindern und des nicht erwerbstätigen Ehepartners in der gesetzlichen Krankenversicherung und der Anrechnung von Erziehungszeiten in der gesetzlichen Rentenversicherung (Anerkennung von 36 Beitragsmonaten je Kind). Umgekehrt müssen Kinderlose Beitragszuschläge in der Pflegeversicherung leisten.

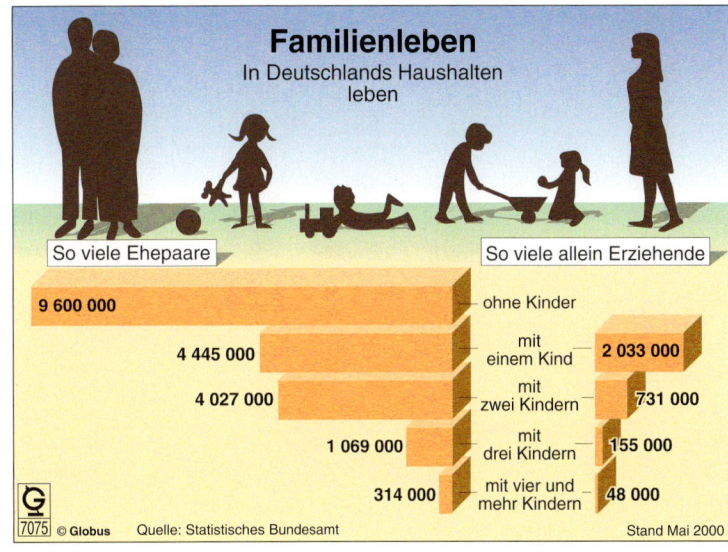

M4 Familien mit einem und mit mehreren Kindern

✎: Nennen Sie Gründe für die geringen Geburtenraten in Deutschland. Nutzen Sie dazu auch den VT.

Generationenvertrag	Er bezeichnet eine gesellschaftliche Übereinkunft zur Finanzierung der gesetzlichen Rentenversicherung. Die Arbeitnehmer zahlen mit ihren Beiträgen die Renten der aus dem Berufsleben ausgeschiedenen Generation und erwerben dabei Ansprüche auf ähnliche Leistungen der nachfolgenden Generation.
Elterngeld	Es fängt einen Einkommenswegfall nach der Geburt des Kindes auf und beträgt 65 Prozent des Erwerbseinkommens, höchstens jedoch 1800 Euro und mindestens 300 Euro. Das Elterngeld wird an Väter und Mütter für maximal 14 Monate gezahlt.
Elternzeit	Zeitraum unbezahlter Freistellung der Mütter oder Väter von der Arbeit nach der Geburt eines Kindes. Die Elternzeit dauert maximal drei Jahre.
Ehegattensplitting	Dabei werden die Ehegatten steuerlich so behandelt, als ob jeder die Hälfte des gemeinsamen Einkommens erzielen würde. Jedem Ehepartner steht dann ein Steuerfreibetrag von ca. 8000 Euro zu.

M5 Generationenvertrag?
Karikatur von Gerhard Mester

✎: Setzen Sie das Gespräch mit zwei weiteren Sprechblasen fort.

M6 Lebensentwürfe im Wandel

Aus einem Zeitschriftenaufsatz von 2009:
Noch nie waren so viele verschiedene Lebensmodelle möglich wie heute. Individualität und Wahlfreiheit erscheinen nahezu grenzenlos. Neben der traditionellen Familienkonstellation aus Ehemann, Ehefrau und Kind(ern) sind mittlerweile zahlreiche andere familiale Formen gesellschaftlich akzeptiert. Ebenso ist es inzwischen „normal", dass Ehen wieder geschieden oder zwischen gleichgeschlechtlichen Partnern geschlossen werden. Auch die Rollenbilder sind längst nicht mehr so starr wie noch vor wenigen Jahrzehnten: Während es heute selbstverständlich ist, dass Frauen berufstätig sind und Karrieren verfolgen, entdecken viele Männer den Wert der familiären Arbeit und aktiver Vaterschaft – es wird inzwischen geradezu von ihnen erwartet. Doch ist die Freiheit nur in Bezug darauf, was gesellschaftlich möglich ist, so groß – in der Praxis besteht Wahlfreiheit nur für diejenigen, die es sich materiell leisten können. Nur der- bzw. diejenige, dessen bzw. deren Existenz ökonomisch einigermaßen gesichert ist, kann es sich erlauben, sich die „Familien-" und die Erwerbsarbeit mit dem Partner bzw. der Partnerin so aufzuteilen, wie es beiden am besten entspricht. Beruf und Familie lassen sich längst nicht überall miteinander vereinbaren, so dass sich viele Menschen bzw. Paare zwangsläufig in alten Rollenbildern wiederfinden, die sie eigentlich für überholt halten.

Dass heute überhaupt von verschiedenen „Lebensentwürfen" die Rede sein kann, ist dem gesellschaftlichen Wandel in den vergangenen vier Jahrzehnten zu verdanken. Es bleibt aber eine große gesellschaftspolitische Aufgabe, zu gewährleisten, dass breite Bevölkerungsschichten davon profitieren können und tatsächlich „jeder nach seiner Façon" glücklich werden kann.

Johannes Piepenbrink: Lebensentwürfe. Editorial. In: Aus Politik und Zeitgeschichte 41/2009, S. 2

M7 Entfaltungsmöglichkeiten und Perspektiven der jungen Generation

Detlev Wetzel, 2. Vorsitzender der Industriegewerkschaft Metall, meint dazu:
Gerade die unter 35-Jährigen sind besonders von prekären Arbeitsverhältnissen [befristete Arbeitsverhältnisse, Zeitarbeit, geringfügige Beschäftigungsverhältnisse (Minijobs), Niedriglohnjobs u.a.] betroffen. Weit über dem Durchschnitt finden sich hier Zeitarbeitsverhältnisse. Jeder fünfte der jungen Erwerbstätigen lebt in einem befristeten Arbeitsvertrag. Oft beginnt das Problem schon bei der Suche nach einem Ausbildungsplatz. Ein Drittel der Jugendlichen hat Schwierigkeiten, überhaupt einen Platz zu finden. Besonders deprimierend: Ein Drittel dieser Generation hat schon Arbeitslosigkeit erleben müssen. […]

Die Zukunft fängt früh an. In der Schule wird der Grundstein gelegt, eine gute Schulbildung öffnet den Weg in eine Ausbildung oder ein Studium. Eine qualifizierte Ausbildung macht den Weg frei in eine sichere berufliche Zukunft. Bildung als Basis für ein selbstbestimmtes Leben? Hier wird niemand widersprechen. Nur: Wie sieht es wirklich aus? Kinder aus sozial schwachen Familien und Kinder mit Migrationshintergrund werden immer noch massiv benachteiligt. Hier endet der Weg in eine lebenswerte Zukunft oft schon, bevor er richtig begonnen hat. Bildung als Grundlage für Lebenschancen und die Notwendigkeit von qualifizierten Mitarbeiterinnen und Mitarbeitern in den Unternehmen: bisher nur Versprechungen. Deutschland hinkt hinterher. Nicht Begabung, sondern Herkunft und Geldbeutel entscheiden über die Chancen auf eine gute Bildung. Die Bildungschancen in Deutschland sind ungerecht verteilt. 83 Prozent der Kinder aus Akademikerfamilien beginnen ein Studium, aber nur 23 Prozent der Kinder aus Arbeiterhaushalten. Gute Bildung ist immer noch das Privileg weniger. Das ist ein gesellschaftlicher Skandal.

IG Metall und junge Generation. In: Junge Generation, hrsg. von der IG Metall, Frankfurt a. M., 2009

M8 Beschäftigte in Deutschland in unterschiedlichen Branchen (in Tausend)

	1991	1997	2005
Bekleidungsgewerbe	251	118	61
Maschinenbau	1626	1104	1064

Statistisches Bundesamt

M9 Beiträge zur Sozialversicherung 2010

Sozialversicherung	gesamt		Arbeitgeber		Arbeitnehmer	
Krankenversicherung	14,9 %		7,0 %		7,9 %	
Pflegeversicherung	1,9 %	Kinderlose 2,2 %	0,975 %	Kinderlose 0,975 %	0,976 %	Kinderlose 1,225 %
Arbeitslosenversicherung	2,8 %		1,4 %		1,4 %	
Rentenversicherung	19,9 %		9,95 %		9,95 %	

M10 Steuerbelastung bei einem Monatseinkommen von 2800 Euro (Stand 2009)

Kinder		0		1		2		3	
	Lohnsteuer	Soli.	KSt.	Soli.	KSt.	Soli.	KSt.	Soli.	KSt.
Ledige (Stkl. I)	473,83	26,06	37,90	17,70	25,74	10,09	14,68	0,00	4,81
Alleinerziehende (Stkl. II)	439,66	–	–	15,98	23,25	8,54	12,43	0,00	3,03
Verheiratete, wenn nur ein Ehepartner arbeitet (Stkl. III)	199,83	7,56	6,96	0,00	6,96	0,00	0,13	0,00	0,00

(Soli.: Solidaritätszuschlag = 5,5 % der Lohnsteuer abz. Freibeträge; KSt.: Kirchensteuer, meist 8 % der Lohnsteuer, abz. Freibeträge, Stkl.: Steuerklasse)

M11 Mehr Eigenverantwortung?

Die Frankfurter Allgemeine Zeitung (FAZ) schreibt dazu:
Die Deutschen […] wissen, dass es nicht mehr so wie bisher weitergehen kann. Sie wollen Leistung bringen und sind bereit, sich zu engagieren, sehen ein, dass schmerzliche Reformen notwendig seien, und warten eigentlich nur darauf, dass endlich tatkräftige, wirklich mutige und entschlossene Politiker die Ärmel hochkrempeln und die entscheidenden Maßnahmen treffen, allerdings sozial gerecht und gleichmäßig zu Lasten aller.
[So] die Ergebnisse einer Untersuchung der Unternehmensberatung McKinsey. […] Glaubt man den ermittelten Aussagen, so […] rangieren in der Wertschätzung Berufserfolg, Arbeit und Familienleben weit vor allem Lebensgenuss. Man weiß, dass die fetten Jahre vorbei sind, aber man ist auch bereit, notfalls mehr zu arbeiten, Einbußen in Kauf zu nehmen und mehr „marktwirtschaftliche Elemente" – sprich: mehr Eigenverantwortung – zu akzeptieren. Die Autoren sprechen von einer neuen „sozialen Leistungsgesellschaft".
Kann also die Politik den Bürgern mehr Eigenverantwortung zumuten? Wenn es konkret um die soziale Sicherung geht, möchte man doch Vater Staat auch künftig hinter sich wissen: „Die große Mehrheit der Deutschen lehnt ein System ab, bei dem an Stelle des Staates jeder frei entscheidet, ob und in welchem Umfang er sich privat absichert." Das gilt besonders bei Kranken- und Arbeitslosenversicherung, bei den Renten und der Bildung. Die Menschen wollen, so spitzen es die Autoren zu, keinen Systembruch in Richtung einer rein privaten Absicherung, erst recht nicht auf freiwilliger Basis: „Sie möchten im Prinzip an einer staatlichen Absicherung der grundlegenden Bedürfnisse festhalten." An diesem Punkt möchte man den Autoren doch nicht so recht glauben, dass in Deutschland die alte Wohlfahrtsmentalität wirklich passé ist.

Dirk Klose: „Gar nicht so ängstlich". In: FAZ vom 30. Juni 2006

---

1. Finden Sie Gründe dafür, warum es für junge Menschen heute oft schwieriger erscheint, einen sicheren Arbeitsplatz zu finden als ihren Eltern in deren Jugend.

2. Die moderne Gesellschaft verspricht mehr Wahlfreiheit und persönliche Entfaltung für den Einzelnen. Analysieren Sie, wie die Autoren von **M6** und **M7** darüber denken.

3. Beurteilen Sie **M8**. In welchen Fällen könnte es sinnvoll sein, einen Beruf im Bekleidungsgewerbe zu ergreifen?

4. Wie wirken sich Freibeträge und Ehegattensplitting auf die steuerliche Belastung von Familien aus (**M10**)?

5. Fassen Sie zusammen, wie die Deutschen über Eigenverantwortung und soziale Sicherheit denken (**M11**). Erläutern Sie Ihre eigene Haltung dazu.

Zuwanderung und Integration

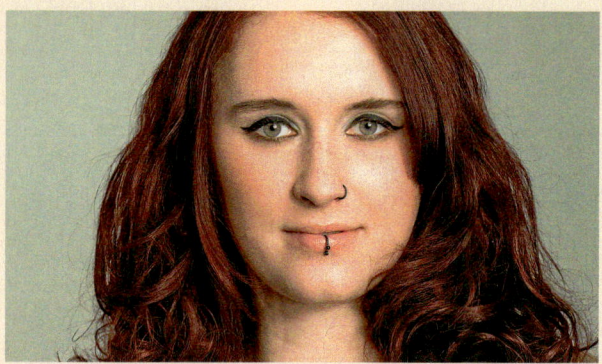

M1 Agnieszka Malczak ist die jüngste Abgeordnete des Deutschen Bundestags
Die Politikstudentin aus Tübingen wurde mit 24 Jahren für die Grünen im Kreis Ravensburg gewählt. Als ihre Eltern aus Polen nach Deutschland einwanderten, war sie vier Jahre alt und musste zunächst die deutsche Sprache lernen. Im Abitur hatte sie dann in Deutsch 15 Punkte, das entspricht einer 1+.

Deutschland – ein Einwanderungsland
Oft lassen nur ungewohnte Namen darauf schließen, dass Freunde, Mitschüler oder deren Eltern oder Großeltern nach Deutschland eingewandert sind. Mehr als ein Viertel aller Jugendlichen in Deutschland kommt aus solchen Migrantenfamilien. Ihre kulturelle Unterschiedlichkeit ist ein bereicherndes Element für die Gesellschaft.
Die in Deutschland lebenden Menschen mit Migrationshintergrund weisen eine große Vielfalt an Lebensstilen und Orientierungen auf. Unter ihnen gibt es eine breite bürgerliche Mitte und modern eingestellte Milieus ebenso wie das klassische Arbeitermilieu oder eher traditionell bzw. religiös ausgerichtete Gruppen. Doch alle bringen sie besondere kulturelle und sprachliche Erfahrungen sowie eine durch die Migration geprägte Lebensgeschichte mit. Viele sind als so genannte „Gastarbeiter" gekommen, als die deutsche Wirtschaft in den 1960er-Jahren boomte – und sind mit ihren Familien geblieben.
Eine zweite große Gruppe von Einwanderern bilden die deutschstämmigen Aussiedler, die verstärkt nach dem Zusammenbruch der kommunistischen Systeme aus der ehemaligen Sowjetunion, aus Polen und Rumänien nach Deutschland zurückkehren. Mehr als sieben Millionen Ausländer, das sind etwa neun Prozent der Bevölkerung, leben in Deutschland. Hinzu kommen rund 1,5 Millionen eingebürgerte ehemalige Ausländer und etwa 4,5 Millionen Aussiedler. Insgesamt leben in Deutschland 15,3 Millionen Menschen mit Migrationshintergrund.

Gelungene Integration?
Die meisten Menschen mit Migrationshintergrund leben laut einer von der Caritas beauftragten Studie gerne in Deutschland und wollen in dieser Gesellschaft etwas leisten. „Für 69 Prozent gilt: *Jeder der sich anstrengt, kann sich hocharbeiten.'* […] 86 Prozent stimmen der Aussage zu: *Ohne die deutsche Sprache kann man als Zuwanderer in Deutschland keinen Erfolg haben.'"* Das ist eine positive Entwicklung für die Gesellschaft, aber auch für die Wirtschaft, die dringend gut ausgebildete Fachkräfte benötigt. Trotzdem bleibt viel zu tun, denn immer noch sehen sich 39 Prozent der Zuwanderer als Bürger zweiter Klasse. Das sind oft diejenigen, die schulisch und beruflich keinen Erfolg hatten, arbeitslos sind oder als Ungelernte nur schlecht bezahlte Arbeit bekommen. Die Kinder aus diesen so genannten „bildungsfernen" Bevölkerungsschichten zu unterstützen, ist eine Herausforderung an Politik und Gesellschaft. Dabei stehen Sprachförderung schon im Kindergarten, schulische Betreuung und die Eingliederung in den Arbeitsmarkt im Vordergrund. Auch die Wirtschaftsverbände haben das Ziel, jungen Migrantinnen und Migranten bessere Chancen bei der Berufsausbildung zu geben.

Ein deutscher Pass?
In Deutschland geborene Ausländerkinder erhalten neben dem Pass ihrer Eltern automatisch einen deutschen Pass. Bis zu ihrem 23. Geburtstag müssen sie sich dann für *eine* Staatsangehörigkeit entschieden haben. Ausländer, die in Deutschland leben, können zudem nach sieben Jahren eingebürgert werden, wenn sie nicht vorbestraft sind, über ein regelmäßiges Arbeitseinkommen und ausreichende Deutschkenntnisse verfügen sowie Grundkenntnisse über die deutsche Rechts- und Gesellschaftsordnung nachweisen. Die Einbürgerung wird aber nur von 36 Prozent der Menschen mit Migrationshintergrund angestrebt. Dazu tragen enge Bindungen an das Herkunftsland bei. Sicher ist aber auch, dass Erfahrungen mangelnder gesellschaftlicher Akzeptanz bis hin zu offener Fremdenfeindlichkeit eine wichtige Rolle bei der Entscheidung gegen den deutschen Pass spielen. Integration bedeutet also mehr als nur rechtliche Gleichstellung.

Traditionen und Brüche: Mehrheiten und Minderheiten

M2 Wie lange fühlt man sich fremd?

Der Journalist Süleyman Artiisik schreibt für deutsche und türkische Zeitungen:

Igdir 1969. Eine kleine Stadt am Fuße des Berges Ararat im Osten der Türkei. Auch hier hat es sich herumgesprochen – in der Bundesrepublik Deutschland werden wegen des „Wirtschaftswunders" dringend zusätzliche Arbeitskräfte gesucht. Neben Italienern, Jugoslawen, Griechen und Spaniern dürfen aufgrund des Anwerbeabkommens auch verstärkt Arbeiter aus der Türkei in die Bundesrepublik.

Mein Vater, damals 37 Jahre alt, zögert nicht lange. Er lässt Frau und fünf Kinder in seiner Heimatstadt zurück, um sein Glück als „Gastarbeiter" in „Almanya" zu versuchen. Wie mein Vater haben Tausende Türken denselben Plan: Sie wollen in Deutschland ein wenig Geld verdienen, um sich dann in der Heimat eine Existenz aufzubauen. Der Aufenthalt soll nicht lange dauern. Doch es kommt anders.

Nach drei Jahren Aufenthalt in der Bundesrepublik entschließt sich mein Vater im Jahr 1974 – mithilfe der Regelung des Familiennachzugs für Arbeitsmigranten – seine Familie zu sich nach Berlin zu holen. Im selben Jahr werde ich geboren. Als einziges Kind in Deutschland. In der Verwandtschaft werde ich nun kurz „der deutsche Junge" genannt, wenn man von mir spricht.

Mit den Jahren richtet sich meine Familie immer mehr in der Fremde ein. Da ich hier aufwachse, wird Berlin zu meiner Heimat, aber auch zu der meiner Familie, die nun seit mehr als 30 Jahren in dieser Stadt lebt. Doch bis sie diese Stadt und dieses Land als ihre Heimat annahmen, vergingen viele Jahre. [...]

Meine Eltern haben in mehr als 25 Jahren in vielen Fabriken gearbeitet. In den Anfangsjahren für 2,50 Mark Stundenlohn. Meine Mutter, deren Leben in all den Jahren zumeist nur aus drei festen Größen bestand, nämlich Arbeiten, Kochen und Kindererziehung, ist nun in Rente. [...]

Seit damals mein Vater nach Deutschland kam, wird das Zusammenleben von Deutschen und Nichtdeutschen als Integrationsproblem bezeichnet. Die meisten „Ausländer" wollen ihre nationale Identität bewahren und pendeln zwischen der deutschen und eigenen Kultur hin und her. Sie stehen zwischen zwei Stühlen und wissen nicht, auf welchem sie wirklich Platz nehmen sollen. Die Folge ist, dass der bisher erreichte Stand der Integration sehr unterschiedlich ist. [...]

Lange Jahre interessierte sich die deutsche Politik nicht für die Integration der Menschen, die hier lebten. Das signalisierte den „Ausländern", sie seien in diesem Land nicht erwünscht. Ihre Absicht, sich zu integrieren, die ohne Zweifel bei einer großen Anzahl vorhanden war, verkehrte sich deshalb in eine Rückbesinnung auf die Kultur ihres Herkunftslandes.

Bei mir war das anders. Ich ging hier zu Schule, hatte deutsche Freunde und begann mich zu dieser Gesellschaft zugehörig zu fühlen. Schnell war für mich klar: Hier, in diesem Land liegt meine Zukunft. Bei vielen meiner Generation aber entwickelte sich ein starkes Bewusstsein für ihren ethnischen oder religiösen Wurzeln, um die Ablehnung und das Gefühl der Nichtzugehörigkeit zu verkraften. Statt Integration kommt es zu Separation und Minderheitenbildung. [...]

Ich wurde geprägt durch die türkische und die deutsche Kultur. Aber wie wird das in Zukunft aussehen? Ich glaube, dass beide Seiten lernen müssen, Geduld, Toleranz und Respekt zu haben. Die „Ausländer" müssen offen für die deutsche Kultur sein und die Deutschen müssen verstehen, dass eine gelungene Integration nicht bedeutet, dass die „Ausländer" ihre Kultur einfach vergessen sollen.

Süleyman Artiisik: Memleket heißt Heimat. Wie lange fühlt man sich fremd? In: Fluter, Magazin der Bundeszentrale für politische Bildung, 12.07.2004

M3 Mehr Ausländer, mehr Wohlstand

Aus der Wochenzeitung DIE ZEIT, 2007:

Schon jetzt wird allerorten der Mangel an qualifiziertem Personal beklagt; das Wirtschaftsministerium veröffentlichte gerade eine Studie, nach der dies jährlich 20 Milliarden Euro an entgangener Wirtschaftsleistung kostet. Natürlich ist daran auch ein geiziges Unternehmertum schuld, das über zu viele Jahre zu wenig Geld in Bildung und Weiterbildung gesteckt hat. Ebenso sehr aber gilt, dass im gegenwärtigen Fachkräftemangel eine Entwicklung aufscheint, die sich künftig noch verschärfen dürfte – und nicht nur, weil in den Betrieben zu wenig gelernt und gelehrt wird. Die Demografie ist schuld. Ganz schlicht gesagt: Wenn es weniger Deutsche gibt, nimmt damit auch die Zahl der deutschen Arbeitskräfte ab.

Zuwanderung ist also Zukunftssicherung – und Sicherung des eigenen Wohlstands. Länder wie Großbritannien und Irland haben das begriffen. Sie nahmen Polen oder Slowaken nach dem 1. Mai 2005 [Osterweiterung der EU] mit offenen Armen auf. Klar, dass da die Besten und Mutigsten kamen. Ein Fünftel aller polnischen Neueinwanderer nach Großbritannien sind Akademiker. [...]

Christian Tenbrock: Mehr Ausländer, mehr Wohlstand. Die Besten. In: Zeit-Online vom 24.08.2007

---

1. Nennen Sie Gründe für die „Minderheitenbildung" (M2) vieler Einwanderer. Machen Sie Vorschläge, wie dem entgegengewirkt werden kann.

2. Mit welchen Argumenten plädiert der Verfasser von M3 für vermehrte Zuwanderung aus Osteuropa?

Frauen heute – gleiche Chancen?

 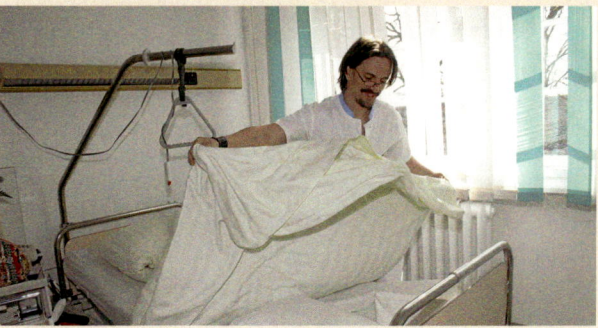

M1 Mechatronikerin und Krankenpfleger

✎ : Diskutieren Sie, ob es heute noch „typische" Frauen- und Männerberufe gibt.

Ungleiche Arbeitseinkommen

Junge Frauen, die einen gewerblich-technischen Beruf erlernen, oder männliche Jugendliche, die sich in einem Krankenhaus zum Pfleger ausbilden lassen, gab es vor einem halben Jahrhundert in der Bundesrepublik nur sehr selten. Das hat sich geändert, die berufliche Gleichstellung hat Fortschritte gemacht. Die Erwerbsquote von Frauen und Männern hat sich einander angenähert. Die von Frauen (zwischen 15 und 65 Jahren) liegt bei 64 Prozent, die von Männern bei 75 Prozent. Inzwischen haben die jungen Frauen in Deutschland die Männer im Hinblick auf ihre Schulbildung nicht nur eingeholt, sondern schon überholt. Mädchen werden in Deutschland im Durchschnitt früher eingeschult, sie wiederholen seltener eine Klasse und besuchen häufiger ein Gymnasium als Jungen. Dennoch verdienen Frauen im Durchschnitt 23 Prozent weniger als Männer. Die Aufstiegschancen von Frauen bleiben trotz gleicher Qualifikationen weit hinter denen ihrer männlichen Kollegen zurück. Ein Grund dafür liegt darin, dass sieben von zehn Frauen ihre Erwerbstätigkeit nach der Geburt des ersten Kindes unterbrechen, während viele Männer ihre Karriere in dieser Lebensphase voranbringen. Im Alter liegt die Rente von Frauen deshalb auch erheblich unter derjenigen von Männern. Auch im privaten Bereich gibt es noch mancherlei traditionelle Geschlechterrollen, die die Frauen benachteiligen. Während Frauen in Familien mehrheitlich waschen, bügeln, putzen, kochen, einkaufen und die Kinder beaufsichtigen, übernehmen Männer Reparaturen und kümmern sich um behördliche und finanzielle Dinge. Frauen verbringen im Durchschnitt mehr Zeit mit Hausarbeit als Männer, auch wenn beide erwerbstätig sind.

Lebensplanung von Frauen und Männern

Junge Frauen mit guter Schulbildung gehen, so beschreibt es eine vom Bundesministerium für Familie in Auftrag gegebene Studie, selbstbewusst davon aus, später einmal in einem interessanten Beruf zu arbeiten. Arbeit ist für sie nicht nur Geldverdienen, sondern wesentlicher Lebensinhalt. Sie wollen nach der Ausbildung oder dem Studium eine Stelle finden, die ihnen Aufstiegschancen, Gestaltungsfreiheiten, Möglichkeiten zur persönlichen Weiterentwicklung bietet und neben guter Bezahlung auch einen gewissen Status mit sich bringt. Die jungen Frauen wünschen sich mehrheitlich Familie – Kinder gehören für sie zu einem erfüllten Leben. Allerdings verschieben sie die Familienplanung bewusst auf eine unbestimmte Zeit nach hinten, da ihnen klar ist, dass eine Rückkehr in den Beruf leichter fällt, wenn bereits eine gewisse Position erreicht wurde.

Die Studie besagt, dass junge Männer mit guter Schulbildung ihre Zukunft oft viel kritischer sehen. Sie genießen zwar die Freiheiten, die ihnen z. B. der Auszug aus dem Elternhaus bietet, aber sie stehen auch unter dem Zwang, sich für einen Berufsweg entscheiden zu müssen. Dabei suggerieren ihnen Familie, Freunde, Lehrer und Medien, dass die Zukunft nicht leichter wird. Trödeln, etwas ausprobieren, auch Irrwege gehen und Fehler machen: All dies darf man sich – so ihre Wahrnehmung – heute nicht mehr erlauben. Gleichzeitig machen sie die Erfahrung, dass ihnen bei den anstehenden Entscheidungen niemand wirklich helfen kann. Sie fühlen sich auf sich allein gestellt, unter immensem Zeitdruck, die richtige Berufswahl zu treffen oder im Eiltempo ein Studium zu absolvieren und parallel dazu alle möglichen Praktika und Auslandsaufenthalte leisten zu müssen.

Traditionen und Brüche: Männer und Frauen

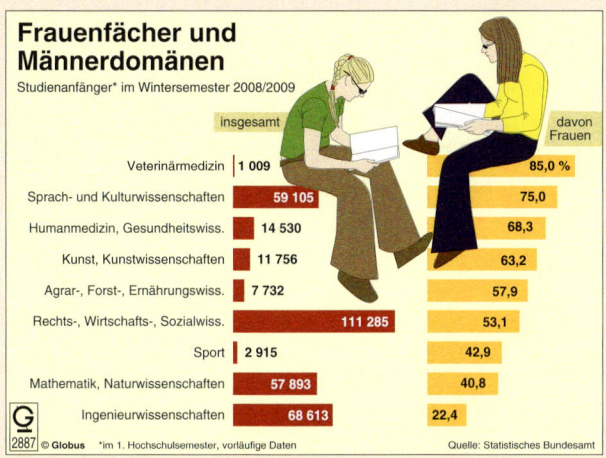

M2 Weibliche und männliche Studenten

✏️: Nennen Sie Studienfächer, die von Frauen bevorzugt werden.

M3 Vielfalt der Geschlechterrollen
Der Publizist Thomas Gesterkamp meint dazu:

Als das politische Tauziehen um den insolventen Handelskonzern Arcandor [Quelle] im Juni 2009 auf dem Höhepunkt angekommen war, erschien in vielen Zeitungen ein eindrucksvolles Foto: Eine Karstadt-Verkäuferin demonstriert gemeinsam mit ihrem Sohn, der ein Transparent in die Kamera hält, auf dem steht: „Mama braucht ihre Arbeit". Das Bild dokumentiert einen kulturellen Wandel: Nicht nur Papa braucht seine Arbeit – auch Frauenjobs sind wichtig und rettungswürdig. Das ist neu, denn früher war die öffentliche Aufmerksamkeit nur dann groß, wenn die Arbeitsplätze männlicher Ernährer gefährdet waren. […]
Der „arbeitslose Familienvater" galt seit jeher als besonderes Symbol für den Schrecken der Arbeitslosigkeit. Mütter ohne Job waren nicht arbeitslos, sondern Hausfrau und „nicht berufstätig". Wenn Frauen gekündigt wurde, war das weniger bemerkenswert. Hauptsache, der Mann hatte eine gute Stelle, und die Grundversorgung der Familie blieb gesichert. Den Arbeitsmarkt beeinflusst ein versteckter Geschlechterkonflikt, von dem in Politikerrunden fast nie die Rede ist. Die im Rückblick idealisierte Vollbeschäftigung zwischen 1960 und Mitte der 70er Jahre war eine Vollbeschäftigung für Männer. Sie beruhte darauf, dass Frauen massenhaft zu Hause blieben, ihren Partnern den Rücken freihielten – und nebenbei auch noch die Arbeitslosenstatistik entlasteten. Das männliche Erwerbskonzept – „ein Leben lang ohne Unterbrechung Vollzeit" – ist angewiesen auf ein weibliches Pendant, das derweil die Aufgaben des Alltags erledigt. Zumindest wenn sie Kinder haben, brauchen Männer eine (Ehe-)Frau, die sich um alles kümmert, was sie vom Geldverdienen abhalten könnte. […]
Im „Unterschichtenmilieu" war weibliche Erwerbstätigkeit ein Zwang und keine Wahl. Erst im Zuge des westdeutschen Wirtschaftswunders entwickelte sich der Alleinverdiener zum allgemeinen Leitbild. […]
Heterogenität und Unübersichtlichkeit prägen die individualisierten Lebensstile der Moderne – und damit auch die Geschlechterverhältnisse. Mal sind beide Partner beruflich erfolgreich, mal sind beide arbeitslos und leben von „Hartz IV". Es gibt Singles und Kinderlose, Ledige und Verheiratete, harmonisch getrennt Lebende und im Streit Geschiedene; zudem Stief-, Pflege- und Adoptiveltern; gleichgeschlechtliche Paare und Regenbogenfamilien; türkische Väter und russlanddeutsche Mütter, die in anderen Kulturen mit anderen Werten aufgewachsen sind. Pauschale Urteile über „die Männer" und „die Frauen" greifen deshalb nicht; ebenso lässt sich kaum generalisierend über „die Väter" oder „die Mütter" reden. Der breiten Palette der Lebensmuster entspricht eine breite Auswahl an Optionen – im Rahmen der (ebenfalls sehr unterschiedlichen) Ressourcen und Möglichkeiten.

Thomas Gesterkamp, Vielfalt der Geschlechterrollen. In: Aus Politik und Zeitgeschichte 41/2009, S. 7f.

M4 Abitur: Frauen hängen Männer ab
Aus dem Hamburger Abendblatt:

Frauen sind im deutschen Bildungssystem zunehmend erfolgreicher. Vor allem der Anteil der weiblichen Abiturienten an den Gymnasien stieg in den vergangenen Jahren kontinuierlich und lag 2004 schon bei rund 56 Prozent, wie das Statistische Bundesamt gestern in Wiesbaden mitteilte. Damit gibt es mehr weibliche als männliche Abiturienten in Deutschland. Laut Bundesamt waren rund 49 Prozent der insgesamt 9,6 Millionen Schüler, die im Schuljahr 2004/05 allgemeinbildende Schulen besuchten, weiblich. In der betrieblichen Ausbildung bleiben die Frauen allerdings mit einem Anteil von 40 Prozent noch immer hinter den Männern weit zurück. Sie sind weiterhin häufig in Sozial- und Gesundheitsdienstberufen zu finden. Ein weiteres Ergebnis der Studie: Viele Akademikerinnen verzichten darauf, Mutter zu werden, besonders im Westen.

Hamburger Abendblatt – online, 7. September 2005

---

1. Beschreiben Sie das veränderte Rollenverständnis von jungen Frauen gegenüber dem ihrer Mütter und Großmütter in deren Jugendzeit **(VT, M1, M3)**.

2. Begründen Sie, warum die zurückgehenden Geburtenraten auch mit dem neuen Rollenverständnis junger Menschen zu tun haben **(VT, M4)**.

Eine Sozialstudie entwickeln

Im vorangegangenen Kapitel haben Sie an einigen Beispielen gesehen, dass Ihre Lebenswelten oft andere sind als die Ihrer Eltern und Großeltern. Wie war die Lebenssituation vorangegangener Generationen, als diese in Ihrem Alter waren? Wie beurteilten Eltern und Großeltern in jungen Jahren ihre Zukunftsaussichten? Welche Berufswünsche hatten sie? Eine Sozialstudie kann Ihnen Aufschluss geben.

Bei der Methode der Sozialstudie geht es darum, gesellschaftliche Fragen unter Verwendung empirischer (d. h. auf Erfahrungen beruhender) Daten auszuwerten. Dies kann durch schriftliche Befragungen, durch Interviews (Straßenbefragungen, Telefonbefragungen) oder auch durch Internetbefragungen geschehen. Sie wollen z. B. wissen, wie die Generation ihrer Eltern und Großeltern in ihrer Jugend ihre Freizeit verbrachte und welche beruflichen und privaten Zukunftspläne sie hatte. Dafür eignet sich eine schriftliche Befragung, da damit viele Personen innerhalb kurzer Zeit mit vergleichsweise geringem Aufwand befragt werden können. Arbeiten Sie dazu für die Eltern und Großeltern der Schülerinnen und Schüler Ihrer Klasse einen Fragebogen aus, lassen Sie die Bögen von der jeweiligen Zielgruppe bearbeiten, werten Sie die Ergebnisse aus und ziehen Sie daraus Schlussfolgerungen.

Beschreiben

Nachdem Sie Ihr Forschungsthema benannt *(Lebenssituation und -perspektiven der vorigen Generationen)* und die Methode *(schriftliche Befragung)* gewählt haben, entwickeln Sie nun den Fragebogen. Der Aufbau eines Fragebogens und die Formulierung der Fragen beeinflussen das Umfrageergebnis in erheblichem Ausmaß. Sie müssen gut überlegen, wie Sie die Befragten ansprechen, ob die für Ihr Forschungsziel benötigten Informationen vollständig abgefragt werden und ob die Reihenfolge der Fragen sinnvoll ist. Wichtig ist ein Einleitungstext, der über die Zielgruppe, den Themenbereich und den Auftraggeber informiert. Er sollte Hinweise darauf enthalten, wie die Zielpersonen ausgewählt wurden, dass die Teilnahme freiwillig ist und die gewonnenen Daten streng vertraulich behandelt werden. Es folgt ein statistischer Teil mit Fragen zur Demografie (Alter, Geschlecht). Diese Informationen dienen zur Unterscheidung der Ergebnisse z. B. zwischen einzelnen Altersstufen der Befragten. Die Fragen sollten einfach formuliert sein. Fremdwörter, Abkürzungen oder Dialektausdrücke sollten vermieden werden. Befragungen finden meist außerhalb des Unterrichts statt. Wichtig ist, dass Sie dafür schon zu Beginn Ihrer Arbeit einen zeitlichen Rahmen setzen.

Man unterscheidet zwischen offenen und geschlossenen Fragen. Bei geschlossenen Fragen sind, wie das folgende Beispiel zum selben Sachverhalt zeigt, unterschiedliche Antwortformate möglich.

Geschlossene Fragen:
Können Sie die Benotungen in Ihren Klassenarbeiten nachvollziehen?
☐ ja ☐ teilweise ☐ nein
oder
Die Benotung in meinen Klassenarbeiten ist nachvollziehbar (1 stimmt; 2 stimmt weitgehend; 3 stimmt teilweise; 4 stimmt eher nicht; 5 stimmt nicht).
☐ 1 ☐ 2 ☐ 3 ☐ 4 ☐ 5
oder
Bewerten Sie auf einer Skala von 1 (sehr gut) bis 5 (sehr schlecht), wie gut Sie die Benotung Ihrer Klassenarbeiten nachvollziehen können.
☐ 1 ☐ 2 ☐ 3 ☐ 4 ☐ 5

Offene Frage:
Erörtern Sie, inwieweit Sie die Bewertung von Klassenarbeiten nachvollziehen können.

Untersuchen

1. Festlegung von Fragen
- Sammeln Sie die unterschiedlichen Vorschläge auf Metaplankarten. Bilden Sie an der Pinnwand Cluster (Haufen).
- Diskutieren Sie, welche der Fragestellungen besonders wichtig sind und treffen Sie eine gemeinsame Auswahl.

2. Festlegen der Stichprobe
Überlegen Sie, wer Ihnen diese Fragestellung beantworten kann bzw. von welchen Personen oder Personengruppen Sie Informationen, Meinungen oder Einstellungen erheben können, um daraus verlässliche Antworten abzuleiten. Wie viele Personen müssten Sie für eine verlässliche, repräsentative Datenbasis befragen? Wie viele Personen können sie dagegen, bezogen auf den Aufwand, tatsächlich befragen?

3. Prüfen der Validität
Unter Validität wird in erster Linie das argumentative Gewicht einer Aussage überprüft. Sind demnach die von Ihnen ausgewählten Fragen wirklich dazu geeignet,

Methodentraining

um daraus Erkenntnisse über das Freizeitverhalten, die Zukunfts- und Berufsaussichten der Generation Ihrer Eltern und Großeltern in deren Jugend zu erfahren?

Deuten

Nachdem Sie Ihren Fragebogen von den Befragten ausgefüllt zurückbekommen haben, liegt vor Ihnen ein Stapel Papier. Sinnvoll ist es, die Daten aus Ihren Fragebögen in einer vorbereiteten Datei zu speichern, um sie später auswerten zu können. Bei offenen Fragen erhalten Sie eine Vielzahl von unterschiedlichen Einzelnennungen. Hier können Sie ähnliche Antworten clustern und in einem zweiten Schritt auszählen. Bei geschlossenen Antwortformaten lässt sich die Verteilung bei den Befragten auszählen und z. B. durch Prozentangaben ausdrücken. Bei Ratingskalen (z. B. 1 stimmt; 2 stimmt weitgehend; 3 stimmt teilweise ...) können Sie über alle Personen hinweg den Mittelwert berechnen. Sie erhalten dann die durchschnittliche Antwortausprägung über alle Befragten. Übersichtlich ist es, wenn Sie die Ergebnisse in Diagrammen darstellen. Zur Erleichterung Ihrer Arbeit kann im Internet das Programm Grafstat (www.grafstat.de) heruntergeladen werden. Es hilft Ihnen bei der Erstellung des Fragebogens, ermöglicht die Dateneingabe und die statistische Auswertung. Eine Fragebogenerhebung kann wertvolle Erkenntnisse z. B. über die frühere Lebenswelt älterer Generationen liefern. Durch die intensive Beschäftigung mit einem derartigen Thema werden oft neue Fragen aufgeworfen, die wiederum zur Grundlage einer Sozialstudie werden können. Der folgende Auszug aus einem Fragebogen kann Ihnen Anregungen für eine Befragung Ihrer Eltern oder Großeltern geben.

Liebe Teilnehmerin / Lieber Teilnehmer,
die Klasse BK 1 der Steinbeisschule führt unter der Leitung ihres Lehrers Max Mustermann im Rahmen des Unterrichts eine Befragung über die Lebens- und Arbeitsverhältnisse der Generation ihrer Eltern (Großeltern) in deren Jugend durch. Wir möchten Sie einladen, an dieser Befragung teilzunehmen. Alle Ihre Angaben werden anonym ausgewertet und nicht an Dritte weitergegeben.

1. **Sind Sie** ☐ ein Mann ☐ eine Frau?
2. **Sind Sie geboren**
   ☐ nach 1970 ☐ 1966–1970 ☐ 1961–1965 ☐ 1956–1960 ☐ vor 1960?
3. **Wie viele Geschwister haben Sie?** ☐ keine ☐ 1 ☐ 2 ☐ 3 ☐ 4 ☐ mehr als 4
4. **Wie viele Kinder haben Sie?** ☐ 1 ☐ 2 ☐ 3 ☐ 4 ☐ mehr als 4
5. **Ab welchem Alter haben Sie erstmals eine eigene Wohnung bezogen?** _____
6. **Wie alt waren Sie, als Sie (das erste Mal) geheiratet haben?** _____
7. **Wie alt war Ihre Mutter, als sie das erste Mal geheiratet hat?** _____
8. **Wie alt war Ihr Vater, als er das erste Mal geheiratet hat?** _____
9. **Wie alt waren Sie, als Ihr erstes Kind zur Welt kam?** _____
10. **Hatten Sie in Ihrer Jugendzeit Probleme, einen Ausbildungs- oder Arbeitsplatz zu finden?**
    ☐ überhaupt nicht ☐ geringe Probleme ☐ große Probleme
11. **Wie viele Ihrer Mitschüler/innen sind nach der Grundschule in ein Gymnasium übergewechselt?**
    ☐ höchstens 10 % ☐ ungefähr 20 % ☐ ungefähr 30 % ☐ mehr als 30 %
12. **Wie lange waren Sie während Ihres Berufslebens arbeitslos?**
    ☐ nie ☐ weniger als 3 Monate ☐ 3 bis 6 Monate ☐ 7 bis 12 Monate
    ☐ mehr als ein Jahr
13. **Nennen Sie Ihre Berufswünsche in Ihrer Jugend.**
    _____

---

1. Fassen Sie die wichtigsten Ergebnisse der Sozialstudie zusammen. Arbeiten Sie die Unterschiede heraus, die sich zu Ihrer Generation ergeben.

2. Beurteilen Sie die Ergebnisse. Sind diese wohl repräsentativ? Waren die Fragen richtig formuliert?

1.2 Antike: Griechische Wurzeln in Europa

M1 Die Akropolis von Athen
errichtet im 5. Jahrhundert v. Chr.

M2 Brandenburger Tor in Berlin
erbaut 1788–1791 nach griechischem Vorbild

Die griechischen Städte besaßen Tempel für die unterschiedlichsten Gottheiten. Die monumentalen Bauten mit doppelten Säulenhallen hatten seit dem 6. Jahrhundert v. Chr. oft eine Höhe von mehr als 20 Metern. Diese Architektur wurde auch in späteren Epochen häufig nachgeahmt. Die Griechen haben uns aber nicht nur die Überreste einer überragenden Architektur hinterlassen. Ihre Wissenschaft, ihre Kunst, ihre Literatur und ihre Philosophie beeinflussen bis heute unsere Sicht der Welt. Und nicht nur das: Griechenland gilt bis heute als Wiege der Demokratie.

1600–1200 v. Chr.	Mykenische Palastkultur
750 v. Chr.	Beginn der griechischen Kolonisation
um 507 v. Chr.	Demokratische Reformen durch Kleisthenes in Athen
490–479 v. Chr.	Perserkriege: Die Griechen siegen über die Perser.
450–430 v. Chr.	Glanzzeit der Demokratie in Athen unter Perikles

Wie entstand die griechische Staatenwelt?

Ungewisse Anfänge
In Griechenland bestand zwischen 1600 und 1200 v. Chr. die so genannte „mykenische Palastkultur", benannt nach dem Ort Mykene auf der Halbinsel Peloponnes. Dort und anderswo gab es große Palastanlagen. Sie lassen darauf schließen, dass damals mächtige Fürsten das Land beherrschten. Um 1200 v. Chr. wurden die meisten Paläste zerstört – auch die Stadt Troja im Nordwesten der heutigen Türkei. Forscher sehen darin das historische Troja, über das der Dichter Homer in der Ilias erzählt. Er beschreibt den langjährigen Kampf des griechischen Heeres um die Eroberung der von einem König regierten Stadt. Bei Homer bestimmen die Götter die Entwicklung: Strafe empfängt, wer Unrecht tut, Hilfe bekommt der Gerechte. Der Krieg endet auf den Rat des Göttervaters Zeus mit Trojas Zerstörung. Aber die genauen Ursachen des Untergangs von Troja und vieler anderer Städte kennen wir nicht. Bis zum 8. Jahrhundert fehlen gesicherte Nachrichten. Forscher sprechen vom „dunklen Zeitalter".

Die Entstehung der Polis

Große Veränderungen müssen in der dunklen Zeit vor sich gegangen sein. Denn danach lebten die Menschen ganz anders. Sie wohnten in dorfähnlichen Siedlungen, oft in der Nähe der verfallenden Paläste. Allmählich wuchsen die Dörfer zu Städten (Poleis). Es gab schließlich Hunderte davon.

Die meisten Poleis waren sehr klein. Das kam schon durch die Landschaft Griechenlands mit ihren hohen Bergen und tiefen Tälern. Für große Städte war dort kein Platz. Und jede **Polis**, auch die kleinste, war ein Staat für sich. Darin wurden die Dinge, die alle angingen, von den Bürgern gemeinsam geregelt. Dafür gab es überall Bürgerversammlungen. Es gehörten ihnen nur Männer an, die Haus, Land und Familie hatten. Die Führung in den Poleis übten Adlige aus, die im Griechischen Aristokraten hießen. Ihre Herrschaft bezeichnete man daher als **Aristokratie.** Die Bürger erwarteten von ihnen vor allem, dass sie tüchtig waren bei der Verteidigung und beim Schlichten von Streitfällen. Das mussten sie aber immer wieder aufs Neue beweisen. Denn andere Adlige warteten nur darauf, ihre Stellung einzunehmen.

Das Zeitalter der Kolonisation

Zwischen 750 bis 550 v. Chr. wanderten viele Griechen aus Griechenland aus, um anderswo eine neue Heimat zu finden. Gründe dafür gab es viele: Überbevölkerung in der Heimatpolis, die Suche nach Siedlungs- und Ackerland, die Gründung von Handelsstädten, auch Abenteuerlust. Durch die Kolonisation wurde die Welt der Griechen beträchtlich größer.

M3 Griechische Kolonisation im Mittelmeerraum, Bürger von Poleis („Mutterstädte") gründeten selbstständige Kolonien („Tochterstädte") mit eigener Regierung.

✏️: Ein Gelehrter aus Alt-Griechenland sagte einmal: „Die Griechen sitzen um das Mittelmeer wie Frösche um einen Teich." Erläutern Sie, was er meinte.

Polis (Mehrzahl: Poleis)	(griech.: „Burg, Stadt") Stadtstaat mit eigenem Gebiet, eigener Bevölkerung und eigenen politischen Einrichtungen, meist klein (2000–3000 Bewohner). Nur Athen, Sparta und Korinth waren größer. Von „polis" stammt unser Wort „Politik".
Aristokratie	(griech: „Herrschaft der Besten, Tüchtigsten") Herrschaft, die von Mitgliedern der mächtigen und reichen Adelsfamilien ausgeübt wurde. Später ging die Bezeichnung auf die Personen selbst über, die nun „Aristokraten" genannt wurden.

Textquellen auswerten

Textquellen sind Schriften, die in der Vergangenheit entstanden sind und uns etwas über die Entstehungszeit erzählen. Das können Briefe, Reden, Berichte, Verträge oder Ähnliches sein. Um sie zu untersuchen, geht man am besten Schritt für Schritt vor. Wie das geht, soll Ihnen an einem Beispiel gezeigt werden, am Bericht des griechischen Geschichtsschreibers Herodot über die Gründung der Kolonie Kyrene im Jahr 630 v. Chr.

M1 Die Gründung der Kolonie Kyrene

Folgendes berichteten die Bürger der Mutterstadt Thera dem Geschichtsschreiber Herodot:

Grinnos, der König der Insel Thera, reiste nach Delphi zum Orakel des Gottes Apollon. Bei ihm waren einige Bürger von Thera, darunter ein junger Mann namens Battos. Als Grinnos das Orakel befragte, gab ihm die Pythia eine ganz andere Ant-
5 wort als die erwartete, indem sie ihn aufforderte, in Libyen eine Stadt zu gründen. Grinnos antwortete: „Herr! Ich bin zu alt dafür. Fordere doch einen Jüngeren auf." Dabei zeigte er auf Battos. Aber es geschah weiter nichts. Und als die Theraier heimgekehrt waren, beachteten sie den Orakelspruch nicht
10 mehr. Denn sie wussten nicht, wo in aller Welt Libyen lag, und sie wollten es nicht wagen, Siedler ins Ungewisse zu schicken. […]

Nun blieb aber sieben Jahre lang der Regen in Thera aus und alle Bäume außer einem verdorrten auf der Insel. Da befragten die Theraier wieder das Orakel und die Pythia erinnerte 15 sie an das Gebot des Gottes Apollon, in Libyen eine Kolonie [Kyrene] zu gründen. […] Es segelten nun einige Männer von Thera los, um Libyen auszukundschaften. Sie besetzten die Insel Platea vor der libyschen Küste und meldeten dies nach Thera. Die Theraier beschlossen, dass in allen sieben Gemein- 20 den der Insel immer einer von jeweils zwei Brüdern auswandern sollte, wobei das Los entschied, wen es traf.
Anführer und König der Auswanderer sollte Battos sein. In zwei Fünfzigruderern machten sich die Auswanderer auf den Weg nach Platea. 25

Bericht d. Bürger v. Thera an Herodot. Zit. nach: Henry C. Rawlinson (Hg. u. Übers.), The History of Herodotus, Bd. 1, London 1949, S. 345 ff. (übers. u. bearb. v. Peter Offergeld)

Methodische Arbeitsschritte

1 Beschreiben

- Lesen Sie den Text zuerst einmal genau durch, damit Sie wissen, worum es geht. Achten Sie dabei besonders auf die genannten Personen sowie Orts- und Zeitangaben.
- Klären Sie alle Begriffe, die Sie nicht verstehen, entweder mit einem Wörterbuch oder einem Internetlexikon.
- Unterteilen Sie den Text in Sinnabschnitte, die jeweils einen Gedanken ausdrücken, und verfassen Sie für jeden davon eine Überschrift.
- Fassen Sie jetzt den Text mit eigenen Worten so zusammen. Achten sie darauf, dass alle Sinnabschnitte berücksichtigt sind.

2 Untersuchen

- Nun wissen Sie, was in dem Text steht. Aber es könnte ja sein, dass der Verfasser des Textes ziemlich unwissend war oder eine einseitige Meinung vertrat. Deshalb müssen Sie sich über den Verfasser informieren, z.B. im Internet.
- Stellen Sie fest, wer den Text verfasst hat, an welches Publikum er sich richtete und mit welcher Absicht er das tat.
- Klären Sie, mit welchem zeitlichen Abstand vom Geschehen der Verfasser schrieb und wie er an sein Wissen darüber gelangt ist.
- Klären Sie ferner, ob der Verfasser vielleicht eine einseitige Meinung vertritt. Hinweise dazu könnten Sie im Text oder in Ihrem Wissen über den Verfasser oder durch Vergleich mit einer anderen Quelle finden.

3 Deuten

- Ordnen Sie die Quelle in den geschichtlichen Zusammenhang ein. Sie können z. B. den Verfassertext zu Hilfe nehmen.
- Fassen Sie zusammen, was die Quelle über das historische Thema aussagt.
- Formulieren Sie Ihre eigene Deutung des historischen Sachverhalts unter Einbezug der Quelle und anderer Informationen.

Methodentraining

Beschreiben
Es soll erklärt werden, warum die Theraier in Libyen eine Kolonie gründeten. Dabei spielt das Apollonorakel von Delphi eine besondere Rolle. Genannt werden die Pythia, die Bewohner von Thera, ihr König Grinnos und Battos sowie Delphi, Thera und Libyen.
Einige Orte finden Sie auf der Karte **M3** auf Seite 23. Wer die Pythia ist, wird Ihnen in **M2** erläutert.
Zeile 3: König Grinnos von Thera mit Gefolge in Delphi.
Zeile 4–6: Das Orakel fordert die Gründung einer Kolonie in Libyen.
Zeile 8–11: Die Theraier vergessen den Orakelspruch.
Zeile 13–14: Dürrezeit auf Thera.
Zeile 15–16: Das Orakel wiederholt seine Forderung.
Zeile 17–19: Erkundungsfahrt der Theraier zur Insel Platea.
Zeile 20–25: Auswahl der Kolonisten und Abfahrt nach Libyen mit Battos als König.

Bei der Zusammenfassung gehen Sie jetzt die einzelnen Sinnabschnitte der Reihe nach durch. Sie könnten so anfangen: „Einmal reiste der König Grinnos von Thera mit Gefolge nach […]".

Untersuchen
Wenn Sie **M4** auf der Seite 26 hinzunehmen, dann bemerken Sie, dass Herodot zwei Berichte über die Gründung von Kyrene hatte, einen der Theraier und einen der Kyrener, die etwas voneinander abwichen. Er teilt beide mit und überlässt das Urteil darüber dem Leser. Er ist also nicht einseitig.

Deuten
Die Quelle gibt uns genauere Auskunft darüber, wie die im Verfassertext genannte und auf der Karte **M3** dargestellte Kolonisation der Griechen vor sich gegangen ist.

M2 Die Pythia
Das Orakel von Delphi (lat. oraculum: „göttliche Weissagung") war eine Priesterin (links), durch deren Mund, wie man glaubte, der Gott Apollon sprach. Trinkschale, um 430 v. Chr.

M3 König Arkesilas von Kyrene überwacht den Handel
Die abgebildete Ware soll vermutlich Silphion sein, eine berühmte Heilpflanze aus Kyrene. Innenbild einer Schale, um 560 v. Chr.

---

1. Erörtern Sie, woher Historiker ihre Kenntnisse der griechischen Antike hatten.

2. Recherchieren Sie im Internet, wie der Geschichtsschreiber Herodot (um 480–420 v. Chr.) sein Wissen sammelte.

M4 Die Gründung der Kolonie Kyrene

Folgendes berichteten die Bürger von Kyrene dem Geschichtsforscher Herodot:

Die Theraier schickten also Battos mit zwei Fünfzigruderern fort und damit fuhr er nach Libyen. Doch als die Männer sich keinen Rat wussten, kehrten sie nach Thera zurück. Aber die Theraier schossen auf sie und ließen sie nicht an Land. [...] Gezwungenermaßen fuhren sie zur libyschen Küste zurück und besiedelten dort zunächst die Insel Platea. [...] Hier wohnten sie zwei Jahre. Aber es ging ihnen dort nicht gut. So ließen sie einen Mann zurück, die anderen fuhren nach Delphi. Dort berichteten sie dem Orakel, sie hätten alles wie befohlen getan, dennoch gehe es ihnen schlecht. Aber die Pythia hielt ihnen vor, sie seien noch gar nicht in Libyen gewesen. Darauf fuhren sie zurück und ließen sich auf dem Festland gegenüber von Platea nieder. [...]

Hier blieben sie sechs Jahre. Dann boten ihnen die Libyer an, sie zu einer besseren Stelle zu führen. Sie verließen die Küste und die Libyer führten sie nach Westen [...] an eine Quelle und sagten: „Hier, Griechen, ist der richtige Platz für eure Kolonie."

Bericht d. Bürger v. Kyrene an Herodot. Zit. nach: Henry C. Rawlinson (Hg. u. Übers.), The History of Herodotus, Bd. 1, London 1949, S. 348 f. (übers. u. bearb. v. Peter Offergeld)

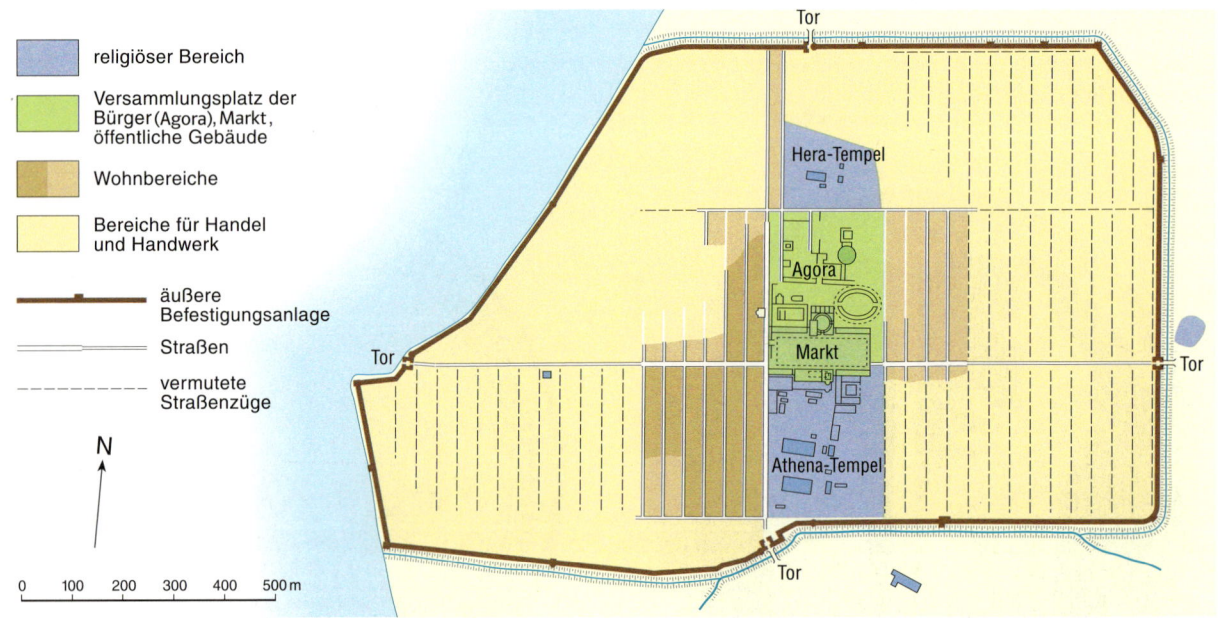

M5 Stadtplan der griechischen Kolonie Poseidonia
Sie wurde um 550 v. Chr. gegründet und ist heute als Ruinenstadt Paestum südlich von Neapel bekannt, Rekonstruktion nach archäologischen Befunden.

✎: Nennen Sie Einrichtungen, die für eine griechische Polis typisch waren.

1. Bearbeiten Sie **M4**, wie es Ihnen anhand von **M1** auf Seite 24 vorgemacht worden ist. Stellen Sie gegenüber, woran sich die Theraier besser erinnerten als die Kyrener und umgekehrt. Finden Sie Gründe dafür.

2. Stellen Sie sich vor, Sie wären als Aristokrat an der Herrschaft über eine Polis beteiligt. Schreiben Sie für Ihren Nachfolger auf, worauf er zu achten hat, damit er später selbst erfolgreich eine Polis leiten kann **(VT)**.

3. Wäre es nicht richtiger, wenn alle Bewohner einer Polis an der Bürgerversammlung teilnehmen dürften? Erfinden Sie ein Streitgespräch zwischen einem Mitglied und einem Nichtmitglied.

Athen – wo die Demokratie entstand

Fast schon gleiche Rechte für alle
Um 507 v. Chr. war in Athen der Adlige Kleisthenes an der Macht. Er wollte, dass über alles Wichtige alle **Bürger** gemeinsam entscheiden sollten. So gab er den Bürgerversammlungen in den 139 Gemeinden, aus denen die Polis Athen bestand, das Recht zu entscheiden, wer mit 18 Jahren in die Bürgerliste aufgenommen wurde. Das war vorher ein Vorrecht der Adligen gewesen. Nach zwei Jahren Kriegsausbildung durfte jeder Bürger an der Volksversammlung teilnehmen. Hier fielen die Entscheidungen, die alle angingen. Vorbereitet wurden sie durch den neu eingerichteten Rat der 500. Seine Mitglieder wurden jeweils für ein Jahr aus allen Bürgern ausgelost. Jeder durfte nur zweimal im Leben Mitglied sein, so war jeder irgendwann einmal an der Reihe. Ähnlich wurden die Richter für die Gerichte ausgelost. Nur die hohen Beamtenposten behielt Kleisthenes den Reichen und Besitzenden vor. Aber auch hier stärkte er die Macht des Volkes, indem er das Scherbengericht einrichtete. Damit konnte die Volksversammlung unliebsame Beamte für zehn Jahre aus Athen verbannen.

Krieg zwischen Griechen und Persern
490 und nochmals 480/479 v. Chr. griffen die Perser, die mächtigen Nachbarn im Osten, Griechenland an. Die Perserkönige mochten es nicht hinnehmen, dass einige griechische Städte an der Küste Kleinasiens, dem heutigen Anatolien, im Jahr 500 v. Chr. unter Führung Milets einen Aufstand gegen die persische

M1 Scherbengericht
Auszählung der Stimmen. Beim Scherbengericht ritzten die Mitglieder der Volksversammlung den Namen eines Politikers, den sie auf zehn Jahre aus Athen verbannen wollten, in eine Tonscherbe. Trinkschale, um 470 v. Chr.

✎ : Beschreiben Sie den Vorgang, indem Sie unter anderem folgende Begriffe benutzen: die Scherben einsammeln, Namen ansagen, aufschreiben. Beachten Sie auch die Tonscherbe **M6** auf S. 29.

Bürger	In Athen Männer ab 18 Jahren, deren Eltern beide (seit einem Gesetz von 451/450 v. Chr.) athenische Bürger waren. Wer das der Bürgerversammlung nachwies, kam in die Bürgerliste.
Demokratie	Das Wort bedeutet „Volksherrschaft". Athen war eine direkte Demokratie, d. h. jeder Bürger konnte an der Volksversammlung teilnehmen und hatte Zugang zu allen Staatsämtern. Wir haben heute dagegen eine repräsentative Demokratie, in der gewählte Abgeordnete für uns in Parlamenten Entscheidungen treffen.

1600 v. Chr. 400 v. Chr.

M2 Modell der Akropolis
Der heilige Tempelbezirk Athens, u. a. mit dem Parthenon-Tempel der Stadtgöttin Athene (oben Mitte), wurde 480 v. Chr. von den Persern zerstört. Vor allem Perikles ließ ihn prachtvoll wiederherstellen.

✎ : Recherchieren Sie im Internet, welche Bedeutung Athene in der griechischen Götterwelt hatte.

Vorherrschaft unternehmen. 494 v. Chr. wurde deshalb Milet auf den Befehl des Königs Dareios zerstört. Die Athener hatten den Aufstand unterstützt. Dareios' Sohn Xerxes zog deshalb 480 v. Chr. mit nahezu 100 000 Soldaten und 1000 Schiffen nach Griechenland. Ihm stellte sich ein von Sparta geführtes Bündnis griechischer Stadtstaaten entgegen, zu dem auch Athen gehörte. Xerxes konnte zunächst Athen erobern und plündern; seine zahlenmäßig überlegene Flotte unterlag aber den Griechen in einer Seeschlacht bei der Halbinsel Salamis. Das brachte die Wende im Krieg.

Seemacht und noch mehr Demokratie
Den Griechen gelang es, die Perser abzuwehren. Den Hauptanteil daran hatten Sparta und Athen. Athen tat sich dabei durch seine gewaltige Kriegsflotte hervor, die es zu seiner Verteidigung gebaut hatte. Sie ermöglichte es Athen auch, nach dem Abwehrsieg zum Gegenangriff auf das Perserreich überzugehen. Zahlreiche andere griechische Poleis machten mit. 477 v. Chr. gründeten sie unter Athens Führung den Attischen Seebund. Die meisten Mitgliedsstaaten begnügten sich freilich damit, jährlich einen Beitrag zu zahlen, und überließen Athen die Kriegführung. Athen unterhielt daher eine große Kriegsflotte. Das führte auch zu einer Ausweitung der Demokratie. Nur wohlhabende Bürger konnten sich die für die Soldaten des Heeres (Hopliten) notwendigen Waffen und Rüstung leisten. Auf den Schiffen waren auch die armen Bürger gefragt – als Ruderer. Das wirkte sich günstig auf ihre politischen Rechte aus. Seit ca. 450 v. Chr. standen auch ihnen die hohen Staatsämter offen. Damals nannte man in Athen erstmals mit Stolz den eigenen Staat eine „Demokratie". Denn nun waren wirklich alle Bürger an allen wichtigen Entscheidungen und Ämtern gleichberechtigt beteiligt.

Die Glanzzeit Athens
Seine Glanzzeit erlebte Athen unter der Regierung des Adligen Perikles (ca. 450–430 v. Chr.). Gestützt auf die Kriegsflotte wurde die Stadt zum mächtigen Mittelpunkt eines weiten Handelsreiches. In der Stadt ließ Perikles zahlreiche Prachtbauten errichten. Dafür nahm er zum Teil auch Geld aus der Kasse des Seebundes, das eigentlich für den Krieg gegen die Perser bestimmt war. Kritikern antwortete er, dass Athen den Bundesgenossen keine Rechenschaft über die Verwendung des Geldes schuldig sei. Athen und die Athener profitierten zwar davon, aber die egoistische und manchmal gewalttätige Ausübung ihrer Herrschaft schuf der Stadt auch viele äußere Feinde.

Die Demokratie blieb
Die Machtfülle Athens beunruhigte vor allem die Spartaner, die ständigen Rivalen um die Vorherrschaft in Griechenland. Ab 431 v. Chr. kam es zwischen Athen und Sparta zum offenen Krieg, dem Peloponnesischen Krieg, der sich bis 404 v. Chr. zog. Bald kämpften alle griechischen Poleis auf der einen oder anderen Seite mit. Auch die Perser mischten sich ein. Jahrzehnte wurde mit wechselndem Erfolg gekämpft. Schließlich gewann Sparta. Athen verlor seine Machtstellung, aber es bewahrte seine demokratische Ordnung.

M3 Seemacht und Demokratie in Athen

Ein namentlich unbekannter Grieche über die Demokratie um 430 v. Chr.:

Zunächst muss ich es aussprechen, dass mit Recht die Armen und das Volk berechtigt sind, den Vorzug vor den Vornehmen und Reichen zu haben. Und zwar deshalb, weil nur das Volk es ist, das die Schiffe antreibt und dadurch der Stadt ihre Macht-
5 stellung verschafft […], wenigstens viel eher als die Hopliten und die Vornehmen und überhaupt die Edlen. Unter diesen Umständen scheint es nur gerecht, dass allen wie jetzt üblich alle Ämter offenstehen.

(Pseudo-)Xenophon: Vom Staate der Athener, passim. Zit. nach: Wolfgang Lautemann/Manfred Schlenke (Hg.), Geschichte in Quellen, Bd. 1, 4. Aufl. 1989, München, S. 232 (bearb. v. Peter Offergeld)

M4 Athen, die Musterdemokratie

Rede des athenischen Staatsmanns Perikles an die Athener (430/431 v. Chr.):

Unsere Staatsordnung […] heißt mit Namen Demokratie, weil der Staat nicht von wenigen Bürgern, sondern von ihrer Mehrheit getragen wird. Es haben […] nach den Gesetzen in persönlichen Angelegenheiten alle das gleiche Recht […]. In
5 den Angelegenheiten des Staates aber genießt jeder sein Ansehen weniger durch irgendein Amt, als vielmehr durch seine Tüchtigkeit […]. Ebenso wenig wird ein armer Bürger durch seine niedere Stellung daran gehindert, trotzdem für die Stadt etwas zu leisten. Frei leben wir als Bürger im Staat. […]
10 Zusammenfassend sage ich, dass unsere Stadt insgesamt die Schule für Griechenland ist.

Rede v. Perikles an d. Athener. Zit. nach: Helmuth Vretska (Hg. u. Übers.), Der Peloponnesische Krieg: Auswahl/ Thukydides, Stuttgart 1985, S. 162, 165 (bearb. v. Peter Offergeld)

M5 Athen, eine Tyrannis?

Aus einer Rede des Perikles an die Athener über den Krieg gegen Sparta und seine Verbündeten, 430 v. Chr.:

Glaubt ja nicht, der Kampf gelte nur der einen Entscheidung: Knechtschaft oder Freiheit. Nein, es droht euch der Verlust eures Reiches. Denn der Hass, den ihr euch [bei den anderen Mitgliedern des Seebundes] durch eure Herrschaft zugezo-
5 gen habt, ist gefährlich. Sie aber aufzugeben und den friedlichen, biederen Bürger zu spielen, steht euch nicht mehr frei. Denn eine Art Tyrannis [Gewaltherrschaft] ist ja bereits die Herrschaft, die ihr ausübt. Dass ihr sie ergriffen habt, mag ungerecht erscheinen. Sie aber jetzt aufgeben zu wollen, ist lebensgefährlich. […] Wer entschlossen handelt, der ist […] 10 der Stärkste.

Rede v. Perikles an d. Athener. Zit. nach: Helmuth Vretska (Hg. u. Übers.), Der Peloponnesische Krieg: Auswahl/ Thukydides, Stuttgart 1985, S. 179 f. (bearb. v. Peter Offergeld)

M6 Tonscherbe eines Scherbengerichtes

✏: Welcher Name ist hier eingeritzt? Suchen Sie ihn im Verfassertext.

---

1. Schreiben Sie auf, welches Ziel Kleisthenes hatte und mit welchen Maßnahmen er es verwirklichte **(VT, M1)**.

2. Erläutern Sie den Zusammenhang zwischen Seemacht und Demokratie in Athen **(VT, M3)**.

3. Listen Sie Merkmale auf, die nach Perikles die Besonderheit der athenischen Staatsordnung ausmachen **(M4)**.

4. Geben Sie Ihre Meinung dazu wieder, ob die Merkmale der athenischen Staatsordnung auch heute noch als Kennzeichen einer guten Demokratie angesehen werden können.

5. Stellen Sie heraus, wie Perikles das Verhältnis zwischen Athen und den anderen griechischen Staaten sieht und welche Folgerungen er daraus zieht **(M5)**.

6. Formulieren Sie eine Entgegnung auf die Rede des Perikles: Was würde ein Zuhörer aus einer anderen Stadt des Seebundes sagen **(M5)**?

Geschichtskarten verstehen

Geschichtskarten helfen, sich in der Vergangenheit räumlich zu orientieren. Sie geben Informationen darüber, wo und wann sich historische Ereignisse und Entwicklungen abgespielt haben. Geschichtskarten stammen nicht aus der Vergangenheit, sie sind heutige Darstellungen historischer Verhältnisse. Damit diese leichter verständlich werden, liefern Geschichtskarten nur ausgewählte Informationen: Sie behandeln ein bestimmtes Thema und eine bestimmte Zeit und in der Darstellung lassen sie viele Einzelheiten weg. Geschichtskarten können einen bestimmten Zeitpunkt in der Vergangenheit zeigen, aber auch Veränderungen abbilden, die während eines Zeitraums stattfanden.

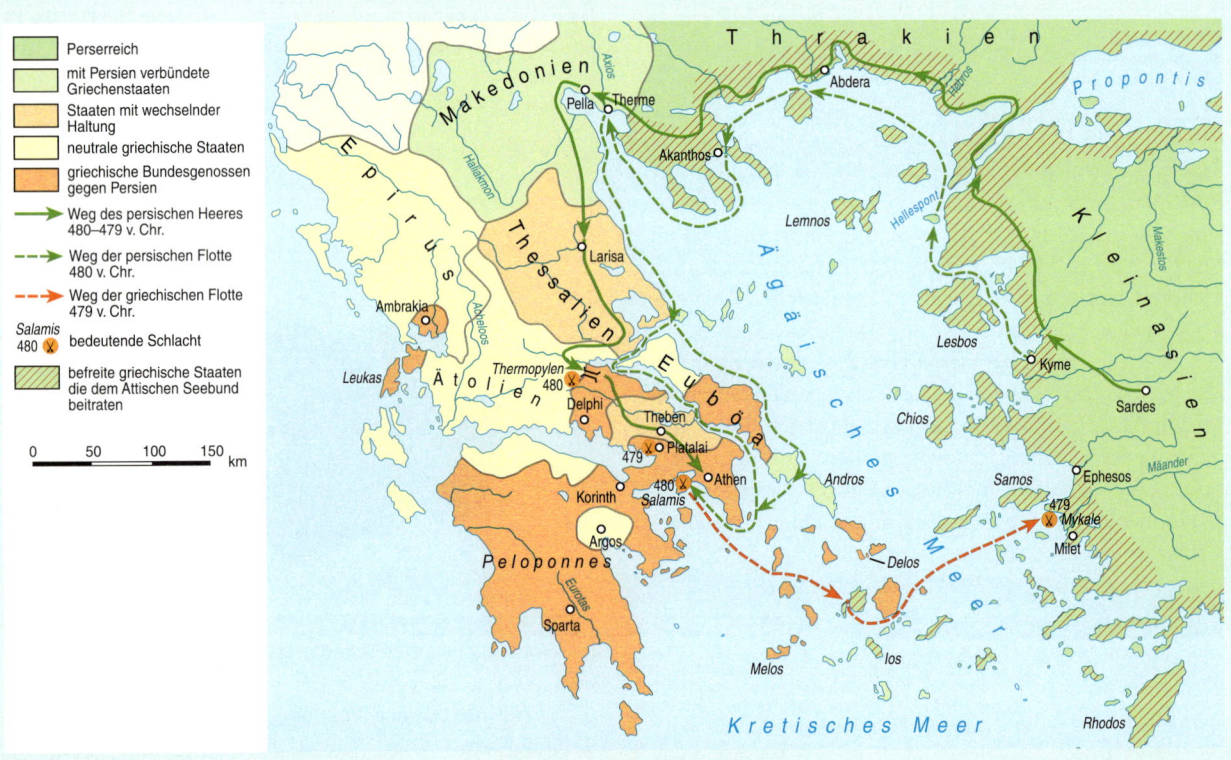

M1 Griechen und Perser im Krieg, Geschichtskarte zu den Feldzügen 480/479 v. Chr.

Die Kartensprache

Welches Thema und welche Zeit eine Karte behandelt, sagt uns der Kartentitel. Der Maßstab informiert – wie bei einer geografischen Karte auch – über die in der Karte verwendeten Größenverhältnisse. Um Geschichtskarten zu verstehen, muss man ihre Zeichensprache kennen. Die so genannten Signaturen sind in der Legende erklärt.

Die folgenden Arten lassen sich unterscheiden:

- Punkt: Stadt, Siedlung o. Ä.
- Linie, Pfeil: Grenze, Bewegungsrichtung, Einflussrichtung
- Flächenfarbe, Schraffur: Gebietsausdehnung, Verbreitung von Herrschaft, Sprache, Religion usw.

Spezielle Symbole: zum Beispiel Salamis 480 Schlacht

Methodentraining

Methodische Arbeitsschritte

1 Beschreiben

- Stellen Sie fest, welches Thema die Karte behandelt.
- Bestimmen Sie den geografischen Ausschnitt der Karte.
- Benennen Sie den Zeitpunkt oder Zeitraum, auf den sich die Karte bezieht. Stellen Sie fest, ob die Karte einen Zustand oder eine Entwicklung zeigt.

2 Untersuchen

- Schreiben Sie alle einzelnen Informationen auf, die Sie der Karte entnehmen können.
- Nehmen Sie gegebenenfalls dafür notwendige Berechnungen vor.

3 Deuten

- Fassen Sie die wichtigsten Aussagen der Karte zusammen.
- Verknüpfen Sie die Kartenaussagen mit Kenntnissen, die Sie schon haben.
- Überlegen Sie, auf welche Fragen die Karte keine Antwort gibt.
- Überlegen Sie, ob die Kartendarstellung unter Umständen Probleme aufwirft.

Beschreiben

Die Karte behandelt den Krieg zwischen den verbündeten griechischen Stadtstaaten und dem Perserreich. Sie zeigt (in grüner Flächenfarbe) den westlichen Teil Persiens. Hellgrün bzw. braun dargestellt sind Makedonien und Thessalien. Beide Länder waren zu Kriegsbeginn mit Persien verbündet. Westlich des Ägäischen Meeres sind die griechischen Bundesgenossen gegen Persien in rotbrauner Flächenfarbe markiert. Mit roten Dreiecken gekennzeichnet sind griechische Siedlungen an der Küste von Kleinasien und Thrakien. Pfeile zeigen die Bewegungen der Heere und Flotten innerhalb eines Zeitraums von zwei Jahren, von 480 bis 479 v. Chr.

Untersuchen

Nachdem die Nachschubwege durch Bündnisse mit Makedonien und Thessalien gesichert waren, brachen die Perser 480 v. Chr. mit Fußsoldaten von Sardes und einer Flotte von Kyme aus auf. Das Landheer überquerte den Hellespont (heute Dardanellen). Von der Flotte begleitet stieß es, die Küste des Ägäischen Meeres entlang, nach Mittelgriechenland vor und wurde an den Thermopylen, einem Engpass zwischen Gebirge und Meer, aufgehalten. Nach verlustreichen Kämpfen konnte dieses Hindernis überwunden werden. Das persische Heer rückte nach Athen vor. Entschieden wurde der Krieg vor allem in zwei großen Schlachten. Zuerst besiegten die Griechen die persische Flotte bei der Insel Salamis. Anschließend wurde 479 v. Chr. das persische Landheer, dem nun die Unterstützung durch die Flotte fehlte, bei Plataia von den Verbündeten vernichtend geschlagen. Bei Mykale zerstörten die Griechen dann die Reste der dorthin geflüchteten persischen Flotte.

Deuten

Die Karte macht auf den ersten Blick den Größenunterschied zwischen Griechenland und dem Perserreich deutlich. Man traut Persien die Macht zu, Griechenland zu besiegen. Umgekehrt erscheint es schwer vorstellbar. Deutlich wird auch die lange Strecke, die Xerxes mit seinem Heer und der Flotte zurücklegte. Die Flotte fuhr auf weiten Strecken parallel zum Heereszug, da sie während des Marsches für den Nachschub und die Verpflegung zu sorgen hatte. Die Karte verdeutlicht, dass der persische Angriff gut vorbereitet war. Ein Kanal durch einen Arm der Halbinsel Chalkidike bei Akanthos war gebaut worden, um den Seeweg abzukürzen. Damit das riesige Heer die Dardanellen überqueren konnte, war außerdem ein Brückenschlag über die Meerenge erforderlich.

---

1. Recherchieren Sie im Internet die geografischen Gegebenheiten der Thermopylen.

2. Vergleichen Sie die Geschichtskarte mit einer aktuellen Landkarte. Welche Staaten umfasst das dargestellte Gebiet heute?

1600 v. Chr.   400 v. Chr.

Griechenland – die „Wiege" unserer Kultur

M1 Kurzstreckenläufer, Amphore (Vase), um 480 v. Chr.

✎ : Vergleichen Sie die Darstellungen **M1** und **M2** mit heutigen Sportarten bei Olympischen Spielen.

M2 Athlet mit Hanteln beim Weitsprung griechische Vasenmalerei, um 510 v. Chr.

Spiele zu Ehren der Götter

Kein anderes Volk der Antike scheint so viel Freude an Wettkämpfen gehabt zu haben wie die Griechen. Allerdings gehörten bei ihnen Wettkämpfe und Götterverehrung eng zusammen. Das zeigte sich vor allem bei den vier großen Spielen für alle Griechen, von denen jedes Jahr mindestens eines stattfand. Sie wurden alle beim Tempel eines Gottes veranstaltet. So wurde in Olympia und Nemea Zeus, in Delphi Apollon und in Korinth Poseidon verehrt. Überall waren die Spiele eine Mischung aus sportlichen Wettkämpfen und religiösen Feiern.

Warum war das so? Nach Ansicht der Griechen bestimmten die Götter das Leben der Menschen. Wer etwas Wichtiges vorhatte, ging zuerst zu einem Seher oder Orakel, um den Willen der Götter dazu zu erkunden. Die Griechen stellten sich die Götter als Menschen vor, nur dass sie unsterblich und übermächtig waren. Auch glaubten sie, die Götter hätten sich wie Menschen fortgepflanzt, so dass sie eine große Familie bildeten. Ihr Oberhaupt sei der Göttervater Zeus und ihr Wohnsitz der Götterberg Olymp. Von hier aus regiere Zeus Götter und Menschen und wache über Recht und Ordnung. Wer die Götter zornig machte, so glaubten die Griechen, den bestraften sie – und manchmal auch seine Mitmenschen. Man musste die Götter daher freundlich stimmen. Jede Polis verehrte ihre Götter in großen Festen. Fast immer gab es dabei auch Wettkämpfe. Am bekanntesten waren die vier großen Spiele, weil dabei Griechen aus allen Poleis zusammenkamen. Die Olympischen Spiele waren die ältesten und berühmtesten der vier großen Spiele. Ihre Überlieferung geht zurück bis 776 v. Chr. Seitdem fanden sie alle vier Jahre beim Zeustempel von Olympia statt. Anfangs bestanden sie nur aus einer Feier zu Ehren des Zeus und dem Stadionlauf (ca. 190 m) und dauerten einen Tag. Später kamen immer mehr Disziplinen dazu: Langlauf, Weitsprung, Diskus- und Speerwurf, Ringen, Boxen, Pankration (Mischung aus Boxen und Ringen), Wagen- und Pferderennen. Auch die religiösen Feierlichkeiten nahmen zu. Schließlich zogen sich die Spiele über sechs Tage hin. Im Jahr von Olympischen Spielen luden Gesandte des Zeustempels alle griechischen Poleis ein. Als Sportler durften nur männliche

Griechen teilnehmen. Sie standen unter dem Schutz eines Gottesfriedens. Dadurch waren alle Griechen Zeus gegenüber verpflichtet, die Teilnehmer unbehelligt hin- und zurückreisen zu lassen.

Philosophen regen zum Nachdenken an

Die Macht der Götter hatte auch Grenzen. Im Jahre 585 v. Chr. fand eine Sonnenfinsternis statt. Sie machte den Gelehrten Thales von Milet (ca. 624–545 v. Chr.) mit einem Schlag berühmt: Er hatte sie nämlich exakt berechnet und vorhergesagt. Thales ist der erste uns bekannte griechische Philosoph. Mit ihm begann etwas ganz Neues: Thales führte die Naturereignisse nicht mehr einfach auf das Wirken der Götter zurück, sondern er suchte nach Erklärungen, die man mit dem Verstand begreifen konnte. So funktioniert Wissenschaft bis heute.

Den Philosophen ging es aber nicht nur um Naturereignisse und ihre Erklärung, sondern auch um den Menschen und sein Handeln in der Gesellschaft. Sie stellten Fragen nach einer gerechten Staatsform und nach einem guten und richtigen Leben. Das bewegte viele Athener, denn seit dem 5. Jahrhundert v. Chr. durfte jeder Bürger in der Polis mitentscheiden, musste sich aber auch informieren und verschiedene Meinungen sorgsam abwägen. Wer Einfluss ausüben wollte, musste darüber hinaus gut reden können. Manche Philosophen machten daraus ein einträgliches Geschäft. An belebten Orten wie z. B. Marktplätzen verkauften sie ihr Wissen an junge Männer, die reich genug waren und etwas werden wollten. Der bekannteste Philosoph Athens war Sokrates (470–399 v. Chr.). Er zog durch Athen, verwickelte die Menschen in Diskussionen und versuchte, sie zum gründlichen Nachdenken anzuregen.

Der beste Staat?

Unter den Philosophen bestand keine Einigkeit darüber, welche Staatsform die beste wäre. War es die Demokratie, auf die die Athener so stolz waren? Die meisten Athener hätten die Frage wohl bejaht. In der Demokratie hatte jeder

M3 Wettlauf von Frauen
Amphore, 5. Jahrhundert v. Chr. Frauen hatten in Olympia eigene Spiele zu Ehren der Göttin Hera, der Gemahlin von Zeus.

✎ : Vergleichen Sie die Frauen mit den männlichen Sportlern (**M1, M2**). Was fällt Ihnen auf?

Bürger eine Stimme, jeder zählte gleich viel, die Mehrheit entschied. Das war gerecht. Manche bevorzugten die Aristokratie, die Herrschaft des Adels, weil hier die Besten die Politik bestimmten. Es gab auch Befürworter der Monarchie: Da gäbe es klare Entscheidungen, keinen Streit und jeder könne in Ruhe seiner Arbeit nachgehen. Der Philosoph Aristoteles (384–322 v. Chr.) meinte, dass jede dieser drei Staatsformen ihre Vorzüge und Nachteile habe. Jede sei gut, solange auf das Wohl aller geachtet werde. Wenn das aber nicht der Fall sei, werde jede eine schlechte Staatsform: Wenn der König nur auf seinen Vorteil bedacht ist, werde aus der Monarchie die gewissenlose Tyrannei eines Einzelnen. Wenn die Adligen nur an ihren Reichtum und ihre Macht dächten, werde die Aristokratie zur Herrschaft einer egoistischen Gruppe. Wenn das Volk immer mehr wolle, neidisch auf die Reichen sei und die Vernünftigen nicht zu Wort kommen ließe, werde aus der Demokratie die „Pöbelherrschaft". Die grundlegende Ungleichheit in der Gesellschaft, die sich im Ausschluss der Sklaven und der Frauen zeigte, stellten die Philosophen damals noch nicht infrage.

Philosophie	Der Begriff kommt aus dem Griechischen und bedeutet „Liebe zur Weisheit". Philosophen diskutieren grundlegende Fragen des Daseins der Menschen. Berühmte griechische Philosophen sind Sokrates, Platon und Aristoteles.

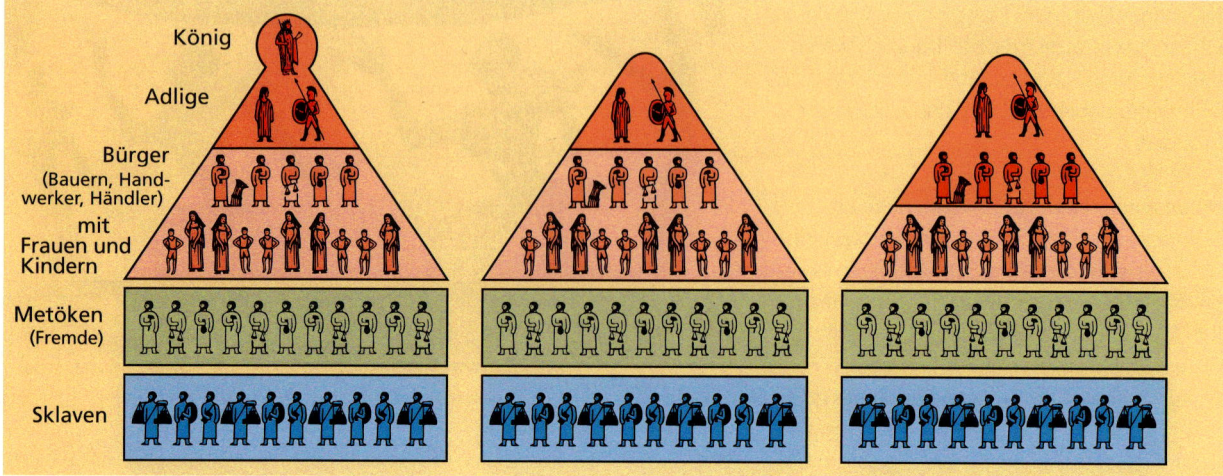

M4 Staats- und Herrschaftsformen
Das Schaubild zeigt antike Vorstellungen über die Ordnung von Staaten. Sie unterscheiden sich darin, wer jeweils regiert und wer welche Rechte hat. Rot ist die Gruppe von Personen, die jeweils die Herrschaft ausübt.

✏️ : Beschreiben Sie die drei Schaubilder und benennen Sie die Unterschiede. Ordnen Sie ihnen die Begriffe Demokratie, Monarchie und Aristokratie zu.

M5 Lob auf die Olympischen Spiele
Aus einer Festrede des griechischen Redners Isokrates (436–338 v. Chr.) für die Olympischen Spiele:

Zu Recht loben wir die Gründer unserer großen Festspiele. Denn sie haben uns die Sitte überliefert, an einem Ort zusammenzukommen, nachdem Frieden verkündet worden ist und wir unsere Streitigkeiten beigelegt haben. Wenn wir an diesem
5 Ort dann gemeinsam beten und opfern, werden wir daran erinnert, dass wir miteinander verwandt sind. Wir bekommen freundlichere Gefühle füreinander, machen alte Freundschaften wieder lebendig, knüpfen neue für die Zukunft. Weder Zuschauer noch Athleten verbringen ihre Zeit umsonst und
10 nutzlos. Athleten können im Wettstreit der Hellenen ihre Höchstleistungen zeigen; Zuschauer können miterleben, wie sie miteinander wetteifern. Jeder findet etwas Interessantes am Festspiel und alle etwas, was ihrem Stolz schmeichelt: die Zuschauer, wenn sie sehen, wie sich die Athleten für sie
15 anstrengen, und die Athleten, wenn sie daran denken, dass die ganze Welt gekommen ist, um sie zu bestaunen.

Festrede d. griech. Redners Isokrates. Zit. nach: George Norlin (Übers.), Isocrates. With an English Translation, Bd. 1, London 1966, S. 145, (übers. v. Peter Offergeld)

M6 Kritik an den Wettkämpfen
Der griechische Schriftsteller Lukian (120–180 n. Chr.) lässt in einem erfundenen Gespräch, das er in die Zeit um 590 v. Chr. verlegt, einen Nichtgriechen zu einem Athener sagen:

Und warum tun bei euch die jungen Männer das alles? Einige umschlingen einander mit den Armen, stellen sich gegenseitig ein Bein, andere stoßen und drehen einander, kriechen im Schlamm wie Schweine. Zu Anfang aber reiben sie sich gegenseitig mit Öl sehr friedlich ein. Dann aber […] stoßen sie 5
sich mit gesenkten Köpfen, knallen ihre Stirnen zusammen wie Widder. […] Ich möchte wirklich wissen, wofür das alles gut sein soll. […] Ich bin völlig erstaunt über die Zuschauer. Das sind berühmte Männer, die von überall her zu den Spielen kommen. Warum vernachlässigen sie ihre wichtigen 10
Geschäfte und vergeuden ihre Zeit bei solchen Dingen? Ich kann mir einfach nicht vorstellen, was für ein Vergnügen es ihnen macht, Männer zu Boden gestoßen, geboxt, geschlagen und einen vom anderen verhauen zu sehen.

Fiktiver Gesprächsentwurf v. Lukian. Zit. nach: Austin M. Harmon (Hg. u. Übers.), Lucian. In Eight Volumes with an English Translation, Bd. 4 (Loeb Classical Library), London 1969, S. 3, 5, 13 (übers. u. bearb. v. Peter Offergeld)

M7 Was ist die beste Staatsform und wer soll im Staat entscheiden?
Die Philosophen lehrten ihre Schüler auch, in Rede und Gegenrede für und gegen eine Sache zu sprechen. Der Geschichtsschreiber Herodot hat in diesem Sinn ein Gespräch persischer Adliger über Staatsformen erfunden:

Otanes setzte sich für die Herrschaft des ganzen Volkes, für die Demokratie, ein und sagte: „Auch der Edelste wird, wenn er zur Herrschaft gelangt, überheblich, aber auch neidisch auf das Gut der anderen werden. Er verlangt Schmeichelei und setzt das Recht außer Kraft. Die Herrschaft des Volkes aber 5 bringt erstens gleiches Recht für alle. Zweitens aber tut sie nichts von all dem, was ein Alleinherrscher tut. Sie bestimmt die Regierung durch das Los, und diese Regierung ist dem Volke verantwortlich."

10 Ein zweiter, Megabyzos, spricht für die Herrschaft der Adligen, für die Oligarchie [eigentlich: „Herrschaft Weniger"; steht hier für Aristokratie]: „Woher sollte vom Volk Vernunft kommen? Ohne Sinn und Verstand, wie ein Strom im Frühling, stürzt es sich auf die Staatslenkung. [...] Wir sollten viel-
15 mehr einem Ausschuss von Männern des höchsten Adels die Regierung übertragen. Es ist doch klar, dass von den Edelsten auch die edelsten Entschlüsse ausgehen."

Dareios dagegen wünscht die Herrschaft eines Einzelnen, die Monarchie: „Es gibt nichts Besseres, als wenn der Beste regiert.
20 Er wird untadelig für sein Volk sorgen und Beschlüsse gegen Feinde des Volkes werden am besten geheim gehalten werden. In der Oligarchie [...] will jeder der Erste sein und seine Meinung durchsetzen. Daher pflegt es zu heftigen Kämpfen der Adligen untereinander zu kommen. Herrscht dagegen das
25 Volk, so kann es nicht ausbleiben, dass Schlechtigkeit und Gemeinheit sich einstellen!"

Herodot. Zit. nach: Hans-Wilhelm Haussig (Hg.), Herodot. Historien: deutsche Gesamtausgabe, übers. von August Horneffer, Stuttgart 4. Aufl. 1971, S. 80 ff. (bearb. v. Ursula Fries)

M8 Modell von Olympia
Zustand im 5. Jh. v. Chr., mit Zeustempel (Mitte), Heratempel (oben links) und Aufenthalts- und Versammlungsgebäuden

✎: Informieren Sie sich, welche Rolle Zeus und Hera in der griechischen Götterwelt innehatten.

1. Begründen Sie, warum der Götterglaube und die großen Spiele für das Gemeinschaftsbewusstsein der Griechen wichtig waren (**VT, M5**).

2. Vergleichen Sie Isokrates' Beurteilung der Spiele mit der des Nichtgriechen in Lukians Text (**M5, M6**).

3. Beschreiben Sie das Gottes- und das Menschenbild der Griechen. Beurteilen Sie, inwieweit Athens Demokratie mit unseren heutigen Demokratievorstellungen übereinstimmt.

4. Griechenland – die Wiege unserer Kultur. Nennen Sie Beispiele, die diese Auffassung belegen.

5. Legen Sie eine Tabelle an und tragen Sie in die entsprechende Spalte die Vor- und Nachteile jeweils einer Staatsform ein. Begründen Sie dann, welche Argumente Sie überzeugen (**VT, M7**).

	Vorteile	Nachteile
Demokratie		
Aristokratie		
Monarchie		

Vom Leben der Frauen im alten Griechenland

M1 Hochzeitszug
Ankunft des Brautpaars am Haus des Mannes, Vasenmalerei, 5. Jh. v. Chr.

: Beschreiben Sie den Zug und seine Teilnehmer.

Geschlechtertrennung

In antiken Gesellschaften gab es eine klare Trennung der Aufgabenbereiche von Männern und Frauen. Sie wurden mit naturbedingten Wesensunterschieden der Geschlechter begründet. Den männlichen Bürgern waren das politische und wirtschaftliche Leben, die Kriegsführung und die meisten Tätigkeiten im Freien vorbehalten. Frauen waren von der direkten politischen Partizipation, also z.B. der Teilnahme an Volksabstimmungen, ausgeschlossen und rechtlich vom männlichen Familienoberhaupt (Vater, Bruder oder Ehemann) abhängig. Vor Gericht mussten sie sich durch einen männlichen Verwandten vertreten lassen. Die Väter arrangierten die Ehe und konnten diese auch wieder lösen. Eine „amtliche" Trauung gab es nicht. Die Braut wurde mit einem feierlichen Umzug ins Haus des Bräutigams geführt, womit die Hochzeit offiziell anerkannt wurde. Auch Scheidungen geschahen formlos. Der Mann wies seine Frau einfach aus dem Haus. Die Kinder blieben beim Vater.

Frauen blieben im Haus

Die Sphäre von Männern und Frauen hielt man möglichst getrennt, je höher die Gesellschaftsschicht, desto schärfer war die Trennung. Während der Mann den öffentlichen Raum für sich reserviert hatte, trug die Frau die Verantwortung für das Haus. Der Mann hatte die Pflicht, sie zu versorgen. Trennte er sich von ihr, so musste er ihre Mitgift zurückzahlen. Männer aus dem Bürgertum wurden mit 18 Jahren volljährig, die Frauen blieben ihr Leben lang unmündig. Die Töchter, die ausschließlich im Haus erzogen wurden, mussten oft schon mit 15 Jahren heiraten. Innerhalb des Hauses war die Frau die Hausherrin. Sie beschäftigte sich mit Spinnen und Weben, nähte Kleider und war für die Nahrungszubereitung, die Erziehung der Kinder und die Krankenpflege zuständig. Es gab für sie in den Häusern eigene Frauengemächer. Obwohl Frauen stark an das Hausleben gebunden waren, lebten sie dort nicht wie Gefangene. Sie nahmen an Familienfeiern, an öffentlichen Theateraufführungen, religiösen Festen und Sportveranstaltungen nur für Frauen teil. Allerdings verließen die Frauen dabei das Haus meist nur in Begleitung einer Sklavin. Einkäufe auf dem Markt erledigten ein Sklave oder der Ehemann. In ärmeren Familien arbeitete die Frau oft auf dem Feld, als Händlerin auf dem Markt, als Hebamme, Amme oder Haushaltshilfe bei einer reichen Familie. Genaueres wissen wir darüber nicht, da damalige Geschichtsschreiber vor allem über das Leben der Wohlhabenden berichteten. Bei der Bewertung der benachteiligten Stellung der Frauen darf allerdings nicht außer Acht gelassen werden, dass sie hohen Respekt genossen. Auch die Schutzgöttin Athens war eine Frau und in den erhaltenen Dramen spielen Frauen eine herausragende Rolle.

Unterschiede bei der Erziehung

Auf eine gute Erziehung legten die Athener großen Wert. Vom siebten Lebensjahr an besuchten die Jungen den Unterricht bei privaten Lehrern. Dort lernten sie Lesen, Schreiben und Rechnen; auch Musik und Dichtung spielten eine große Rolle. Für den Unterricht mussten die Eltern Schulgeld entrichten. Die Söhne der Reichen hatten einen Erzieher, einen „Pädagogen". Er war meistens ein Sklave. Für Mädchen gab es keine Schulen, aber manche lernten zu Hause Lesen und Schreiben. Die meisten Frauen in Athen waren aber, im Gegensatz zu den Männern, Analphabeten.

Traditionen und Brüche: Männer und Frauen

M2 Frauen bei der Stoffherstellung
Von der Rohwolle bis zum fertigen Tuch, Vasenmalerei, 550 v. Chr.

M3 Über die Rolle der Frau
Der Philosoph Aristoteles schrieb dazu:
[…] so steht dem Manne zu, über die Frau und die Kinder zu regieren, […]. Denn das Männliche ist von Natur zur Leitung mehr geeignet als das Weibliche (wenn nicht etwa ein Verhältnis gegen die Natur vorhanden ist), und ebenso das Ältere und Erwachsene mehr als das Jüngere und Unerwachsene. […] Es gibt von Natur mehrere Arten von Herrschenden und Dienenden. Denn anders herrscht der Freie über den Sklaven, das Männliche über das Weibliche. […] Der Sklave besitzt das planende Vermögen überhaupt nicht, das Weibliche besitzt es zwar, aber ohne Entscheidungskraft, das Kind besitzt es, aber noch unvollkommen.
Aristoteles: Politik 1259 a. Zit. nach: Geschichte in Quellen, Bd. 1, München 1965, S. 313

M4 Die Ehe aus der Sicht einer enttäuschten Frau
Im Schauspiel „Medea" des Athener Dichters Euripides (ca. 480–406 v. Chr.) sagt die Hauptperson:
Von allem, was beseelt ist und Verstand besitzt,
sind doch wir Frauen das erbärmlichste Geschöpf.
Erst müssen durch ein Übermaß an Geld den Mann
wir kaufen – und den Herrn gewinnen über Leben
und Leib. Der Kernpunkt dann: Ist er schlecht oder gut, den
wir bekommen?
Sich scheiden lassen, bringt ja einer Frau nur Schande,
und einen Mann abzulehnen, ist nicht möglich.
In eine neue Lebensführung tritt die Frau.
Gelingt uns das und lebt der Mann mit uns zusammen
und trägt das Ehejoch geduldig, spricht man von
beneidenswertem Leben. […]
Und fällt dem Manne lästig der Familienkreis,
geht er hinaus und macht sein Herz von Kummer frei. […]
Sie (die Männer) sagen, ein gefahrloses Leben führten wir im
Haus, sie dagegen kämpften mit der Waffe.
Diese Dummköpfe! Dreimal möchte ich lieber in der Phalanx
steh'n als einmal nur ein Kind gebären.
Euripides, Medea, Vers 228–251. Zit. nach: Dietrich Ebener (Hg. u. Übers.) Euripides Werke in drei Bänden, Bd. 1, Weimar/Berlin 2. Aufl. 1979, S. 54 f. (bearb. d. Verf.)

M5 Die Ehe aus der Sicht eines Mannes
In einem Buch des Schriftstellers Xenophon (um 430–354 v. Chr.) sagt ein Athener Bürger:
Mir scheinen nämlich […] die Götter dieses Paar, das „Mann und Frau" genannt wird, mit besonderer Umsicht zusammengefügt zu haben, damit es im Hinblick auf die eheliche Partnerschaft so nutzbringend wie möglich ist. Zunächst einmal ist dieses Paar nämlich dazu bestimmt, miteinander Kinder zu zeugen, um die Arten der Lebewesen nicht aussterben zu lassen. […] Da nun aber […] Tätigkeiten innerhalb und außerhalb des Hauses ausgeführt und beaufsichtigt werden müssen, hat Gott von vornherein die Natur [von Mann und Frau] danach ausgestattet, […] die der Frau für die Arbeiten im Hause, die des Mannes dagegen für das, was draußen getan werden muss. […] Durch die Tatsache aber, dass beider Natur nicht für alles gleich gut begabt ist, bedürfen sie einander noch mehr, und deswegen ist ihre Verbindung noch nützlicher für sie: Was dem einen Partner fehlt, das bietet der andere. Da wir nun das kennen, was jedem von beiden von Gott zugewiesen ist, ist es erforderlich, dass jeder von beiden versucht, das ihm Zufallende bestmöglich zu erfüllen.
Xenophons „Oikonomikos", Kap. VII. Zit. nach: Klaus Meyer (Hrsg. u. Übers.), Xenophons „Oikonomikos" (Philologische Beiträge zur Realienforschung im antiken Bereich, Bd. 1), Marburg 1975, S. 32 ff.

---

1. Charakterisieren Sie das Menschenbild im antiken Griechenland in Bezug auf die Rechte von Männern und Frauen (**VT, M3**).

2. Arbeiten Sie heraus, wie der Athener (**M5**) die Ehe sieht und wie er seine Sicht begründet. Ziehen Sie Vergleiche zur Sicht Medeas (**M4**).

Nicht alle haben Bürgerrechte

Zuwanderer mit eingeschränkten Rechten

Die enorme wirtschaftliche und kulturelle Attraktivität Athens zog zahlreiche Bürger von Nachbarstaaten und von anderen griechischen Stadtstaaten an, die sich auf Dauer in Attika niederlassen wollten. Diejenigen von ihnen, die nur schlecht griechisch sprachen, nannte man abwertend Barbaren (Stammler, Stotterer). Diese Zuwanderer hatten als Metöken („Mitwohner") einen von den athenischen Bürgern scharf getrennten Status. Ihnen war der Erwerb von Grundbesitz nicht gestattet. Sie mussten sich aber in der Gemeinde, in der sie wohnten, registrieren lassen, damit man kontrollieren konnte, ob sie ihren Pflichten nachgingen. Diese bestanden zunächst in der Bezahlung einer jährlichen Kopfsteuer, von der die Vollbürger befreit waren. Zudem wurden die Metöken, anders als die Sklaven, auch zum Kriegsdienst herangezogen, meist als Ruderer oder im Wachdienst. Sie waren von jeglicher politischen Teilnahme ausgeschlossen und mussten sich vor Gericht von einem Vollbürger vertreten lassen. Die Metöken konzentrierten sich wegen des Grunderwerbsverbots auf die Berufsstände der Handwerker, Kaufleute und Bankiers. In diesen Bereichen war es manchen möglich, zu Wohlstand zu gelangen. Nur wenigen gelang es, im Laufe ihres Lebens das Bürgerrecht zu erlangen.

Sklaven in einer Demokratie?

In fast allen Staaten der Antike gab es Sklaven, auch in Athen. Sie standen unter der Verfügungsgewalt ihres Herren, der sie vermieten, verpfänden und verkaufen konnte. Der Philosoph Aristoteles bezeichnete sie als „beseelten Besitz". Die große Zahl Sklaven in Athen war für die Wirtschaft der Stadt von erheblicher Bedeutung. Theoretisch waren sie rechtlos, Misshandlung war jedoch verboten und Mord wurde hart bestraft. Sklaven, die entweder als Kriegsgefangene nach Athen kamen oder als Kinder von Sklavinnen geboren wurden, dienten in zahlreichen Wirtschaftszweigen. Während sie jedoch bis zum Anfang des 5. Jahrhunderts v. Chr. meist einfache, anstrengende Tätigkeiten im Haushalt, in der Landwirtschaft und in den Bergwerken leisten mussten, führten die Ausweitung öffentlicher Aufgaben und die Modernisierung der Wirtschaft dazu, dass Sklaven Aufstiegschancen bekamen. Sie arbeiteten häufig Seite an Seite mit den Freien und den Metöken. Manche von ihnen waren ökonomisch und juristisch besser ausgebildet als ihre Herren; viele arbeiteten auch als Hauslehrer und Erzieher. Es gab sogar Sklaven, die nicht im Haus ihres Herrn, sondern für sich wohnten, und nicht direkt für ihren Herrn arbeiteten, sondern ihm einen Teil der eigenen Einkünfte abgaben. In seltenen Fällen gelang es Sklaven sogar, sich freizukaufen.

M1 Arbeit im Bergwerk
Arbeiter, vermutlich Sklaven, in einer Tongrube, Terrakotta, um 650 v. Chr.

✏: Vergleichen Sie die hier dargestellte Arbeit in einem Bergwerk mit dem, was Sie über ein modernes Bergwerk wissen. Warum war die Arbeit für die Sklaven damals wohl besonders schwer?

M2 Anzahl der Einwohner auf der gesamten Halbinsel Attika/nur in der Stadt Athen

	Bürger (mit Angehörigen)	Metöken (mit Angehörigen)	Sklaven	Gesamt
Attika	35 000 (140 000)	16 000 (60 000)	100 000	ca. 300 000
Athen	15 000 (60 000)	14 000 (50 000)	40 000	ca. 150 000

✏: Wie groß war der Anteil (in %) der Einwohner mit Bürgerrecht im Verhältnis zur Gesamtbevölkerung?

Traditionen und Brüche: Mehrheiten und Minderheiten

M3 Unterricht in Athen
Wohlhabende Athener ließen ihre Söhne unterrichten, oft von gebildeten Sklaven. Schale aus Athen (Ø 29 cm), ca. 480 v. Chr.

✎: Beschreiben Sie die dargestellten Szenen. Welche Unterrichtsfächer sind zu erkennen?

M4 Sklaven und Metöken in Athen
Ein unbekannter Athener berichtet:
[10] Bei den Sklaven und den Metöken herrscht in Athen die größte Zuchtlosigkeit und es ist dort nicht erlaubt, sie zu verprügeln und der Sklave wird dir auch nicht auf der Straße ausweichen. Weswegen das dort so üblich ist, will ich erklären: Wenn es gesetzlich erlaubt wäre, dass ein Sklave von einem Freien geschlagen wird oder ein Metöke oder ein Freigelassener, würde man oft einen Athener verprügeln, den man für einen Sklaven hält. Denn das Volk ist dort nicht besser gekleidet als die Sklaven und die Metöken und hat auch insgesamt kein besseres Aussehen. [11] Wenn sich einer wundert, dass sie dort die Sklaven mehr als bequem und einige auf großem Fuß leben lassen: Das tun sie anscheinend absichtlich. Wo eine Seemacht ist, dienen die Sklaven notwendigerweise für Geld, damit ich als Herr wenigstens die Abgaben bekomme, und es gehört auch zum System, sie später freizulassen. Wo Sklaven reich sind, da ist es nicht mehr für mich von Vorteil, wenn mein Sklave dich fürchtet. […] Denn wenn mein Sklave dich fürchtet, wird er vielleicht sogar dir sein Geld hergeben aus Angst um seine Person. [12] Deswegen haben sie den Sklaven gegenüber den Freien freie Meinungsäußerung erlaubt, und den Metöken gegenüber den Bürgern, deswegen, weil die Stadt Metöken braucht wegen der Menge an Handwerksarbeiten und wegen der Flotte.

(Pseudo-) Xenophon. Zit. nach: Wolfgang Lautemann/Manfred Schlenke (Hg.): Geschichte in Quellen, Bd. 1, München 4. Aufl. 1989, 1, 10–12

M5 „Ein beseelter Besitz"
Der Philosoph Aristoteles (344–322 v. Chr.) über die Sklaverei:
Als Erstes wollen wir über den Herren und den Sklaven reden. […] Da nun der Besitz ein Teil des Hauses ist, […] so ist auch für den Hausverwalter der Besitz im Einzelnen ein Werkzeug zum Leben und im Ganzen eine Sammlung solcher Werkzeuge und der Sklave ein beseelter Besitz; jeder Diener ist gewissermaßen ein Werkzeug, das viele andere Werkzeuge vertritt. […] Der Mensch, der seiner Natur nach nicht sich selbst, einem anderen gehört, ist von Natur ein Sklave. […] Von Natur also ist jener ein Sklave, der einem anderen zu gehören vermag und ihm auch gehört, und der so weit an der Vernunft teilhat, dass er sie annimmt, aber nicht besitzt. Die [Haustiere] dienen so, dass sie nicht die Vernunft annehmen, sondern nur Empfindungen. Doch ihr Dienst ist nur wenig verschieden, denn beide helfen dazu, das für den Körper Notwendige zu beschaffen, die Sklaven wie die zahmen Tiere. Die Natur hat außerdem die Tendenz, auch die Körper der Freien und der Sklaven verschieden zu gestalten, die einen kräftig und für die Beschaffung des Notwendigen, die anderen aufgerichtet und ungeeignet für derartige Verrichtungen, doch brauchbar für das politische Leben.

Aristoteles, Politik 1253B ff. Zit. nach: Geschichte in Quellen, Bd. 1, München 1965, S. 310 f.

---

1. Beschreiben Sie das Zusammenleben von Sklaven, Metöken und Bürgern in Athen zur Zeit des Perikles (**VT, M2, M4**).

2. Begründen Sie anhand von **M5**, warum uns heute manches am antiken Menschenbild fremd erscheint.

1.3 Lebensformen in der mittelalterlichen Ständegesellschaft

M1 Die drei Stände der Christenheit
Jesus segnet die drei Stände Klerus, Adel und Bauern und weist ihnen ihre jeweiligen Aufgaben zu. Tu supplex ora (Du bete demütig!), Tu protege (Du beschütze!), Tuque labora (Und du arbeite). Holzschnitt, Mainz 1492.

Schon in der Antike war der Glaube eine öffentliche Angelegenheit. An Feiertagen opferten alle Bürger gemeinsam den jeweiligen Göttern. Unterzeichneten sie einen Vertrag, riefen sie dabei die Götter an; keine politische Debatte, Wahl oder Entscheidung geschah ohne Einbeziehung der Religion. Auch im Mittelalter beherrschte der Glaube alle Lebensbereiche der Menschen. Es wäre undenkbar gewesen, sich dem kirchlichen Einfluss zu entziehen oder den sonntäglichen Kirchgang zu verweigern. Kaum jemand zweifelte deshalb die Rechtmäßigkeit einer Gesellschaftsordnung an, in der Adel und Klerus das Sagen hatten. Denn die Menschen des Mittelalters glaubten, dass diese Ordnung von Gott vorgegeben sei.

8. Jh.	Das Lehnswesen entsteht.
10. und 11. Jh.	Durch Burgenbau wird die Herrschaft über Land und Leute gefestigt.
12. und 13. Jh.	Durch technische Neuerungen in der Landwirtschaft werden die Erträge erhöht.
1100–1500	Die Zahl der Städte in Deutschland wächst durch Neugründungen und Verleihung von Stadtrechten von knapp 40 ehemaligen römischen Städten auf ca. 3000 an.
12. Jh.	In den meisten Städten gibt es als Stadtregierung einen Rat, der sich aus Patriziern zusammensetzt. Seit dem 14. Jh. kämpfen die Zünfte um eine Beteiligung an der Macht.

Menschenbild und Gottesbild

Der Glaube an Gott bestimmte im Mittelalter das alltägliche Leben. Die Menschen fühlten sich in einen göttlichen Welt- und Heilsplan eingeordnet und dadurch in die Lage versetzt, die Risiken, Leiden und Nöte eines Lebens zu ertragen, das für unsere Begriffe meist arm, hart und kurz war. Krankheit, Elend und Tod waren allgegenwärtig. Ängste vor Missernten, Hunger, Kriegen und vor allem vor der ewigen Verdammnis in der Hölle als Strafe für die Sünden prägten das alltägliche Leben, wurden aber durch die Hoffnung auf Vergebung durch Gott und auf das ewige Leben erträglich. Das

Diesseits galt den Menschen nur als Durchgangsstation zum Jenseits.

Nach christlich-mittelalterlicher Auffassung lebte man im Zeitalter zwischen der Menschwerdung Gottes durch Christi Geburt und dem Jüngsten (letzten) Tag dieser Welt, an dem Christus wiederkehren werde. Die Geschichte folgte demnach einem göttlichen Heilsplan und Endziel. Gedanken über dieses Ziel – das Weltende – waren den Menschen so vertraut, dass sie Berechnungen über diesen Zeitpunkt anstellten und immer wieder das Ende der Welt voraussagten. Dem mittelalterlichen Denken war die Idee des Fortschritts fremd, der Gedanke also, dass sich die Menschheit zu einem höheren Stand der Naturbeherrschung, der Zivilisation oder der Menschlichkeit entwickeln könnte. Man orientierte sich an der Bibel, suchte Rat in der Vergangenheit, im „bewährten Alten", und hielt Neuerungen für gefährlich, ja verderblich.

Reform des Christentums

Im Christentum des Abendlandes vollzog sich vom 10. Jahrhundert an ein tief greifender Wandel, der erhebliche Auswirkungen auf die mittelalterliche Gesellschaft hatte. Die kirchliche Reformbewegung, die von dem burgundischen Kloster Cluny ausging, prägte fortan das mittelalterliche Christentum. Priester durften nun nicht mehr heiraten (Zölibat), Laien – darunter vor allem die Frauen – wurden von den Entscheidungsprozessen der Kirche ausgeschlossen. Stand zuvor der triumphierende Christus im Mittelpunkt der Frömmigkeit, betete man nun zu dem leidenden Christus, der für die Sünden der Menschen gestorben war. Buße für begangene Sünden sollten den Weg ins Paradies bereiten. Die Kirche bestimmte die Regeln der Buße und gewann damit großen Einfluss auf die Gläubigen.

Fortschritt bringt Bevölkerungswachstum

Die Gesellschaft des Mittelalter wurde wesentlich von der Landwirtschaft getragen. Damit waren die Menschen stark in den Kreislauf der Natur eingebunden und von ihr abhängig. Ackerbau und Viehzucht bildeten die Grundlage der Wirtschaft, auch wenn Handel und Handwerk zunehmend an Bedeutung gewannen. Heute arbeiten weniger als 3 % der Deutschen in der Landwirtschaft, um 1200 waren es noch rund 90 % der Bevölkerung. Die Produktivität von Ackerbau und Viehzucht war also sehr gering. Das Verhältnis von Getreideaussaat zu Ernte lag bei 1:3, heute beträgt es in Deutschland 1:40. Aber auch im hohen und späten Mittelalter vom 11. bis 15. Jahrhundert kam es schon zu einer bedeutenden Steigerung der Nahrungsmittelproduktion, die mit einem starken Anstieg der Bevölkerung in Mittel- und Westeuropa von 12 Millionen Einwohnern (um 1000) auf 35,5 Millionen (um 1340) einherging. Technische Verbesserungen bei Ackergeräten oder dem Zuggeschirr für Pferde, die gezielte Düngung der Böden, vor allem aber die Ablösung der Zweifelderwirtschaft – jährlicher Wechsel zwischen Brache und Getreideanbau – durch die Dreifelderwirtschaft, bei der auf die Brache ein Fruchtwechsel folgte, steigerten die Erträge deutlich. Zusätzlich wurden neue Flächen durch umfangreiche Rodungen und durch Neugründungen von Dörfern erschlossen. Dieser Aufschwung bildete die Basis für die Entwicklung der mittelalterlichen Lebensformen.

Ständegesellschaft

Die mittelalterliche Gesellschaft seiner Zeit beschrieb der Dichter Freidank 1229 mit folgendem Vers: „Drei Stände sind's, die Gott geschaffen: die Bauern, Ritter und die Pfaffen." Diese Aufzählung von Bauernschaft, Adel und Klerus umfasste die meisten Menschen der mittelalterlichen Ständegesellschaft. Es fehlten lediglich die Bürger der Städte, die man erst ab dem Spätmittelalter zum Dritten Stand zählte. Innerhalb aller Stände gab es jedoch erhebliche soziale Unterschiede.

Den Ersten Stand in der Gesellschaft des Mittelalters bildete der Klerus. Den oft in ärmlichen Verhältnissen lebenden Dorfpriestern standen einflussreiche Bischöfe gegenüber, die als Reichsfürsten über große Macht verfügten. Die begehrten kirchlichen Ämter waren in der Regel Adelssöhnen vorbehalten. Der Zweite Stand, der Adel, war wirtschaftlich und militärisch selbstständig. Die mächtigen Herzöge konnten sogar zu Rivalen des Königs werden, während viele Ritter im Laufe der Zeit verarmten und sich von Raub ernährten.

Der Dritte Stand umfasste den weitaus größten Teil der Bevölkerung in den Städten und

1 Lebensformen früher und heute

M2 Die Herrschaftsgebiete der mächtigsten Fürstenfamilien im Reich, 1356

✎: Untersuchen Sie, was die Karte über die Machtverteilung im Heiligen Römischen Reich aussagt. Welche Probleme könnten sich daraus für die Machtausübung der Könige bzw. Kaiser ergeben haben?

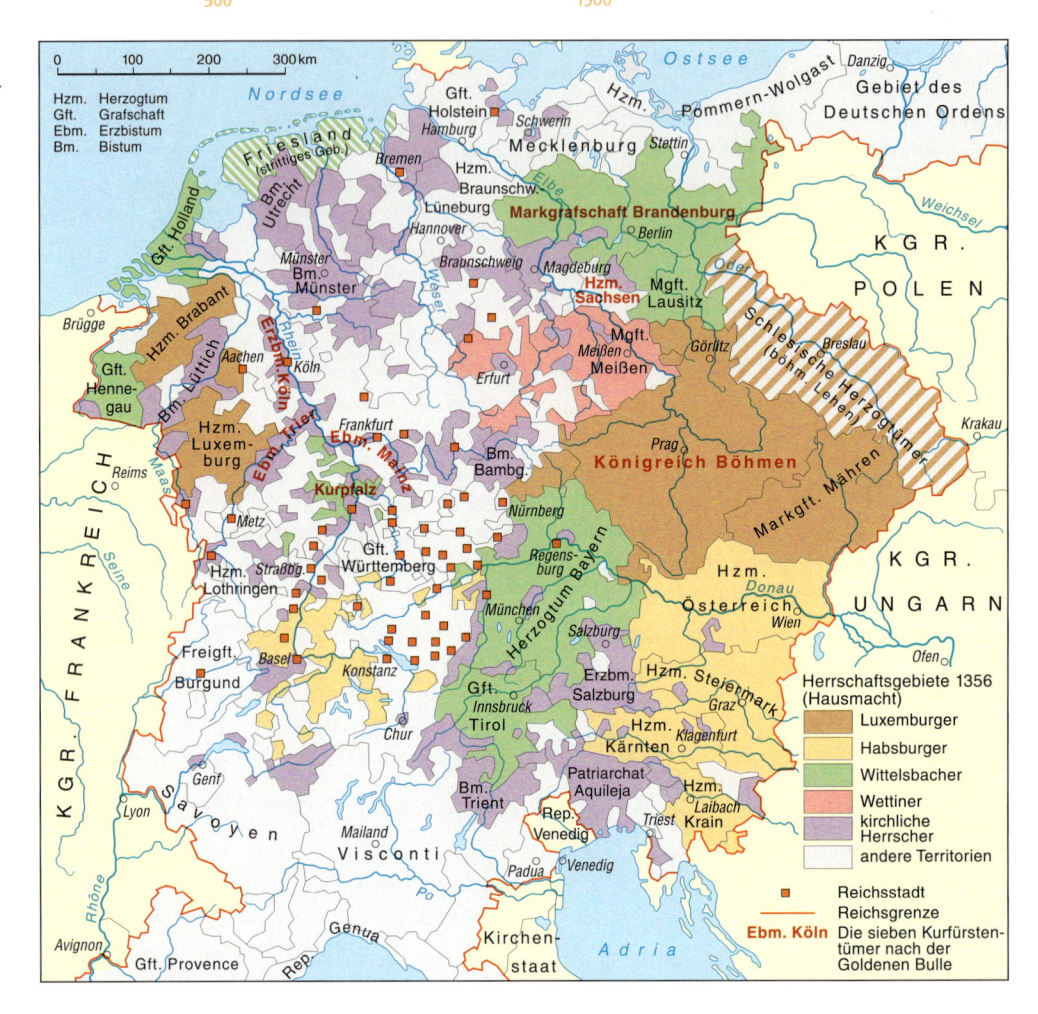

auf dem Land. Die Bettler gehörten – wie auch die Juden – zu keinem Stand. Allerdings besaßen sie eine wichtige Rolle in der mittelalterlichen Gesellschaft, denn wer ihnen Almosen spendete, dem versprach die Kirche das göttliche Heil und die Vergebung der Sünden. Die moderne Leistungsgesellschaft betrachtet Armut oft als persönliches Versagen und drängt sie an den Rand; das wäre im Mittelalter undenkbar gewesen.

Auf dem Land gab es Freie und Unfreie. Unfreie waren einem Gutsherrn untergeben und „hörig" (gehorsam). Sie mussten einen Teil ihrer Ernte abliefern und Frondienste leisten, also bei der Bestellung der Felder des Herrenhofs und beim Straßen- und Wegebau mithelfen. Auch in der Stadtbevölkerung gab es große soziale Unterschiede. In vielen Städten besaßen mehr als ein Drittel der Bürger kein Bürgerrecht, denn dazu brauchte man Grundbesitz, z. B. als Handwerksmeister oder als Kaufmann ein Wohngebäude mit Werkstatt oder Warenlager. Die Erwerbsmöglichkeiten für Nichtbürger waren stark eingeschränkt. Zudem besaßen sie keinerlei politische Rechte. Handwerksgesellen und Lehrlinge, die oft im Haus ihrer Meister wohnten, hatten meist kein Bürgerrecht, ebenso wenig die Knechte und Mägde. Viele selbstständige Handwerker und Händler in den Städten kamen mit der Zeit zu Wohlstand und erkämpften sich politische Rechte innerhalb der städtischen Selbstverwaltung. Keinen Platz in dieser Gesellschaftsordnung hatten Außenseiter. Dazu gehörten das fahrende Volk oder Angehörige „unehrenhafter Berufe" in den Städten wie Henker, Abdecker oder Latrinenräumer.

Diese Einteilung der Gesellschaft in die unterschiedlichen Stände und die damit verbundene Ungleichheit stellten die Menschen des Mit-

M3 Kaiser Karl IV. und die sieben Kurfürsten
Drei geistliche Fürstbischöfe (links) und vier weltliche Fürsten (rechts) wählten die Könige des Heiligen Römischen Reiches, die meist anschließend vom Papst zum Kaiser gekrönt wurden. Buchmalerei, Augsburg 1370

✎: Suchen Sie auf der Karte **(M2)** die Gebiete, in denen die Kurfürsten jeweils herrschten.

telalters nicht infrage, da die Kirche predigte, dass es Gott gewesen sei, der die Menschen in drei Stände aufgeteilt habe. Jedem Stand kämen seine spezifischen Aufgaben zu, so dass alle Stände aufeinander angewiesen seien.

Entstehung der Grundherrschaft

Die Bauern waren bis ins 9. Jahrhundert hinein zumeist freie Leute, jedoch zum Kriegsdienst verpflichtet. Danach gerieten viele Bauern Mittel- und Westeuropas unter dem Druck häufiger Kriegszüge in die Abhängigkeit von Grundherren. Sie sahen sich nicht mehr imstande, neben der Feldarbeit Kriegsdienst zu leisten und zudem die teure Ausrüstung zu stellen. Der Grundherr nahm den Bauern die Kriegsdienstpflichten ab und versprach ihnen seinen Schutz. Dafür verlangte er Abgaben in Form eines Teils der Ernte und Frondienste (Herrendienste), etwa durch Mithilfe bei Erntearbeiten auf dem Gutshof oder bei Transportfahrten. So wurden aus ehemals Freien Hörige.
Merkmal der neu entstandenen Grundherrschaft war die Abstufung in eine Vielzahl von Rechtsstellungen zwischen frei und unfrei, die sich auch regional unterschieden. Die freien Hörigen, ehemals Freie, hatten ihr Gut in die Grundherrschaft eingebracht, um Schutz zu erhalten. Sie konnten es weiter bewirtschaften und auch grundherrlichen Besitz zur Nutzung übertragen bekommen. Die unfreien Hörigen hingegen waren Leibeigene ihres Herrn, der sie zusammen mit dem Hof verkaufen konnte. Schließlich gab es die Halbfreien, von Herren freigelassene ehemalige Hörige.
Die Lebensverhältnisse vor allem der Landbevölkerung waren durch eine hohe Arbeitsbelastung, mangelnde Hygiene und unzureichende medizinische Versorgung gekennzeichnet. Die Lebenserwartung war gering, sie betrug zu Beginn des 14. Jh. etwa 35 Jahre.

König und Fürsten regierten

Die Könige des Heiligen Römischen Reiches wurden bis zum Hohen Mittelalter von allen weltlichen und geistlichen Fürsten gewählt, die innerhalb des Reichs die Macht und Herrschaft über größere Gebiete ausübten (Territorialherren). 1356 erließ dann aber Kaiser Karl IV. mit der „Golden Bulle" eine Regelung, wonach nur

Heiliges Römisches Reich	Dies war die offizielle Bezeichnung für den Herrschaftsbereich der römisch-deutschen Kaiser vom Mittelalter bis zum Jahr 1806. Der Name des Reiches leitet sich vom Anspruch der mittelalterlichen Herrscher ab, die Tradition des antiken Römischen Reiches fortzusetzen. Seit dem 14. Jahrhundert wurde dann der Zusatz „Deutscher Nation" angefügt. Zur Unterscheidung zu dem 1871 gegründeten Deutschen Reich bezeichnen Historiker es auch als „Altes Reich".

noch sieben Kurfürsten (von mittelhochdeutsch „kuren" = wählen) wahlberechtigt waren. Die Könige ließen sich nach ihrer Wahl meist vom Papst zum Kaiser krönen. Sie sahen sich als von der Kirche und sogar von Gott legitimiert (Gottesgnadentum). Die nicht wahlberechtigten Territorialherren behielten weiterhin großen Einfluss auf die Regierungsgeschäfte der Könige oder Kaiser. Auf unregelmäßig stattfindenden Reichstagen hatten Kurfürsten, Fürsten und später auch die unmittelbar der Herrschaft der Könige unterstehenden Freien Reichsstädte Sitz und Stimme für ihre Herrschaftsgebiete. Sie konnten dort über Steuern entscheiden und über die Reichspolitik beraten. Diejenigen, die regiert wurden, also die Bevölkerung, hatten dabei allerdings keinerlei Mitspracherecht.

Probleme der Durchsetzung von Herrschaft

Die Grundherren übten in ihrem Amtsbereich oft die vollständige staatliche Gewalt aus. Der König war von den Grundherrschaften zu weit entfernt, um die Macht der Grundherren einschränken oder kontrollieren zu können. Die Verkehrsverhältnisse waren bis ins 14. Jahrhundert in Mitteleuropa unterentwickelt, ließen ständige Kontrollbesuche nicht zu. Am ehesten hatten noch die Herzöge in ihren Herzogtümern und die Bischöfe in ihren Bistümern die Möglichkeit, direkt Herrschaft über die kleinen Grundherren auszuüben.

Ein politisches, dem heutigen „Staat" vergleichbares Gebilde existierte im frühen und hohen Mittelalter in Europa noch nicht. Die Menschen waren ausschließlich an Personen gebunden: die Masse der Bevölkerung an die Grundherren, der Adel an den Lehnsherrn.

Lehnssystem

Den Königen des Mittelalters gelang es selten, sich gegen die Herrschaftsansprüche des selbstbewussten hohen Adels durchzusetzen. Karl der Große (768–814) scheiterte mit dem Versuch, alle Amtsinhaber durch Königsboten regelmäßig zu kontrollieren. Ein anderer Weg erwies sich bis ins 13. Jahrhundert als erfolgreicher: das Lehnssystem. Die Grundstrukturen des **Lehnswesens** wurden schon unter Karl dem Großen geschaffen. Durch die Treueverpflichtung zog der König den hohen Adel an sich; im Frieden verlangte er von ihm Rat, im Kriegsfall Hilfe. Zu dieser persönlichen Bindung, die als Königsdienst das Ansehen des adligen Herren steigerte, kam das Lehen: Verliehen wurde ein Lehnsgut, also ein Stück Land oder auch ein Amt. Beides erbrachte Einnahmen und erweiterte die Machtgrundlage des Königs. So wurden Grafen, Markgrafen, Herzöge, Bischöfe und Äbte zu Helfern des Königs bei der Verwaltung des Reiches. Ebenso waren sie unentbehrlich für den Kriegsfall, denn nicht nur der König hatte das Recht, Lehen auszugeben, sondern seine Lehnsträger, die **Kronvasallen**, durften ihrerseits aus ihrem Besitz an Untervasallen Lehen vergeben. Aus deren Reihen stellten sie dann im Kriegsfall ein Truppenkontingent auf, mit dem sie dem König Heeresfolge leisten mussten. Auf diese Weise wurden die mittelalterlichen Heere zu Vasallenheeren.

Vom Lehnsmann zum Landesherrn

Die beiderseitige Treuebindung und die materiellen Vorteile der Kronvasallen schienen dem König zunächst Sicherheit dafür zu bieten, dass keine adligen Sonderherrschaften auf dem Boden des Reiches entstanden oder Ämter willkürlich ausgeübt wurden. Denn das Lehen konnte bei Treuebruch in einem raschen Gerichtsverfahren dem Lehnsmann genommen werden. Auch konnte der König beim Tod des Kronvasallen wieder über das Lehen verfügen, denn es fiel an ihn zurück. Ebenso konnte dies sein Erbe tun, denn auch beim Tod des Königs wurden die Lehen eingezogen und neu vergeben.

Die Lehnsleute bemühten sich schon früh, die Lehen ihrer Familie zu erhalten, obwohl der Leihegedanke die Erblichkeit eigentlich aus-

M4 Fronende Bauern und Gutsverwalter
Buchmalerei aus dem 14. Jahrhundert

✏: Diskutieren Sie, wie die dargestellten Personen wohl über ihre Situation dachten. Formulieren Sie für jeden einen Sprechblasentext.

a) Grundherrschaft

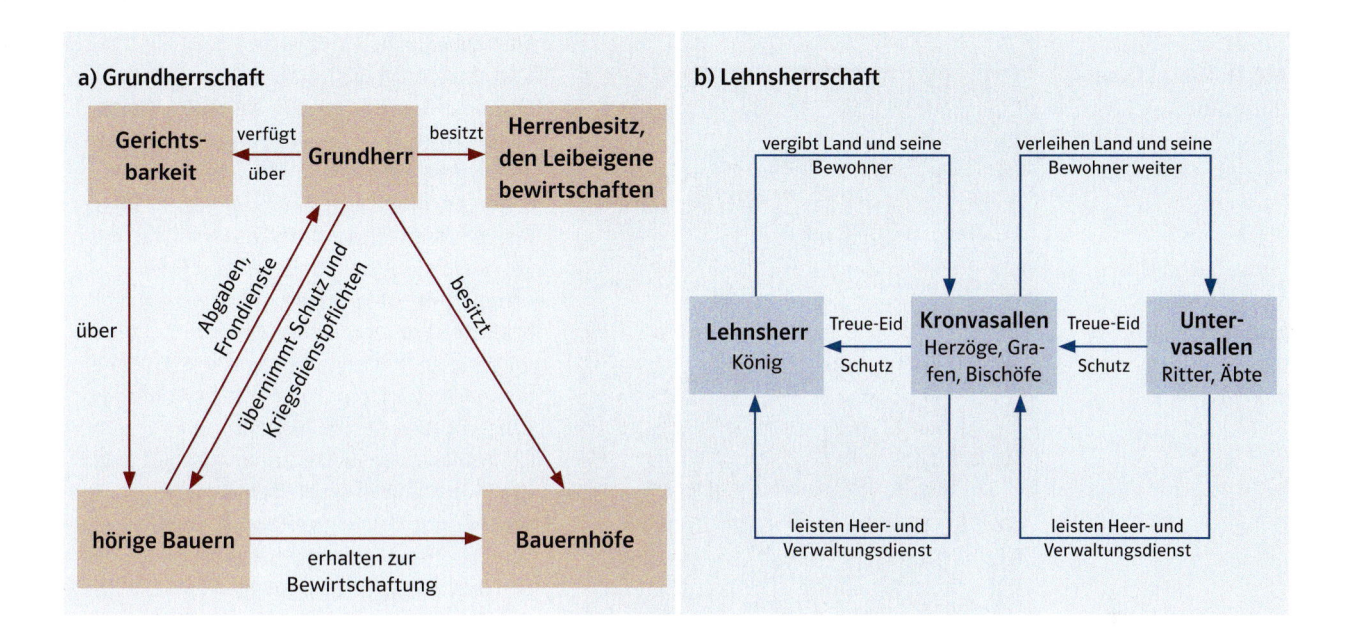

- **Gerichtsbarkeit** ← verfügt über — **Grundherr** — besitzt → **Herrenbesitz, den Leibeigene bewirtschaften**
- **Grundherr** besitzt → **Bauernhöfe**
- **hörige Bauern** → Abgaben, Frondienste → **Grundherr**; **Grundherr** übernimmt Schutz und Kriegsdienstpflichten → hörige Bauern
- **Gerichtsbarkeit** über → **hörige Bauern**
- **hörige Bauern** erhalten zur Bewirtschaftung → **Bauernhöfe**

b) Lehnsherrschaft

- **Lehnsherr (König)** — vergibt Land und seine Bewohner → **Kronvasallen (Herzöge, Grafen, Bischöfe)** — verleihen Land und seine Bewohner weiter → **Untervasallen (Ritter, Äbte)**
- Kronvasallen: Treue-Eid ↔ Schutz mit Lehnsherr
- Untervasallen: Treue-Eid ↔ Schutz mit Kronvasallen
- Kronvasallen leisten Heer- und Verwaltungsdienst an Lehnsherr
- Untervasallen leisten Heer- und Verwaltungsdienst an Kronvasallen

schloss. Tatsächlich kamen Herrscher häufig ihren Kronvasallen entgegen und gaben das Lehen meist an den ältesten Sohn des Verstorbenen weiter. So entstand allmählich eine Art Gewohnheitsrecht auf die Erblichkeit von Lehen, bis schließlich 1232 durch das „Reichsgesetz zugunsten der Fürsten" den ehemaligen Kronvasallen die volle Herrschaft in ihren Gebieten zugestanden wurde. Aus dem Lehnsmann war der Landesherr geworden, der seine Macht im eigenen Territorium ausbaute und dieses auch wie eigenen Besitz vererbte.

Die Ritter steigen in den Adel auf

Im deutschsprachigen Raum gab es im Mittelalter mehr als 10 000 Burgen. Die meisten Burgen lagen so, dass man von ihnen aus einen Handelsweg, einen Fluss oder ein Tal überblicken und überwachen konnte. Unfreie Dienstmannen (Ministeriale) beherrschten von hier im Auftrag der Adligen das Land. Sie dienten ihm hauptsächlich als Reiterkrieger. Der adlige Grundherr gab ihnen ein Gut mit Bauern, das sie zu verwalten hatten. Sie lebten von den Abgaben der Bauern und bezahlten ihre teure Ausrüstung. Seit dem 12. Jahrhundert nannten sie sich Ritter. Innerhalb der Ständegesellschaft stiegen sie im Lauf des Hochmittelalters in den Adel auf. Man unterschied nun zwischen dem hohen Adel (Herzöge und Grafen) und dem niederen Adel, zu dem vor allem die Ritter gehörten. Vielen Rittern gelang es, sich aus der Abhängigkeit ihrer Herren zu befreien. Manche bauten sogar eigene Burgen.

M5 Wesen der Grund- und Lehnsherrschaft

✎: Stellen Sie die Grundlagen der Sozial- und Herrschaftsstruktur im Mittelalter dar (auch **VT**). Nennen Sie Unterschiede zum Stadtstaat Athen zur Zeit der Antike.

Lehnswesen	Das Lehen bezeichnet ein geliehenes Gut oder Amt, das ein Herr einem freien Mann als Gegenleistung für Dienst, Gehorsam und Treue zur Verfügung stellt. Grundlage für den Erhalt eines Lehens ist ein persönlicher Vertrag zwischen einem Lehnsherrn und einem Lehnsmann: Die westeuropäischen Könige hatten im 8. Jahrhundert das Lehnswesen entwickelt, um die Adligen persönlich abhängig zu machen.
Vasall	(von lat. Vassus = Knecht) Der Vasall ist ein freier Mann, der einem Herren seine Dienste anbietet. Der Herr verpflichtet sich, seine Vasallen zu schützen und gerecht zu behandeln. Der Vasall verpflichtet sich zu bestimmten, meist militärischen Dienstleistungen.
Feudalismus	(von lat. Feudum = Lehen) Gesellschaftsform des Mittelalters, die durch die Grundherrschaft, das Lehnswesen und die Ständegesellschaft geprägt war.

M6 Höfisches Leben
Illustration aus der Manessischen Liederhandschrift, 14. Jahrhundert

✎: Beschreiben Sie die Szene auf dem Bild. Welche Ideale des Rittertums werden hier gezeigt?

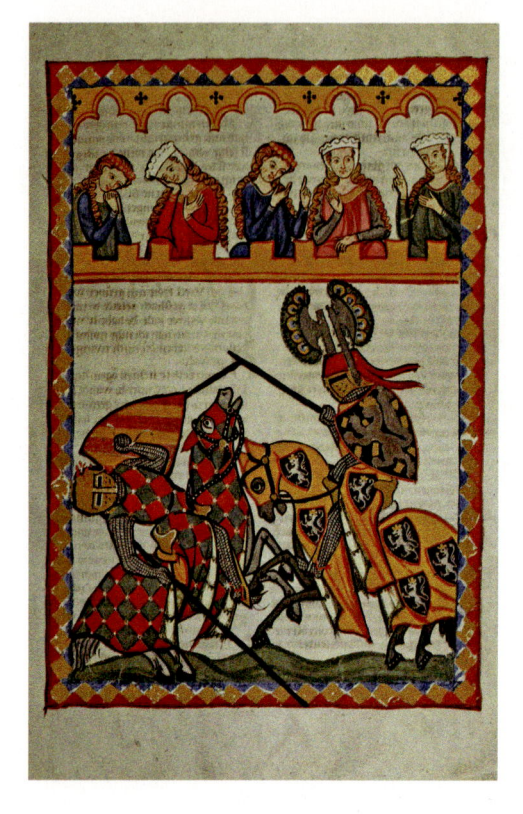

Der Ritterstand entwickelte eine höfische Lebensweise mit christlich geprägten Wertvorstellungen. Ihren Herren hatten die Ritter treu zu dienen, im Kampf oder beim Turnier Mut und Tapferkeit zu beweisen. Auch Bildung und Erziehung der Ritter waren streng geregelt: Der Sohn eines Ritters kam mit sieben Jahren auf eine fremde Burg, um als Knappe im Dienste eines anderen Burgherren die „höfische" Lebensweise zu erlernen, mit zwölf Jahren folgte die Ausbildung im Kampf mit Speer, Schild und Schwert. Mit 20 Jahren wurde er durch den „Ritterschlag" feierlich in den Ritterstand aufgenommen. Häufig wurden auch die Töchter der Ritter auf fremden Burgen erzogen, wo sie im Lesen und Schreiben, im Saitenspiel oder in der Heilkräuterkunde unterrichtet wurden.

Die Bedeutung des Rittertums nahm im Spätmittelalter immer mehr ab. Mit der Erfindung des Schießpulvers verlor der Kampf zu Pferde an Bedeutung und die ursprünglichen Leitwerte des Ritterstandes schwanden mit dem Aufkommen des gesellschaftlich entwurzelten Raubrittertums dahin.

Vom Leben in den Klöstern
Eingebunden in die Organisation der Lehns- und Grundherrschaft waren auch die Klöster, die sich von der Außenwelt abschieden und eine eigene Lebensform entwickelten. Das Leben der Mönche und Nonnen war strengen Regeln unterworfen. Ihr Tagesablauf bestand vor allem aus Arbeit, Gebeten und Gottesdiensten. Privates Eigentum war ihnen nicht gestattet. Wer sich für den Eintritt ins Kloster entschieden hatte – oft trafen diese Entscheidung auch die Eltern –, hatte fortan mit seinem ganzen Leben Gott zu dienen.

Oft betrieben die Klöster Landwirtschaft und Handwerk. Im Sinne der Nächstenliebe wurden zudem Arme verpflegt, Alte versorgt, Kranke gepflegt, Pilger und Reisende beherbergt. Klöster waren lange Zeit die einzigen Einrichtungen des Mittelalters, die sich mit Kunst, Wissenschaft und Bildung beschäftigten. Die Mönche zählten zu den wenigen Menschen, die lesen und schreiben konnten. In der Schreibstube schrieben sie das Wissen ihrer Zeit per Hand in prachtvoll gestalteten Büchern nieder oder kopierten ältere Schriften. So entstand manche üppig gefüllte Klosterbibliothek.

Die meisten Klöster waren anfangs im Besitz adeliger Stifterfamilien, denen es zustand, die Stelle der an der Klosterspitze stehenden Äbte nach Belieben zu besetzen – etwa zur Versorgung nicht nachfolgeberechtigter Kinder – und Einkünfte des Klosters für eigene Zwecke zu verwenden. Viele Klöster versuchten, nach eigenen Regeln zu leben, von herrschaftlicher Gewalt befreit zu werden und das Recht zu erlangen, selbst ihre Äbte zu wählen, indem sie sich in ein unmittelbares Schutzverhältnis zum Herrscher begaben. Aber auch die Könige waren bestrebt, die vielfach reich begüterten Abteien in ihre Lehnsabhängigkeit zu bringen. Auf diese Weise rückten eine Reihe von Äbten in den Rang von Fürsten des Reiches auf, die neben ihrem Amt als geistliche Oberhirten Lehnsträger des Königs wurden. Diese Doppelstellung führte zur Ausbildung geistlicher Territorien, die bis zur Reformation und teilweise sogar bis in die Zeit Napoleons Bestand hatten. Eine eigenständige Lebensform stellten die Bettelorden wie Franziskaner und Dominikaner dar. Ihre Mönche lebten in Armut und als Wanderprediger.

M7 Stadtansicht von Köln, 1493 kolorierter Holzschnitt

✏️: Listen Sie wesentliche Merkmale einer mittelalterlichen Stadt auf.

Städte werden gegründet

Mit der Bevölkerungszunahme seit dem 11. Jahrhundert nahmen in Mitteleuropa auch Handel und Verkehr zu. Die Grundherren gründeten Märkte und Städte als Ansiedlungen für Handwerker und Kaufleute. Sie nutzten den Umstand, dass aufgrund der steigenden Produktivität in der Landwirtschaft zum einen weniger Menschen für die Landarbeit benötigt wurden und zum anderen immer mehr Menschen von den landwirtschaftlichen Erträgen versorgt und ernährt werden konnten. So zogen viele Menschen, die auf dem Land kein Auskommen mehr fanden, in die neu entstehenden Siedlungen und Städte.

Städte entstanden bevorzugt in der Nähe von Burgen, Klöstern oder Bischofssitzen. Dort fanden die sich ansiedelnden Handwerker und Kaufleute Abnehmer für ihre Waren. Zudem entwickelten sich die alten Römerstädte und jene Orte, die verkehrsgünstig an wichtigen Handelswegen oder Flüssen lagen, besonders rasch zu aufstrebenden Handelsstädten.

Rechte und Privilegien der Städte

Städte verfügten über drei grundlegende Rechte: Markt zu halten, eine Stadtmauer zu bauen und die Bewohner von einem Hörigkeitsverhältnis gegenüber ihren früheren Grundherren zu lösen. Auf die Hörigen ihres ländlichen Umlandes übten die Städte deshalb eine große Anziehungskraft aus, denn es galt der Grundsatz: „Stadtluft macht frei." Mit der Zeit setzte sich der Rechtsbrauch durch, dass ehemals auf dem Lande lebende Hörige, die sich in die Stadt abgesetzt hatten, nach „Jahr und Tag" nicht mehr ihrem ehemaligen Grundherren unterstanden und somit „frei" waren. Diese rechtliche Freiheit hob die Städte aus ihrer feudalistischen Umgebung heraus.

Städtische Selbstverwaltung

Von den Städtegründungen profitierten sowohl die Stadtbewohner als auch die Grundherren. Kaufleute und Handwerker genossen einen eigenen rechtlichen Status und waren vor Raub und Überfällen geschützt. Die adligen Städtegründer kassierten ihrerseits Steuern von den Stadtbewohnern und erfuhren einen erheblichen Machtzuwachs. Im 12. und 13. Jahrhundert begann so ein regelrechter Urbanisierungsprozess. Als Stadtherren übertrugen die adligen Grundherren Vögten und Ministerialen die Aufsicht und die Gerichtsbarkeit über die Märkte. Ferner erzielten die Stadtherren beträchtliche Einkünfte aus Straßenzöllen, Einnahmen aus Marktgebühren, Gewinne aus dem Prägen von Münzen und Einnahmen aus Mühlen, die nur der Landesherr oder seine Pächter betreiben durften. Während die Stadtherren in der Regel nicht in den Städten wohnten, bildeten ihre Ministerialen zusammen mit Vertretern der Gilden (Zusammenschlüsse der Fernkaufleute) die städtische Führungsschicht: das **Patriziat**. Diese „Geschlechter" saßen im Rat der Stadt. Die Geldwirtschaft entwickelte sich vor allem in der Stadt. Die Stadtherren waren daher auf die Bürger angewiesen und traten deshalb

1.3 Lebensformen in der mittelalterlichen Ständegesellschaft

Rechte an die Städte ab. Am ausgeprägtesten war die Selbstverwaltung in den Reichsstädten. Ihr Stadtherr war der König bzw. Kaiser. Sie lagen auf Reichs- bzw. Königsgut und hatten nur dem König als Stadtherren Dienste und Abgaben zu leisten. Städte, die sich aus der Abhängigkeit von feudaler Herrschaft befreien konnten, nannten sich Freie Städte. Mit nahezu vollständiger Souveränität konnten sich Freie Städte und Reichsstädte mit anderen Städten verbünden, mit anderen Herren Verträge abschließen, ja selbst Kriege führen.

Innerstädtische Konflikte

Seit dem 14. Jahrhundert drängten die Zünfte gegenüber dem Patriziat verstärkt auf Mitwirkung im Rat der Stadt. Mit dem Wachstum der gewerblichen Warenproduktion stieg sowohl die Bedeutung als auch das Selbstbewusstsein der Zünfte. In einer Reihe von Städten kam es deshalb wie in Augsburg zur Vertreibung der patrizischen Geschlechter oder wie in Köln zu blutigen Zunfterhebungen. Die Teilhabe der Zünfte machte den Rat jedoch noch nicht zu einem Stadtparlament. Es fanden keine Wahlen statt, vielmehr hatten selbst bei den Zünften nur bestimmte Familien einen Ratssitz, der gewöhnlich vererbt und vom männlichen Oberhaupt der Familie lebenslang wahrgenommen wurde.

Reichtum und Armut in den Städten

Den über Jahrhunderte aufgebauten Wohlstand präsentierten bedeutende Städte stolz in ihrer Architektur. Ihre eindrucksvollen Stadtkirchen, Rathäuser und Stadttore, ihre großen Korn- und Kaufmannshäuser und das Warenangebot auf ihren Märkten unterstrichen ihre zentrale Bedeutung. Dazu kamen, vor allem im Spätmittelalter, Gerichte, Hospitäler, Schulen und Universitäten. Neben der kirchlichen Bildungstradition entfaltete sich zusätzlich eine bürgerliche Bildungswelt, die zu einer Voraussetzung für die Ausprägung kaufmännischen Geistes wurde.

Wenigen sehr wohlhabenden Bürgern stand eine große Zahl von Armen gegenüber. Dabei lassen sich unterschiedliche Armengruppen unterscheiden. An erster Stelle sind die Bettler zu nennen. Es waren Menschen, die vor einem Krieg geflohen oder in Zeiten wirtschaftlicher Krisen arbeitslos geworden waren. Die zweite Gruppe waren die „Steuerarmen". Sie arbeiteten zwar, verdienten aber dabei so wenig, dass sie am Existenzminimum lebten und deshalb keine Steuern zahlten. Sie konnten zwischen 20 und 50 Prozent der Einwohner einer Stadt

M8 Das Entstehen mittelalterlicher Städte
Neben der Gründung durch den Landesherrn gab es auch andere Ursprünge.

✎ : Listen Sie die verschiedenen Anfänge der Stadtentwicklung auf. Erkundigen Sie sich, was auf Ihre Heimatstadt zutrifft.

M9 Kranke und Bettler hofften auf die Hilfe der Armenfürsorge
spanische Buchmalerei aus dem 13. Jahrhundert

✎ : Schreiben Sie ein Interview mit den abgebildeten Personen.

M10 Tanzfest in Augsburg
Gemälde aus dem 15. Jahrhundert

✎ : Beschreiben Sie die Kleidung der Tanzenden. Um welche Gruppe der Einwohnerschaft handelt es sich?

ausmachen. Meist handelte es sich dabei um unqualifizierte Tagelöhner, also um Menschen ohne ein festes Arbeitsverhältnis. Unter ihnen waren auch viele Landflüchtlinge, die ihren meist kleinen Hof, von dem sie nicht leben konnten, aufgegeben hatten, um in die Städte zu ziehen. Eine weitere Gruppe bildeten die Menschen ohne festen Wohnsitz. Sie wurden wegen „Landstreicherei" verfolgt. Diese Vagabunden waren nach Meinung der Gesellschaft nicht durch äußere Umstände arm, sondern aus eigenem Verschulden.

Weil sich die Kluft zwischen Arm und Reich gegen Ende des Mittelalters vergrößerte, konnten vor allem die größeren Städte die Armen nicht mehr nur den Almosen der Mitchristen überlassen. Die zunächst von den Kirchen und Klöstern getragene Armenfürsorge ging allmählich in den Zuständigkeitsbereich der Städte über. Die städtischen Räte begannen, Armut und Bettelwesen durch den Erlass von Armen- und Bettelordnungen der behördlichen Kontrolle zu unterwerfen. Armenpfleger überwachten die Armenfürsorge und auch die Fürsorgeempfänger. In den Städten fanden sich immer häufiger Ansätze einer Sozialpolitik, die sich etwa in der Versorgung der Bedürftigen mit billigem Brot ausdrückte.

Patrizier	Oberschicht aus reichen Kaufleuten. Sie schlossen sich zu Gilden zusammen und setzten dort ihre Interessen durch. Die Patrizier hatten innerhalb der städtischen Selbstverwaltung Ratssitze und andere städtische Führungsaufgaben inne.
Zünfte	Zusammenschlüsse der verschiedenen Handwerker. Zweck der Zünfte war es, ihre Mitglieder vor Konkurrenz zu schützen. So legten die Zünfte die Zahl der Meister fest, überwachten die Preise, die Menge und Qualität der Erzeugnisse sowie die Ausbildung des Nachwuchses.

M11 Drei zeitgenössische Stimmen zur Ständelehre

a) Bischof Burchard von Worms (um 1010):
Wegen der Sünde des ersten Menschen ist dem Menschengeschlecht als Strafe die Knechtschaft auferlegt worden. Gott hat jenen, für die die Freiheit nicht passt, in großer Barmherzigkeit die Knechtschaft auferlegt. […] Die einen hat er zu Knechten, die anderen zu Herren eingesetzt. Die Macht der Herren soll verhindern, dass die Knechte Frevel begehen.

b) Bischof Adalberto von Laon (1016):
Das Haus Gottes ist dreigeteilt: die einen beten, die anderen kämpfen, die dritten endlich arbeiten. Diese drei miteinander lebenden Schichten […] können nicht getrennt werden. Die Dienste des einen sind die Bedingung für die Werke der beiden anderen. Jeder trachtet danach, das Ganze zu unterstützen.

c) Hildegard von Bingen, Äbtissin in einem Frauenkloster (um 1150):
Gott achtet bei jedem Menschen darauf, dass sich nicht der niedere Stand über den höheren erhebe, wie es einst Satan und der erste Mensch getan. […] Wer steckt all sein Viehzeug zusammen in einen Stall: Rinder, Esel, Schafe, Böcke? Da käme alles übel durcheinander! So ist auch darauf zu achten dass nicht alles Volk in eine Herde zusammengeworfen werde. […] Es würde sonst eine hohe Sittenverwilderung einreißen […], wenn der höhere Stand zum niedrigen herabgewürdigt und dieser zum höheren aufsteigen würde. Gott teilt sein Volk auf Erden in verschiedene Stände, wie die Engel im Himmel in verschiedenen Gruppen geordnet sind, in die einfachen Engel und die Erzengel.

Zit. nach: Heinz Dieter Schmid: Fragen an die Geschichte, Bd. 2, Frankfurt a. M. 1977, S. 11

M12 Erörterung der Ständelehre im Sachsenspiegel

Der Sachsenspiegel war das erste in deutscher Sprache verfasste Rechtsbuch. Der Autor Eike von Repgow hatte dafür das bestehende Gewohnheitsrecht schriftlich niedergelegt (um 1225):
1. Gott hat den Menschen nach seinem Ebenbild geschaffen und hat ihn durch sein Martyrium erlöst, den einen wie den anderen. Ihm steht der Arme so nahe wie der Reiche.
2. Nun wundert euch nicht darüber, dass dieses Buch so wenig vom Recht der Dienstleute enthält. Aber dies ist so mannigfaltig, dass niemand damit zu Ende kommen kann. Unter jedem Bischof und Abt und unter jeder Äbtissin haben die Dienstleute besonderes Recht. Deshalb kann ich es nicht darstellen.
3. Als man zum ersten Mal Recht setzte, da gab es keinen Dienstmann und da waren alle Leute frei, als unsere Vorfahren hier ins Land kamen. Mit meinem Verstand kann ich es auch nicht für Wahrheit halten, dass jemand des anderen Eigentum sein sollte. Auch haben wir keine Beweise hierfür. […]
6. Nach rechter Wahrheit hat Unfreiheit ihren Ursprung in Zwang und Gefangenschaft und unrechter Gewalt, die man seit alters zu unrechter Gewohnheit hat werden lassen und die man nun als Recht haben möchte.

Zit. nach: Deutsche Geschichte in Quellen und Darstellung, Bd. 1, Stuttgart 1995, S. 447 ff.

M13 Inventar des Fronhofes Staffelsee

Im 9. Jahrhundert wurde es für den Grundherren, den Bischof von Augsburg, aufgeschrieben. In seiner Grundherrschaft gab es weitere acht Fronhöfe:
Zu dem Fronhof gehören 740 Tagwerk [altes deutsches Feldmaß, 1 Tagwerk = ca. 3400 m²] Ackerland und Wiesen mit einem Ertrag von 610 Wagenladungen Heu […], eine Tuchmacherei, in der 24 Frauen arbeiten. Es gibt auch eine Mühle, die jährlich zwölf Scheffel [Mehl] abgibt [ein Scheffel: etwa 8,7 l].
Zu diesem Hof gehören 23 besetzte freie Hufen: Sechs von ihnen geben jährlich jeweils 14 Scheffel Getreide, vier Ferkel, Leinen in bestimmtem Gewicht, zwei Hühner, zehn Eier […]. [Ihre Inhaber] leisten fünf Wochen Frondienst jährlich, pflügen drei Tagwerk, mähen eine Wagenladung Heu auf der Herrenwiese und führen sie [in die Scheune] ein. […]
Es gibt dort 19 besetzte unfreie Hufen. [Jeder ihrer Inhaber] gibt jährlich ein Ferkel, fünf Hühner, zehn Eier, zieht vier Schweine des Grundherren auf, pflügt ein halbes Tagwerk; er leistet drei Tage Frondienst in der Woche, macht Transportdienst und stellt ein Pferd. Seine Ehefrau gibt ein Hemd und ein Wolltuch, braut Malz und bäckt Brot. […]
Insgesamt hat das Bistum Augsburg 1006 [mit Bauern] besetzte und 35 nicht bebaute freie Hufen, 421 besetzte und 45 nicht bebaute unfreie Hufen.

Zit. nach: Gregor Heinrich Pertz: Supplementa tomi I. Constitutiones regum Germaniae. Nr. 128 (MGH: Leges; 2), Stuttgart 1993

M14 Freie treten in eine Grundherrschaft ein

Ein unbekannter Verfasser aus dem Kloster Muri in der Schweiz schrieb im 12. Jahrhundert:
Im Dorf Wohlen wohnte einst ein mächtiger weltlicher Mann namens Guntran. Er hatte dort und auch anderswo große Besitzungen und war gierig auf das Eigentum seiner Nachbarn. Einige Freie nun, die in dem Dorf wohnten, waren im Glauben, er sei ein gütiger und gnädiger Mensch. Daher übergaben sie ihm ihr Land gegen den üblichen rechtmäßigen Zins unter der Bedingung, dass sie unter seinem Schutz und Schirm immer sicher leben könnten. Jener freute sich darüber und begann sie sofort arglistig zu unterdrücken: Erst richtete er Forderungen an sie, dann machte er willkürlich von seiner Macht Gebrauch und befahl ihnen, ihm zu dienen, als wenn sie seine Knechte wären. In seiner Landwirtschaft mussten sie mähen und Heu machen. […] Er untersagte den Leuten, seinen Wald zum Holzfällen zu betreten, wenn sie ihm nicht jährlich zwei Hüh-

ner gäben. [...] Da sie unfähig waren sich zu wehren, befolgten sie widerwillig seine Befehle. Inzwischen kam der König auf die Burg Solothurn. Da zogen die Bauern hin und beklagten sich laut über ihre ungerechte Bedrückung. Aber in der Menge der Fürsten und wegen ihrer unbeholfenen Rede gelangte ihre Klage gar nicht bis zum König. In übler Lage waren sie dorthin gekommen, in noch üblerer kehrten sie nach Hause zurück. So behandelte sie dieser Adlige bis zu seinem Tod.

M. Kien (Hg.): Acta Murensia, 1883. Quellen zur Schweizer Geschichte 3, S. 68 ff.

M15 Klosterschule
mittelalterliche Buchmalerei 15. Jahrhundert

✏️: Vergleichen Sie Lehrer, Schüler und die Einrichtung der Klosterschule mit Ihrem Schulalltag.

M16 Kloster und Grundherrschaft
Der Abt des Klosters Prüm in der Eifel berichtet über den Bauern Widrad aus Rommersheim, der mit 29 anderen Bauern dem Kloster hörig ist, 893:

Widrad gibt an das Kloster jedes Jahr 1 Eber, 1 Pfund Garn, 3 Hühner, 18 Eier. Er fährt 5 Wagenladungen von seinem Mist auf unsere Äcker, bringt 5 Bündel Baumrinde für die Beleuchtung und fährt 12 Wagenladungen Holz zum Kloster. Dieses dient im Winter zum Heizen. Ferner liefert Widrad dem Kloster jährlich 50 Latten und 100 Schindeln für Dachreparaturen. Sein Brot bäckt Widrad in unserem Backhaus, und das Bier braut er in unserem Brauhaus. Hierfür zahlt er an das Kloster eine Gebühr.

Eine Woche in jedem Jahr verrichtet er den Hirtendienst bei unserer Schweineherde im Wald. Er bestellt 3 Morgen Land, das ganze Jahr hindurch, jede Woche drei Tage. Das bedeutet: Er muss bei der Einzäunung unserer Äcker und Weiden helfen, zur rechten Zeit pflügen, säen, ernten und die Ernte in die Scheune bringen.

Bis zum Dezember, wenn das Getreide gedroschen wird, muss er es zusammen mit anderen Hörigen bewachen, damit es nicht von Brandstiftern angezündet wird. Wachdienst muss ebenfalls geleistet werden, wenn der Herr Abt kommt, um ihn vor nächtlicher Gefahr zu beschützen.

Wenn Widrad 15 Nächte den Wachdienst verrichtet, das Heu geerntet und auf unseren Äckern gepflügt hat, erhält er in einem guten Erntejahr Brot, Bier und Fleisch; in anderen Jahren erhält er nichts. Die Frau Widrads muss leinene Tücher aus reinem Flachs anfertigen, 8 Ellen lang und 2 Ellen breit. Sie fertigt daraus Hosen für die Mönche an.

Zit. nach: Günther Franz: Quellen zur Geschichte des deutschen Bauernstandes im Mittelalter, Darmstadt 1967, S. 83 ff.

M17 Aus den Regeln der Benediktiner
Benedikt von Nursia (um 480–547), Abt des Klosters auf dem Monte Cassino, gab durch seine Ordensregel (um 530) dem Mönchtum feste Formen:

2. Man betrachte [den Abt] als den Stellvertreter Christi. Es gelte bei ihm kein Ansehen der Person im Kloster. Der Freie soll nicht dem Sklaven vorgezogen werden. [...] Bei der Bestellung des Abtes [...] soll Würdigkeit des Lebenswandels und Weisheit der Person maßgeblich sein, auch wenn er seinem Range nach der Letzte in der Gemeinde wäre. [...]

4. Welches die Werkzeuge der guten Werke sind: Vor allem Gott, den Herrn, lieben aus ganzem Herzen, aus ganzer Seele und mit ganzen Kräften. Sodann den Nächsten wie sich selbst. Keinem andern antun, was man selbst nicht erdulden möchte. Sich selbst verleugnen, um Christi nachzufolgen. Den Leib züchtigen, der Sinneslust nicht nachgeben, das Fasten lieben. Arme erquicken, Tote begraben, in der Trübsal zu Hilfe eilen, Trauernde trösten. Mit dem Treiben der Welt brechen. [...]

5. Gehorsam ohne Zögern ist der vorzüglichste Grad der Demut. Wer den Oberen gehorcht, gehorcht Gott. [...]

48. Müßiggang ist der Feind der Seele. Deshalb müssen sich die Brüder zu bestimmten Zeiten der Handarbeit und zu bestimmten Zeiten wiederum der Lesung göttlicher Dinge widmen. [...]

66. Wenn möglich, soll das Kloster so angelegt sein, dass alles Notwendige, das heißt Wasser, Mühle, Garten und die Werkstätten, in denen die verschiedenen Handwerke ausgeübt werden, innerhalb der Klostermauern sich befinden.

Die Benediktsregel. Übersetzt und erklärt von Georg Holzherr. Fribourg, 7. Aufl. 2007

M18 Das Alltagsleben der Ritter auf einer Burg

Schilderung des Ritters Ulrich von Hutten in einem Brief um 1520:

Die Leute, von denen wir unseren Unterhalt beziehen, sind ganz arme Bauern, denen wir unsere Äcker, Weinberge und Felder verpachten. Der Ertrag daraus ist im Verhältnis zu den darauf verwandten Mühen sehr gering [...]. Wir dienen dann
5 auch einem Fürsten, von dem wir Schutz erhoffen; tue ich das nicht, so glaubt jeder, er dürfe sich alles und jedes gegen mich erlauben. Aber auch für den Fürstendiener ist diese Hoffnung Tag für Tag mit Gefahr und Furcht verbunden. Denn sowie ich nur einen Fuß aus dem Hause setze, droht Gefahr, dass
10 ich auf Leute stoße, mit denen der Fürst [...] Fehden hat, und die mich anfallen und gefangen wegführen. Habe ich Pech, so kann ich die Hälfte meines Vermögens als Lösegeld darangeben, und so wendet sich mir der erhoffte Schutz ins Gegenteil. Wir halten uns deshalb Pferde und kaufen uns Waffen,
15 umgeben uns auch mit einer zahlreichen Gefolgschaft, was alles ein schweres Geld kostet. [...] Gleichgültig ob eine Burg auf einem Berg oder in der Ebene steht, so ist sie auf jeden Fall doch nicht für die Behaglichkeit, sondern zur Wehr erbaut, mit Gräben und Wall umgeben, innen von bedrückender
20 Enge zusammengepfercht mit Vieh- und Pferdeställen, Dunkelkammern voll gepfropft mit schweren Büchsen [...]. Überall stinkt das Schießpulver, und der Duft der Hunde und ihres Unrates ist auch nicht lieblicher, wie ich meine. Reiter kommen und gehen, darunter Räuber, Diebe und Wegelagerer, da
25 unsere Häuser oft allem möglichen Volk offen stehen und wir den Einzelnen nicht genauer kennen oder uns auch um ihn nicht sonderlich kümmern. Und welch ein Lärm! Da blöken die Schafe, brüllt das Rind, bellen die Hunde, auf dem Felde schreien die Arbeiter [...]. Und jeden Tag kümmert und sorgt
30 man sich um den folgenden. [...] Ist es dann ein schlechtes Jahr, wie es in unserer unfruchtbaren Gegend nur allzu oft der Fall ist, dann herrscht furchtbare Not.

Zit. nach: Heinrich Pleticha: Ritter, Burgen und Turniere. Würzburg 1969, S. 25

M19 Stadtrecht

Aus dem Stadtrecht von Freiburg i. B. von 1120:

Aller Nachwelt und Mitwelt sei kundgemacht, dass ich, Konrad [Herzog von Zähringen], an dem Platz, der mir als Eigengut gehört, nämlich Freiburg, einen Marktort gegründet habe, im Jahr der Fleischwerdung des Herrn 1120. Nachdem
5 angesehene Geschäftsleute von überall her zusammengerufen worden waren, habe ich angeordnet, diesen Marktort durch eine Art Schwurverband anzufangen und auszubauen. Daher habe ich jedem Geschäftsmann für den Hausbau zu Eigengut in dem angelegten Marktort eine Hofstätte zugeteilt und
10 angeordnet, dass mir und meinen Nachkommen von jeder Hofstätte ein Schilling gängiger Währung als Zins jährlich am Fest des Heiligen Martin [11. November] zu zahlen ist. Die einzelnen Hofstätten sollen in der Länge 100 Fuß haben, in der Breite 50 [...]. Ich verspreche allen, die meinen Marktort aufsuchen, im Bereich meiner Macht und Herrschaft Frieden
15 und sichere Reise. Wenn einer von ihnen in diesem Raum ausgeplündert wird und man mir den Räuber namhaft macht, werde ich das Entwendete zurückgeben lassen oder den Schaden selbst bezahlen. Wenn einer von meinen Bürgern stirbt, darf seine Frau mit ihren Kindern alles besitzen und ohne
20 jede Bedingung alles, was ihr Mann hinterließ, behalten. [...] Allen im Marktort Begüterten bewillige ich die Teilhabe an den Lehen meiner Landleute, soweit ich das vermag: Sie sollen nämlich ohne Verbot Wiesen, Flüsse, Weiden und Wälder nutzen dürfen.
25 Allen Geschäftsleuten erlasse ich den Marktzoll. Ich werde meinen Bürgern niemals ohne Wahl einen anderen Vogt und einen anderen Priester vorsetzen, sondern, wen immer sie dazu wählen, werden sie von mir bestätigt bekommen. [...] Wenn jemand innerhalb der Stadt den Stadtfrieden bricht,
30 das heißt im Zorn und Ernst einen blutig schlägt, wird dem Überführten die Hand abgehauen; hat er den anderen getötet, so wird er enthauptet. Wenn er aber entkommt und nicht gefasst wird, so wird sein Haus bis auf den Grund zerstört. Die Nebengebäude sollen ein volles Jahr unberührt bleiben; nach
35 Ablauf eines Jahres können seine Erben, wenn sie wollen, das zerstörte Haus wieder aufbauen und frei besitzen. Der Schuldige aber unterliegt der vorgenannten Strafe, wann immer er in der Stadt gefasst wird. [...]
Jede Frau soll dem Mann in der Erbfolge gleichgestellt sein
40 und umgekehrt. Auch darf jeder, der an diesen Ort kommt, hier frei wohnen, wenn er nicht jemandes Knecht ist und den Namen seines Herrn zugibt. Dann kann der Herr den Knecht in der Stadt belassen oder nach Wunsch wegführen. Wenn aber der Knecht den Herrn verleugnet, soll der Herr mit sie-
45 ben Nächstverwandten vor dem Herzog beschwören, dass es sein Knecht ist; dann kann er ihn haben. Wenn einer aber über Jahr und Tag ohne solche Hemmungen geblieben ist, soll der sich fortan sicherer Freiheit erfreuen. [...]

Zit. nach: Arno Borst: Lebensformen im Mittelalter, Berlin 1973, S. 396 ff.

M20 Grundsätze einer Zunft

Die Straßburger Tucherzunft antwortet der Wollweberzunft in Schweinfurt und erklärt ihre Zunftordnung, 15. Jahrhundert:

Zum Ersten haben wir eine gemeinsame Stube, Haus und Hof, die uns zur Verfügung stehen. In dieser Stube kommen wir zusammen, um miteinander zu essen und zu trinken. Dort empfangen wir auch unsere Gäste.
Wir wählen jährlich [...] einen vertrauenswürdigen Mann
5 aus unserer Zunft in den Großen Rat. Außerdem bestimmen wir einen [...], der in den Kleinen Rat oder in das Gericht

[…] abgeordnet wird. Desgleichen bestimmen alle anderen Zünfte, von denen es insgesamt 28 gibt, jeweils einen vertrauenswürdigen Mann für den Großen Rat […]
[Der Vorsteher und vier Meister leiten die Zunft. Ein weiteres Fünfergremium übernimmt folgende Aufgaben:] Diese fünf sind dann für ein Jahr unsere Prüfer und Besiegler der Tuche, die die Tucher und die Weber machen. Diese fünf müssen schwören, alle Tuche zu prüfen, die guten besiegeln, die keine Fehler aufweisen, außerdem diejenigen mit einem besonderen Siegel kennzeichnen, die kleine Fehler haben, und den ganz fehlerhaften Tuchen ein Siegel verwehren […]
Weiterhin lassen wir auch jede Nacht ein Zunftmitglied mit seinem einfachen Harnisch und Gewehr zusammen mit anderen aus den anderen Zünften auf Wache gehen. Jede Zunft stellt jeweils einen oder, wenn es […] nötig ist, mehrere [Wächter]. Jeder übernimmt, sobald er an der Reihe ist, seine Wache selbst oder stellt einen rechtschaffenen Vertreter. […] Weiterhin ist uns zusammen mit zwei anderen Zünften eine Stelle an der Stadtmauer übergeben worden, um […] zu schließen und zu öffnen. […] Wenn jemand das Handwerk ausüben will, so muss er die Zunftmitgliedschaft mit dem dafür erforderlichen Betrag […] erwerben. Dieses Geld wird zum Nutzen der gesamten Zunft verwandt. […] Wenn […] einem von uns Freud oder Leid widerfährt, so bewirten wir ihn auf unserer Stube. Begeht jemand den Todesfall eines der Seinigen, so gehen wir mit ihm zum Gottesdienst. […].

Zunftordnung d. Tucherzunft Straßburg. Zit. nach: Peter Ketsch/ Gerhard Schneider, Handwerk in der mittelalterlichen Stadt, Stuttgart 1985, S. 10 f.

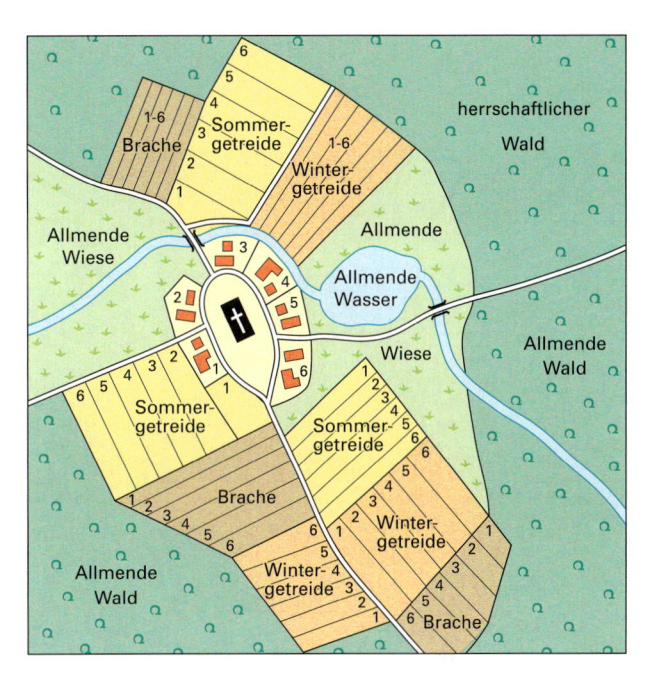

M21 Dreifelderwirtschaft
Die Karte zeigt, wie die Flur eines Dorfes nach dem Grundsatz der Dreifelderwirtschaft aufgeteilt wurde. Durch die Neuaufteilung, die gemeinsame Bewirtschaftung der Allmende und die Festlegung des Fruchtwechsels waren die Bauern gezwungen, ihre Arbeit stärker miteinander abzustimmen. Sie wuchsen dadurch zu einer Dorfgemeinschaft zusammen.

✎: Beschreiben Sie die Phasen des Fruchtwechsels. Wozu diente wohl die Allmende?

---

1. Beschreiben Sie das mittelalterliche Menschenbild und erläutern Sie den Einfluss der Kirche darauf.

2. Erklären Sie, in welcher Weise und in welchem Maß der Einzelne in die Ständeordnung eingebunden war (**VT, M1, M11**). Wie bewertet der Sachsenspiegel diese Bindung (**M12**)?

3. Beschreiben Sie die wirtschaftliche Abhängigkeit der Bauern in der Grundherrschaft (**M13, M14, M16**).

4. Untersuchen Sie, inwieweit das Idealbild des Rittertums (**M6**) mit der Wirklichkeit (**M18**) übereinstimmte.

5. Erklären Sie, warum Klöster als „eigene Lebenswelt" bezeichnet werden können (**VT, M17**).

6. Listen Sie die sozialen Gruppen der mittelalterlichen Stadt in einer Tabelle auf. Notieren Sie zu jeder Gruppe, welche wirtschaftliche Rolle und welchen politischen Einfluss sie auf die Stadtregierung hatte (**VT, M9, M10, M19, M20**).

7. Vergleichen Sie die Bedeutung der Stadt im Mittelalter und heute. Berücksichtigen Sie dabei die besonderen Rechte und die wirtschaftliche Funktion der Städte seit ihrer Gründung (**VT, M19**).

Frauen im Mittelalter

M1 Kaufmannsfamilie
Holzschnitt, 1476

✎: Beschreiben Sie den Holzschnitt. Was sagt er über die Rolle der Frauen aus?

Mittelalterliche Gesellschaft

In zahlreichen Liedern des Hochmittelalters werben Minnesänger um die Gunst ihrer Dame. Sie besingen die zumeist adligen Frauen als ideale Wesen. Im religiösen Bereich dokumentieren viele Gemälde und Buchmalereien die mittelalterliche Marienverehrung. Daraus kann man aber keineswegs schließen, dass die Frau im Mittelalter hohes gesellschaftliches Ansehen besaß. Denn die Kirche leitete die „natürliche" Unterordnung der Frauen von den biblischen Berichten über deren Erschaffung und den Sündenfall ab. Die mittelalterliche Gesellschaft war patriarchalisch geprägt, also von Männern dominiert. Die Wertschätzung der Frauen beruhte vor allem darauf, dass sie den Nachfolger und Erben des Mannes gebaren oder als Erbtöchter von besonderem Interesse waren. Das galt für alle sozialen Schichten, vor allem aber für den Adel. Den Ehepartner für die Töchter und für die Söhne suchten in der Regel die Eltern aus. Die Kirche allerdings forderte die Zustimmung beider Partner, insofern förderte sie ansatzweise die Mitbestimmung der Frau. Die soziale Ungleichheit der Geschlechter wird besonders in der so genannten „Geschlechtsvormundschaft" des Mannes (des Vaters, Ehemannes oder männlichen Verwandten) im Rechtsleben sichtbar. Die Frauen durften unter anderem nicht selbstständig vor Gericht auftreten. Im Strafrecht wurden sie in der Regel gleichbehandelt, im Erbrecht dagegen meist benachteiligt.

Am religiösen Leben wollten viele Frauen wesentlich stärker teilnehmen, als ihnen die Kirche zugestand, wie an ihrem Zustrom zu den verschiedenen Klöstern und Orden festzustellen ist. Den höchsten Rang innerhalb der Kirche konnten adlige Frauen als Äbtissin, also als Vorsteherin eines Klosters, erreichen.

Frauen der Oberschicht

Die Frauen von Königen und Fürsten hatten sich nicht nur um Haus und Hof, sondern auch um Repräsentationsaufgaben zu kümmern. Viele von ihnen übten erheblichen Einfluss auf die Regierungsgeschäfte ihrer Männer aus. Im Erbfall übernahmen sie die Regentschaft, bis ihre Söhne volljährig waren. Im hohen und im Spätmittelalter waren Frauen der Oberschicht oft besser gebildet als ihre Männer.

In den Dörfern und Städten

Anders als in der Oberschicht stand in bäuerlichen und bürgerlichen Schichten die wirtschaftliche Bedeutung der Frauenarbeit im Vordergrund. Die Landbewohnerinnen waren in die Grundherrschaft eingebunden. Wie ihre Männer leisteten sie Frondienste und zahlten Abgaben. Das Handwerk in den Städten war ohne Frauen überhaupt nicht denkbar. Zum Teil konnten Frauen, besonders als Witwen, zu Meisterehren in den Zünften aufsteigen. In Köln gab es sogar reine Frauenzünfte. Die Vormundschaft wurde zwar nicht abgeschafft, in den Städten des Spätmittelalters spielte sie aber, besonders bei den Kaufleuten, kaum noch eine Rolle. Trotz dieser Besserstellung besaßen Frauen dort keinerlei politische Mitbestimmungsrechte. In den städtischen Unterschichten waren die Frauen überproportional vertreten.

Traditionen und Brüche: Männer und Frauen

M2 Arbeitsteilung

Im Jahr 789 verbot Kaiser Karl der Große die Sonntagsarbeit. Der Text ermöglicht uns Rückschlüsse über die Arbeiten, die Männer und Frauen auszuführen hatten:

Knechtsarbeiten dürfen an Sonntagen nicht durchgeführt werden [...], d. h. Männer dürfen keine Landarbeiten machen, weder Weinberge pflegen noch auf den Feldern pflügen, nicht in den Wäldern roden oder Bäume fällen, auch nicht in den
5 Steinbrüchen arbeiten, Häuser bauen oder in den Gärten arbeiten. Sie dürfen auch nicht zu Gerichtsverhandlungen gehen oder zur Jagd. [...] Die Frauen dürfen keine Textilarbeiten machen, keine Kleidung zuschneiden noch nähen oder sticken, keine Wolle rupfen noch Flachs schlagen noch öffent-
10 lich Kleider waschen oder Schafe scheren, damit in jeder Beziehung die Würde und Ruhe des Sonntags gewährleistet sei.

Gesetz Karls d. Großen. Zit. nach: Karl Brunner/Gerhard Jaritz: Landherr, Bauer, Ackerknecht, Wien u. a. 1985, S. 75 f.

M3 Frauenbild der Kirche

Thomas von Aquin (1224/25–1274) über die Erschaffung der Frau:
1. Es scheint, dass die Frau nicht bei der ersten Erschaffung der Dinge geschaffen wurde: Denn der Philosoph [Aristoteles] [...] sagt: „Die Frau ist ein verfehlter Mann." Und bei der ersten Schöpfung durfte nichts Verfehltes und Mangelhaftes
5 sein [...] Dagegen aber steht in Genesis 2: „Es ist nicht gut, dass der Mensch allein sei, lasst uns ihm eine ähnliche Hilfe schaffen."
Antwort: Es war notwendig, die Frau als Hilfe für den Mann zu schaffen, wie die Schrift sagt; nicht zur Hilfe für irgendeine
10 Arbeit, die [...] ein anderer Mann einem Mann besser leisten könnte, sondern als Hilfe für die Erzeugung von Nachwuchs [...]
3. Ob die Frau aus der Rippe des Mannes gebildet werden musste [...] Antwort: Die Bildung der Frau aus der Rippe
15 Adams war richtig. Erstens um anzudeuten, dass zwischen Mann und Frau eine Gemeinschaft bestehen muss. Denn weder soll die Frau den Mann beherrschen, und darum wurde sie nicht aus dem Haupt gebildet; noch darf der Mann die Frau als ein ihm sklavisch unterworfenes Wesen verachten,
20 darum wurde sie nicht aus den Füßen gebildet.

Summa theologica I, Quaestio 92 (Übers.: Eduard Starkemeier)

M4 Der Ritter einer Burg bei Schwäbisch Hall erweist einer adligen Dame seine Verehrung

Illustration aus der Manessischen Liederhandschrift, 14. Jahrhundert

✏️ : Erläutern Sie die abgebildete Szene. Wie wird die Beziehung zwischen Mann und Frau dargestellt?

---

1. Ziehen Sie einen inhaltlichen Vergleich zwischen **M1** und **M4** bezüglich der Lebensverhältnisse der dargestellten Personen.

2. Kennzeichnen Sie die geschlechtsspezifische Arbeitsteilung nach der Vorstellung des Frühmittelalters (**M2**).

3. Erörtern Sie das Menschenbild, das Thomas von Aquin entwirft (**M3**). Erläutern Sie, welche gesellschaftlichen Folgen sich aus diesem kirchlichen Bild der Frau ergeben.

4. Stellen Sie die rechtliche Stellung von Frauen im Mittelalter der im antiken Athen gegenüber.

Die Juden im Mittelalter

M1 Jüdischer Arzt und sein Patient
Holzschnitt, 1487

✎: Erklären Sie mithilfe des Bildes und des VT, warum jüdische Ärzte im Mittelalter so beliebt waren.

Juden im Heiligen Römischen Reich

Die ersten jüdischen Familien sind mit den römischen Legionen nach Deutschland gekommen. Sie lebten hier zunächst als Ackerbürger, Handwerker und Kaufleute. Als die Geld- und Kreditwirtschaft sowie der Umgang mit ausländischer Währung (Geldwechsel) Einzug in den alltäglichen Wirtschaftsablauf hielten, fehlten dafür einheimische Fachleute. Könige und Bischöfe riefen nun Juden vor allem aus Italien und Südfrankreich ins Land, hatten diese doch aufgrund ihrer weit reichenden Handelsbeziehungen Kenntnisse in fremden Sprachen und im Umgang mit Fremdwährungen. Sie siedelten sich in den entstehenden Städten an, wurden von den meisten adligen Landesherren mit offenen Armen empfangen und mit Privilegien bzw. Schutzbriefen ausgestattet. Wegen ihrer andersartigen Tracht und religiösen Gebräuche wurden Juden von der christlichen Bevölkerung allerdings mit Misstrauen betrachtet. Dazu kam der Vorwurf, die Juden seien schuld am Kreuzestod Christi. Dies führte im Laufe der Zeit mehr und mehr zur Abgrenzung von der übrigen Bevölkerung.

Stellung der jüdischen Bevölkerung

Juden waren von der Mitregierung in den Städten ebenso ausgeschlossen wie die Unterschicht der Nichtselbstständigen und Randgruppen. Je mehr die christlichen Zünfte im Rat der Stadt mitbestimmen durften, umso schwieriger wurde das Leben der jüdischen Bevölkerung. Die einstmals weltlichen Gemeinschaften der Zünfte und Gilden nahmen ab dem 11. Jahrhundert eine zunehmend christlich geprägte Grundhaltung ein. Mitglieder hatten sich an die Regeln christlichen Zusammenlebens zu halten. Eine Aufnahme von Juden war so undenkbar geworden. Der damit verbundene wirtschaftliche Abstieg und die auf Geldverleih, Vieh- und Gebrauchtwarenhandel eingeschränkte Berufswahl verstärkte die soziale Ächtung. Immer wieder kam es in Zeiten religiöser Erregung oder kollektiver Angst – z. B. während der Kreuzzüge oder der Pestepidemie von 1348/49 – zu Massenmorden an der jüdischen Bevölkerung, die den Christen als „Sündenbock" diente.

Der pfälzische Kurfürst Ruprecht II. vertrieb 1390 die Juden aus Heidelberg und schenkte ihren gesamten zurückgelassenen Besitz, also vor allem ihre Häuser und die Synagoge, der Universität. Die Synagoge diente nun als Hörsaal. Bereits die Beschlüsse des III. und IV. Laterankonzils (1179 bzw. 1215) unter Vorsitz des Papstes bereiteten die soziale Ausgrenzung dieser Minderheit vor. Juden sollten getrennt von Christen leben und durch eine demütigende Kleidung (z. B. Judenhüte) deutlich von ihnen zu unterscheiden sein. Viele Juden flohen nach Osteuropa und fanden u. a. in Polen Aufnahme. Zum Ende des Mittelalters wurden in vielen Städten die Juden vollständig durch die Errichtung von abgeschlossenen Gettos von den Christen getrennt.

Trotz dieser feindlichen Lebensumstände entwickelte sich eine bedeutende jüdische Kultur. Die Fähigkeiten jüdischer Ärzte, die fortgeschrittene Kenntnisse der arabischen Medizin nach Europa gebracht hatten, übertrafen die der christlichen Bader auch noch zu Beginn der Neuzeit bei weitem. Jüdische Finanzfachleute waren auch an deutschen Fürstenhöfen begehrt. Allgemein war der Bildungsstand der jüdischen Minderheit deutlich höher als der vieler Christen. Weil ihre Religion das Studium der religiösen Schriften in der Ursprache verlangte, wuchsen junge Juden zweisprachig auf und waren lesekundig. Das führte oft zu Vorurteilen und Bildungsneid seitens der Christen.

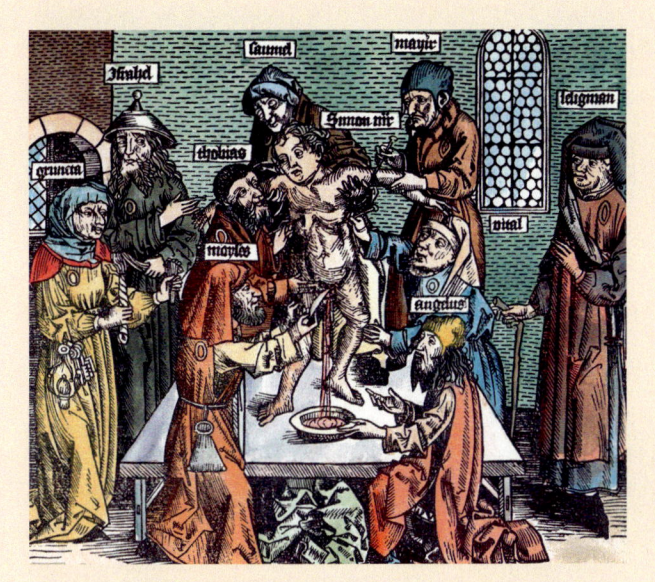

Traditionen und Brüche: Mehrheiten und Minderheiten

M2 Ritualmord
kolorierter Holzschnitt, 1493
Ungebildete Christen behaupteten, dass Juden bei geheimen Treffen christliche Jungen töten und aus ihrem Blut Brot backen würden.

✎: Erläutern Sie, welche Wirkung solche Darstellungen auslösen sollten.

M3 Schutzbrief für Juden
Kaiser Heinrich IV. schützt die Juden von Speyer, 1090:
Allen […] sei bekannt, dass einige Juden […] mit ihren Glaubensgenossen in Speyer vor uns getreten sind und gebeten haben, dass wir sie mit ihren Kindern und mit allen, die durch ihre Selbstvertretung auf unsere Gesetzgebung zu hoffen scheinen, unter unseren Schutz nehmen und sie darin halten. Außerdem haben wir durch Vermittlung und auf Bitten von Hutzmann, Bischof von Speyer, befohlen, dass ihnen diese unsere Urkunde zugestanden und gegeben werde. Daher legen wir durch das königliche Gebot unserer Hoheit fest und befehlen, dass in Zukunft niemand, der unter unserer königlichen Macht mit irgendeiner Amtswürde oder Machtbefugnis ausgestattet ist, […] sich unterstehen soll, diese durch irgendwelche falsche Anklagen zu beunruhigen oder anzugreifen. Auch soll niemand es wagen, ihnen irgendetwas von ihrem rechtmäßig ererbten Besitz an Höfen, Häusern, Gärten, Weinbergen, Feldern, [Leibeigenen] und sonstigen beweglichen und unbeweglichen Gütern wegzunehmen. Wenn aber irgendjemand ihnen entgegen diesem Edikt irgendeine Gewalttätigkeit zufügt, so soll er gehalten sein, an die Schatzkammer unseres Palastes oder an die Kämmerei des Bischofs ein Pfund Gold zu zahlen und die Sache, die er ihnen weggenommen hat, doppelt zu erstatten. Auch sollen sie die freie Erlaubnis haben, ihre Güter, mit wem auch immer es ihnen beliebt, in gerechtem Handel auszutauschen und sich frei und unbehelligt in den Grenzen unseres Reiches zu bewegen, ihren Handel und Warenaustausch zu betreiben, zu kaufen und zu verkaufen und niemand soll von ihnen einen Zoll eintreiben oder irgendeine öffentliche oder private Abgabe von ihnen fordern. […] Niemand soll es wagen, ihre Söhne oder Töchter gegen ihren Willen zu taufen, und wenn jemand sie zur Taufe gezwungen hat, sei es, dass sie heimlich geraubt wurden, oder sei es, dass sie mit Gewalt entführt wurden, so soll er zwölf Pfund [Gold] an die Schatzkammer des Königs oder des Bischofs zahlen.

J. Schoeps/ H. Wallenborn (Hg.): Juden in Europa – Ihre Geschichte in Quellen Bd. 1. Darmstadt o. J., S. 121 f.

M4 Kirchliche Regelung zum Umgang mit Juden
Auf dem 4. Laterankonzil (1215), einberufen von Papst Innozenz III., wurden auch Beschlüsse zum Umgang mit Juden gefasst:
In einigen Gegenden kann man Juden und Christen an der Kleidung unterscheiden; aber in anderen Ländern ist solche Regellosigkeit der Gewohnheit eingetreten, dass man sie nicht gleich unterscheiden kann. Es kommt daher bisweilen vor, dass irrtümlich Christen mit jüdischen oder islamischen Frauen Geschlechtsverkehr haben oder Juden und Mohammedaner mit christlichen Frauen. Damit in Zukunft eine solche abscheuliche Vermischung nicht mehr mit der Entschuldigung vorkommen kann, man habe in Unkenntnis gehandelt, bestimmen wir, dass Juden und Mohammedaner in jedem christlichen Land und zu allen Zeiten sich durch ihre Kleidung von den anderen Leuten unterscheiden.

Zit. nach: Ernst Ludwig Ehrlich: Geschichte der Juden in Deutschland Düsseldorf 1959, S. 16 f.

---

1. Nennen Sie Gründe dafür, dass Könige und Fürsten den Juden Schutzbriefe ausstellten **(VT)**. Zählen Sie einige der Inhalte auf **(M3)**.

2. Stellen Sie dar, wie Kirche, Fürsten und Städte mit den jüdischen Minderheiten umgingen **(VT, M3, M4)**.

1.4 Aufbruch in die Neuzeit

M1 Gott erschafft Adam
Michelangelo, Teil eines Deckengemäldes (2,80 m × 5,70 m), das die Erschaffung der Welt und des Menschen zeigt. Rom, Sixtinische Kapelle, 1511/12

Im 15. Jahrhundert setzte in Europa ein tief greifender Wandel in beinahe sämtlichen Bereichen des Lebens ein: in Wirtschaft, Wissenschaft und Bildung, im Verhältnis von Staat und Kirche, auf dem Gebiet von Kunst und Kultur. Das mittelalterliche Menschenbild veränderte sich, die Grundlagen für unsere moderne Welt wurden gelegt. Langsam setzte sich unter den gebildeten Menschen der Zeit die Überzeugung durch, dass Erfolg und Zufriedenheit nicht vornehmlich von Gott gegeben, sondern durch eigenes Handeln beeinflussbar waren. Damals erkannten viele Menschen auch, dass Bildung und Wissen ein möglicher Ausweg aus Abhängigkeit und Armut war. Wer über Bildung verfügte, konnte anspruchsvollen Berufen nachgehen und gesellschaftliche Schranken durchbrechen.

um 1400	Wiederentdeckung von Literatur und Kunst der Antike
um 1450	Johannes Gutenberg entwickelt den Buchdruck mit beweglichen Lettern.
1492	Christoph Kolumbus landet in Amerika.
um 1500	Entdeckung eines neuen Weltbildes durch Nikolaus Kopernikus
um 1600	Galileo Galilei wird als Ketzer (Irrgläubiger) verurteilt.

Neue Zeit – neues Denken

In der mittelalterlichen Gesellschaft hatte jeder Mensch seinen festen Platz. Ob höriger Bauer, frommer Mönch oder mächtiger Adliger – jeder Stand besaß unverrückbare Pflichten, Rechte und Aufgaben. Diese Ordnung, die die Ungleichheit festschrieb und dafür das Heil im Jenseits versprach, hielten die Menschen für gottgewollt und wagten es darum nicht, an ihr zu zweifeln. Erst zum Ende des Mittelalters wurde dieses Weltbild in Frage gestellt. Vielleicht hatte die Katastrophe der Großen Pest von 1348, der etwa 25 Millionen Menschen in Europa zum Opfer fielen, diese Erschütterung bewirkt. Auf jeden Fall wurde dem diesseitigen Leben nun ein eigener Wert zugestanden. Der vernunftbegabte Mensch strebte danach, sich vielseitig zu entfalten. Den Gesetzen des

Weltalls galt sein Interesse ebenso wie der eigenen physischen Natur, der Geschichte ebenso wie der Kunst und Kultur seiner Zeit. Der Mensch der Renaissance betrachtete sich als Abbild Gottes und glaubte, dass er mit seinem Wissen und seiner schöpferischen Kraft die Natur vollkommen beherrschen könne. Die Idee des Fortschritts war geboren. Die bereits im 13. Jahrhundert erfundene mechanische Uhr symbolisierte die unendlich fortschreitende Zeit, die dem Menschen und seinem Handeln einen eigenen Zukunftshorizont außerhalb des göttlichen Heilsplans eröffnete.

Ausgangspunkt solcher Gedanken und Ideen war Italien. Seit dem Ende des Mittelalters herrschte in Florenz, dem politischen und kulturellen Zentrum der Toskana, ein selbstbewusstes Bürgertum, das zum Träger des neuen Denkens wurde. Bereits Ende des 13. Jahrhunderts hatte eine aus Kaufleuten, Bankiers und gewerblichen Unternehmern bestehende Elite den alten Stadtadel gestürzt und ihr politisches Geschick selbst in die Hand genommen. Ein hoch entwickeltes Textilgewerbe sowie leistungsfähige Handels- und Bankgesellschaften lieferten die Basis für den Wohlstand der Stadt. Auch in anderen Städten Italiens und ganz Europas erstarkte das Bürgertum und förderte die Künste und Wissenschaften. Der „Stand der Gebildeten" entwickelte ein neues Zusammengehörigkeitsgefühl, oft über Ländergrenzen und gesellschaftliche Unterschiede hinweg.

Wiedergeburt des Altertums

Auf der Suche nach neuen Wertvorstellungen glaubten gebildete Menschen, in der griechischen und römischen Antike die Vorbilder gefunden zu haben, die ihnen bei einem Aufbruch in ein neues Zeitalter den Weg weisen konnten. Die Werke von Architekten und Künstlern sowie die Schriften von Philosophen und Dichtern Griechenlands und Roms lieferten ihnen Impulse für neue Formen des Denkens. Eine wichtige Rolle bei dem Rückgriff auf die Antike spielte das Studium der klassischen Sprachen. „Zurück zu den Quellen!" – mit dieser Parole machten sich die Gelehrten daran, das ursprüngliche Latein der Römerzeit neu zu beleben. Und auch dem Griechischen wandte man sich wieder zu. Das kostbare Erbe der Antike sollte nach einer tausendjährigen Epoche der Finsternis wieder ans Licht geholt werden. Der Begriff der „Renaissance" setzte sich bald als Bezeichnung für diesen neuen Zeitabschnitt durch. Die Übergangszeit zwischen der Antike und der gegenwärtigen Zeit wurde abfällig als ein „Mittelalter" bezeichnet.

Renaissance in der Kunst

Das Menschenbild der Renaissance schlug sich auch in der bildenden Kunst nieder. Obwohl christliche Themen das Schaffen der Renaissancekünstler nach wie vor bestimmten, änderten sich doch Inhalt und Zweck der Darstellung. Während die Kunst des Mittelalters den Menschen das biblische Geschehen nahe bringen wollte und ihnen eine ständige Mahnung an den Glauben sein sollte, überwog nun das Kunsterlebnis selbst. Madonnen-, Engel- und Heiligengestalten wurden in der darstellenden Kunst zur wirklichkeitsnahen Verkörperung menschlicher Schönheit. Landschaften, Gebäude und Innenräume stellten die Künstler nach den neu entdeckten Gesetzen der Zentralperspektive dar. Damit gelang es den Malern, auf der Leinwand die Illusion eines dreidimensionalen Raums zu erzeugen. Die Plastik nahm ihre Themen aus der Bibel und der antiken Sagenwelt, schuf aber auch Porträts von Personen der Zeitgeschichte. Die Darstellung der Natur, wie sie vom menschlichen Auge wahrgenommen wird, wurde zum höchsten Ziel der Kunst.

In der Renaissance war die Architektur der Griechen und Römer Vorbild für europäische Künstler und Architekten. Sie nahmen die Anregungen antiker Vorbilder auf und vermischten sie mit eigenen Ideen zu einem neuen Stil.

M2 David
Marmorskulptur von Michelangelo, Florenz 1501–1504, 4,34 m hoch.
Im Alten Testament wird berichtet, wie David den Riesen Goliath mit einer Steinschleuder besiegte.

✎ : Begründen Sie, warum die Stadtväter von Florenz eine so große Statue errichten ließen.

Renaissance	(frz. = für Wiedergeburt) Historische Epoche zwischen dem Ende des 14. und dem 16. Jahrhundert. In kultureller Hinsicht bedeutet Renaissance eine Wiederbelebung antiker Vorbilder in Literatur, Philosophie, Wissenschaft und besonders in der Malerei und der Architektur. Von Italien breitete sich die Bewegung über ganz Europa aus.

M3 Die Villa La Rotonda bei Vicenza
Andrea Palladio, um 1550

✎: Beschreiben Sie mithilfe des VT die Villa genauer. Welche typischen Merkmale des Baustils der Renaissance sind hier verwirklicht?

M4 Leonardo da Vinci (1452–1519)
Maler, Bildhauer, Forscher, Erfinder, Philosoph

An vielen Orten in Italien finden sich noch die Überreste römischer Vergangenheit, von denen sich auch der Architekt Andrea Palladio beim Bau der Villa La Rotonda inspirieren ließ. Vollkommene Symmetrie des Bauwerks, einfache geometrische Grundformen wie Kreis oder Quadrat und die Verwendung von Säulen nach griechischem Vorbild waren typische Merkmale des Baustils der Renaissance. Die italienischen Stadtrepubliken nutzten Gebäude, Skulpturen und Gemälde zur eigenen Selbstdarstellung und Demonstration ihres Reichtums. In Florenz z. B. gab die Stadtregierung Michelangelo den Auftrag für den „David". Das monumentale Standbild erhielt seinen Platz vor dem Rathaus. Im 16. Jahrhundert breitete sich das neue Kunstverständnis nach und nach auch im übrigen Europa aus.

Leonardo da Vinci – ein „Universalmensch"

Einer der bekanntesten Künstler der Renaissance war Leonardo da Vinci. Aufgewachsen in der Toskana, stellte er eine beispielhafte Verkörperung des neuen Menschenideals dar, des „homo universale" (Universalmensch). Gleichzeitig Maler, Bildhauer, Architekt, Gelehrter, Naturforscher, Ingenieur und Erfinder, schuf er seine Zeichnungen und Gemälde aus genauester Beobachtung der Natur wie z. B. dem Studium der menschlichen Anatomie. Rationales Vorgehen und fragend-forschendes Denken kennzeichneten seinen Arbeitsstil. Um zu erfahren, was im Inneren des menschlichen Körpers vor sich geht, nahm Leonardo sogar Leichensektionen vor. Im Mittelalter war dies noch weitgehend verboten, lehrte doch der christliche Glaube, dass der Tote seine Auferstehung unversehrt erwarten müsse. Jahrhunderte bevor das erste Flugzeug vom Boden abhob, entwarf Leonardo bereits einen Flugapparat, nachdem er zuvor den Vogelflug genau beobachtet hatte. Ebenso studierte er Erdablagerungen und Fossilien. Sie ließen ihn über die Entstehung des Lebens nachdenken und an der Geschichte der Sintflut zweifeln.

Fortschritte in der Medizin

Die Medizin verdankt den Künstlern der zweiten Hälfte des 15. Jahrhunderts und ihrer genauen Beobachtung der Natur wichtige Impulse. Nunmehr erwachte auch bei den Ärzten anatomisches Interesse. Einen Wendepunkt über das Wissen in der Anatomie stellte die Schrift „Über den menschlichen Körperbau" (1543) des flämischen Anatomieprofessors Andreas Vesalius dar. Er hatte unzählige Leichensektionen vorgenommen und lieferte erstmals eine genaue anatomische Beschreibung des menschlichen Körpers, die zahlreiche traditionelle Lehrmeinungen als Irrtümer entlarvte.

Humanisten prägen das neue Weltbild

Träger des neuen Weltbilds in der Frühen Neuzeit waren neben den Künstlern vor allem jene Gelehrte, die sich „Humanisten" nannten. Einer ihrer Hauptvertreter war der Niederländer Erasmus von Rotterdam, der eine Ausgabe des Neuen Testaments im griechischen Urtext herausgab und die bisher gebräuchliche lateinische Übersetzung überarbeitete. Dahinter stand sein leidenschaftliches Interesse, die Gesellschaft nach Maßgabe der Vernunft zu

| Humanismus | (von lat. humanitas = Menschheit, Menschlichkeit, feinere Bildung) Der Begriff bezeichnet eine wissenschaftliche und kulturelle Bewegung während der Epoche der Renaissance. Humanisten wandten sich der Wiederentdeckung und Pflege griechischer und lateinischer Überlieferung zu und vertraten eine von kirchlichen Lehren unabhängige diesseitige Lebensauffassung. In der Antike, so glaubten sie, hätten sich die Menschen ohne kirchliche Zwänge allein auf der Grundlage ihrer eigenen Wertvorstellungen frei entfalten können. |

M5 Die drei Grazien
Sie wurden von vielen bedeutenden Malern dargestellt. Gemäß der griechischen Überlieferung handelt es sich um Töchter des Zeus. Links Buchmalerei aus der Toskana um 1340, rechts Ausschnitt aus dem Gemälde „Der Frühling" des italienischen Renaissancemalers Sandro Botticelli, um 1478

✎: Vergleichen Sie die beiden Darstellungen. Beschreiben Sie in zwei bis drei Sätzen die Art der künstlerischen Darstellung während der Zeit der Renaissance.

erneuern und den christlichen Glauben von mittelalterlichen Verkrustungen zu befreien. Wie viele Philosophen im antiken Griechenland und Rom glaubten die Humanisten, dass die Beschäftigung mit Künsten und Wissenschaften zur Bildung einer edlen Gesinnung der Menschen beitrage. Dennoch vollzog sich die Orientierung an „alten Werten" im Rahmen christlicher Vorstellungen. Die Humanisten versuchten, neben den Schriften der heidnischen Antike auch der Urform der biblischen Überlieferung durch Sammeln und Vergleichen der verschiedenen Fassungen nahe zu kommen. In der Geschichtsschreibung verglichen sie die Quellen, ordneten den Stoff, interessierten sich für die Menschen, die hinter dem Geschehen standen, und unterschieden Ursachen und Wirkungen geschichtlicher Entwicklungen.
Die humanistischen Ideen verbreiteten sich schnell in Europa, auch in Deutschland. An den Universitäten, die jetzt überall gegründet wurden, fanden die Gedanken begeisterte Aufnahme. Viele Gelehrte ermutigten die Menschen zum selbstständigen Denken und dazu, sich aus der Vormundschaft der Kirche zu befreien.

Ausbreitung der Schriftlichkeit
Nur wenige Menschen konnten im Mittelalter lesen oder schreiben. Von Priestern verlangte die Kirche, dass sie zumindest lesen konnten. Auch von den meisten deutschen Königen bis zum 14. Jahrhundert wissen wir, dass sie lese- und schreibunkundig waren. Für 96 bis 98 Prozent der Deutschen galt dies noch zu Beginn der Frühen Neuzeit. Die Schriftlichkeit bildete sich erst im 14. Jahrhundert weiter heraus, seit das „billige" Papier das Pergament. Vor allem unter den Fernhandelskaufleuten und den Trägern der staatlichen und städtischen Verwaltungsbehörden bestand das Bedürfnis, Vorgänge unabhängig vom Gedächtnis schriftlich festzuhalten. Dadurch verschwand ein Bildungsmonopol, über das bis dahin fast ausschließlich die Kirche verfügt hatte und das gesellschaftliche Veränderungen hemmte.

Buchdruck fördert Ausbreitung des Wissens
Zur Verbreitung des Wissens trug entscheidend der Mainzer Johannes Gensfleisch (genannt Gutenberg) durch die Erfindung des Buchdrucks mit beweglichen Lettern aus Blei bei. Bisher hatte man noch jedes Buch von Hand abschreiben oder jede einzelne Seite aus einer Holztafel mühsam herausschnitzen müssen. Jetzt konnte ein Drucker nach Belieben aus den vorhandenen Bleibuchstaben neue Seiten zusammenstellen und Bücher in hohen Auflagen drucken.

M6 Das heliozentrische Weltbild des Kopernikus
Seite aus dem Werk „De revolutionibus" von Kepler, 1543

M7 Das geozentrische Weltbild des Ptolemäus
Kupferstich, 1708

✎: Suchen Sie die Stellung der Sonne im Weltbild des Ptolemäus und im heliozentrischen Weltbild.

Schon bald entdeckten humanistische Forscher und Gelehrte die Möglichkeiten des neuen Mediums. Jetzt konnten sie ihre Texte und Übersetzungen in weitaus größeren Stückzahlen verbreiten. Neue Kommunikationsformen wie Zeitungen und Flugblätter entstanden und verhalfen den Ideen der Zeit zu einer größeren Öffentlichkeit. Die Autoren sprachen fortan ein immer größeres Lesepublikum an und vermehrten Kenntnisse und Gesprächsgegenstände. Acht Millionen Bücher wurden innerhalb der ersten 50 Jahre nach der Erfindung Gutenbergs gedruckt. Viele davon widmeten sich den neuen wissenschaftlichen Erkenntnissen. In den Städten war das Bildungsmonopol der Priester und Mönche schon lange gebrochen. Hier gab es Schulen, hier gehörte Lesen und Schreiben, vor allem für die Kaufleute, zum täglichen Leben. Nachdem es gedruckte Bücher gab, gingen immer mehr Kinder zur Schule, das Bildungsniveau stieg. Zu Beginn des 16. Jahrhunderts, so schätzt man, konnten in den deutschen Städten bereits ein Drittel der männlichen Bevölkerung lesen und schreiben. Gutenbergs Erfindung wirkt bis heute nach. Neben dem Internet sind Bücher, Zeitungen und Zeitschriften ein wichtiges Unterhaltungs- und Informationsmittel geblieben.

Das neue Weltbild der Astronomie

Der „Bildungsaufbruch" in der Frühen Neuzeit wirkte sich auch auf die Naturwissenschaften und die Astronomie aus. Bislang herrschte die Auffassung vor, die Erde sei der Mittelpunkt des Weltalls, um den sich alle Planeten in konzentrischen Kreisen drehten (geozentrisches Weltbild). Die Kugelform der Erde war schon im ausgehenden Mittelalter allgemein anerkannt, umstritten war jedoch die Erdbewegung im Universum. Diese Theorie ging zurück auf den griechischen Astronomen Ptolemäus. Ein göttlicher Beweger hielt danach das gesamte System in Gang.

Der ostpreußische Astronom und Mathematiker Nikolaus Kopernikus (1473–1543) stellte diese Überlegungen nun infrage und vertrat die These, die Sonne stehe im Mittelpunkt: Alle Planeten, inklusive der Erde, kreisten um die Sonne, die Erde drehe sich zudem um sich selbst (heliozentrisches Weltbild). Der italienische Astronom Galileo Galilei (1564–1642) bewies in seinen Forschungen außerdem, dass ein bewegter Körper keine ständig auf ihn einwirkende Kraft benötigte, sondern – einmal in Gang gesetzt – in einer ständigen gleichförmigen Bewegung blieb. Ein auf die Bewegung einwirkender Gott erschien nun unnötig. Die Autorität der Kirche war herausgefordert.

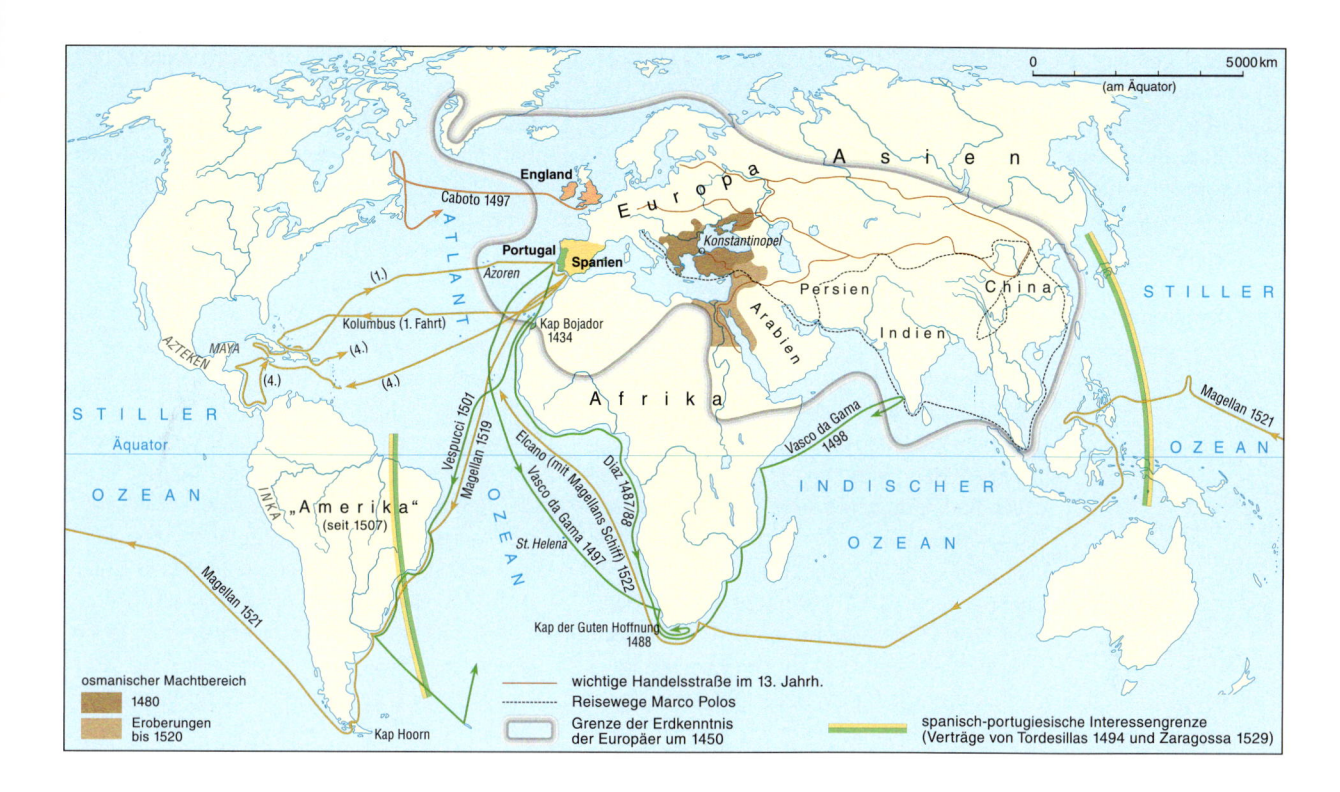

Galilei wurde in einem Ketzerprozess zu lebenslangem Hausarrest verurteilt und seine Schriften wurden verbrannt.

Entdeckungen der Seefahrer

Das Wissen um die Erde als Kugel und eine genauere Kartographie ermöglichen zusammen mit Verbesserungen in der Navigation den Erfolg zahlreicher Entdeckungsfahrten. Nachdem sich mehrere Seefahrer etappenweise an der afrikanischen Westküste vorgetastet hatten, erreichte schließlich der Portugiese Bartolomeo Diaz im Jahr 1488 als Erster die Südspitze Afrikas. 1492 brach der Genuese Christoph Kolumbus im Auftrag der spanischen Krone mit drei Karavellen westwärts auf, um bei einer Erdumrundung Indien zu erreichen. Er landete am 12. Oktober 1492 auf einer Insel der Bahamas und glaubte auch nach drei weiteren Reisen in die Karibik, die indische Inselwelt gefunden zu haben. Die erste eigentliche Weltumseglung gelang dem im spanischen Dienst stehenden Portugiesen Fernando Magellan 1519–1521.

Expansion und Unterdrückung

Hauptantrieb der abenteuerlichen, risikoreichen Entdeckungsfahrten waren wirtschaftliche Motive, warf doch der Handel mit afrikanischen Sklaven, mit Edelmetallen aus Amerika und Gewürzen aus dem Orient hohe Gewinne ab. Mit staatlicher Unterstützung segelten immer häufiger nicht nur spanische und portugiesische, sondern auch holländische, englische und französische Abenteurer über die Ozeane auf der Suche nach neuen Gebieten, die sie für ihre Länder in Besitz nehmen konnten. Dort gründeten sie Kolonien oder schlossen Verträge mit einheimischen Herrschern. Diese Kolonien und Handelsstützpunkte sollten Rohstofflieferanten und Absatzmärkte für die eigene Wirtschaft sein. Die eroberten Gebiete waren nicht unbewohnt. Dort existierten bereits seit langem die Hochkulturen der Azteken, Inka und Maya, die riesige Tempelanlagen und Städte gebaut hatten. Sie wurden rücksichtslos zerstört und europäischen Normen angepasst. Verantwortlich für die Unterwerfung alter Reiche in Mittel- und Südamerika waren die Entschlossenheit und die Gier der Eroberer. Hinzu kam die waffentechnische Überlegenheit. Innere Konflikte unter den Eingeborenen halfen ihnen ebenfalls. Entscheidend waren aber die von den Europäern eingeschleppten Krankheiten, vor allem Pocken, Masern und Grippe, gegen die die

M8 Entdeckungsfahrten
Portugiesen und Spanier versuchten, auf unterschiedlichen Routen den Seeweg nach Indien zu finden.

✏️ : Schreiben Sie die Fahrten der Entdecker in ihrer zeitlichen Reihenfolge auf.

M9 Der so genannte Dreieckshandel
Etwa zehn Millionen Farbige wurden bis ins 19. Jahrhundert aus Afrika nach Amerika verschleppt.

✎: Erklären Sie, wie der „Dreieckshandel" funktionierte.

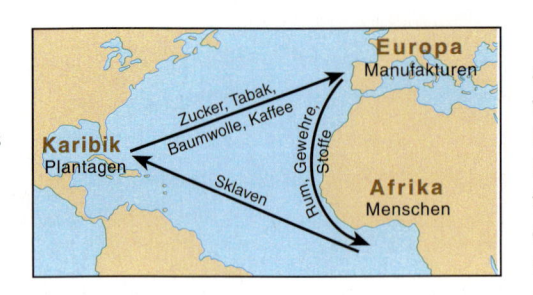

Indianer keine Abwehrkräfte besaßen. 10 Millionen, manche Schätzungen liegen noch wesentlich höher, starben an diesen Krankheiten. Die Überlebenden mussten unter oft unmenschlichen Bedingungen in den Bergwerken und auf den Kaffee-, Kakao-, Zuckerrohr- und Baumwollplantagen der Eroberer arbeiten. Missionare zwangen sie, zum Christentum überzutreten. Seit dem 17. Jahrhundert wurden auf nordamerikanischen Plantagen zunehmend Sklaven aus Afrika zur Arbeit gezwungen. Sie waren in ihrer Heimat gefangen genommen und nach Amerika gebracht worden.

Frühkapitalistisches Denken

Die überseeischen Importe gelangten in der Regel zunächst nach Lissabon, Cadiz oder Sevilla. Von dort wurden sie nach Antwerpen verschifft, dem im 16. Jahrhundert bedeutendsten Zentrum des internationalen Warenaustauschs. An diesem Treffpunkt, wo Kaufleute aus ganz Europa ihre Waren stapelten und Faktoreien (ständige Niederlassungen) gründeten, spielte sich ein internationaler Zahlungs- und Abrechnungsverkehr ab. Um 1600 praktizierten Banken in Venedig, Amsterdam und Hamburg durch Überschreibung von Konto zu Konto Frühformen der Überweisung und führten Kreditgeschäfte durch, indem sie ihren Kunden gegen Sicherheiten Geld ausliehen.

In den Dörfern des frühen und hohen Mittelalters, also der Zeit bis etwa 1250, kam man weitgehend ohne Geld aus. Man tauschte, bezahlte also mit Lebensmitteln, Waren oder Dienstleistungen. Auf den städtischen Märkten war das zu umständlich. Dort ging es, ebenso wie im Fernhandel, nicht mehr ohne Geld. Geldwirtschaft, im Orient und im Mittelmeerraum seit Jahrtausenden bekannt, spielte seit dem 13. Jahrhundert auch in deutschen Fürstentümern und Städten eine wachsende Rolle.

Beispielhaft für die zunehmende Bedeutung der Geldwirtschaft in der Frühen Neuzeit ist der Aufstieg des Augsburger Handelshauses der Fugger. Die günstige Lage Augsburgs an den wichtigen Handelswegen zwischen Italien und dem nördlichen Europa ausnutzend, gründeten die Fugger ein einträgliches Kaufmannsgeschäft. Schon bald engagierten sie sich auch im Textil- und Fernhandel, im Bergbau und als Bankiers. Zu Beginn des 16. Jahrhunderts stand das Haus Fugger auf dem Gipfel seiner Wirtschaftsmacht und setzte diese auch politisch ein. Als 1519 die sieben deutschen Kurfürsten den Nachfolger für Kaiser Maximilian I. wählen sollten, unterstützten die Fugger den Bewerber aus dem Hause Habsburg Karl I. gegen den Konkurrenten Franz I. von Frankreich. Den Kurfürsten wurden von beiden Bewerbern immer höhere Summen für ihre Wahl geboten. Karl „siegte" schließlich für einen Betrag von 850 000 Gulden und bestieg als Karl V. den Kaiserthron. Zwei Drittel der Summe hatte ihm das Handelshaus Fugger als Kredit gegeben. Als Gegenleistung für frühere Kredite hatten die Fugger bereits die Schürfrechte für die Silberminen Tirols bekommen. Weitere Vergünstigungen folgten. Bald beherrschten sie den Kupfer- und Silberhandel Europas.

Frühkapitalismus	Wirtschaftssystem, das sich seit Beginn der Neuzeit vor allem in italienischen und süddeutschen Städten entwickelte. In diesen Städten entstand ein „kapitalistischer Geist", der die Vermehrung des Geldkapitals anstrebte und sich an den wachsenden Märkten orientierte. Frühe Formen der Lohnarbeit entwickelten sich z. B. in der Textilherstellung mit ihrem Verlagswesen. Die Verleger produzierten ihre Waren nicht selbst, sondern kauften Rohmaterial ein, das sie den Heimarbeitern zur Bearbeitung „vorlegten", und sie organisierten den Verkauf der Endprodukte. Während wenige ihr Kapital investierten und zu Reichtum kamen, sanken viele Handwerker zu abhängigen Lohnarbeitern herab.

M10 Das Selbstverständnis des Malers

Leonardo da Vinci äußert sich in seinen Schriften über Malerei, Natur und Erfahrung:

Wenn du die Malerei verachtest, die als Einzige alle sichtbaren Werke der Natur nachahmt, dann verachtest du zweifellos auch eine feine Erfindung, die mit philosophischer und scharfsinniger Spekulation alle Eigenschaften der Formen
5 betrachtet: Luft und Lage, Pflanzen, Tiere, Kräuter und Blumen, die von Schatten und Licht umgürtet sind; und sie ist wahrhaftig eine Wissenschaft und die rechtmäßige Tochter der Natur; aber, um genauer zu sein, nennen wir sie lieber die Enkelin der Natur, denn diese hat alle sichtbaren Dinge gebo-
10 ren, aus denen dann die Malerei geboren wurde. Wir nennen sie daher mit Recht die Enkelin der Natur und eine Verwandte Gottes. [...]
Vom Vergnügen des Malers. Das göttliche Wesen der Wissenschaft des Malers bewirkt, dass sich sein Geist in ein Abbild
15 göttlichen Geistes verwandelt; frei schaltend und waltend, schreitet er zur Erschaffung mannigfacher Arten verschiedener Tiere, Pflanzen, Früchte; von Dörfern, Land, herabstürzenden Bergen, angst- und schreckenerregenden Orten, die dem Betrachter Grauen einjagen, und auch von angenehmen,
20 lieblichen und reizenden Wiesen mit bunten Blumen, die von sanften Lüften leicht gewellt dem von ihnen scheidenden Wind nachblicken; Flüsse, die im überfließenden Bett von den hohen Bergen herabstürzen, ein Gewirr aus entwurzelten Bäumen, Steinen, Wurzeln, Erdreich und Schaum vor sich
25 herschieben und alles mitreißen, was ihrem Ungestüm im Wege ist. [...]
Das Geistige, das nicht über die Sinne gegangen ist, ist vergeblich, und keine Wahrheit geht daraus hervor außer einer schädlichen. [...] Und du, der du sagst, es wäre besser, beim
30 anatomischen Sezieren zuzusehen, als diese Zeichnungen anzusehen, du hättest Recht, wenn es möglich wäre, all das zu sehen, was meine Zeichnungen in einer einzigen Abbildung zeigen; in der Anatomie siehst du bei all deiner Gescheitheit nur einige wenige Adern und nur diese lernst du kennen; wäh-
35 rend ich, um von ihnen eine vollständige und wirklichkeitsgetreue Kenntnis zu bekommen, mehr als zehn menschliche Leichen zerlegt habe, wobei ich alle anderen Teile zerstörte und Stückchen für Stückchen das ganze Fleisch entfernte, das um diese Adern herum war, ohne sie mit Blut zu beflecken,
40 außer durch das kaum merkliche Bluten der Kapillaren. Und eine Leiche reicht nicht so lange Zeit, so dass ich an mehreren Leichen nacheinander arbeiten musste, um mir eine vollständige Kenntnis von allem anzueignen; und um die Unterschiede zu erkennen, machte ich das Ganze zweimal.

Zit. nach: André Chastel (Hg.): Leonardo da Vinci. Sämtliche Gemälde und die Schriften zur Malerei, München 1990, S. 161 f., 165 f., 284 f. (Übers.: Marianne Schneider)

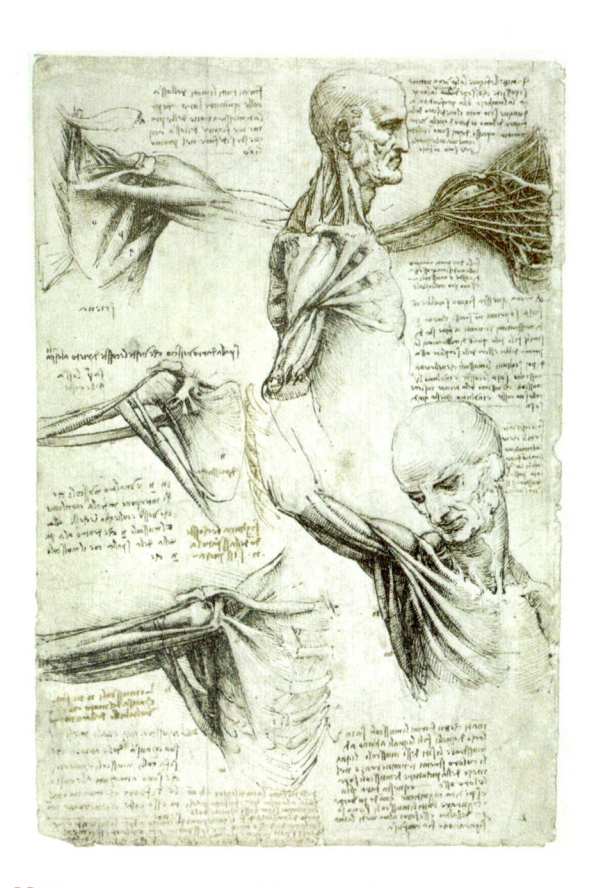

M11 Leonardo da Vinci, Schulterstudien
Kreidezeichnung, um 1510

✏️ : Beschreiben Sie die Skizzen Leonardos und erklären Sie deren Bedeutung für die Malerei und Bildhauerei.

M12 Das Selbstverständnis der Humanisten

Marsilio Ficino (1433–1499) lehrte an der von Cosimo de Medici 1459 gegründeten Academia Platonica:

Der humanistische Gelehrte umspannt den Himmel und die Erde; er lotet die Tiefen des Tartarus [Abgrund, in den der griechische Göttervater Zeus seine Gegner stürzte] aus. Weder ist ihm der Himmel zu hoch noch die Mitte der Erde zu tief.
5 Er hat das Himmelsgewölbe vermessen und kennt die Kräfte, die es bewegen, ihre Bestimmung und ihre Wirkung, und hat ihren Umfang berechnet. Wer wollte also leugnen, dass sein Genius dem Schöpfer der Himmelskörper fast gleichkommt und dass er, auf seine Weise, möglicherweise imstande ist, sie
10 nachzuschaffen. Der Mensch will keinen über sich und keinen neben sich. Er wird das Dasein einer Oberherrschaft, die ihn ausschließt, nicht dulden. Vielmehr sucht er überall die Dinge zu beherrschen und verlangt für seine Arbeit Dank. Seine Überlegenheit auf allen Gebieten ist wie die Gottes. Und wie
15 Gott, so beansprucht auch er Unsterblichkeit.

Zit. nach: Erich Lessing: Die italienische Renaissance, München 1983, S. 40

1.4 Aufbruch in die Neuzeit **65**

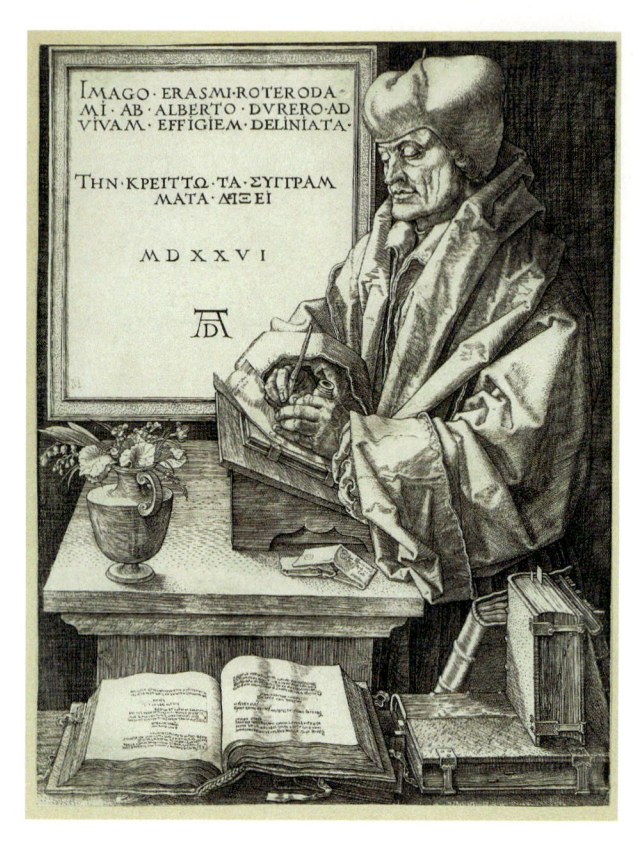

M13 Erasmus von Rotterdam

Kupferstich von Albrecht Dürer.
Der Text auf der Tafel lautet: „Abbild des Erasmus von Rotterdam von Albrecht Dürer nach dem lebenden Vorbild gezeichnet" (lateinisch), darunter „Auf vorzügliche Weise wird er die Schriften herausgeben" (griechisch).

✏️: Erklären Sie, mit welchen Darstellungsmitteln der Maler Erasmus als Humanisten (VT) kennzeichnet.

M14 Buchdruck unter Aufsicht

Aus einer Urkunde Papst Leos X., 1515:
Zwar kann gewiss die Kenntnis der Wissenschaften durch das Lesen von Büchern leicht erlangt werden: Die Buchdruckerkunst, die gerade in unserer Zeit durch Gottes Gnade und Wohlwollen erfunden worden ist, hat sich verbreitet und wurde verbessert; sie verschafft den Menschen überaus viele Vorteile, da man mit geringen Kosten sich in den Besitz einer sehr großen Anzahl von Büchern bringen kann, durch welche der Geist auf leichte Weise geschult werden kann [...].
Nun sind aber von vielen Seiten Klagen an unser und des Heiligen Stuhls Ohr gedrungen, darüber nämlich, dass einige Meister dieser Druckkunst in verschiedenen Teilen der Welt Bücher, die aus der griechischen, hebräischen, arabischen und chaldäischen Sprache ins Lateinische übersetzt wurden, wie auch andere Bücher, die in lateinischer und in der Volkssprache veröffentlicht sind und Glaubensirrtümer sowie verderbliche, der christlichen Religion widersprechende Lehren und gegen das Ansehen hochgestellter Würdenträger gerichtete Dinge enthalten, zu drucken und öffentlich zu verkaufen wagen. [...]
Darum haben wir [...] es für angezeigt gehalten, unsere Aufsicht über den Druck von Büchern auszuüben, damit nicht in Zukunft Dornen mit den guten Samen zusammen heraufwachsen oder Gifte sich mit Arzneien vermischen.

Zit. nach: Hans Widmann: Vom Nutzen und Nachteil der Erfindung des Buchdrucks – aus der Sicht der Zeitgenossen des Erfinders, Mainz 1973, S. 47 ff.

M15 Bibel und Naturwissenschaft

Galileo Galilei schrieb 1615 einen offenen Brief an Christina von Lothringen, Mutter seines Arbeitgebers Cosimo II. de'Medici:
Mir scheint, wir sollten in der Diskussion von Naturproblemen nicht von der Autorität der Bibeltexte ausgehen, sondern von der Sinneserfahrung und von notwendigen Beweisführungen. Denn die Heilige Schrift und die Natur gehen gleicher Weise aus dem göttlichen Wort hervor, die eine als Diktat des Heiligen Geistes, die andere als gehorsamste Vollstreckerin von Gottes Befehlen. Zudem ist es der Heiligen Schrift erlaubt (da sie sich dem Verständnis aller Menschen zuneigt), manche Dinge – soweit es die reine Wortbedeutung angeht – scheinbar abweichend von der absoluten Wahrheit zu sagen. Aber die Natur ist andrerseits unerklärlich und unwandelbar; sie überschreitet nie die Grenzen der Gesetze, die ihr auferlegt sind, so als ob es sie nicht kümmere, ob ihre dunklen Gründe und Wirkweisen dem Verstehen des Menschen greifbar sind oder nicht. Es ist klar, dass jene Dinge, natürliche Wirkungen betreffend, die entweder die Erfahrung der Sinne uns vor Augen stellt oder notwendige Demonstrationen uns beweisen, auf keinen Fall aufgrund von Schrifttexten, die wahrscheinlich etwas ganz anderes meinen, in Frage gestellt oder gar verurteilt werden dürfen. Denn ein Ausdruck der Heiligen Schrift ist nicht an strikte Bedingungen gebunden wie jede Wirkung in der Natur; und Gott offenbart sich nicht weniger herrlich in den Wirkungen der Natur als in den heiligen Worten der Schrift.
Natürlich ist es nicht die Absicht des Heiligen Geistes, uns Physik oder Astronomie zu lehren oder uns zu zeigen, ob die Erde sich bewegt oder nicht. Diese Fragen sind theologisch neutral; wir sollten jedoch den heiligen Text respektieren und, wo es angebracht ist, die Ergebnisse der Wissenschaft benutzen, um seine Bedeutung zu erkennen.

Zit. nach: Alastair C. Crombie: Von Augustinus bis Galilei. Die Emanzipation der Naturwissenschaft. Köln/Berlin 1959, S. 433 f. (Übers.: Maria Hildegard Hoffmann, Hildegard Pleus)

Mittelalter

Gott allmächtig

unbarmherziger Gott richtet

Kirche gibt Gesetze

betet, hat Angst,

fühlt sich schuldig, hofft

fügt sich der Autorität der Kirche

Mensch demütig, gehorsam, dankbar

Renaissance

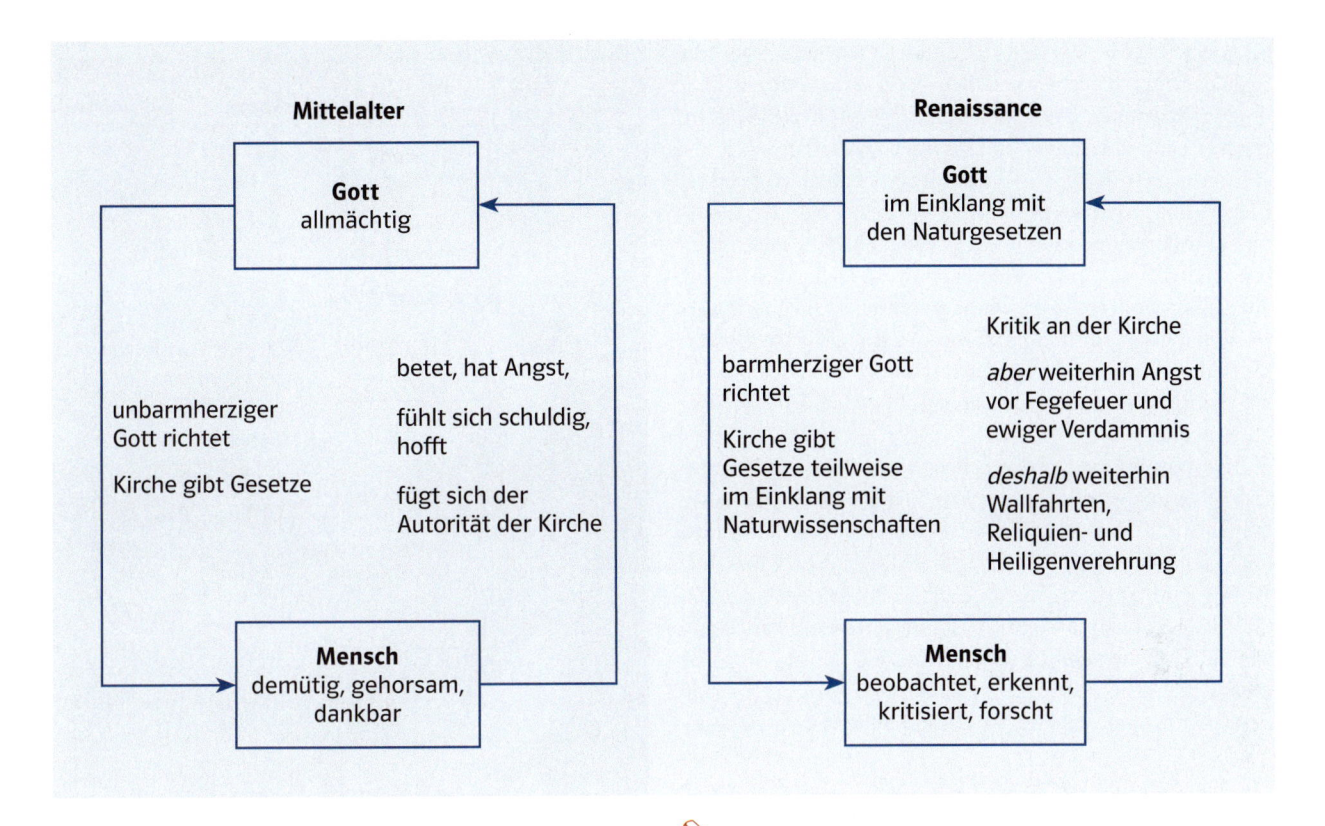

Gott im Einklang mit den Naturgesetzen

barmherziger Gott richtet

Kirche gibt Gesetze teilweise im Einklang mit Naturwissenschaften

Kritik an der Kirche

aber weiterhin Angst vor Fegefeuer und ewiger Verdammnis

deshalb weiterhin Wallfahrten, Reliquien- und Heiligenverehrung

Mensch beobachtet, erkennt, kritisiert, forscht

M16 Menschenbild und Gottesbild im Vergleich

✎ : Charakterisieren Sie das Menschenbild der Renaissance im Unterschied zu dem des Mittelalters **(VT)**.

M17 Die Reaktion der Kirche
Der theologische Berater des römischen Inquisitionsgerichts, Kardinal Robert Bellarmin, nahm in einem Brief vom 12. April 1615 Stellung zu den Gedanken Galileis:
Wenn man aber behaupten will, die Sonne stehe wirklich im Mittelpunkt der Welt und bewege sich nur um sich selbst, ohne von Osten nach Westen zu laufen, und die Erde stehe am dritten Himmel und bewege sich mit der größten Schnel-
5 ligkeit um die Sonne, so läuft man damit große Gefahr, nicht nur alle Philosophen und […] Theologen zu reizen, sondern auch unseren heiligen Glauben zu beleidigen, indem man die Heilige Schrift eines Fehlers überführt. […]
Wenn ihr nicht nur die Väter, sondern auch die modernen
10 Kommentare über [die Bibel] lesen wollt, werdet ihr finden, dass die alle übereinstimmend die Stellen, sie wörtlich auffassend, dahin erklären, dass die Sonne am Himmel ist und sich mit der größten Schnelligkeit um die Erde bewegt und dass die Erde vom Himmel sehr weit entfernt ist und unbeweglich
15 im Mittelpunkt der Welt steht.
Zit. nach: Albrecht Fölsing: Galileo Galilei. Prozess ohne Ende. Eine Biographie, Reinbek 1996, S. 299 f.

M18 Grundsätze der Kolonialverwaltung
Instruktion des spanischen Hofs für den ersten Vizekönig in Amerika nach Kolumbus, Antonio de Mendoza, vom 25. April 1535:
Was Ihr, Don Antonio de Mendoza, Unser Vizekönig und General-Gouverneur der Provinz Neu-Spanien, zu Diensten Gottes, Unserer selbst und des ganzen dortigen Gemeinwesens […] tun sollt, ist Folgendes:
1. Sofort nach Ankunft in jenem Land, und sobald Ihr Euch 5
ein erstes Bild davon gemacht habt, sollt Ihr Euch vor allem anderen darüber unterrichten, welche Beiträge für die geistlichen und kirchlichen Angelegenheiten gezahlt wurden und werden, besonders für die Errichtung der für den Gottesdienst notwendigen Kirchen und die Bekehrung und Unter- 10
weisung der indianischen Einwohner jenes Landes, und für andere solche Dinge, die den Dienst Gottes, Unseres Herrn, und die Entlastung Unseres königlichen Gewissens betreffen. Die Fehler, die nach Eurer Feststellung dabei aufgetreten sind, sollt Ihr mit jedem Prälaten in seiner Diözese bespre- 15
chen. […]
2. Item.[1] Ihr sollt allerschnellstens sowohl die Stadt Mexiko als auch alle anderen Städte, Dörfer, Siedlungen der ganzen Provinz visitieren. […] Ihr […] sollt Euch über die Bedeu-

20 tung eines jeden der Dörfer unterrichten und über die Anzahl seiner eingeborenen Bewohner und anderer, spanischer Bewohner, die es dort eventuell gibt, und darüber, was die Landesbewohner an Uns oder an die Personen, die sie in Unserem Namen in Encomienda[2] haben, nach Eurer
25 Feststellung in jedweder Weise zum Zeitpunkt der Visitation entrichten und zahlen. [...] Ebenso sollt Ihr Euch darüber unterrichten, ob besagte Eingeborene leicht mehr Gold, Silber oder andere Dinge, die ihnen bezeichnet und taxiert wurden, beisteuern und bezahlen können, als sie gegenwär-
30 tig zahlen. Ebenso sollt Ihr Euch darüber unterrichten, wie viel Tribut jeder Ort umgerechnet auf Gold- und Silberwert bezahlt. [...]

5. Item. Denn hier ist besprochen worden, dass die hauptsächliche und beste Weise, wie Wir Uns des Landes bedienen
35 können, und zwar bei weniger Drangsal seiner Bewohner, besonders derjenigen, die nicht die Möglichkeit haben, die Tribute und Abgaben, die sie Uns zu entrichten haben, in Gold zu bezahlen, in ihrem persönlichen Dienst besteht: In den Dörfern, die unter Unserer Verwaltung stehen, sollten sie
40 verpflichtet sein, Personen aus ihrer Mitte für die Arbeit in den von Uns bezeichneten Gold- und Silberminen einzuteilen. [...]

13. Weiterhin sind Wir darüber unterrichtet, dass es in vielen Gegenden der Provinz große und sehr ergiebige Gold- und
45 Silberminen und andere Erzgruben gibt, und dass Uns, abgesehen vom Fünften, den Uns die mit Unserer Konzession und Genehmigung dort fördernden Privatpersonen gezahlt haben und zahlen, sehr gedient wäre und Unsere königlichen Einkünfte erhöht würden, wenn Unsere Beamten für Uns und in
50 Unserem Namen eine beträchtliche Anzahl schwarzer Sklaven oder derjenigen Indios, die berechtigterweise als Sklaven erworben und gehalten werden, in den Minen arbeiten ließen. [...]

14. Weiterhin sind Wir darüber unterrichtet, dass die Provinz
55 oder ihr größter Teil sehr fruchtbar und ergiebig ist, und dass sie eine Vielfalt an Erzeugnissen [...] hervorbringt, die Uns dienlich und den Landesbewohnern und Siedlern verdienstbringend sein könnten, wenn man sie sich mit Geschick und Sorgfalt zu Nutze zu machen verstünde. Deshalb beauftrage
60 und befehle Ich Euch, der Ihr Uns dadurch sehr zu Diensten sein werdet, darüber Auskunft und Kenntnisse einzuholen, welche von den Produkten von solcher Güte sind, dass sie jetzt oder künftig Unsere Steuereinnahmen und Unser königliches Patrimonium vermehren können.

Zit. nach: Schmitt, Eberhard (Hg.): Dokumente zur Geschichte der europäischen Expansion, Bd. 3, C. H. Beck, München 1987, S. 151–155

1 item: lat. = ebenso, ferner
2 Encomienda: Die spanische Krone belohnte verdienstvolle Eroberer mit großen Ländereien einschließlich der dort lebenden Indios als Arbeitskräfte.

M19 Jakob Fugger mit seinem Buchhalter Matthäus Schwarz in seinem Ausburger Kontor
Buchillustration, 1518

✎: In dem Wandregal befinden sich Unterlagen über Niederlassungen der Fugger. Finden Sie heraus, um welche Orte es sich dabei handeln könnte.

M20 Schwarze Sklaven aus Guinea
beim Abbau von Bodenschätzen auf Haiti
kolorierter Kupferstich von Theodor de Bry, 1595

✏️: Stellen Sie sich vor, einer der abgebildeten Sklaven könnte erzählen, warum und unter welchen Bedingungen er für die Weißen arbeiten muss. Schreiben Sie die Geschichte auf.

---

1. Beschreiben Sie die Veränderungen, die sich während der Frühen Neuzeit in Kunst und Architektur vollzogen haben (**VT, M1–M3, M5, M12**).

2. Kennzeichnen Sie den Kenntnisstand Leonardos über die menschliche Anatomie (**M11**). Welche Argumente verwendet er, um die genaue Beobachtung der Natur zu rechtfertigen (**M10**)?

3. Charakterisieren Sie die Einstellung der Kirche zur Erfindung des Buchdrucks (**M14**).

4. Vergleichen Sie das heliozentrische Weltbild mit dem geozentrischen (**VT, M6, M7**). Welche Auffassung vertrat dazu die Kirche (**M17**)?

5. Arbeiten Sie heraus, auf welche Weise sich Galilei von mittelalterlichen Vorstellungen entfernte (**M15**). Wie erklärt er mögliche Widersprüche zum Wortlaut der Bibel?

6. Beschreiben Sie Antriebskräfte für die Entdeckung neuer Seewege (**VT, M8**) und die Entstehung des Frühkapitalismus.

7. Kennzeichnen Sie die Grundsätze und Motive der spanischen Kolonialverwaltung (**M18, M20**).

8. Erörtern Sie, inwieweit das neue Menschenbild der Renaissance mit Kolonialismus und Sklaverei vereinbar war (**VT**).

1 Lebensformen früher und heute

1400   1600

Bilder untersuchen

Bilder sind eine wichtige Gruppe von historischen Quellen. Sie können uns Aufschlüsse über das Aussehen von Personen, Geräten oder Gebäuden aus vergangenen Zeiten geben. Wir erfahren aus ihnen etwas über alltägliche Handlungen. Wie alle Quellen muss man Bilder genau untersuchen, um ihre Aussage verstehen zu können. Das hier abgedruckte Gemälde stellt eine Szene dar, die sowohl eine berufliche Tätigkeit als auch eine Form des menschlichen Zusammenlebens zur Zeit der Renaissance wiedergibt. Man spricht bei derartigen Darstellungen von Genrebildern.

M1 Der Geldwechsler und seine Frau
Gemälde des flämischen Malers Quentin Metsys, 1514. Die Kenntnis der unzähligen sich im Umlauf befindlichen Währungen war eine einträgliche Wissenschaft, die sich die professionellen Geldwechsler zunutze machten.

M2 Vergrößerte Ausschnitte aus dem Gemälde

70   1.4 Aufbruch in die Neuzeit

Methodentraining

Methodische Arbeitsschritte

1 Beschreiben

- Beschreiben Sie Ihren ersten Eindruck von dem Bild.
- Stellen Sie fest, was darauf besonders ins Auge fällt.
- Nennen Sie Einzelheiten, die Sie auf dem Bild sehen.

2 Untersuchen

- Benennen Sie das Thema des Bildes.
- Finden Sie heraus, welche einzelnen Personen, historischen Ereignisse, Gegenstände dargestellt sind.
- Analysieren Sie die verwendeten Darstellungsmittel:
  - Bildaufbau (Bildteile; Vorder-, Mittel-, Hintergrund; besondere Anordnung)
  - Perspektive (Zentral- oder Bedeutungsperspektive, Auf- oder Untersicht)
  - Figurendarstellung (Körperhaltung, Blickrichtung, Mimik, Gestik)
  - Größenverhältnisse
  - Licht- und Farbwirkungen

3 Deuten

- Formulieren Sie die Gesamtaussage des Bildes.
- Erklären Sie, welche für die Zeit typischen Sichtweisen, Vorstellungen oder Haltungen das Bild deutlich werden lässt.

Beschreiben
Der Geldwechsler prüft eine Münze mit einer Münzwaage, seine Frau blättert in einem Stundenbuch mit Miniaturmalereien. Sie schlägt gerade die Seite mit der Jungfrau Maria und dem Jesuskind auf. Auf dem Tisch liegen Münzen, Ringe, Perlen und Döschen. Im konvexen Spiegel zwischen dem Paar sind ein Fenster und ein Mann zu erkennen. Vielleicht ist er gerade der Kunde, dessen Geld vom Geldwechsler gewogen wird. Vor dem Fenster erkennt man einen Gebäudeflügel und einen Kirchturm.

Untersuchen
Offensichtlich handelt es sich um ein sehr wohlhabendes Paar. Der Geldwechsler und seine Frau sind kostbar gekleidet, eine Menge Geld liegt auf dem Tisch und auch sonst erkennt man viele (damals) wertvolle Dinge: silberne Döschen, Perlen, Ringe, einen Spiegel, Bücher, eine Waage, einen Pokal aus Bleikristall und sogar eine Orange auf einem Regalbrett. Damit wird der Reichtum der dargestellten Personen zum Ausdruck gebracht. Das Stundenbuch ist ein Gebetsbuch für Laien mit den Gebeten für die einzelnen Tageszeiten. Es wurde sehr oft mit zahlreichen Illustrationen der Miniaturmalerei verziert. Erst der Buchdruck ermöglichte die Verbreitung von Büchern. Trotz der gesunkenen Kosten und der Möglichkeit, Bücher relativ schnell zu vervielfältigen, waren Bücher ein Luxusgegenstand. Sie waren immer noch sehr teuer und damit nur eine Ware für die Reichen.

Der Spiegel ist ein Stilmittel, das die Verbindung zur nicht dargestellten Seite des Raumes und sogar zur Außenwelt außerhalb des Raumes herstellt.

Deuten
Das Geschäft des Geldwechselns galt nicht gerade als ehrwürdige oder gar moralische Tätigkeit. Vielleicht blättert die Frau des Geldwechslers genau aus diesem Grund im Marienstundenbuch, um sich reinzuwaschen. Ihr Seitenblick auf den Ehegatten zeugt von einer gewissen Skepsis. Ursprünglich untersagte das kirchliche Zinsverbot allen Christen, sich mit Geldgeschäften zu befassen. Erst seit der Reformation waren ihnen in begrenztem Umfang Geldgeschäfte und auch der Geldverleih erlaubt.
Einige Gegenstände in dem Gemälde weisen Symbolcharakter auf. Die Waage ist nicht nur als Arbeitsgerät des Geldwechslers zu verstehen, sondern zugleich auch als Anspielung auf Gerechtigkeit und das Jüngste Gericht. Der Spiegel symbolisiert die Zerbrechlichkeit des menschlichen Daseins.
Die Szene ist so gemalt, dass sie auf einem zweidimensionalen Bild dreidimensional erscheint; das Bild erweckt den Eindruck von räumlicher Tiefe, die auch durch die rechts des Regals erkennbare Öffnung zu einem Nebenraum mit zwei älteren Menschen und zusätzlich noch durch die Darstellung im Spiegel ergänzt wird. Seit der Renaissance überwiegen solche Darstellungen in Form der Zentralperspektive.

---

1. Stellen Sie Vermutungen über die Gedanken des Geldwechslers und die seiner Frau (**VT, M1**) an und schreiben Sie sie in 2 bis 3 Sätzen auf.

2. Erörtern Sie anhand der Darstellung (Bildthema, Perspektive, Figuren, Gegenstände), inwiefern man das Bild dem Zeitalter der Renaissance zuordnen kann.

1.5 Von der Aufklärung zur Französischen Revolution

M1 Abendgesellschaft im Salon der Madame Geoffrin
Ausschnitt aus einem Gemälde von G. Lemmonier, 1812. Das Bild zeigt die Lesung eines Werks des Aufklärers Voltaire im Jahr 1755.

Seit dem 18. Jahrhundert vertraten viele Schriftsteller und Philosophen die Ansicht, dass der Mensch durch seine Vernunft bestimmt und von Natur aus frei und gleich sei. Sie erkannten die unbeschränkte Macht der Herrscher nicht mehr als gottgewollt an. Die Epoche, in der sich diese Geisteshaltung vor allem im Bürgertum ausbreitete, nennt man das Zeitalter der Aufklärung. Die Französische Revolution versuchte unter dem Vorzeichen von „Freiheit, Gleichheit, Brüderlichkeit" die Ideen der Aufklärung zu verwirklichen. Sie begann mit dem Sturm auf die Bastille am 14. Juli 1789.

1661–1715	Absolute Herrschaft von Frankreichs König Ludwig XIV.
1776	Unabhängigkeitserklärung der 13 nordamerikanischen Kolonien
1789	Die Vertreter des Dritten Standes erklären sich in Versailles zur Nationalversammlung (17. Juni). Pariser Volksmassen erstürmen die Bastille (14. Juli).
1791	Eine neue Verfassung macht Frankreich zur konstitutionellen Monarchie.
1793	Mit dem „Gesetz über die Verdächtigen" beginnt die so genannte Schreckensherrschaft.
1804	Napoleon Bonaparte wird 1804 Kaiser der Franzosen.

Das Zeitalter der Aufklärung

Die Macht des Königs

Das Denken der **Aufklärung** wurzelte in dem Menschenbild der Renaissance und des Humanismus und entwickelte sich in der Auseinandersetzung mit den Herrschaftsformen im Zeitalter des **Absolutismus**. Der war aus tief greifenden religiösen und politischen Krisen wie den Glaubenskriegen des 17. Jahrhunderts, Konflikten mit Nachbarstaaten und Aufständen des Adels und des Bürgertums hervorgegangen. So hatte der französische Monarch Ludwig XIV. (1638–1715) den Schluss gezogen, dass die Einheit und Stärke des Landes nur durch eine ungeteilte Souveränität des Königs garantiert werden könne. Ludwig schuf sich eine Berufsarmee, die nicht nur gegen äußere Feinde, sondern auch bei inneren Unruhen eingesetzt werden konnte. Dazu kamen mit einer nur von ihm abhängigen Beamtenschaft, der Einbindung der Kirchen in das staatliche Machtgefüge und einem staatlich gelenkten merkantilistischen Wirtschaftssystem (vgl. S. 78) Machtinstrumente, die innenpolitische Opposition nahezu unmöglich machten. Im Absolutismus erließen nur die Monarchen Gesetze und waren gleichzeitig oberste Richter. Ludwig XIV. sah sich als Herrscher unmittelbar von Gott eingesetzt und stellte sich selbst als Sonnenkönig dar. Er baute das Schloss von Versailles zum Zentrum seiner Herrschaft aus. Dort mussten auf seinen Wunsch viele Vertreter des Hochadels wohnen, die er mit Ämtern und Einkünften ausstattete.

Viele europäische Monarchen ahmten im 17. und 18. Jahrhundert die absolutistische Regierungsweise der französischen Könige nach.

Das Bürgertum gewinnt an Einfluss

Dem monarchischen Anspruch auf Alleinherrschaft stand das selbstbewusster werdende städtische Bürgertum gegenüber, das durch Manufakturen und Fernhandel zu Wohlstand gekommen war. Unternehmer und Kaufleute beanspruchten ihren Platz in der Gesellschaft und waren immer weniger bereit, sich von monarchischen oder kirchlichen Autoritäten bevormunden zu lassen. Hinzu kam, dass zunehmend mehr Bürger durch den Besuch von Lateinschulen und Universitäten über eine breite Bildung verfügten. Wissen und Wissenschaft sahen sie häufig als umfassende, dem Glauben und der Religion gegenüberstehende Alternativen von Erkenntnis und Wahrheit. Als radikale Kritik an der Kirche entstanden der Atheismus sowie in abgeschwächter Form der Deismus (von lat. Deus = Gott), der Gott als Schöpfer zwar akzeptierte, aber die Idee vom weiteren Wirken Gottes und folglich auch der christlichen Offenbarung ablehnte. Namhafte Vertreter dieser Richtung waren die Philosophen Voltaire und John Locke.

In den Kreisen des Besitz- und Bildungsbürgertums bildete sich in dieser Zeit erstmals eine öffentliche Meinung und mit ihr der Typus des modernen Staatsbürgers heraus. Privatleute diskutierten in Salons, Kaffeehäusern, Lesegesellschaften oder in politischen Clubs über Kunst, Naturwissenschaften, Staat und Religion und veröffentlichten ihre Ansichten in einer wachsenden Zahl von Zeitungen und Büchern.

Die Enzyklopädisten

Eines der bedeutendsten Werke dieser Epoche planten der französische Schriftsteller und Philosoph Denis Diderot und der Naturwissenschaftler Jean Le Rond d'Alembert. Sie hatten vor, das gesamte Wissen ihrer Zeit zu sammeln und in einem Nachschlagewerk zu veröffentlichen. Gemeinsam mit vielen anderen Gelehrten machten sie sich an die Arbeit und 1751 erschien der erste Band ihrer „Encyclopédie". Bis 1777 folgten weitere 34 Bände. Obwohl das Werk in ganz Europa ein großer Verkaufserfolg wurde, war es in Frankreich zeitweise verboten, da sich einzelne Beiträge angeblich gegen die Lehre der Kirche richteten.

M2 John Locke (1652–1704) englischer Philosoph

Absolutismus	(von lat. legibus absolutus = von den Gesetzen losgelöst) Der Absolutismus bezeichnet eine Herrschaftsform des 17./18. Jahrhunderts, in der ein König oder Kaiser allein und ohne Kontrolle durch andere Gewalten oder ein Gesetz regiert. Die absoluten Herrscher sahen sich von Gott eingesetzt.
Aufklärung	Eine in Europa im 18. Jahrhundert von gebildeten Menschen vertretene Grundeinstellung, die vom Glauben an die Vernunft in jedem Menschen geprägt ist. Der Gebrauch des eigenen Verstandes soll die Menschen aus Abhängigkeiten befreien und zu mehr Selbstbestimmung führen.
Atheismus	Atheismus bezeichnet eine Weltanschauung, nach der es keinen Gott gibt. Diese Auffassung wurde erstmals in der Aufklärung entwickelt.

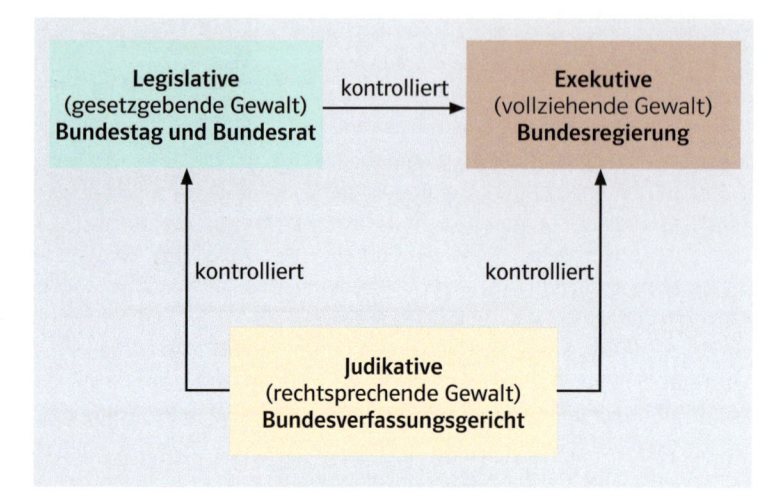

M3 Heutige Gewaltenteilung in Deutschland
Die Grundlagen hatten die Aufklärer Locke und Montesquieu gelegt.

✏️ : Beschreiben Sie die Aufgabenbereiche der drei Gewalten.

M4 Charles de Secondat Montesquieu (1689–1755) französischer Philosoph

Das Vorbild England
Die kritischen Schriften der Aufklärer hatten ihre Vorläufer und Vorbilder in England: Nach turbulenten Jahrhunderten voller Machtkämpfe zwischen den Adligen und einer kurzen Zeit der Republik (1649–1660) erlebte das Land 1688/89 mit der friedlich verlaufenden „Glorious Revolution" das Ende der königlichen Alleinherrschaft. Mit der vom Parlament verabschiedeten und vom König bestätigten „Bill of Rights", der die Rechte des britischen Parlaments gegenüber dem König regelte, war England 1689 eine **konstitutionelle Monarchie** geworden. Der Monarch benötigte von nun an die Zustimmung des Parlaments zur Erhebung von Steuern und Abgaben.

John Locke fordert Gewaltenteilung
Nach der Verabschiedung der „Bill of Rights" veröffentlichte der englische Philosoph John Locke 1690 mit seiner Schrift „Two Treatises of Government" die theoretische Begründung der Gewaltenteilung. Nach Locke hat der Staat die Aufgabe, dem Bürger ein geordnetes Leben und das Recht auf Eigentum zu sichern. Die Gesetze sollten nur dem Wohl des Volkes dienen. Um das zu ermöglichen, forderte Locke die Trennung von Exekutive und Legislative. Nur wenn die Gewalt des Staates geteilt und kontrolliert werde, sei gewährleistet, dass die Freiheit des Bürgers so wenig als möglich eingeschränkt werde. Eine Regierung sei nur dann legitim, wenn sie die Zustimmung der Regierten besäße. Wenn sie sich anmaßen sollte, den Bürger in seiner Freiheit zu bedrohen oder dessen Eigentum anzutasten, seien die Bürger zum Widerstand berechtigt. Der französische Schriftsteller Charles de Montesquieu führte in seinem 1748 erschienenen Buch „Vom Geist der Gesetze" die Gedanken John Lockes von der Trennung der Gewalten fort: Exekutive, Legislative und Judikative sollten sich gegenseitig in Schranken halten und so die individuelle Freiheit der Bürger sichern.

Rousseau: Über den Gesellschaftsvertrag
Nicht England, sondern die Bauern- und Stadtrepubliken der Schweiz galten für den französischen Philosophen Jean-Jacques Rousseau als Ideal. Rousseau ging davon aus, dass die Menschen von Natur aus frei und gleich und dazu fähig seien, über sich selbst zu bestimmen. Allerdings habe die Anhäufung von Eigentum durch Einzelne zu Ungleichheit und zu einer ungerechten Herrschaft geführt. Er forderte statt der Abtretung aller Rechte an den absoluten Staat deshalb einen in Freiheit ausgehandelten „contract social" (Gesellschaftsvertrag). Die vertragschließenden Bürger waren für ihn die Träger der Souveränität (Volkssouveränität). Diese könne weder übertragen noch geteilt werden: Die Bürger sollten unmittelbar selbst alle öffentlichen Angelegenheiten entscheiden (direkte Demokratie). Der allgemeine Wille des Volkes (volonté générale) könne nicht delegiert oder in verschiedene Gewalten aufgeteilt werden. Rousseaus Lehre fand in der Französischen Revolution viele Bewunderer und Anhänger.

konstitutionelle Monarchie	Eine Staatsform mit einem König oder einer Königin an der Spitze, deren Macht durch eine Verfassung (Konstitution) eingeschränkt ist.

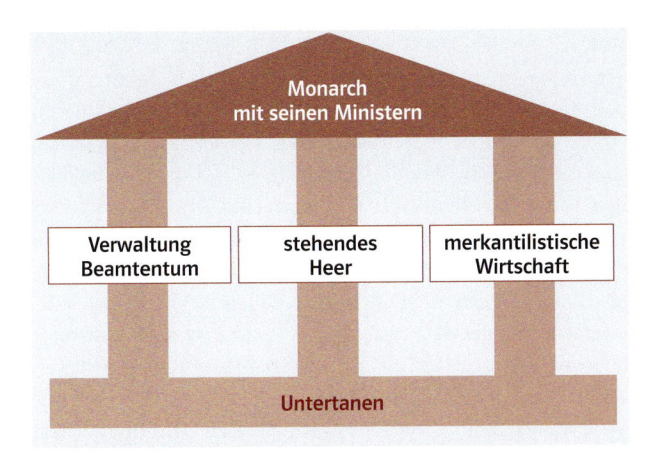

M5 Säulenmodell der absolutistischen Herrschaft

✏️: Beschreiben Sie mithilfe des Säulenmodells die Grundlagen der absolutistischen Herrschaft.

M6 Der neue Regierungsstil des Königs

Ludwig XIV. schrieb für den Thronfolger seine Amtsauffassung nieder:

[...] Denn über die Könige ist Gott allein Richter, und wenn sie gegen das allgemeine Gesetz zu verstoßen scheinen, so beruht ihr Handeln zumeist auf der Staatsraison, die, wie allgemein zugegeben wird, das höchste aller Gesetze ist; aber sie ist zugleich für alle diejenigen, die nicht regieren, das am wenigsten bekannte und dunkelste Gesetz. [...]
Unser Gehorsam gegenüber Gott ist das Vorbild und das Beispiel für den Gehorsam, den man uns schuldet. Unsere Armeen, unsere Räte, alle Hilfsmittel menschlicher Erfindungskraft würden nicht ausreichen, um uns auf dem Throne zu erhalten, wenn jeder glaubt, er habe dasselbe Recht wie wir, wenn er nicht eine höhere Macht verehrte, von der unsere Macht ein Teil ist. [...] Denn schließlich, mein Sohn, müssen wir das Wohl unserer Untertanen weit mehr im Auge haben als unser eigenes [...] die Macht, die wir über sie haben, darf uns nur dazu dienen, mit umso größerem Eifer für ihren Wohlstand zu arbeiten.

L. Steinfeld (Hg.): Ludwig XIV., Memoiren, Basel 1931, S. 25 f., 33 f., 45, 47, 51, 69, 81

M7 Was ist Aufklärung?

Aus einer Schrift des Königsberger Philosophieprofessors Immanuel Kant, 1784:

Aufklärung ist der Ausgang des Menschen aus seiner selbst verschuldeten Unmündigkeit. Unmündigkeit ist das Unvermögen, sich seines Verstandes ohne Leitung eines anderen zu bedienen. Selbst verschuldet ist die Unmündigkeit, wenn die Ursache derselben nicht am Mangel des Verstandes, sondern der Entschließung und des Mutes liegt, sich seiner ohne Leitung eines anderen zu bedienen. [...] Habe Mut, dich deines eigenen Verstandes zu bedienen! ist also der Wahlspruch der Aufklärung.
Faulheit und Feigheit sind die Ursachen, warum ein so großer Teil der Menschen [...] gerne zeitlebens unmündig bleibet; und warum es anderen so leicht wird, sich zu deren Vormündern aufzuwerfen. Es ist so bequem, unmündig zu sein. Habe ich ein Buch, das für mich Verstand hat, einen Arzt, der für mich die Diät beurteilt usw., so brauche ich mich ja nicht selbst zu bemühen. Ich habe nicht nötig zu denken, wenn ich nur bezahlen kann, andere werden das verdrießliche Geschäft schon für mich übernehmen. [...]
Es ist also für jeden einzelnen Menschen schwer, sich aus der ihm beinahe zur Natur gewordenen Unmündigkeit herauszuarbeiten. Er hat sie sogar liebgewonnen und ist vorderhand wirklich unfähig, sich seines eigenen Verstandes zu bedienen, weil man ihn niemals den Versuch davon machen ließ.

Immanuel Kant: Beantwortung der Frage: „Was ist Aufklärung?". Zit. nach: Was ist Aufklärung, Stuttgart 1974, S. 9

M8 Locke: Legislative und exekutive Gewalt

In seiner zweiten „Abhandlung über die Regierung" (1690) äußerte sich John Locke zur neuen englischen Verfassung:

Das große Ziel der Menschen, die in eine Gemeinschaft eintreten, ist der Genuss ihres Eigentums in Frieden und Sicherheit, und das große Instrument und die Mittel dazu sind die Gesetze, die in dieser Gesellschaft erlassen werden. Das erste und grundlegend positive Gesetz aller Staatswesen ist daher die Errichtung der legislativen Gewalt – so wie das erste und grundlegende natürliche Gesetz, das sogar die Legislative selbst binden muss, die Erhaltung der Gesellschaft und, soweit es mit dem öffentlichen Wohl vereinbar ist, jeder einzelnen Person in ihr ist. Diese legislative Gewalt ist nicht nur die höchste Gewalt des Staates, sondern sie liegt auch geheiligt und unabänderlich in jenen Händen, in die die Gemeinschaft sie einmal gelegt hat. Keine Vorschrift [...] kann die Verpflichtung eines Gesetzes haben, wenn sie nicht durch jene Legislative sanktioniert ist, die von der Allgemeinheit gewählt und ernannt worden ist. [...] Die legislative Gewalt ist jene, die das Recht hat zu bestimmen, wo die Macht des Staates zur Erhaltung der Gemeinschaft und ihrer Glieder gebraucht werden soll. [...] Bei der Schwäche der menschlichen Natur, die stets dazu neigt, nach der Macht zu greifen, dürfte es eine zu große Versuchung sein, wenn diejenigen, die die Macht besitzen, Gesetze zu erlassen, auch die Macht hätten, diese auszuführen. [...] Die legislative und die exekutive Gewalt werden daher oftmals voneinander getrennt.

Zit. nach: Grundriss der Geschichte: Dokumente. Bd. 1, Stuttgart 1985, S. 127f. (Übers.: Volker Dotterweich)

1.5 Von der Aufklärung zur Französischen Revolution

M9 Rousseau: Über den Gesellschaftsvertrag

In seinem Werk „Du Contract social" (Vom Gesellschaftsvertrag) schrieb Jean-Jacques Rousseau 1762:

Es geht darum, eine Gesellschaftsform zu finden, die mit der ganzen gemeinsamen Kraft der Person die Güter jedes Gesellschaftsmitglieds verteidigt und schützt und durch welche jeder Einzelne, obwohl er sich mit allen verbindet, dennoch nur sich selbst gehorcht und so frei bleibt wie zuvor. Dies ist das Grundproblem, dessen Lösung der Gesellschaftsvertrag bietet.[...] [Seine] Bedingungen lassen sich alle auf eine einzige zurückführen, die völlige Hingabe jedes Gesellschaftsmitgliedes mit all seinen Rechten an die gesamte Gesellschaft, denn zunächst einmal ist, da jeder sich ganz hingibt, die Bedingung die gleiche für alle; und da die Bedingung für alle die gleiche ist, hat keiner ein Interesse daran, sie für die anderen lästig zu gestalten. Überdies ist, da die Hingabe ohne Vorbehalt erfolgt, die Vereinigung so vollkommen, wie sie nur sein kann, und kein Gesellschaftsmitglied hat noch etwas zu fordern. [...] Jeder von uns stellt gemeinschaftlich seine Person und seine ganze Kraft unter die oberste Leitung des allgemeinen Willens, und wir nehmen jedes Mitglied als unteilbaren Teil des Ganzen auf. [...]
Damit der Gesellschaftsvertrag keine leere Form bleibt, enthält er stillschweigend jene Verpflichtung, die allein den Übrigen Kraft zu verleihen vermag; nämlich die Verpflichtung, dass wer immer sich weigert, dem allgemeinen Willen zu gehorchen, von der ganzen Gemeinschaft hierzu gezwungen wird. Das bedeutet nichts anderes, als dass man ihn zwingen wird, frei zu sein. Denn dies ist die Bedingung, die jedem Bürger, dadurch dass sie ihn dem Vaterland einverleibt, Schutz gegen jede persönliche Abhängigkeit verleiht.

Irmgard Hartig/Paul Hartig (Hg.): Die Französische Revolution, Stuttgart 1997, S. 17f.

M10 Montesquieu: Über Freiheit und Verfassung

In seinem Hauptwerk „Vom Geist der Gesetze" (1748) schrieb Charles de Montesquieu:

Es ist eine immer wieder festzustellende Tatsache, dass jeder Mensch, der Macht hat, auch in Gefahr steht, sie zu missbrauchen; er hält damit erst inne, wenn er auf Widerstand stößt. Sogar der Beste braucht solche Schranken. Damit man die Gewalt nicht missbrauchen kann, müssen Maßnahmen getroffen werden, so dass die Gewalt die Gewalt aufhält. [...] Jeder Staat verfügt über drei Arten der Gewalt: über die Gewalt, Gesetze zu geben, über die Gewalt, die Handlungen zu vollziehen, die in den Bereich des Völkerrechts gehören, und über die Gewalt, für die Beobachtung alles dessen zu sorgen, was in das Gebiet des bürgerlichen Rechts fällt. In Ausübung der ersten dieser Gewalten setzt der Fürst – oder die Obrigkeit – vorübergehend oder dauernd gültiges Recht und verbessert oder hebt die gültigen Gesetze auf; in der Ausübung der zweiten schließt er Frieden, erklärt er Krieg, entsendet oder empfängt er Gesandtschaften, sorgt für die öffentliche Ordnung, sichert er sein Land vor dem Einbruch einer feindlichen Macht; in der Ausübung der dritten bestraft er Verbrechen und schlichtet er Zwistigkeiten unter Privatpersonen. Man kann diese letztere als richterliche, die zweite einfach als vollziehende Gewalt des Staates bezeichnen. [...]
Wenn die Ausübung der gesetzgebenden und der vollziehenden Gewalt einer einzigen Person oder einer einzigen Behörde zusteht, so gibt es keine Freiheit, weil zu befürchten ist, dass alsdann der betreffende Alleinherrscher oder die betreffende Behörde nach Willkür Gesetze geben, die sie auch willkürlich vollziehen können. Es gibt auch keine Freiheit, wo die richterliche nicht von der gesetzgebenden und der vollziehenden getrennt ist. Wäre sie mit der gesetzgebenden vereinigt, so käme dies der Aufrichtung einer schrankenlosen Macht über Leben und Freiheit der Bürger gleich; denn der Richter könnte selbst die Gesetze aufstellen. Wäre sie mit der vollziehenden Gewalt vereinigt, so könnte der Richter seine Entscheidungen mit der Kraft des Unterdrückers durchsetzen. Es wäre das allgemeine Verderben, wenn ein einzelner Mensch oder eine einzelne Behörde, gleichgültig, ob adelig oder demokratisch, alle drei Gewalten ausüben würde und dadurch Macht bekäme, sowohl Gesetze zu schaffen, als auch die den Staat betreffenden Beschlüsse auszuführen und über Verbrechen und Zwistigkeiten unter Privatpersonen richterliche Entscheidungen zu treffen.

Zit. nach: G. Guggenbühl/H. C. Huber (Hg.): Quellen zur Geschichte der Neueren Zeit, Zürich 1976, S. 309 ff.

---

1. Arbeiten Sie die Unterschiede zwischen den politischen Ideen des Absolutismus (**VT, M6**) und denen der Aufklärung (**M8–M10**) heraus und stellen Sie sie in einer Tabelle einander gegenüber.

2. Vergleichen Sie die Vorschläge, die Locke, Montesquieu und Rousseau zum Schutz vor Willkür und zur Erreichung der Freiheit für den Einzelnen machen (**M8–M10**).

3. Erklären Sie, worin Kant die Ursachen für die Unmündigkeit des Menschen sieht (**M7**). Welche Schlussfolgerungen zieht er daraus?

4. „Die Aufklärung brachte die moderne Wissensgesellschaft hervor". Begründen Sie diese These anhand von Beispielen (**VT, M7**).

Ausbruch der Revolution

Frankreich am Vorabend der Revolution
Frankreich war bis zur ersten Hälfte des 19. Jahrhunderts das bevölkerungsreichste Land Europas. Trotz zunehmender Bedeutung von Handel und Gewerbe war die Landwirtschaft noch immer der größte wirtschaftliche Sektor. Rund 80 Prozent der Bevölkerung lebten und arbeiteten auf dem Land. Bei der ersten offiziellen Volkszählung im Jahr 1801 wurden in Frankreich 29,4 Millionen Menschen gezählt. Deutschland hatte zu dieser Zeit 24,5 Millionen Einwohner. Die französische Gesellschaft des Ancien Régime, der alten absolutistischen Herrschaft, war seit dem Mittelalter in drei Stände gegliedert. Die Geistlichkeit (Klerus) bildete den Ersten Stand. Dieser war von den meisten Steuern befreit und unterstand nicht der bürgerlichen Gerichtsbarkeit. Bischöfe, Äbte und Äbtissinnen stammten ausschließlich aus adligen Familien. Klöster und Kirchen bezogen ihren Wohlstand aus der Bewirtschaftung ihres Grundbesitzes und aus Abgaben der Bevölkerung, vor allem dem Kirchenzehnten.

Der Adel als Zweiter Stand war seit der absolutistischen Herrschaft Ludwigs XIV. (1643–1715) zwar von der politischen Macht ausgeschlossen, besaß aber fast 30 % des Landes, lebte von den Abgaben der Bauern und genoss erhebliche Privilegien: Auch Adlige waren von der Zahlung direkter Steuern (Grund-, Vermögens- und der vom Einkommen unabhängigen Kopfsteuer) weitgehend befreit. Die hohen Positionen in der Regierung, Beamtenschaft und beim Militär blieben fast ausschließlich ihnen vorbehalten. Eine Tätigkeit in Handel und Gewerbe galt für den Adel als nicht standesgemäß und konnte sogar zum Verlust des Adelstitels führen. Für wohlhabende Bürger gab es die Möglichkeit, durch den Kauf eines Amtes, das mit dem Adelstitel verbunden war (Amtsadel), oder durch königlichen Adelsbrief in den Adel aufzusteigen.

Der Dritte Stand
Der Dritte Stand schließlich umfasste den größten Teil der Bevölkerung. Die Unterschiede an Bildung und Einkommen innerhalb dieses Standes waren beträchtlich. Besonders wohlhabend und einflussreich war das in den Städten lebende Großbürgertum, die Bourgeoisie, die aus dem Handel, aus ihren Manufakturen und dem Verlagswesen erhebliche Gewinne zog. Beamte und Angehörige der freien Berufe wie Anwälte, Ärzte und Schriftsteller bildeten die bürgerliche Mittelschicht. Diese Bevölkerungsgruppe war es vor allem, die den Geist der Aufklärung verbreitete und Kritik am Absolutismus formulierte.

Handwerker und Einzelhändler, die oft in Zünften und Gilden organisiert waren, zählten zum Kleinbürgertum. Zusammen mit den ungelernten Arbeitern und Arbeiterinnen, Tagelöhnern, Lastträgern, Handlangern, Transport-, Garten- und Straßenarbeitern sowie dem männlichen und weiblichen Gesinde der Wohlhabenden bildeten sie die zahlenmäßig stärkste Schicht der städtischen Bevölkerung. Dazu kamen Scharen von Bettlern, Dieben und Landstreichern.

Anders als in Deutschland gab es in Frankreich zahlreiche freie Bauern mit eigenem Grundbesitz. Die große Masse der Landbewohner war aber besitzlos. Viele von ihnen waren Land-

M1 Der zermalmte Dritte Stand
Französische Radierung, 1789. Die Aufschrift auf dem Stein lautet übersetzt: „Kopfsteuer, Steuerabgaben und Fronarbeit".

✎ : Untersuchen Sie, wie die Karikatur den Zustand der französischen Gesellschaft beschreibt.

17. Jh. | 18. Jh.

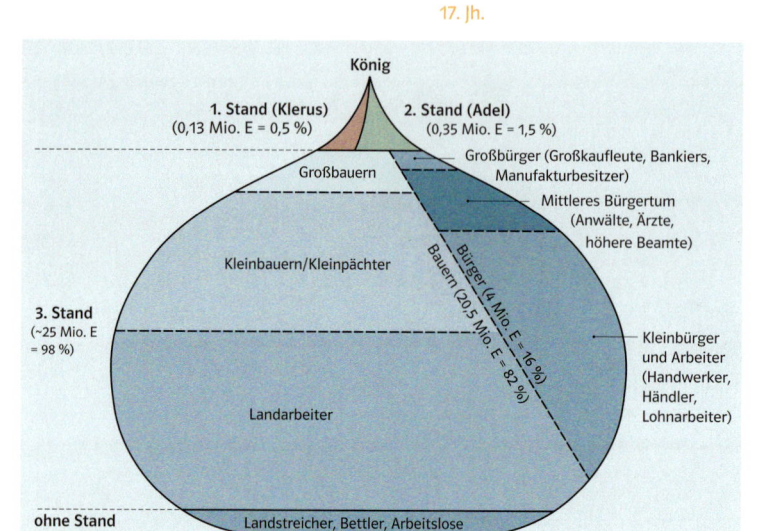

M2 Aufbau der französischen Ständegesellschaft 1789

Diagramm:
- König
- 1. Stand (Klerus) (0,13 Mio. E = 0,5 %)
- 2. Stand (Adel) (0,35 Mio. E = 1,5 %)
- 3. Stand (~25 Mio. E = 98 %)
  - Großbauern
  - Kleinbauern/Kleinpächter
  - Landarbeiter
  - Bauern (20,5 Mio. E = 82 %)
  - Bürger (4 Mio. E = 16 %)
    - Großbürger (Großkaufleute, Bankiers, Manufakturbesitzer)
    - Mittleres Bürgertum (Anwälte, Ärzte, höhere Beamte)
    - Kleinbürger und Arbeiter (Handwerker, Händler, Lohnarbeiter)
- ohne Stand: Landstreicher, Bettler, Arbeitslose

✏️ : Listen Sie auf, welche städtischen und ländlichen Bevölkerungsschichten zu Beginn der Revolution in Frankreich lebten.

arbeiter oder hörige Bauern auf den Gütern der geistlichen und adligen Grundherren oder der bürgerlichen Großpächter. Zur ländlichen Unterschicht gehörten landlose Familien und Personen, die von Gelegenheitsarbeiten, Bettelei oder Armenfürsorge lebten und oft nicht sesshaft waren.

Die Opposition formiert sich

Mit der zunehmenden wirtschaftlichen Bedeutung großer Teile des Dritten Standes wuchs auch dessen Widerstand gegen die Privilegien der beiden ersten Stände. Die Angehörigen des Dritten Standes forderten eine Umgestaltung des gesellschaftlich-politischen Lebens: Befreiung von Bevormundung und Zwang, unbeschränkte Freizügigkeit von Kapital und Arbeit in freiem Wettbewerb, Einführung der Gewerbefreiheit. Die abhängigen Bauern forderten die Abschaffung aller Dienste und Abgaben an die Gutsherren und freies Eigentum. Die freien Bauern ihrerseits beklagten die hohen Grundsteuern. Die wirtschaftliche Lage der Bauern hatte sich auch aufgrund der **merkantilistischen Wirtschaftspolitik** verschlechtert.

Ein hoher Gewinn aus dem Verkauf von Fertigwaren der Manufakturen war nur zu erzielen, wenn die Löhne der Manufakturarbeiter niedrig gehalten wurden. Um die Arbeiter dennoch ernähren zu können, wurden die Bauern per Erlass gezwungen, ihre Erzeugnisse zu Billigpreisen anzubieten.

Der Staat in finanziellen Nöten

Die Spannungen innerhalb der Gesellschaft wurden dadurch verschärft, dass der französische Staat zur Zeit des Absolutismus erheblich mehr Geld ausgab, als er einnahm, und deshalb in eine finanzielle Notlage geriet. Das stehende Heer, das Berufsbeamtentum und die prunkvolle Hofhaltung verschlangen sehr viel Geld. Dazu kamen lange, teure Kriege.
So war trotz des wirtschaftlichen Wachstums im 18. Jahrhundert der Staat vollkommen überschuldet. Bereits zur Zeit Ludwigs XIV. hatte Finanzminister Colbert versucht, eine aktive Handelsbilanz zu erreichen, also mehr auszuführen als einzuführen und dadurch den Geldstrom nach Frankreich zu vermehren. Er ließ Straßen, Kanäle und Häfen bauen, vereinheitlichte Maße und Gewichte, holte ausländische Fachkräfte ins Land und errichtete staatliche Manufakturen für Erzeugnisse, die bisher importiert worden waren.
Der erhoffte Gewinnzuwachs von Handel und Gewerbe sollte vor allem der Staatskasse zugute kommen. So versuchte Colbert auch, das Steuerpachtsystem wirkungsvoller zu gestalten. Private Einnehmer, die für den Staat die Steuern eintrieben, hatten zuvor einen beträchtlichen Teil des eingetriebenen Geldes für sich behalten. Fortan wurden Steuerzahler und Steuerpächter rigiden Kontrollen unterzogen. Von der Verwirklichung seiner Wirtschaftsziele versprach sich Colbert einen Ausgleich von Staatseinnahmen und Staatsausgaben, was bisher keineswegs üblich war.

Merkantilismus	Staatlich gelenkte Wirtschaftspolitik im Absolutismus. Sie ging davon aus, dass der Reichtum an Geld über Größe und Macht eines Staates entscheidet. Um die staatlichen Einnahmen zu erhöhen, wurden Exporte gefördert und Importe durch hohe Zölle behindert. Dazu gehörte auch die Gründung von Manufakturen mit staatlicher Hilfe. Dies waren Großbetriebe mit arbeitsteiliger, aber noch überwiegend handwerklicher Arbeit.

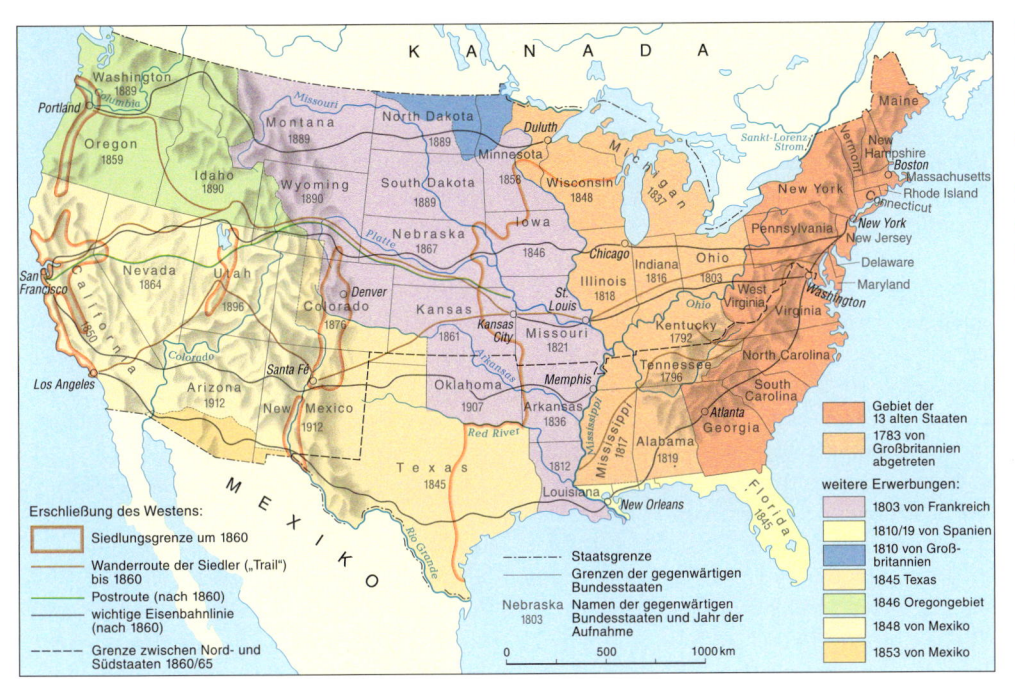

M3 Die territoriale Entwicklung der USA bis 1866

✎: Beschreiben Sie die Ausdehnung der USA nach der Unabhängigkeitserklärung 1776.

M4 George Washington (1732–1799) erster Präsident der USA

Die amerikanische Revolution als Vorbild

Dass es mittlerweile in Nordamerika gelungen war, einige Ideen der Aufklärung zu verwirklichen und eine republikanische Verfassung durchzusetzen, hatte in Frankreich großen Eindruck hinterlassen. Die französischen Zeitungen berichteten ausführlich über die Ereignisse in der Neuen Welt.

Seit dem 17. Jahrhundert waren immer mehr Europäer nach Nordamerika gekommen. So entstanden bis 1733 an der Ostküste Nordamerikas 13 englische Kolonien. Diese Kolonien waren von England zunächst mit leichter Hand regiert worden. Das englische Mutterland war hauptsächlich daran interessiert, den Außenhandel seiner Kolonien nach merkantilistischen Grundsätzen zu reglementieren. Im Inneren verfügten die Kolonisten sogar über eine parlamentarische Selbstverwaltung. Die Siedler waren sich dieser britischen Tradition mit Stolz bewusst und hielten loyal zum Mutterland. Dies änderte sich, seit Großbritannien die Kolonien durch Steuern und Schutzzölle zur Tilgung seiner Staatsschulden heranziehen wollte. Nach dem Grundsatz „No taxation without representation" lehnten die Kolonien das Besteuerungsrecht des Londoner Parlaments ab, in dem sie selbst nicht vertreten waren.

Schließlich entzündeten sich die Auseinandersetzungen am Teezoll. Als den Übergriffen kleiner revolutionärer Gruppen – wie die Protestaktion jener Männer, die in Boston eine Schiffsladung Tee über Bord warfen (Boston Tea Party, 1773) – Zwangsmaßnahmen der englischen Regierung folgten, verschärfte sich der lokale Widerstand zum Aufruhr und schließlich zum Krieg um die Unabhängigkeit.

Die amerikanische Unabhängigkeitserklärung

Wenige Wochen nach Kriegsausbruch traten Delegierte aller Kolonien zusammen und beanspruchten die Befugnisse einer nationalen Regierung. Sie bestellten George Washington, einen Tabakpflanzer aus Virginia, der sich im Kolonialkrieg ausgezeichnet hatte, zum Oberbefehlshaber der amerikanischen Truppen und erklärten sich am 4. Juli 1776 für unabhängig. In der militärischen Auseinandersetzung mit dem Mutterland England konnten sich die Kolonien schließlich durchsetzen. Diesen Erfolg verdankten die Kolonisten Kriegsbündnissen mit Frankreich, den Niederlanden und Spanien, aber auch dem Zustrom europäischer Kriegsfreiwilliger. England musste im Frieden von Paris (1783) die Unabhängigkeit der „Vereinigten Staaten von Amerika" anerkennen. 1787 gaben sich die

1.5 Von der Aufklärung zur Französischen Revolution

M5 Ludwig XVI. (1774–1792) französischer König

USA eine gemeinsame bundesstaatliche Verfassung. 1789 wurde George Washington zum ersten Präsidenten der USA gewählt.

Reformpläne in Frankreich

Die Herrschenden in Frankreich wollten einen derartigen gewaltsamen Umsturz der Verhältnisse wie in Amerika auf jeden Fall verhindern. Einer möglichen Revolution versuchten sie durch Reformen zuvorzukommen: 1787 schlug der französische Finanzminister Calonne König Ludwig XVI. vor, sämtliche Steuerprivilegien zu beseitigen und auch alle Grundeigentümer gleichermaßen zu besteuern. Diese Pläne scheiterten jedoch am erbitterten Widerstand der privilegierten Stände, die sich ihre Vorrechte nicht beschneiden lassen wollten. Sie erhofften sich aus der Krisensituation vielmehr einen Zugewinn an Macht gegenüber der Stellung des Königs und schlugen die Einberufung der Generalstände vor. Dieses Gremium hatte die Aufgabe, den König zu beraten. Es bestand aus jeweils ungefähr 300 Vertretern der drei Stände und war zuletzt 1614 einberufen worden. Abstimmungen erfolgten dort getrennt nach Ständen, jeder Stand hatte also eine Stimme. Die Generalstände sollten sich mit den drängendsten Fragen der Zeit beschäftigen: Wie war die Finanzkrise zu meistern? Waren die Privilegien der ersten beiden Stände aufrechtzuerhalten? Wie war die wirtschaftliche Not der ärmeren Bevölkerung in den Städten zu lösen? Sollten Ideen der Aufklärung, vor allem Menschenwürde, Freiheit und Gleichheit in die Gesetzgebung Eingang finden?

Einberufung der Generalstände

1788 verschärften sich Verschuldung und Zahlungsunfähigkeit des Staates zu einer umfassenden Krise. Schlechte Ernten trieben den Brotpreis in die Höhe, es kam zu Versorgungsengpässen. Die Zahl der Bettler und der Hungernden stieg an, die Unzufriedenheit der Bevölkerung wuchs. Der König und seine Minister konnten die Krise nicht mehr allein bewältigen. In dieser Zwangslage berief der König schließlich die Generalstände für Anfang Mai 1789 ein. Er versprach, die Zahl der Vertreter des Dritten Standes auf rund 600 zu verdoppeln und ordnete die nach Ständen getrennte Wahl der Abgeordneten an. Alle Männer über 25 Jahre, die Steuern zahlten, durften wählen und gewählt werden.

Gleichzeitig forderte der König die Wahlberechtigten auf, in Form von Beschwerdeheften den Abgeordneten Anweisungen zu geben, welche Probleme vordringlich zu lösen seien. In Versammlungen in den Dörfern oder Stadtvierteln wurden nach intensiven Beratungen Tausende solcher Hefte verfasst, noch heute sind über 40 000 erhalten. Besonders häufig kamen darin Klagen über zu hohe Steuern, ungerechte Feudalabgaben und die Privilegien der Grundherren zum Ausdruck. Vor allem in den Städten wurde zusätzlich der Wunsch nach einer Verfassung mit Grundrechten und Gewaltenteilung geäußert.

Über vier Millionen Franzosen wirkten an der Abfassung der Beschwerdehefte mit und wurden somit politisch aktiv. Die Initiative des Königs, sein Volk zu befragen, weckte Hoffnungen auf eine umfassende Reform. Doch eine nach der Eröffnung der Generalstände wochenlang schwelende Auseinandersetzung zwischen ihm und dem Dritten Stand ließ den Unmut in der Bevölkerung immer größer werden und löste so die Revolution im eigentlichen Sinne aus.

Reform	Reform ist eine schrittweise Veränderung und Verbesserung der gegebenen politischen, sozialen und wirtschaftlichen Verhältnisse. Im Gegensatz zur Revolution stellt sie keine radikale Umwälzung aller Lebensverhältnisse dar.
Revolution	(von lat. „revolutio" = Umwälzung) Darunter versteht man einen tief greifenden, meist gewaltsamen Umsturz der bestehenden politischen und sozialen Ordnung, der auf grundlegende Änderungen aller Lebensverhältnisse hinausläuft. Musterbeispiel ist die Französische Revolution, die als bürgerliche Revolution bezeichnet wird, weil vor allem das zu Wohlstand gekommene Bürgertum sich Teilhabe an der politischen Macht erkämpfte. Als weitere Variante der bürgerlichen Revolution gilt die amerikanische Revolution von 1776.

Der Weg zur Nationalversammlung

Nach der Eröffnung der Generalstände durch Ludwig XVI. am 5. Mai 1789 protestierten Abgeordnete des Dritten Standes gegen den Beschluss, getrennt nach Ständen abzustimmen. Sie forderten eine „Abstimmung nach Köpfen". Als dieser Streitpunkt auch nach Wochen nicht entschieden war, erklärte sich der Dritte Stand schließlich zur Nationalversammlung: zur einzig rechtmäßigen Vertretung aller Franzosen. Während sich nun Teile des Klerus mit dem Dritten Stand solidarisierten, widersetzten sich Adel und König diesem Ansinnen: Ludwig XVI. ließ den Versammlungsraum der selbst ernannten Nationalversammlung verriegeln. Daraufhin trafen sich deren Abgeordnete im Ballhaus von Versailles – einer Tennishalle – und schworen dort feierlich, nicht eher auseinanderzugehen, bis sie Frankreich eine Verfassung gegeben hätten. Unter dem Druck der immer größeren Not und der zunehmenden Unruhen vor allem in Paris fügte sich der König in diese Entwicklung und forderte die Abgeordneten der anderen Stände auf, sich dem Dritten Stand anzuschließen. Am 9. Juli gaben die Abgeordneten ihrer Versammlung den Namen „Verfassunggebende Nationalversammlung" (Constituante). Damit war ein Gremium geschaffen, das für die Legislative Frankreichs zuständig sein sollte.

Sturm auf die Bastille

Der König erkannte zwar die neue Nationalversammlung an, ließ aber gleichzeitig in Versailles und Paris Truppen zusammenziehen. Als sich diese Nachricht verbreitete, bildeten die Bürger von Paris Bürgerwehren, so genannte Nationalgarden. Die Bürger bewaffneten sich und stürmten am 14. Juli die Bastille, ein Gefängnis und Munitionslager. Obwohl in dieser Festung nur noch wenige Gefangene saßen, wurde der Sturm auf die Bastille zum Symbol der Revolution.
Die Bauern sahen in der Revolution des Bürgertums von Paris ein Signal. Zu lange warteten sie schon auf die Lösung der in ihren Beschwerdeheften formulierten Probleme. Die Missernte von 1788 und der harte Winter hatten ihre soziale Lage noch verschärft. Sie bewaffneten sich, stürmten und brandschatzten Schlösser und Klöster und verbrannten die Urkunden, die ihre Frondienste und Abgabenpflichten festlegten.

M6 Die Erstürmung der Bastille am 14. Juli 1789
Nationalgardisten führen den Kommandeur aus der Bastille, der angeordnet hatte, auf die Menge zu schießen. Zeitgenössisches Gemälde

: Erörtern Sie, weshalb der militärisch unbedeutende Bastillesturm zum Symbol der Revolution wurde.

Erklärung der Menschenrechte

Als sich die Nationalversammlung am 4. August zusammenfand, um über die kritische Lage auf dem Lande zu beraten, sprachen sich mehrere adlige Mitglieder für die Beseitigung von Privilegien der ersten beiden Stände aus. Ihre Erklärung löste eine lebhafte Sitzung aus, auf der die Abgeordneten bis in die frühen Morgenstunden des 5. August einen Beschluss nach dem anderen zur Beseitigung der ständischen Vorrechte fassten. So wurden die Leibeigenschaft, die Steuerbefreiung für die beiden ersten Stände, die Gerichtsbarkeit sowie die Jagdrechte der Grundherren und die Ämterkäuflichkeit abgeschafft. Es sollte keine Untertanen, sondern nur noch freie Bürger

M7 Zug der Frauen nach Versailles
Zeitgenössische Radierung. Am 5. Oktober 1789 brachen aus dem Arbeiterviertel Saint-Antoine hungernde Frauen zum Rathaus auf. Von vielen Pariserinnen, bewaffneten Männern und Nationalgardisten verstärkt, setzte sich dann der Zug nach Versailles in Marsch.

✎ : Beschreiben Sie die Szene. Welche Ziele könnten die Frauen verfolgt haben?

mit gleichen Rechten und Pflichten geben. Die Beschlüsse des 4./5. August lösten in ganz Frankreich stürmische Begeisterung aus. Im Sinne dieser Vorgaben machte sich die Nationalversammlung an die Ausarbeitung einer „Erklärung der Menschen- und Bürgerrechte", die am 26. August 1789 verkündet wurde.

Frauen holen den König nach Paris

Der König weigerte sich zunächst, die Beschlüsse der Nationalversammlung anzuerkennen. In der Pariser Bevölkerung brach Angst vor einer Gegenrevolution aus. Die Anspannung stieg weiter, als die Lebensmittelversorgung von Paris wegen Unruhen auf dem Land ins Stocken geriet. Daraufhin zogen Anfang Oktober 7000 bewaffnete Frauen, gefolgt von 10 000 Männern und Teilen der Nationalgarde mit dem Schlachtruf „Versailles schlemmt, Paris hungert" zum Schloss des Königs nach Versailles. Sie zwangen den Monarchen, die Beschlüsse der Nationalversammlung anzuerkennen, und drängten ihn zusammen mit seiner Familie zu einem Umzug in die Hauptstadt, um ihn dem Einfluss des Adels in Versailles zu entziehen. Wenige Tage später folgte ihm auch die Nationalversammlung nach Paris, wo sie fortan dem Druck der aufständischen Bevölkerung ausgesetzt war.

Enteignung und Unterwerfung der Kirche

Wie aber konnte die Nationalversammlung die anhaltende Finanzkrise des Staates lösen? Die Abgeordneten entschieden sich dafür, den notwendigen Geldbedarf durch die Enteignung und den Verkauf der Kirchengüter zu beschaffen. Da der Grundbesitz der Kirche nicht innerhalb kurzer Zeit verkauft werden konnte, zahlte man den Gläubigern des Staates 1790 ihre Schulden in Form von Assignaten – Anweisungen, die Staatsanleihen ähnelten – zurück. Diese konnten gegen die zur Verfügung stehenden Landgüter eingetauscht werden, wurden aber auch in Umlauf gebracht und entwickelten sich zu einem Zahlungsmittel. Da das neue Papiergeld durch Grundbesitz gedeckt war, galt es zunächst als stabile Währung. Schon bald wurden allerdings immer mehr Assignaten in Umlauf gebracht. Eine inflationäre Entwicklung war die Folge. 1797 wurden alle Assignaten, die nicht für Staatsgüter eingetauscht worden waren, für ungültig erklärt. Vor allem gut verdienenden Stadtbürgern und selbstständigen Bauern war es aber gelungen, mithilfe dieser Schuldscheine Kirchengüter günstig zu erwerben. Diese wohlhabende Schicht wurde nun wirtschaftlich noch mehr gestärkt und verlor jedes Interesse an der Fortsetzung der Revolution.

Für die Kirche, die mit dem Grundbesitz ihre wesentliche Einnahmequelle verloren hatte, musste eine neue Organisationsform gefunden werden: 1790 löste die Nationalversammlung Klöster und Orden auf, führte die standesamtliche „Zivilehe" ein, verstaatlichte die Schulen und entzog sie der Aufsicht der Kirche. Die nunmehr vom Staat besoldeten Priester sollten von der Bevölkerung gewählt werden. Von den Priestern wurde ein Eid auf die neue Ordnung verlangt, den die meisten von ihnen jedoch ablehnten. Der revolutionäre französische Staat geriet damit in einen grundsätzlichen Gegensatz zum Papst, der die Umgestaltung der Kirche ebenso ablehnte wie die Menschen- und Bürgerrechte, die er als gottlos verurteilte.

M8 Auszüge aus der Unabhängigkeitserklärung

Thomas Jefferson (1743–1826) wurde 1801 zum 3. Präsidenten der USA gewählt. Er gilt als der eigentliche Verfasser der Unabhängigkeitserklärung vom 4. Juli 1776, in der er als Anhänger der Philosophie John Lockes die unveräußerlichen Menschenrechte verankerte:

Wenn es im Laufe der geschichtlichen Ereignisse für ein Volk notwendig wird, die politischen Bande zu lösen, die es mit anderen verknüpft hat, und unter den Mächten der Erde die gesonderte und gleichwertige Stellung einzunehmen, zu der die Gesetze der Natur und des Schöpfers es berechtigen, so erfordert eine geziemende Achtung vor der Meinung der Welt, dass es die Gründe angibt, die es zur Trennung zwingen.

Wir halten diese Wahrheiten für in sich einleuchtend: dass alle Menschen gleich geschaffen sind; dass sie vom Schöpfer mit gewissen unveräußerlichen Rechten ausgestattet sind, darunter Leben, Freiheit und Streben nach Glück; dass zur Sicherung dieser Rechte Regierungen unter Menschen eingesetzt sind, die ihre gerechten Vollmachten von der Einwilligung der Regierten herleiten; dass, wenn immer eine Regierungsform diesen Zielen zum Schaden gereicht, es das Recht des Volkes ist, sie zu ändern oder abzuschaffen und eine neue Regierung einzusetzen. So haben diese Kolonien geduldig gelitten, und so stehen auch sie jetzt vor der zwingenden Notwendigkeit, ihr bisheriges Regierungssystem zu ändern. Die Geschichte des gegenwärtigen Königs von Großbritannien ist eine Geschichte fortgesetzter Ungerechtigkeiten und Anmaßungen, die alle direkt darauf zielen, eine absolute Tyrannei über unsere Staaten zu errichten. In jedem Stadium unserer Bedrückung haben wir untertänigst um Abhilfe nachgesucht. Auf unsere wiederholten Petitionen wurde nur mit wiederholten Kränkungen geantwortet. Ein Fürst, dessen Charakter so durch Handlungen gekennzeichnet wird, die eines Tyrannen würdig wären, ist ungeeignet, über ein freies Volk zu herrschen.

Wir, die Vertreter der Vereinigten Staaten von Amerika, die hier als Gesamtkongress versammelt sind, rufen daher den höchsten Richter dieser Welt zum Zeugen für die Redlichkeit unserer Absichten an und erklären feierlich, dass diese Vereinigten Kolonien freie und unabhängige Staaten sind und auch in Zukunft rechtens sein sollen, dass sie von jeder Untertanen-Pflicht gegenüber der britischen Krone losgesprochen sind und dass alle politischen Bindungen zwischen ihnen und dem Staate Großbritannien vollkommen gelöst sind und in Zukunft bleiben sollen und dass sie als freie und unabhängige Staaten das uneingeschränkte Recht haben, Kriege zu führen, Frieden zu schließen, Bündnisse einzugehen, Handel zu treiben und all die anderen Handlungen vorzunehmen, die unabhängige Staaten rechtens tun können.

Zit. nach: Anspruch und Wirklichkeit. Zweihundert Jahre Kampf um Demokratie in den USA. Dokumente und Aussagen. Berlin 1976, S. 16f.

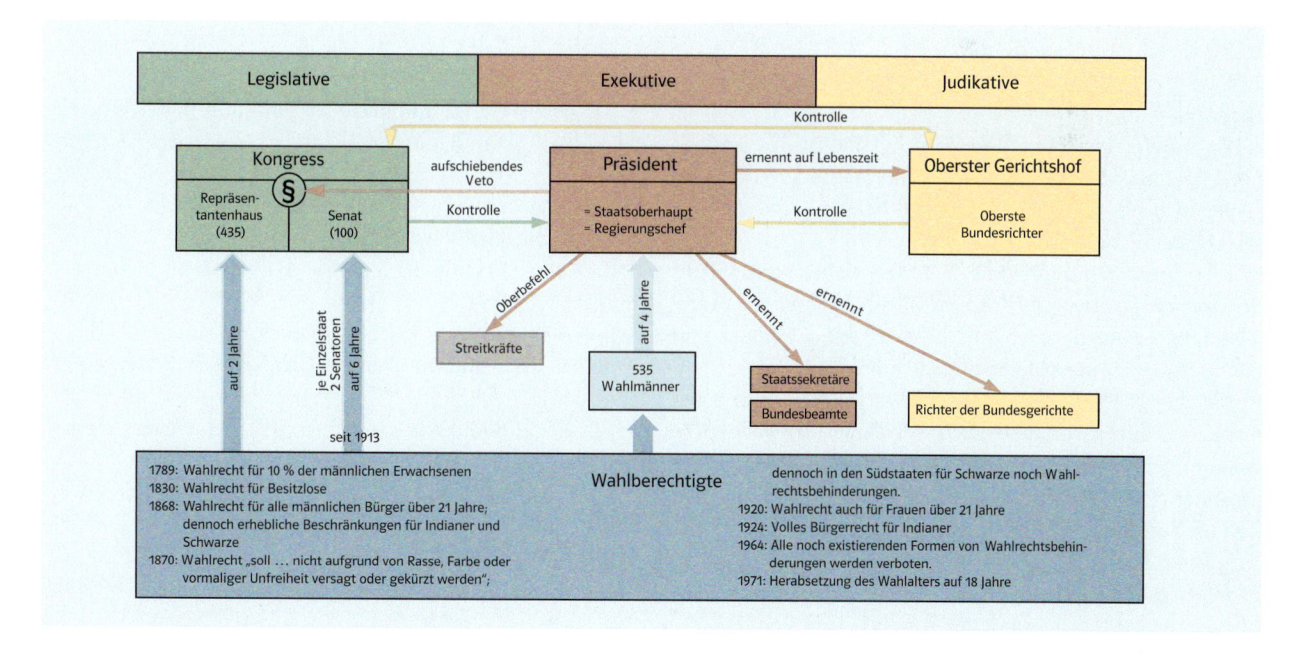

M9 Verfassungsschaubild der USA von 1789

✎: Beschreiben Sie die gegenseitigen Kontrollen der drei Gewalten (Gewaltenverschränkung). Finden Sie heraus, welche Unterschiede hinsichtlich der Gewaltenteilung zwischen der Verfassung der USA und dem deutschen Grundgesetz bestehen.

M10 Die Bedeutung der Manufakturen im absolutistischen Staat

✎ : Beschreiben Sie die Wirtschaftspolitik des Merkantilismus. Beurteilen Sie deren Wirksamkeit aus heutiger Sicht.

M11 Was ist der Dritte Stand?

Aus der Wahlkampfbroschüre des Abbé Sieyès vom Januar 1789:
1. Was ist der Dritte Stand? Alles.
2. Was ist er bis jetzt in der öffentlichen Ordnung gewesen? Nichts.
3. Was verlangt er? Etwas zu werden […] Was ist eine Nation? Ein Zusammenschluss von Partnern, welche unter einem gemeinsamen Gesetz leben und die durch eine und dieselbe gesetzgebende Versammlung vertreten wird. […]
Er (der Dritte Stand) will haben, 1. dass wahre Vertreter bei den Generalständen, d.h. Abgeordnete aus seinem Stand genommen werden, welche die Ausleger seines Willens und die Verteidiger seines Interesses sein können […].
Er verlangt 2. ebenso viele Vertreter wie die beiden anderen Stände zusammen. Da aber diese Gleichheit der Vertretung vollkommen täuschend sein würde, wenn jede Kammer ihre gesonderte Stimme hätte, verlangt der Dritte Stand also 3., dass die Stimmen nach den Köpfen und nicht nach den Ständen genommen werden sollten. […] Man muss vorwärtsgehen oder zurückweichen.

Zit. nach: Irmgard Hartig/Paul Hartig (Hg.): Die Französische Revolution, Stuttgart 1997, S. 37 f.

M12 Aus den Beschwerdeheften, Frühjahr 1789

a) Die Gemeinde Bears und Bouziès:

Die genannte Gemeinde stellt vor, dass es keinen unglücklicheren Menschen gibt als den Bauern und den Tagelöhner. Um diese Grundwahrheit zu beweisen, genügt es zu betrachten, dass nach Abführung der königlichen Steuern und nach Bezahlung der Feudallasten sowie nach Abrechnung seiner Arbeit und des Saatgutes dem Bauern und Eigentümer nicht einmal ein Zehntel des Ertrags von seinem Boden bleibt, so dass er, um die genannten Lasten und Steuern bezahlen zu können, gezwungen ist, von ein wenig Hirsebrot oder Buchweizen sich zu nähren, was ihm oft genug auch noch fehlt. Er hat nichts als eine Suppe von Wasser und Salz, eine Nahrung, welche die Hunde besser gestellter Menschen verweigern würden; und doch ist dieser Arbeiter, der ständig schwerer Arbeit und der Härte aller Jahreszeiten ausgesetzt ist, nichtsdestoweniger ein Untertan des Staats, der nicht härter behandelt werden sollte als andere Menschen auch. Diese Klagen und Beschwerden sollen also der Ständeversammlung vorgelegt werden, damit Abhilfe gegen die Überlastung geschaffen werde, der der Bauer bislang ausgesetzt ist.

Zit. nach: Wolfgang Lautemann: Geschichte in Quellen, Bd. 4. München 1981, S. 148

b) Die Gemeinde Guyancourt:

Die Einwohner dieser Gemeinde fordern:
1. dass alle Steuern von den drei Ständen ohne irgendwelche Ausnahme gezahlt werden, von jedem Stand gemäß seinen Kräften;
2. das gleiche Gesetz und Recht im ganzen Königreich;
3. die völlige Aufhebung der Sondersteuern und der Salzsteuer;
4. die Abgabenfreiheit aller Messen und Märkte und die Abschaffung aller Wegegelder;
5. die völlige Beseitigung jeglicher Art von Zehnten in Naturalien; […]
8. dass die Eigentumsrechte heilig und unverletzlich sind;
9. dass rascher und mit weniger Parteilichkeit Recht gesprochen wird;
10. dass alle Frondienste, welcher Art sie auch sein mögen, beseitigt werden;
11. dass die Einziehung zum Heeresdienst nur in den dringenden Fällen erfolgt und dass in diesem Fall die Städte ohne irgendwelche Ausnahme oder Befreiung hierzu beitragen.

Zit. nach: Irmgard Hartig/Paul Hartig (Hg.): Die Französische Revolution, Stuttgart 1997, S. 31 f.

M13 Schwierige Versorgungslage

Die monarchistische Zeitung „L'Ami du Roi" berichtet im Juli 1789:

Je näher man dem 14. Juli kam, desto größer wurde der Mangel; jeder Bäckerladen war von einer Menge umlagert, der das Brot mit der größten Knauserigkeit zugeteilt wurde, und jede Zuteilung war begleitet von Ängsten für die Versorgung von
5 morgen. Diese Ängste verdoppelten sich noch durch die Klagen derer, die nichts erwischt hatten, obwohl sie den ganzen Tag vor der Türe eines Bäckers gestanden hatten. Oft war der Platz vor dem Brotladen blutig; die Leute rissen sich die Nahrung aus den Händen und schlugen sich darum, die Werk-
10 stätten standen leer: Arbeiter und Handwerker verloren ihre Zeit mit Streitereien, mit dem Kampf um ein wenig Nahrung, und dieser Kampf setzte sie dann vor die Unmöglichkeit, am nächsten Tag Brot zu bezahlen. Dieses Brot, das man mit so vielen Mühen ergatterte, war bei weitem kein gesundes Nah-
15 rungsmittel; meistens war es schwärzlich, erdig und bitter, brannte im Halse und rief Leibschmerzen hervor.

P. Buchez/P. Roux-Lavergne (Hg.): Histoire parlementaire de la Révolution francaise. 40 Bände, Paris 1834–1838; hier: Band II, S. 40 f. (Übers.: Redaktion)

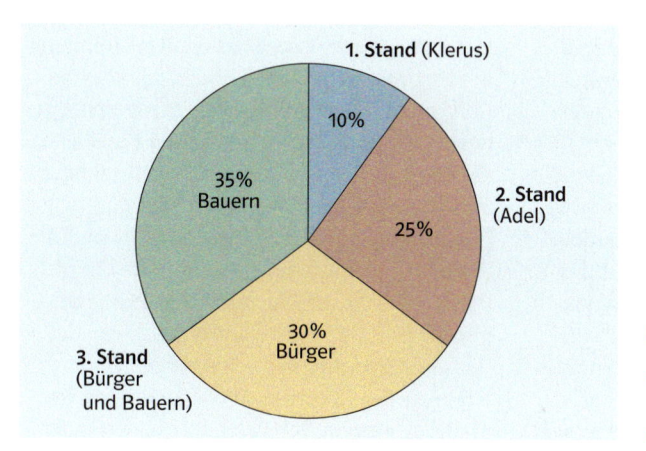

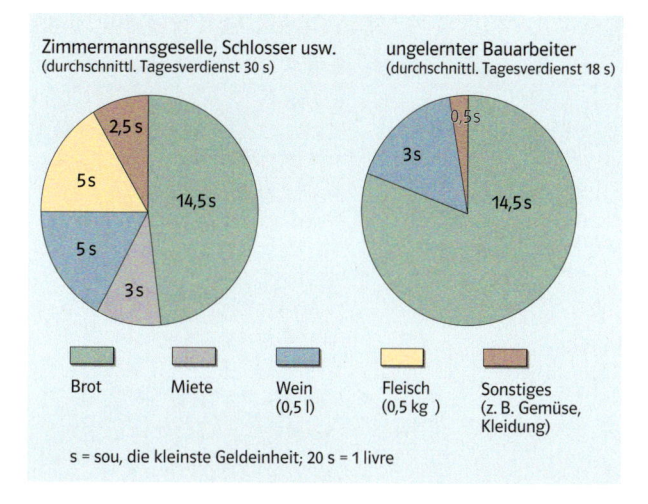

M14 Lebenshaltungskosten in Paris im Februar 1789

✎: Untersuchen Sie mithilfe der Grafik die Lebensbedingungen von Handwerkern und ungelernten Arbeitern. Welche Auswirkungen hatte die Erhöhung des Brotpreises?

M15 Verteilung des Grundbesitzes, 1789

✎: Vergleichen Sie die Verteilung des Grundbesitzes mit den Bevölkerungsanteilen der drei Stände.

---

1. Beschreiben Sie die Lebensverhältnisse der einzelnen Stände in Frankreich vor der Revolution (**VT, M2, M12–M14**).

2. Erklären Sie die unterschiedlichen Interessen innerhalb des Dritten Standes (**VT**).

3. Nennen Sie Gründe für die Zunahme der sozialen Spannungen am Vorabend der Revolution (**VT, M11–M15**).

4. Sie sind Minister im Kabinett Ludwigs des XVI. Schreiben Sie Reformvorschläge auf, um die Krise von Staat und Gesellschaft zu überwinden.

5. Erarbeiten Sie stichwortartig eine Übersicht über den Verlauf der ersten Revolutionsphase von 1789–1792. Tragen Sie die wichtigsten Geschehnisse (**VT**) in einen Zeitstrahl ein.

6. Diskutieren Sie, inwieweit man die Ereignisse von 1776 in den nordamerikanischen Kolonien als Revolution bezeichnen kann (**VT, M8**).

Die Revolution von der Volksherrschaft zur Kaiserzeit

M1 Die französische Verfassung von 1791

✎: Beschreiben Sie die Gewaltenteilung. Ziehen Sie dabei Vergleiche zur amerikanischen Verfassung von 1789 (vgl. S. 83).

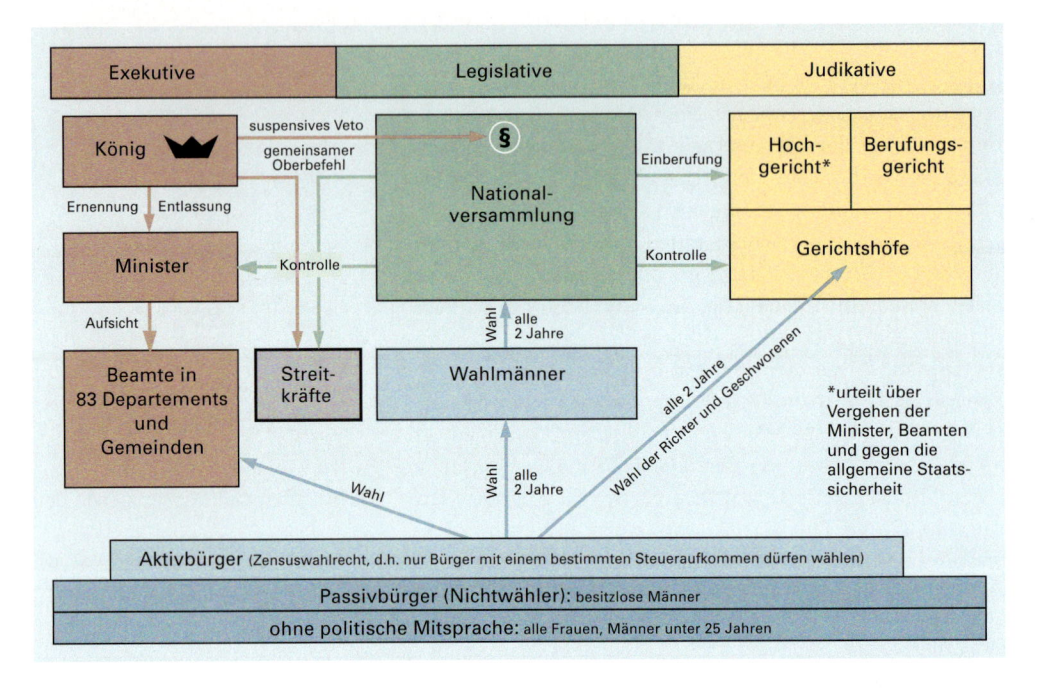

Schema der Verfassung von 1791:

- **Exekutive**: König — suspensives Veto, gemeinsamer Oberbefehl — Nationalversammlung; Ernennung/Entlassung der Minister; Aufsicht über Beamte in 83 Departements und Gemeinden; Streitkräfte
- **Legislative**: Nationalversammlung; Kontrolle der Minister; Wahl durch Wahlmänner (alle 2 Jahre)
- **Judikative**: Einberufung/Kontrolle — Hochgericht*, Berufungsgericht, Gerichtshöfe; Wahl der Richter und Geschworenen (alle 2 Jahre)
- **Aktivbürger** (Zensuswahlrecht, d.h. nur Bürger mit einem bestimmten Steueraufkommen dürfen wählen)
- **Passivbürger** (Nichtwähler): besitzlose Männer
- **ohne politische Mitsprache**: alle Frauen, Männer unter 25 Jahren

*urteilt über Vergehen der Minister, Beamten und gegen die allgemeine Staatssicherheit

Frankreich wird konstitutionelle Monarchie

Nach zweijähriger Beratung verabschiedete die Nationalversammlung am 3. September 1791 eine Verfassung, die Frankreich zur konstitutionellen Monarchie machte. Gemäß der Theorie von Montesquieu wurde darin eine Teilung der Gewalten festgeschrieben: Die Legislative lag bei der alle zwei Jahre zu wählenden Nationalversammlung, die Exekutive beim König und seinen Ministern, die Judikative bei Richtern, deren Ämter nicht mehr käuflich, sondern an Berufsausbildung und Wahl gebunden waren. Der König erhielt allerdings ein aufschiebendes Einspruchsrecht in der Gesetzgebung (suspensives Veto).

Das Wahlrecht unterschied Aktiv- und Passivbürger. Wahlberechtigte (männliche) Aktivbürger mussten volljährig, also 25 Jahre alt, sein, einen jährlichen Zensus (direkte Steuer) zahlen, der dem Wert des Einkommens von drei Arbeitstagen entsprach (1,5 bis 3 Livres), und durften nicht in einer abhängigen niedrigen Dienststellung leben. Wählbar waren Aktivbürger zur Nationalversammlung nur dann, wenn sie jährlich einen Betrag von 54 Livres an Steuern zahlten und Grundbesitz vorweisen konnten. Passivbürger und auch Frauen durften nicht wählen.

Linke und Rechte in der Nationalversammlung

Die Vertreter des wohlhabenden städtischen Bürgertums hatten durchgesetzt, dass nur diejenigen an der politischen Macht mitwirken durften, die in angemessenem Umfang Steuern bezahlten. Dieses an Besitz und Einkommen gebundene Zensuswahlrecht bot ärmeren, auf vollkommene politische Gleichheit und die Abschaffung der Monarchie drängenden Gruppen eine willkommene Angriffsfläche. Zu den Unzufriedenen gehörten vor allem die **Sansculotten**, Vertreter der ärmeren Stadtbevölkerung von Paris, der kleinen Ladenbesitzer, Handwerker und Manufakturarbeiter. Unzufrieden mit dem Erreichten waren auch die **Jakobiner**. So nannten sich die Mitglieder eines neu gegründeten politischen Clubs von Revolutionären, die sich in einem ehemaligen Kloster trafen. Im Kampf gegen die Privilegien des Adels und für die Abschaffung der Monarchie waren sich alle Jakobiner einig, nicht aber über Fragen der politischen und sozialen Gleichheit aller Bevölkerungsschichten. Es kam zu Spaltungen und Gruppenbildungen. In der Nationalversammlung und später im Konvent saßen die Abgeordneten mit gleichen Überzeugungen zusammen: die entschlossenen Verfechter von Freiheit und Gleichheit (von vorn gesehen) links, die Radikalsten unter ihnen oben, die Gemäßigten in der Mitte, die Konservativen rechts. Noch heute verwendet man die Begriffe „links" und „rechts", um politische Einstellungen zu kennzeichnen. Die radikalen Jakobiner, man nannte sie wegen der Sitzordnung auch „Bergpartei", gerieten zunehmend unter den Einfluss der Sansculotten.

Furcht vor der Gegenrevolution

Doch war das bisher von den Revolutionären Erreichte überhaupt gesichert? Seit nach den Aufständen der Landbevölkerung im Juli 1789 zahlreiche Adlige das Land verlassen hatten, fürchteten die Abgeordneten der Nationalversammlung eine von ausländischen Truppen unterstützte Gegenrevolution. Ein gescheiterter Versuch des französischen Königs, im Juni 1791 das Land heimlich zu verlassen, schien die Gerüchte einer aristokratischen Verschwörung unter der Führung Preußens und Österreichs zu bestätigen. Im August 1791 drohten beide Staaten dem revolutionären Frankreich mit einer militärischen Intervention.

Im April 1792 stimmte die 1791 gewählte zweite Nationalversammlung einer Kriegserklärung an den österreichischen König zu, der zugleich deutscher Kaiser war. Die **Girondisten** sahen in einem Krieg ein geeignetes Mittel, die Sansculotten von innenpolitischen Problemen ablenken zu können. Sie erwarteten zudem einen raschen Erfolg in der militärischen Auseinandersetzung und glaubten, die Völker Europas würden sich, einmal vom Geist der Revolution erfasst, gegen ihre eigenen Herrscher auflehnen.

Aufstand der Volksmassen

Die Gefährdung des Landes durch den Krieg und die anhaltend schlechte Ernährungslage der städtischen Bevölkerung waren Wasser auf die Mühlen des radikalen Jakobinerflügels. Im Sommer 1792 organisierte er einen Aufstand der Pariser Volksmassen. Sie erstürmten und zerstörten die königliche Stadtresidenz, die Tuilerien, drangen in die Räume der Volksvertretung ein und zwangen sie, den König abzusetzen, die Republik und Neuwahlen nach allgemeinem und gleichem Wahlrecht auszurufen. Im September 1792 trat die neue (dritte) Volksvertretung, der Nationalkonvent, zusammen. Das Wahlrecht wurde nun allen Männern über 21 Jahren gewährt, unabhängig von ihrem Einkommen. Im neuen Konvent saßen jetzt

M2 Hinrichtung König Ludwigs XVI., 1793
zeitgenössischer Stich

✎: Erörtern Sie, warum die Hinrichtung zu einem öffentlichen Schauspiel gemacht wurde.

Girondisten	Gemäßigte Abgeordnete der Nationalversammlung (später Konvent), von denen viele aus dem Département Gironde um Bordeaux stammten. Sie vertraten die Interessen des mittleren Bürgertums und der reichen Handelsbourgeoisie der Hafenstädte.
Jakobiner	Mitglieder des nach seinem Tagungsort (St. Jakobskloster des Dominikanerordens in Paris) benannten wichtigsten politischen Clubs der Revolutionszeit. Der Jakobinerclub wurde im Sommer 1791 Mittelpunkt der radikalen Republikaner. Die Jakobiner vertraten anfangs die Interessen des Kleinbürgertums, später auch die der städtischen Unterschichten.
Sansculotten	Als Sansculotten bezeichnete man Arbeiter, Handwerker, Kleinhändler, die im Gegensatz zu den Adligen keine feinen Kniehosen („culottes") trugen. Sie waren gemäß der Verfassung von 1791 Passivbürger und forderten das Recht auf politische Mitsprache.

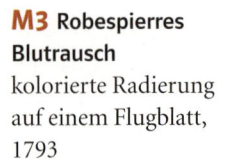

M3 Robespierres Blutrausch
kolorierte Radierung auf einem Flugblatt, 1793

🖉: Untersuchen und deuten Sie die Karikatur. Welche Meinung hat der Zeichner über Robespierre und den Terror?

M4 Maximilien Robespierre (1758–1794) Jakobiner, Mitglied des Wohlfahrtsausschusses

nur noch Abgeordnete, die aus Frankreich eine Republik machen wollten. Nach blutigen Unruhen in Paris und der Ermordung von Personen, die als Verräter der Revolution galten, hatten königstreue Kandidaten es nicht gewagt, sich aufstellen zu lassen. Auf seiner ersten Sitzung im September 1792 schaffte der Konvent die Monarchie ab. Die Abgeordneten verurteilten Ludwig XVI. zum Tode und ließen ihn am 21. Januar 1793 auf der Guillotine hinrichten.

Revolution und Kirche

Die Radikalisierung der Revolution steigerte das Misstrauen nicht nur gegen den Adel und das Besitzbürgertum, sondern auch gegen Priester, die man für deren Sympathisanten oder gar für Anhänger der Monarchie hielt. Außerdem war in den Augen vieler Jakobiner der Glaube der Kirche „Fanatismus", der den Fortschritt der Aufklärung behinderte. So erfasste eine Welle der Entchristianisierung das Land. Die Revolutionsregierung schaffte die christliche Zeitrechnung und den Sonntag ab und benannte die Monate nach den Jahreszeiten. Die Kathedrale Notre-Dame in Paris wurde der Vernunft geweiht, die meisten anderen Kirchen in Paris geschlossen. Ende 1793 verfügte die Nationalversammlung die Trennung von Staat und Kirche und ließ die Gehaltszahlungen an Priester einstellen.

Jakobinerdiktatur und Schreckensherrschaft

Anfang 1793 spitzte sich die wirtschaftliche Lage im Inneren Frankreichs und vor allem in Paris noch weiter zu: Die Inflation trieb die Preise hoch, Versorgungsengpässe machten den Einwohnern zu schaffen. Die Sansculotten forderten staatliche Maßnahmen zur Linderung der Not. Sie verlangten die Beschlagnahmung von Nahrungsmitteln bei den Bauern und Festpreise für Brot und Gebrauchsgüter. Während sich die Jakobiner dazu bereit erklärten, lehnten die Girondisten alle zwangswirtschaftlichen Maßnahmen ab. Am 2. Juni 1793 umstellten Aufständische das Konventsgebäude und sperrten die Volksvertreter so lange ein, bis sich diese bereitfanden, 29 girondistische Abgeordnete, die die radikalen Forderungen der Sansculotten abgelehnt hatten, verhaften zu lassen.

Dieser Vorgang bedeutete das Ende der parlamentarischen Republik. Nunmehr beherrschten die radikalen Jakobiner, die zunehmend unter dem Einfluss der Sansculotten standen, den Nationalkonvent. Die Regierungsgewalt wurde dem so genannten Wohlfahrtsausschuss unter der Führung des Jakobiners Maximilien Robespierre übertragen. Vom Nationalkonvent mit fast unbeschränkter Vollmacht ausgestattet, regierte der Wohlfahrtsausschuss nahezu diktatorisch. Mit dem vom Nationalkonvent verabschiedeten „Gesetz gegen die Verdächtigen" wurde es für die Jakobiner möglich, radikal gegen ihnen unliebsame Personen vorzugehen.

So genannte „Revolutionsausschüsse" erhielten die Befugnis, Verhaftungen durchzuführen; ein „Revolutionstribunal" hielt Prozesse ab und fällte Todesurteile. Während dieser Schreckensherrschaft wurden in Frankreich massenhaft Personen oft willkürlich als „Verdächtige" verhaftet und fast 50 000 davon hingerichtet.

Krieg gegen die Revolution

Die Zuspitzung der Ereignisse in Frankreich und vor allem die Hinrichtung des Königs schockierten die europäischen Monarchien. Sie fürchteten, der Funke der Revolution werde auch auf ihre Bevölkerung überspringen. Österreich, Preußen und weitere europäische Staaten schlossen sich in militärischen Koalitionen gegen das revolutionäre Frankreich zusammen. Um im Krieg gegen die europäischen Monarchien bestehen zu können, führten die Jakobiner im August 1793 die allgemeine Wehrpflicht („levée en masse") ein. So entstand ein Volksheer, das an Zahl, Zuverlässigkeit und vor allem an Einsatzwillen die Söldnerheere der benachbarten Monarchien übertraf. Hunderttausende Franzosen meldeten sich freiwillig, um ihre Nation und die Ideale der Revolution zu verteidigen. Auch die innere Struktur des französischen Volksheeres war denen der monarchistischen Truppen überlegen: Begabte Führungskräfte stiegen rasch zu Generälen auf, weil nur nach Befähigung und nicht nach Standeszugehörigkeit befördert wurde. Im Juni 1794 konnten die Revolutionstruppen so die entscheidenden Siege gegen Preußen und Österreich erringen.

Ende des Terrors
Die Jakobiner sahen sich durch ihre Erfolge bestätigt: Der Angriff von außen war zurückgeschlagen, die Opposition im Inneren aufgrund der Schreckensherrschaft ausgeschaltet, die Hungersnot durch Zwangsbewirtschaftung von Nahrungsmitteln unter Kontrolle. Nun meinten auch viele Jakobiner und Sansculotten, es gäbe keinen Grund mehr für den staatlichen Terror. Gemäßigte Kräfte der Volksvertretung schlossen sich zusammen und veranlassten den Konvent, Robespierre am 27. Juli 1794 verhaften zu lassen. Mit seiner Hinrichtung am Folgetag fand der Terror sein Ende.

Der Nationalkonvent blieb zunächst bestehen. Allerdings setzten sich diejenigen gemäßigten Abgeordneten durch, die Robespierres Sturz herbeigeführt hatten. Die staatliche Wirtschaftslenkung wurde beendet und eine neue Verfassung erarbeitet, die einem Wiederaufleben des Radikalismus vorbeugen sollte. Sie kehrte zu dem vom Vermögen abhängigen Zensuswahlrecht zurück und ein Präsidium von fünf Direktoren mit fünfjähriger Amtszeit bildete die Exekutive. Die neue Verfassung besiegelte damit die Niederlage der Jakobiner und stellte die Vorherrschaft des Besitzbürgertums wieder her.

Herrschaft Napoleons
Die Kriege Frankreichs gegen wechselnde militärische Koalitionen europäischer Mächte gingen weiter. Durch französische Kriegserfolge in Preußen, Österreich, Spanien und Italien erwarb die Heeresführung Ansehen und zunehmend auch politischen Einfluss. 1799 verbündete sich eine Gruppe von Abgeordneten der Volksvertretung mit der Führung des Heeres gegen die Regierung. Am 19. November 1799 stürzten sie das Direktorium und setzten an seine Stelle ein Leitungsgremium von drei Konsuln. An dessen Spitze als Erster Konsul mit großer Entscheidungskompetenz stand General Napoleon Bonaparte.

Napoleon war bereits mit 24 Jahren zum Brigadegeneral der Revolutionsarmee aufgestiegen und hatte zwei Jahre später den Oberbefehl über die Truppenverbände in Italien erhalten. Seine dortigen militärischen Erfolge begründeten sein Ansehen im Nationalkonvent sowie bei der Bevölkerung und verschafften ihm die Position an der Spitze des Staates. Diese Machtstellung baute Napoleon stetig aus: 1802 machte er sich zum Konsul auf Lebenszeit, 1804 krönte er sich in Anwesenheit des Papstes selbst zum Kaiser der Franzosen. Beide Schritte ließ er durch Volksabstimmungen bestätigen. Der Beginn der Herrschaft Napoleons 1799 wird von Historikern häufig mit dem Ende der Französischen Revolution gleichgesetzt. Bonaparte söhnte sich mit der katholischen Kirche aus, gewährte den adligen Emigranten Amnestie, bewahrte aber wichtige Grundlagen der Revolution wie die Abschaffung der ständischen Privilegien. Auch Protestanten und Juden waren nun gleichberechtigte Staatsbürger. Die nach 1789 enteigneten Kirchengüter blieben bei ihren neuen Eigentümern. Napoleon garantierte individuelle Grundrechte wie Gleichheit vor dem Gesetz, Recht auf Eigentum und Freiheit der Person in einem bürgerlichen Gesetzbuch, dem Code civil, auch Code Napoleon genannt. Damit wurden zentrale Forderungen der Revolution zum Gesetz erhoben. Obwohl die repräsentative Demokratie durch eine autoritäre Herrschaft ersetzt worden war, konnte sich das neue Kaiserreich wegen seiner innen- und außenpolitischen Erfolge auf eine breite Zustimmung in der Bevölkerung stützen.

M5 Napoleon Bonaparte (1769–1821) Ausschnitt aus einem Gemälde von Jacques Louis David, 1812

M6 Kaiserkrönung Napoleons
Gemälde von Jacques Louis David, 1806
Die Krönung fand am 2. Dezember 1804 in der Kirche Nôtre-Dame in Paris in Anwesenheit des Papstes statt. Napoleon setzte zunächst sich selbst und danach seiner Frau Josephine die Krone auf.

✏️: Beschreiben Sie, mit welchen Mitteln der Maler Napoleon in Szene setzte, und begründen Sie, warum Napoleon das Bild wohl gefiel.

M7 Politische Forderungen der Pariser Volksbewegung
Antrag von Sansculotten an den Nationalkonvent vom 2. September 1793:
Aufgrund der Überzeugung, dass es die Pflicht aller Bürger ist, die geeignetsten Maßnahmen vorzuschlagen, um den Wohlstand und die öffentliche Ruhe wiederherzustellen, [hat die Vollversammlung der Sansculotten] beschlossen, den Konvent zu folgenden gesetzlichen Maßnahmen aufzufordern:
1. dass die einstigen Adligen keinerlei militärische Funktionen ausüben noch irgendwelche öffentlichen Ämter bekleiden dürfen, dass den einstigen Parlamentsmitgliedern, Finanzbeamten und Priestern jegliche Funktion in der Verwaltung und im Rechtswesen entzogen wird;
2. dass die Preise für alle Grundlebensmittel unveränderlich fixiert werden, und zwar gemäß dem Preis der so genannten „alten" Jahre, von 1789 bis einschließlich 1790, entsprechend ihren verschiedenen Qualitäten;
3. dass auch die Preise der Rohstoffe fixiert werden, so dass die Gewinne in der Industrie, die Arbeitslöhne und die Handelsgewinne die fleißigen Arbeiter, die Bauern und die Kaufleute in die Lage versetzen, sich nicht nur die zur Erhaltung ihrer Existenz unentbehrlichen Dinge zu verschaffen, sondern auch alles das, was zu ihrem Genuss beitragen kann;
4. dass alle Bauern, die infolge irgendwelcher Zwischenfälle ihre Ernte nicht einbringen konnten, entschädigt werden;
5. dass jedem Departement eine Geldsumme zugeteilt wird, um die Preise der Grundlebensmittel für alle Menschen, die in der französischen Republik leben, auf der gleichen Höhe zu halten; [...]
8. dass ein Höchstbetrag für die Vermögen festgesetzt wird;
9. dass der einzelne Bürger nur einen derartigen Höchstbetrag besitzen kann;
10. dass niemand mehr Grundbesitz pachten kann, als sich mit einer bestimmten Anzahl von Pflügen bearbeiten lässt;
11. dass der gleiche Bürger nur eine Werkstätte, nur einen Laden haben kann;
12. dass alle, die Waren oder Grundstücke auf ihren Namen besitzen, als Eigentümer anerkannt werden.
Die Sektion der Sansculotten ist der Auffassung, dass diese Maßnahmen den Wohlstand und die Ruhe wiederherstellen, dass sie die zu große Ungleichheit der Vermögen allmählicher verschwinden und die Zahl der Eigentümer anwachsen lassen würden.

Zit. nach: Irmgard Hartig/Paul Hartig (Hg.): Die Französische Revolution, Stuttgart 1997, S. 95 f.

M8 Gesetz über die Verdächtigen

Aus einem Beschluss des Nationalkonvents vom 17. September 1793:

Art. 1. Unmittelbar nach Verkündung dieses Gesetzes werden alle Verdächtigen, die sich auf dem Gebiet der Republik befinden und noch auf freiem Fuß sind, verhaftet und eingesperrt.
Art. 2. Als verdächtig gelten:
1. diejenigen, die sich durch ihr Verhalten, ihre Beziehungen, ihre Reden oder ihre Schriften als Anhänger der Tyrannei [...] und als Feinde der Freiheit zu erkennen gegeben haben;
2. diejenigen, die [...] keinen Nachweis über ihre Existenzmittel und über die Erfüllung ihrer staatsbürgerlichen Pflichten erbringen können [gemeint sind vor allem Spekulanten];
3. diejenigen, denen das Bürgerzeugnis verweigert worden ist [z. B. Priestern, die sich geweigert haben, einen Eid auf die Verfassung zu leisten];
4. die Beamten, die von dem Nationalkonvent und seinen Kommissaren von ihren Funktionen suspendiert oder entlassen und nicht wieder eingestellt worden sind. [...]
5. jene der einstmals Adligen, die Gatten und Gattinnen, Väter und Mütter, Söhne und Töchter, Brüder und Schwestern, die nicht beständig ihre Verbundenheit mit der Revolution bekundet haben, sowie Emigranten;
6. diejenigen, die [seit 1792] emigriert sind, auch wenn sie [...] nach Frankreich zurückgekehrt sind.

Zit. nach: Irmgard Hartig/Paul Hartig (Hg.), a. a. O., S. 97 f.

M9 Verspottung der Religion

Die Zeitung „Moniteur" berichtete im Jahr 1795:

Am 30. Brumaire [20.11.1793] zieht eine Deputation der Sektion Unité durch den Saal des Konvents. An ihrer Spitze marschiert ein Zug Bewaffneter; nach ihnen Tamboure, Sapeure und Kanoniere, die in Priestergewänder gekleidet sind, und eine Gruppe Frauen in weißen Kleidern mit dreifarbigem Gürtel. [...] Auf Tragbahren werden Kelche, Hostiengefäße, Monstranzen, Leuchter, goldene und silberne Schalen, ein wunderbares Reliquienkästchen, ein perlengeschmücktes Kreuz und tausend andere Gegenstände herbeigetragen, die zum Gebrauch im Kultus des Aberglaubens [gemeint ist die katholische Gottesdienst-Zeremonie] bestimmt sind. Der Zug betritt den Saal unter Beifall der Zuschauer und Rufen: Es lebe die Freiheit, die Republik. [...]
Debois, der Sprecher der Deputation an der Schranke: Die Vernunft hat einen großen Sieg über den Fanatismus davongetragen; eine bluttriefende und im Irrtum befangene Religion ist vernichtet. Sie hatte achtzehn Jahrhunderte lang der Erde nur Übel gebracht, und diese Religion nannte man göttlich! [...] Sie soll von der Erde verschwinden, denn dann wird das Glück wiederkehren, dann sind die Menschen nur noch ein einziges Volk von Brüdern und Freunden. [...] Wir schwören, keinen anderen Kult als den der Vernunft, der Freiheit, der Gleichheit und der Republik mehr zu haben!

Zit. nach: Geschichte in Quellen, Bd. 4, S. 382 f. (übers. u. bearb. v. Wolfgang Lautemann)

M10 Napoleon über Republik und Freiheit

1797 äußert sich Napoleon in einem vertraulichen Gespräch mit dem Diplomaten Miot de Melito:

Glauben Sie vielleicht, dass ich eine Republik begründen will: Welcher Gedanke! [...] Das ist eine Wahnvorstellung, in die die Franzosen vernarrt sind, die aber auch wie so manche andere vergehen wird. Was sie brauchen, das ist Ruhm, die Befriedigung ihrer Eitelkeit, aber von Freiheit verstehen sie nichts. [...] Die Nation braucht einen Führer, einen durch Ruhm hervorragenden Führer, aber keine Theorien über Regierung, keine großen Worte, keine Reden von Ideologen, von denen die Franzosen nichts verstehen. Man gebe ihnen ihre Steckenpferde, das genügt ihnen, sie werden sich damit amüsieren und sich führen lassen, wenn man ihnen nur geschickt das Ziel verheimlicht, auf das man sie zumarschieren lässt.

Zit. nach: M. de Melito: Mémoires I, Stuttgart 1866, S. 163 f.

---

1. Zeigen Sie Gründe auf, die zur Entstehung der revolutionären Diktatur mit ihrer Schreckensherrschaft geführt haben (**VT**).

2. Listen Sie auf, was nach dem Gesetz **M8** einen Menschen verdächtig machte, und untersuchen Sie, inwieweit das Gesetz zwischen Verdächtigen und Schuldigen unterscheidet.

3. Stellen Sie die politischen Ziele der Sansculotten dar und überlegen Sie, wie sie wohl das Grundrecht der Gleichheit definierten (**VT, M7**).

4. Beschreiben Sie die Glaubensvorstellungen von Jakobinern und Sansculotten (**VT, M9**).

5. Charakterisieren Sie Napoleons Haltung zur politischen Herrschaft des Volkes (**M10**). Beziehen Sie dabei die Darstellung der Kaiserkrönung (**M6**) ein.

6. Diskutieren Sie, ob und inwieweit die Forderungen der Französischen Revolution nach Freiheit, Gleichheit und Brüderlichkeit heute verwirklicht sind.

Frauen in Aufklärung und Revolution

Das Frauenbild vor der Revolution

Die heutige Gleichberechtigung von Frauen ist das Resultat eines lang andauernden Emanzipationsprozesses, der in der Epoche der Renaissance begann und im Zeitalter der Aufklärung Fortschritte machte. Im öffentlichen Leben spielten die Frauen Frankreichs vor 1789 allerdings noch keine aktive Rolle. Der „Dritte Stand des Dritten Standes" seien die Frauen, beklagte sich eine Französin in einem der Beschwerdebriefe. Frauen waren in allen Bereichen benachteiligt. Die amerikanischen und französischen Menschenrechtserklärungen von 1776 und 1789 legten Freiheits- und Gleichheitsrechte für alle Menschen fest, auch wenn die politische und gesellschaftliche Praxis noch lange Zeit den Frauen diese Rechte vorenthielt.

Die Philosophen der Aufklärung lehnten zwar das Argument der Kirchen, dass die Benachteiligung der Frauen „gottgewollt" sei, ab, konfrontierten die Frauen aber weiterhin mit dem jahrhundertealten Vorurteil, dass ihnen die Fähigkeit zum wissenschaftlichen und politischen Denken fehle. Diese angeblich unterschiedliche Verstandestätigkeit von Männern und Frauen wurde während der Aufklärung besonders vehement von dem französischen Philosophen und Schriftsteller Jean-Jacques Rousseau vertreten. Für Rousseau und seine Anhänger stellten gelehrte Frauen eine „Denaturierung des Weiblichen" dar. Trotz dieser Vorurteile prägten Frauen gerade im 17. und 18. Jahrhundert die gebildete Öffentlichkeit, insbesondere in Italien und Frankreich. Sie gründeten berühmte Salons, die rasch zum Mittelpunkt des kulturellen und geistigen Lebens wurden.

Frauen während der Revolution

Während der Französischen Revolution gewannen die Frauen an Selbstbewusstsein und nahmen zunehmend am politischen Leben teil. Sie beteiligten sich am Sturm auf die Bastille, vor allem aber am Zug nach Versailles im Oktober 1789. Die Kriegszüge der Revolutionsarmee zwangen eine große Zahl von Frauen, ihren Lebensunterhalt selbst zu verdienen – häufig als Bedienstete, als Heim- oder Manufakturarbeiterinnen. Sie erkannten dabei, dass sie nicht unbedingt auf das Einkommen ihrer Männer angewiesen waren. Politisch besonders aktiv waren solche Frauen, die ausreichend lesen und schreiben konnten. Immer mehr Frauen reklamierten für sich Bildungsmöglichkeiten und die Mitwirkung an politischen Entscheidungsprozessen. Berühmtheit erlangte die Frauenrechtlerin Olympe de Gouges. Sie setzte sich öffentlich für die rechtliche Gleichstellung der Frauen ein, hatte mit ihren Forderungen aber keinen Erfolg. Nach öffentlicher Kritik an Robespierre wurde sie 1793 auf der Guillotine hingerichtet.

Politische Clubs

Das Aktionsfeld der Jakobiner und Sansculotten waren die politischen Clubs, von denen es allein in Paris über 400 gab. Oft trafen sie sich täglich zu politischen Versammlungen und diskutierten ihre Forderungen. Da Frauen hier kein Stimmrecht besaßen, bildeten sie Frauenclubs, die aus patriotischer und revolutionärer Begeisterung z. B. Soldaten unterstützten und sich um Verletzte kümmerten. Ihr Engagement trug ihnen dennoch keine Gleichberechtigung ein. Die männlichen Revolutionäre meinten, dass Politik nichts für Frauen sei. 1793 wurden die Frauenclubs deshalb verboten.

M1 Die Bäuerin in der Fron
Karikatur aus dem Jahr 1789

✏️: Überlegen Sie, wie die dargestellten Frauen wohl über ihre Situation dachten. Formulieren Sie für jede einen Sprechblasentext.

Traditionen und Brüche: Männer und Frauen

M2 Patriotischer Frauenclub
Gemälde von Le Sueur Brothers, um 1792. Die Leiterin liest aus dem „Moniteur" vor, die Teilnehmerinnen spenden Geld für nationale Zwecke.

✎: Stellen Sie sich vor, die Frauen entwerfen ein Schreiben an die Männer eines politischen Clubs. Formulieren Sie mithilfe von **M1** und **M3** die Forderungen der Frauen.

M3 Erklärung der Rechte der Frau und Bürgerin
Die Schriftstellerin Olympe de Gouges übersandte die Erklärung 1791 an die Nationalversammlung:
Die Mütter, die Töchter, die Schwestern, Vertreterinnen der Nationen verlangen, als Nationalversammlung konstituiert zu werden. In Anbetracht dessen, dass Unkenntnis, Vernachlässigung oder Missachtung der Rechte der Frau die alleinigen Ursachen öffentlichen Unbills und der Verderbtheit der Regierungen sind, haben sie beschlossen, in einer feierlichen Erklärung die natürlichen, unveräußerlichen und heiligen Rechte der Frau darzulegen. […]
Art. I: Die Frau wird frei geboren und bleibt dem Manne gleich an Rechten. Gesellschaftliche Unterschiede können nur im allgemeinen Nutzen begründet sein. […]
Art. IV: Freiheit und Gleichheit beruhen darauf, dass dem andern gewährt wird, was ihm zusteht. So hat die Ausübung der natürlichen Rechte der Frau Grenzen nur in der ewigen Tyrannei, die der Mann ihr entgegensetzt; diese Grenzen müssen gemäß den Gesetzen der Natur und der Vernunft neu festgelegt werden. […]
Art. VI: Das Gesetz soll Ausdruck des Willens aller sein; alle Bürgerinnen und Bürger sollen persönlich oder über ihre Vertreter zu seiner Entstehung beitragen, für alle sollen die gleichen Bedingungen Geltung haben. […]
Art. XI: Die freie Gedanken- und Meinungsäußerung ist eines der kostbarsten Rechte der Frau. […] Jede Bürgerin kann demnach ohne Einschränkung sagen: „Ich bin die Mutter eines Kindes, das von Euch stammt", ohne dass ein barbarisches Vorurteil sie dazu zwänge, die wahren Umstände geheim zu halten. […]
Art. XIII: Zum Unterhalt der öffentlichen Kräfte und Einrichtungen tragen Frau und Mann im gleichen Umfange bei. […] Die Frau […] muss deshalb bei der Zuteilung von Stellungen und Würden, in niederen wie in höheren Ämtern sowie im Gewerbe, ebenso berücksichtigt werden.

Zit. nach: M. Diller u.a. (Hg.): Olympe de Gouges. Schriften, Basel/Frankfurt 1980, S. 40 ff. (Übers.: Vera Mostowlansky)

M4 Frauen und Männer
Aus dem von Napoleon eingeführten Code civil, 1804:
Art. 213: Der Ehemann ist seiner Ehegattin Schutz und die Gattin ihrem Manne Gehorsam schuldig.
Art. 215: Die Frau kann ohne ausdrückliche Genehmigung ihres Mannes sich nicht vor Gericht stellen, selbst dann nicht, wenn sie eine Handelsfrau ist oder mit ihrem Manne außer der Gütergemeinschaft oder in geteilten Gütern lebt.
Art. 217: Selbst eine außer der Gütergemeinschaft oder in getrennten Gütern lebende Ehefrau kann nichts verschenken, veräußern, verpfänden, noch auf irgendeine Art unentgeltlich oder durch wechselseitigen Vertrag erwerben, wenn nicht der Ehemann bei der Verhandlung selbst mitgewirkt oder seine Einwilligung schriftlich erklärt hat.
Art. 229: Der Mann kann wegen eines von seiner Frau begangenen Ehebruchs auf Ehescheidung klagen.
Art. 230: Die Frau aber ist wegen eines von ihrem Manne begangenen Ehebruchs auf Ehescheidung zu klagen nur dann befugt, wenn er sich eine Beischläferin in dem Hause gehalten hat, das beide Ehegatten bewohnen.

Zit. nach: C. D. Erhard (Hg.): Napoleons I. bürgerliches Gesetzbuch, Dessau/Leipzig 1808

---

1. Diskutieren Sie, ob bzw. inwieweit die Forderungen der Olympe de Gouges (**M3**) auch in der Gegenwart noch ihre Berechtigung haben.

2. Beurteilen Sie, inwiefern sich die rechtliche Situation der Frauen heute gegenüber der Französischen Revolution verbessert hat (**VT, M4**).

Gleichheit – nicht für alle

Gleichstellung von Minderheiten

Ansätze zur Toleranz gegenüber Minderheiten gab es in den USA und in Frankreich schon in der Zeit der Aufklärung. Wenn sich auch viele Gebildete der damaligen Zeit für das Gleichheitsprinzip der europäischen Gesellschaft aussprachen, so nahmen sie die nichteuropäische Bevölkerung vielfach davon aus. Montesquieu vertrat in seiner Abhandlung „Vom Geist der Gesetze" (1748) die Ansicht, dass die Menschen je nach klimatischen Bedingungen verschieden seien, und die Sklaverei zwar in Europa unerträglich, aber in tropischen Zonen natürlich sei. Noch in der Revolutionsepoche nach 1789 setzten sich die Kaufleute in französischen Atlantikhäfen wie Nantes und La Rochelle, die von der Sklaverei in den Kolonien profitierten, erfolgreich für deren Aufrechterhaltung ein. Nach langer Diskussion stimmte der Nationalkonvent 1794 der Abschaffung der Sklaverei in den französischen Kolonien zu, die Entscheidung wurde aber nicht umgesetzt. Erst 1848 ging die Sklaverei in den französischen Kolonien zu Ende.

Sklavenhaltung in den USA

Anders als in der Antike wurde die Sklavenhaltung in den USA durch die Zugehörigkeit zu sogenannten Rassen gerechtfertigt. Versklavt wurden nur schwarze Afrikaner und Indianer, da man in ihnen „unterlegene" und „unterentwickelte" Rassen sah. Die Völker der Antike wie die Römer und die Griechen versklavten dagegen vor allem gefangene Kriegsgegner oder auch Rebellen im eigenen Land. Die Vorstellung von minderwertigen" Rassen war ihnen fremd. Im Gegenteil – viele Römer hielten sich griechische Sklaven, weil sie von deren weit entwickelter Kultur lernen wollten. Amerikanische Sklaven waren völlig der Willkür ihrer Herren ausgesetzt. Sie wurden regelmäßig ausgepeitscht und körperlich misshandelt, blieben meist aneinandergekettet, und ihre Familien wurden durch den Weiterverkauf voneinander getrennt. Obwohl Mord an Sklaven gesetzlich untersagt war, wurde er nur sehr selten bestraft. Während die Sklaven in den südlichen Kolonien schwere, körperlich harte Arbeit auf den Plantagen leisten mussten, wurden Sklaven in den nördlichen Kolonien fast ausschließlich als Hauspersonal beschäftigt. Um das Jahr 1800 betrug die Anzahl der Sklaven in den Südstaaten der USA fast 900 000, in den Nordstaaten 40 000, 1861 waren es in den Südstaaten vier Millionen. Viele Amerikaner verabscheuten den Handel mit Sklaven und sahen in ihm einen Widerspruch zu den Grundsätzen der Unabhängigkeitserklärung von 1776. Persönlichkeiten wie George Washington und Thomas Jefferson dachten ähnlich. Eine rege Diskussion über die Abschaffung der Sklaverei begann. Auch in Europa, wo die Kolonialmächte in Afrika am Sklavenhandel viel Geld verdienten, wuchs die Gruppe der Gegner des Sklavenhandels. Dänemark machte mit einem Verbot 1792 den Anfang, Frankreich folgte 1794, England 1807. Als England 1814 auf dem Wiener Kongress seinen Einfluss geltend machte und Druck auf die anderen europäischen Staaten ausübte, verabschiedeten fast alle Staaten Gesetze, die den Handel mit Sklaven und die Sklavenhaltung untersagten. In den USA ließen 1804 sieben Staaten an der Westküste ihre Sklaven frei, die anderen nordamerikanischen Staaten folgten. Bis zur Abschaffung der Sklaverei in den Südsaaten dauerte es noch ein halbes Jahrhundert. Nach einem verlustreichen Bürgerkrieg (1861–1865) siegten die Nordstaaten unter Präsident Abraham Lincoln gegen die Sklavenhalterstaaten des Südens. Obwohl die Sklaverei nun offiziell abgeschafft war und die Afroamerikaner das Wahlrecht erhielten, blieben sie in den USA noch lange Zeit eine benachteiligte Minderheit.

M1 Die Freilassung der Sklaven in den französischen Kolonien am 27. April 1848
Gemälde von François Auguste Biard, 1849

✏️ : Untersuchen Sie das Bild. Wie hat der Maler das Verhältnis von Sklaven und Weißen dargestellt?

Traditionen und Brüche: Mehrheiten und Minderheiten

M2 Protest gegen die Rassentrennung im Schulwesen, 1963

✎: Informieren Sie sich, wie es Martin Luther King gelang, die Rassentrennung in den USA zu überwinden.

M3 Bürger- und Menschenrechte für Farbige?

Kolonialdebatte der Nationalversammlung im Mai 1791:

Abbé Grégoire: Was ist das doch für ein seltsamer Widerspruch: nachdem wir die Freiheit für Frankreich verkündet hatten, machen wir uns im gleichen Atemzug zu den Unterdrückern [der französischen Kolonien] Amerikas. Ich stelle folgenden Gegenantrag zu dem vorgeschlagenen Dekret: Die Nationalversammlung erklärt, dass die Farbigen und freien Neger, sofern sie Besitz haben und Steuern zahlen, alle in der Verfassung garantierte Rechte genießen.

Abbé Maury: Ja meine Herren Reformer, wenn Sie pro Jahr mehr als 200 Millionen Francs Einkünfte aus den Kolonien verlieren, wenn die Kaufleute von Bordeaux und Marseille durch den Verlust von mehr als 400 Millionen, die die Kolonien dem französischen Handel schulden, vor dem Bankrott stehen, wenn Sie keinen Handel mit den Kolonien mehr haben, um Ihre Manufakturen mit Rohstoffen zu versorgen, um Ackerbau und Schifffahrt aufrecht zu erhalten, um Ihre Wechsel zu begleichen und Ihre Luxusbedürfnisse zu befriedigen, ich sage es laut, meine Herren Reformer, die Sie schon so viele Ketzereien auf dem Gewissen haben – das Königreich wäre unrettbar verloren!

Die Weißen, die man uns als verabscheuungswürdig hinstellt, sind in Wahrheit das einzige echte Band zwischen den Kolonien und der Metropole; [...] Die Insulaner, deren wirkliche Heimat Afrika ist, werden im reichsten Land der Welt Hungers sterben, wenn sie sich dem Chaos, der Anarchie und der unausrottbaren Trägheit ihres Charakters überlassen.

Robespierre: Ihr redet dauernd von der Erklärung der Menschenrechte und den Prinzipien der Freiheit, und ihr glaubt selbst so wenig daran, dass ihr die Sklaverei zum Verfassungsartikel erhoben habt *(Heftiges Murren).* [...] Sollen die Kolonien doch untergehen, wenn die Erhaltung uns unser Glück, unseren Ruhm, unsere Freiheit kostet. Ich wiederhole, sollen die Kolonien doch untergehen, wenn die Kolonialherren uns durch Drohungen zwingen wollen, das zu beschließen, was ihren Interessen am meisten entspricht. Ich erkläre im Namen der Versammlung, die die Verfassung nicht unterstützen wollen, im Namen der gesamten Nation, die frei sein will, dass wir den Abgeordneten der Kolonien weder die Nation noch die Kolonien noch die gesamte Menschheit zum Opfer bringen werden. *(Starker anhaltender Beifall, dazwischen Buhrufe und Pfiffe).*

Hans Christoph Buch: Die Scheidung von San Domingo, Berlin 1976, S. 43 ff.

M4 Verteidigung der Sklaverei

Der Sozialtheoretiker George Fitzhugh, 1854:

Nun, es ist deutlich, dass die athenische Demokratie für ein Negervolk nicht passen würde, noch wird eine Regierung durchs bloße Gesetz für den einzelnen Neger genügen. Er ist nur ein erwachsenes Kind und muss als Kind beherrscht werden, nicht als Geisteskranker oder Verbrecher. Der Herr nimmt ihm gegenüber die Stelle eines Vaters oder Vormunds ein. [...] Zum zweiten ist der Neger ohne Voraussicht; er wird nicht im Sommer für die Bedürfnisse des Winters zurücklegen; er wird nicht in der Jugend für die Not des Alters ansammeln. Er würde zu einer unerträglichen Last für die Gesellschaft. Die Gesellschaft hat ein Recht, dies zu verhindern, und kann das nur, indem sie ihn häuslicher Sklaverei unterwirft.

Letztlich, die Negerrasse ist minderwertig gegenüber der weißen, und die Neger, wenn sie inmitten der Weißen leben, würden in der Hetze der freien Konkurrenz bei weitem überholt oder überlistet. Allmähliche, aber sichere Überlistung wäre ihr Los. Wir nehmen an, dass selbst der tollste Abolitionist [Gegner der Sklaverei] nicht meinen wird, die gewohnheitsmäßige Voraussicht und die Befähigung des Negers zum Geldverdienen könnten sich überhaupt mit denen der Weißen messen. Dieser Charakterfehler rechtfertige allein schon seine Versklavung. [...]

Zit. nach: E. Angermann: Der Aufstieg der Vereinigten Staaten von Amerika 1607–1917, Stuttgart, 1975, S. 31 f.

---

1. Erklären Sie grundsätzliche Unterschiede zwischen der Sklaverei in Athen und in den USA. Wie versuchten viele Bewohner der Südstaaten die Sklaverei zu rechtfertigen (**VT, M4**)?

2. Erläutern Sie die drei Positionen in der Debatte (**M3**).

1.6 Zeitenwandel – die Moderne

M1 Hauptbahnhof in Mannheim
Ansichtskarte, 1910

Die großen Bahnhöfe – „Kathedralen des Verkehrs" – legen Zeugnis ab von der Bedeutung der neuen Verkehrsmittel seit dem 19. Jahrhundert.

Die Moderne erschien den Menschen insgesamt als ein Zeitalter der Bewegung und des Fortschritts in Wissenschaft, Technik und Industrie. Sie war durch zuvor nie gekannte persönliche Freiheiten und Entfaltungsmöglichkeiten ebenso gekennzeichnet, wie durch neue Armut und wirtschaftliche Abhängigkeit.

1859	Charles Darwin begründet mit seinem Werk „Über die Entstehung der Arten durch natürliche Selektion" die moderne Evolutionstheorie.
1871–1873	Wirtschaftsaufschwung nach der Reichsgründung durch einen gewachsenen Binnenmarkt
1875	Carl Benz gründet in Mannheim eine mechanische Werkstätte, Gottlieb Daimler 1887 bei Stuttgart eine Motorenfabrik.

Ein verändertes Weltbild: Charles Darwin

Als Kopernikus entdeckte, dass die Erde nicht im Mittelpunkt des Universums stand, wurde das religiös geprägte Weltbild erschüttert. Wenn die Erde nicht die Mitte war, dann schien auch der Mensch nicht im Zentrum des göttlichen Interesses zu stehen. Noch mehr geriet die **Evolutionstheorie** Charles Darwins (1809–1882) in Konflikt mit den traditionellen Auffassungen der Kirche. Darwins Naturbeobachtungen machten deutlich, dass der Mensch in seiner heutigen Form nicht von Gott geschaffen sein konnte, sondern dass sich das menschliche Erscheinungsbild im Laufe der Geschichte verändert hatte.

Mit 22 Jahren hatte Darwin bereits seine medizinischen und theologischen Studien in Cambridge beendet. 1831 bekam er von der Universität das Angebot, an einer fünfjährigen wissenschaftlichen Expedition mit einem

Forschungsschiff teilzunehmen. Die Reise brachte Darwin auch zu den damals weitgehend unbewohnten Galapagosinseln. Aus seinen dortigen Beobachtungen entwickelte Darwin folgende Theorie: Alle Organismen stammten durch einen kontinuierlichen Verzweigungsprozess von gemeinsamen Vorfahren ab. Darwin sah in der Konkurrenz, dem ständigen Kampf aller Individuen innerhalb einer Art um die bestmögliche ökologische Anpassung, und in der Auseinandersetzung zwischen den Arten den eigentlichen Motor der Evolution. Die am besten angepassten Individuen würden am meisten Nachkommen zeugen, dadurch würden schlechter angepasste verdrängt.

Schon zu Darwins Zeit wurde der Evolutionsgedanke auch auf die Gesellschaft übertragen und der Begriff des Sozialdarwinismus geprägt. Rassistische Lehren griffen die Sätze vom „Kampf ums Dasein" und vom „Überleben des Stärksten" auf, um die Unterwerfung der Kolonialvölker und den Antisemitismus zu begründen. Darwin selbst distanzierte sich von diesen Theorien. Heute sind Darwins Forschungsergebnisse in der Wissenschaft unumstritten. Die Genforschung hat zum Beispiel große Übereinstimmungen beim Erbgut der Schimpansen mit dem der Menschen nachgewiesen. Trotzdem tun sich manche religiöse Glaubensgemeinschaften immer noch schwer, die naturwissenschaftlichen Forschungsergebnisse mit der biblischen Überlieferung in Einklang zu bringen.

Neue Weltdeutungen

Wissenschaftliche Erkenntnisse, wie die von Darwin, veränderten die Einstellung vieler Menschen zu Glauben und Kirche. Auch im 19. Jahrhundert gehörte bei den meisten Familien der sonntägliche Kirchgang zu den selbstverständlichen Gepflogenheiten. Aber der Glaube durchdrang nicht mehr alle Lebensbereiche. Der Einfluss kirchlicher Instanzen auf Individuum und Gesellschaft ging zurück. Nation und Staat wurden für viele Menschen zur obersten Instanz. Der Staat und seine Beamten übernahmen immer mehr ursprünglich kirchliche Aufgaben. Eheschließungen erfolgten z. B. im Deutschen Reich seit 1875 vor einem Standesbeamten. Allenfalls in Bildung und Erziehung blieben den Kirchen weiterhin weltliche Aufgaben erhalten. Aber der Staat reduzierte auch im Schulwesen den kirchlichen Einfluss. Erkenntnisse der Naturwissenschaften, darunter Darwins Evolutionstheorie, zogen in die Lehrpläne der Schulen ein und gingen ins allgemeine Bewusstsein über. Mit dem religiösen Weltbild konkurrierende, ihm oft widersprechende Ansätze der Weltdeutung gewannen an Einfluss.

Eine davon war die marxistische Weltanschauung. Zentral war dabei der Glaube an einen unaufhaltsamen historischen Entwicklungsprozess, der zwangsläufig zu einer sozialistischen Gesellschaft führen müsse. Den oft in Armut und Elend lebenden Handwerksgesellen und Industriearbeitern vermittelte diese Vorstellung oft mehr Halt und Hoffnung als Glaube und Religion.

Forschung und Entwicklung

Neue wissenschaftliche Erkenntnisse in Technik, Physik, Chemie und Medizin wurden ab der Mitte des 19. Jahrhunderts zum Motor des industriellen Fortschritts. Unterstützt wurde diese Entwicklung in Deutschland durch die Etablierung technischer Studiengänge und den Aufbau eines Netzes von Technischen Hochschulen. Aus Ausbildungsgängen an Hochschulen, die eine grundlegende praktische Berufsausbildung voraussetzten, gingen Eliten von technischen Führungskräften hervor.
So errichtete Emil Kessler, einer der Pioniere des Lokomotivenbaus in Karlsruhe und Esslin-

M2 Charles Darwin, (1809–1882) englischer Forscher, erkannte und beschrieb die Gesetze der Evolution.

Evolutionstheorie	Sie beschreibt die biologische Entwicklung der Arten- und Formenvielfalt der Lebewesen. Heutige Forschungsergebnisse sind Weiterentwicklungen der Beobachtungen von Charles Darwin, der zu der Überzeugung kam, dass alles Leben auf der Erde einen gemeinsamen Ursprung hat.
Sozialdarwinismus	Eine heute von der Wissenschaft abgelehnte Theorie, nach der menschliche Gruppen den gleichen Gesetzen der natürlichen Auslese unterworfen seien, wie sie der Naturforscher Charles Darwin an Pflanzen und Tieren beobachtet hatte.

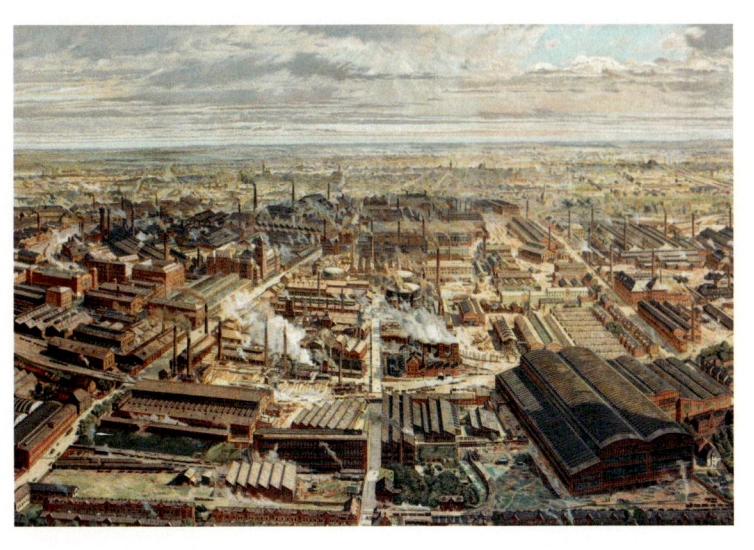

M3 Kruppwerke in Essen
Farblithografie, 1912, nach einem Gemälde von Otto Bollhagen

✎: Nennen Sie die Gründe für den Aufstieg der Firma Krupp zu einem führenden Unternehmen der Schwerindustrie. Nutzen Sie auch den VT.

gen bedeutende Lokomotivenfabriken. Der Pionier des Automobilbaus Gottlieb Daimler studierte 1857–1859 an der Stuttgarter Polytechnischen Schule Maschinenbau und gründete 1882 sein Stuttgarter Unternehmen.
Die naturwissenschaftliche Lehre wurde in der zweiten Hälfte des 19. Jahrhunderts auch an fast allen deutschen Universitäten, die zuvor überwiegend geisteswissenschaftlich ausgerichtet waren, integriert. Theoretisches Wissen wurde nunmehr durch Unterweisungen in Lehrlabors ergänzt, etwa durch den Chemiker Justus Liebig in Gießen. Hier konnte geforscht und experimentiert werden. Bei öffentlichen und privaten Forschungseinrichtungen galt Deutschland weltweit als führend. Zwischen 1901 und 1918 erhielten deutsche Wissenschaftler sechsmal den Nobelpreis für Physik, siebenmal den für Chemie und viermal den für Medizin.

Industrialisierung in Deutschland

1835 wurde die erste Eisenbahnstrecke zwischen Nürnberg und Fürth eröffnet. Der anschließende Siegeszug der Eisenbahn regte die gesamte Wirtschaft an. Waren konnten jetzt schneller und billiger zu weit entfernten Märkten gebracht werden. Für den Bau von Lokomotiven, Waggons und Schienen wurden große Mengen von Eisen und Stahl gebraucht. Für die Erzverhüttung und als Brennstoff für die Lokomotiven benötigte man Kohle und beim Bau der Strecken und Bahnhöfe fanden viele verarmte Kleinbauern und Tagelöhner zeitweise Arbeit. Im Lokomotivenbau, im Bergbau und in der Eisenhüttenindustrie entstanden erste industrielle Großunternehmen mit Tausenden von Beschäftigten. Nachdem das Streckennetz der Eisenbahn weitgehend ausgebaut war, übernahm seit 1880/90 die Elektro- und Chemieindustrie die Führungsrolle im Industrialisierungsprozess. Elektromotoren lösten in Industrie und Handwerk die Dampfmaschinen ab. 1894 ging in Berlin das erste Elektrizitätswerk Europas in Betrieb, bald folgten andere Städte. Die Industrialisierung erforderte große Kapitalinvestitionen und damit risikobereite und innovative Unternehmer. Sie bildeten eine neue gesellschaftliche Klasse, die ihren Platz neben den alten Eliten beanspruchte.

Von der Stände- zur Klassengesellschaft

Ingenieure und Naturwissenschaftler kamen ebenso wie Kaufleute und Unternehmer meist aus dem Bürgertum. Das wohlhabende und gebildete Bürgertum besaß nicht nur den größten Teil des Volksvermögens, es repräsentierte auch die moderne Technik und Wissenschaft. Im Widerspruch dazu lag die politische Macht im Deutschen Kaiserreich (1871–1918) allerdings immer noch weitgehend beim Adel. Er nahm die führenden Positionen in der Diplomatie, in der Verwaltung und beim Militär ein. Aber es war immer weniger der Adel, der mit seinen Werten, Verhaltensweisen und Lebensformen die Gesellschaft prägte. Diese Vorbildfunktion erfüllte die bürgerliche Schicht der Unternehmer und Kaufleute. Zu deren Mentalität gehörten Fleiß, Disziplin und Sparsamkeit, vor allem aber ein wissenschaftlich bestimmtes Welt- und Menschenbild.
Mit der Industrialisierung war auch die Klasse der Arbeiter entstanden. Durch die Erfahrung, in großen Fabriken und Bergwerken zusammenzuarbeiten, entwickelten sie ein gemeinsames soziales und politisches Bewusstsein. Ihren politischen Kern bildete die Sozialdemokratische Partei, dazu kamen die gewerkschaftlichen Organisationen. Deren Mitgliederzahlen wuchsen sprunghaft an: 1895 lagen sie bei 250 000, 1910 bereits bei zwei Millionen. Eine wachsende Gruppe von Beschäftigten bildeten die Angestellten. Ihr Arbeitsbereich entstand aus einer zunehmenden Arbeitstei-

lung in Wirtschaft und Verwaltung. Sie leisteten keine körperliche Arbeit, verdienten besser und trugen im Dienst Hemd und Kragen. Seit dem Ersten Weltkrieg standen die Angestelltenberufe auch Frauen offen.

Typisch für diese Zeit war das Nebeneinander von Resten der früheren Ständegesellschaft und der neuen durch unterschiedliche Vermögens- und Einkommensverhältnisse geprägten **Klassengesellschaft**. Nicht nur die Herkunft, sondern auch der berufliche Erfolg wurden zum Maßstab für die Höhe des Einkommens und Vermögens sowie für das Ansehen innerhalb der Gesellschaft. Allerdings beeinflusste auch in der Klassengesellschaft die wirtschaftliche Situation des Elternhauses den schulischen und beruflichen Werdegang junger Menschen.

Urbane Lebensweise

Am eindrucksvollsten sichtbar war die Moderne im sich wandelnden Großstadtleben. Die Bevölkerungszahlen stiegen dort im Industriezeitalter durch Zuwanderung und hohe Geburtenraten massiv an. Bis zur Jahrhundertwende entstand eine moderne städtische Infrastruktur mit gepflasterten Straßen, Kanalisation, Gas- und Elektrizitätswerken, Krankenhäusern, Schulen, Theatern, Museen, Opernhäusern, Kinos und Kaufhäusern. Neue Verkehrsmittel, wie die elektrische Straßenbahn, das Automobil und das Fahrrad, veränderten die individuelle Fortbewegung in den Großstädten.

Das Leben in der Stadt war anonymer als auf dem Land. Es entzog sich der sozialen Kontrolle durch Mitbürger und Kirche. Konsum, Unterhaltung, Kultur bescherten der wachsenden Zahl derjenigen, die die materiellen Möglichkeiten dazu besaßen, ein neues Lebensgefühl.

Die Städte waren im 19. Jahrhundert aber auch Zentren sozialer Ungleichheit. Bürgerliche Wohnviertel waren von denen der Arbeiter schroff getrennt. Die sich ausbildenden sozialen Viertel wurden zu spezifischen Lebensräumen innerhalb der Klassengesellschaft.

Jugendbewegung

Die tief greifenden sozialen Veränderungen in der Moderne zeigten sich in der ausgeprägten Klassengesellschaft und der Verstädterung ebenso wie in einem neuen Generationsbewusstsein. „Entdeckung der Jugend" lautete ein Schlagwort am Ende des 19. Jahrhunderts. Lange Zeit war es üblich gewesen, dass Jugendliche so schnell als möglich in die Erwachsenenwelt hineinwuchsen. Mit der Jugendbewegung entstand nun eine eigene Jugendkultur. Mit ihr wandten sich Jugendliche gegen die Erwachsenenwelt. Im Kontrast zur industrialisierten und verstädterten Lebensweise entdeckten die Jugendlichen die freie Natur als Raum für gesellschaftliche Erlebnisse: Wanderungen, Lagerleben und Lieder in der Gruppe bestimmten ihr Freizeitverhalten. Am bekanntesten unter den vielen Gruppen und Bünden war der 1901 gegründete „Wandervogel", dem sich auch immer mehr Mädchen anschlossen. Die Jugendbewegung gab dem Wunsch nach Ausbruch aus bürgerlicher Enge und autoritärer Bevormundung Ausdruck. Dabei entwickelte sie ein romantisches Bild von Gemeinschaft gegen eine Gesellschaft, die von Konflikten bestimmt war.

M4 Handwerksausstellung in Esslingen
Fotografie, 1912

✎: Beschreiben Sie die auf dem Bild erkennbaren Fortschritte des städtischen Lebens.

Klassengesellschaft	Die Gesellschaft des Industriezeitalters ist besonders stark durch eine Zweiteilung der Bevölkerung in Besitzer großer Vermögen mit einem hohen Einkommen und Menschen mit geringen Vermögen und Einkommen gekennzeichnet. Anders als in der Ständegesellschaft sind hier sozialer Auf- oder Abstieg eher möglich.

M5 Evolutionstheorie

Aus Anlass des 200. Geburtstags von Charles Darwin schrieb die Stuttgarter Zeitung:

Ein Finkenweibchen hat es vielleicht durch einen Sturm auf eine der einsamen Vulkaninseln des Galapagos-Archipels verschlagen. Sie legt ihre Eier, die Vögel pflanzen sich fort. Jeder Jungvogel ist dabei ein eigenes kleines Individuum, die
5 Geschwister unterscheiden sich ein bisschen untereinander und ein wenig von den Eltern. Diejenigen, die sich nun am besten in ihrer Umwelt zurechtfinden, weil sie zufällig beispielsweise einen etwas spitzeren Schnabel haben, haben einen Vorteil, der das Überleben sichern kann. Von den anderen mit
10 den abgerundeten Schnäbeln gibt es möglicherweise zu viele, sie müssen Hunger leiden. Es entsteht Konkurrenz, der Kampf ums Dasein beginnt.

Dies beschreibt Darwin als Evolution. Eine natürliche, durch eine Zielvorgabe gelenkte Auslese von Variationen, die durch
15 Zufall entstehen; Jede Generation bringt leicht variierende Nachkommen zur Welt. Diese sind dadurch unterschiedlich gut an die Bedingungen ihrer Umwelt angepasst. Durch die natürliche Auslese werden am ehesten diejenigen Individuen überleben und sich vermehren, die am besten ausgestattet
20 sind. Die nächsten Nachkommen stellen sich erneut dem Wettbewerb sich verändernder äußerer Bedingungen.

Jede Generation ist damit stets aufs Neue durch eine sich verändernde Umwelt herausgefordert. Mal wird es heißer oder kälter, mal wandern neue Räuber ein, mal tauchen tödliche
25 Krankheitserreger auf und verschwinden auch wieder. Dem Kampf ums Dasein überleben die am besten Angepassten mit den besten Merkmalen – „survival of the fittest". Dieser Begriff stammt nicht von Darwin, sondern von dem britischen Soziologen Herbert Spencer und geht damit auf ein
30 Gesellschaftsmodell zurück. Immer wieder wurde „survival of the fittest" für politische Zwecke missbraucht und falsch ausgelegt. Das „Überleben des Passendsten" wurde als „Überleben des Stärksten" gedeutet. So wurde dem Rassismus ein scheinbar wissenschaftliches Fundament verschafft.
35 Dabei trifft Darwin selbst keine Schuld. Er hat ausgeführt, dass bei einer entsprechenden Umwelt nicht Stärke, sondern Anpassung den Überlebensvorteil bringt. Der Naturforscher betrachtete Menschen aller Hautfarben und Herkunft als Vertreter einer Art und kämpfte zeitlebens gegen Sklaverei. […]
40 Ähnlich wie Kopernikus oder Einstein die Gesetzmäßigkeiten der Gestirne und des Universums erkannten und Newton den vom Baum fallenden Apfel erklären konnte, entdeckte Darwin die Grundprinzipien der belebten Welt – und veränderte damit wie seine berühmten Kollegen das Weltbild des Men-
45 schen in seinen Grundfesten.

Tanja Volz: Es waren die Tauben und nicht die Finken. In: Stuttgarter Zeitung, 31. Januar 2009

M6 Die Schöpfungstheorie der Kreationisten

Aus einem Bericht der Stuttgarter Zeitung im Jahr 2006:

In den USA besitzt der Kreationismus zahlreiche Anhänger, schließlich ist er dort auch entstanden. In Deutschland scheint er sich langsam zu verbreiten, mit tatkräftiger Unterstützung einiger Biologielehrer. Einige Pädagogen jedenfalls versuchen, über den Biologieunterricht dieser Schöpfungslehre, die den 5 christlichen Gott als Erschaffer der Welt ins Zentrum stellt, eine Basis zu geben. […] Dahinter verbergen sich christliche Fundamentalisten, die die Evolutionstheorie Charles Darwins als Lüge bezeichnen. Ihr halten sie die Schöpfungslehre aus der Bibel entgegen, die sie wörtlich auslegen. […] 10
Die Kreationisten, meist streng gläubige Christen, geben ihrer Lehre unter dem Begriff „intelligent design" gern einen wissenschaftlichen Anstrich. Die darwinsche Evolution, die Theorie des Urknalls und die biochemische Entstehung des Lebens sind für sie unbeweisbar und werden deshalb strikt 15 abgelehnt. Der Schöpfungszeitpunkt wird vielfach auf das Jahr 4004 vor Christus gelegt, das Alter der Erde und des Weltalls mit maximal 10 000 Jahren angegeben.
Zu ihren Thesen zählt auch, dass der Grand Canyon nach der Sintflut innerhalb weniger Tage entstanden ist. Die Flut sei 20 von Gott auf die Welt geschickt worden, weil die Menschen so böse waren. Und schließlich, eine weitere These, stammten die drei Arten von Menschen von den drei Söhnen Noahs ab. In Deutschland wird die Zahl der Kreationisten […] auf etwa 1,3 Millionen geschätzt. 25

Heinrich Halbig: Die Schöpfungstheorie der Kreationisten. In: Stuttgarter Zeitung, 9.10.2006

M7 Mädchengruppe der „Wandervögel"

✏️: Charakterisieren Sie mithilfe des **VT** das Wesen der damaligen Jugendbewegung.

M8 Kritik an der Moderne

Mitteilungsblatt des Deutschen Bundes Heimatschutz, 1904:
Immer mehr verwüstet im Zeitalter der Maschine die Herrschsucht der Industrie alles, was dem Einzelnen seit den Tagen der Kindheit traut und heimisch, was dem deutschen Volke die Grundlage seiner Stärke war. So […] [kann] es nicht
5 weitergehen, denn Protzentum, Sinnesstumpfheit, Freude an der Zerstörung und Raubbau treiben ungestört ihr unheilvolles Werk, und was sie in zwei Jahrzehnten geleistet haben, zeigte eine Umschau auf dem Lande. Die kleinen, freundlichen Städte, in denen überall eine harmlose und künstlerische
10 Freude am Besitz nistete, sind entstellt, die Dörfer zu wüsten Steinhaufen geworden, die Berge an den schönsten Stellen durch Steinbrüche angetastet, der deutsche Laubwald durch den Forstbetrieb seiner traulichen Waldschönheit beraubt. Und wenn wir auch noch so stolz auf die Errungenschaften
15 unserer Gegenwart sein dürfen, so wollen wir doch nicht aus dem Auge verlieren, dass wir dabei Besitztümer aufgeben, die für eine harmonische Menschheitsentwicklung unentbehrlich sind. Auf der einen Seite gewinnen wir dem Leben neue Wohltaten ab, verlängern das Leben selbst, erwerben Reich-
20 tümer und arbeiten mit steigender Anspannung aller Kräfte, auf der anderen Seite aber verliert das Leben an seinem Inhalt und der Mensch wird zur reinen Arbeitsmaschine.

Will Cremer/Karl Ditt: Die deutsche Heimatbewegung 1871–1945. In: Heimat. Analysen, Themen, Perspektiven; Bd. 1, Bonn 1990, S. 139

M9 Warnung vor Kinos

Aus einem Erlass des preußischen Kultusminister 1912:
[…] Vor allem aber wirken viele dieser Lichtbildbühnen auf das sittliche Empfinden dadurch schädigend ein, dass sie unpassende und grauenvolle Szenen vorführen, die die Sinne erregen, die Phantasie ungünstig beeinflussen und deren
5 Anblick daher auf das empfängliche Gemüt der Jugend ebenso vergiftend einwirkt wie die Schmutz- und Schundliteratur. Das Gefühl für das Gute und Böse, für das Schickliche und Gemeine muss sich durch derartige Darstellungen verwirren; und manches unverdorbene kindliche Gemüt gerät hierdurch in Gefahr,
10 auf Abwege gelenkt zu werden. Aber auch das ästhetische Empfinden der Jugend wird auf diese Weise verdorben; die Sinne gewöhnen sich an starke, nervenerregende Eindrücke […].

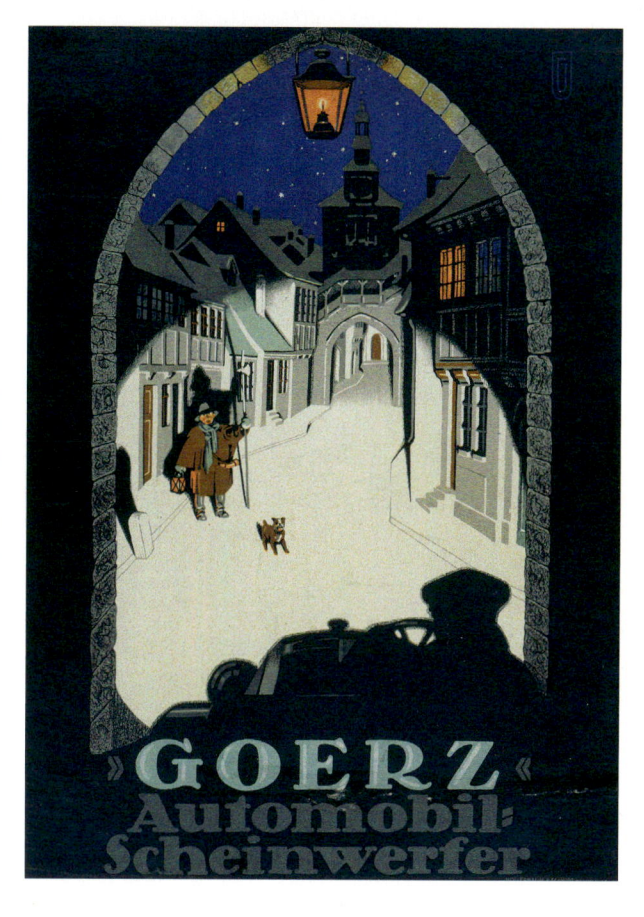

Zentralblatt für die gesamte Unterrichtsverwaltung in Preußen, Berlin 1912, S. 358 f.

M10 Werbeplakat, 1914

✎: Beschreiben Sie die Wirkung, die das Plakat beim Betrachter hervorrufen soll.

---

1. Bahnhöfe waren damals beliebte Postkartenmotive. Nennen Sie Gründe dafür **(VT, M1)**.

2. Zeigen Sie wesentliche Kennzeichen des historischen Zeitalters der „Moderne" auf **(VT)**.

3. Nennen Sie wesentliche Erkenntnisse von Darwin **(M5)**. Erläutern Sie den im Widerspruch zu Darwin stehenden Kreationismus **(M6)**.

4. Listen Sie Argumente auf, die gegen die Entwicklungen der „Moderne" ins Feld geführt wurden **(M8, M9)**.

Frauen kämpfen für ihre Rechte

M1 Frauenversammlung
Bild von 1899

✏️: Welche Forderungen hat die Rednerin wohl gestellt? Schreiben Sie eine kurze Rede.

Frauen im Deutschen Kaiserreich

In der bürgerlichen Epoche verstärkte sich die Trennung der Geschlechter und ihrer gesellschaftlichen Rollen. Hatten Frauen zuvor nicht selten gemeinsam mit den Männern gearbeitet – was möglich war, da die Arbeit oft in der Werkstatt oder dem Kontor im eigenen Haus verrichtet wurde –, so schrieb man ihnen nun ausschließlich die Rolle der Ehefrau und Mutter zu. Bis 1918 wurden ihnen nicht nur die politischen Rechte vorenthalten, auch von der beruflichen und rechtlichen Gleichheit blieben sie weitgehend ausgeschlossen. Das 1900 in Kraft getretene Bürgerliche Gesetzbuch (BGB) schrieb die Benachteiligung fest und beließ es bei der Entscheidungsgewalt des Mannes in allen Familien- und Haushaltsangelegenheiten und sogar bei seiner Verfügung über das Vermögen der Ehefrau. Höhere Mädchenschulen führten lange Zeit nicht zum Abitur. Erst seit 1899 erhielten Mädchen die Möglichkeit, externe Reifeprüfungen abzulegen, und 1908 durften die ersten Mädchenschulen Abiturzeugnisse ausstellen. Ein vollwertiges Universitätsstudium war Frauen erstmals 1900 in Heidelberg möglich. Damit war der Weg auch zu den gehobenen Berufen eröffnet. Bis dahin hatten sich die Frauen durchweg mit untergeordneten Tätigkeiten bescheiden müssen, abgesehen von dem Beruf der Lehrerin an Mädchenschulen.

Die meisten erwerbstätigen Frauen arbeiteten weiterhin in der Landwirtschaft als Mägde, in den Haushalten als „Dienstmädchen", im Textilgewerbe als Näherinnen, im Handel als Verkäuferinnen. Ihre Löhne lagen stets deutlich unter denen der Männer. Das vorherrschende bürgerliche Familienbild, wie es besonders Kirchen und Schulen vermittelten, sah die „natürliche Bestimmung" der Frau in der Sorge für die Familie und den Haushalt; eine außerhäusliche Berufstätigkeit galt demgegenüber nur als vorläufige oder durch materielle Not erzwungene Lebensform.

Frauen organisieren sich

Während der Revolution von 1848/49 entstanden in Deutschland die ersten Frauenvereine, die sich mit Petitionen, Aufrufen und einer eigenen „Frauen-Zeitung" für mehr bürgerliche Rechte und bessere berufliche Chancen für Mädchen und Frauen einsetzten. Eine Emanzipation im Sinne von vollkommener Gleichberechtigung in Staat und Gesellschaft war noch nicht das Ziel. Das Wahlrecht und die Mitwirkung in politischen Vereinen lagen bei den meisten Frauen noch außerhalb ihres Vorstellungsbereichs.

Nach 1871 begehrten immer mehr Frauen gegen ihr traditionelles Rollenbild auf. Soweit sie dem Bürgertum angehörten, stellten sie das Ideal der Ehefrau, Mutter und Hausfrau nicht grundsätzlich in Frage, forderten aber bessere Chancen für Frauen in Schule, Berufsausbildung und Arbeitswelt sowie Teilnahme am politischen Leben. Es entwickelte sich ein bürgerliches Vereinsleben, in dem karitative, bildungspolitische und berufsständische Anliegen überwogen, aber auch die politische Mitwirkung und das Wahlrecht für Frauen gefordert wurden. Der Dachverband der bürgerlich-gemäßigten Emanzipationsbewegung, der „Bund deutscher Frauenvereine", zählte 1913 eine halbe Million Mitglieder. Die wesentlich radikalere proletarische Frauenbewegung, zu deren Zielen u. a. bessere Arbeitsschutzgesetze für Frauen gehörten, stand der SPD nahe. Die SPD war die einzige politische Partei des Kaiserreichs, die sich in ihrem Parteiprogramm für die Gleichberechtigung der Frauen einsetzte, auch wenn in ihrer praktischen politischen Arbeit und im Verhalten ihrer männlichen Mitglieder davon oft wenig zu spüren war. Eine Vorkämpferin der sozialistischen Frauenbewegung war seit den 1890er-Jahren Clara Zetkin. Für sie war die Frauenbewegung Teil einer Emanzipationsbewegung der „Arbeit vom Kapital" mit dem Ziel einer sozialistischen Gesellschaft.

Traditionen und Brüche: Männer und Frauen

M2 Dienstbotenvermittlungsbüro in Berlin
Zeichnung von E. Limmer, um 1890

✎: Suchen Sie sich drei Personen auf dem Bild aus und formulieren Sie jeweils einige Sätze für eine Sprechblase. Nehmen Sie dazu auch **M3** zur Hilfe.

M3 Frauen im Kaiserreich

a) Ein Dienstmädchen berichtet 1902:
Ich musste früh ½ 6 aufstehen. [...] Aber da musste man schon vollständig angekleidet sein und auch sein Bett gemacht haben. Das Ende der Arbeit war verschieden. Eine Dame war empört darüber, dass ich abends um 10 Uhr schlafen gehen wollte. Dann hat man aber auch seine Sachen in Ordnung zu halten. Oft habe ich bis spät in die Nacht gesessen und genäht, gestopft, gestrickt und so weiter. Aufbleiben musste man im Sommer sehr oft, wenn die Herrschaften im Garten saßen bis spät in die Nacht, dann musste man noch Gläser, Flaschen, Decken und sonst was in die Wohnung tragen. Im Winter auch, zum Beispiel, wenn die Herrschaften im Theater waren, wurde erst spät abends gegessen, und man musste noch das Geschirr waschen und was dazu gehört. Auch bis nach Mitternacht hat man oft warten müssen, wenn die Herrschaften anderweit eingeladen waren; da musste man sehr aufpassen, wenn der Wagen hielt, damit die hohen Herrschaften nicht schließen oder klingeln mussten.

O. Stillich: Die Lage der weiblichen Dienstboten in Berlin, Berlin 1902, S. 125

b) Aus dem Programm des „Allgemeinen Deutschen Frauenvereins", 1905:
Die Frauenbewegung setzt sich somit das Ziel: den Kultureinfluss der Frau zu voller innerer Entfaltung und freier sozialer Wirksamkeit zu bringen. [...]
I. Bildung: a) obligatorische Fortbildungsschulen für alle aus der Volksschule entlassenen Mädchen; b) eine Reorganisation der höheren Mädchenschule, durch welche diese, unbeschadet ihrer dem Wirkungskreise der Frau entsprechenden Besonderheit, den höheren Knabenschulen gleichwertig wird; c) unbeschränkte Zulassung ordnungsmäßig vorgebildeter Frauen zu allen wissenschaftlichen, mechanischen und künstlerischen Hochschulen.
II. Berufstätigkeit: Die Frauenbewegung betrachtet für die verheiratete Frau den in der Ehe und Mutterschaft beschlossenen Pflichtenkreis als ersten und nächstliegenden Beruf. [...] In Anbetracht der großen Zahl von Frauen, die unverheiratet bleiben, und der weitern Zahl derer, die in der Ehe keine ausreichende wirtschaftliche Versorgung finden können, ist die Berufsarbeit der Frau eine wirtschaftliche und sittliche Notwendigkeit. Die Frauenbewegung betrachtet die berufliche Frauenarbeit aber auch in weiterem Sinne und unabhängig von jeder äußeren Notwendigkeit als Kulturwert, da auch die Frau Träger hervorragender spezifischer Begabung sein kann und bei vollkommen freier Entfaltung ihrer Fähigkeiten auf vielen Gebieten geistiger und materieller Tätigkeit Aufgaben finden wird, die sie ihrer Natur nach besser lösen kann als der Mann. – In Bezug auf die wirtschaftliche Bewertung der beruflichen Frauenarbeit vertritt die Frauenbewegung den Grundsatz: Gleicher Lohn für gleiche Leistung.
III. Ehe und Familie: Die Frauenbewegung sieht in der Heilighaltung der Ehe die wesentliche Bürgschaft für das körperliche und geistige Wohl der Nachkommenschaft und die Grundbedingung sozialer Gesundheit. Sie legt in Bezug auf die sexuelle Sittlichkeit Männern und Frauen die gleichen Pflichten auf und bekämpft die doppelte Moral, die einerseits dem Mann eine in jeder Hinsicht verhängnisvolle sexuelle Freiheit gewährt, andererseits die Frau mit ungerechter Härte trifft. [...]
IV. Öffentliches Leben, Gemeinde und Staat: a) Zulassung der Frauen zu verantwortlichen Ämtern in Gemeinde und Staat; [...] f) Teilnahme der Frauen am politischen Wahlrecht.

H. Lange: Die Frauenbewegung in ihren gegenwärtigen Problemen, Leipzig 1914, S. 134 ff.

---

1. Kennzeichnen Sie die besonderen Schattenseiten des Dienstmädchenberufs **(M3a)**. Nennen Sie Berufe, in denen Frauen heute ähnliche Arbeitsbedingungen vorfinden.

2. Nennen Sie Benachteiligungen, die die Frauenbewegung beseitigen wollte **(VT, M3b)**.

3. Nehmen Sie Stellung zu der Frage, ob die Ziele der Frauenbewegung heute erreicht sind.

Juden im Kaiserreich

M1 Gruß aus dem Kölner Hof
Werbe-Ansichtskarte eines Frankfurter Hotels, um 1897. Der handschriftliche Text lautet:
„22. Sept. 1887
Geehrter Herr Pfarrer,
da ich mich aus dem Judengewimmel der Stadt ins obige Lokal geflüchtet habe, um in Ruhe ein Pilsner zu schlürfen, gedenke ich Ihrer & sende die besten Grüße
Ihr R. Philipp"

✏ : Erläutern Sie den Schriftzug „Neu-Jerusalem am fränkischen Jordan". Nennen Sie mögliche Gründe, weshalb der Inhaber des Hotels mit dieser Karte warb.

Juden im Deutschen Kaiserreich

Im Deutschen Kaiserreich gab es verschiedene Minderheiten, die unter dem Druck von Anpassung oder Ausgrenzung litten: Katholiken, Juden, Polen, Dänen und Elsass-Lothringer. Hinzu kamen Randgruppen wie Homosexuelle sowie politische Gegner wie die Sozialdemokraten. Die Minderheit der deutschen Staatsbürger jüdischer Abstammung machte 1 Prozent der Gesamtbevölkerung aus. Ihre Zahl betrug 500 000 im Jahr 1871, 600 000 im Jahr 1914. Fast zwei Drittel von ihnen lebten in Großstädten, jeder vierte in Berlin. Die meisten von ihnen fühlten sich unabhängig von ihrer Religiosität der deutschen Nation zugehörig; viele wirkten maßgeblich in der Politik des Reiches mit. Vor allem aber prägten Juden die deutsche Kultur dieser Zeit: In der Literatur, der Musik und Kunst, aber auch in der Medizin und den Naturwissenschaften gab es herausragende jüdische Persönlichkeiten. Bedeutende Verleger wie Leopold Ullstein, Samuel Fischer und Rudolf Mosse, der Herausgeber des liberalen „Berliner Tageblattes", prägten das Geistesleben. Diese Erfolge verdankten die Juden zum einen ihrem hohen Bildungsstand – 8 % aller Gymnasiasten und Studenten in Preußen waren Juden –, zum anderen ihrem Leistungs- und Aufstiegswillen. Wirtschaftlich waren sie besonders im Handel und Finanzwesen aktiv. Das große jüdische Bankhaus Bleichröder ging aus einer Wechselstube hervor. Auch die Berliner Kaufhäuser Wertheim, Hermann Tietz (Hertie) und KaDeWe wurden von jüdischen Kaufleuten gegründet. Der traditionelle jüdische Kleinhandel der Viehhändler und Hausierer verlor gleichzeitig mehr und mehr an Bedeutung. Im industriellen Bereich ragten die AEG-Gründer Emil Rathenau und der Maschinen- und Waffenfabrikant Ludwig Loewe heraus. Neben dem Unternehmertum waren vor allem die freien Berufe wie Arzt, Anwalt oder Journalist attraktiv für die gut gebildete Minderheit.

Zu den hohen Staatsämtern und zum Offiziersberuf erhielten Juden keinen Zugang, auch Lehrer und Universitätsprofessoren wurden sie selten. Dies lag nicht in besonderen Rechtsvorschriften begründet, sondern in stillschweigend geübten Diskriminierungspraktiken der nichtjüdischen Mehrheit.

Antisemitismus

Neben solchem versteckten gab es auch den unverhohlenen, öffentlichen Antisemitismus. Seit dem Mittelalter hatte die Kirche die Juden als Christusmörder abgestempelt und so den Gerüchten von Ritualmorden, Hostienschändungen und Brunnenvergiftungen immer wieder Nahrung gegeben. Dieser religiöse Antijudaismus wurde nun mehr und mehr von einem rassistischen Antisemitismus überlagert. Seine Vertreter waren der Überzeugung, es gäbe einen Rassenkampf in der Geschichte und die „semitische Rasse" (die Juden) würde das „Germanentum" zerstören und die Weltherrschaft erobern wollen. Deshalb könnten Juden nicht zum deutschen Volk gehören und keine gleichen Rechte beanspruchen. Antisemitismus war nahezu überall anzutreffen: In den akademischen Auseinandersetzungen der Gelehrten ebenso wie in Teilen der Presse, wo die Entrechtung und Ausweisung von Juden gefordert wurde. Die Propaganda konservativer und antisemitischer Parteien weckte Gefühle des Fremdenhasses und Sozialneids und prangerte die jüdischen Mitbürger als „Sündenböcke" für alle aus der wirtschaftlichen und gesellschaftlichen Modernisierung herrührenden Probleme an. Auch im Alltag zeigte sich der Antisemitismus. So erklärten sich Hotels sowie ganze Bade- und Kurorte als judenfrei und konnten damit erfolgreich ihre Gästezahl steigern.

Traditionen und Brüche: Mehrheiten und Minderheiten

M2 Das Kaufhaus Wertheim in Berlin
Blick in die Strumpfabteilung, Fotografie, 1906

✎: Erläutern Sie, inwiefern das Warenhaus eine moderne Verkaufsform darstellte. Nennen Sie weitere Bereiche, in denen Juden besonders innovativ waren.

M3 Juden und Militärdienst
Der Schriftsteller Jakob Wassermann erinnert sich an seinen Militärdienst um 1890:
Obwohl ich meine Ehre und ganze Kraft darein setzte, als Soldat meine Pflicht zu tun und das geforderte Maß der Leistung zu erfüllen, wozu zuweilen keine geringe Selbstüberwindung nötig war, gelang es mir nicht, die Anerkennung meiner Vorgesetzten zu erringen, und ich merkte bald, dass es mir auch bei exemplarischer Führung nicht gelingen würde. […] Ich merkte es an der verächtlichen Haltung der Offiziere, an der unverhehlten Tendenz, die befriedigende Leistung selbstverständlich zu finden, die unbefriedigende an den Pranger zu stellen. Von gesellschaftlicher Annäherung konnte nicht die Rede sein, menschliche Qualität wurde nicht einmal erwogen. Geist oder auch jede originelle Form der Äußerung erweckte sofort Argwohn. Beförderung über eine zugestandene Grenze hinaus kam nicht in Frage, alles, weil die bürgerliche Legitimation unter der Rubrik Glaubensbekenntnis die Bezeichnung Jude trug. […] Auffallender, weitaus quälender war mir […] das Verhalten der Mannschaft. Zum ersten Mal begegnete ich jenem in den Volkskörper gedrungenen dumpfen, starren, fast sprachlosen Hass.
J. Wassermann: Mein Weg als Deutscher und Jude, Berlin 1921, S. 38 f.

M4 Antisemitismus
a) Der rechtsliberale Historiker Heinrich von Treitschke, 1880:
Was wir von unseren israelischen Mitbürgern zu fordern haben, ist einfach: Sie sollen Deutsche werden, sich schlicht und recht als Deutsche fühlen – unbeschadet ihres Glaubens und ihrer alten heiligen Erinnerungen, die uns allen ehrwürdig sind; denn wir wollen nicht, dass auf Jahrtausende germanischer Gesittung ein Zeitalter deutsch-jüdischer Mischkultur folge. Es wäre sündlich zu vergessen, dass sehr viele Juden, getaufte und ungetaufte […] deutsche Männer waren im besten Sinne, Männer in denen wir die edlen und guten Züge deutschen Geistes verehren. Es bleibt aber ebenso unleugbar, dass zahlreiche und mächtige Kreise unseres Judentums den guten Willen, schlechtweg Deutsche zu werden, durchaus nicht hegen. […] Mancher meiner jüdischen Freunde wird mir mit tiefem Bedauern recht geben, wenn ich behaupte, dass in neuester Zeit ein gefährlicher Geist der Überhebung in jüdischen Kreisen erwacht ist, dass die Einwirkung des Judentums auf unser nationales Leben, die in früheren Zeiten manches gute schuf, sich neuerdings vielfach schädlich zeigt. […] Überblickt man all diese Verhältnisse – und wie vieles ließe sich noch sagen! –, so erscheint die laute Agitation des Augenblicks doch nur als eine brutale und gehässige, aber natürliche Reaktion des germanischen Volksgefühls, gegen ein fremdes Element, das in unserem Leben einen allzu breiten Raum eingenommen hat. […] Bis in die Kreise der höchsten Bildung hinauf, unter Männern, die jeden Gedanken kirchlicher Unduldsamkeit und nationalen Hochmuts mit Abscheu von sich weisen würden, ertönt es heute wie aus einem Munde: die Juden sind unser Unglück!
Heinrich von Treitschke: Ein Wort über unser Judentum, Berlin 1880, S. 3 f.

b) Der liberale Historiker Theodor Mommsen entgegnete 1880:
Das ist der eigentliche Sitz des Wahns, der jetzt die Massen erfasst hat, und sein rechter Prophet ist Herr von Treitschke. Was heißt das, wenn er von unseren israelitischen Mitbürgern fordert, sie sollen Deutsche werden? Sie sind es ja, so gut wie er und ich. […] Wir, die eben erst geeinte Nation, betreten mit dem Judenkrieg eine gefährliche Bahn. Unsere Stämme sind sehr ungleich. Es ist keiner darunter, dem nicht spezifische Fehler anhaften, und unsere gegenseitige Liebe ist nicht so alt, dass sie nicht rosten könnte. Heute gibt es den Juden, […] morgen wird vielleicht bewiesen, dass genau genommen jeder Berliner nicht besser sei als ein Semit.
Zit. nach: W. Boehlich: Der Berliner Antisemitismusstreit, Frankfurt 1988, S. 216 f.

---

1. Nennen Sie Beispiele für versteckten und offenen Antisemitismus im Kaiserreich (**VT, M1, M3**).

2. Unterscheiden Sie die Sichtweisen von Treitschke und Mommsen bezüglich des Verhältnisses der Juden in Deutschland zur übrigen Bevölkerung (**M4**).

1 Lebensformen früher und heute

| 1600 v. Chr. | heute |

1. Persönlichkeiten der Geschichte
Tragen Sie die Namen der Reihe nach in Ihre Unterlagen ein. Fügen Sie jedem der Namen den richtigen Text zu. Bei richtiger Lösung ergeben die den Zahlen 1–12 zugeordneten Buchstaben den Namen einer historischen Epoche.

1. Perikles
2. Thales
3. Herodot
4. Erasmus von Rotterdam
5. Immanuel Kant
6. Charles de Montesquieu
7. George Washington
8. Maximilian Robespierre
9. Charles Darwin
10. Ludwig XVI.
11. Jean-Jacques Rousseau

… war Oberbefehlshaber der amerikanischen Truppen im amerikanischen Unabhängigkeitskrieg und erster Präsident der USA. **(A)**

… war Führer des Wohlfahrtsausschusses, der während der Französischen Revolution eine Schreckensherrschaft bewirkte. **(L)**

… wollte die Herrschaft der Könige und Fürsten auf die exekutive Gewalt beschränken und zusätzlich eine legislative und judikative Gewalt einführen. **(L)**

… sammelte auf seinen weiten Reisen Berichte der Menschen über ihre Vergangenheit und gilt als Vater der Geschichtsschreibung. **(T)**

… schmückte die Stadt Athen mit prächtigen Bauten. **(M)**

… war ein Philosoph der Aufklärung, der die Menschen aufrief, sich ihres eigenen Verstandes ohne Leitung eines anderen zu bedienen. **(E)**

… Aufklärer, der eine direkte Demokratie ohne Gewaltenteilung einführen wollte. **(R)**

… begründete die moderne Evolutionstheorie. **(T)**

… absolutistisch regierender französischer König, der die Generalstände einberief. **(E)**

… war ein bekannter Vertreter des Humanismus, der die Bibel im griechischen Urtext und einer lateinischen Übersetzung herausgab. **(T)**

… erklärte als erster Naturerscheinungen mit dem Verstand bzw. durch mathematische Berechnungen und nicht mit dem Wirken der Götter. **(I)**

2. Ein Bild beschreiben: Juden im Mittelalter
a) Beschreiben Sie Ihren ersten Eindruck von dem Bild. Was fällt Ihnen besonders auf?

b) Untersuchen Sie das Bild genauer. Um welches Ereignis handelt es sich? Welche Personen und Gruppen werden dargestellt? Achten Sie besonders auf die Größe der dargestellten Personen, die Kleidung und die Farbgebung sowie die mitgeführten Gegenstände. Weitere Hinweise für Ihre Untersuchung finden Sie in dem Text **M2**.

c) Beurteilen Sie, wie in dem Bild die Stellung der Juden als Minderheit zur christlichen Mehrheit widergespiegelt wird.

M1 Kaiser Heinrich VII. bestätigt 1312 die Privilegien der Juden, Buchmalerei, um 1340

M2 Mittelalterliche Buchmalerei
Die mittelalterliche Buchmalerei stellt ihre Gegenstände nicht so dar, wie sie in Wirklichkeit aussehen. Die Bilder sind nicht perspektivisch: Die Größen- und Raumverhältnisse „stimmen nicht". Wer wichtiger ist, wird größer dargestellt; das nennt man Bedeutungsperspektive. Die Darstellung gibt nicht das tatsächliche Aussehen der Personen wieder: Alle Gesichter sehen fast gleich aus. Es geht nicht um die Einzelperson, sondern um den Stand, zu dem sie gehört. Die Gestik hat eine besondere Bedeutung, die Hände sind oft vergrößert dargestellt. Die Figuren sind flächig gemalt, ohne Licht und Schatten.

Franz-Josef Wallmeier

Wiederholen und Anwenden

3. Eine Mindmap zur sozialen Ungleichheit früher und heute erstellen

a) Übertragen Sie die Mindmap zur sozialen Ungleichheit in Ihre Unterlagen. Ergänzen Sie die fehlenden Begriffe und weitere Unterknoten, z. B. zur sozialen Ungleichheit heute.

b) Kennzeichnen Sie die sozialen Schichten gemäß ihrer Stellung in der Gesellschaft (priviligiert, abhängig, rechtlos …) und begründen Sie Ihre Bewertung.

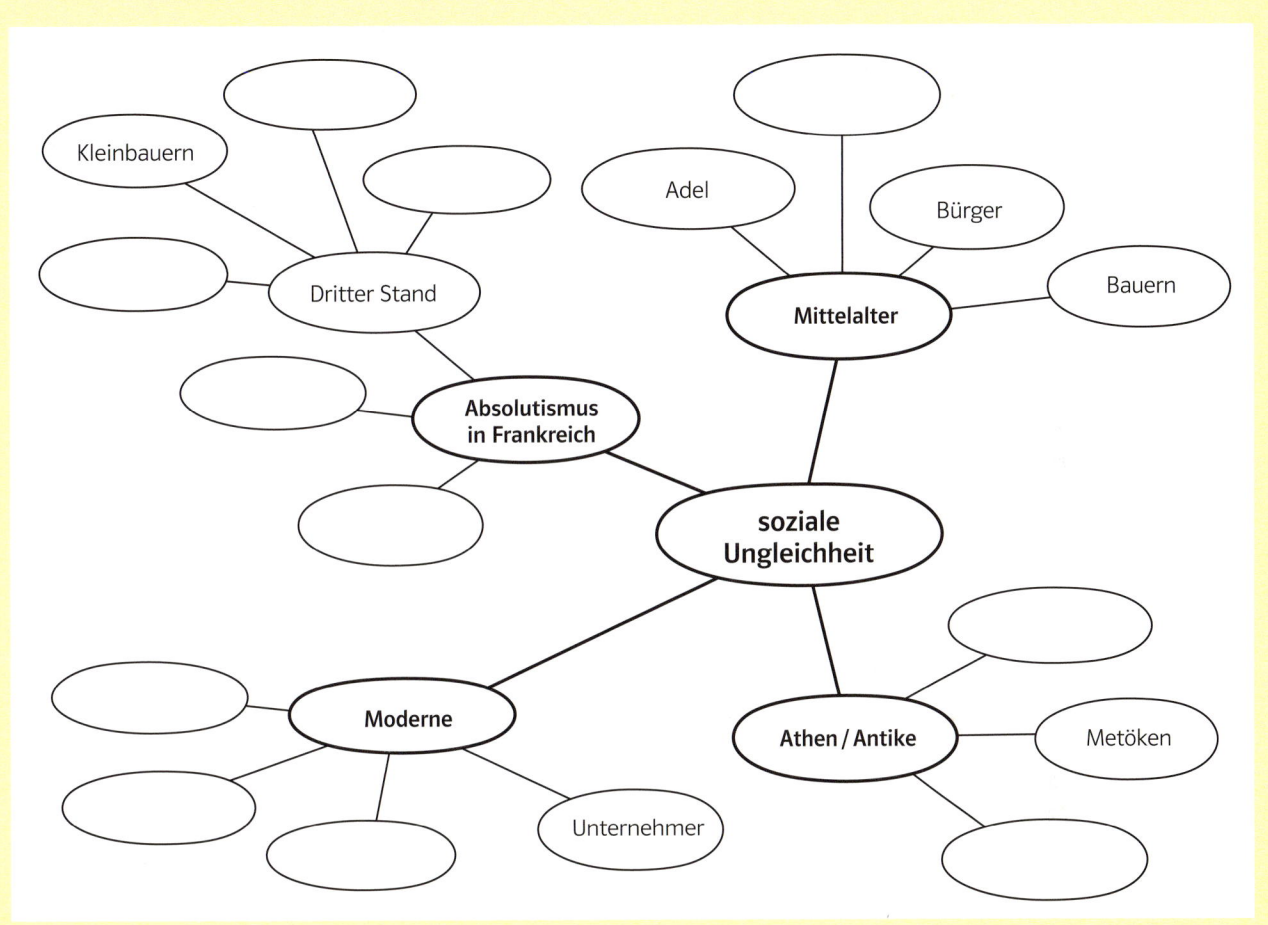

[Mindmap mit Hauptknoten „soziale Ungleichheit" und Unterknoten: Mittelalter (Adel, Bürger, Bauern), Absolutismus in Frankreich (Dritter Stand mit Kleinbauern), Moderne (Unternehmer), Athen/Antike (Metöken)]

4. Rätsel: Wichtige Begriffe zum Thema „Frauenrechte" wiederholen

Tragen Sie die gesuchten Begriffe samt unten stehender Erklärung in Ihren Geschichtsordner ein. Die eingeklammerten Ziffern bezeichnen den Buchstaben im gesuchten Wort. Die Buchstaben ergeben in der Reihenfolge von 1–12 ein Ihnen bekanntes Lösungswort.

1. Nachname einer bekannten französischen Schriftstellerin, die sich für mehr Frauenrechte einsetzte **(5)**.
2. Beruf, in dem viele Frauen aus ärmeren Familien im 19. und beginnenden 20. Jahrhundert tätig waren **(7)**.
3. Vorname der Vorkämpferin der sozialistischen Frauenbewegung **(3)**.
4. Ritter, die im Mittelalter um die Gunst adliger Damen warben **(4)**.
5. Bescheinigungen, die Mädchengymnasien in Preußen seit 1908 ausstellen durften **(7)**.
6. Vorsteherin eines Klosters **(5)**.
7. Bezeichnung für eine von Männern beherrschte Gesellschaft **(1)**.
8. Weibliche Person, mit der verheiratete Frauen in den antiken griechischen Stadtstaaten das Haus verlassen durften **(4)**.
9. Arbeiten, die unfreie Frauen auf dem Land im Mittelalter ebenso leisten mussten, wie ihre Männer **(10)**.
10. Griechischer Philosoph, der es als naturgegeben bezeichnete, wenn Männer über Frauen herrschten **(3)**.
11. Französischer Philosoph, der Frauen und Männern eine „unterschiedliche Verstandestätigkeit" unterstellte **(2)**.
12. Organisationen, in denen sich vor allem im 19. Jahrhundert Frauen aus dem Bürgertum zusammenfanden **(6)**.

2 Das Ringen um Menschenrechte damals und heute

Im Dezember 2008 feierte die internationale Gemeinschaft das 60-jährige Bestehen der UN-Menschenrechtscharta. In 30 Artikeln hatten sich die Mitglieder der Vereinten Nationen im Jahre 1948 zur Einhaltung der allgemeinen und universell gültigen Menschenrechte, wie z. B. der persönlichen Freiheit, dem Schutz des Einzelnen vor staatlicher Willkür und Folter oder dem Recht auf freie Meinungsäußerung verpflichtet. Diese Menschenrechtserklärung gilt bis heute als Meilenstein in der Geschichte des langen Ringens um Menschenrechte, die im Zeitalter der Aufklärung begann.

Doch trotz aller internationalen Bemühungen werden Menschenrechte auch heute noch in vielen Ländern der Welt missachtet und verletzt. Die Durchsetzung von Menschenrechten ist auch im 21. Jahrhundert eine große Herausforderung.

- Welche Widersprüche und Probleme gab und gibt es bis heute bei der Durchsetzung der Menschenrechte?
- In welchen Ländern wurden Menschenrechte erstmals in die Verfassung aufgenommen?
- Vor welchem historischen Hintergrund kam es 1948 zur UN-Menschenrechtscharta?
- Was versteht man heute unter Menschenrechten?

Online-Link
416450-0201

1700   **1800**

12. Juni 1776
Virginia Bill of Rights

4. Juli 1776
Amerikanische Unabhängigkeitserklärung

26. August 1789
Französische Erklärung der Menschen- und Bürgerrechte

M1 Die Unterzeichnung der Unabhängigkeitserklärung der Vereinigten Staaten von Amerika
Gemälde von John Trumbull, 1787–1795

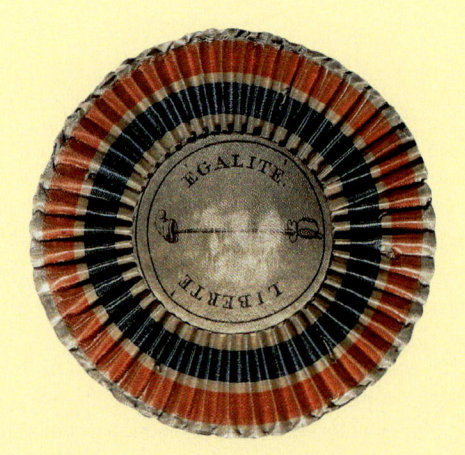

M2 Kokarde der Französischen Revolution
Die Kokarde war eine Anstecknadel in den Farben der französischen Trikolore: Rot-Weiß-Blau. Die Inschrift im Französischen lautet übersetzt „Gleichheit – Freiheit".

Europa
1
6
30

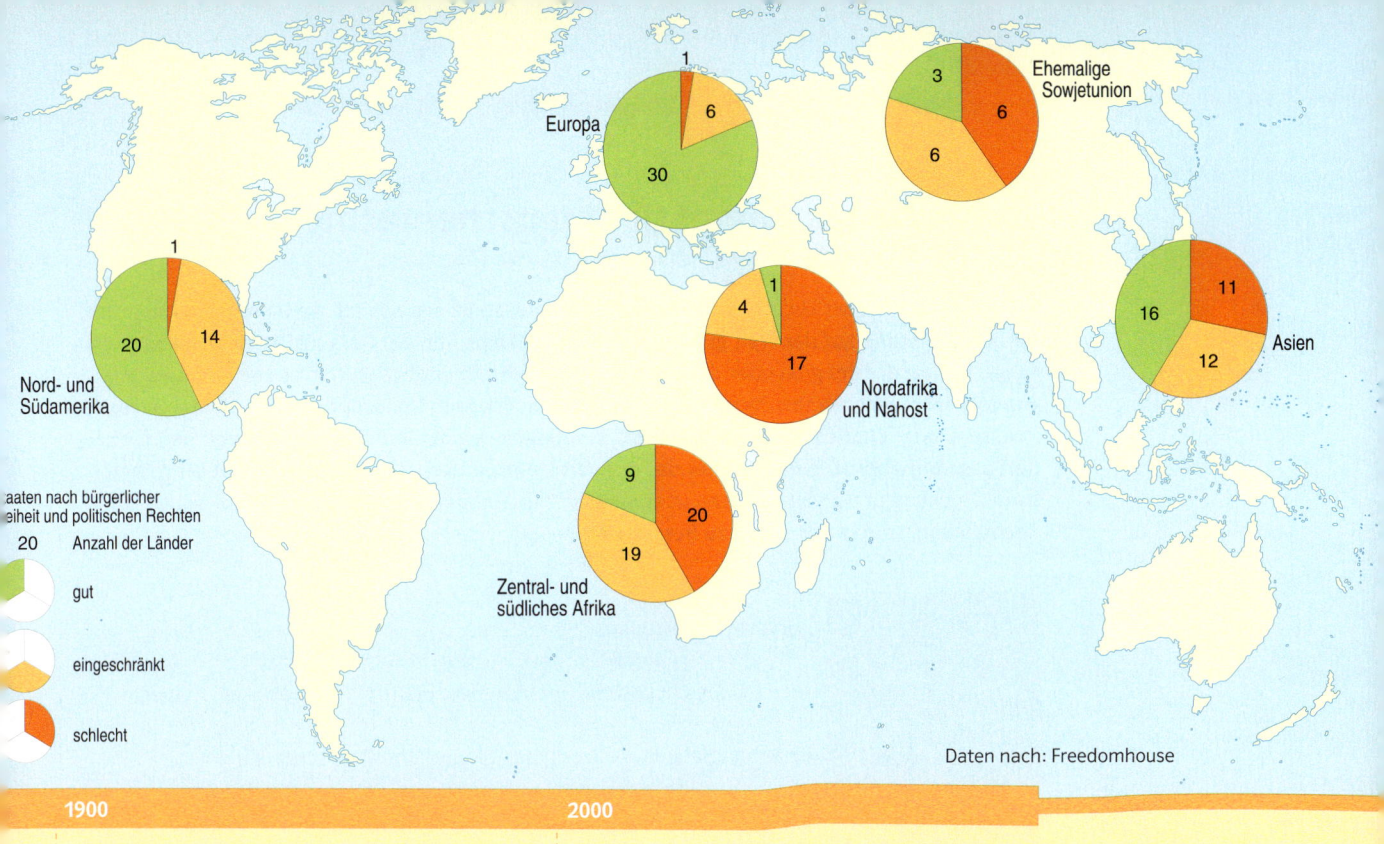

Ehemalige Sowjetunion
3
6
6

1
20 14
Nord- und Südamerika

1
4
17
Nordafrika und Nahost

11
16
12
Asien

9
20
19
Zentral- und südliches Afrika

Staaten nach bürgerlicher Freiheit und politischen Rechten
20 Anzahl der Länder
gut
eingeschränkt
schlecht

Daten nach: Freedomhouse

1900 — 2000

1933–1945
Verfolgung, Unterdrückung und Vernichtung der europäischen Juden durch das nationalsozialistische Deutschland

10. Dezember 1948
Verkündung der UN-Menschenrechtscharta

2002
Errichtung des Internationalen Strafgerichtshofs für Menschenrechte (IStGH) in Den Haag, Niederlande

2006
Gründung des UN-Menschenrechtsrates

M3 Selektion ungarischer Juden auf der Verladerampe des Vernichtungslagers Auschwitz
Foto, Juni 1944

M4 Internationaler Strafgerichtshof für Menschenrechte, Den Haag
Radovan Karadzic vor dem Haager Gericht

2.1 Der lange Kampf um Menschenrechte

Menschenrechte sind Rechte, die jeder Mensch von Geburt aus besitzt. Sie haben den Anspruch, für alle Menschen auf der Welt gültig zu sein, unabhängig von der Herkunft, dem gesellschaftlichen Status, der Religion oder dem Geschlecht. Doch wie und wann kam es zur Formulierung von Menschenrechten? Im Zuge der Aufklärung entwickelten Philosophen wie z. B. Jean-Jacques Rousseau oder Charles de Montesquieu Vorstellungen von der individuellen Freiheit und Gleichheit des Menschen. Die im Zeitalter des Absolutismus gemachten Erfahrungen von Unfreiheit, Unterdrückung und Gewalt sollten überwunden werden. Der freie, mündige Bürger sollte das Recht haben, sein Leben selbst zu bestimmen.

18. Jh.	Zeitalter der Aufklärung
1762	Jean-Jacques Rousseau verfasst seine Schrift „Vom Gesellschaftsvertrag".
1776	Unabhängigkeitserklärung der 13 nordamerikanischen Kolonien
1789	Erklärung der Menschen- und Bürgerrechte in der Französischen Revolution
1948	Verabschiedung der UN-Menschenrechtscharta
2002	Errichtung des Internationen Strafgerichtshofs für Menschenrechte in Den Haag (Niederlande)

Ideale der Aufklärung

Ähnlich wie andere Philosophen seiner Zeit sah auch Charles de Montesquieu in seinem Werk „Vom Geist der Gesetze" (1748) die größte Herausforderung in der Schaffung eines politischen Systems, welches die Freiheit des Menschen sichert. Eng damit verbunden war die Frage nach den Grenzen staatlicher Gewalt: Wie viel Macht darf der Staat haben? Wie kann der Bürger vor staatlicher Willkür am besten geschützt werden?
Die Antwort der Aufklärer lag in der Entwicklung des Systems der Gewaltenteilung. Durch die strikte Trennung der Gewalten in Exekutive (ausführende Gewalt), Legislative (gesetzgebende Gewalt) und Judikative (richterliche Gewalt) könne staatlicher Machtmissbrauch verhindert und das Leben, die Freiheit und das Eigentum der Menschen gesichert werden.
Die Philosophen der Aufklärung ebneten so im 18. Jahrhundert den Weg zur Ausformulierung von Menschenrechtserklärungen: Der aufgeklärte Bürger sollte sich seines Verstandes und seiner Vernunft bedienen, sich von den Fesseln der Unfreiheit befreien und den Absolutismus durch die Herrschaft des Volkes (= Volkssouveränität) ersetzen.

„All men are created equal"

Aber nicht in Europa, sondern in Nordamerika sollten die Vorstellungen der Aufklärung erstmals in die Realität umgesetzt werden. So enthielt die „Bill of Rights" von Virginia vom 12. Juni 1776 bereits einen Grundsatzkatalog von **Menschenrechten**, der die Unabhängigkeitserklärung und die „Bill of Rights" in der Verfassung prägte. Im Zuge der Loslösung der 13 nordamerikanischen Kolonien vom englischen Mutterland wurde am 4. Juli 1776 die „Declaration of Independence" verabschiedet (vgl. Kap. 1.5). Die neu gegründeten Vereinigten Staaten von Amerika bekannten sich in diesem Schlüsseldokument zur Freiheit und Gleichheit aller Menschen. Alle Menschen, so heißt es im Text der Unabhängigkeitserklärung, sind „von ihrem Schöpfer mit gewissen unveräußerlichen

Rechten ausgestattet", zu denen „Leben, Freiheit und das Streben nach Glück" gehören. Nach dem Unabhängigkeitskrieg (1775–1783) entwarfen die Gründungsväter des neuen Landes, unter ihnen Benjamin Franklin und George Washington, eine Verfassung, die 1789 in Kraft trat. Zwei Jahre später wurde diese Verfassung, die auf dem Prinzip der Gewaltenteilung und Volkssouveränität basierte, um die „Bill of Rights" ergänzt. Rechte, wie etwa die Religions-, Meinungs- und Versammlungsfreiheit sowie die Unverletzlichkeit der Person und des Eigentums, wurden verbindliche Bestandteile der Verfassung.

Gleiche Rechte für alle Menschen?

Der Grundsatz, alle Menschen seien gleich, galt aber nicht für alle Einwohner des Landes. Einer der größten Widersprüche der amerikanischen Revolution war das Festhalten an der Sklaverei. Bereits seit 1619 waren in großem Umfang afrikanische Sklaven in die nordamerikanischen Kolonien gebracht worden, die vor allem auf den Tabak- und Baumwollplantagen im Süden harte Arbeit verrichten mussten. Sie wurden wie Tiere auf Märkten verkauft, oft brutal misshandelt und sogar hingerichtet. 1776 war jeder Sechste der insgesamt drei Millionen Einwohner der USA schwarz und versklavt.

Der Grundsatz der Gleichheit aller Menschen galt ebenso wenig für die indianische Bevölkerung, die systematisch von ihrem Land vertrieben wurde. Erst etliche Generationen später gelang es der amerikanischen Bürgerrechtsbewegung in den 1960er-Jahren die Rassentrennung allmählich zu überwinden. Dieses Beispiel zeigt, wie schwierig und langwierig der Weg zur Durchsetzung von Menschenrechten war und bis heute noch ist.

Die Erklärung der Menschen- und Bürgerrechte

Der nächste wichtige Schritt zur Verwirklichung der Menschenrechte wurde in Frankreich getan. Nach wirtschaftlich schlechten Jahren und wachsender sozialer Not sowie einer politischen Krise des Ancien Régime, kam es dort 1789 zur Revolution (vgl. Kap. 1.5). Während mit dem Sturm auf die Bastille am 14. Juli 1789 ein Symbol des absolutistischen Staates von der aufgebrachten Volksmenge beseitigt wurde, arbeitete die Nationalversammlung, die sich als Vertreter des gesamten französischen Volkes betrachtete, an einer Verfassung. Am 4. August beschloss sie zunächst die Abschaffung der Leibeigenschaft, des Frondienstes und der grundherrlichen Privilegien sowie die Aufhebung des Kirchenzehnten. Die Unterschiede zwischen den Ständen sollten aufgehoben werden, alle freien Bürger sollten gleiche Rechte besitzen. Die Beschlüsse vom 4. August wurden am 26. August in die „Erklärung der Menschen- und Bürgerrechte" aufgenommen. Diese historische Erklärung wurde zum Modell und Vorbild für Freiheitsbewegungen in Europa und der Welt.

M1 Erklärung der Menschen- und Bürgerrechte
Gemälde von Jean Jacques François Lebarbier, um 1790

✎: Beschreiben Sie, mit welchen Mitteln der Maler die geschichtliche Bedeutung der Erklärung hervorhebt.

Menschenrechte	Menschenrechte sind in der Epoche der Aufklärung erstmals schriftlich fixierte, angeborene und staatlich übergeordnete Rechte. Sie sind entstanden als Reaktion auf Unrechtserfahrungen, wie etwa Kriege und Bürgerkriege, die Diskriminierung und Verfolgung religiöser und ethnischer Minderheiten, die Ungleichheit von Frauen und Männern, wirtschaftliche Abhängigkeit oder staatliche Willkür. Menschenrechte sollen die Würde und die Freiheit des Menschen schützen und gelten als universell gültig.

2 Das Ringen um Menschenrechte damals und heute

| 18. Jh. | heute |

M2 Versteigerung von Sklaven in den Südstaaten der USA
Lithografie eines unbekannten Künstlers, um 1861

✎: Beschreiben Sie das Bild. Achten Sie dabei besonders auf die Körperhaltung der dargestellten Personen und erklären Sie, welchen Stellenwert afrikanische Sklaven in den neu gegründeten Vereinigten Staaten von Amerika hatten.

Doch mit der Aufhebung der Stände wurden auch in Frankreich nicht alle Menschen zu Staatsbürgern mit gleichen Rechten. So wurden z. B. erst 1791 auch Juden zu französischen Staatsbürgern erklärt. Frauen hingegen hatten kein Wahlrecht, da sich die Menschenrechtserklärung nur auf männliche Bürger bezog. Aus diesem Grund forderten viele Frauen, wie etwa die Schriftstellerin Olympe des Gouges, die rechtliche Gleichstellung der Frau (vgl. S. 93). Auch die Frage nach der Abschaffung der Sklaverei in den französischen Kolonien, z. B. in Saint-Domingue (heute Haiti), blieb ungeklärt. Hier kam es 1791 zu Sklavenaufständen, die erst nach langen Kämpfen zur Abschaffung der Sklaverei führten.

Die UN-Menschenrechtserklärung

Die Geschichte der Entwicklung der Menschenrechte zeigt, dass diese meist hart erkämpft wurden. Sie sind Ausdruck des Versuchs, staatliche Gewalt und Unterdrückung zu überwinden und eine Antwort auf historisches Unrecht zu geben. Dabei verläuft die Entwicklung keinesfalls geradlinig: immer wieder gab und gibt es Rückschritte und schwerwiegende Menschenrechtsverletzungen.

So verkündete die **UNO** im Jahr 1948 unter dem Eindruck der nationalsozialistischen Herrschaft und der Ermordung der europäischen Juden die „Allgemeine Erklärung der Menschenrechte". Die insgesamt 30 Artikel dieser Erklärung beinhalten Freiheitsrechte (das Recht auf Leben, Freiheit, Sicherheit sowie die Gewissens- und Religionsfreiheit, Meinungs- und Informationsfreiheit) ebenso wie wirtschaftliche und soziale Rechte (das Recht auf soziale Sicherheit sowie das Recht auf Arbeit und Bildung).

Erstmals in der Geschichte gab es ein internationales Bekenntnis der unterzeichnenden Staaten zur Einhaltung dieser Rechte, die ohne Einschränkungen für jeden Einzelnen gelten. Seitdem haben die Vereinten Nationen weitere Menschenrechtsvereinbarungen getroffen, wie z. B. die Antifolterkonvention (1984) und die Kinderrechtskonvention (1989). Der 2006 gegründete UN-Menschenrechtsrat soll zudem die Einhaltung der Menschenrechte fördern und regelmäßig über Menschenrechtsverletzungen informieren.

Doch wie können Menschenrechtsverletzungen geahndet werden? Zu diesem Zwecke errichtete die UNO im Jahr 2002 im niederländischen Den Haag den Internationalen Strafgerichtshof für Menschenrechte (IStGH), um Völkermord, Verbrechen gegen die Menschlichkeit und Kriegsverbrechen zu bestrafen. Der Strafgerichtshof wird jedoch nicht von allen Staaten anerkannt. Zu den Gegnern zählen die USA, Indien und Pakistan, Israel, Nordkorea und Russland. Da der IStGH aber nur Urteile gegen Täter aussprechen kann, deren Heimatstaaten den Internationalen Strafgerichtshof anerkannt haben, können längst nicht alle Verbrechen geahndet werden.

| Die Vereinten Nationen/ UNO | Am 26. Juni 1945 gründeten 51 Staaten in San Francisco die Vereinten Nationen (UNO = United Nations Organization). Die gemeinsamen Ziele der Weltfriedensorganisation wurden in der UN-Charta festgelegt und 1948 um eine Menschenrechtserklärung ergänzt. Heute gehören der UNO mehr als 190 Staaten an, die sich nicht nur für die Erhaltung des Weltfriedens einsetzen, sondern auch zusammenarbeiten, um z. B. Armut in Entwicklungsländern zu bekämpfen oder den Klimawandel zu stoppen. |

M3 ‚Declaration of Rights' von Virginia

Aus dem Grundrechtekatalog, den der Konvent von Virginia am 12. Juni 1776 verabschiedete:

Art. 1: Alle Menschen sind von Natur aus gleichermaßen frei und unabhängig und besitzen gewisse angeborene Rechte, deren sie, wenn sie den Status einer Gesellschaft annehmen, durch keine Abmachung ihre Nachkommenschaft berauben oder entkleiden können, und zwar den Genuss des Lebens und der Freiheit und dazu die Möglichkeit, Eigentum zu erwerben und zu besitzen und Glück und Sicherheit zu erstreben und zu erlangen.

Art. 2: Alle Macht kommt dem Volke zu und wird folglich von ihm hergeleitet. Beamte sind seine Diener und Treuhänder und ihm jederzeit verantwortlich.

Art. 3: Die Regierung ist oder sollte eingerichtet sein für das gemeinsame Beste, für den Schutz und die Sicherheit des Volkes, der Nation oder Allgemeinheit; von all den verschiedenen Arten und Formen der Regierungen ist die die beste, die fähig ist, den höchsten Grad von Glück und Sicherheit zu erzielen, und am wirksamsten gegen die Gefahr einer Misswirtschaft gesichert ist; und wenn irgendeine Regierung sich diesen Zwecken nicht gewachsen oder feindlich zeigt, so hat die Mehrheit der Gemeinschaft ein unbezweifelbares, unveräußerliches und unverletzbares Recht, dieselbe zu reformieren, umzugestalten oder abzuschaffen, so wie es für das allgemeine Wohl am nützlichsten zu erachten ist.

F. Hartung: Die Entwicklung der Menschen- und Bürgerrechte von 1776 bis zur Gegenwart, 4. Aufl., Göttingen 1972, S. 41

M4 Die Erklärung der Menschen- und Bürgerrechte

Verabschiedet von der französischen Nationalversammlung am 26. August 1789:

Art. 1: Die Menschen werden frei und gleich geboren und bleiben es. Die gesellschaftlichen Unterschiede können nur auf den gemeinsamen Nutzen gegründet werden.

Art. 2: Der Endzweck aller politischen Vereinigung ist die Erhaltung der natürlichen und unabdingbaren Menschenrechte. Diese Rechte sind Freiheit, das Eigentum, die Sicherheit, der Widerstand gegen Unterdrückung.

Art. 3: Der Ursprung aller Souveränität liegt seinem Wesen nach beim Volke. Keine Körperschaft, kein Einzelner kann eine Autorität ausüben, die nicht ausdrücklich hiervon ausgeht.

Art. 4: Die Freiheit besteht darin, alles tun zu können, was einem anderen nicht schadet. Also hat die Ausübung der natürlichen Rechte jedes Menschen keine Grenze als jene, die den übrigen Gliedern der Gesellschaft den Genuss nämlich dieser Rechte sichern. Die Grenzen können nur durch das Gesetz bestimmt werden.

F. Hartung: Die Entwicklung der Menschen- und Bürgerrechte von 1776 bis zur Gegenwart, 4. Aufl., Göttingen 1972, S. 47

M5 Die allgemeine Erklärung der Menschenrechte der UNO

Aus den 30 Artikeln der UN-Menschenrechtscharta von 1948:

Art. 1: Alle Menschen sind frei und gleich an Würde und Rechten geboren. Sie sind mit Vernunft und Wissen begabt und sollen einander im Geiste der Brüderlichkeit begegnen.

Art. 2: Jeder Mensch hat Anspruch auf die in dieser Erklärung verkündeten Rechte und Freiheiten, ohne irgendeine Unterscheidung, wie etwa nach Rasse, Farbe, Geschlecht, Sprache, Religion, politischer oder sonstiger Überzeugung, nationaler oder sozialer Herkunft, nach Eigentum, Geburt oder sonstigen Umständen.

Weiter darf keine Unterscheidung gemacht werden auf Grund der politischen, rechtlichen oder internationalen Stellung des Landes oder Gebietes, dem eine Person angehört, ohne Rücksicht darauf, ob es unabhängig ist, unter Treuhandschaft steht, keine Selbstregierung besitzt oder irgendeiner anderen Beschränkung seiner Souveränität unterworfen ist.

Art. 3: Jeder Mensch hat das Recht auf Leben, Freiheit und Sicherheit der Person.

F. Hartung: Die Entwicklung der Menschen- und Bürgerrechte von 1776 bis zur Gegenwart, 4. Aufl., Göttingen 1972, S. 147

---

1. Erklären Sie mit eigenen Worten, was man unter Menschenrechten versteht, und sammeln Sie Beispiele für Menschenrechtsverletzungen aus der Geschichte.

2. Untersuchen Sie, inwiefern die im 18. Jahrhundert formulierten Menschen- und Bürgerrechte einen Bruch mit der Vergangenheit bedeuteten **(VT)**.

3. Vergleichen Sie die Menschenrechtserklärungen der amerikanischen und Französischen Revolution mit der UN-Menschenrechtscharta aus dem Jahre 1948 **(M3–M5)**.

4. Beschreiben Sie, welche Möglichkeiten die internationale Gemeinschaft heute hat, um Verbrechen gegen die Menschlichkeit und Menschenrechtsverletzungen zu bestrafen **(VT)**. Welche Probleme treten dabei jedoch auf?

5. Informieren Sie sich im Internet über aktuelle Prozesse vor dem Internationalen Strafgerichtshof für Menschenrechte in Den Haag. Präsentieren Sie die Ergebnisse vor der Klasse.

2.2 Menschenrechte im 21. Jahrhundert: Aktuelle Probleme und Herausforderungen

M1 „China ist spitze!"
von Heiko Sakurei, Karikatur, März 2010

Todesstrafe und Folter, die Verhaftung oder Ermordung von Regimegegnern und kritischen Journalisten, die Diskriminierung von Frauen – von Verstößen gegen Menschenrechte erfahren wir fast jeden Tag aus den Medien. Gleichzeitig hat sich unser Verständnis von Menschenrechten wesentlich erweitert. Neben den politischen Freiheits- und Beteiligungsrechten zählen heute auch die sozialen Rechte auf Bildung, Ernährung und Gesundheit sowie die allgemeinen Rechte auf Entwicklung, Frieden und eine intakte Umwelt dazu. Menschenrechtsverletzungen treten also auch in neuen Formen auf.

M2 Der chinesische Regierungskritiker und Bürgerrechtler Liu Xiaobo

Kein Recht auf freie Meinung in China

Anlässlich der Olympischen Spiele im Jahre 2008 blickte die ganze Welt auf China. Die kommunistische Führung des Landes war bemüht, das Land als aufstrebende Macht zu präsentieren und gab sich nach außen gastfreundlich und reformfreudig. Doch in den Medien kam auch ein anderes Bild von China zum Vorschein: Schon im Vorfeld der Spiele gab es Repressionen (= Unterdrückungsmaßnahmen) gegenüber Regimegegnern. Laut **Amnesty International** wurden mehr als 1000 Personen zeitweise festgenommen, weil sie die internationale Aufmerksamkeit nutzen wollten, um auf Menschenrechtsverletzungen in ihrem Land hinzuweisen. Hierbei kam es auch zu vielen Fällen von Folter und Misshandlungen. Scharfen Kontrollen unterlagen insbesondere Journalisten. Die chinesische Regierung sperrte Internetseiten und schränkte somit das Recht auf Presse- und Meinungsfreiheit stark ein. Das Land belegt insgesamt einen der hinteren Plätze einer kürzlich veröffentlichten Rangliste zur Pressefreiheit. Auch bei der Zahl der Todesurteile und Hinrichtungen belegt China einen hinteren Platz: 2009 wurden dort mindestens 7000 Todesurteile gefällt und 1700 vollstreckt. Insbesondere Regierungskritiker und Menschenrechtsaktivisten sind von langen Haftstrafen bedroht. So wurde im Dezember

2009 Liu Xiaobo zu elf Jahren Haft verurteilt, weil er sich für die Meinungs- und Versammlungsfreiheit eingesetzt und politische Reformen gefordert hat.

USA: Willkürliche Verhaftungen und Folter

Seit den Anschlägen vom 11. September 2001 befinden sich die Vereinigten Staaten von Amerika im Kampf gegen den internationalen Terrorismus. Auf dem amerikanischen Militärstützpunkt Guantanamo auf Kuba wurden seit dem Einmarsch von US-Truppen in Afghanistan insgesamt rund 800 Menschen ohne rechtliche Grundlage inhaftiert. Sie gelten als „Terrorverdächtige" und „feindliche Krieger". Immer wieder berichten die Medien über die unmenschlichen Haftbedingungen sowie über Folterpraktiken, wie etwa das ‚Waterboarding'. Dass in Guantanamo Menschen über Jahre hinweg ohne Anklage oder Gerichtsverfahren in einem Gefängnis festgehalten werden, wird von Menschenrechtlern als höchst problematisch bewertet und scharf kritisiert. Es stellt sich die Frage, wie sich Demokratien gegen den Terrorismus zur Wehr setzen können, ohne die Werte, für die sie stehen, selbst aufzugeben. Aufgrund der massiven Proteste hat der seit Anfang 2009 amtierende US-Präsident Barack Obama angekündigt, das Lager auf Guantanamo zu schließen. Zudem hat er sich gegen jegliche Anwendung von Folter ausgesprochen.

Menschenunwürdige Arbeitsbedingungen ...

Die Globalisierung hat weltweit Grenzen geöffnet. Dadurch funktioniert der globale Handel besser als zu früheren Zeiten. Fast gewinnt man den Eindruck, die ganze Welt sei zu einem großen Absatz- und Arbeitsmarkt geworden.

M3 Häftlinge in Guantanamo
Foto, 2002

✏️ : Beschreiben Sie das Bild und erklären Sie, welche Mittel die Vereinigten Staaten benutzen, um Terrorverdächtige zu verhören **(VT)**.

Doch der größere Markt führt auch zu größerer Konkurrenz. Die Unternehmen müssen sich im harten Wettbewerb behaupten: Um wettbewerbsfähig zu bleiben, versuchen sie, kostengünstiger zu produzieren. Dieser Kostendruck löste vor einigen Jahren den Trend zum Outsourcing von Arbeitsplätzen aus: Teile der Produktion in den Industrieländern werden in Staaten verlagert, in denen ein niedriges Lohnniveau herrscht, wie etwa in den meisten Ländern Osteuropas oder Asiens.

Amnesty International	Amnesty International ist eine 1961 gegründete Nichtregierungsorganisation (NGO), die sich für die Freilassung von politischen Gefangenen einsetzt, die wegen ihrer Gesinnung, Volkszugehörigkeit oder Religion inhaftiert sind. Darüber hinaus engagiert sich Amnesty für die weltweite Achtung und Durchsetzung von Menschenrechten. Derzeit hat die Organisation in mehr als 150 Ländern über 2,2 Millionen Mitglieder.
Waterboarding	Foltermethode des simulierten Ertränkens. Bei dieser Methode wird der Häftling auf einem Brett fixiert, wobei der Kopf niedriger als der Körper liegt. Das Gefühl des unmittelbar drohenden Ertrinkens wird durch ein auf Mund und Nase gelegtes Tuch erzeugt, welches ständig mit Wasser übergossen wird.

M4 Kinderarbeit in der Schuhproduktion

✎: Wie könnte der Tagesablauf des Jungen auf dem Foto aussehen? Erläutern Sie, warum die Arbeit seine Menschenrechte verletzen könnte.

Doch mit dem Outsourcing haben sich für viele Menschen die Arbeitsbedingungen verschlechtert – sowohl in den Industriestaaten als auch in den Entwicklungsländern. Zwar stimmt es, dass die Globalisierung auch große Entwicklungschancen ermöglicht. So ist allein in China durch den Wirtschaftsboom die Zahl der Armen in den letzten 25 Jahren von rund 260 Millionen auf ca. 42 Millionen geschrumpft. Gleichzeitig hat sich jedoch die Kluft zwischen Arm und Reich verstärkt. Beispiele aus der Textilindustrie zeigen das: Während sich die Kunden in den Industriestaaten über günstige Preise für ihre Kleidung freuen können, produzieren Näherinnen in Bangladesh diese Kleidung unter menschenunwürdigen Bedingungen. Sie arbeiten an sieben Tagen der Woche bis zu 97 Stunden und der Lohn reicht kaum zum Leben aus. In den Fabriken gelten weder Sozial- noch Umweltstandards. Es gibt keine geregelten Arbeitsverträge, keinen Kündigungsschutz und keine Maßnahmen zum Gesundheitsschutz.

... auch in Deutschland

Auch in Deutschland hat die Globalisierung die Lage auf dem Arbeitsmarkt stark verändert. Insbesondere für Geringqualifizierte wird es immer schwieriger, eine Arbeitsstelle zu finden, da viele Arbeitsplätze ausgelagert werden. Arbeitsverträge sind heute häufig befristet, Sonderleistungen wie Weihnachts- und Urlaubsgeld gibt es immer seltener, und die Löhne für niedrig Qualifizierte sinken. Immer mehr Menschen sind in Deutschland darauf angewiesen, als Mini-Jobber, Multi-Jobber oder auch Zeitarbeiter über die Runden zu kommen. Tariflich festgelegte Stundenlöhne von unter fünf Euro für gelernte Friseure oder Wach- und Sicherheitsleute sorgen für öffentliche Diskussionen über das Lohnniveau.

Einer Studie des Deutschen Instituts für Wirtschaftsforschung von Anfang 2010 zufolge nahm die Zahl der Armen in Deutschland in den letzten Jahren ständig zu. Derzeit sind 14 Prozent der Bevölkerung (ein Drittel mehr als vor 10 Jahren) arm oder von Armut bedroht. Als armutsgefährdet gilt, wer weniger als 60 Prozent des mittleren Einkommens seines Landes zur Verfügung hat.

Kritiker betrachten diese Entwicklung als direkte Folge der so genannten Hartz-Gesetze. Durch die Absenkung des Arbeitslosengeldes (ALG) II* auf das Niveau der Sozialhilfe würden viele Menschen in die Unterschicht gedrängt. Mit weitreichenden Folgen: Zu den derzeit ca. 6,7 Millionen Hartz IV-Empfängern zählen allein etwa 1,7 Millionen Kinder, die je nach Alter nur zwischen 60 und 80 Prozent des Hartz IV-Regelsatzes (z. Zt. bekommt ein Alleinstehender 359 Euro pro Monat) erhalten. Das Leben an der Armutsgrenze bedeutet für sie allzu oft Verzicht.

Das Bundesverfassungsgericht hat zwischenzeitlich geprüft, ob Hartz IV gegen Artikel 1 des Grundgesetzes verstößt, also nicht mit dem Recht auf ein menschenwürdiges Leben vereinbar ist. In einer Entscheidung vom Februar 2010 kam das höchste deutsche Gericht zu dem Schluss, dass die Hartz IV-Regelsätze neu berechnet werden müssen: Gerade bei Kindern dürfe, so das Gericht, keine Chancenungleichheit bestehen. Auch Kinder, deren Eltern langzeitarbeitslos sind, müssten gleiche Bildungschancen haben. Armut dürfe nicht zum Teufelskreis werden.

Gibt es ein Menschenrecht auf Wasser?

Experten gehen davon aus, dass Wasser im 21. Jahrhundert ein ebenso begehrter „Rohstoff" sein wird, wie es Erdöl in den vergangenen Jahrzehnten war. Sie sehen die Welt auf eine Wasserkrise ungeahnten Ausmaßes zusteuern. Die Gründe für die drohende Wasserknappheit sind vielfältig: Eine steigende Weltbevölkerung, die Nutzung von Trinkwasser zur Herstellung von Nahrungsmitteln oder Industrieprodukten, die wachsende Freizeit- und Tourismusindustrie und nicht zuletzt der Klimawandel mit einer Zunahme von Dürren sind verantwortlich dafür, dass Wasser immer knapper wird. Dies wird in Zukunft vermutlich in einigen Teilen der Erde zu Konflikten führen. Nach Angaben der Vereinten Nationen haben rund 1,1 Milliarden Menschen keinen regelmäßigen Zugang zu einer Versorgung mit sauberem Trinkwasser. Für mehr als 2,5 Milliarden Menschen gibt es außerdem keine geregelte Abwasserentsorgung, was häufig zu Krankheiten führt. Seit einigen Jahren fordern deshalb Menschenrechts- und Entwicklungshilfeorganisationen die Durchsetzung eines Menschenrechts auf Wasser.

Recht auf Bildung auch für Mädchen?

Die meisten Entwicklungsländer zeichnen sich durch eine sehr junge Bevölkerung aus. Jedoch haben viele von ihnen keine Möglichkeit, eine Schule zu besuchen bzw. sich zu bilden. Trotz aller Bemühungen ist die Zahl der Menschen, die nicht lesen und schreiben können, nach wie vor sehr hoch.

Das Recht auf Bildung bleibt vielen verwehrt. Dabei ist Bildung ein zentrales Menschenrecht, das zugleich die Chance beinhaltet, andere Menschenrechte wahrzunehmen, denn erst ausreichende Bildung ermöglicht ein freies, selbstbestimmtes Leben und bietet einen Ausweg aus Armut und Chancenungleichheit. Insbesondere Mädchen und Frauen werden oft unter Anwendung von Gewalt am Besuch von Schulen oder anderen Bildungsstätten gehindert. Ein Beispiel ist Afghanistan: Dort gab es in den letzten Jahren vermehrt Angriffe der Taliban auf Schulen und Drohungen gegenüber Lehrern und Schülerinnen.

Die Vereinten Nationen haben in den letzten Jahren Anstrengungen unternommen, um das Recht auf Bildung weltweit durchzusetzen. Bis 2015, so das ehrgeizige Ziel, sollen alle Jungen und Mädchen weltweit in die Grundschule gehen können. Ob dieses Ziel erreicht wird, ist fraglich.

M5 Mädchen dürfen wieder zur Schule gehen
Eine Schule in Afghanistan, Foto, 2010

✎: Sie sind die Lehrerin dieser Klasse. Was würden Sie den Mädchen über die Bedeutung der Bildung und des Lernens sagen?

M6 Welche Menschenrechte gibt es?
Zur Unterscheidung von Menschenrechten und Aufteilung in verschiedene Kategorien:
Gemeinhin werden drei „Generationen" von Menschenrechten unterschieden. Rechte der ersten „Generation" bezeichnen die klassischen bürgerlichen und politischen Freiheits- und Beteiligungsrechte. Dazu gehören das Recht auf Leben, die Verbote der Folter, der Sklaverei und der Zwangsarbeit, sodann u.a. die Rechte auf persönliche Freiheit und Sicherheit, Gedanken-, Religions-, Meinungs-, Versammlungs-, Vereinigungsfreiheit sowie justizbezogene Rechte (Gleichheit vor dem Gesetz, Unschuldsvermutung, faires Verfahren, etc.). Die nationalen und internationalen Schutzsysteme für bürgerlich-politische Rechte sind bislang am stärksten ausgebaut. Rechte der zweiten „Generation" umfassen die lange Zeit vernachlässigten wirtschaftlichen, sozialen und kulturellen Menschenrechte, wie die Rechte auf Arbeit, auf soziale Sicherheit, Ernährung, Wohnen, Wasser, Gesundheit und Bildung. Seit den 1990er Jahren wurden der Inhalt und die Verletzungstatbestände dieser Rechte erheblich konkretisiert. Inzwischen werden sie weithin politisch eingefordert und gelten ihrem Wesen nach auch als einklagbar. Entsprechende rechtliche Durchsetzungsmechanismen auf nationaler und internationaler Ebene sind indes noch zu stärken.
Rechte der dritten „Generation" sind jüngeren Datums und bezeichnen allgemeine, noch kaum in Vertragswerken konkretisierte Rechte wie etwa die Rechte auf Entwicklung, Frieden oder saubere Umwelt.
Michael Krennerich: Zehn Fragen zu Menschenrechten. In: www.bpb.de/themen/CYY1FD.html (Zugriff am 16.12.2009)

M7 Aktuelle Beispiele für Menschenrechtsverletzungen
Nach dem Jahresbericht von Amnesty International:
– Nach Schätzungen versuchten 2008 ca. 67 000 Menschen auf dem Seeweg nach Europa zu gelangen. Hunderte kamen dabei ums Leben. Viele der in Europa gestrandeten Personen schlagen sich als Illegale durch und werden misshandelt und ausgebeutet.
– Nach wie vor gibt es in rund 50 Staaten die Todesstrafe. Allein in den USA warten ca. 3000 Gefangene auf ihre Hinrichtung.
– In vielen Ländern Osteuropas blüht der Menschenhandel: Mädchen und Frauen werden verschleppt und zur Prostitution gezwungen.
– Vor dem internationalen Strafgerichtshof in Den Haag finden Prozesse gegen hochrangige Politiker und Militärs aus dem ehemaligen Jugoslawien statt. So wird zum Beispiel der ehemalige Präsident der bosnischen Serben Radovan Karadzic beschuldigt, den Mord an über 7000 Männern und Jungen in Srebrenica angeordnet zu haben.
– In vielen Ländern Südamerikas sind indigene Volksgruppen zahlreichen Formen von Diskriminierung ausgesetzt.
– In vielen afrikanischen Staaten werden Wahlen bereits im Vorfeld manipuliert, so dass der Sieger schon vorher feststeht. Die Vereinten Nationen entsenden regelmäßig Wahlbeobachter, um freie Wahlen zu garantieren.
– In Pakistan u.a. islamischen Ländern werden Frauen und Mädchen zu Opfern von familiärer Gewalt, wie etwa Zwangsehen und Ehrenmorden. Von staatlicher Seite werden diese Übergriffe meist toleriert.
Zusammenstellung der Autorin. Nach: Amnesty International: Jahresbericht 2008 und 2009

M8 Ungleichheit hat viele Gesichter
Aus dem Amnesty International Report zur Lage der Menschenrechte im Jahr 2009:
Immer wieder verweisen Fachleute darauf, dass das Wirtschaftswachstum Millionen Menschen den Weg aus der Armut ermöglicht hat, doch die Wahrheit sieht anders aus: Eine noch viel größere Zahl von Menschen ist im Elend zurückgeblieben […]. Als in den vergangenen Jahren der Orkan der entfesselten Globalisierung die Welt in einen Wachstumstaumel versetzte, gerieten die Menschenrechte oft ins Hintertreffen. […] Obwohl viele Teile Afrikas ein nachhaltiges Wirtschaftswachstum verzeichnen, leben auf diesem Kontinent noch immer Millionen von Menschen unterhalb der Armutsgrenze und müssen darum kämpfen, ihre Grundbedürfnisse zu decken. Lateinamerika ist vermutlich die Region mit der größten Ungleichheit weltweit. […] Indien ist auf dem besten Wege zum dynamischsten Wirtschaftsgiganten Asiens, hat aber das Problem des Elends in den städtischen Slums und in den benachteiligten ländlichen Regionen noch nicht gelöst, während in China der Lebensstandard der Land- und Wanderarbeiter immer weiter hinter dem der reichen Schichten in den Städten zurückfällt. Der Großteil der Weltbevölkerung wohnt heute in den Städten, und mehr als 1 Milliarde dieser Menschen lebt in Slums. Anders gesagt: Jeder dritte Stadtbewohner lebt unter unzureichenden Wohnverhältnissen ohne Zugang zu öffentlichen Versorgungseinrichtungen und ist ständig von Zwangsräumung, Unsicherheit und Gewalt bedroht. […] Laut Angaben der Welternährungsorganisation leiden fast 1 Milliarde Menschen an Hunger und Mangelernährung. Mangel, Ungleichheit, Ungerechtigkeit, Unsicherheit und Unterdrückung sind Kennzeichen von Armut. Sie sind ohne Frage Menschenrechtsprobleme […] und erfordern einen starken politischen Willen […] und gemeinsames Handeln.
Irene Khan: Nicht nur eine Wirtschaftskrise, sondern eine Krise der Menschenrechte. In: Amnesty International Report 2009 zur weltweiten Lage der Menschenrechte, Frankfurt am Main 2009, S. 8 ff. (Übers. Gesine Schmiedbauer)

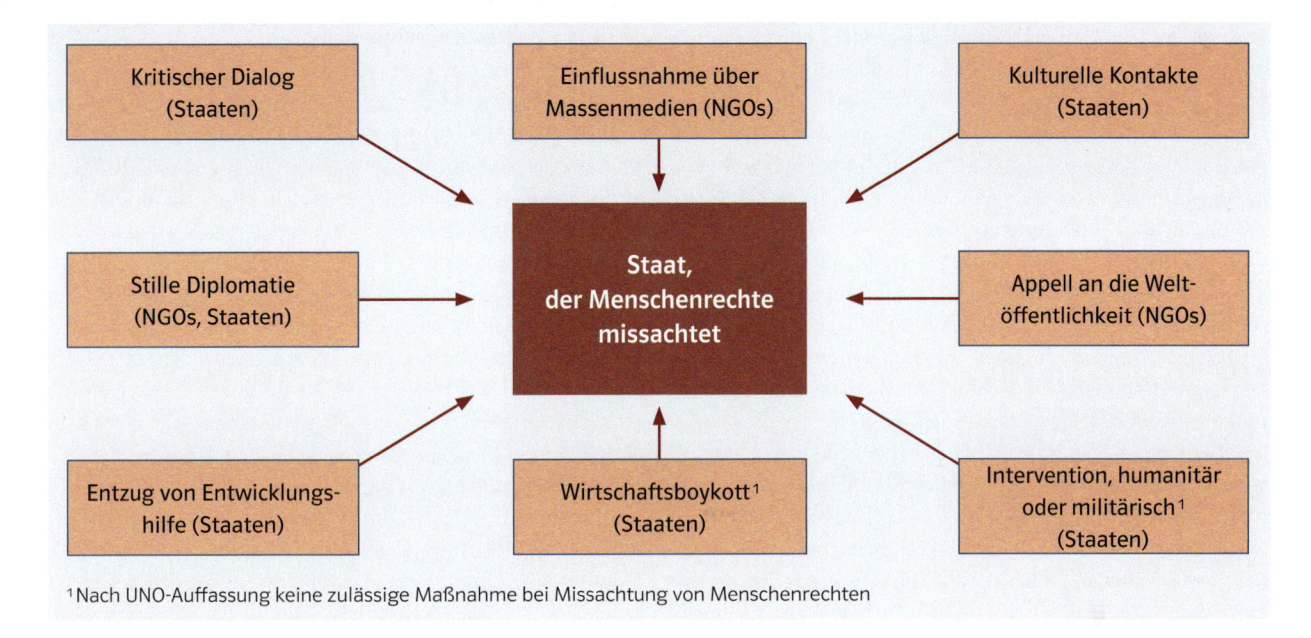

Schaubild: Mögliche Maßnahmen bei Verstößen gegen Menschenrechte

Pfeile gerichtet auf: **Staat, der Menschenrechte missachtet**

- Kritischer Dialog (Staaten)
- Einflussnahme über Massenmedien (NGOs)
- Kulturelle Kontakte (Staaten)
- Stille Diplomatie (NGOs, Staaten)
- Appell an die Weltöffentlichkeit (NGOs)
- Entzug von Entwicklungshilfe (Staaten)
- Wirtschaftsboykott¹ (Staaten)
- Intervention, humanitär oder militärisch¹ (Staaten)

¹ Nach UNO-Auffassung keine zulässige Maßnahme bei Missachtung von Menschenrechten

M9 Mögliche Maßnahmen bei Verstößen gegen Menschenrechte

🖉: Beschreiben Sie anhand des Schaubildes, welche Möglichkeiten es gibt, Menschenrechtsverletzungen zu ahnden. Welche der genannten Möglichkeiten erscheint Ihnen am effektivsten?

M10 Elf Jahre Haft für das freie Wort

Ein Kommentar zur Verurteilung des chinesischen Regimekritikers Liu Xiaobo:

„Wir sollten damit aufhören, Worte zu kriminalisieren." So steht es in der Charta 08, einem Manifest chinesischer Regierungskritiker – doch Chinas Mächtige sehen das anders: Worte sind für sie gefährlich, freie Meinungsäußerung bedroht
5 ihre Macht und ihre Privilegien. Deshalb haben sie […] Liu Xiaobo zu elf Jahren Gefängnis verurteilt […]. Offizielle Begründung: „Anstachelung zur Untergrabung der Staatsgewalt". […] Der Prozess verrät viel über das kommunistische China. […] Offenbar hat die Charta 08 die KP-Spitze (KP =
10 Kommunistische Partei) ins Mark getroffen. Einen Aufruf zu politischem Wandel und eine scharfe Analyse der sozialen Folgen der Wirtschaftsreformen können die Genossen überhaupt nicht gebrauchen. […] Das Urteil gegen Liu zeigt, wie naiv der Glaube ist, dass Wirtschaftsreformen automatisch zu
15 politischer Liberalisierung führen. […]

China wird gebraucht, als Handelspartner, als Platz für Investoren, als Finanzier des Wohlstands in den USA. Das Urteil gegen Liu soll dem Rest der Welt ein neues Selbstbewusstsein demonstrieren: Wir lassen uns von euch nichts mehr sagen,
20 haltet euch raus aus unseren Angelegenheiten, lautet die Botschaft. […] Aber so geht es nicht. Das Menschenrecht auf friedliche Meinungsäußerung ist unteilbar und universell, es gilt für Chinesen wie für alle anderen auch. Es wäre zu wünschen, wenn die Banker, die CEOs (= Direktoren), die Vorstandsvorsitzenden, die so gerne in China Geschäfte machen, 25 gegenüber den Funktionären ihre Stimme erheben.

Andreas Lorenz: Elf Jahre Haft für das freie Wort, Ein Kommentar zum Urteil gegen Liu Xiaobo. In: Spiegel online, 25.12.2009, http://www.spiegel.de/politik/ausland/0,1518,669002,00.html

M11 Arbeits- und Menschenrechte in der Textilindustrie

Können Markenklamotten IN sein, wenn Arbeitsrechte OUT sind? Über die Arbeitsbedingungen in Entwicklungs- und Schwellenländern:

Die großen Unternehmen verkaufen nicht mehr allein Produkte, sondern eine Marke, Image und Lifestyle. Es geht um ein Lebensgefühl oder die Zugehörigkeit zu einer Gruppe, die sich mit ihrem Stil und Chic von anderen unterscheidet bzw. zusammengehört. Die größten Investitionen fließen des- 5 halb in die Kreation und Vermarktung der Marke. Millionen werden deshalb für Werbung ausgegeben. Gleichzeitig wird dort, wo produziert wird, vor allem bei der Entlohnung der Arbeitskräfte gespart. Der prozentuale Anteil des Lohns einer Näherin am Produktverkaufspreis liegt zwischen 0,4 und 10 1 Prozent. […] In einer anlässlich der Olympischen Spiele 2008 in Peking durchgeführten Studie wurde offengelegt, dass die Arbeiterinnen der untersuchten Betriebe in China, Indien,

Indonesien und Thailand bis zu 50 Prozent weniger als den gesetzlich festgelegten Mindestlohn erhalten. Sie arbeiten sieben Tage die Woche bis zu zwölf Stunden täglich. In allen Fabriken sind Kinder beschäftigt, zum Teil sind diese jünger als zwölf Jahre. Die Studie stellt fest: In den Betrieben besteht ein strenges Disziplinierungssystem, keine Zahlungen von Sozialversicherungs- und anderen gesetzlichen Leistungen sowie das Verbot von Gewerkschaftsvertretungen. Auch sind Sicherheits- und Gesundheitsvorkehrungen in den Fabriken katastrophal. Eine Arbeiterin [...] erzählt, warum sie bei der Arbeit keine Schutzhandschuhe trägt: „Natürlich trägt hier niemand Schutzhandschuhe! Handschuhe machen dich langsamer und der Aufseher hält dich für arrogant. Wenn du Handschuhe tragen willst, brauchst du gar nicht erst hier anzufangen." Ihre Hände sind somit schutzlos den Färbemitteln und Chemikalien ausgesetzt, die sich in die Haut und das darunter liegende Gewebe fressen. [...] Auf unterschiedlichen Ebenen der Gesellschaft gibt es inzwischen Initiativen, die für die Umsetzung von Sozialstandards und für die Verbesserungen der Arbeitsbedingungen kämpfen für diejenigen, die Bekleidung fertigen. [...] Es ist der Anfang eines sicherlich noch mühseligen Weges, damit [...] Bekleidung zu menschenwürdigen Bedingungen gefertigt wird. [...] Mehr Transparenz und Verbraucherinformation würden zur Durchsetzung der Arbeits- und Menschenrechte erheblich beitragen.

Bernd Hinzmann: Arbeits- und Menschenrechte in der Textilindustrie. In: http://bpb.de/themen/D3FCZL.html [Zugriff am 16.12.2009]

M13 Perspektiven sind Mangelware

Ein Bericht über das Leben mit Hartz IV:
Ein leerer Tag kann sich dehnen wie Kaugummi. Umso mehr, weil Peter Lampe (49) meist alleine zu Hause bleibt. Und so im Lauf der Zeit immer weniger soziale Kontakte hat. Wenn er doch mal weggeht, überlegt er nicht, ob er mehr Lust aufs Kino oder einen Abend mit Freunden im Restaurant hat. Weil für ihn nur eines zählt: Es darf nicht viel kosten. „Mit 345 Euro kann man keine großen Sprünge machen", sagt der arbeitslose Elektromeister. In Kneipen geht er kaum noch. Veranstaltungen kommen nur in Frage, wenn der Eintritt frei ist und er hofft, Bekannte zu treffen, die ihn zu einem Getränk einladen. Auf seine Kleidung gibt Peter Lampe viel mehr acht als früher und flickt sorgfältig seine Socken. Und wenn er sich ein neues Hemd kauft, dann darf es höchstens vier oder fünf Euro kosten. [...] Zehn Jahre lang war Peter Lampe selbstständig, hat mit Elektroinstallationen „anfangs sehr gut" verdient. Doch vor drei Jahren hatte er einen Hirnschlag. Danach ging's bergab. Nicht nur, weil er nicht mehr so fit war wie vorher. Immer deutlicher spürte er auch die „schlechte Zeit": Die Aufträge wurden weniger. [...] Im Februar 2004 gab er auf. Peter Lampe wurde sofort Sozialhilfeempfänger. [...] Mittlerweile ist Peter Lampe umgezogen. Gab seine 60 Quadratmeter-Wohnung mit 2 Zimmern auf und lebt jetzt in einem Zimmer. Zum Leben bleiben ihm die 345 Euro im Monat. [...] Beworben hat er sich oft in den vergangenen Monaten, auf alle möglichen Stellen, jedoch [...] ohne große Hoffnungen: „Es gibt zu wenig Arbeitsplätze – und das bleibt wohl so."

Anja Bochtler: Perspektiven sind Mangelware. In: Badische Zeitung vom 23.6.2005, S. 3

(Karikatur von Klaus Stuttmann, 2006: Zwei Beamte durchsuchen die Wohnung eines Hartz-IV-Empfängers. Einer sagt: „Wie die meisten Hartz IV-Empfänger haben auch Sie bestimmt noch irgendwo Diamanten, Schmuck und Bargeld gebunkert!!" Darunter: „Die Würde des Menschen darf nicht angetastet werden. Der Rest schon...")

M12 Verstößt Hartz IV gegen die Würde des Menschen?

✎ : Beschreiben und analysieren Sie die Karikatur von Klaus Stuttmann. Was ist die zentrale Aussage der Karikatur? Verfassen Sie dazu einen kurzen Kommentar.

Gesichter der Armut

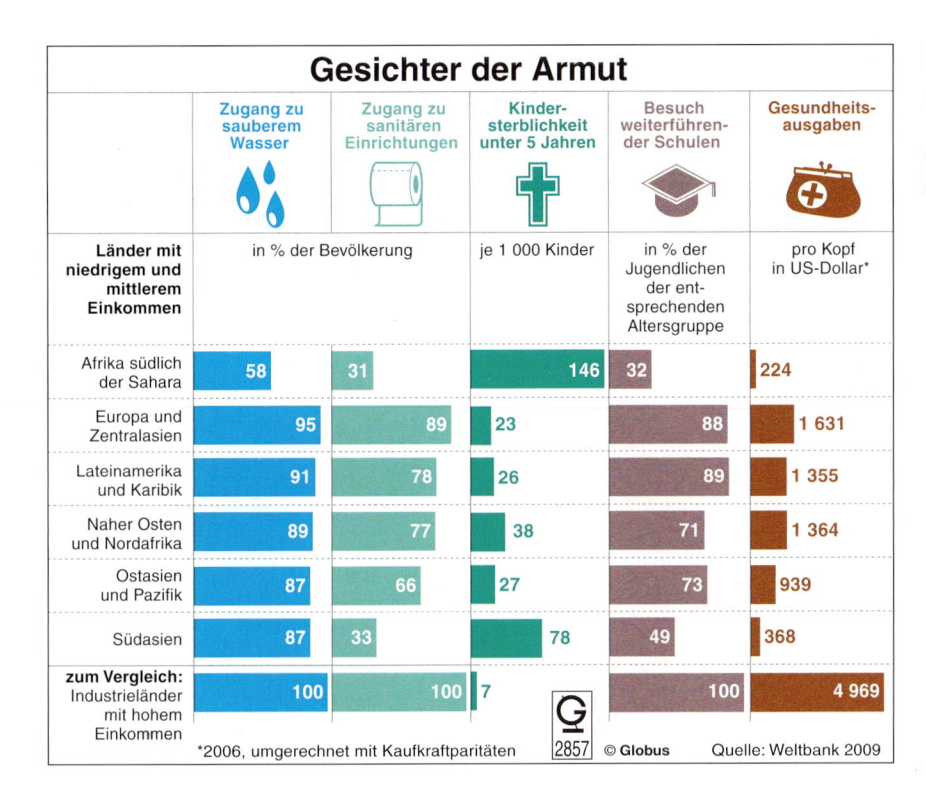

Länder mit niedrigem und mittlerem Einkommen	Zugang zu sauberem Wasser (in % der Bevölkerung)	Zugang zu sanitären Einrichtungen (in % der Bevölkerung)	Kindersterblichkeit unter 5 Jahren (je 1 000 Kinder)	Besuch weiterführender Schulen (in % der Jugendlichen der entsprechenden Altersgruppe)	Gesundheitsausgaben (pro Kopf in US-Dollar*)
Afrika südlich der Sahara	58	31	146	32	224
Europa und Zentralasien	95	89	23	88	1 631
Lateinamerika und Karibik	91	78	26	89	1 355
Naher Osten und Nordafrika	89	77	38	71	1 364
Ostasien und Pazifik	87	66	27	73	939
Südasien	87	33	78	49	368
zum Vergleich: Industrieländer mit hohem Einkommen	100	100	7	100	4 969

*2006, umgerechnet mit Kaufkraftparitäten © Globus Quelle: Weltbank 2009

M14 Teufelskreis Armut

✎: Erklären Sie, warum Armut ein Teufelskreis ist und die Menschenrechte bedroht.

---

1. Erstellen Sie anhand des Textes **M6** eine Liste der Menschenrechte. Welche Rechte sind Ihrer Ansicht nach am wichtigsten? Begründen Sie Ihre Meinung.

2. Suchen Sie im Internet nach weiteren (**M7**) aktuellen Beispielen für Menschenrechtsverletzungen, z. B. auf den Seiten von Amnesty International oder Human Rights Watch. Erstellen Sie ein Poster oder eine Collage und präsentieren Sie die Ergebnisse vor der Klasse.

3. Fassen Sie die Hauptaussage des Textes **M8** in eigenen Worten zusammen und erläutern Sie den Zusammenhang zwischen Menschenrechten und Armut.

4. Fassen Sie den Kommentar zur Verurteilung des Regimekritikers Liu Xiaobo (**M10**) kurz zusammen und erklären Sie, welche Reaktion des Auslands der Autor als wünschenswert erachtet. Vergleichen Sie die Aussage des Textes mit der Karikatur von Heiko Sakurei (**M1**). Was ist festzustellen?

5. Beschreiben Sie die Arbeitsbedingungen in der Textilindustrie (**M11**).
„Während die Näherinnen in Asien ausgebeutet werden, profitieren wir von günstiger Bekleidung". Diskutieren Sie diese Aussage und überlegen Sie, ob unser westliches Konsumverhalten die Ausbeutung von Menschen in Entwicklungsländern herbeiführt.

6. Fassen Sie zusammen, welchen Bedrohungen kritische Journalisten in Ländern mit eingeschränkter Pressefreiheit ausgesetzt sein können (**VT**).

7. Führen Sie eine Internet-Recherche zum Thema „Guatanamo" durch. Finden Sie heraus, wie die Regierung Bush die Errichtung des Lagers sowie die Anwendung von Folter rechtfertigte. Vergleichen Sie die Argumentation des früheren Präsidenten George W. Bush mit der Haltung des derzeitigen US-Präsidenten Barack Obama im Hinblick auf die Zukunft des Lagers.

8. Ist Folter ein legitimes Mittel im Kampf gegen den Terrorismus – ja oder nein? Führen Sie in der Klasse eine Pro-Kontra-Diskussion durch.

9. Beschreiben Sie die Folgen der Arbeitslosigkeit für den Einzelnen (**VT, M13**).

Im Internet recherchieren und präsentieren

Für Vorträge, Kurzreferate und Präsentationen ist das Internet heute ein wichtiges Hilfsmittel. Informationen sind rasch verfügbar und Suchmaschinen verzeichnen bei allen historisch-politischen Themen eine Vielzahl von Treffern. Doch Vorsicht: Schnell kann eine Internet-Recherche unübersichtlich werden und unbrauchbare Informationen liefern!
Bei der Vorbereitung des Vortrags kommt es auf die genaue Planung des Ablaufs und das passende Timing sowie auf die richtige Auswahl der Materialien an. Und damit die Präsentation gut gelingt, sollten Sie Ihr persönliches Auftreten trainieren.

Impressum
Hier finden Sie Hinweise auf die Urheber der Webseite.

Suche
Geben Sie einen Begriff ein, zu dem Sie Informationen suchen.

Themen
Hier finden Sie z. B. unter Internationale Politik das Thema Menschenrechte.

Wissen
Hier finden Sie die Rubrik Lexika. Klicken Sie Lexika an und geben Sie den Begriff Menschenrechte in der Suchmaske ein.

M1 Bundeszentrale für politische Bildung
Screenshot der Startseite

Methodische Arbeitsschritte
Im Internet recherchieren

Vor der Benutzung einer Suchmaschine sollte man zunächst bekannte Seiten anklicken, von denen man weiß, dass die dort gelieferten Informationen sachlich und zuverlässig sind, damit die Zahlen und Fakten, die man später präsentieren möchte, auch stimmen. Bei allen historisch-politischen Themen ist die Seite der Bundeszentrale für politische Bildung (www.bpb.de) als Einstieg zu empfehlen. Dort finden sich viele Links für die weitere Recherche sowie ein Lexikon.

- Bei der Nutzung einer Suchmaschine ist es notwendig, zunächst einmal nach geeigneten Stichwörtern und Schlagwörtern zu suchen.
- Die gefundenen Seiten müssen geprüft werden: Wer ist der Urheber? Wann wurden die Inhalte der Seite veröffentlicht? Sind die Informationen sachlich? Sind Bilder und andere Quellen mit Nachweisen versehen? Unsachliche Seiten, die eine bestimmte Absicht des Verfassers erkennen lassen, müssen unbedingt kritisch hinterfragt und dürfen nicht ungeprüft übernommen werden.

Methodentraining

- Wichtiges von Unwichtigem trennen! Überlegen Sie sich genau, welche Informationen für das Referat wirklich wichtig sind, denn der Vortrag sollte nicht überfrachtet sein.

Informationen auswählen und ordnen

Ein gutes Referat zeichnet sich durch eine konkrete Fragestellung, verständliche Strukturierung des Themas und passende Materialien aus. Hier einige Tipps:
- Wählen Sie die entsprechenden Medien sorgfältig aus und prüfen Sie, ob diese wirklich zu Ihrer Fragestellung aussagekräftig sind.
- Untergliedern Sie den Vortrag in die Teile Einleitung – Hauptteil – Schluss.
- Überlegen Sie sich genau, wie Sie den Vortrag beginnen wollen (z. B. mit einem Bild, einer Karikatur, einer Karte, einem Zitat, einer Zeitungsschlagzeile, …). Mit welchem Einstieg könnten Sie am ehesten das Interesse Ihrer Zuhörer wecken? Wie wollen Sie in das Thema einführen?
- Fertigen Sie einen Ablaufplan mit genauen Zeitvorgaben für Ihren Vortrag an. Achten Sie darauf, dass die zeitliche Einteilung stimmig ist. Planen Sie auch die Zeit für den Einsatz technischer Geräte mit ein (z. B. Laptop und Beamer).
- Wichtig ist ein „roter Faden". Am Schluss der Präsentation sollten Sie zu Ihrer Eingangsfrage zurückkommen und diese beantworten.

Die Präsentation durchführen

Ein guter Vortrag wird möglichst frei gehalten und visuell durch Medien unterstützt (Bilder, Tabellen, Grafiken, …). Der Vortrag soll dem Zuhörer einen Überblick über das Thema bieten und zur Diskussion anregen.
- Versuchen Sie, die Zuhörer mit einleitenden bzw. überleitenden Sätzen durch den Vortrag zu führen.
- Stellen Sie zu Beginn des Vortrages kurz Ihre Fragestellung und Gliederung vor. Verwenden Sie Überleitungssätze (z. B. „Beginnen möchte ich mit …", „Ich komme nun zum zweiten Punkt …", „Zusammenfassend möchte ich festhalten, …").
- Sprechen Sie laut und deutlich und vor allem nicht zu schnell (Pausen machen). Variieren Sie den Tonfall, ansonsten besteht die Gefahr, dass der Vortrag zu monoton wird. Üben Sie das freie Sprechen vor einem Spiegel oder mithilfe einer Kamera bzw. eines Tonbandgerätes. Achten Sie dabei insbesondere auch auf Ihre Mimik und Gestik und auf die Einhaltung der Zeit.
- Ganz wichtig ist es, den Blickkontakt zum Publikum zu halten. Beobachten Sie die Reaktionen des Publikums und gehen Sie ggf. auf diese ein, indem Sie spontane Erläuterungen einfügen oder Sachverhalte wiederholen. Lesen Sie keinen Text ab, sondern formulieren Sie frei anhand von Stichworten, die Sie sich zuvor auf Karteikarten notiert haben.
- Auch die Körperhaltung ist für einen gelungenen Vortrag oft zentral: Vermeiden Sie eine geschlossene Körperhaltung (z. B. verschränkte Arme). Stehen Sie ruhig und gerade vor Ihrem Publikum. Wechseln Sie gelegentlich Ihren Standort, um alle Zuhörer im Blick zu haben.
- Runden Sie Ihren Vortrag ab, indem Sie zum Schluss Ihre Leitfrage wieder aufgreifen. Die eingangs gestellte Frage sollte nun von Ihnen beantwortet werden.
- Sollte das Thema kontrovers sein und keine eindeutige Antwort zulassen, so ist dies zu betonen. Formulieren Sie in diesem Fall Ihre eigene These und eröffnen Sie die Diskussion.
- Binden Sie nun das Publikum ein: Bitten Sie um Fragen, Rückmeldungen oder Diskussionsbeiträge.
- Teilen Sie zum Schluss ein Hand-out mit den wichtigsten Fakten aus.
- Bitten Sie nach Ihrem Vortrag um eine kritische Bewertung bzw. Rückmeldung anhand der oben genannten Kriterien. Haben Sie Ihr Publikum erreicht? Wurde das Thema verständlich und vollständig präsentiert? Was hat den Zuhörern besonders gefallen, was hat sie angesprochen? Was könnte man besser machen?

---

1. Überlegen Sie sich in Kleingruppen jeweils ein Thema für einen Vortrag bzw. eine Präsentation. Erarbeiten Sie gemeinsam den Vortrag nach der obigen Vorgehensweise und tragen Sie gemeinsam vor.

2. Dokumentieren Sie die Vorträge mit einer Kamera und analysieren Sie diese nach den folgenden Kriterien: Inhalt, Methodik, Medien/Visualisierung, Rhetorik und Körpersprache.

3. Diskutieren Sie in der Klasse, welche Phasen besonders gut gelungen waren und welche noch verbessert werden könnten.

Das Expertengespräch: Ein Interview vorbereiten und durchführen

Bei einem Expertengespräch handelt es sich um eine Befragung einer oder mehrerer Personen zu einem festgelegten Thema. Experten sind z. B. Politiker, Wissenschaftler oder Mitarbeiter von Nichtregierungsorganisationen (NGOs), die aufgrund ihrer beruflichen Tätigkeit über ein Spezialwissen verfügen. Ein Interview mit Experten ist sinnvoll, wenn man das in der Schule Gelernte vertiefen und mehr über ein Thema erfahren, oder aber verschiedene Standpunkte, z. B. die von Politikern verschiedener Parteien zu einem Thema kennen lernen und vergleichen will.

„Hauptbetroffene der globalen Wasserkrise sind vor allem arme Bevölkerungsgruppen"

Michael Windfuhr, geb. 1961 in Schwäbisch Gmünd, hat in Heidelberg Politikwissenschaft, Germanistik, Philosophie und Geographie studiert. Er leitet beim Diakonischen Werk der EKD das Menschenrechtsreferat. Zum Diakonischen Werk gehört auch die internationale Arbeit von Brot für die Welt.

M1 Ein Gespräch über Wasser mit Michael Windfuhr von Brot für die Welt

Herr Windfuhr, warum wird ein Menschenrecht auf Wasser gefordert?
Michael Windfuhr: Das Menschenrecht auf Wasser umfasst in der völkerrechtlichen Definition Wasser für den häuslichen Bedarf. Gemeint ist Trinkwasser, Wasser zum Kochen und Zubereiten von Speisen und Wasser für die persönliche Hygiene. [...] Die Hauptprobleme beim Zugang zu Wasser für den häuslichen Bedarf sind vorrangig sozialer und politischer Natur. Selbst in den dürregeplagten Ländern der Sahelzone in Afrika verbrauchen die wohlhabenderen Bürger mehrere hundert Liter Wasser am Tag. Arme Familien hingegen haben oft nicht einmal Geld, um fünf Liter zu erwerben. Ebenso stehen für die Exportlandwirtschaft ausreichend Wassermengen zur Verfügung, die später in Form von Ananas oder Tomaten nach Europa exportiert werden. [...]

Was bringt ein Menschenrecht auf Wasser?
Zum Menschenrechtsthema wird Wasser, wenn nicht nur über die absolute Verfügbarkeit von Wasser gesprochen wird, sondern über die Zugangsmöglichkeiten einzelner Personen zu Wasser und zu sanitärer Grundversorgung. Selbst in Ländern mit Wasserknappheit hängt der individuelle Zugang von vielen Faktoren ab, die von staatlicher Politik entscheidend beeinflusst werden: [...]. Das Menschenrecht auf Wasser ist deshalb ein Instrument, um Regierungen an ihre menschenrechtlichen Verpflichtungen zu erinnern und sie zur Rechenschaft zu ziehen. [...] Das Recht auf Wasser kann in Zukunft gerade für arme Bevölkerungsgruppen ein besonders wichtiges Instrument im Umgang mit der globalen Wasserkrise werden. Diese könnten das Recht prinzipiell auch vor nationalen Gerichten einklagen. Und dort, wo der Rechtsstaat nur unzureichend funktioniert, trägt das Wissen um ein Recht auf Wasser und sanitäre Grundversorgung zu mehr Selbstbewusstsein bei: Seine Rechte zu kennen, ist ein erster Schritt zur Realisierung.
Welche Pflichten gehen mit einem möglichen Menschenrecht auf Wasser einher?
[...] Zentraler Fokus eines Rechts auf Wasser ist die Verpflichtung der Mitgliedstaaten, Menschen nicht von der Nutzung von Wasser auszuschließen. Gleichzeitig muss sichergestellt werden, dass besonders arme Bevölkerungsgruppen bevorzugt Zugang zu Wasser erhalten. In diesem Sinne enthält beispielsweise die Verfassung von Südafrika unter Bezugnahme auf das Recht auf Wasser die Bestimmung, dass jeder Mensch in Südafrika das Recht hat, 20 Liter Wasser frei zur Verfügung gestellt zu bekommen. [...]
Wird ein Menschenrecht auf Wasser in absehbarer Zeit realisiert? Wie stehen die Chancen?
Wir sind bei der Anerkennung des Rechts auf Wasser in nur wenigen Jahren sehr weit vorangekommen. Die Umsetzung steht und fällt mit dem politischen Willen von Regierungen. Die Aufgabe der Zivilgesellschaft ist es, durch die Schaffung von Öffentlichkeit wie auch der Dokumentation von Untätigkeit etc. ausreichend Druck aufzubauen, um politische Veränderungen zu erwirken. Es geht nicht um die Einforderungen wohlfahrtsstaatlicher Leistungen, die von der Kassenlage der Regierung abhängig sind, sondern um die Einforderung und Durchsetzung eines fundamentalen Menschenrechtes.

Das Interview führte Berke Tataroglu. In: http://www.bpb.de/themen/PEFPPR.html, 12. Oktober 2009

Methodentraining

Methodische Arbeitsschritte

1. Die Vorbereitungsphase:

Nach der Festlegung des Themas finden sich mehrere Schüler zu einer „Expertengruppe" zusammen, die jeweils ein Interview durchführen wird. Folgende Fragen müssen vorab geklärt werden:

- Welche Leitfrage soll das Gespräch haben? Welche Schwerpunkte sollen gesetzt werden?
- Wer eignet sich als Gesprächspartner für das Interview?
- In welchem Zeitraum soll das Interview stattfinden? Wie lange soll es dauern? Wo soll es stattfinden?
- Wie soll die Kontaktaufnahme erfolgen (per Brief, Telefon, E-Mail)? Wer verfasst ein entsprechendes Schreiben bzw. wer übernimmt die erste Kontaktaufnahme?
- Wie soll das Interview dokumentiert werden (Tonbandaufnahme, Kamera, schriftliche Notizen)? Wer ist für die technische Ausrüstung zuständig? Arbeiten Sie sich gut in das Thema ein und sammeln Sie vorab Informationen über den Experten.
- Bereiten Sie nach der Kontaktaufnahme und Terminvereinbarung einen gezielten Fragenkatalog vor. Vermeiden Sie dabei geschlossene Fragen (= Fragen, auf die man mit ja oder nein antwortet) sowie Suggestivfragen (= Fragen, bei denen man dem Gesprächspartner schon die Antwort vorgibt bzw. in den Mund legt). Die Fragen sollten möglichst **offen** gestellt und **neutral** bzw. **sachlich** formuliert sein.

Hier einige Beispiele:
Glauben Sie, dass die Industrieländer die Armut in den Entwicklungsländern mit verschulden? (Geschlossene Frage – möglichst vermeiden!)
Finden Sie, dass die Vereinten Nationen genügend tun, um die Lage der Menschenrechte im 21. Jahrhundert zu verbessern? (Suggestivfrage – möglichst vermeiden!)
Wie beurteilen Sie die Menschenrechtssituation in China? (Neutrale bzw. offene Frage – eignet sich gut, um dem Experten die Möglichkeit zu geben, seine Sichtweise der Dinge zu erläutern!)

2. Die Durchführungsphase:

- Stellen Sie sich Ihrem Interviewpartner vor. Nennen Sie den Namen Ihrer Schule, den Grund für die Befragung und erklären Sie dem Experten, wo und wie die Ergebnisse des Gesprächs veröffentlicht werden sollen. Bedanken Sie sich dafür, dass der Interviewpartner sich die Zeit für das Gespräch nimmt.
- Sollte eine Antwort zu kompliziert sein, können Sie nachfragen („Wenn ich Sie richtig verstanden habe, …") oder um Erläuterung anhand eines Beispiels bitten. Auch kritische Fragen sind möglich. Sie sollten jedoch so formuliert sein, dass der Interviewte nicht beleidigt wird oder sich in die Ecke gedrängt fühlt.
- Achten Sie auch auf die zeitliche Vorgabe: Haben Sie ein Gespräch von 30 Minuten ausgemacht, wäre es unhöflich, die Gesprächsdauer weit zu überziehen.
- Sollte Zeit übrig bleiben, wären ggf. einige persönliche Fragen interessant, um mehr über die Tätigkeit des Experten zu erfahren.

Hier einige Beispiele:
Warum sind Sie Politiker geworden?
Wie sieht Ihr Arbeitsalltag aus?
Was gefällt Ihnen an Ihrer Tätigkeit am besten?

3. Die Auswertungsphase:

Nach dem Interview beginnt die Auswertung des Gesprächs und die Vorbereitung der Präsentation der Ergebnisse.

- Eine Tonbandaufnahme kann z. B. abgetippt und als schriftliches Dokument präsentiert werden.
- Ein Video muss – je nach Länge des Interviews – unter Umständen geschnitten und gekürzt werden. Daneben muss geklärt werden, in welcher Form die Präsentation erfolgen soll (Power-Point, Poster, Wandzeitung, …).
- Die Ergebnisse des Expertengesprächs können an verschiedener Stelle in einem Vortrag vorgestellt werden.
- Ein Zitat oder ein kurzes Statement des Interviewten kann z. B. einen Vortrag einleiten oder am Schluss als Aufhänger für eine Diskussion genommen werden.
- Wichtig ist es jedoch, den Interviewpartner zunächst vorzustellen, damit klar ist, warum er für die Befragung ausgewählt wurde und welche Position er zum behandelten Thema hat.
- Sollten Teile des Gesprächs veröffentlicht werden, z. B. in einer Ausstellung, der Schülerzeitung oder auf der Homepage der Schule, ist es üblich, den Interviewpartner zuvor um eine Erlaubnis zu fragen. Dies kann man auch als Anlass nehmen, ihm nochmals für seine Auskünfte zu danken.

---

1. Bereiten Sie in Ihrer Klasse mithilfe der obigen Arbeitsschritte ein Expertengespräch vor. Legen Sie fest, wer das Interview führen soll. Vereinbaren Sie einen Termin mit dem Experten/der Expertin für das Gespräch.

2. Bereiten Sie gemeinsam eine Präsentation des Expertengespräches vor. Dokumentieren Sie das Gespräch als Audio- oder Videomitschnitt.

1. Wichtige Begriffe zum Thema Menschenrechte erklären
Verbinden Sie immer zwei Begriffe, die zusammenpassen. Erklären Sie möglichst viele der Begriffe.

Aufklärung	Internationaler Strafgerichtshof
Vereinte Nationen	Sturm auf Bastille
Sklaverei	Zensur
Französische Revolution	Rassentrennung
Meinungsfreiheit	Volkssouveränität

2. Eine Quelle zu politischen Frauenrechten untersuchen
Geben Sie die im Text genannten Etappen auf dem Weg zur Gleichberechtigung der Frauen in Deutschland wieder. Diskutieren Sie, ob die Frauen heute in allen Lebensbereichen gleichberechtigt sind. Suchen Sie nach Beispielen für Ihre Argumente.

M1 Die Gleichberechtigung ist kein Geschenk
Die Frauenrechtlerin Alice Schwarzer schreibt über die Erfolge der Frauenbewegung:

Blicken wir zurück, müssten wir eigentlich erschaudern angesichts der Abgründe, die wir überwunden, und der weiten Strecke, die wir in so relativ kurzer Zeit zurückgelegt haben. Und nicht nur in Deutschland waren Frauen auch nach 1945 noch Menschen zweiter Klasse. Die wenigen Rechte, die sie hatten – wie das Wahlrecht oder den Zugang zur Bildung –, verdanken sie der Ersten Frauenbewegung. […] Für die Frauen in der demokratischen BRD jedoch galt erst einmal weiterhin das gute alte Familienrecht von 1900. […] Das bundesdeutsche Familienrecht schrieb unter anderem fest: Der Ehemann bestimmt alleine die „gemeinsame Lebensführung", insbesondere den Wohnort und die Kindererziehung; ein eventuelles Vermögen der Frau geht bei Eheschließung in die Verfügung des Mannes über; die Frau ist verpflichtet zur „Haushaltsführung" (und gleichzeitig zur Berufstätigkeit bei Ebbe in der Familienkasse) – und er kann jederzeit, ohne sie auch nur zu fragen, ihre Stelle kündigen, so er der Auffassung ist, sie mache „ihren Haushalt" nicht ordentlich. […] Erst die Feministinnen der Zweiten Frauenbewegung und die von ihnen mobilisierten Kräfte erreichten, dass der Gesetzgeber 1977 noch einmal das Familienrecht reformierte. Erst jetzt wurde die für Frauen noch immer geltende „Pflicht zur Haushaltsführung" gestrichen und das Recht von Frauen auf Berufstätigkeit verankert. Doch es sollte noch weitere zwanzig Jahre dauern, bis ein deutscher Ehemann nicht mehr das Recht hatte, auf „der Erfüllung der ehelichen Pflichten" zu bestehen, sondern die Vergewaltigung in der Ehe ebenso strafbar wurde wie die im Park. […] Geschenkt worden ist uns Frauen die Gleichberechtigung also nicht gerade.

Alice Schwarzer: Die Antwort, Köln 2007, S. 13 ff.

3. Einen Bericht zur Geschichte der Menschenrechte schreiben
Verfassen Sie einen Bericht zur Geschichte der Menschenrechte. Betonen Sie die Erfolge, berücksichtigen Sie aber auch die Rückschläge. Die Begriffe aus Aufgabe 1 können Ihnen helfen. Finden Sie eine passende Überschrift.

4. Maßnahmen zur Verbesserung der Menschenrechtssituation gemeinsam entwickeln und präsentieren
Diskutieren Sie in Arbeitsgruppen, mit welchen politischen Maßnahmen sich die Menschenrechtslage im 21. Jahrhundert verbessern ließe.
a) Sammeln und strukturieren Sie Ihre Ideen auf einem Plakat.
b) Präsentieren Sie Ihre Ergebnisse vor der Klasse.
c) Erstellen Sie danach gemeinsam in der Klasse eine Liste mit den besten Ideen.

Verbesserung der Menschenrechte im 21. Jahrhundert

	politische Maßnahmen:
„klassische" Freiheitsrechte	
soziale, wirtschaftliche und kulturelle Rechte	
Rechte auf Frieden, intakte Umwelt	

Wiederholen und Anwenden

5. Ein Schaubild zur Todesstrafe auswerten

Werten Sie das nachfolgende Schaubild aus. Listen Sie die Staaten in einer Rangfolge der „Gnadenlosigkeit" auf und finden Sie heraus, wie sie regiert werden (eher demokratisch/eher diktatorisch).

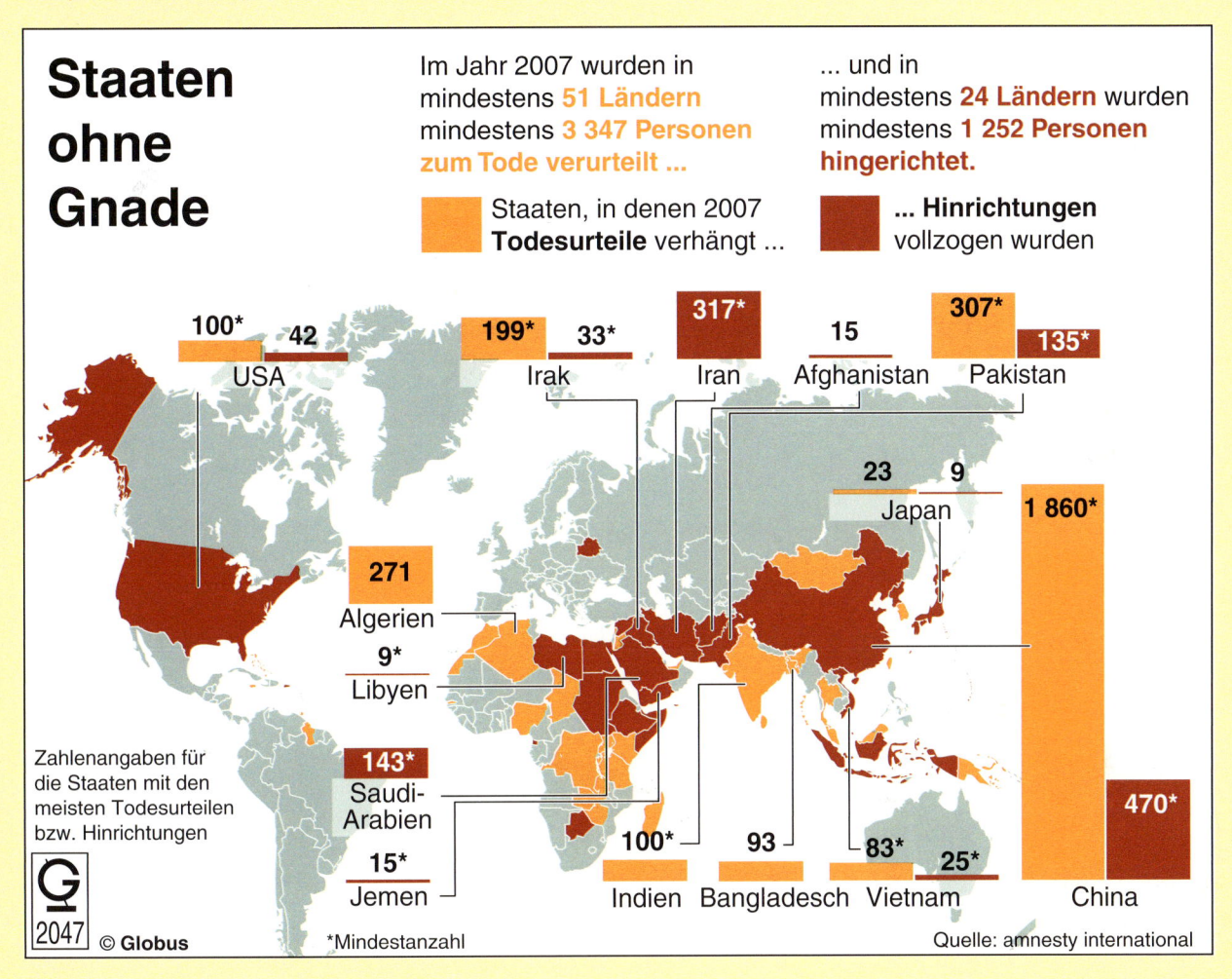

Staaten ohne Gnade

Im Jahr 2007 wurden in mindestens **51 Ländern** mindestens **3 347 Personen zum Tode verurteilt** ... ... und in mindestens **24 Ländern** wurden mindestens **1 252 Personen hingerichtet.**

Staaten, in denen 2007 **Todesurteile** verhängt ...
... **Hinrichtungen** vollzogen wurden

Land	Todesurteile	Hinrichtungen
USA	100*	42
Irak	199*	33*
Iran		317*
Afghanistan		15
Pakistan	307*	135*
Algerien	271	
Libyen	9*	
Saudi-Arabien		143*
Jemen	15*	
Indien	100*	
Bangladesch	93	
Vietnam		83*
Japan	23	9
China	1 860*	470*
Indonesien	25*	

Zahlenangaben für die Staaten mit den meisten Todesurteilen bzw. Hinrichtungen

*Mindestanzahl

© Globus 2047

Quelle: amnesty international

M2 Die Todesstrafe weltweit

3 Deutsche streben nach Einheit und Freiheit

Mit der Französischen Revolution hatte in Europa eine Epoche der demokratischen Umwälzungen begonnen. Der Wunsch der Völker nach Freiheit und nationaler Einheit war geboren, stieß jedoch überall auf die Reaktion der absoluten Fürsten und Monarchen. Auch die Deutschen forderten einen gemeinsamen Staat, in dem ihnen eine Verfassung und politische Mitbestimmung garantiert werden. Für kurze Zeit erkämpften sie in der Revolution von 1848/49 ein deutsches Parlament. Und 1871 wurde der Nationalstaat dann endlich Wirklichkeit, allerdings als preußisch-deutscher Obrigkeitsstaat, den sich viele Deutsche so nicht gewünscht hatten.
Das Kapitel gibt Ihnen Antwort auf die Fragen:
- Warum führten liberale, demokratische und nationale Forderungen 1848 zu einer Revolution?
- Wie kam es zu einem ersten Parlament in Deutschland?
- Welche Konflikte führten zur Niederschlagung der Revolution?
- Was wurde aus dem Traum von Demokratie und nationaler Einheit nach 1848/49?

Online-Link
416450-0301

1815

1814/15 Wiener Kongress

1817 Wartburgfest

1830

1832 Hambacher Fest

M1 Wartburgfest 1817
zeitgenössische Radierung

M2 Kampf um die große Barrikade auf dem Alexanderplatz in Berlin, 18. März 1848
zeitgenössische Kreidelithografie von A. Klaus

Europa nach dem Wiener Kongress

weitere Staaten im Deutschen Bund:
GHZM. OLDENBURG
GHZM. MECKLENBURG-STRELITZ
HZM. BRAUNSCHWEIG
HZM. HESSEN
HZM. NASSAU
Fsm. Liechtenstein
BREMEN
FRANKFURT
HAMBURG
LÜBECK

— Grenze des Deutschen Bundes
··· Territorien, deren staatliche Zugehörigkeit 1815 verändert wurde

1845 — **1860**

1848
Revolution in Frankreich und Deutschland, Parlament in der Paulskirche

1849
Verabschiedung der Reichsverfassung, Ablehnung der Kaiserkrone durch den preußischen König

1870/71
Krieg zwischen Deutschland und Frankreich, Gründung des Deutschen Reiches

M3 Eröffnung der Nationalversammlung 1848
Paradeplatz mit Katharinenkirche und Hauptwache in Frankfurt, kolorierte Radierung

M4 Kaiser Wilhelm II.
Ölgemälde von Max Körner, 1890

3.1 Restauration und „Vormärz"

M1 „Die Erscheinung der Seeschlange"
Vor den mächtigsten Monarchen Europas taucht die Freiheit in Gestalt einer Seeschlange auf. Lithografie, 1848

Die Ideen der Freiheit, Gleichheit, Brüderlichkeit bedrohen die europäischen Monarchen und ihre absolutistische Herrschaft. Auch die deutschen Fürsten sahen ihre Macht durch die Freiheitsbewegungen zunehmend gefährdet. Denn neben dem Besitzbürgertum, das eher liberale Reformen anstrebte, traten nun Bauern, Handwerker und Arbeiter mit radikaleren demokratischen und sozialen Zielen auf.

1814/15	Auf dem Wiener Kongress ordnen die Großmächte die Machtverhältnisse in Europa neu.
1815	Gründung des Deutschen Bundes
1817	Wartburgfest
1819	Karlsbader Beschlüsse: Unterdrückung oppositioneller Kräfte
1832	Hambacher Fest: Demonstration für Freiheit und Einheit

Wiener Kongress und „Heilige Allianz"

Seit 1799 wurde Frankreich von Napoleon regiert, der in weiten Teilen Europas militärische Erfolge erringen konnte und eine französische Vorherrschaft auf dem Kontinent errichtete. Sein Versuch, 1812 mit einem gewaltigen Heer auch Russland zu erobern, scheiterte jedoch. Die daraufhin einsetzenden Befreiungskriege der europäischen Völker gegen die napoleonische Herrschaft waren zunächst von spontanem Nationalgefühl getragen, gerieten aber bald unter die Kontrolle der monarchischen Staatsgewalten und wurden von deren Truppen gewonnen.
Nach der Niederlage Napoleons trafen sich zwischen September 1814 und Juni 1815 die führen-

den Staatsmänner Europas in Wien, um zu beraten, wie die monarchische Macht aufrechterhalten werden könne. Die Herrscherhäuser sahen sich durch die mit der Revolution verbreiteten Ideen der Volkssouveränität, der Freiheit und der Gleichheit in ihrer Existenz bedroht. Der österreichische Staatskanzler Fürst Clemens von Metternich war der beherrschende Staatsmann des Kongresses. Er verabscheute die Volkssouveränität als Wurzel von Anarchie, wie sie zeitweise während der Französischen Revolution geherrscht habe. Metternich verteidigte die „monarchische Legitimität" und verlangte nach Restauration.

Die monarchische Ordnung sollte durch die Solidarität der Herrscher aufrechterhalten werden. Zu diesem Zweck schlossen sich der russische Zar, der Kaiser von Österreich und der preußische König zu einer „Heiligen Allianz" zusammen. Jeder Versuch, die monarchische Ordnung zu stören, sollte ein gewaltsames Eingreifen der Bündnispartner zur Folge haben. Fast alle europäischen Herrscher traten der Allianz bei.

Gründung des Deutschen Bundes

Das 1806 unter dem Druck Napoleons untergegangene „Heilige Römische Reich deutscher Nation" mit seinen fast 1800 Herrschaftsgebieten wurde in Wien nicht wiederhergestellt. Stattdessen schlossen sich zunächst 35 Fürsten und vier ehemalige freie Reichsstädte zum „Deutschen Bund" zusammen. Den Vorsitz hatte Österreich. Dieser locker organisierte Staatenbund beschränkte die Souveränität der Einzelstaaten kaum und es gab kein Parlament und kein gemeinsames Oberhaupt. Die einzige zentrale Einrichtung war der Bundestag in Frankfurt. Dieser setzte sich aus Gesandten der Mitgliedstaaten zusammen und konnte mit Zweidrittelmehrheit Beschlüsse fassen, die für die Einzelstaaten bindend waren. Dem Deutschen Bund gehörten auch die Herrscher Englands, Dänemarks und der Vereinigten Niederlande an, die das Königreich Hannover, das Herzogtum Holstein bzw. das Großherzogtum Luxemburg in Personalunion regierten. Österreich und Preußen gehörten dem Bund nur mit einem Teil ihres Staatsgebiets an. Die auf dem Wiener Kongress von den Staatsmännern verabschiedete Bundesakte war die Verfassung des Deutschen Bundes. Diese eröffnete durchaus Chancen auf mehr politische Mitbestimmung der Bürger. Sie sah vor, dass in allen Mitgliedstaaten Verfassungen gewährt werden sollten. Doch nur wenige deutsche Länder setzten tatsächlich Verfassungen in Kraft, die auch bürgerlichen Bevölkerungsgruppen mehr Mitwirkung ermöglichten. Österreich und Preußen hatten bis 1849 keine Verfassung.

Wartburgfest und Karlsbader Beschlüsse

Die liberalen und nationalen Bestrebungen der Deutschen traten seit den Befreiungskriegen gegen Napoleon immer deutlicher hervor. Doch die politische Macht behielten die Fürsten und Monarchen und das Land blieb in viele absolutistisch regierte Kleinstaaten aufgeteilt. Die Fürsten des Deutschen Bundes unterdrückten alle Bestrebungen ihrer Untertanen nach

Restauration	(von lat. restaurare = wiederherstellen) Auf dem Wiener Kongress sollte die alte Ordnung, wie sie vor der Französischen Revolution bestanden hatte, wiederhergestellt werden. Dies galt vor allem für die Macht der Monarchen, die ihre Herrschaft durch den Anspruch begründeten, sie werde in göttlichem Auftrag wahrgenommen (Gottesgnadentum). Ihre Macht sollte nicht durch gewählte Parlamente eingeschränkt werden.
Vormärz	Bezeichnung für die der deutschen Märzrevolution von 1848 vorausgehende Zeit, insbesondere seit der französischen Julirevolution von 1830. Diese Epoche ist gekennzeichnet durch äußeren Frieden und gewaltsam erzwungene Ruhe im Inneren. Liberale und nationale Kräfte wurden unterdrückt.
Legitimität	Im Mittelalter und während der Zeit des Absolutismus leiteten die europäischen Monarchen ihre Herrschaft von Gott ab und sahen sie deshalb als legitim an (lat.: rechtmäßig). Dagegen wurde während der Französischen Revolution nur die Herrschaft des Volkes (Volkssouveränität) als legitim anerkannt.

3 Deutsche streben nach Einheit und Freiheit

1815 — 1914

M2 Der Denkerclub
kolorierte Radierung, um 1825
Der Text auf der Tafel rechts lautet: „Gesetze des Denker-Clubs: I. Der Präsident eröffnet präzise 8 Uhr die Sitzung. II. Schweigen ist das erste Gesetz dieser gelehrten Gesellschaft. III. Auf das kein Mitglied in Versuchung gerathen möge, seiner Zunge freien Lauf zu lassen, so werden beim Eintritt Maulkörbe ausgetheilt. IV. Der Gegenstand, welcher in jedesmaliger Sitzung durch ein reifes Nachdenken gründlich erörtert werden soll, befindet sich auf einer Tafel mit grossen Buchstaben deutlich geschrieben."

✎ Entschlüsseln Sie die Karikatur mithilfe der methodischen Arbeitsschritte auf S. 137. Wie beurteilt der Zeichner die politische Freiheit in Deutschland?

größerem politischem Einfluss. Am 18. Oktober demonstrierten 500 Studenten auf der Wartburg bei Eisenach für Freiheit und nationale Einheit. In der Demonstration der Studenten sahen die Fürsten das Vorzeichen einer Rebellion. Kurze Zeit später bot sich ein Anlass zum Eingreifen gegen ihr Aufbegehren. Ein Student ermordete 1819 den Schriftsteller August von Kotzebue, der die nationale und liberale Gesinnung der Burschenschaftler verspottet und die Regierungen vor den Ideen der Studenten gewarnt hatte. Auf Veranlassung Fürst Metternichs trafen sich die Vertreter der größeren deutschen Staaten und verabschiedeten die Karlsbader Beschlüsse. Diese verboten die Burschenschaften, ordneten die Überwachung der Universitäten an und verschärften die Pressezensur. Viele bekannte liberale oder nationale Persönlich-

Nation	(von lat. natio = Geburt, Volksstamm) Wenn eine große Zahl von Menschen eine gemeinsame Abstammung, Sprache, Kultur und Geschichte hat und innerhalb eines Staatsgebietes lebt, spricht man von einer Nation.
Liberalismus	(von lat. liber = frei) So nennt man jene Weltanschauung, die die persönliche Freiheit jedes Menschen in den Vordergrund stellt. Die Wurzeln des Liberalismus liegen in der Aufklärung. Liberale Denker verlangten Grundrechte wie Glaubens-, Versammlungs- und Pressefreiheit sowie die Teilung der Staatsgewalt in Legislative, Exekutive und Judikative. Zudem strebten sie nach dem Abbau wirtschaftlicher Hemmnisse, vor allem der Zollschranken.

keiten wurden als „Demagogen" (Volksverführer) verfolgt, einige erhielten Berufsverbot. In der Ausführung der Karlsbader Beschlüsse verhielten sich die Bundesstaaten sehr unterschiedlich. Die süddeutschen Verfassungsstaaten handhabten die Karlsbader Verordnungen eher oberflächlich. Hier fanden auch politische Meinungen Gehör, die von denen der konservativen Regierungen abwichen. Die preußischen und österreichischen Behörden wandten dagegen die repressiven Vorschriften in aller Härte an.

Verfassungswirklichkeit

Bis 1821 hatten 28 Bundesstaaten gemäß den Bestimmungen der Bundesakte Verfassungen eingeführt. Davon beschränkten 11 die politische Mitbestimmung aber vor allem auf den Adel. Auch die Verfassungen der vier freien Städte überließen die städtische Politik allein der Oberschicht. Immerhin 13 Staaten, darunter Baden und Württemberg, entschieden sich für das repräsentative Modell, gestanden also einer Volksvertretung politische Mitwirkungsrechte zu, vor allem bei der Bewilligung neuer Steuern. Die Verfassungen des Königreichs Württemberg und des Großherzogtums Baden unterschieden sich allerdings deutlich von aktuellen demokratischen Staatsverfassungen: Die Landtage bestanden jeweils aus zwei Kammern, der Kammer der Standesherren und der Kammer der Abgeordneten aus gewählten Vertretern der Bevölkerung. Das Wahlrecht gab es nur für die männliche Bevölkerung und es war an ein bestimmtes Vermögen gebunden (Zensuswahlrecht). Oft setzten sich die Monarchen über die Beschlüsse der Volksvertreter hinweg. Die Abgeordneten hatten dagegen keine Handhabe.

Auswirkungen der Julirevolution von 1830

Die Karlsbader Beschlüsse schufen in Deutschland ein Klima der Verfolgung. Liberale Bewegungen wurden von den Herrschenden unterdrückt. Doch die Julirevolution in Frankreich (1830) gab dem Freiheits- und Einheitsgedanken in Deutschland neuen Auftrieb: Nachdem der französische König das Zensuswahlrecht verschärft und die Arbeit der Abgeordneten behindert hatte, gingen in Paris die Menschen auf die Straße und wehrten sich in Barrikadenkämpfen gegen seine Herrschaft. König Karl X. musste ins Exil gehen, die gewählten Abgeordneten übernahmen die Staatsgewalt.

In Deutschland verfolgte man die Ereignisse mit Bewunderung. Liberale Bürger zogen vor die Schlösser der Landesfürsten und forderten eine Reform des Bundes, Pressefreiheit und liberale Verfassungen, bei denen nur noch Volksvertreter für die Verabschiedung von Gesetzen zuständig sein sollten. Manche Fürsten gaben dem Druck nach, bewilligten Verfassungen oder veränderten sie. Doch es blieb bei vereinzelten Aktionen.

Neben liberalen Besitz- und Bildungsbürgern verlangten nun zunehmend auch ärmere Bevölkerungsschichten wie Bauern, Handwerker und Arbeiter politische Mitwirkungsrechte und soziale Gleichheit. Wegen ihrer radikalen, demokratischen Forderungen bezeichnete man sie als Demokraten.

Hambacher Fest: Für Einheit und Freiheit

Zu einer eindrucksvollen Demonstration der deutschen liberalen und nationalen Bewegung kam es im Mai 1832: Etwa 30 000 politisch interessierte Menschen aus allen Bevölkerungsschichten zogen zur Burgruine Hambach bei Neustadt an der Weinstraße in der Pfalz und forderten Einheit und Freiheit in Deutschland. Die vorübergehende Zugehörigkeit zu Frankreich während der napoleonischen Herrschaft hatte in der Pfalz deutliche Spuren hinterlassen. Nationales und liberales Gedankengut waren hier weit verbreitet.

Das Hambacher Fest gab den Fürsten Anlass, erneut zurückzuschlagen. Die Rechte der Abgeordneten in den meisten Einzelstaaten wurden eingeschränkt, die Pressezensur verschärft und erneut wurden „Demagogen" verfolgt: Hunderte verschwanden für lange Zeit in den Gefängnissen, Tausende emigrierten in die Schweiz oder nach Frankreich.

1837 hob der König von Hannover sogar die nach der Julirevolution gewährte Landesverfassung wieder auf. Gegen diesen Rechtsbruch protestierten mutige Göttinger Professoren, die „Göttinger Sieben", darunter die Germanisten Jacob und Wilhelm Grimm. Die Professoren erklärten, dass sie sich ihrem Eid auf die Staatsverfassung nach wie vor verpflichtet fühlten. Sie wurden aus dem Hochschuldienst entlassen, drei sogar des Landes verwiesen.

3 Deutsche streben nach Einheit und Freiheit

M3 Das Hambacher Fest am 27. Mai 1832
kolorierte Lithographie, 1832

✏️ : Ein Unbeteiligter oder eine Unbeteiligte trifft auf den Zug zur Hambacher Schlossruine. Ein Teilnehmer will sie oder ihn überzeugen, sich dem Zug anzuschließen. Spielen Sie das Gespräch nach.

M4 „Es lebe das freie, das einige Deutschland"
Aus der Rede des Journalisten Philipp Jakob Siebenpfeiffer auf dem Hambacher Fest 1832 (Siebenpfeiffer kam wegen seiner Rede 14 Monate in Untersuchungshaft und konnte später in die Schweiz entkommen):

Und es wird kommen der Tag, […] wo jeder Stamm, im Innern frei und selbstständig, zu bürgerlicher Freiheit sich entwickelt, und ein starkes selbstgewobenes Bruderband alle umschließt zu politischer Einheit und Kraft; wo die deutsche Flagge, statt
5 Tribut an Barbaren zu bringen, die Erzeugnisse unseres Gewerbefleißes in fremde Weltteile geleitet, und nicht mehr unschuldige Patrioten für das Henkerbeil auffängt, sondern allen freien Völkern den Bruderkuss bringt. Es wird kommen der Tag, wo das deutsche Weib, nicht mehr die dienstpflichtige Magd des
10 herrschenden Mannes, sondern die freie Genossin des freien Bürgers, unsern Söhnen und Töchtern schon als stammelnden Säuglingen die Freiheit einflößt, und im Samen des erziehenden Wortes den Sinn echten Bürgertums nährt; […] wo der Bürger nicht in höriger Untertänigkeit den Launen des Herr-
15 schers und seiner knechtischen Diener, sondern dem Gesetze gehorcht […]. Wir selbst wollen, wir selbst müssen vollenden das Werk, und, ich ahne, bald, bald muss es geschehen, soll die deutsche, soll die europäische Freiheit nicht erdrosselt werden von den Mörderhänden der Aristokraten. […]

20 Es lebe das freie, das einige Deutschland! Hoch leben die Polen, der Deutschen Verbündete! Hoch leben die Franken, der Deutschen Brüder, die unsre Nationalität und Selbstständigkeit achten! Hoch lebe jedes Volk, das seine Ketten bricht und mit uns den Bund der Freiheit schwört!

Johann Georg August Wirth: Das Nationalfest der Deutschen in Hambach, Neustadt 1832 (Neudruck 1981), S. 31 ff.

M5 „Friede den Hütten! Krieg den Palästen!"
1834 verfasste der Dichter Georg Büchner gemeinsam mit dem Schuldirektor und Pfarrer Ludwig Weidig die anonyme Flugschrift „Der Hessische Landbote", die an die Landbevölkerung verteilt wurde. Das Erscheinen löste eine Verfolgungswelle aus.

Friede den Hütten! Krieg den Palästen!
Im Jahre 1834 sieht es aus, als würde die Bibel Lügen gestraft. Es sieht aus, als hätte Gott die Bauern und Handwerker am fünften Tage und die Fürsten und Vornehmen am sechsten gemacht, und als hätte der Herr zu diesen gesagt: „Herrschet
5 über alles Getier, das auf Erden kriecht", und hätte die Bauern und Bürger zum Gewürm gezählt. Das Leben der Vornehmen ist ein langer Sonntag: Sie wohnen in schönen Häusern, sie tragen zierliche Kleider, sie haben feiste Gesichter und reden eine eigene Sprache; das Volk aber liegt vor ihnen wie Dünger auf
10 dem Acker. Der Bauer geht hinter dem Pflug, der Vornehme aber geht hinter ihm und dem Pflug und treibt ihn. […]
Wer sind denn die, welche diese Ordnung gemacht haben und die wachen, diese Ordnung zu erhalten? Das ist die großherzogliche [hessische] Regierung. Die Regierung wird gebil-
15 det von dem Großherzog und seinen obersten Beamten. Die andern Beamten sind Männer, die von der Regierung berufen werden, um jene Ordnung in Kraft zu erhalten. […] Das alles duldet ihr, weil euch Schurken sagen: Diese Regierung sei von Gott. Diese Regierung ist nicht von Gott, sondern vom Vater
20 der Lügen. Diese deutschen Fürsten sind keine rechtmäßige Obrigkeit. […]
Denn was sind diese Verfassungen in Deutschland? Nichts als leeres Stroh, woraus die Fürsten die Körner für sich herausgeklopft haben. Was sind unsere Landtage? Nichts als langsame
25 Fuhrwerke, die man einmal oder zweimal wohl der Raubgier der Fürsten und ihrer Minister in den Weg schieben, woraus man aber nimmermehr eine feste Burg für deutsche Freiheit bauen kann. Was sind unsere Wahlgesetze? Nichts als Verletzungen der Bürger und Menschenrechte der meisten Deut-
30 schen. Denkt an das Wahlgesetz im Großherzogtum, wonach keiner gewählt werden kann, der nicht hochbegütert ist, wie rechtschaffen und gutgesinnt er auch sei. […]
Denkt an die Verfassung des Großherzogtums [Hessen]. Nach den Artikeln derselben ist der Großherzog unverletzlich, hei-
35 lig und unverantwortlich. Seine Würde ist erblich in seiner Familie, er hat das Recht, Krieg zu führen, und ausschließliche Verfügung über das Militär. Er beruft die Landstände, vertagt

sie oder löst sie auf. Die Stände dürfen keinen Gesetzesvorschlag machen, sondern sie müssen um das Gesetz bitten, und dem Gutdünken des Fürsten bleibt es unbedingt überlassen, es zu geben oder zu verweigern. […] Eine solche Verfassung ist ein elend jämmerlich Ding. […]

Hebt die Augen auf und zählt das Häuflein eurer Presser, die nur stark sind durch das Blut, das sie euch aussaugen, und durch eure Arme, die ihr ihnen willenlos leihet. Ihrer sind vielleicht 10 000 im Großherzogtum und eurer sind es 700 000, und also verhält sich die Zahl des Volkes zu seinen Pressern auch im übrigen Deutschland. […] Aber ich sage euch: Wer das Schwert erhebt gegen das Volk, der wird durch das Schwert des Volkes umkommen. Deutschland ist jetzt ein Leichenfeld, bald wird es ein Paradies sein.

Georg Büchner: Werke und Briefe, Bd. 1, Frankfurt/Main 1979, S. 333 ff.

M6 Ein Liberaler warnt vor den Demokraten

Der liberale Industrielle David Hansemann verfasste 1840 eine Denkschrift an den preußischen König Friedrich Wilhelm IV.:

Wärmste Besorgnisse flößt gewiss jedem preußischen Staatsmanne die starke und außerordentliche Zunahme des demokratischen Elements ein […]. Es mögen hier mit wenigen Worten die vorzüglichsten Ursachen angedeutet werden, die unabweisbar zur Ausbildung und Verstärkung des demokratischen Elements sowie zu dessen Gefährlichkeit beitragen müssen:

1. Das Maschinenwesen. Es vermehrt auf der einen Seite die Zahl der besitzlosen Menschen, die vom Tage zu Tage leben. Auf der anderen Seite vermindert es den Preis der Fabrikate […] dergestalt, dass die Kleidung oder die äußerliche Erscheinung schon zum Gleichmachen oder zum Nähern der Stände beiträgt.

2. Die Fortschritte in der Produktion von Lebensmitteln, insbesondere der Kartoffelbau.

3. Die Herstellung wohlfeiler und schneller Transportmittel. Es wird dadurch einer großen Anzahl von Menschen das früher nicht vorhandene Mittel geboten, nicht nur fern von Geburts- und Wohnorte Erwerb zu finden, sondern auch durch Reisen eine Menge neuer Begriffe, Ansichten und Wünsche aufzufassen. […]

7. Die Allgemeinheit des Unterrichts. […] Das Prinzip der Gleichheit […] [bringt] die Gefahr des Umsturzes. […] Damit Vernunft und Fähigkeit herrschen, muss der politische Einfluss der höheren und wohlhabenden Volksklassen stärker sein als der von den übrigen Volksklassen auszuübende. Die Freiheit ist nicht die Gleichheit der Rechte. Sie ist die Herrschaft des Gesetzes […]. Wer von öffentlichen Unterstützungen lebt, wer kein Besitztum hat, auch keins erwerben will oder keins erwerben kann, wer keinen den hinreichenden Unterhalt sichernden Erwerb treibt, wer seine Kinder oder seine Eltern durch öffentliche Unterstützungsanstalten unterhalten lässt, dem mögen die bürgerlichen Rechte auch weniger zugute kommen als dem, welcher besitzt, erwirbt oder für seine Kinder oder Eltern pflichtgemäß sorgt.

Hans Fenske (Hg.): Vormärz und Revolution 1840–1849. Quellen zum politischen Denken der Deutschen im 19. und 20. Jahrhundert, Band 4, Darmstadt 1976, S. 29 f.

M7 Studenten auf dem Wartburgfest

Zeitgenössischer Stich. Studenten verbrannten bei einem Fest auf der Wartburg im Oktober 1817 Symbole der alten Ordnung, wie Uniform, Korporalsstock und missliebige Bücher.

✎: **Nehmen wir an, Sie hätten am „Wartburgfest" teilgenommen. Mit welchen Argumenten hätten Sie die anderen Studenten aufgefordert, die Symbole der alten Ordnung zu verbrennen?**

---

1. Nennen Sie wichtige Grundsätze und Beschlüsse des Wiener Kongresses (**VT**).

2. Erklären Sie, welche Ziele mit den Karlsbader Beschlüssen verfolgt wurden und welche Folgen sie hatten (**VT**).

3. Analysieren Sie die Rede **M4**. Wie sieht der Redner den Zustand Deutschlands in seiner Gegenwart und wie stellt er sich die Zukunft vor?

4. Erläutern Sie mithilfe von **M5**, warum die Herrschenden auf das Erscheinen des „Hessischen Landboten" mit harten Maßnahmen reagierten.

5. Nennen Sie Unterschiede zwischen den Liberalen und den Demokraten (**VT, M6**). Welche Bevölkerungsgruppe meinte Hansemann, wenn er von Demokraten sprach? Mit welchen Argumenten warnte Hansemann (**M6**) vor den Demokraten?

Karikaturen auswerten

Zeitungen und Zeitschriften waren die wichtigsten Medien beim Kampf um die Demokratie. Zu einer Zeitung gehörten auch Karikaturen (ital. „caricare" = überladen), in denen aktuelle politische Ereignisse z. B. durch Mensch-Tier-Vergleiche, Parodien und Unter- bzw. Übertreibungen in Bildform dargestellt und bewertet wurden. Manchmal konnte so auch die Zensur getäuscht werden. Für uns sind Karikaturen heute wichtige Quellen, die uns zeigen können, welche Kritik an den Herrschenden es damals gab. Allerdings ist es nicht immer leicht, sie zu entschlüsseln und einzuordnen.

> Süsse heilige Censur,
> Lass uns gehn auf deiner Spur;
> Leite uns an deiner Hand
> Kindern gleich, am Gängelband!

M1 Die „gute" Presse
Lithografie, aus der Zeitschrift „Leuchtthurm", 1847

Beschreiben

Ein Maulwurf führt einen Zug von mehreren Personen bzw. Tieren an. Er trägt eine Fahne, auf der ein Krebs abgebildet ist. An zweiter Stelle marschiert ein Wesen mit einer Schere als Kopf. Dieses hat einen Wanderstock in Form eines übergroßen Bleistifts und führt sechs kleinere Menschen, die wie Kinder wirken, an einer Leine hinter sich her. Einer der kleinen Menschen trägt ein Schild, auf dem „ia" steht. Der Truppe folgt ein Schafsbock in Uniform mit einem Regenschirm bewaffnet und einem kleinen Hündchen an der Leine. Am Nachthimmel sind Fledermäuse zu erkennen.

Methodentraining

Methodische Arbeitsschritte

1 Beschreiben

- Beschreiben Sie die gezeichneten Personen, Tiere und Gegenstände sorgfältig. Achten Sie dabei auch auf die Größendarstellungen und verbindende Elemente.
- Wenn eine Beschreibung oder Beschriftung vorhanden ist, stellen Sie eine Beziehung zwischen dem Abgebildeten und dem Text her.

2 Untersuchen

- Finden Sie so viel wie möglich über den geschichtlichen Hintergrund heraus: über abgebildete Personen oder wichtige Gegenstände, das Entstehungsjahr, den Ort der Veröffentlichung (bei einer Zeitung oder Zeitschrift), den Leserkreis der Zeitung oder Zeitschrift.
- Nutzen Sie dazu Geschichtsbücher über die Zeit, in der die Karikatur entstanden ist, und auch andere Informationsquellen (z.B. Lexika, Internet).
- Untersuchen Sie die dargestellten Personen und Gegenstände.

3 Deuten

- Versuchen Sie zu klären, welche persönliche Meinung der Zeichner mit der Karikatur verbreiten wollte.
- Beziehen Sie Stellung zu der Aussage der Karikatur.

Untersuchen

Rechts unterhalb der Zeichnung steht in kleiner Schrift „Expedition à Leuchtt". Damit ist die Zeitschrift „Leuchtturm, Monatsschrift zur Unterhaltung und Belehrung für das deutsche Volk" gemeint, in der die Karikatur 1847 erstmals gedruckt wurde. Seit 1819 wurde die Presse überwacht und es wurden keine öffentlichen politischen Diskussionen erlaubt.

Der Überschrift nach zu urteilen, soll die „gute" Presse, also vorbildlicher oder braver Journalismus dargestellt werden. In einem Spottvers bedanken sich die an der Leine Geführten bei der „süßen heiligen Zensur", die sie wie Kinder am Gängelband führt.

Die Pressezensur wird durch den Scherenmann mit dem Zensurstift dargestellt, an den die Vertreter der Presse in Form unmündiger Buben angeleint sind. Der sie bewachende Schafsbock trägt die Uniform eines kaiserlich-österreichischen Beamten. Er sieht äußerst ungefährlich, sogar lächerlich aus und führt einen Spitz als Hinweis darauf, dass es sich um einen „Spitzel" handelt. Der Maulwurf an der Spitze gibt die Richtung vor, in die die Zensur die Presse führt: Es gibt keine, denn ein Maulwurf ist blind. Auf der Fahnenstange sitzt statt der Spitze ein Kerzenlöscher. Hinzu kommt die Fahne: Ein Krebs geht rückwärts, das Ziel ist es also, in die Vergangenheit zurückzugehen! Die Fledermäuse unterstreichen die Dunkelheit, in der sich der Zug bewegt. Vielleicht stehen sie auch für die „finsteren" deutschen Mächte, insbesondere Preußen und Österreich.

Deuten

Mit der Karikatur wird die Presse kritisiert, die sich gutgläubig (wie Kinder es tun) von der Zensur am „Gängelband" führen lässt. Die Zensur folgt einer blinden, also ziellosen Führung. Die Druckmittel des Staates (bewachendes Schaf) sind lächerlich schwach.

Die Karikatur drückt damit eine weit verbreitete Stimmung in der damaligen Zeit aus, als immer mehr Bürger sich mutig für politische Veränderungen aussprachen. Sie ruft die Zeitungen dazu auf, sich nicht mehr an die Zensurbestimmungen zu halten.

---

1. Lesen Sie Arbeitsschritte und Antworten und vergleichen Sie sie mit der abgebildeten Karikatur (**M1**).

2. Begründen Sie, warum eine Karikatur Kritik viel deutlicher zum Ausdruck bringen kann als ein Text. Begründen sie, warum die Zensur eine Karikatur nicht so einfach verbieten kann wie einen Text.

3. Interpretieren Sie mithilfe der vorgeschlagenen Arbeitsschritte die Karikatur **M1** auf Seite 130.

3.2 Auf den Barrikaden – die Revolution von 1848/49

Am 18. Mai 1848 trat in der Frankfurter Paulskirche das erste frei gewählte Parlament für ganz Deutschland zusammen. Revolutionäre Aufstände in allen Staaten des Deutschen Bundes hatten die alte Ordnung zurückgedrängt. Die Nationalversammlung schuf schließlich eine liberale gesamtdeutsche Verfassung, die aber nie in Kraft trat.

1848	„Märzrevolution" in Deutschland (März) Eröffnung der verfassunggebenden Nationalversammlung (Mai) Sieg der Gegenrevolution in Österreich (Oktober) Der preußische König löst die Berliner Nationalversammlung auf und erlässt eine Verfassung (Dezember).
1849	Verabschiedung der Reichsverfassung (März) Friedrich Wilhelm IV. lehnt die Kaiserkrone ab. Preußische Truppen werfen revolutionäre Erhebungen in Deutschland nieder (April).

Der revolutionäre Funke in Frankreich ...

In Frankreich hatte die liberale Opposition seit Mitte 1847 eine Ausweitung des Wahlrechts gefordert. Als Soldaten auf eine oppositionelle Demonstration schossen, kam es zum Aufstand: Demonstranten errichteten überall Barrikaden in der Stadt. Die Nationalgarde, eine bewaffnete Bürgerwehr, lief zu den Aufständischen über. Die Unruhen verbreiteten sich rasend schnell, so dass sich König Louis Philippe zur Abdankung gezwungen sah: Am Abend des 24. Februar 1848 war Frankreich Republik: Doch die Revolutionäre waren untereinander zerstritten, die Unruhen gingen weiter. Der revolutionäre Funke entzündete sich auch in anderen Ländern Europas.

... springt auf Deutschland über

In Deutschland vollzogen sich die revolutionären Geschehnisse – wie fast überall in Europa – vor dem Hintergrund einer Hungersnot, die durch Missernten und eine Kartoffelkrankheit hervorgerufen wurde. Die Teuerung der Nahrungsmittel verursachte einen Kaufkraftschwund. Absatzschwierigkeiten der Industrie, Entlassungen und eine steigende Arbeitslosigkeit waren die Folge.
Doch die eigentlichen Auslöser der Revolution lagen tiefer. Bei Bürgern, Handwerkern und Studenten herrschte tiefe Enttäuschung über die politischen Zustände in Deutschland: Noch immer war das Land ohne gemeinsame Verfassung und Parlament und noch immer besaßen die Fürsten große Machtfülle. Inspiriert vom Geschehen in Frankreich erhoben im März 1848 revolutionär gesinnte Menschen in zahlreichen deutschen Ländern nationale, liberale und demokratische Forderungen. Es kam zu Demonstrationen und Bauernaufständen. Die Bauern vor allem in Südwestdeutschland und Österreich versuchten, die Aufhebung der Abgaben an ihre Grundherren und das Ende der Frondienste gewaltsam durchzusetzen. Die Fürsten der Kleinstaaten beeilten sich, ihren Untertanen Zugeständnisse zu machen, indem sie Verfassungsänderungen zuließen und liberale Politiker in die bisher vor allem von Adligen gebildeten Regierungen beriefen. In Mittel- und Süddeutschland wurden die „Märzforderungen" der Bauern erfüllt. Diese konnten sich von ihren Feudallasten befreien und Eigentümer ihrer Grundstücke werden. Meist mussten sie als Gegenleistung den Grundherren eine Entschädigung zahlen.

Revolution in Wien: Metternich flieht

Auch in Wien demonstrierten Studenten und Arbeiter für politische Veränderungen. Als die

M1 Barrikadenbau in Mannheim
kolorierter Holzschnitt der „Illustrierten Zeitung", 1848

✎: Beschreiben Sie das Bild: Aus welcher Bevölkerungsschicht kamen wohl die dargestellten Demonstranten? Woraus bauten sie die Barrikade?

Regierung Soldaten gegen die Demonstranten einsetzte, kam es zu Straßenkämpfen. Der bis dahin mächtige Staatskanzler, Fürst Clemens von Metternich, dankte ab und floh nach England. Der Kaiser versprach die Erfüllung der wichtigsten Forderungen: Pressefreiheit, Errichtung einer bürgerlichen Nationalgarde, Verabschiedung einer Verfassung sowie die Aufhebung der Dienste und Abgaben der Bauern. Mit der Aufhebung der Feudallasten (Bauernbefreiung) erlosch das Interesse der bäuerlichen Bevölkerung an der Revolution rasch. Trotzdem kam Österreich nicht zur Ruhe. Arbeiter und Kleinbürger verlangten soziale Verbesserungen. Tschechen und Ungarn strebten nach Autonomie innerhalb der österreichischen Monarchie, und die Staaten Norditaliens verlangten die Befreiung von der Herrschaft Österreichs.

Revolution in Berlin

In Berlin hatte es König Friedrich Wilhelm IV. noch 1847 abgelehnt, „dass sich zwischen unseren Herrgott im Himmel und [Preußen] ein beschriebenes Blatt [= eine Verfassung] eindränge". Erst auf die Nachricht vom Sturz Metternichs versprach er eine Verfassung für ganz Preußen. Am 18. März versammelte sich vor dem Berliner Schloss eine große Menschenmenge: Bürger, Studenten, Handwerker und Arbeiter. Viele von ihnen wollten dem König für sein Versprechen, eine Verfassung zu gewähren, danken. Doch als sie, von Truppen umstellt, aufgefordert wurden, den Schlossplatz zu räumen, fielen vonseiten der Soldaten Schüsse. Das schien Verrat zu sein und innerhalb einer Stunde verbarrikadierten die Demonstranten alle Straßen, die zum Schloss führten. Es entbrannten Barrikadenkämpfe bis in die Nachtstunden, die rund 200 Revolutionären das Leben kosteten. Am nächsten Morgen lenkte König Wilhelm ein und ließ die Truppen abziehen.

Die Revolution zwang den König, eine aus Wahlen nach allgemeinem und gleichem Wahlrecht hervorgegangene preußische „Nationalversammlung" einzuberufen. Die Stellung des Königs wurde – anders als in Frankreich – jedoch ebenso wenig infrage gestellt wie dessen Stützen in Bürokratie und Militär. Mit seinem Aufruf „An mein Volk und an die deutsche Nation" versprach Friedrich Wilhelm IV., sich an die Spitze der Revolution in Preußen und in Deutschland zu setzen. Sein Aufruf endete mit dem Satz: „Preußen geht fortan in Deutschland auf."

M2 Die Nationalversammlung in der Frankfurter Paulskirche,
Lithografie, 1848
Die Abgeordneten saßen im Halbkreis: rechts die gemäßigten Liberalen, links die radikalen Demokraten, in der Mitte das Zentrum (vom Rednerpult aus gesehen). Frauen waren nur als Zuschauerinnen auf der Tribüne vertreten. Sie besaßen bei den Wahlen zur Nationalversammlung weder das aktive noch das passive Wahlrecht.

✏️: Stellen Sie sich vor, Sie sollten über die abgebildete Sitzung berichten. Schreiben Sie einen kurzen Zeitungsbericht darüber, welchen ersten Eindruck Sie von der Tagungsstätte haben.

Vom Vorparlament zur Nationalversammlung

Am 31. März 1848 kamen in Frankfurt über 500 Vertreter der revolutionären Bewegung zusammen. Die meisten von ihnen stammten aus Süddeutschland. Sie hatten sich zuvor in Heidelberg getroffen und spontan die Bildung eines gesamtdeutschen „Vorparlaments" beschlossen. Sie waren weder vom Volk gewählt noch von den Bundesstaaten gesandt. Trotzdem akzeptierten sowohl die Einzelstaaten als auch der Frankfurter Bundestag die in diesem Vorparlament getroffenen Vorbereitungen zur Wahl einer gesamtdeutschen verfassunggebenden Nationalversammlung.

Die Organisation und der Zeitpunkt der Wahl blieben den Einzelstaaten vorbehalten und wurden recht unterschiedlich gehandhabt. Während etwa in Württemberg direkt gewählt wurde, bestimmten in den meisten anderen Staaten die Wähler zunächst nur Wahlmänner. Auch die Wahlberechtigung wurde unterschiedlich geregelt, da lediglich die allgemeine und gleiche Wahl der volljährigen selbstständigen Männer vorgegeben war. Bezieher von Armenunterstützung waren meist ausgeschlossen, oft aber auch alle Personen ohne eigenen Hausstand, darunter auch die beim Meister wohnenden Handwerksgesellen.

Bürger organisieren sich

Die Mehrzahl der gewählten Abgeordneten, die erstmals am 18. Mai 1848 in der Frankfurter Paulskirche zusammentraten, kam aus dem Bürgertum: Richter, Professoren, Lehrer, Schriftsteller, Kaufleute, Beamte, Pfarrer oder Ärzte – durchweg angesehene und einflussreiche Persönlichkeiten. Bauern, Handwerker und Arbeiter hatten kaum eine Chance, da sie zu wenig bekannt waren.

Organisierte Parteien gab es noch nicht. Nach der Märzrevolution wurden aber überall politische Klubs mit unterschiedlichen politischen Programmen ins Leben gerufen. Sie nannten sich oft „Volksverein", „Vaterlandsverein" oder auch „demokratischer Verein". Allein in Berlin gab es rund 150 solcher Klubs. In den Jahren 1848 und 1849 waren prozentual wohl mindestens doppelt so viele – männliche – Erwachsene politisch organisiert (8–9 %) wie in den heutigen Volksparteien. Diese politischen Vereine prägten mit ihren Debatten und Aktivitäten das politische Leben. Man kann sie in fünf Grundströmungen aufteilen: Demokraten, Liberale, Konservative, politischer Katholizismus und sozialistisch geprägte Arbeiterbewegung. Auch unter den Abgeordneten bildeten sich bald politische Interessengruppen, die sich bestimmten Klubs zugehörig fühlten. Die jeweiligen Abgeordneten trafen sich außerhalb des Parlaments in Frankfurter Hotels und Cafés, die ihnen als Klublokale dienten. Im Parlament traten sie als Fraktionen mit gemeinsamen politischen Programmen auf, die sie zuvor in den Klubsitzungen erarbeitet hatten.

Schwäche der provisorischen Zentralgewalt

Die Nationalversammlung wählte den Journalisten Heinrich von Gagern, der bereits dem Vorparlament angehört hatte, zu ihrem Präsidenten. Auf seinen Vorschlag hin wurde eine provisorische Zentralgewalt als vorläufige Exekutive gebildet und der populäre Erzherzog Johann von Österreich als „Reichsverweser" [Reichsoberhaupt bis zu einer endgültigen Lösung] eingesetzt. Der seit 1815 bestehende Bundestag löste sich auf. Die provisorische Zentralgewalt besaß jedoch nur wenige Machtmittel. Sie hatte keine festen Einnahmen, keine eigene Verwaltung und kein eigenes Heer. Die wirkliche Exekutivgewalt lag also bei den Länderregierungen. Damit war die Zentralgewalt auf die Unterstützung vor allem der Regierungen Österreichs und Preußens angewiesen. Ihre Schwäche zeigte sich bald während der Krise um Schleswig-Holstein. Der dänische König wollte im März 1848 das Herzogtum Schleswig und die dort wohnenden Deutschen dem dänischen Staat eingliedern. Dies war weder im Sinne Preußens, das einen Machtzuwachs Dänemarks verhindern wollte, noch im Sinne der Nationalversammlung, die alle Deutschen in einem Nationalstaat vereinen wollte. Preußische Truppen wurden im Auftrag der Nationalversammlung nach Schleswig geschickt. Als jedoch Russland und England als Bündnispartner der „Heiligen Allianz" gegen eine Veränderung der Grenzen von 1815 Einspruch erhoben, schloss die preußische Regierung mit der dänischen den Waffenstillstand von Malmö – ohne Rücksicht auf die Nationalversammlung.

Um einen Bruch mit der preußischen Regierung zu vermeiden, stimmte die Mehrheit der Nationalversammlung im September dem Waffenstillstand zu. Als empörte Studenten und Bürger in Frankfurt gegen diese Entscheidung demonstrierten und bei den Unruhen zwei konservative Abgeordnete ermordet wurden, mussten preußische und österreichische Truppen die Nationalversammlung vor den Demonstranten schützen.

Erste gesamtdeutsche Verfassung

Die Hauptaufgabe der Frankfurter Nationalversammlung war die Verabschiedung einer gemeinsamen deutschen Verfassung. Die Mehrheit der Abgeordneten war monarchisch gesinnt, nur eine kleinere Gruppe wollte eine Republik. Gemeinsam aber war allen der Wille, die „Grundrechte des deutschen Volkes" zu formulieren, die der Verfassung vorangestellt werden sollten. Diese Aufgabe nahmen die Abgeordneten als Erstes in Angriff. Sie widmeten ihr sehr viel Zeit und erarbeiteten bis zum Ende des Jahres 1848 den Grundrechtekatalog. Dieser war so fortschrittlich, dass er noch 100 Jahre später als Basis für die Grundrechte unseres heutigen Grundgesetzes diente.

Arbeiter organisieren sich

Die Grundrechte, die seit ihrer Verkündung am 28. Dezember 1848 geltendes Recht waren, sicherten die rechtliche Gleichstellung aller Staatsbürger vor dem Gesetz und betonten die Freiheit des einzelnen Bürgers gegenüber dem Staat. Damit erfüllten sich die Märzforderungen des liberalen Besitz- und Bildungsbürgertums. Doch Forderungen von Handwerkern und Arbeitern nach einem Recht auf Arbeit und mehr sozialer Gerechtigkeit blieben unerfüllt. Arbeiter und Handwerksgesellen waren enttäuscht, dass über ihre Probleme – niedrige Löhne, lange Arbeitszeiten, drückende Not – in den Parlamentsdebatten kaum gesprochen wurde. Viele von ihnen kamen zu der Ansicht, dass sie selbst für die Verbesserung ihrer Lage kämpfen müssten. Die Bedingungen dafür hatten sich mit der Revolution verbessert: Versammlungs- und Redefreiheit, Pressefreiheit und das Recht zur Vereinsgründung galten auch für sie. So schlossen sich 1848 in vielen Orten Arbeiter und Handwerksgesellen zu „Arbeitervereinen" zusammen. Diese Zusammenschlüsse waren vor allem Selbsthilfeorganisationen. Sie richteten Kranken- und Unterstützungskassen ein und veranstalteten Fortbildungskurse für ihre Mitglieder. Die wichtigste Arbeiterorganisation war die während eines Arbeiterkongresses in Berlin gegründete

„Allgemeine deutsche Arbeiterverbrüderung" des Schriftsetzers Stephan Born. Sie umfasste 170 Ortsvereine mit 15 000 Mitgliedern. Die Arbeitervereine suchten die Zusammenarbeit mit den Abgeordneten der Paulskirche, indem sie forderten, dass die bürgerlichen Freiheiten durch soziale Schutzbestimmungen zu ergänzen seien.

Kleindeutsch oder großdeutsch?

Ende September 1848 begannen in der Paulskirche zusätzlich die außerordentlich schwierigen Beratungen über den Staatsaufbau und die künftigen Grenzen des neu zu schaffenden Nationalstaates. Ein entscheidendes Problem war dabei das Schicksal Österreichs. Die „Großdeutschen" unter den Abgeordneten wollten, dass die deutschen Länder Österreichs (zu denen sie auch Böhmen und Mähren rechneten) zum Reich gehören sollten. Doch dies hätte die Auflösung der Donaumonarchie zur Folge gehabt. Die „Kleindeutschen" waren dagegen bereit, auf den Vielvölkerstaat Österreich ganz zu verzichten.

Als im Januar 1849 die Frage nach dem zukünftigen Staatsoberhaupt diskutiert wurde, traten die „Kleindeutschen" für ein erbliches Kaisertum ein, das dem preußischen König übertragen werden sollte. Die „Großdeutschen" waren gespalten. Die vor allem das Besitzbürgertum vertretenden Konservativen unter ihnen wollten ein Fürstenkollegium als Reichsregierung, die dem Kleinbürgertum und den Arbeitern nahestehenden Linken forderten eine Republik. Letztlich setzten sich die „Kleindeutschen" durch. Im März 1849 nahm die Nationalversammlung die Reichsverfassung an und wählte gleichzeitig mit 290 Stimmen bei 248 Enthaltungen den preußischen König Friedrich Wilhelm IV. zum „Kaiser der Deutschen". Sehr viel hing nun von der Entscheidung des preußischen Königs ab, ob er die Krone überhaupt annehmen würde. Dass es dazu nicht kommen würde, deutete sich schon im Herbst 1848 an.

Gegenschlag der monarchischen Kräfte

Im Oktober 1848 eroberten kaiserliche Truppen nach blutigen Kämpfen Wien zurück, das fast einen Monat lang in der Gewalt aufständischer Arbeiter, Studenten und Soldaten gewesen war. Die führenden Revolutionäre wurden verhaftet und hingerichtet, unter ihnen Robert Blum, der als Gesandter der Nationalversammlung in Wien war und auf Seiten der Aufständischen auf den Barrikaden mitgekämpft hatte. Die Missachtung der Immunität eines Abgeordneten bewies erneut die Machtlosigkeit des Paulskirchen-Parlaments. Der verfassunggebende Reichstag in Österreich wurde von dem zum Ministerpräsidenten berufenen Fürsten Schwarzenberg aufgelöst.

Auch in Preußen traf der Angriff zuerst das Parlament, die so genannte preußische Nationalversammlung. Sie hatte einen entschiedenen Kurs politischer und sozialer Veränderungen eingeschlagen. Die liberale Linke als stärkste Fraktion wollte den Adel entmachten und das Militär parlamentarischer Kontrolle unterwerfen, dem König das Attribut „von Gottes Gnaden" nehmen und die gutsherrlichen Rechte entschädigungslos aufheben. Im November 1848 holte der preußische König jedoch zum Gegenschlag aus. Er ließ Militär in die Hauptstadt einrücken, löste im Dezember die preußische Nationalversammlung auf und verkündete eine eigene Verfassung. Diese behielt nur wenige Elemente des liberalen Verfassungsentwurfs des aufgelösten Parlaments bei, darunter die Verantwortlichkeit der Minister gegenüber dem Parlament und die Vereidigung der Armee auf die Verfassung. Das zunächst allgemeine Männerwahlrecht wurde im Mai 1849 zum „Dreiklassenwahlrecht" abgeändert.

Das Ende der Revolution

Nachdem die Frankfurter Nationalversammlung die Reichsverfassung im Frühjahr 1849 verabschiedet hatte, anerkannten 28 von

Dreiklassenwahlrecht	Nach der Steuerleistung abgestuftes Wahlrecht, das 1849 in Preußen eingeführt und erst 1918 abgeschafft wurde. Es war öffentlich, also nicht geheim, und indirekt. Das Gewicht einer Stimme richtete sich nach der Steuerleistung, also Besitz und Einkommen des Wählers.

M3 Kapitulation der Festung Rastatt am 23. Juli 1849
kolorierte Kreidelithografie aus dem „Neuruppiner Bilderbogen", 1849
Mit der Kapitulation dieser Festung, in der sich etwa 6000 bewaffnete radikale Demokraten verschanzt hatten, endete die Revolution in Deutschland.

✎: Sie sind Reporter einer deutschen Wochenzeitung. Schildern Sie die Ereignisse auf dem Bild in einer Reportage.

39 deutschen Regierungen die neue Verfassung – teils freiwillig, teils unter dem Druck der öffentlichen Meinung. Doch für den Fortgang des Geschehens war vor allem eine Frage von zentraler Bedeutung: Wie würde sich der preußische König verhalten? Würde er eine Krone aus den Händen des Volkes akzeptieren? Eine Abordnung der Nationalversammlung reiste nach Berlin, um Friedrich Wilhelm IV. die Krone anzutragen. Doch dieser lehnte im April 1849 ab, weil er keine Krone von „Volkes Gnaden" haben wolle, also die Volkssouveränität nicht als Verfassungsgrundlage anerkannte.

Die Hoffnung der Liberalen, ihre Ziele auf dem Weg der Vereinbarung mit den Fürsten zu erreichen, hatte sich damit als Illusion erwiesen. Fast alle Abgeordneten traten aus der Nationalversammlung aus. Ungefähr 100 Abgeordnete der Linken übersiedelten Anfang Mai nach Stuttgart und bildeten dort ein „Rumpfparlament", das nach kurzer Zeit von württembergischem Militär auseinandergetrieben wurde. Zur gleichen Zeit kam es fast überall in Deutschland zu Demonstrationen für die nicht akzeptierte Reichsverfassung. Aufstände im Rheinland, in der Pfalz, in Baden und in Sachsen, die die Entmachtung der Fürsten und die Gründung einer deutschen Republik zum Ziel hatten, wurden von Regierungstruppen blutig niedergeschlagen.

Auswirkungen der Revolution

Die Revolution war gescheitert, viele Revolutionäre wurden verurteilt oder vertrieben. Das Besitzbürgertum wollte nun endlich Ruhe und das Ende der Demonstrationen und Straßenkämpfe. Außerdem fürchtete es die Forderungen der Demokraten nach einer gleichmäßigeren Verteilung von Einkommen und Vermögen. Andererseits konnten viele Fürsten nach 1848/49 nicht mehr ohne Zustimmung von Landtagen Gesetze erlassen. Die Bauern behielten ihre neu gewonnene persönliche Freiheit. Und die Forderungen nach mehr demokratischer Beteiligung, nach einer Verfassung mit gesicherten Grundrechten sowie nach einem einheitlichen Nationalstaat wirkten in der entstehenden Arbeiterbewegung und in den Parteien des liberalen Bürgertums weiter. In der Reichsverfassung von 1871 sollte schließlich das Hauptgewicht der Macht zwar beim Kaiser liegen, aber mit dem Reichstag wurde ein – wenn auch schwaches – Parlament geschaffen.

„Guten Tag ooch, Herr Hofrat Gumpel."
„Ihr Diener! Bester Freund, ein Wort im Vertrauen – nennen Sie mich einfach Herr Gumpel und lassen Sie den Hofrat weg!"

„Guten Tag ooch, Herr Gumpel."
„Guten Tag! Lieber Mann, ein Wort im Vertrauen – nennen Sie mich einfach Herr Hofrat und lassen Sie den Gumpel weg!"

M4 Wie sich die Zeiten ändern, Karikatur, 1849

✎: Erklären Sie mithilfe der Karikatur, wie sich die politische Situation in Deutschland zwischen 1848 und 1849 geändert hat.

M5 Bauernunruhen in Baden 1848
Ein Mannheimer Bürger schrieb in sein Tagebuch:
In der Nacht vom 7./8. März wurde der Schlosshof der Freiherrn von Adelsheim der Schauplatz einer wütenden Bauernmenge. Der in die dunkle Märznacht hineinleuchtende Schein eines riesigen Feuers, das man aus Büchern und Akten der
5 Grundherrschaft angemacht hatte, beleuchtete eine tobende und lärmende Menge von Bauern. [...] Frauen, Mädchen und Kinder jubelten dem Beginnen zu. Aus dem oberen Stockwerk des einen Flügels des Schlosses schleppten zerstörungswütige Bauernfäuste Bücher und Papiere, die ihre Leistungspflicht
10 an die Herrschaft enthielten, Rechnungen und Schuldscheine herbei und warfen sie in das lodernde Feuer, als ginge mit ihrer Vernichtung auch das ganze Abhängigkeitsverhältnis zum Adel in Rauch und Asche auf. [...]
Der inzwischen herbeigekommene Rentbeamte [...] über-
15 reichte der Menge endlich im Namen seiner Herrschaft die folgende Verzichtsurkunde: „1. Die Grundherrschaft wolle zu den Gemeindebedürfnissen gleich anderen Bürgern mit ihrem Steuerkapital beitragen; 2. verzichte sie auf das Marktstandgeld jeder Art, sowohl bei Krämer- als Viehmärkten; [...] 4. Die
20 Jagden und Fischereien sollten verpachtet werden und das Pachtgeld in die Gemeindekassen fließen; [...] 6. hebe sie die Abzugssteuer von den Auswanderern auf" [...]. Mitternacht war lange vorüber, als der Herrschaftssitz derer von Adelsheim wieder ruhig und still dalag mit den Spuren der Zerstörung.
Zit. nach: Friedrich Lautenschlager (Hg.): Volksstaat und Einherrschaft. Dokumente aus der badischen Revolution 1848/1849, Konstanz 1920, S. 50 ff.

M6 Märzforderungen
In einem Flugblatt veröffentlichte eine Gruppe Dresdner Bürger am 7. März 1848 ihre Forderungen:
Die Zeit der allgemeinen Versprechungen von der einen, der verdeckten Redensarten von der anderen Seite ist vorüber, bestimmte Forderungen, tatsächliche Zugeständnisse müssen an deren Stelle treten.
5 Von dieser Überzeugung beseelt sprechen wir, die unterzeichneten Bürger und Einwohner Dresdens, die Erwartung aus, dass auch von der sächsischen Staatsregierung den Forderungen der Zeit, deren Gewährung teils für das Wohlergehen unseres Sachsenlandes, teils für die einheitliche Entwicklung
10 Deutschlands [...] unerlässlich und unabweisbar ist, dieselbe schleunige Erfüllung werde zu Teil werden, welche ihnen in anderen deutschen Staaten teils verheißen, teils schon gefolgt ist. Diese Wünsche sind:
1. Freiheit der Presse, Wegfall des Konzessionszwangs für Zeitschriften [...].
15
2. Freiheit des religiösen Bekenntnisses und der kirchlichen Vereinigung.
3. Freiheit des Versammlungs- und Vereinsrechtes.
4. Gesetzliche Sicherstellung der Person gegen willkürliche Verhaftung, Haussuchung und Untersuchungshaft.
20
5. Verbesserung des Wahlgesetzes namentlich durch Herabsetzung des Zensus und Ausdehnung der Wählbarkeit auf das ganze Land.
6. Öffentlichkeit und Mündlichkeit der Rechtspflege mit Schwurgericht.
25

7. Vereidigung des Militärs auf die Verfassung.
8. Verminderung des stehenden Heeres, Umbildung des Militärwesens und der Bürgerbewaffnung.
9. Vertretung der deutschen Völker bei dem Deutschen Bunde.
10. Lossagung der sächsischen Regierung von den Karlsbader Beschlüssen von 1819 [...].

Zit. nach: Karl Obermann (Hg.): Flugblätter der Revolution 1848/49, München 1972, S. 49 f.

M7 „Verkauf der Wahrheit"
Nach Abschaffung der Zensur fanden die von Straßenhändlern angebotenen Flugschriften, Zeitungen und Zeitschriften reißenden Absatz. Häuserwände waren oft mit Aufrufen und Erklärungen übersät. Aquarell von Johann Nepomuk Höfel, Wien 1848

✎: Untersuchen Sie das Bild genau. Welche Hinweise auf eine politische Betätigung finden Sie?

M8 Forderungen von Handwerkern und Arbeitern
a) Der Schriftsetzer Stephan Born hatte in Berlin einen der ersten deutschen Arbeitervereine gegründet. Die Arbeiter erhoben am 18. Juni 1848 folgende Forderungen:

1. Bestimmung des Minimums des Arbeitslohns und der Arbeitszeit durch Kommissionen von Arbeitern und Meistern oder Arbeitgebern.
2. Verbindung der Arbeiter zur Aufrechterhaltung des festgesetzten Lohnes.
3. Aufhebung der indirekten Steuer, Einführung progressiver Einkommenssteuer mit Steuerfreiheit derjenigen, die nur das Nötigste zum Leben haben.
4. Der Staat übernimmt den unentgeltlichen Unterricht und, wo es nötig ist, die unentgeltliche Erziehung der Jugend mit Berücksichtigung ihrer Fähigkeiten.
5. Unentgeltliche Volksbibliotheken.
6. Regelung der Zahl der Lehrlinge, welche ein Meister halten darf, durch Kommissionen von Meistern und Arbeitern.
7. Aufhebung aller für das Reisen der Arbeiter gegebenen Ausnahmegesetze, namentlich der in den Wanderbüchern ausgesprochenen.
8. Herabsetzung der Wählbarkeit für die preußische Kammer auf das 24. Jahr.
9. Beschäftigung der Arbeitslosen in Staatsanstalten, und zwar sorgt der Staat für eine ihren menschlichen Bedürfnissen angemessene Existenz.
10. Errichtung von Musterwerkstätten durch den Staat und Erweiterung der schon bestehenden öffentlichen Kunstanstalten [gemeint sind Vorgängereinrichtungen der Gewerbeschulen] zur Heranbildung tüchtiger Arbeiter.

Zit. nach: Karl Obermann (Hg.): Flugblätter der Revolution 1848/49, München 1972, S. 100 f. (Original: Deutscher Verlag der Wissenschaften VEB, Berlin 1970)

b) Manifest des Berliner Arbeiterkongresses vom 2. September 1848:

Mit der gespanntesten Aufmerksamkeit und mit hingebender Erwartung haben die Arbeiter [...] namentlich den Entwurf betreffend die Grundrechte des deutschen Volkes und die davon ausgehenden Beratungen der hohen deutschen Nationalversammlung verfolgt. Sie haben nunmehr leider die Überzeugung erlangt, dass auch in der Verfassungsurkunde für Deutschland die soziale Frage ebenso wenig, wie in anderen Verfassungsarbeiten, eine Stelle finden könne. [...]
Der Staat verfährt in diesem Stück gewissermaßen richtig; denn solange der Arbeiter nur als eine zerstreute Menschenmenge zu betrachten ist, lässt sich auch nichts Gesetzlichbestimmtes für ihn als Ganzes [...] zur Beschützung von Rechten begründen. [...] [Eine Organisation der Arbeiter] war bisher versäumt worden, ist aber von uns, soweit es der Augenblick zulässt, nachgeholt worden, und die Organisation der Arbeiter Deutschlands, wie sie jetzt im Leben steht, liegt in den Grundzügen ihres Verfassungs-Status einer hohen Nationalversammlung vor Augen. [...]
So organisiert [...] treten wir jetzt unter unsere Mitbürger und vor den gesetzgebenden Körper unserer Wahl, mit der Bitte, in der künftigen Gesetzgebung auch uns, als Besitzer der Arbeit, anzuerkennen und solche gesetzlichen Bestimmungen eintreten zu lassen, durch welche die Existenz und Fortdauer unserer Organisation und Assoziation für alle Zeiten geschützt und ihre weitere gedeihliche Ausbildung von Seiten des Staates begünstigt werden möge. [...]
Nur notgedrungen würden wir, [...] unter der Macht der finstern Not aus den wärmsten Freunden der bestehenden Ordnung zu den bittersten Feinden derselben werden müssen.

Zit. nach: Walter Grab (Hg.): Die Revolution von 1848/49, Eine Dokumentation, Stuttgart 1998, S. 115 ff.

M9 „Das Maß ist voll"

Der Advokat und Journalist Gustav Struve organisierte zusammen mit anderen Demokraten in Baden eine Volksbewegung zur Einführung einer deutschen Republik. Gründe nannte er in einem Aufruf vom 23. Juli 1848:

Mitbürger, Freunde, Brüder!
Das Maß des an Euch verübten Unrechts ist zum Überlaufen voll. Die Monarchie mit ihren Anhängseln an Geburtsadel, Beamtenadel und Geldadel ist durch und durch faul. Eure
5 letzte Hoffnung, die konstitutionelle Versammlung in Frankfurt a. M., hat Euch getäuscht. Statt eines freien und einigen Deutschlands hat diese Dienstmagd der Reaktion Euch zu den fünfunddreißig Fürsten, die ihr schon hattet, den sechsunddreißigsten noch gegeben. Statt den Druck des auf Euch lastenden
10 Soldaten- und Beamtenwesens zu vermindern, wurde dasselbe im Laufe der letzten Monate verdoppelt und verdreifacht. […] Um zu republikanischer Freiheit zu gelangen, müsst Ihr als Männer für Euer gutes Recht erst kämpfen, weil Ihr unter dem Joche verruchter Tyrannen schmachtet. Wir Repu-
15 blikaner wollen […] Ordnung und Friede; allein wir wissen, dass diese nicht möglich sind, solange fünfunddreißig große und viele tausend kleinere Blutegel mit Weibern, Mätressen, ehelichen und unehelichen Kindern von Eurem Blute leben. Wir fordern Euch daher auf zum Kampfe gegen Eure Tyrannen.
20 Beginnt denselben damit, dass Ihr alle Abgaben an Grundherren, Staat und Kirche verweigert, und dass Ihr aller Orten Euch zusammenschart, Eure Polizeidiener, Gendarmen, Amtleute, Grundherren und Fürsten gefangen nehmt und Euch bereithaltet, […] den Kampf auf Leben und Tod zu beginnen.

Zit. nach: Friedrich Lautenschlager (Hg.): Volksstaat und Einherrschaft. Dokumente aus der badischen Revolution 1848/49, Konstanz 1920, S. 193 ff.

M10 Kleindeutsch oder großdeutsch?

a) Der aus Tübingen kommende Abgeordnete Ludwig Uhland, Januar 1849:

Die Revolution und ein Erbkaiser – das ist ein Jüngling mit grauen Haaren. Ich lege noch meine Hand auf die alte offene Wunde, den Anschluss Österreichs. Ausschluss: das ist doch das aufrichtige Wort. […]
5 Auch hier glaube ich an die erste Zeit erinnern zu müssen. Als man Schleswig erobern wollte, wer hätte da gedacht, dass man Österreich preisgeben würde? Als die österreichischen Abgeordneten mit den deutschen Fahnen in die Versammlung einzogen und mit lautem Jubel begrüßt wurden, wem hätte
10 da geträumt, dass vor Jahresablauf die österreichischen Abgeordneten ohne Sang und Klang aus den Toren der Paulskirche abziehen sollten? […]
Welche Einbuße wir an Macht, an Gebiet, an Volkszahl erleiden würden, das ist hinreichend erörtert; ich füge nur eines
15 bei: Deutschland würde ärmer um all die Kraft des Geistes und Gemüts, die in einer deutschen Bevölkerung von acht Millionen lebendig ist. […] Meine Herren, verwerfen Sie die Erblichkeit, schaffen Sie keinen herrschenden Einzelstaat, stoßen Sie Österreich nicht ab.

Zit. nach: Franz Wigard (Hg.): Stenografische Berichte über die Verhandlungen der deutschen constituierenden Nationalversammlung zu Frankfurt a. M., Bd. 7, Frankfurt/Main 1848/49, S. 4818 f.

b) Für die Kleindeutschen sprach Friedrich Dahlmann (einer der „Göttinger Sieben"), Januar 1849:

Aus […] schweren Lebensjahren habe ich die Erfahrung geschöpft, dass wir vor allen Dingen einer einheitlichen Gewalt bedürfen, einer Einheit, der das Ganze des Vaterlandes Eins und Alles ist. […]. Uns tut ein Herrscherhaus Not,
5 welches gänzlich sich unserem Deutschland widmet, gänzlich in Deutschland lebt und in nichts anderem. Ein solches Herrscherhaus kann Österreich uns nicht sein. Es kann es nicht, denn es hängen diesem Österreich zu viele außerdeutsche Sorgen an […]. An den Hohenzollern Preußens können
10 wir ein solches Herrscherhaus nicht nur haben, sondern mit dem schlechtesten und dem besten Willen kann es kein Sterblicher dahin bringen, dass wir es nicht an ihm hätten. Es ist keine Zukunft für Deutschland möglich ohne Preußen. […] Deutschland muss als solches endlich in die Reihe der poli-
15 tischen Großmächte eintreten. Das kann nur durch Preußen geschehen, und weder Preußen kann ohne Deutschland, noch Deutschland ohne Preußen genesen.

Zit. nach: Franz Wigard, a. a O., Bd. 7, S. 4820b ff.

M11 „Kaiser der Deutschen"?

kolorierter Druck im „Neuruppiner Bilderbogen"
Am 3. April 1849 empfing der preußische König Friedrich Wilhelm IV. die Delegation der Frankfurter Nationalversammlung.

✎: Beschreiben Sie das Bild. Achten Sie darauf, in welcher Haltung die Abgeordneten der Nationalversammlung auftreten.

M12 Ein „Reif aus Dreck und Letten [Erde]"

Schon als die Möglichkeit einer Wahl diskutiert wurde, schrieb Friedrich Wilhelm IV. im Dezember 1848 an seinen Freund Freiherr von Bunsen:

Die Krone ist erstlich keine Krone. Die Krone, die ein Hohenzoller nehmen dürfte, wenn die Umstände es möglich machen könnten, ist keine, die eine, wenn auch mit fürstlicher Zustimmung eingesetzte, aber in die revolutionäre Saat geschossene
5 Versammlung macht, […] sondern eine, die den Stempel Gottes trägt, die den, dem sie aufgesetzt wird, nach der heiligen Ölung von Gottes Gnaden macht. […] Die aber, die Sie – leider – meinen, verunehrt überschwänglich mit ihrem Ludergeruch der Revolution von 1848, der albernsten, dümmsten,
10 schlechtesten, wenn auch gottlob nicht der bösesten dieses Jahrhunderts. Einen solchen imaginären Reif, aus Dreck und Letten gebacken, soll ein legitimer König von Gottes Gnaden, und nun gar der König von Preußen sich geben lassen, der den Segen hat, wenn auch nicht die älteste, doch die edelste Krone,
15 die niemandem gestohlen ist, zu tragen? […] Ich sage es Ihnen rund heraus: Soll die tausendjährige Krone deutscher Nation, die 42 Jahre geruht hat, wieder einmal vergeben werden, so bin ich es und meinesgleichen, die sie vergeben werden; und wehe dem, der sich anmaßt, was ihm nicht zukommt.

Zit. nach: Leopold von Ranke (Hg.): Aus dem Briefwechsel Friedrich Wilhelms IV. mit Bunsen, Leipzig 1873, S. 233 f.

M13 Bewaffnete Verteidigung der Revolution

Aufruf der Nationalversammlung an das deutsche Volk vom 26. Mai 1849 zur Verteidigung des Parlaments und der Verfassung:

Für diese Bestrebungen, die Nationalvertretung unerloschen zu erhalten und die Verfassung lebendig zu machen, nehmen wir in verhängnisvollem Augenblicke die tätige Mitwirkung des gesamten deutschen Volkes in Anspruch. Wir fordern
5 zu keinem Friedensbruch auf, wir wollen nicht den Bürgerkrieg schüren; aber wir finden in dieser eisernen Zeit nötig, dass das Volk wehrhaft und waffengeübt dastehe, um, wenn sein Anrecht auf die Verfassung und die mit ihr verbundenen Volksfreiheiten gewaltsam bedroht ist, oder wenn ihm
10 ein nicht von seiner Vertretung stammender Verfassungs-Zustand mit Gewalt aufgedrungen werden sollte, den ungerechten Angriff abweisen zu können; wir erachten zu diesem Zwecke für dringlich, dass in allen der Verfassung anhängenden Staaten die Volkswehr schleunig und vollständig herge-
15 stellt, und mit ihr das stehende Heer zur Aufrechterhaltung der Reichsverfassung verpflichtet werde.

Wolfgang Hardtwig/Helmut Hinze (Hg.): Deutsche Geschichte in Quellen und Darstellungen, Band 7, Stuttgart 2007, S. 338 f.

---

1. Nennen Sie Forderungen der Bauern in der Revolutionszeit (**VT**). Wie reagierten die Grundherrn (**M5**)?

2. Vergleichen Sie die Forderungen des Bürgertums (**M6**) mit denen der Handwerker und Arbeiter (**M8a**). Welche Hoffnungen hegt der Berliner Arbeiterkongress und womit droht er (**M8b**)?

3. Stellen Sie die Argumente zur nationalen Frage in der Paulskirche von Uhland und Dahlmann einander gegenüber (**M10, VT**).

4. Erklären Sie, warum Struve die Republik einführen wollte (**M9**). Wie sollte dies geschehen?

5. Erläutern Sie, warum Friedrich Wilhelm IV. auf die Kaiserkrone verzichtete (**M12**). Vergleichen Sie seine Haltung mit derjenigen von ihm im März 1848 (**VT**).

6. Erörtern Sie, ob die Nationalversammlung ein „Recht auf Widerstand" beanspruchen konnte (**M13**).

7. Als Ursachen für das Scheitern der Revolution von 1848/49 gelten unter anderem:
– die Zerstrittenheit der Liberalen und Demokraten,
– die Angst des Bürgertums vor einer sozialen Revolution,
– die Machtlosigkeit der provisorischen Regierung,
– Friedrich Wilhelms Ablehnung der Krone,
– der Rückzug der Bauern von der Revolution,
– das Problem des österreichischen Nationalitätenstaates,
– die Arbeitsweise des „Professorenparlaments".
Erklären Sie mindestens drei dieser Argumente (**VT**).

8. Vergleichen Sie die Französische Revolution mit der Revolution von 1848/49 in Deutschland. Stellen Sie dazu jeweils die Ziele und die handelnden Gruppen einander in einer Tabelle gegenüber.

9. Die Revolution von 1848/49 – Erfolg oder Misserfolg? Sammeln Sie Argumente für beide Behauptungen und diskutieren Sie diese Frage gemeinsam in der Klasse.

3.3 Das Deutsche Kaiserreich wird gegründet

M1 „Kommt es unter einen Hut? Ich glaube, es kommt eher unter eine Pickelhaube!"
Karikatur von 1870 aus der satirischen österreichischen Zeitschrift „Kikeriki"

Die absoluten Monarchen hatten die Revolution von 1848/49 mit Waffengewalt niedergeschlagen und ihre Macht wiederhergestellt. Allerdings blieben die Forderungen der Revolution im Bewusstsein der Menschen. Besonders das einflussreiche Bürgertum strebte weiterhin nach nationaler Einheit. Als Preußen durch seine Kriege und bei der Reichsgründung die nationale Führungsrolle übernahm, folgte ihm das Bürgertum darin. Mit einem allgemeinen Wahlrecht, dem Reichstag und der Entwicklung von Parteien bildeten sich sogar zaghafte Ansätze der Mitbeteiligung.

1862	Otto von Bismarck wird preußischer Ministerpräsident.
1864	Österreich und Preußen führen gemeinsam Krieg gegen Dänemark.
1866	Preußen besiegt seinen Rivalen Österreich.
1870/71	Im Deutsch-Französischen Krieg besiegt Preußen zusammen mit den süddeutschen Staaten Frankreich.
1871	Proklamation des Deutschen Reiches; Wilhelm I. wird Kaiser.
1888	Wilhelm II. wird deutscher Kaiser.
1914–1918	Erster Weltkrieg

Die Zeit nach der Revolution

Mit dem Sieg über die Revolution waren die Positionen der alten Machteliten in Deutschland und die vorrevolutionären Herrschaftsstrukturen zunächst wieder gefestigt. Die Errungenschaften von 1848 – etwa die Garantie der Grundrechte – wurden fast überall wieder rückgängig gemacht. Dennoch ließ sich die Zeit nicht mehr zurückdrehen: Die wirtschaftliche Bedeutung des vor allem in der Landwirtschaft tätigen Adels ging zurück. Dagegen gelangten Teile des Bürgertums zu immer größerem Einfluss und Wohlstand. Immer mehr Bürger besuchten Universitäten oder Technische Hochschulen, um anschließend Führungspositionen in Wirtschaft und Verwaltung einzunehmen. Ihr Einfluss auch auf das politische Geschehen ließ sich nicht länger aufhalten. Hauptziel dieser selbstbewussten liberal und national gesinnten Besitz- und Bildungsbürger war weiterhin die Errichtung eines deutschen Nationalstaates, der seinen Bewohnern auch politische Mitwirkungsrechte garantierte. Dies schien nur mithilfe des im Deutschen Bund wirtschaftlich führenden Preußen möglich. Da dessen Staatsgebiet zweigeteilt war, strebte auch die preußische Regierung nach einem einheitlichen Nationalstaat. 1862 wurde Otto von Bismarck preußischer Ministerpräsident. Er war es vor allem, der die nationalen Interessen Preußens energisch vorantrieb. Anders als dem liberalen Bürgertum ging es ihm aber auch darum, die Macht der preußischen Monarchie zu erhalten – sowohl innen- als auch außenpolitisch. Als Ergebnis zweier Kriege – gegen Dänemark wegen Schleswig-Holstein und gegen Österreich um die Vorherrschaft in Deutschland – gewann Preußen Gebiete in Norddeutschland. Diese ermöglichten eine Verbindung zwischen den preußischen Kerngebieten im Osten und der Rheinprovinz im Westen. Der Erfolg in den Kriegen und der besonnene Friedensschluss, bei dem Bismarck keine Gebietsansprüche an Österreich gestellt hatte, hoben sein Ansehen beim deutschen Bürgertum. Allerdings gab es erhebliche Differenzen in der Frage um politische Mitbestimmung.

Krieg gegen Frankreich

Nachdem Österreich im Anschluss an die Niederlage gegen Preußen seine Zustimmung zu einer Neuordnung Deutschlands ohne Österreich gegeben hatte, schlossen sich im Jahr 1867 21 Kleinstaaten und Freie Städte nördlich des Mains mit Preußen zum Norddeutschen Bund zusammen. Dies war ein Staatenbund mit einem gemeinsamen Parlament (Reichstag und Bundesrat). Damit war die Neuordnung Deutschlands jedoch noch nicht abgeschlossen. Bismarck wollte auch die süddeutschen Staaten Bayern, Baden, Württemberg und Hessen in den Bund einbeziehen. Dieses Vorhaben stieß auf den Widerstand Frankreichs, das sich vor der militärischen Stärke eines von Preußen beherrschten Deutschlands fürchtete. Die Spannungen zwischen dem nach dem Führungsanspruch in Deutschland strebenden Preußen und dem um seine Vormachtstellung in Europa bangenden Frankreich entluden sich schließlich 1870/71 im Deutsch-Französischen Krieg. Dabei vereinigten die süddeutschen Staaten ihre Truppen mit denen des Norddeutschen Bundes. Am 2. September 1870 geriet der französische Kaiser Napoleon III. nach der Schlacht von Sedan in Gefangenschaft. Zwei Tage später wurde in Paris die „Dritte Republik" ausgerufen und eine „Regierung der nationalen Verteidigung" gebildet. Sie widersetzte sich zunächst den deutschen Wünschen nach einer Annexion des Elsass und Lothringens und beschloss, die Kämpfe fortzusetzen. Der Krieg zog sich noch sechs Monate hin, aber die Widerstandskraft der französischen Truppen ließ nach. Im Mai 1871 wurde Frieden geschlossen: Frankreich musste Elsass und Lothringen abtreten und 5 Milliarden Francs Kriegsentschädigung zahlen. Das Geld kam vor allem der deutschen Wirtschaft zugute. Es wurden Kredite finanziert, mit denen Unternehmer Betriebe gründen und ausbauen konnten.

Reichsgründung 1871

Nach dem erfolgreichen Kriegsverlauf konnte Bismarck die süddeutschen Staaten zum Eintritt in einen kleindeutschen Nationalstaat bewegen. Am 18. Januar 1871 wurde im Spiegelsaal des Schlosses von Versailles das Deutsche Reich proklamiert. Der preußische König Wilhelm I. wurde zum deutschen Kaiser ernannt. Die Reichsgründung wird oft als nationale Einigung „von oben" interpretiert, zumal beim Festakt der Kaiserproklamation fast nur

M2 Otto von Bismarck (1815–1898), preußischer Ministerpräsident, deutscher Reichskanzler, Stahlstich nach einer Fotografie, um 1855

3 Deutsche streben nach Einheit und Freiheit

M3 Deutschland nach der Reichsgründung 1871

✎: Beschreiben Sie die Gebietsveränderungen des Deutschen Reiches von 1871 gegenüber den Grenzen des Deutschen Bundes (S. 129).
Warum war auch das Deutsche Reich kein Nationalstaat?

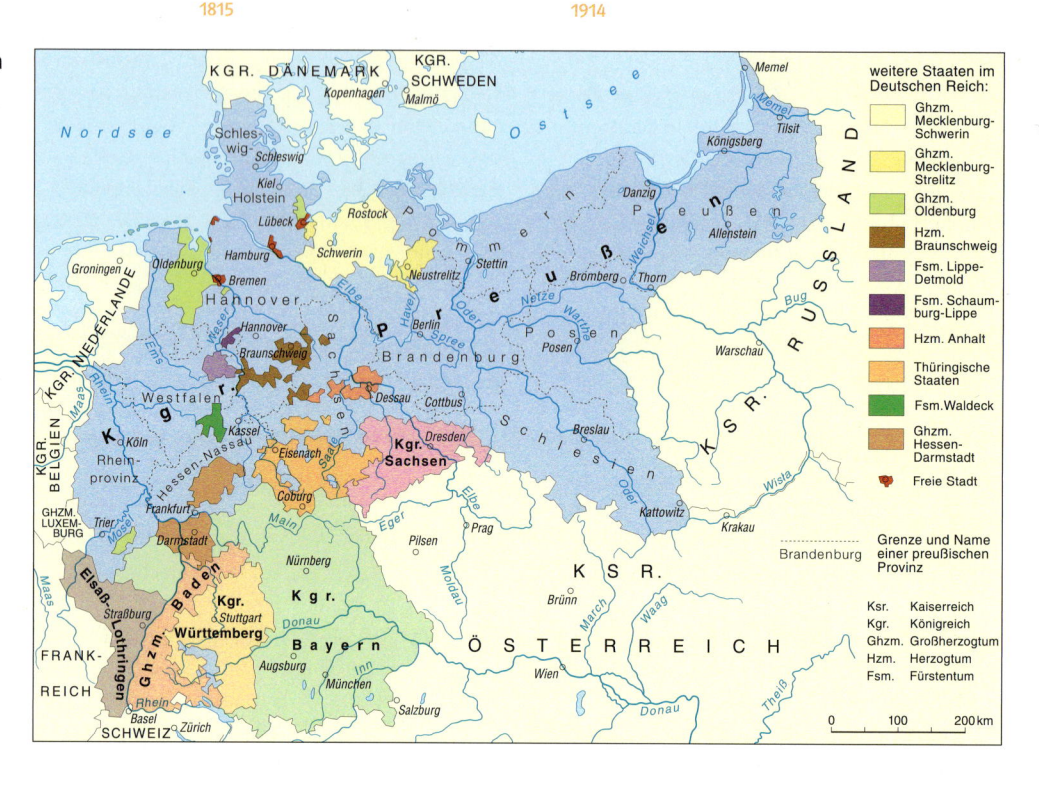

Fürsten und Offiziere anwesend waren. Dabei darf nicht übersehen werden, dass die Mehrheit der Bevölkerung die staatliche Einheit herbeigesehnt hatte, wenngleich nicht in der Form eines – wie sich dann zeigte – autoritär geführten Obrigkeitsstaates. Die Volksvertreter blieben bei der Reichsgründung keineswegs ausgegrenzt: Die im November 1870 geschlossenen Regierungsvereinbarungen des Norddeutschen Bundes und der süddeutschen Staaten zur Reichsgründung wurden erst gültig mit deren Ratifizierung durch den Reichstag des Norddeutschen Bundes und der süddeutschen Länderparlamente.

Verfassung des Deutschen Reiches von 1871

Die unter dem Einfluss Bismarcks ausgearbeitete Verfassung gab dem neu gegründeten Deutschen Reich den Status einer konstitutionellen Monarchie. Die Verfassung sah ein nach allgemeinem Männerwahlrecht gewähltes Parlament vor, den Reichstag, der bei der Gesetzgebung mitwirkte. Durch die Wahlen zum Reichstag war also eine Beteiligung und Mobilisierung der Menschen möglich. Das Reichsgebiet wurde in 397 Wahlkreise eingeteilt, in jedem Wahlkreis wurde ein Abgeordneter gewählt (Mehrheitswahlrecht). Der Kaiser verfügte über die zentrale Machtposition im Staat. Er ernannte und entließ den Reichskanzler und übte die alleinige Kommandogewalt über Heer und Flotte aus. Der Reichskanzler besaß gleichzeitig den Vorsitz im Bundesrat, einem von den monarchischen Länderregierungen gebildeten Verfassungsorgan.
Waren die Kompetenzen des Reichstages auch eingeschränkt, so waren Kaiser, Reichskanzler und Reichsregierung dennoch gezwungen, mit dem Reichstag zusammenzuarbeiten. Dieser verfügte nämlich zusammen mit dem Bundesrat über das Gesetzgebungsrecht und musste dem Staatshaushalt zustimmen. Darüber hinaus konnte der Reichstag auf die Regierungs- und insbesondere die Außenpolitik keinen Einfluss nehmen.
Da die Kaiserwürde dem Königshaus der Hohenzollern zustand, sicherte sie Preußen die Führungsrolle des aus 25 Einzelstaaten gebildeten Bundesstaates. Das Amt des Kaisers war mit dem des preußischen Königs verbunden, das des Reichskanzlers in der Regel mit dem des preußischen Ministerpräsidenten. Im Bundesrat besaß Preußen, das über nahezu drei Viertel der Fläche und Bevölkerung des Reiches

3.3 Das Deutsche Kaiserreich wird gegründet

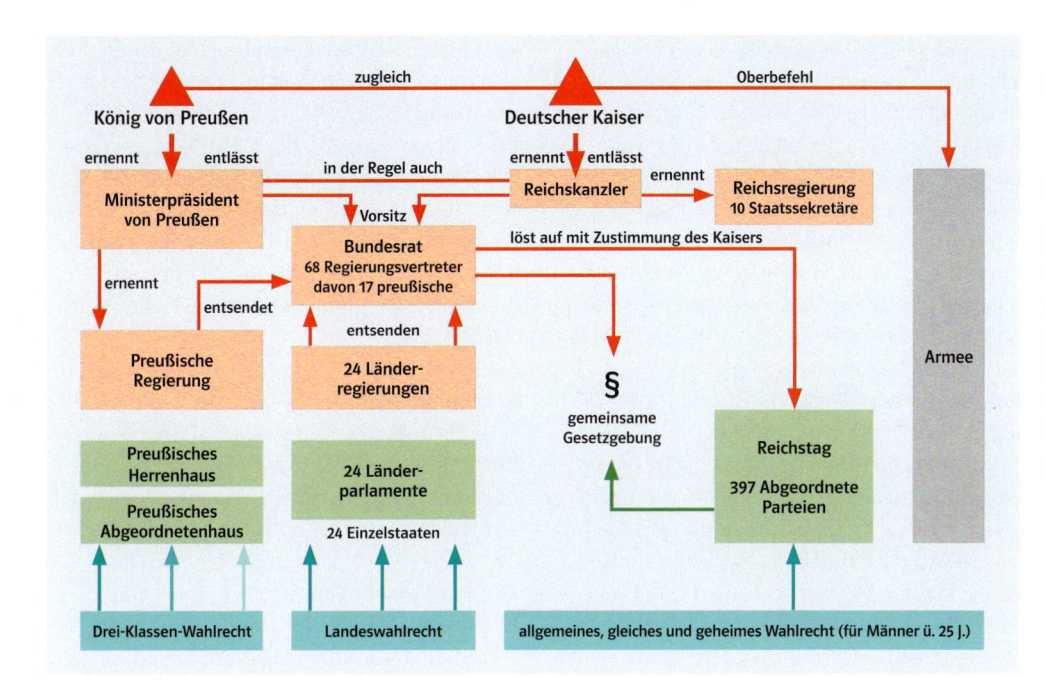

M4 Die Verfassung des Deutschen Reiches 1871

✎: Nennen Sie Unterschiede und Gemeinsamkeiten zwischen der Verfassung des Deutschen Reiches von 1871 und der französischen Verfassung von 1791 (S. 86).

verfügte, mit 17 von 58 Vertretern der Einzelstaaten genügend Stimmen, um Verfassungsänderungen zu blockieren.

Die Parteien
Eine wichtige Funktion für die politische Willensbildung und Beteiligung übten die Parteien aus. Ihre Anfänge lagen oft schon vor der Reichsgründung. Hervorgegangen waren sie meist aus Klubs, Arbeiterbildungsvereinen und zeitlich befristeten Wahlvereinen, entwickelten aber im Laufe der Arbeit im Reichstag schlagkräftigere Organisationsformen. Die wichtigsten Parteien waren die Nationalliberalen, die Konservativen, das Zentrum und die Sozialdemokraten. Die Wähler der Nationalliberalen kamen vor allem aus dem Besitz- und dem Bildungsbürgertum. Die Konservativen hatten ihre Hochburgen in ländlichen Regionen Preußens, sie wurden aber auch vom Adel, vom Militär und der Beamtenschaft bevorzugt. Das Zentrum war die Partei der Katholiken. Die Sozialdemokraten wurden vor allem von der städtischen Arbeiterschaft gewählt.

Das Kaiserreich – ein Obrigkeitsstaat
Der erste Kaiser des Deutschen Reiches Wilhelm I. und vor allem sein Nachfolger Wilhelm II. (ab 1888) waren von der Notwendigkeit der Kriegs- und Kampfbereitschaft eines machtvollen Nationalstaates überzeugt. Das große Ansehen des Militärs im Kaiserreich entsprach preußischer Tradition. Nicht „gedient" zu haben machte eine erfolgreiche berufliche und gesellschaftliche Karriere nahezu unmöglich. Immer mehr junge Männer auch aus bürgerlichen Familien strebten die Offizierslaufbahn an. Der Offizier wurde zum gesellschaftlichen Leitbild. Er verkörperte Patriotismus, die Treue gegen den Kaiser, das Funktionieren von Ordnung und Autorität im Staat. Und so galt der Gesellschaft des Kaiserreiches bald alles Militärische als vorbildlich. Seinen Ausdruck fand dieser Militarismus in der Vorliebe für Uniformen und Paraden und in einem am Militär orientierten Verhalten in Schule, Verwaltung, Beamtenapparat und Vereinen. In dieser Atmosphäre prägte sich obrigkeitsstaatliches Denken aus. Viele Entscheidungen wurden „von oben" getroffen und geregelt. Eine demokratische, aktive Bürgergesellschaft konnte so nicht entstehen.

Wirtschaftsaufschwung im Kaiserreich
Die obrigkeitsstaatliche Prägung schloss einen wirtschaftlichen Aufschwung jedoch nicht aus. Die Grundlagen für den industriellen Aufstieg des Kaiserreiches wurden bereits zwischen 1850

3.3 Das Deutsche Kaiserreich wird gegründet

und 1870 gelegt. Diese Jahre gelten bei Wirtschaftshistorikern als Phase des eigentlichen industriellen „Take-offs", in der sich die moderne kapitalistische Wirtschaftsweise endgültig durchsetzte. Der Eisenbahnbau war zu dieser Zeit der Führungssektor für den Aufschwung. Er stimulierte die Eisen- und Stahlindustrie, den Kohlenbergbau und den Maschinenbau. Aber auch als Transportmittel hatte der Eisenbahnbau revolutionäre Wirkung: Die Transportkosten sanken, die Geschwindigkeit nahm zu.
Preußen gelang es, seine wirtschaftliche Führungsrolle auszubauen und die ökonomischen Grundlagen für eine kleindeutsche Einigung „von oben" zu legen. Nachdem die französischen Kriegsentschädigungen 1871 zu einem wirtschaftlichen Aufschwung geführt hatten, folgte mit der „Gründerkrise" von 1873 bis 1878 eine Phase der Stagnation. Erst Mitte der 1890er-Jahre setzte eine Zeit der Hochkonjunktur ein, die bis zum Ersten Weltkrieg anhielt. Unternehmen der Elektro-, der chemischen und der optischen Industrie gaben jetzt dem Wachstum neuen Schwung (Siemens, AEG, Bayer, Hoechst, BASF, Zeiss). In diesen Bereichen wurde Deutschland weltweit führend.

Nationalismus und Antisemitismus
Die militärischen und wirtschaftlichen Erfolge des Deutschen Reiches führten bei vielen seiner Bewohner zum Glauben an die Überlegenheit der eigenen Kulturnation gegenüber anderen Volksgruppen. Unter diesem Nationalismus hatten Minderheiten innerhalb des Deutschen Reiches wie Polen, Dänen und Elsässer zu leiden. Besonders gehässig waren die Vorurteile aber gegenüber Juden (vgl. S. 104/105).
In den Augen vieler heutiger Historiker war das Kaiserreich trotz seiner modernen Ansätze in Wirtschaft und Wissenschaft ein rückständiges Staatswesen mit überkommenen autoritären Strukturen, die sich in Form von mangelndem Demokratieverständnis in weiten Teilen der Bevölkerung und einer fast kritiklosen Obrigkeitsgläubigkeit manifestierten.

Außenpolitische Spannungen
Das Kräfteverhältnis in Europa hatte sich durch den wirtschaftlichen Aufschwung Deutschlands und die Reichsgründung verändert. Das Deutsche Reich war zur Großmacht aufgestiegen. Dagegen zeigten sich die alten europäischen Mächte abgesehen von England geschwächt: Frankreich durch seine militärische Niederlage 1871, der Vielvölkerstaat Österreich-Ungarn aufgrund der dort herrschenden Spannungen zwischen den Nationalitäten und Russland wegen seiner wirtschaftlichen Rückständigkeit. In dieser Situation beobachteten die anderen Regierungen das Deutsche Reich mit Misstrauen.
Nach der Gründung des Reiches bestimmte Reichskanzler Bismarck fast zwei Jahrzehnte lang die deutsche Außenpolitik. Er war bestrebt, Spannungen zwischen den europäischen Mächten beizulegen und Deutschland aus weltpolitischen Konflikten herauszuhalten.

Ein „Platz an der Sonne"
Nach dem Tod Wilhelms I. änderten sich die Ziele deutscher Außenpolitik. Wilhelm II. bestieg 1888 als 29-Jähriger den Thron. Er wollte in einem „persönlichen Regiment" selbst Macht ausüben und benutzte jede sich bietende Gelegenheit, um bei Fahnenweihen, Schiffstaufen, Paraden und Empfängen Reden zu halten, die seinen monarchischen Herrschaftsanspruch betonten. Immer häufigere Meinungsverschiedenheiten mit dem neuen Kaiser veranlassten Reichskanzler Bismarck schließlich, im Jahr 1890 von seinem Amt zurückzutreten. Das ursprüngliche Ziel der Außenpolitik Bismarcks, Spannungen zwischen den europäischen Mächten zu verhindern, trat nun zu Gunsten **imperialistischer** Ambitionen des Kaisers in den Hintergrund.
Ein Kolonialreich, das in seiner Ausdehnung mit demjenigen Frankreichs und England gemessen werden sollte sowie eine mächtige Kriegsflotte waren die neuen Ziele deutscher Politik. Deutschland verlangte nun einen „Platz an der Sonne", wie der spätere Reichskanzler Bernhard von Bülow die offensiven deutschen Weltmachtpläne umschrieb.
Aufgestört durch das deutsche Expansionsstreben begannen die übrigen europäischen Großmächte, ihre Interessengegensätze auszugleichen. 1904 verständigte sich Großbritannien in der sogenannten „Entente cordiale" mit Frankreich über die beiderseitigen kolonialen Interessensphären. Nachdem sich 1907 auch Russland mit den Ententemächten einigte,

nahm die Einkreisung Deutschlands und Österreichs durch Bündnisse der anderen europäischen Großmächte konkrete Formen an. Als auf dem Balkan nach dem Zusammenbruch des Osmanischen Reiches ein neuer Krisenherd entstand, der zum Auslöser des Ersten Weltkriegs wurde, war das Deutsche Reich außenpolitisch weitgehend isoliert.

Der Erste Weltkrieg
Schon seit geraumer Zeit stellte der Balkan eine Krisenregion in Europa dar. Die dort lebenden slawischen Völker standen teilweise unter der Herrschaft des Osmanischen Reiches, strebten aber nach Unabhängigkeit. Die mit diesem Konflikt verbundenen gegensätzlichen Interessen der europäischen Mächte stießen Anfang des 20. Jahrhunderts nun offen aufeinander:
- Die russische Regierung wollte die Slawen Europas zu einem Staatenbund unter russischer Führung vereinen (Panslawismus). Sie unterstützte deshalb die Unabhängigkeitsbestrebungen der Balkanvölker.
- Das mit Deutschland verbündete Österreich suchte seine Position auf dem Balkan zu festigen und sein Staatsgebiet entlang der Adriaküste nach Süden auszudehnen.
- Die Regierungen Frankreichs und Italiens erhofften sich Gebietsgewinne in Nordafrika, sollte das Osmanische Reich dort seinen Besitz verlieren.

1908 annektierte Österreich-Ungarn Bosnien und Herzegowina – Gebiete, auf die auch Serbien Anspruch erhob. Als am 28. Juni 1914 in der bosnischen Stadt Sarajewo der österreichische Thronfolger Franz Ferdinand von einem serbischen Nationalisten ermordet wurde, eskalierte der Konflikt. Als Deutschland seinem Bündnispartner die bedingungslose Unterstützung zugesagt hatte, erklärte Österreich-Ungarn am 28. Juni Serbien den Krieg. Das löste einen Mechanismus von Bündnisverpflichtungen aller europäischen Großmächte und somit den Ersten Weltkrieg aus.

Die Verbündeten Deutschland und Österreich-Ungarn standen nun im Krieg unter anderem gegen die Alliierten England, Frankreich, Russland und Serbien. Beflügelt durch Anfangserfolge strebte Deutschland die Errichtung einer umfassenden Vormachtstellung in Mitteleuropa an. Doch statt der erhofften schnellen Siege kam es zu einem jahrelangen verlustreichen Stellungskrieg im Westen. Der Kriegseintritt der USA im April 1917 führte schließlich zu einer Übermacht der Alliierten. Daran konnte auch der Friedensschluss Deutschlands mit Russland – hier hatte inzwischen die Oktoberrevolution stattgefunden und die Revolutionäre wollten den Krieg beenden – im Frühjahr 1918 nichts mehr ändern. Im Herbst 1918 drängte Deutschland schließlich auf einen Waffenstillstand und somit ein Ende des Krieges.

M5 Parade der Gardetruppen im Berliner Lustgarten

✏️: Als Spaziergänger beobachten Sie diese Parade. Beschreiben Sie Ihre Eindrücke.

Imperialismus	(von lat. Imperium = Herrschaft, Herrschaftsgebiet) Ausdehnungspolitik eines Staates mit dem Ziel, politisch und wirtschaftlich abhängige Territorien zu erwerben. Das Zeitalter des Imperialismus meint die Epoche zwischen ca. 1880 und dem Beginn des Ersten Weltkriegs. Damals beteiligten sich an der territorialen Ausdehnung nicht mehr nur traditionelle Kolonialmächte wie Großbritannien, Frankreich oder Russland, sondern auch Italien, Belgien, das Deutsche Reich, die USA und Japan.

3.3 Das Deutsche Kaiserreich wird gegründet

M6 Reichstagswahlen von der Reichsgründung bis zum Ersten Weltkrieg

Partei	1874 %	Sitze	1884 %	Sitze	1893 %	Sitze	1903 %	Sitze	1912 %	Sitze
Konservative	6,9	22	15,2	78	13,5	72	10,0	54	9,2	43
Zentrum	27,9	91	22,6	99	19,1	96	19,8	100	16,4	91
Nationalliberale	29,7	155	17,6	51	13,0	53	13,9	51	13,6	45
Sozialdemokraten	6,8	9	9,7	24	23,3	44	9,7	24	34,8	110

✎: Vergleichen Sie jeweils die Stimmanteile (in %) und die Sitze der Parteien in einem Wahljahr. Was fällt Ihnen dabei auf? Erklären Sie den Zusammenhang von Mehrheitswahlrecht und Ihren Beobachtungen.

M7 Sozialistengesetz

Wilhelm I. erließ am 21. Oktober 1878 das „Gesetz gegen die gemeingefährlichen Bestrebungen der Sozialdemokratie", das so genannte Sozialistengesetz. Anlass waren zwei Attentate auf ihn, die allerdings nichts mit der Sozialdemokratie zu tun hatten:
Wir, Wilhelm, von Gottes Gnaden Deutscher Kaiser, König von Preußen etc. verordnen im Namen des Reichs, nach erfolgter Zustimmung des Bundesraths und des Reichstags, was folgt:
§1. Vereine, welche durch sozialdemokratische, sozialistische
5 oder kommunistische Bestrebungen den Umsturz der bestehenden Staats- und Gesellschaftsordnung bezwecken, sind zu verbieten. [...]
§9. Versammlungen, in denen sozialdemokratische, sozialistische oder kommunistische auf den Umsturz der bestehenden
10 Staats- und Gesellschaftsordnung gerichtete Bestrebungen zu Tage treten, sind aufzulösen. [...]
§11. Druckschriften, in welchen sozialdemokratische, sozialistische oder kommunistische den Umsturz der bestehenden Staats- und Gesellschaftsordnung gerichtete Bestrebungen in
15 einer den öffentlichen Frieden, insbesondere die Eintracht der Bevölkerungsklassen gefährdenden Weise zu tage treten sind zu verbieten. [...]
§17. Wer an einem verbotenen Vereine (§6) als Mitglied sich betheiligt, oder eine Thätigkeit im Interesse eines solchen Ver-
20 eins ausübt, wird mit Geldstrafe bis zu fünfhundert Mark oder mit Gefängniß bis zu drei Monaten bestraft. Eine gleiche Strafe trifft denjenigen, welcher an einer verbotenen Versammlung (§9) sich betheiligt, oder welcher nach polizeilicher Auflösung einer Versammlung (§9) sich nicht sofort entfernt. [...]

Rüdiger vom Bruch/Björn Hofmeister (Hg.): Deutsche Geschichte in Quellen und Darstellungen. Band 8, Kaiserreich und Erster Weltkrieg 1871–1918, Stuttgart 2000, S. 50 f.

M8 Wilhelm II. über den Treueschwur

Der Kaiser fiel häufig durch überhebliche und taktlose Reden auf, so auch bei einer Vereidigung von Rekruten des Potsdamer Garderegiments, 1893:
Rekruten!
Ihr habt jetzt vor dem geweihten Diener Gottes und angesichts dieses Altars Mir Treue geschworen. Ihr seid noch zu jung, um die wahre Bedeutung des eben Gesprochenen zu verstehen; aber befleißigt euch zunächst, dass ihr die gegebenen
5 Vorschriften und Lehren immer befolgt. Ihr habt Mir Treue geschworen, das – Kinder Meiner Garde – heißt, ihr seid jetzt Meine Soldaten, ihr habt euch Mir mit Leib und Seele ergeben; es gibt für euch nur einen Feind, und der ist Mein Feind. Bei den jetzigen sozialistischen Umtrieben kann es vorkom-
10 men, dass Ich euch befehle, eure eigenen Verwandten, Brüder, ja Eltern niederzuschießen – was Gott verhüten möge –, aber auch dann müsst ihr Meine Befehle ohne Murren befolgen.

Ernst Johann (Hg.): Wilhelm II. Ansprachen, Predigten und Trinksprüche Wilhelms II., München 1977, S. 56

M9 „Platz an der Sonne"

Der Staatssekretär des Auswärtigen Amtes Bernhard Freiherr von Bülow vor dem Reichstag über die deutsche Chinapolitik, 1897:
Fürchten Sie gar nichts, meine Herren! Der Herr Reichskanzler ist nicht der Mann, und seine Mitarbeiter sind nicht die Leute, irgend unnütze Händel zu suchen. Wir empfinden auch durchaus nicht das Bedürfnis, unsere Finger in jeden
5 Topf zu stecken. Aber allerdings sind wir der Ansicht, dass es sich nicht empfiehlt, Deutschland in zukunftsreichen Ländern von vornherein auszuschließen vom Mitbewerb anderer Völker. *(Bravo!)* Die Zeiten, wo der Deutsche dem einen seiner Nachbarn die Erde überließ, dem anderen das Meer und sich selbst den Himmel reservierte, wo die reine Doktrin
10 [= Lehrmeinung] thront *(Heiterkeit – Bravo!)* – diese Zeiten sind vorüber. Wir betrachten es als eine unserer vornehmsten Aufgaben, gerade in Ostasien die Interessen unserer Schifffahrt, unseres Handels und unserer Industrie zu fördern und zu pflegen. [...] Wir müssen verlangen, dass der deutsche Mis-
15 sionar und der deutsche Unternehmer, die deutschen Waren,

die deutsche Flagge und das deutsche Schiff in China geradeso geachtet werden, wie diejenigen anderer Mächte. *(Lebhaftes Bravo.)* Wir sind endlich gern bereit, in Ostasien den Interessen anderer Großmächte Rechnung zu tragen, in der sichern Voraussicht, dass unsere eigenen Interessen gleichfalls die ihnen gebührende Würdigung finden. *(Bravo!)* Mit einem Wort: Wir wollen niemand in den Schatten stellen, aber wir verlangen auch unseren Platz an der Sonne. *(Bravo!)*

Stenografische Berichte über die Verhandlungen des Deutschen Reichstags. 9. Legislaturperiode, 5. Session, Bd. 1, Berlin 1898, S. 60

M10 Elitebewusstsein der Offiziere

Aus einer Artikelserie des Militärwochenblattes, 1889:
Von der größten Wichtigkeit ist daher der Zustand des Offizierkorps; er ist entscheidend für den Wert des ganzen Heeres. Es wiederholt sich hier, was im Leben allgemeine Erfahrung ist: die unteren Schichten sind stets das, was die oberen aus ihnen machen. […] In keinem anderen Lande der Welt steht der Offizierstand auf einer so hohen Stufe, nimmt er auf der Skala der menschlichen Gesellschaft einen so hohen Rang, eine so angesehene und geachtete Stellung ein als in Deutschland. […] Wenn der Offiziersberuf jetzt nicht mehr wie früher das Monopol des Adels ist, so dürfen doch nur Ebenbürtige, nur Ritter vom Geiste und Kavaliere von Erziehung und Gesinnung Mitglieder und Genossen dieses bevorzugten Standes sein. […] Beide, der bürgerliche sowohl wie der adlige Offizier, vertreten das gleiche Prinzip, die aristokratische Weltanschauung gegen die demokratische. […] Die dem Urgedanken des Offizierstandes entstammenden Gesinnungen sind: dynastischer Sinn, unbedingte Treue gegen die Person des Monarchen, erhöhter Patriotismus, Erhaltung des Bestehenden, Verteidigung der seinem Schutze anvertrauten Rechte seines Königs und Bekämpfung vaterlandsloser, königsfeindlicher Gesinnung. […] Die Stellung als Offizier erfordert gebieterisch eine Mißbilligung aller jener politischen Richtungen, welche das Königthum von Gottes Gnaden bekämpfen oder seine ihm zustehenden Rechte verkürzen möchten; aller der Tendenzen, welche in ihren Konsequenzen zur Leugnung aller göttlichen und menschlichen Autorität, zur Auflösung aller bestehenden Ordnungen, zur Untergrabung des Rechtes führen.

Militär-Wochenblatt, Jg. 74. Nr. 62 und 67, Berlin 1889

M11 Kaiser Wilhelm II.
französische Karikatur, Dezember 1914

🖉 : Erörtern Sie die Gründe, warum Wilhelm II. im Ausland so dargestellt wurde.

---

1. Erläutern Sie in Ihren eigenen Worten die Aussage, das Kaiserreich sei ein autoritär geprägter Obrigkeitsstaat gewesen (**VT, M7–M10**).

2. Geben Sie die Gründe wieder, die das Gesetz (**M7**) für ein Verbot der Sozialdemokratie aufführt. Erörtern Sie die Frage, ob das Sozialistengesetz mit unserem Grundgesetz und den Grundrechten vereinbar wäre.

3. Charakterisieren Sie Inhalt und Ausdrucksweise der Rede Bülows (**M9**). Recherchieren Sie im Internet, welche Kolonien das Deutsche Reich bis zum Ersten Weltkrieg erwarb.

4. Bewerten Sie die in **M10** vertretenen elitären Ansprüche des Offiziers.

3 Deutsche streben nach Einheit und Freiheit

| 1815 | | 1914 |

1. Wichtige Begriffe und Namen zuordnen
Ordnen Sie zwei Begriffe der ersten und der zweiten Spalte einander zu, die inhaltlich zusammengehören. Begründen Sie jeweils in wenigen Sätzen den Zusammenhang.

Wiener Kongress	P. J. Siebenpfeiffer
Wartburgfest	Nationalversammlung
Arbeiterverein	Unterdrückung/Zensur
Bismarck	Stephan Born
Frankfurt	deutsche Kaiserkrone
Reichstag	Kolonialreich
Hambacher Fest	Neuordnung Europas
Friedrich Wilhelm IV.	Burschenschaften
Karlsbader Beschlüsse	Reichsgründung
Kaiser Wilhelm II.	Bundesrat

2. Eine Karikatur zur Haltung des preußischen Königs untersuchen
Beschreiben Sie die Karikatur (**M1**) und deuten Sie ihren Inhalt. Ordnen Sie die Aussage in den geschichtlichen Zusammenhang ein.

M1 Andere Zeiten – andere Sitten
Karikatur aus dem „Leuchtturm", Leipzig 1849

Wiederholen und Anwenden

3. Ein Streitgespräch zum allgemeinen Wahlrecht führen
Bilden Sie Arbeitsgruppen. Entnehmen Sie den beiden Reden (**M2a** und **2b**) die wichtigsten Argumente der Redner zum Pro und Kontra des allgemeinen Wahlrechts. Woran bemisst Ziegert die politische Reife der „einfachen Leute"? Warum will Wernher die unteren Bevölkerungsklassen vom Reichstagswahlrecht ausschließen? Bestimmen Sie jeweils zwei Gruppenmitglieder, die vor der Klasse ein Streitgespräch darüber führen.
Erörtern Sie anschließend, welchen Kompromiss das „Reichstagswahlgesetz" vom April 1849 (**M2c**) zwischen beiden Positionen gefunden hat.
Heute wird über das allgemeine Wahlrecht ab 16 diskutiert. Sammeln Sie Argumente Pro und Kontra und führen Sie ein Streitgespräch. Überlegen Sie, ob Sie dabei Argumente von damals verwenden können.

M2 Debatte über das allgemeine (Männer-)Wahlrecht in der Frankfurter Nationalversammlung

a) Rede des linksliberalen Abgeordneten August Ziegert (Minden), 1849:
Aber, wendet man ferner ein, die politische Unreife des Volkes, die Bestechlichkeit! Meine Herren, kommen sie uns nicht mit der Behauptung der politischen Unreife, welche auf den früheren Satz des alten Polizeistaates vom beschränkten Unterta-
5 nenverstande hinausläuft. Ich meine, die so genannten unteren Klassen, welche die Bewegung des vorigen Jahres mit durchgemacht haben, die zur Verbesserung der jetzigen Zustände mit Hand angelegt und auch in dieser Zeit ebenso den Lockungen der Demagogen als den Verführungen der Reaktion Wider-
10 stand geleistet haben, welche in dem Versammlungsrecht, in der freien Presse, im freien Gemeinwesen und in der Öffentlichkeit des Staatslebens die Mittel zur weiteren Ausbildung besitzen, sind nicht mehr politisch unreif zu nennen. [...] Statten sie jetzt, wo von uns zur Verbesserung der Lage der arbei-
15 tenden Klasse noch nichts geschehen ist, den Besitz und das Kapital mit einer bevorzugten politischen Berechtigung aus und schließen Sie auf der anderen Seite die arbeitende Klasse von der Möglichkeit aus, Männer ihres Vertrauens in die Reichsversammlung zu wählen, so wird der ohnehin gestörte
20 Friede in der Gesellschaft dadurch nicht wiederhergestellt, es wird der Kampf dadurch nur vermehrt.
M. Freund (Hg.): Der Liberalismus, Stuttgart 1965, S. 146 f.

b) Aus einer Rede des liberalen Abgeordneten Philipp Wilhelm Wernher (Nierstein), 1849:
Unsere Vorfahren und die Staaten des Altertums, in denen die Gefahr war, von einem Nachbar besiegt und infolge der Besiegung zu Sklaven gemacht zu werden, bei denen war das Zeichen des politischen Volkes die Waffenfähigkeit. [...] Der
5 moderne Staat ist nicht mehr in diesen Formen. Er bedarf zu seiner Erhaltung, um die hohen Zwecke der Kultur zu erfüllen, moderner Mittel, Geld, Geld, und darum sind im modernen Staate alle diejenigen, die zum Bedürfnis des Staates etwas und ein Wesentliches beitragen, das eigentliche, das politische
10 Volk; ich halte es für eine große Verkennung der Dinge, wenn man darin eine Anmaßung der Bezahlenden findet. [...] Ich ehre das Volk, ich liebe alle Klassen desselben, [...] ich habe in dem Volke eine Masse häuslicher Tugenden kennengelernt, ich schlage hoch an die Sorge, die der arme Mann für seine
15 Kinder zeigt, und die Pflege, die er seinem Vater gibt [...]; aber meine Herren, zwischen der häuslichen Tugend und der politischen Einsicht, da ist doch ein großer Unterschied, und wer das verwechseln will, der verwechselt den engsten Kreis des Hauses und den weiten des Staates; ich behaupte, nach
20 meiner getreuen Erfahrung, dass zur Beurteilung der Bedürfnisse eines großen Staates die unteren Klassen nicht geeignet sind.
M. Freud (Hg.): a. a. O., S. 148 f.

c) Gesetz betreffend die Wahlen der Abgeordneten zum Volkshause („Frankfurter Reichswahlgesetz") vom 12. April 1849:
Art. 1, §1. Wähler ist jeder unbescholtene [nicht vorbestrafte] Deutsche, welcher das fünfundzwanzigste Lebensjahr zurückgelegt hat.
§2. Von der Berechtigung sind ausgeschlossen:
1) Personen, welche unter Vormundschaft [...] stehen;
2) Personen, über deren Vermögen Konkurs [...] gerichtlich eröffnet worden ist. [...];
3) Personen, welche eine Armenunterstützung aus öffentlichen oder Gemeindemitteln beziehen oder im letzten der Wahl vorhergegangenen Jahre bezogen haben.
§4. Des Rechts zu wählen soll [...] verlustig erklärt werden, wer bei dem Wählen Stimmen erkauft, seine Stimme verkauft, oder mehr als einmal bei der für einen und denselben Zweck bestimmten Wahl seine Stimme abgegeben, oder zur Einwirkung auf die Wahl überhaupt gesetzlich unzulässige Mittel angewendet hat.
http://www.documentarchiv.de/nzjh/1849/reichswahlgesetz1849.html

157

4 Die Weimarer Republik

1918/19 brach in Deutschland erneut eine Revolution aus – 70 Jahre nach der Revolution von 1848/49. Sie beendete den Ersten Weltkrieg und ermöglichte die Gründung der Weimarer Republik. Das Prinzip der Volkssouveränität setzte sich endgültig gegen die monarchische Herrschaft durch. Trotz sozialpolitischer Erfolge hatte es die junge Demokratie schwer. Die Folgen der Kriegsniederlage belasteten den Weimarer Staat, während seine Gegner von rechts und links ihn zu stürzen versuchten. 1933 übernahmen die Nationalsozialisten die Macht – und missbrauchten sie, um Deutschland in eine brutale Diktatur umzuwandeln.

- Wodurch kam es 1918 zum revolutionären Umsturz?
- Wie sah die neue Ordnung aus?
- Welche Krisen hatte die Republik zu bewältigen?
- Warum konnte die Republik trotz mancher Erfolge dem Nationalsozialismus nicht standhalten?

Online-Link
416450-0401

1918

Herbst 1918
Kriegsniederlage zeichnet sich ab. OHL will Waffenstillstand.

9. November 1918
Sturz der Monarchie – Ausrufung der Republik

19. Januar 1919
Wahlen zur Nationalversammlung

1923

Januar 1923
Ruhrkampf

Herbst 1923
Die Inflation vernichtet alle Ersparnisse.

November 1923
Währungsreform, Einführung der Rentenmark

M1 Aufruf des Rats der Volksbeauftragten
Plakat, Januar 1919

M2 Kampf um die neue Staatsform
Regierungstruppen im Januar 1919 auf dem Brandenburger Tor in Berlin

Friedensvertrag von Versailles

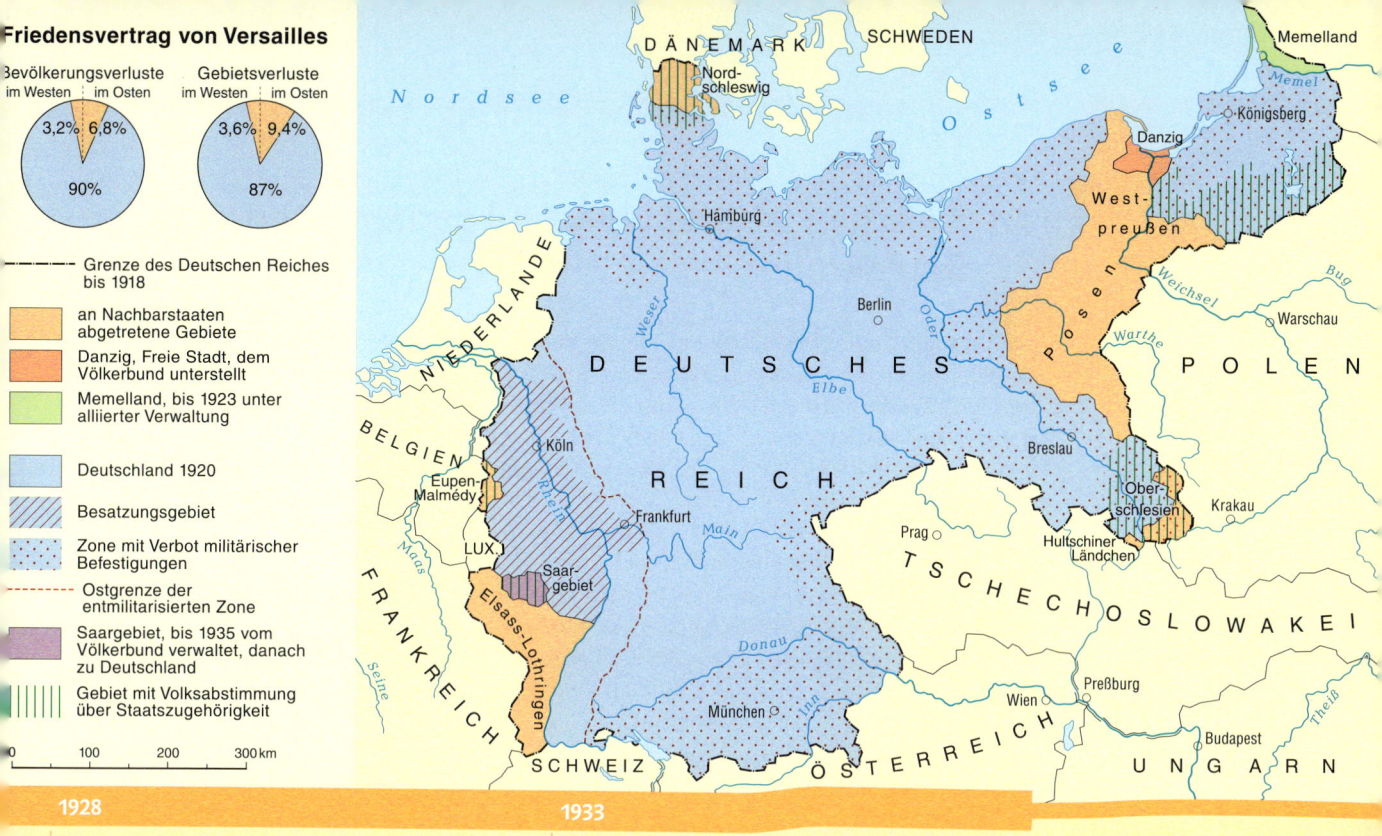

Bevölkerungsverluste: im Westen 3,2%, im Osten 6,8%, 90%
Gebietsverluste: im Westen 3,6%, im Osten 9,4%, 87%

- ––– Grenze des Deutschen Reiches bis 1918
- an Nachbarstaaten abgetretene Gebiete
- Danzig, Freie Stadt, dem Völkerbund unterstellt
- Memelland, bis 1923 unter alliierter Verwaltung
- Deutschland 1920
- Besatzungsgebiet
- Zone mit Verbot militärischer Befestigungen
- ––– Ostgrenze der entmilitarisierten Zone
- Saargebiet, bis 1935 vom Völkerbund verwaltet, danach zu Deutschland
- Gebiet mit Volksabstimmung über Staatszugehörigkeit

1928 — **1933**

1929
Die Weltwirtschaftskrise erreicht Deutschland.

1930
Erste Präsidialregierung unter Reichskanzler Brüning

1932
Höhepunkt der Arbeitslosigkeit

30. Januar 1933
Hitler wird Reichskanzler

M3 Großstadtleben in Berlin
Die 1920er-Jahre bringen vielerlei Veränderungen des Alltags mit sich.

M4 Die Weltwirtschaftskrise
treibt etliche Menschen in Arbeitslosigkeit und Elend. Foto, um 1931

Fürsorge der Stadt Berlin
Für Einzelperson M 42.–
Für Ehepaar M 63.–
Für ein Kind M 18.–
monatl. Unterstützung
Davon müssen wir einen Monat leben!

4.1 Zwischen Räterepublik und parlamentarischer Demokratie

Mit der militärischen Niederlage im Ersten Weltkrieg brach das Deutsche Kaiserreich zusammen. Die alten Machthaber mussten abdanken, der Weg für eine demokratische Gesellschaftsordnung war frei. Allerdings stritten die revolutionären Kräfte erbittert um die neue Staatsform und die konservativen Eliten mobilisierten gegen die Revolution.

1918	Die Oberste Heeresleitung (OHL) gesteht die militärische Niederlage ein (29. September). Arbeiter- und Soldatenräte übernehmen vielerorts die politische Macht (Oktober/November). Die Abdankung des Kaisers wird verkündet. Ernennung des SPD-Vorsitzenden Friedrich Ebert zum Reichskanzler (9. November). Der Rat der Volksbeauftragten fungiert als Übergangsregierung (10. November).
1919	Niederschlagung des Spartakusaufstandes (Januar) Wahlen zur verfassunggebenden Nationalversammlung (19. Januar) Die Verfassung der Weimarer Republik tritt in Kraft (11. August).

M1 Friedrich Ebert (1871–1925) SPD-Vorsitzender, Reichskanzler, ab 1919 erster deutscher Reichspräsident

OHL stiehlt sich aus der Verantwortung

Der Spätherbst 1918 brachte für die meisten Deutschen ein böses Erwachen: Nach über vier Jahren Krieg musste die Oberste Heeresleitung (OHL) unter Generalfeldmarschall Paul von Hindenburg und General Erich Ludendorff die militärische Niederlage des Deutschen Reiches eingestehen. Um in dieser Situation nicht die Verantwortung übernehmen zu müssen, forderte die vom Kaiser ernannte OHL die Einsetzung einer von der Reichstagsmehrheit unterstützten neuen Regierung, die den deutschen Kriegsgegnern ein Waffenstillstandsangebot unterbreiten sollte. Der Kaiser berief daraufhin am 3. Oktober 1918 den wegen seiner liberalen Ansichten von den meisten Parteien akzeptierten Prinzen Max von Baden zum neuen Reichskanzler. Dieser bat den amerikanischen Präsidenten Wilson in einer diplomatischen Note um die Vermittlung eines Waffenstillstandes und die Aufnahme von Friedensverhandlungen. Dabei berief er sich auf die „Vierzehn Punkte" des US-Präsidenten, die eine auf Demokratie und Selbstbestimmung der Völker beruhende staatliche Neuordnung Europas nach Kriegsende angeregt hatten.

Revolution von oben

Das Waffenstillstandsgesuch wirkte auf die Deutschen wie ein Schock. Man hatte während des Krieges große Entbehrungen auf sich genommen und der kaiserlichen Propaganda vertraut, die jahrelang den nahen Sieg verkündet hatte. Kaum einer hatte die Niederlage erwartet.

Um der amerikanischen Forderung nach Demokratisierung – eine Grundbedingung für den erbetenen Waffenstillstand – zu entsprechen, einigten sich Kaiser Wilhelm II., Reichsregierung und OHL auf eine „Revolution von oben". Per Verfassungsänderung wurde am 28. Oktober aus der konstitutionellen Monarchie eine parlamentarische: Der Reichskanzler, bislang vom Kaiser ernannt und entlassen, benötigte fortan für seine Amtsführung das Vertrauen des Reichstages. Regierungsakte des Kaisers mussten vom Kanzler gegengezeichnet werden, der damit die politische Verantwortung übernahm. So sollte bei einer weiteren Verschlechterung der militärischen Lage die Gefahr einer „Revolution von unten" – wie 1917 in Russland – vermieden werden. Zur Revolution kam es dennoch.

Revolution: Räte übernehmen die Macht

Obwohl es an der Niederlage keinen Zweifel gab, bereitete die Seekriegsleitung ohne Wissen der Reichsregierung einen Angriff auf die britische Flotte vor und erteilte der deutschen Hochseeflotte den militärisch sinnlosen Befehl zum Auslaufen. Einige Matrosen verweigerten daraufhin am 29. Oktober 1918 den Gehorsam. Sie sahen sich der neuen Regierung und ihren Friedensverhandlungen verpflichtet. Die Flottenführung ließ die meuternden Schiffsbesatzungen verhaften, der geplante Vorstoß zur See aber unterblieb. Mit den Verhafteten solidarisierten sich nun weitere Matrosen und Werftarbeiter. Sie entwaffneten die Offiziere, befreiten die Gefangenen und wählten „Soldatenräte" zu ihren Führern. Diese spontane Bewegung breitete sich rasch von der Küste über ganz Deutschland aus. In zahlreichen Städten gründeten sich **Arbeiter- und Soldatenräte** und übernahmen die militärische und zivile Gewalt. Die in den Reichsländern regierenden Fürsten wurden zur Abdankung gezwungen oder verzichteten freiwillig auf die Regierungsgewalt.

9. November 1918: Entscheidung in Berlin

Die revolutionäre Bewegung bahnte sich ihren Weg bis nach Berlin. Am Morgen des 9. November demonstrierten Arbeiter in den Straßen der Hauptstadt und forderten den Rücktritt des Kaisers. Als dieser zögerte, gab Reichskanzler Max von Baden um die Mittagszeit zur Beruhigung der demonstrierenden Massen eigenmächtig die Abdankung des Kaisers bekannt und trat selbst von seinem Amt zurück. Die Regierungsgeschäfte übertrug er dem Vorsitzenden der größten Fraktion des Reichstages, dem SPD-Abgeordneten Friedrich Ebert. Damit waren die Unruhen in den Straßen Berlins jedoch nicht vorüber. Als sich eine Menschenmenge vor dem Reichstag versammelte, rief der Sozialdemokrat Philipp Scheidemann in einer improvisierten Rede von einem Fenster des Reichstagsgebäudes die Republik aus. Er kam damit nur wenige Stunden dem Führer des **Spartakusbund**es Karl Liebknecht zuvor, der vom Balkon des kaiserlichen Stadtschlosses die „freie sozialistische Republik" proklamierte.

Parlament oder Räte?

In der Frage um die anzustrebende zukünftige Staatsform waren die revolutionären Kräfte gespalten: Im Streit um die Bewilligung von Kriegskrediten hatte sich bereits im Jahr 1917 die USPD (Unabhängige Sozialdemokraten)

M2 Demonstration
Foto, Januar 1919

✎: Erklären Sie mithilfe des VT die einzelnen Forderungen und Aussagen auf den Plakaten.

Arbeiter- und Soldatenräte	(Räte = Sowjets) Das Rätesystem ist eine Form direkter Demokratie, das erstmals in der russischen Revolution von 1917 erprobt wurde. In Betrieben, Militäreinheiten oder von den Bewohnern eines Bezirks werden in Volksversammlungen Vertreter gewählt, die wiederum Delegierte in die regionalen und nationalen Räte senden. Bei den Räten liegt die ungeteilte gesetzgebende, ausführende und richterliche Gewalt. Die Gewählten sind ihren Wählern direkt verantwortlich (imperatives Mandat) und jederzeit abberufbar.

4 Die Weimarer Republik

1918 — 1933

M3 Der Rat der Volksbeauftragten
Zeitgenössische Ansichtskarte, die die Mitglieder des Rates der Volksbeauftragten zeigt; links: Hugo Haase (USPD), Otto Landsberg (SPD) und Wilhelm Dittmann (USPD); rechts: die Sozialdemokraten Friedrich Ebert und Philipp Scheidemann sowie Emil Barth (USPD). Die USPD-Politiker schieden Ende Dezember 1918 aus der Übergangsregierung aus.
In der Mitte die Ausrufung der Republik durch Philipp Scheidemann von einem Fenster des Reichstagsgebäudes. Die Szene wurde später nachgestellt. Ein authentisches Foto der Proklamation existiert nicht.

✎ Beschreiben Sie die Postkarte und diskutieren Sie, warum sie wohl hergestellt und verteilt worden ist.

M4 Rosa Luxemburg
(1870–1919)
Mitbegründerin der KPD

von der „Mehrheits-SPD" abgetrennt. Während die „Mehrheitler" um Friedrich Ebert und gemäßigte Kräfte der USPD nun für eine parlamentarische Demokratie kämpften, deren Regierung nicht mehr von einem erblichen Monarchen, sondern von einem gewählten Parlament abhängig sein sollte, strebten die radikaleren Kräfte eine Räterepublik an. Die Revolutionären Obleute, die von den Arbeitern der Berliner Großbetriebe gewählt waren, und die Mitglieder des Spartakusbundes wollten die Revolution zunächst so lange weiterführen, bis eine grundlegende Umwälzung aller politischen und sozialen Verhältnisse erreicht wäre. Nach dem Sieg der Revolutionäre sollte die gesamte politische Macht in die Hände der Arbeiter- und Soldatenräte gelegt werden. Der Spartakusbund um Karl Liebknecht und Rosa Luxemburg hatte zudem das Ziel, die Besitzer von Grund und Boden und von Industriebetrieben rasch zu enteignen, deren Eigentum zu verstaatlichen und dadurch eine „klassenlose" Gesellschaft zu errichten.

Rat der Volksbeauftragten
Reichskanzler Ebert wollte Bestrebungen, die Revolution voranzutreiben, unterbinden und bemühte sich um ein Regierungsbündnis zwischen SPD und USPD. Am 10. November 1918 wurde eine neue, aus jeweils drei Mitgliedern von SPD und USPD bestehende Übergangsregierung gebildet. Eine Versammlung der rund 3000 Berliner Arbeiter- und Soldatenräte im Zirkus Busch bestätigte die neue Regierung als „Rat der Volksbeauftragten". Über die endgültige Ordnung des Staates sollte eine verfassunggebende Nationalversammlung befinden. Die Wahlen dazu wurden auf den 19. Januar 1919 festgesetzt. Damit waren die Weichen für eine parlamentarische Demokratie gestellt.

Waffenstillstand
Die neue Übergangsregierung stand vor schwierigen Aufgaben. Am 11. November 1918 wurde mit den Alliierten ein Waffenstillstand geschlossen. Die militärische Führung hatte im Zuge der Verschleierung ihrer Verantwortung für die Niederlage erfolgreich darauf gedrungen, dass nicht die OHL, sondern die politische Regierung um Beendigung des Krieges ersuchen sollte. Und so nahm die noch von Prinz Max von Baden entsandte und von Staatssekretär Matthias Erzberger (Zentrum) geleitete deutsche Delegation im Hauptquartier des alliierten Oberkommandos nördlich von Paris die Waffenstillstandsbedingungen an. Diese sahen einen Rückzug des deutschen Heeres und die Besetzung linksrheinischer Gebiete durch alliierte Truppen sowie die Abgabe schwerer Kriegs- und Transportgeräts an die Alliierten vor. Mit Erzberger unterschrieb ein „Zivilist" das Waffenstillstandsabkommen, der fortan als „Novemberverbrecher" jenen rechtsradikalen politischen Kreisen als Zielscheibe diente, die die militärische Niederlage der deutschen Truppen nicht wahrhaben wollten.

Machterhalt der kaiserlichen Eliten
Der Waffenstillstand bedeutete eine große Herausforderung für die Regierung: Acht Millionen zurückkehrende Soldaten waren wieder in das Arbeitsleben zu integrieren. Die Wirt-

4.1 Zwischen Räterepublik und parlamentarischer Demokratie

schaft musste auf Friedensproduktion umgestellt, die Versorgung der Bevölkerung mit dem Allernötigsten an Nahrung und Heizmaterial gesichert werden. Dies alles war nur mit erfahrenen Fachkräften möglich. Die Volksbeauftragten waren daher auf die oft kaisertreuen Verwaltungsbeamten, Unternehmer, Landwirte und Offiziere angewiesen.

Um die Demokratisierung der jungen Republik dauerhaft abzusichern, wäre es notwendig gewesen, die alten Führungseliten in Staat und Gesellschaft durch demokratisch gesinnte Kräfte zu ersetzen. In der politisch aufgeheizten Atmosphäre der Revolutionstage war es den führenden Sozialdemokraten jedoch wichtig, die drohende Ausweitung der Revolution zu einem Bürgerkrieg zu verhindern und stattdessen den Weg zur parlamentarischen Demokratie abzusichern. So waren sie zu einer Zusammenarbeit mit den alten Kräften bereit. Noch am Tag der Regierungsbildung, am 10. November 1918, hatte Friedrich Ebert mit General Wilhelm Groener, dem Nachfolger Ludendorffs in der OHL, eine Absprache getroffen: Das Militär erkannte die neue Regierung an und versprach Hilfe gegen mögliche Umsturzbestrebungen der radikalen Linken. Auch die Unternehmer sicherten sich schon frühzeitig gegen eine drohende Sozialisierung der Betriebe ab. Während die Arbeitgeber die Gewerkschaften als Vertretung der Arbeiterschaft und gleichberechtigte Tarifpartner anerkannten, die Wahl von Betriebsräten akzeptierten und der Einführung des Achtstundentages zustimmten, verzichteten Sozialdemokraten und Gewerkschaften auf die zunächst geplante Verstaatlichung der Schlüsselindustrien (Bergbau, Eisen- und Stahlerzeugung, Energiewirtschaft).

Der „Spartakusaufstand"

Im Dezember 1918 tagte in Berlin der „Erste Allgemeine Kongress der Arbeiter- und Soldatenräte Deutschlands". Reichsweit waren auf je 200 000 Einwohner bzw. je 100 000 Soldaten ein Vertreter gewählt worden. Die SPD stellte die Mehrheit der Delegierten. Mit großer Mehrheit bestätigte der Kongress die Einführung eines parlamentarischen Regierungssystems.

Die Verfechter einer sozialistischen Revolution gaben ihren Kampf um die Räterepublik jedoch noch nicht verloren. Anfang 1919 riefen Vertreter der KPD und Teile der USPD in Berlin zum Sturz der Regierung auf. Gegen den Aufstand sammelte der Volksbeauftragte Gustav Noske (SPD) neben regulären Truppen auch Freiwilligenverbände. Diese „Freikorps" – zumeist Soldaten, aber auch Studenten und Arbeitslose – waren mehrheitlich kaisertreu und lehnten die Republik ab. Demonstrationen und Volksaufstände

M5 Wahlplakat der Kommunistischen Arbeiterpartei Deutschlands (KAPD)
Die KAPD hatte sich 1920 von der KPD abgespalten.

✎: Vergleichen Sie das Plakat mit dem Plakat des Rats der Volksbeauftragten (S. 158, **M1**). Nutzen Sie dazu die methodischen Arbeitsschritte auf S. 167.

M6 Karl Liebknecht (1871–1919) Mitbegründer der KPD

Spartakusbund	Linker Flügel der 1917 von der SPD abgespaltenen Unabhängigen Sozialdemokratischen Partei Deutschlands (USPD). Die Spartakisten unter der Führung von Karl Liebknecht und Rosa Luxemburg strebten eine sozialistische Revolution nach russischem Vorbild an. Während der Novemberrevolution spaltete sich die Gruppe von der USPD ab und ging am 1. Januar 1919 in der neu gegründeten Kommunistischen Partei Deutschlands (KPD) auf.

waren ihnen zutiefst zuwider. Am 11. und 12. Januar tobte in den Straßen von Berlin ein Bürgerkrieg, in dem sich die Regierungstruppen schließlich gegen die „Spartakisten" durchsetzten. Karl Liebknecht und Rosa Luxemburg wurden dabei am 15. Januar von rechtsextremen Freikorpsführern festgenommen und ermordet. Auch in vielen Industriezentren, so in Südwestdeutschland, im Ruhrgebiet und in Oberschlesien streikten die Arbeiter und riefen Räterepubliken aus. Es ging ihnen um höhere Löhne und bessere Arbeitsbedingungen, die sie durch die Verstaatlichung ihrer Betriebe erhofften, aber auch um mehr politische Mitwirkungsmöglichkeiten. Heeresverbände unter dem Befehl Noskes schlugen im Laufe des Frühjahrs 1919 auch diese Unruhen blutig nieder. Ihre oft überzogene Härte führte zu einer wachsenden Entfremdung zwischen der neuen Regierung und einem Teil der Arbeiter, der vom Bündnis der SPD mit dem Militär tief enttäuscht war.

Die verfassunggebende Nationalversammlung

Für die Wahlen zur ersten Nationalversammlung im Januar 1919, deren Hauptaufgabe die Erarbeitung einer Verfassung war, hatte der Rat der Volksbeauftragten ein neues, demokratisches Wahlrecht beschlossen: Nach dem Prinzip der Verhältniswahl, bei der die Parteien entsprechend ihrem Anteil an Wählerstimmen Sitze im Parlament erhalten, war ein Wahlrecht verabschiedet worden, das die aktive und passive Wahl ab 20 Jahren zuließ und erstmals in der deutschen Geschichte auch für Frauen galt. Neben den Ergebnissen von SPD und USPD (die KPD trat erst 1920 zu Reichstagswahlen an) wurde mit besonderer Spannung das Abschneiden der bürgerlichen Parteien erwartet, die sich im November/Dezember 1918 neu formiert hatten. Ihre Stärke musste darüber entscheiden, wie die Verfassung aussehen würde und welche gesellschaftlichen Reformen noch zu erwarten waren. Nach einem engagiert betriebenen Wahlkampf (Wahlbeteiligung 83) zogen neben 382 männlichen erstmals 41 weibliche Abgeordnete in das Parlament ein. Die SPD hatte sich eine absolute Mehrheit erhofft, mit knapp 38 Prozent der Stimmen waren die Sozialdemokraten nun aber auf die Zusammenarbeit mit bürgerlichen Parteien angewiesen.

Abseits vom unruhigen Zentrum Berlin trat am 6. Februar 1919 in der thüringischen Stadt Weimar die Nationalversammlung zusammen, die kurz darauf Friedrich Ebert zum Reichspräsidenten wählte. Am 13. Februar nahm eine neue Regierung unter Philipp Scheidemann (SPD) ihre Arbeit auf. Sie löste den Rat der Volksbeauftragten ab und leitete bis zum Inkrafttreten der Reichsverfassung die Regierungsgeschäfte. Der Regierung Scheidemann gehörten Vertreter von SPD, DDP und Zentrum an – bald „Weimarer Koalition" genannt, hinter der mehr als 76 Prozent der Wählerinnen und Wähler standen. Diese Koalition der demokratischen Parteien hatte allerdings nicht lange Bestand. Radikale Parteien gewannen zunehmend an Einfluss, erschwerten Regierungsbildungen und gefährdeten bald die Stabilität der jungen Demokratie.

Die Verfassung der Weimarer Republik

Am 31. Juli 1919 nahm die Nationalversammlung mit großer Mehrheit die neu ausgearbeitete Verfassung an. Diskussionsgrundlagen der vorausgegangenen Parlamentsdebatten dazu waren die Paulskirchenverfassung von 1849 – deren Grundrechtekatalog weitgehend übernommen wurde –, die Reichsverfassung seit der Änderung vom 28. Oktober 1918 sowie Vorarbeiten und Überlegungen des Reichsinnenministers und Staatsrechtslehrers Hugo Preuß (DDP). Die Weimarer Verfassung regelte die Grundsätze der parlamentarischen Republik und garantierte die Grundrechte seiner Bewohner. Der Reichstag übte die Gesetzgebung für das Reich aus und kontrollierte die Exekutive. Die Regierung ging in der Regel aus der parlamentarischen Mehrheit hervor und war dem Parlament verantwortlich. Der Reichstag konnte dem Kanzler das Vertrauen jedoch wieder entziehen, ohne einen neuen Kandidaten zur Wahl zu stellen (einfaches Misstrauensvotum), und so dessen Rücktritt veranlassen. Die Abgeordneten wurden in allgemeiner, gleicher, unmittelbarer und geheimer Wahl nach den Grundsätzen des Verhältniswahlrechts gewählt. Da es keine „Fünfprozentklausel" gab, die den Einzug sehr kleiner Parteien verhindert hätte, saßen oft mehr als 30 Parteien im Reichstag. Dies sollte sich als problematisch erweisen, denn es erschwerte die Regierungsbildung.

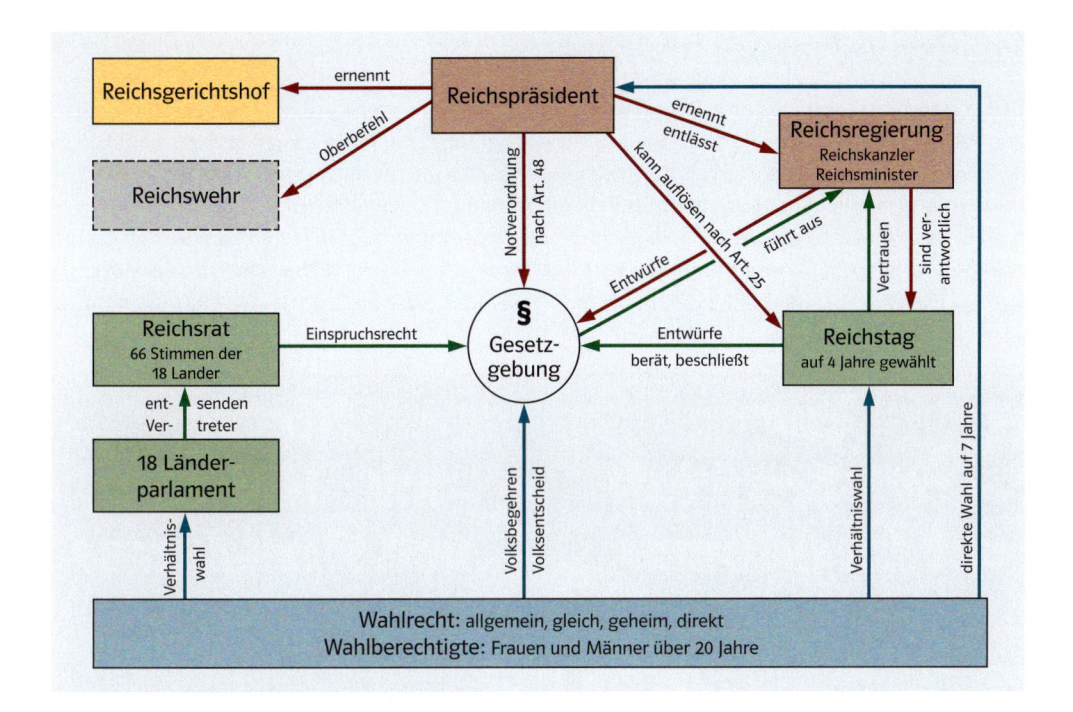

M7 Die Weimarer Verfassung

Plebiszitäre Elemente der Verfassung (Volksbegehren, Volksentscheid) und die starke Stellung des Reichspräsidenten schränken die Souveränität der Reichstagsabgeordneten ein. Im Reichsrat, der Vertretung der Länderparlamente, verfügte Preußen über 28 der insgesamt 66 Stimmen. Das Reichsgericht war die oberste Revisionsinstanz in Zivil- und Strafsachen. Ein Verfassungsgericht wie heute gab es nicht.

✎: Der Reichspräsident der Weimarer Republik ist auch als „Ersatzkaiser" bezeichnet worden. Erörtern Sie diesen Begriff mithilfe des VT.

Der Reichspräsident – ein Ersatzkaiser?

Das Amt des Reichspräsidenten war mit vielfältigen Befugnissen ausgestattet. Er wurde auf sieben Jahre direkt vom Volk gewählt und war damit vom Parlament unabhängig. Ihm oblag die Ernennung und Entlassung des Reichskanzlers und der Reichsminister. Der Reichspräsident hatte zudem den Oberbefehl über Heer und Kriegsmarine sowie das Recht, gemäß Art. 25 den Reichstag aufzulösen. Er konnte zudem durch die Anordnung eines Volksentscheids in das Gesetzgebungsverfahren eingreifen.

Zu einer ursprünglich nicht beabsichtigten Bedeutung gelangte das nur für kritische Ausnahmesituationen geplante Notverordnungsrecht (Art. 48). Es ermächtigte den Reichspräsidenten, „die zur Wiederherstellung der öffentlichen Sicherheit und Ordnung nötigen Maßnahmen zu treffen, wenn im Deutschen Reich die öffentliche Sicherheit und Ordnung erheblich gestört oder gefährdet" würde. Die Verfassungspraxis sah im politischen Alltag anders aus als beabsichtigt: Unter Störungen wurden auch wirtschaftliche und soziale Nöte, finanzielle Probleme und sogar die Unfähigkeit der Regierung verstanden, im Parlament notwendige Mehrheiten zu erreichen. Von Notverordnungen wurde häufiger Gebrauch gemacht als geplant.

Die umfangreichen Befugnisse des Reichspräsidenten lassen ihn rückblickend als eine Art „Ersatzkaiser" erscheinen und drücken das Misstrauen der Nationalversammlung gegen die Parteiendemokratie aus.

Politische Plakate analysieren

Heute sind Fernsehen, Hörfunk, Printmedien und Internet allgegenwärtige Mittel der Werbung von Parteien. Dort hoffen sie, die Wähler für ihre Programme zu interessieren und zur Abgabe ihrer Stimme zu bewegen. Zur Zeit der Weimarer Republik gab es noch kein Fernsehen, kein Internet und nur wenige Haushalte besaßen Rundfunkempfänger. Deshalb gehörten Plakate damals zu den wichtigsten Mitteln im „Kampf um Wählerstimmen". Sie waren künstlerisch gestaltet, oft informativ und enthielten wichtige Botschaften an die Wählerinnen und Wähler.

M1 Für Volksherrschaft und Sozialismus
Wahlplakat der SPD zur Nationalversammlung 1919, Entwurf von Fritz Gottfried Kirchbach, Hessisches Landesmuseum Darmstadt

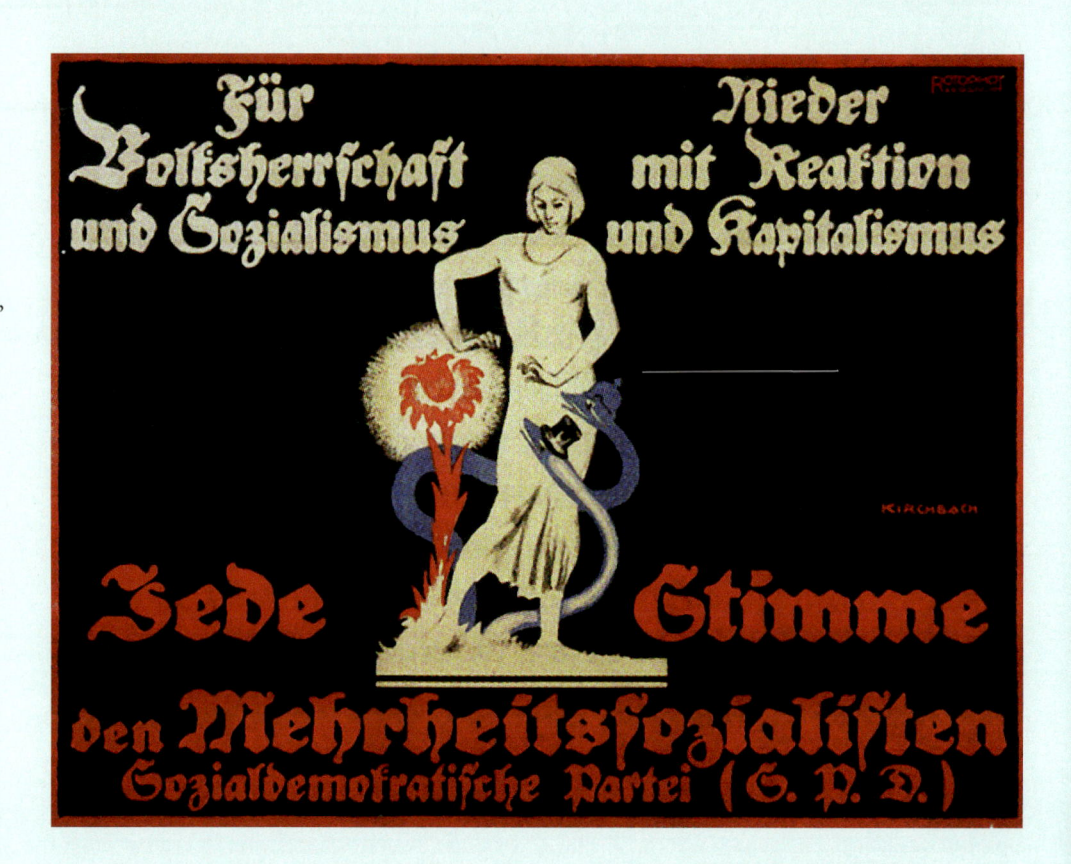

Beschreiben

In der Mitte des in schwarz gehaltenen Plakats ist eine hell strahlende, einfach gekleidete Frau zu sehen. Sie steht vor einem Baum, dessen Stamm und Frucht rot leuchten und über den sie schützend die Hand hält. Zwei farbige Schlangen, die einen Helm bzw. einen Zylinder tragen, umringen sie. In der linken oberen Bildhälfte ist zu lesen: „Für Volksherrschaft und Sozialismus", in der rechten: „Nieder mit Reaktion und Kapitalismus". Der untere Teil des Bildes enthält in roter Schrift die Aufforderung: „Jede Stimme den Mehrheitssozialisten. Sozialdemokratische Partei S.P.D."

Untersuchen

Bei dem Bild handelt es sich um ein Plakat der SPD, deren Mitglieder sich zeitweise als Mehrheitssozialisten bezeichneten, nachdem sich 1917 die USPD abgespalten hatte. Die Szene in der Mitte erinnert an die biblische Geschichte von Eva im Paradies: Eine weiß gekleidete Frau wird hier von zwei Schlangen verführt. Die blaue (als blaublütig werden Adelige bezeichnet) Schlange mit dem Helm symbolisiert die „Reaktion", also jene Schichten, die sich zu einer aristokratischen und militaristischen Herrschaft zurücksehnen. Diese alte Elite hatte eine starke Stellung im Militär behalten. Die andere Schlange mit dem Zylinder auf dem Kopf

Methodentraining

steht für das reiche Bürgertum, dessen Mitglieder von den Sozialdemokraten häufig als „Kapitalisten" bezeichnet wurden. Im Gegensatz zur Bibel hat Eva aber nicht die Absicht, sich verführen zu lassen. Sie hält schützend die Hand über die neue Frucht. Diese ist in Rot gehalten, der traditionellen Farbe des Sozialismus. Aus diesem Grund ist auch die Aufforderung, die Stimme der SPD zu geben, in roter Schrift gestaltet.

Die Aufforderungen sind klar: Einerseits weisen sie auf die Fortschritte hin, die es zu verteidigen gilt – Volksherrschaft und Sozialismus. Andererseits rufen sie auf zur Bekämpfung der gefährlichsten Gegner: Reaktion und Kapitalismus. Um erfolgreich zu sein, fordert das Plakat auf, die Mehrheitssozialdemokratie, die eigentliche Wahrerin des Erbes der alten SPD, zu wählen.

Das Plakat hebt diese Botschaft optimal mit künstlerischen Mitteln hervor. Die Farben und Symbole erregen Aufmerksamkeit und vermitteln eine positive Grundstimmung durch die helle Frauenfigur im Zentrum. Die Texte enthalten knapp und einprägsam die zentralen Forderungen, grenzen die eigene Position klar gegen den politischen Gegner ab und münden in einer nachvollziehbaren Handlungsaufforderung. Der Künstler hat mit seinem Plakat dem damals bestehenden Wunsch nach Einheit bei der Mehrheit der Arbeiter Ausdruck verliehen und ihm ein Ziel gegeben.

Deuten

Vor dem Hintergrund der Revolutionswirren wollte die SPD möglichst viele Stimmen vor allem der Arbeiterschaft bei den Wahlen zur Nationalversammlung gewinnen. Ihr Anspruch war es, als die einigende demokratische Kraft und die wahre Alternative zum alten System dazustehen. Deshalb stellte sie den Gegensatz von einst, die Herrschaft von Reaktion und Kapitalismus, und jetzt, die Herrschaft des Volkes und Sozialismus, besonders heraus. Damit wollte sie unterstreichen, dass das untergegangene Kaiserreich eine Klassengesellschaft war, die neue Ordnung aber eine sozial gerechte Gesellschaft schaffen werde, in der tatsächlich das Volk herrsche. Zur Abgrenzung von der USPD, die radikalere Forderungen erhob, stellten sich die Mehrheitssozialdemokraten ganz bewusst in die Tradition der einstigen SPD, die bereits im Kaiserreich konsequent den Anspruch auf die Vertretung der Interessen aller Arbeiter erhoben hatte.

Methodische Arbeitsschritte

1 Beschreiben

- Beschreiben Sie das Bild. Achten Sie dabei auch auf kleine Gegenstände und Texte, die Verteilung von Licht und Schatten, Farben und die Anordnung der Texte.
- Stellen Sie fest, was auf dem Plakat besonders ins Auge fällt.
- Nennen Sie Einzelheiten, die Sie auf dem Plakat sehen.

2 Untersuchen

- Stellen Sie fest, wer das Plakat in Auftrag gegeben hat.
- Finden Sie heraus, aus welchem Grund das Plakat in Auftrag gegeben wurde.
- An wen wandte sich das Plakat?
- Untersuchen Sie, welche Symbole und welche Anspielungen auf historische Ereignisse Sie erkennen können.
- Untersuchen Sie den Text des Plakats.

3 Deuten

- Ordnen Sie das Plakat in den historischen Zusammenhang ein.
- Überlegen Sie, welches Ziel der Auftraggeber mit dieser Form der Gestaltung und den Texten zu erreichen versucht.
- Versuchen Sie zu beurteilen, wie dieses Plakat auf die Wählerinnen und Wähler gewirkt haben könnte.

---

1. Verfassen Sie ein fiktives Interview mit dem Plakatkünstler von **M1**, in dem dieser seine Gestaltung begründet.

2. Untersuchen Sie aktuelle Wahlplakate von Europa-, Bundestags- oder Landtagswahlen mithilfe der Arbeitsschritte. Beurteilen Sie die Aussagefähigkeit heutiger Plakate gegenüber denjenigen der Weimarer Zeit.

3. Entwerfen Sie in Arbeitsgruppen je ein Plakat der Weimarer Parteien, auf denen Sie den Wählern deren jeweils wichtigste Wahlaussagen näher bringen.

4.1 Zwischen Räterepublik und parlamentarischer Demokratie

Arbeiter und Soldaten!

In Kiel, in Hamburg, Lübeck und in Bremen ist die Revolution einmarschiert. In Berlin, in Stuttgart, in München und in den sächsischen Industrie-Gebieten ist sie auf dem Marsch. Die Arbeiter und Soldaten haben sich zusammengetan und die Gewalt in ihre starken Hände genommen. Ueber die öffentlichen Gebäude wehen keck die roten Fahnen! Arbeiter und Soldaten des Rheinlandes! Wollt Ihr Eure tapferen Brüder, wollt Ihr die rote Fahne im Stich lassen? Wollt Ihr feige und tatenlos zusehen, während dort um die Befreiung der Arbeiter von all der namenlosen Qual der heutigen Gesellschaftsordnung gerungen wird?
Arbeiter und Soldaten des Rheinlandes! Das wäre eine unauslöschliche Schande für Euch! Das darf, das kann nicht sein! Es heisst „Jetzt oder nie!" auch für Euch! Ehe die kapitalistischen Räuber sich verständigen, um auf Kosten der russischen sozialistischen Republik, jener gewaltigen Vorpostenstellung des internationalen Proletariats – die heilige Allianz der Kapitalsherrschaft neu zu errichten, muss das grosse Werk der Befreiung getan sein.
Darum heraus aus Eurer verdammten Lauheit und Reserve, Arbeiter und Soldaten des Rheinlandes! Ihr habt fast fünf Jahre lang gemordet, geschuftet, gehungert, auf Befehl,
gegen Eure Interessen!
Zeigt, zeigt endlich auch einmal, dass Ihr auch für Eure Interessen zu handeln vermögt!
Kein Zögern, kein Schwanken darf es mehr geben! Ihr müsst in den Arbeitsausstand sofort eintreten, Arbeiter!
Ihr müsst sofort Arbeiter- und Soldatenräte wählen und Euch deren Beschlüssen allein unterordnen!
Ihr müsst Euch der öffentlichen Gebäude, der Garnisonen, der Waffenvorräte, der Munition bemächtigen und als erste Tat die politischen Gefangenen, die gefangenen Soldaten befreien! Zeigt, dass die Stunde der Abrechnung endlich gekommen ist! Lasst Eure Brüder, die ohne Eure Hilfe verloren sind, die mit Eurer Hilfe rechnen, nicht im Stich!
Los! Auch hier im Rheinland auf die Schanzen für das grosse Werk der Befreiung der Arbeiterklasse, für unsere, für die soziale Revolution!

M8 Aufruf zur Wahl eines Arbeiter- und Soldatenrates
Flugblatt, November 1918

✏️ : Wer könnte das Flugblatt in Umlauf gebracht haben? Fassen Sie die Forderungen des Aufrufs für eine kurze Pressemeldung zusammen.

M9 Für die Fortsetzung der Revolution
Aufruf der Spartakisten unter der Führung von Karl Liebknecht und Rosa Luxemburg an die Arbeiter- und Soldatenräte Berlins am 10. November 1918:
Ihr müsst in der Durchführung eines sozialistisch-revolutionären Programms ganze Arbeit machen. […] Zur Erlangung dieses Ziels ist es vor allem notwendig, dass das Berliner Proletariat in Bluse und Feldgrau erklärt, folgende Forderungen mit aller Entschlossenheit und unbezähmbarem Kampfwillen zu verfolgen:
1. Entwaffnung der gesamten Polizei, sämtlicher Offiziere sowie der Soldaten, die nicht auf dem Boden der neuen Ordnung stehen; Bewaffnung des Volkes; alle Soldaten und Proletarier, die bewaffnet sind, behalten ihre Waffen.
2. Übernahme sämtlicher militärischer und ziviler Behörden und Kommandostellen durch Vertrauensmänner des Arbeiter- und Soldatenrates.
3. Übergabe aller Waffen- und Munitionsbestände sowie aller Rüstungsbetriebe an den Arbeiter- und Soldatenrat.
4. Kontrolle über alle Verkehrsmittel durch den Arbeiter- und Soldatenrat.
5. Abschaffung der Militärgerichtsbarkeit; Ersetzung des militärischen Kadavergehorsams durch freiwillige Disziplin der Soldaten unter Kontrolle des Arbeiter- und Soldatenrates.
6. Beseitigung des Reichstages und aller Parlamente sowie der bestehenden Reichsregierung; Übernahme der Regierung durch den Berliner Arbeiter- und Soldatenrat bis zur Errichtung eines Reichs-Arbeiter- und Soldatenrates.
7. Wahl von Arbeiter- und Soldatenräten in ganz Deutschland, in deren Hand ausschließlich Gesetzgebung und Verwaltung liegen. Zur Wahl der Arbeiter- und Soldatenräte schreitet das gesamte erwachsene werktätige Volk in Stadt und Land und ohne Unterschied der Geschlechter.
8. Abschaffung der Dynastien und Einzelstaaten; unsere Parole lautet: einheitliche sozialistische Republik Deutschland.

Zit. nach: Gerhard A. Ritter/Susanne Miller (Hg.): Die deutsche Revolution 1918–1919, 2. Auflage, Frankfurt/Main 1983, S. 82 f.

M10 Wie soll es weitergehen?
Ansprache Friedrich Eberts vor Vertretern der deutschen Länder am 25. November 1918:
Die Revolution hat die Monarchie im Reiche und in den Einzelstaaten beseitigt; an ihre Stelle ist die demokratisch-sozialistische Republik getreten. Die Exekutive der Republik, die politische Leitung des Reiches, liegt in den Händen des Rates der Volksbeauftragten, der Beauftragten der Arbeiter und Soldaten des Reiches, die die Träger der politischen Macht sind. Das Ziel der Politik der Reichsleitung ist die Durchführung und Sicherung der sozialistischen Demokratie.
Unsere nächsten Aufgaben müssen sein die schnelle Herbeiführung des Friedens und die Sicherstellung unseres Wirtschaftslebens.
Unsere erste Handlung war die Annahme der Waffenstillstandsbedingungen. Die Bedingungen sind hart, überaus hart, bedrohen unser Volk mit Hungertod und mit der Vernichtung seines wirtschaftlichen Lebens. Gleichwohl mussten wir uns mit ihnen abfinden, einen anderen Ausweg gab es nicht […].
Die politische Freiheit hat sich auch im ganzen Reiche mit Wucht durchgesetzt. Jeder Versuch, diesen Erfolg streitig zu machen oder zu beseitigen, wird scheitern an dem entschlossenen Willen der Arbeiter und Soldaten. Die Freiheit allein kann uns aber nichts nützen, wenn wir nicht Brot und Arbeit haben. Deshalb muss alles geschehen, um die vorhandenen Verkehrsmittel, Eisenbahnen, Schiffe usw. in den Wirtschaftsdienst des Reiches zu stellen. Unsere Eisenbahner dürfen

nicht verzagen. Unsere Matrosen, Werft- und Hafenarbeiter an der Wasserkante müssen alle Kräfte einsetzen, um schnellstens unsere Schiffe flott zu machen. Von dem ungestörten Fortgang unserer Kohleförderung hängt es ab, ob wir unsere Güterbeförderung aufrechterhalten, ob wir die Arbeit in den Werkstätten und Fabriken fortsetzen und unser darbendes Volk vor Kälte schützen können. Nur solidarisches Zusammenwirken aller Arbeiter kann das Schlimmste abwenden. Die Arbeiter und Soldaten brauchen nicht besorgt zu sein um die sozialen Erfolge der Revolution. Wir haben bereits Maßnahmen ergriffen, die Sozialisierung gewisser Industriezweige in die Wege zu leiten. Allerdings nur mit solchen, die dazu reif sind. Nicht Experimente im einzelnen Betrieb haben wir im Auge, die halten wir für die Fortsetzung unseres Wirtschaftslebens für gefährlich. Die Vergesellschaftung ganzer Industriezweige nach sachkundiger Vorbereitung und nach Sicherung des Erfolgs haben wir allein im Auge.

Freilich, meine Herren, jetzt, wo die Produktivkräfte fast völlig erschöpft sind, ist es ungemein schwer, ja fast unmöglich, diese Absicht in die Tat umzusetzen. Deshalb gilt es zunächst, unseren Arbeitern und den von der Front zurückströmenden Soldaten Arbeit und Lebensmöglichkeit zu schaffen. Dazu bedarf es der Einsicht, des guten Willens und der Tatkraft aller, in Süd und Nord, in Ost und West. Nichts wäre in dieser Situation verhängnisvoller als ein Auseinanderstreben des Reiches. [...] Nur ein innerlich gefestigtes Deutschland vermag in einheitlichem und geschlossenem Handeln das Unglück zu meistern, das ohne Schuld unseres Volkes über uns alle hereingebrochen ist.

Friedrich Ebert: Schriften, Aufzeichnungen, Reden. Bd. 2, Dresden 1926, S. 112 ff.

M11 Parlamentarische Demokratie oder Rätesystem?

a) Aus der Rede von Max Cohen-Reuss (MSPD) vor Arbeiter- und Soldatenräten in Berlin, 19. Dezember 1918:

Es kommt also vor allem darauf an, der Desorganisation, die wir hier jetzt leider in Deutschland haben, schleunigst ein Ende zu machen. Nur dann, wenn wir aus eigener Kraft die Produktion wenigstens notdürftig wieder in Gang bringen, kommen die versprochenen Zufuhren ins Land. Nun gibt es aber [...] eine Voraussetzung, damit wir wieder produktionsfähig werden. Das ist nur möglich, [...] wenn wir eine Zentralgewalt im Reich hier bekommen, die in der Lage ist, den inneren und äußeren Zerfall des Reiches aufzuhalten. [...] Aber eine starke Zentralgewalt kann nur dann sicheren Halt und eine starke moralische Autorität haben, wenn sie auf dem festen und breiten Fundament des allgemeinen Volkswillens aufgebaut ist. [...] Parteigenossen, Kameraden, es gibt nach meiner festen Überzeugung nur ein einziges Organ, das diesen Volkswillen feststellen kann: Das ist die allgemeine deutsche Nationalversammlung, zu der jeder Deutsche, gleichviel ob Mann oder Frau [...] wählen kann. Wie man auch über die Arbeiter- und Soldatenräte denken mag, [...] in jedem Fall drücken die Arbeiter- und Soldatenräte nur einen Teilwillen, niemals aber den Willen des ganzen Volkes aus. Diesen festzustellen, darauf kommt es an. [...] Die Genossen sagen: Wenn eine baldige Nationalversammlung zusammentritt, bekommen wir keine sozialistische Mehrheit, wir müssen daher die Sozialisierung so schnell wie möglich beschließen. Parteigenossen, ich bin direkt der gegenteiligen Auffassung. Wenn wir eine sozialistische Mehrheit bekommen wollen, müssen wir die Nationalversammlung so schnell wie möglich einberufen. [...] Parteigenossen, schätzen Sie wirklich [...] den Widerstand der bürgerlichen Kreise und der Intelligenz so gering ein, dass wir, wenn wir sie politisch entrechten, gegen ihren Willen die Wirtschaft führen können?

b) Ernst Däumig (USPD) sprach auf derselben Veranstaltung über das Rätesystem:

[Das] muss doch jedem Klardenkenden einleuchten, dass die jubelnde Zustimmung zur Nationalversammlung gleichbedeutend ist mit einem Todesurteil für das System, dem Sie jetzt angehören, für das Rätesystem. [...]

Was soll denn dieses Rätesystem neben einem sich so breitspurig einnistenden parlamentarisch-demokratisch-bürgerlichen System, wie es die Nationalversammlung einmal im Gefolge hat! Eine leere Staffage, eine Marionette! Im Wirtschaftsleben werden mithilfe der Nationalversammlung und des Bürgertums die Gewerkschaften alten Stils natürlich die Arbeiterräte aus den Betrieben ganz schell herausgedrängt haben. [...] Man spricht in Bezug auf das Rätesystem von der Diktatur. [...] Die Diktatur ist zweifellos mit dem Rätesystem verbunden. Aber was sich in Russland durch die historischen Gesetze aufzwang, braucht noch lange nicht in Deutschland der Fall zu sein. Ich gehöre nicht zu denen, die mechanisch und sklavisch das russische Beispiel nachzuahmen versuchen. [...]

[...] Überall sind die Arbeiterräte impulsiv auf einmal aus der Erde geschossen ohne gegenseitige Verständigung, so dass manche Reibungen und Missverständnisse und auch manche Missgriffe haben vorkommen müssen. Aber das sind Kinderkrankheiten, die überwunden werden können und müssen. Das ist aber nur möglich, wenn wir dieses System anerkennen. Dann werden viele Klagen, die im Laufe der ersten Zeit laut geworden sind, verstummen. Denn was jetzt ist, ist doch nur ein Kompromiss zwischen Revolution und altem System, aus dem natürlich nichts Gutes herauskommen konnte. Die alte Staatsmaschine mit all den Leuten, die bisher an ihren verschiedenen Stellen gearbeitet haben, ist ja noch beibehalten, und der Vollzugsrat, der hier in Berlin gewirkt hat, hatte ebenso wie die Arbeiter- und Soldatenräte in der Provinz nur ein Kontrollrecht.

a und b Zit. nach: Gerhard A. Ritter/Susanne Müller (Hg.): Die deutsche Revolution 1918–1919, 2. Auflage, Frankfurt/Main 1983, , S. 372 ff.

M12 Auszüge aus den Programmen der Weimarer Parteien
KPD 1919:
Anhänger der KPD waren vor allem ungelernte Arbeiter und Arbeiter aus den hochindustrialisierten Zentren mit ausgeprägtem Klassenbewusstsein.

Die Ersetzung des kapitalistischen Ausbeutungsverhältnisses durch die sozialistische Produktionsordnung hat zur Voraussetzung die Beseitigung der politischen Macht der Bourgeoisie und deren Ersetzung durch die „Diktatur des Proletariats".

USPD 1919:
Die USPD spaltete sich 1917 wegen ihrer pazifistischen (den Krieg ablehnenden Haltung) von der SPD ab.

Die USPD setzt der Herrschaft des kapitalistischen Staates die proletarische Herrschaftsorganisation auf der Grundlage des politischen Rätesystems entgegen, dem bürgerlichen Parlament […] den revolutionären Rätekongress.

SPD 1921:
Als Arbeiterpartei repräsentierte die SPD insbesondere die besser ausgebildeten Facharbeiter.

Die Sozialdemokratische Partei […] betrachtet die demokratische Republik als die durch die geschichtliche Entwicklung unwiderruflich gegebene Staatsform, jeden Angriff auf sie als ein Attentat auf die Lebensrechte des Volkes.

DDP 1919:
Die DDP besaß ihre Anhängerschaft im Bildungsbürgertum und im Mittelstand (Handel, Handwerk).

Die DDP steht auf dem Boden der Weimarer Verfassung; […] Die deutsche Republik muß ein Volksstaat sein und unverbrüchlich zugleich ein Rechtsstaat.

DVP 1919:
Die DVP galt als Partei der Schwerindustrie und vertrat die Interessen des Großbürgertums.

Die DVP wird […] im Rahmen ihrer politischen Grundsätze innerhalb der jetzigen Staatsform mitarbeiten. […] Die DVP erblickt in dem durch freien Entschluß des Volkes auf gesetzmäßigem Wege aufzurichtenden Kaisertum […] die für unser Volk nach Geschichte und Wesensart geeignetste Staatsform.

Zentrum 1923:
Das Zentrum verstand sich als Partei der katholischen Bevölkerung.

Die Z[entrumspartei] bekennt sich zum deutschen Volksstaat, dessen Form durch den Willen des Volkes auf verfassungsmäßigem Wege bestimmt wird. Das Volk muß als Träger der Staatsgewalt mit dem Bewußtsein der Verantwortung für die Staatsgeschicke erfüllt werden.

DNVP 1920:
Die DNVP war die Interessenvertretung von Adel, Beamtenschaft, Offizieren, des Besitzbürgertums und der Großgrundbesitzer.

Über den Parteien stehend verbürgt die Monarchie am sichersten die Einheit des Volkes, den Schutz der Minderheiten, die Stetigkeit der Staatsgeschäfte und die Unbestechlichkeit der öffentlichen Verwaltung […]. Für das Reich erstreben wir die Erneuerung des von den Hohenzollern aufgerichteten deutschen Kaisertums.

Wolfgang Lautemann/Manfred Schlenke (Hg.): Geschichte in Quellen, Bd. 5: Weltkriege und Revolutionen 1914–1945, München 1970, S. 166–169

M13 Aus der Weimarer Verfassung
Auszüge aus den Grundrechten:

Art. 109 Alle Deutschen sind vor dem Gesetz gleich. Männer und Frauen haben grundsätzlich die gleichen Rechte und Pflichten. Öffentlich-rechtliche Vorrechte oder Nachteile der Geburt oder des Standes sind aufzuheben. […]

Art. 114 Die Freiheit der Person ist unverletzlich. Eine Beeinträchtigung oder Entziehung der persönlichen Freiheit durch die öffentliche Gewalt ist nur aufgrund von Gesetzen zulässig.

Art. 115 Die Wohnung jedes Deutschen ist für ihn eine Freistätte und unverletzlich. […]

Art. 118 Jeder Deutsche hat das Recht, innerhalb der Schranken der allgemeinen Gesetze seine Meinung durch Wort, Schrift, Druck, Bild oder in sonstiger Weise frei zu äußern. […] Eine Zensur findet nicht statt, doch können für Lichtspiele durch Gesetz abweichende Bestimmungen getroffen werden. […]

Art. 123 Alle Deutschen haben das Recht, sich ohne Anmeldung oder besondere Erlaubnis friedlich und unbewaffnet zu versammeln. […]

Art. 124 Alle Deutschen haben das Recht, zu Zwecken, die den Strafgesetzen nicht zuwiderlaufen, Vereine oder Gesellschaften zu bilden. […]

Art. 125 Wahlfreiheit und Wahlgeheimnis sind gewährleistet. Das Nähere bestimmen die Wahlgesetze. […]

Die Verfassung der Weimarer Republik vom 11. August 1919, Hermann Mosler (Hg.), Stuttgart 2009, S. 39–44

M14 Wahlplakate von Zentrum (1919) und DNVP (1924)

✎: Analysieren Sie die Abbildungen und die Aussagen der Plakate mithilfe der methodischen Arbeitsschritte auf S. 167. Ziehen Sie Schlüsse auf die inhaltliche Ausrichtung der Parteien.

1. Zeichnen Sie einen Zeitstrahl, in den Sie wesentliche Ereignisse zwischen September 1918 und Januar 1919 eintragen.

2. Beschreiben Sie Aufgaben, die der Rat der Volksbeauftragten am Ende des Ersten Weltkrieges zu bewältigen hatte (**VT, M10**).

3. Erklären Sie das Rätesystem in eigenen Worten. Wie wird es von Cohen-Reuss und Däumig (**M11a und M11b**) jeweils beurteilt?

4. Vergleichen Sie den Weg, den Ebert und die SPD (**VT, M10, M11a**) zur Erreichung des Sozialismus einschlagen wollen, mit dem Weg der KPD und eines Teils der USPD (**M8, M9, M11b**).

5. Untersuchen Sie das Verhältnis der Parteien zum Staat von Weimar (**M12, M14**). Vergleichen Sie die inhaltlichen Zielsetzungen der Parteien miteinander.

6. Vergleichen Sie die Rechte der Bürger nach der Weimarer Verfassung (**M13**) mit den Grundrechten im Grundgesetz.

4.2 Belastungen und Gefahren

Die erste deutsche Republik hatte es von Anfang an schwer: Viele Deutsche sehnten sich nach der Ordnung des Kaiserreichs zurück. Monarchistisch eingestellte Beamte und Offiziere, die ihre einflussreiche Stellung behalten hatten, bekämpften von Beginn an die neue Staatsform. Aber auch manche, die anfangs den gesellschaftlichen Umbruch begrüßt hatten, konnten sich mit dem neuen Staat nur schwer identifizieren. Für viele war die junge Republik schuld am Versailler Friedensvertrag mit seinen außen- und innenpolitischen Belastungen für Deutschland.

1919	Deutschland unterzeichnet den Friedensvertrag von Versailles (28. Juni).
1920	Der Kapp-Lüttwitz-Putsch von Freikorpsführern misslingt (13.–17. März).
1923	Passiver Widerstand gegen Besetzung des Ruhrgebiets (ab Januar) Hitler-Ludendorff-Putsch in München (8./9. November) Mit der „Rentenmark" wird die Inflation besiegt (15. November).
1925	Der ehemalige Generalfeldmarschall Paul von Hindenburg wird zum Reichspräsidenten gewählt.

Das „Versailler Friedensdiktat"

Zur innenpolitischen Belastung ersten Ranges wurde der von den Alliierten ausgearbeitete Friedensvertrag von Versailles. Deutsche Politiker hatten auf einen milden Frieden und den mäßigenden Einfluss des amerikanischen Präsidenten Wilson gehofft, der sich für einen Verständigungsfrieden auf der Grundlage des Selbstbestimmungsrechts der Völker stark gemacht hatte. Doch Wilson konnte seine Vorstellungen auf der Pariser Friedenskonferenz der Alliierten nicht durchsetzen.

Am 7. Mai 1919 wurde der nach Versailles eingeladenen deutschen Delegation der ausgearbeitete Vertrag überreicht. Seine Inhalte lösten in Deutschland Entsetzen aus. Deutschland hatte rund ein Siebtel seines Landes und ein Zehntel seiner Bevölkerung abzutreten. Zudem sollte es seine gesamten Kolonien aufgeben. Die deutsche Reichswehr erhielt strenge Auflagen: Das Heer wurde auf 100 000, die Marine auf 15 000 Mann begrenzt. Das linksrheinische deutsche Gebiet wurde ebenso wie ein fünfzig Kilometer breiter rechtsrheinischer Streifen entmilitarisiert. Alliierte Truppen sollten Köln, Mainz und Koblenz besetzen.

Kriegsschuld und Dolchstoß

Als besonders schmachvoll empfanden die Deutschen aber den Artikel 231 des Versailler Vertrages, der Deutschland und seinen Verbündeten die alleinige Kriegsschuld zuwies. Dieser „Kriegsschuldartikel" sollte die Verpflichtungen des Deutschen Reiches für alliierte Reparationsansprüche juristisch absichern. Auf die Festsetzung einer konkreten Reparationssumme wurde zunächst zwar verzichtet. Allerdings hatte Deutschland Sachleistungen zu erbringen, etwa einen gewissen Prozentsatz der Kohleförderung, sowie die Abgabe von Lokomotiven und anderen Transportmitteln. Trotz allgemeiner Empörung über die als „Versailler Diktat" empfundenen Friedensbedingungen sahen Politiker und Militärs keine Chance, den Vertrag abzulehnen, drohte doch bei Weigerung der Einmarsch alliierter Truppen. So blieb der jungen Demokratie keine Wahl: Am 23. Juni 1919 nahm die Nationalversammlung die Friedensbedingungen an. Aus heutiger Sicht kam Deutschland mit dem Versailler Vertrag glimpflich davon: Sein nationalstaatliches Gefüge blieb weitgehend erhalten und das Reich konnte damit rechnen, künftig wieder die Rolle einer europäischen

Großmacht einzunehmen. Viele damalige Politiker sahen das anders: Sie diffamierten die demokratischen Vertreter der Weimarer Koalition, die für die Annahme des Vertrages gestimmt hatten, als „Vaterlandsverräter" und verlagerten die Verantwortung für die militärische Niederlage auf die politische Ebene. Dabei bedienten sie sich der „Dolchstoßlegende", einer Verschwörungstheorie, der zufolge das kaiserliche Heer im Ersten Weltkrieg militärisch nicht besiegt worden wäre, wenn es im letzten Kriegsjahr mehr Unterstützung aus der Heimat bekommen hätte. Das Militär sei von Zivilisten, vor allem den Sozialdemokraten, die auch für den Matrosenaufstand verantwortlich gewesen seien, hinterrücks „erdolcht" worden. Im Zusammenhang mit den als hart und demütigend empfundenen Bedingungen des Versailler Vertrages stieß die von kaiserlichen Offizieren, konservativen Politikern und rechtsgerichteten Zeitungen verbreitete unsinnige Dolchstoßlegende – Hindenburg und Ludendorff selbst hatten im Sommer 1918 die militärische Überlegenheit des Gegners eingeräumt – in breiten Bevölkerungskreisen auf Zustimmung.

M1 Dolchstoßlegende, Ausschnitt aus einem Wahlplakat der DNVP, 1924

✎: Untersuchen Sie das Bild. Achten Sie auf die Farben. Wen wollte der Künstler damit ansprechen? (vgl. dazu **M6a** und **M6b**, S. 177)

Gefahr von rechts …

Da der Versailler Vertrag die Verminderung der Reichswehr anordnete, sah sich die Regierung gezwungen, auch die Freikorps-Verbände aufzulösen. Verbände um Wolfgang Kapp, einem hohen ostpreußischen Verwaltungsbeamten, und Reichswehrgeneral von Lüttwitz machten sich den Unmut der Freikorps darüber zunutze und widersetzten sich dieser Anordnung. Am 13. März 1920 versuchten sie zusammen mit anderen militanten Rechtsradikalen, die Regierungsgewalt an sich zu reißen.

Da sich die Reichswehrführung weigerte, die Regierung beim Kampf gegen die Aufständischen zu unterstützen, riefen SPD, USPD, KPD, DDP und die Gewerkschaften zum Generalstreik auf: Arbeiter legten Betriebe und den Verkehr still, Beamte befolgten keine Weisungen. Kapp und Lüttwitz mussten einsehen, dass sie ohne Personal in ungeheizten Amtsräumen ohne Telefon, Strom und fließendes Wasser nicht regieren konnten. Am 17. März 1920 brach der Putsch zusammen. Sie flohen ins Ausland.

Es sollte nicht der letzte Versuch rechtsradikaler Kreise gewesen sein, die Republik zu zerstören. In den ersten Jahren fielen zahlreiche prominente Sozialisten, liberale und katholische Demokraten politischen Mordanschlägen rechtsextremer Verbände und Republikgegner zum Opfer. Nach Rosa Luxemburg und Karl Liebknecht traf es im Februar den bayerischen Ministerpräsidenten Kurt Eisner von der USPD. Im August 1921 wurde der Unterzeichner des Waffenstillstandes Matthias Erzberger (Zentrum) ermordet und im Juni 1922 der Außenminister Walter Rathenau (DDP). Soweit die Täter gefasst wurden, kamen sie meist mit milden Strafen davon.

Reparationen	(von lat. reparare = wiederherstellen) Leistungen, die dem Besiegten vom Sieger zur Wiedergutmachung von Kriegsschäden auferlegt werden. Der Begriff ist seit dem Ende des Ersten Weltkriegs 1918 allgemein gebräuchlich.

Die Weimarer Republik

verbände zur Niederschlagung der Revolte und offenbarte damit einmal mehr die Abhängigkeit von jenen republikfeindlichen rechtsradikalen Kräften, die sie wenige Wochen zuvor noch selbst bekämpfen musste.

Das Reparationsproblem

Neben diesen Anfeindungen von rechts und links drückten finanzielle Lasten den jungen Staat. Nach Kriegsende war der Staatshaushalt hoch verschuldet; hinzu kamen Kriegsfolgekosten und die Reparationsverpflichtungen. Seit 1920 wurden auf zahlreichen Konferenzen mit den Alliierten Zahlungspläne für deren finanzielle Reparationsforderungen erörtert. Ziel war es, Ausmaß und Art der Reparationszahlungen entsprechend den wirtschaftlichen Möglichkeiten Deutschlands festzulegen. Dabei gelang es den deutschen Verhandlungspartnern, die Situation deutlich zu verbessern. Im April 1921 hatten die Alliierten ihre ursprünglich fast doppelt so hohen Forderungen auf 132 Milliarden Goldmark gesenkt. Gleichzeitig hatten sie aber angedroht, bei einem Zahlungsverzug das Ruhrgebiet zu besetzen.

Ruhrkampf

Anfangs erfüllte die Regierung die Reparationsverpflichtungen. Ein verhältnismäßig geringer Zahlungsrückstand im Jahr 1922 veranlasste die Alliierten jedoch, Deutschland einen vorsätzlichen Bruch des Abkommens vorzuwerfen. Am 11. Januar 1923 marschierten französische und belgische Truppen in das Ruhrgebiet ein. Die Reichsregierung verfügte daraufhin die Einstellung aller Reparationslieferungen und wies die Beamten im besetzten Gebiet an, Befehle der Besatzungsmacht nicht auszuführen. Auch die übrige Bevölkerung verweigerte die Zusammenarbeit mit den Besatzern: Zechen wurden stillgelegt, Fabriken geschlossen – das Ruhrgebiet befand sich im Generalstreik. Doch der von der Bevölkerung einhellig begrüßte passive Widerstand war außerordentlich teuer – der Staat verlor nicht nur Steuereinnahmen, sondern musste riesige Mittel für die finanzielle Unterstützung der Streikenden zur Verfügung stellen. Darum traf die Regierung unter Reichskanzler Gustav Stresemann (DVP) im September 1923 die äußerst unpopuläre Entscheidung, den Kampf abzubrechen.

M2 Plakat der Reichsregierung zum „Ruhrkampf" 1923

✏ : Diskutieren Sie das Verhalten von Reichsregierung und Bevölkerung während des Ruhrkampfes (VT). Wie sollte das Plakat auf die Menschen wirken?

... und links

Der Aufruf von Gewerkschaften und Parteien zum Generalstreik gegen die putschenden Generäle hatte in vielen Teilen Deutschlands zur Mobilisierung der Arbeiter geführt. Der Kampf gegen Freikorps und Militärs stärkte noch einmal die revolutionären Kräfte. So schlossen sich Arbeiterwehren zu einer 50 000 Mann starken „Roten Ruhrarmee" zusammen und eroberten in kurzer Zeit das gesamte Ruhrgebiet. Die Reichsregierung befürchtete Zustände, die denen im revolutionären Russland ähnelten. Nach vergeblichen Verhandlungen mit den Aufständischen schickte sie Reichswehrtruppen und Freikorps-

Inflation

Das Geld für den „Ruhrkampf" konnte nicht über den Staatshaushalt finanziert werden. Die Reichsbank beschaffte es, indem sie die Geldmenge vermehrte. Und so erlebte die Bevölkerung, wie die Reichsmark erst von Woche zu Woche, bald von Tag zu Tag und schließlich gar von Stunde zu Stunde an Kaufkraft verlor. Im November 1923 brachte die Reichsbank Geldscheine im Nennwert von einer Billion Reichsmark in Umlauf. Zu dieser Zeit kostete ein Kilogramm Brot 428 Mrd. Mark.

Die Geldentwertung, die im Herbst 1923 ihren Höhepunkt erreichte, hatte schon während des Krieges begonnen. Seit dem Kaiserreich finanzierten die Regierungen den Krieg und später die Kriegsfolgen und Reparationen durch das Drucken von Geld. Da die Produktion von Waren gleichzeitig stark zurückging, kam es zu immer stärkeren Preissteigerungen. Infolge der zusätzlichen Kosten durch den Ruhrkampf stürzte der Wert der Mark ins Bodenlose.

Die Inflation zerstörte solche Vermögen, die in Spareinlagen, Anleihen und Versicherungen angelegt waren. Wer für ein sorgenfreies Alter Geld in Form von Ersparnissen zurückgelegt hatte, wurde durch die Inflation mittellos. Sachanlagen (Betriebsvermögen, Immobilien, Aktien) dagegen behielten ihren Wert. Für Schuldner bot die Inflation Vorteile, weil die Schulden entwertet wurden.

Rechtskonservative Kreise leugneten die Verantwortung der früheren kaiserlichen Regierung an der Inflation und wiesen die Schuld den harten Bestimmungen des Versailler Vertrages, vor allem aber den demokratischen Politikern der Weimarer Republik zu.

Währungsreform

Nach Beendigung des Ruhrkampfes ergriffen Regierung und Reichsbank wirksame Maßnahmen gegen den Kaufkraftverlust. Im November 1923 schufen sie eine neue Übergangswährung, die „Rentenmark" (RM). Eine RM sollte einer Billion Papiermark entsprechen bzw. 4,2 RM einem US-Dollar. Entscheidend für den Erfolg und die Akzeptanz dieser neuen Währung waren die drastische Beschränkung der Geldmenge und die Verminderung der Staatsausgaben. Sie schufen neues Vertrauen in die Währung und ein Ende der Inflation. Im Sommer 1924 erfolgte die Ablösung der Rentenmark durch die Reichsmark als Zahlungsmittel.

Hitler-Ludendorff-Putsch

Das Einlenken der Reichsregierung im Ruhrkampf wurde von nationalistischen Kräften als Schwäche gewertet und für einen Propagandafeldzug gegen die Republik missbraucht. Adolf Hitler, der Führer der NSDAP, deren Mitgliederzahl im Krisenjahr 1923 sprunghaft auf 55 000

M3 Wertlos gewordene Geldscheinbündel nach der Währungsreform vom 15. November 1923

✎ : Sie sind Journalist einer Berliner Tageszeitung. Schreiben Sie zu dem Foto eine kurze Reportage zum Thema „Folgen der Inflation".

Inflation	(lat. = Aufblähung) Geldentwertung durch Erhöhung der Geldmenge oder der Umlaufgeschwindigkeit, ohne dass die Gütermenge im gleichen Umfang zunimmt. Folgen sind steigende Preise und damit Kaufkraftschwund, Entwertung von Spargutgaben, „Flucht in die Sachwerte", Warenhortung und Hamsterkäufe.

4.2 Belastungen und Gefahren **175**

4 Die Weimarer Republik

M4 Die Hauptangeklagten im Hochverratsprozess gegen die Beteiligten am Hitler-Putsch, Foto, 1924
Links neben Hitler (4. von rechts) steht der ehemalige General der Obersten Heeresleitung Ludendorff.

✎: Welchen Eindruck machen die Angeklagten vor Prozessbeginn auf Sie? Beachten Sie Kleidung, Haltung und Mimik.

M5 Paul von Hindenburg (1847–1934) Reichspräsident von 1925 bis 1934

gestiegen war, sah die Chance, mit Unterstützung General Ludendorffs von Bayern aus in Deutschland die Macht zu erringen. Am Abend des 8. November versuchte er, den rechtskonservativen Politiker Gustav Ritter von Kahr, der in Bayern im Zuge von Notstandsmaßnahmen die vollziehende Gewalt ausübte, zu einem Staatsstreich zu nötigen. Die führenden Männer der bayerischen Regierung wollten sich aber nicht für Hitlers Pläne einspannen lassen und versagten ihm die Unterstützung. In einer letzten Anstrengung organisierten Hitler und Ludendorff am 9. November einen Demonstrationszug ihrer Anhänger durch München; er wurde von Polizeikräften mit Waffengewalt gestoppt. Einige der Putschisten kamen ums Leben. Hitler und seine Anhänger wurden des Hochverrats angeklagt, doch sie fanden milde Richter. Die NSDAP wurde nur kurzfristig verboten und Hitler zu einer fünfjährigen Haftstrafe verurteilt, von der er nur neun Monate verbüßen musste.

Innenpolitische Stabilität

Nach den zahlreichen Krisen des Jahres 1923 schien sich der Weimarer Staat zwischen 1924 und 1929 zu stabilisieren. Die Verringerung der Reparationsleistungen verschaffte der deutschen Wirtschaft Erholung und Milliardenkredite von amerikanischen Banken erlaubten der Industrie, in die Modernisierung ihrer Produktionsanlagen zu investieren. Auch für die Arbeitnehmer und ihre Familien gab es leichte Verbesserungen: Der neue soziale Wohnungsbau trug zu bezahlbaren Mieten bei und die 1927 eingeführte Arbeitslosenversicherung ergänzte die bisherigen Sozialleistungen. Größere innenpolitische Krisen und gewaltsame Umsturzversuche blieben aus. Der Reichstag konnte von Dezember 1924 bis Mai 1928 ohne Auflösung und Neuwahlen arbeiten. Die SPD, die stärkste Reichstagsfraktion, blieb in der Opposition und duldete die verschiedenen Minderheitsregierungen des „Bürgerblocks" aus Zentrum, DDP, DVP, BVP und DNVP. Die extreme Rechte war nach dem misslungenen Hitlerputsch geschwächt.

Die Reichspräsidentenwahl nach dem Tod Eberts (1925) zeigte aber, dass viele Deutsche der Republik weiterhin innerlich fremd gegenüberstanden. Im zweiten Wahlgang wurde der Kandidat der Rechtsparteien, der ehemalige Generalfeldmarschall Paul von Hindenburg, zum neuen Reichspräsidenten gewählt. Der prominente Miturheber der Dolchstoßlegende im höchsten Staatsamt bedeutete einen schweren Schlag für die junge Republik.

M6 Dolchstoßlegende

a) Hindenburg vor dem parlamentarischen Untersuchungsausschuss, November 1919:

Die Geschichte wird über das, was ich hier nicht weiter ausführen darf, das endgültige Urteil sprechen. Damals hofften wir noch, dass der Wille zum Siege alles andere beherrschen würde. Als wir unser Amt übernahmen, stellten wir bei der Reichsleitung eine Reihe von Anträgen, die den Zweck hatten, alle nationalen Kräfte zur schnellen und günstigen Kriegsentscheidung zusammenzufassen; sie zeigten der Reichsleitung zugleich ihre riesengroßen Aufgaben. Was aber schließlich, zum Teil wieder durch Einwirkung der Parteien, aus unseren Anträgen geworden ist, ist bekannt. Ich wollte kraftvolle und freudige Mitarbeit, und bekam Versagen und Schwäche. Die Sorge, ob die Heimat fest genug bliebe, bis der Krieg gewonnen sei, hat uns von diesem Augenblicke an nie mehr verlassen. Wir erhoben noch oft unsere warnende Stimme bei der Reichsregierung. In dieser Zeit setzte die heimliche planmäßige Zersetzung von Flotte und Heer als Fortsetzung ähnlicher Erscheinungen im Frieden ein. […] Die braven Truppen, die sich von der revolutionären Zermürbung freihielten, hatten unter dem pflichtwidrigen Verhalten der revolutionären Kameraden schwer zu leiden; sie mussten die ganze Last des Kampfes tragen. Die Absichten der Führung konnten nicht mehr zur Ausführung gebracht werden. Unsere wiederholten Anträge auf strenge Zucht und strenge Gesetzgebung wurden nicht erfüllt. So mussten unsere Operationen misslingen, es musste der Zusammenbruch kommen; die Revolution bildete nur den Schlussstein. Ein englischer General sagte mit Recht: „Die deutsche Armee ist von hinten erdolcht worden." Den guten Kern des Heeres trifft keine Schuld. Seine Leistung ist ebenso bewunderungswürdig wie die des Offizierkorps.

b) Der zwischenzeitliche Vizekanzler und spätere Reichstagsabgeordnete der DDP Friedrich von Payer stellte 1925 fest:

Weshalb in Wirklichkeit der Krieg für uns verloren ging, kann man mit wenigen Sätzen sagen:

Weil unsere Heerführer trotz aller Siege nicht verhindern konnten, dass an den wichtigsten Fronten der Bewegungskrieg in den Stellungskrieg überging, weil bei diesem letzten Endes das Mehr an Mannschaften, Kriegsgeräten, Materialien und Nahrungsmitteln entscheiden musste, weil unsere Feinde weit zahlreicher waren als wir samt unsern Bundesgenossen und weil ihnen die Vorräte und Hilfsmittel der ganzen Welt zur Verfügung standen, uns nicht, weil denn auch richtig schließlich unsere Bataillone an Zahl und Umfang immer kläglicher zusammenschmolzen und unsere Reserven verschwanden – während die Amerikaner alle Monat für Monat mehr als 250000 Mann frischer Truppen an die Front warfen, weil der verstärkte U-Boot-Krieg nicht, wie versprochen, zum Ziele führte, weil wir den gepanzerten Sturmwagen unserer Gegner nichts Ähnliches entgegenzusetzen hatten, weil wir unseren Truppen aus Mangel an Mannschaft nicht mehr die zum Ausruhen nötigen Kampfpausen gewähren konnten, weil jahrelang unsere Ernährung an der Front und zu Hause ungenügend war, weil unsere Bundesgenossen einer um den anderen zusammenbrachen, weil Entbehrungen, die ständigen Verluste an Menschenleben, die Befürchtung weiterer Opfer und die immer wachsende Besorgnis vor einem unglücklichen Ausgang des Krieges nach vier Jahren die Stimmung in Heer und Volk zu einer gedrückten machen mussten, weil das Vertrauen in die Oberste Heeresleitung und deren Berichte schwand, weil dem Feldsoldaten der Unterschied zwischen den von ihm und den von den Offizieren und von der Etappe zu bringenden Opfern immer fühlbarer wurde, weil man eine solche Stimmung nicht wegkommandieren […] konnte, weil daraus eine steigende Friedenssehnsucht heranwachsen musste – wogegen die Eroberungssucht gerade der größten deutschen Dynastien einen Verständigungsfrieden unmöglich machte, […] und weil zum Schluss die Oberste Heeresleitung durch ihr überstürztes, der Reichsleitung abgerungenes Ersuchen um Waffenstillstand und Frieden vor Freund und Feind das unwiderrufliche Geständnis ablegte, dass wir militärisch mit unseren Kräften am Ende waren.

a und b Zit. nach: Michaelis/Schraepler (Hg.): Ursachen und Folgen. Vom deutschen Zusammenbruch 1918 und 1945 bis zur staatlichen Neuordnung Deutschlands in der Gegenwart, Bd. IV. Berlin. o. J., S. 8, S. 12 f.

M7 Protest gegen Inflation und Arbeitslosigkeit

Die in Esslingen erscheinende sozialdemokratische Volkszeitung im Oktober 1923:

Immer verzweifelter steigert sich die Notlage der breiten Volksschichten. Kein Tag vergeht, ohne dass die Preise für alles, was zum Leben nötig ist, um das Mehrfache steigen. Insbesondere trifft dies gerade bei den wichtigsten Lebensmitteln zu: Brot und Mehl, Fleisch und Schmalz, Kartoffeln usw. Körner [Vorsitzender des württembergischen Bauernverbandes] und Konsorten brauchen nur zu fordern und alles muss sich kuschen. Sie fragen nicht nach der grenzenlosen Not des Volkes. Die Aufforderung des Wehrkreiskommandanten, Rücksicht auf die Not der Städte zu nehmen, haben sie mit einer Erhöhung der Milchpreise innerhalb einer Woche um mehr als das Zehnfache beantwortet. Die darbenden Volksgenossen werden ausgebeutet und betrogen an allen Ecken und Enden. Arbeitslosigkeit und Kurzarbeit nehmen täglich zu. Weiß schon der Vollbeschäftigte nicht, wie er die Seinen dürftig über Wasser halten soll, so sieht es in dem Heim der Erwerbslosen, das oft mehr einem Loch gleicht, vollends trostlos aus. Besonders schlimm steht es unter solchen Umständen um die Jugend. Wie mag der nächste Schularztbericht lauten? Um das Elend voll zu machen, hat jetzt wieder einmal der Mangel an Barmitteln zur Auszahlung der Löhne eingesetzt.

4 Die Weimarer Republik

| 1918 | 1933 |

Zahlreiche Arbeiter können in den Betrieben gar nicht ausbezahlt werden, wieder andere werden mit Schecks abgespeist, die entweder nur sehr ungern, oft aber auch überhaupt nicht
25 an Zahlungsstatt angenommen werden. Hier zeigt sich so recht der ganze Skandal unseres Wirtschaftslebens. Der Arbeiter muss alles, was er braucht, nach Goldmark zahlen, er selbst kann aber nicht einmal mehr mit „Bargeld" in Papier entlohnt werden und muss mit einem Scheck seines „Brotherrn",
30 an den er seine Arbeitskraft verkaufen muss, von einem Laden zum anderen ziehen, bis sich auch endlich der Geschäftsmann dazu versteht, dieses Papier als Zahlungsmittel anzunehmen. Die anderen, die von ihrem Unternehmer gar nichts erhielten, dürfen sich mit hungrigem Magen die Geschäftshäuser und
35 Läden von außen ansehen.

Volkszeitung vom 27. Oktober 1923

M8 Hitlers „uneigennützige Hingabe"

Aus dem Plädoyer des anklagenden Staatsanwaltes (Hans Erhard, 1946–1954 und 1960–1962 bayerischer Ministerpräsident) am 21. März 1924 im Hochverratsprozess gegen Adolf Hitler und weitere Putschisten:

Hitler ist aus einfachen Verhältnissen hervorgegangen, er hat im großen Krieg als tapferer Soldat seine deutsche Gesinnung bewiesen und nachher aus kleinsten Anfängen heraus in mühsamer Arbeit eine große Partei, die „Nationalsozialistische
5 Deutsche Arbeiterpartei", geschaffen, wobei die Bekämpfung des internationalen Marxismus und Judentums, die Abrechnung mit den Novemberverbrechern und die Ausbreitung des nationalen Gedankens in allen Volkskreisen, besonders auch in der Arbeiterschaft, die wesentlichen Programmpunkte
10 waren. Über seine Parteipolitik habe ich kein Urteil zu fällen, sein ehrliches Streben aber, in einem unterdrückten und entwaffneten Volke den Glauben an die deutsche Sache wieder zu erwecken, bleibt unter allen Umständen ein Verdienst. Er hat hier, unterstützt durch seine einzigartige Rednergabe, Bedeutendes geleistet. Wurde er auch durch die Kampfstimmung in 15 den Reihen seiner Anhänger zu einer einseitigen Einstellung geführt, so wäre es doch ungerecht, ihn als Demagogen zu bezeichnen, vor diesem Vorwurf schützt ihn die Echtheit seiner Überzeugung und die uneigennützige Hingabe an die von ihm gewählte Lebensaufgabe. [...] Hitler ist ein hochbegabter 20 Mann, der aus einfachen Verhältnissen heraus sich eine angesehene Stellung im öffentlichen Leben errungen hat und zwar in ernster und harter Arbeit. Er hat sich den Ideen, die ihn erfüllen, bis zur Selbstaufopferung hingegeben und als Soldat in höchstem Maße seine Pflicht getan. Dass er die Stellung, 25 die er sich schuf, eigennützig ausnutzte, kann ihm nicht zum Vorwurf gemacht werden.

Zit. nach: K. D. Bracher: Die deutsche Diktatur, Köln 1969, S. 130 f.

Der Staatsanwalt beantragte acht Jahre Festungshaft, eine Art Ehrenhaft für angesehene Bürger. Hitler wurde dann zur Mindeststrafe von fünf Jahren mit Aussicht auf Bewährung verurteilt. Schon nach neun Monaten kam er frei.

M9 Preise während der Inflation

In Berlin kosteten am 9./10. Juni 1923:

Produkt/Leistung	Preis
1 Pfund Kartoffeln	112–130 Mark
1 Pfund Kaffee	26 000–36 000 Mark
1 Ei	800–810 Mark
1 Brot	2500 Mark
1 Straßenbahnfahrt	600 Mark

Nach: Wolfgang Michalka/Gottfried Niedhart (Hg.): Deutsche Geschichte 1918–1933. Dokumente zur Innen- und Außenpolitik, Frankfurt a. M. 1992, S. 79

---

1. Die Zeit zwischen 1919 und 1923 wird oft als „Krisenzeit der Weimarer Republik" bezeichnet. Beschreiben Sie zwei dieser Krisen (**VT**).

2. Arbeiten Sie aus **M6a** und **M6b** heraus, wen Hindenburg und wen Payer für die Kriegsniederlage verantwortlich machen. Nennen Sie die jeweiligen Argumente und nehmen Sie dazu Stellung.

3. Beschreiben Sie, wie der Ruhrkampf die Weimarer Republik belastete (**VT**).

4. Erklären Sie Ursachen und Wirkungen der Inflation (**VT, M7, M9**).

5. Charakterisieren Sie die Haltung des anklagenden Staatsanwalts gegenüber dem wegen Hochverrats angeklagten Adolf Hitler (**M8**). Stellen Sie dabei eine Verbindung zur Haltung der Angeklagten auf dem Foto **M4** auf S. 176 her.

4.3 Die Zerstörung der Republik

M1 Arbeitslose vor dem Arbeitsamt
Hannover, Frühjahr 1932

Die Weltwirtschaftskrise von 1929 brachte die Weimarer Republik ins Wanken. Massenarbeitslosigkeit und Verelendung entzogen der Demokratie den Rückhalt in der Bevölkerung, radikale Parteien gewannen an Boden und das Parlament verlor an Macht. Nun musste sich zeigen, ob die junge Republik noch Anhänger hatte, die sich für ihren Erhalt einsetzen würden.

1929	Kursstürze an der New Yorker Börse lösen die Weltwirtschaftskrise aus (Oktober).
1930	Erste Präsidialregierung unter Reichskanzler Brüning (März) NSDAP wird zweitstärkste Partei (September).
1932	Höhepunkt der Arbeitslosigkeit: Im Jahresdurchschnitt gibt es 5,6 Millionen Erwerbslose – das entspricht einer Arbeitslosenquote von 30,8 Prozent.
1933	Hitler wird zum Reichskanzler ernannt (30. Januar).

Ursachen der Weltwirtschaftskrise

Die Finanzkrise, die Deutschlands Wirtschaft Ende der 1920er-Jahre traf, hatte ihren Ursprung in den USA. Das dortige Wirtschaftswachstum schien zu Beginn des 20. Jahrhunderts noch unaufhaltsam zu sein: Unternehmen schlossen sich zu kapitalkräftigen Konzernen zusammen, die mit der Fließbandarbeit enorme Produktionsziffern erreichten, etwa bei Automobilen, Kühlschränken und Fotoapparaten. Doch die Fassade des Booms wies schnell erste Risse auf. Der Bedarf war zunehmend gedeckt, die Produktion übertraf die Nachfrage. Die Folgen zeigten sich bald: Viele US-Bürger hatten in den Jahren des Aufschwungs Aktien erworben, um an den Kursgewinnen zu verdienen, und dafür sogar Kredite aufgenommen. Diese kreditfinanzierte Massenspekulation machte den Wertpapierhandel krisenanfällig. Als die Absatzschwierigkeiten 1929 immer größer wurden, verkauften viele

Aktionäre ihre Wertpapiere, um Kursverlusten zuvorzukommen. Am 24. Oktober 1929 wurden an der Wall Street fast 13 Millionen Aktien abgestoßen. Die Kurse fielen in den folgenden Tagen ins Bodenlose. Da viele Spekulanten ihre Kredite nicht zurückzahlen konnten, mussten zahlreiche Banken ihre Zahlungsunfähigkeit erklären, viele Unternehmer, die keine Kredite mehr bekamen, ihre Produktion einstellen und ihre Arbeiter entlassen. Die Zeit des Wohlstandes wich einer tiefen Depression.

Die Krise erfasste bald auch andere Staaten. Amerikas Wirtschaft hatte in der Zeit des Aufschwungs viel Geld in Europa, Asien und Lateinamerika investiert. Amerikanische Banken und Unternehmer forderten nun ihre Kredite aus dem Ausland zurück und „exportierten" damit die Finanzprobleme.

Deutschland: „Konjunktur auf Pump"

Die Modernisierung der deutschen Wirtschaft nach dem Ersten Weltkrieg hatte Geldmittel erfordert, die nach den Inflationsverlusten von inländischen Sparern nicht aufgebracht werden konnten. Da die Reichsbank aus Angst vor einer neuen Inflation den Leitzins hoch hielt, stiegen die Zinssätze. Dieses Zinsgefälle bot Ausländern einen Anreiz, ihr Geld bei deutschen Banken anzulegen oder es an deutsche Investoren auszuleihen. Fast die Hälfte aller zwischen 1924 und 1929 in Deutschland getätigten Neuinvestitionen wurde mit Krediten aus den USA finanziert. Dieser Weg wurde von Wirtschaftsexperten als „Konjunktur auf Pump" getadelt. Die deutschen Banken liehen zudem häufig das im Ausland kurzfristig geborgte Geld zur Finanzierung von Investitionen langfristig aus. Solange die Konjunktur gut lief, waren die ausländischen Geldgeber in der Regel bereit, ihre Kredite zu verlängern, im Fall einer Krise konnten sie ihr Geld jedoch rasch zurückrufen.

Radikalisierung verschärft die Krise

Nach dem Kurssturz an der Wall Street hielten sich die Kreditrückforderungen aus Deutschland zunächst in Grenzen. Die Hoffnung auf eine rasche Überwindung der Krise wurde jedoch durch ein politisches Ereignis zerstört: Bei der Reichstagswahl vom 14. September 1930 konnte die NSDAP überraschend die Zahl ihrer Sitze von 12 auf 107, und die KPD ihre Mandate von 54 auf 77 erhöhen. Dieses Wahlergebnis hatte im Ausland verheerende Wirkung. Die politische Stabilität der Weimarer Republik, eine wichtige Voraussetzung für die Gewährung ausländischer Kredite, schien nun ernsthaft bedroht. In der ersten Woche nach der Wahl wurden 700 Millionen Reichsmark ausländischer Kredite gekündigt.

Kaufkraftschwund und Arbeitslosigkeit

Der Abzug der ausländischen Kredite zwang viele deutsche Unternehmen in die Insolvenz. Andere mussten ihre Produktion drosseln, da die steigende Arbeitslosigkeit die Kaufkraft der Bevölkerung drastisch verminderte. Die Gemeinden mussten Kredite zurückzahlen, mit denen sie Straßen, Krankenhäuser, Schulen und Wohnungen finanziert hatten. Die ihnen noch verbliebenen Einkünfte reichten kaum für die Sozialfürsorge. In manchen Industrieregionen war jeder dritte Arbeitnehmer ohne Verdienst. Hunger und Hoffnungslosigkeit bedrückten die Arbeitslosen, Angst dagegen die, die noch Arbeit hatten, aber stets erwarten mussten, diese zu verlieren.

Eine Bankenkrise beschleunigte den Abwärtstrend. Die finanzielle Basis vieler Banken war während der Inflation ausgehöhlt worden. Das Eigenkapital war meist niedrig. Durch den Rückzug der Geldeinlagen ausländischer Gläubiger gerieten im Mai 1931 das Kaufhaus Karstadt und der Versicherungskonzern Nordstern in finanzielle Bedrängnis. Bei den Banken traf die Kapitalflucht am stärksten die Darmstädter Nationalbank (Danatbank). Am 13. Juli 1931 blieben deren Schalter bei allen Filialen geschlossen. Dies löste unter den Sparern Panik aus. Sofort setzte ein Ansturm der Kunden auf alle Geldinstitute ein.

Präsidialregierungen und Notverordnungen

Die seit 1928 regierende Große Koalition aus SPD, Zentrum, BVP, DDP und DVP stand angesichts der wirtschaftlichen Krise vor einer gewaltigen Bewährungsprobe. Das Ansteigen der Arbeitslosenzahl bedeutete für die Staatskasse wachsende Ausgaben. Die SPD plante, die von Arbeitgebern und Arbeitnehmern zu gleichen Teilen getragenen Beiträge zur Arbeitslosenversicherung um ein halbes Prozent auf 4 % heraufzusetzen. Die den Unternehmern nahe stehende DVP lehnte diese Erhöhung ab und forderte stattdessen, die Sozialleistungen zu kürzen. Ein Kompromiss konnte nicht gefunden werden. Daraufhin zerbrach mit der Großen Koalition die letzte parlamentarisch getragene Regierungskoalition. Mit der Ernennung Heinrich Brünings zum neuen Reichskanzler leitete Reichspräsident Hindenburg eine neue Phase der Regierungspolitik ein, die das Parlament nahezu komplett ausschalten sollte. Der Vorsitzende der Zentrumsfraktion Heinrich Brüning bildete ein Minderheitenkabinett, in dem die SPD nicht mehr vertreten war. Er stützte sich fortan nicht mehr auf das Parlament, sondern auf das Vertrauen des Reichspräsidenten. Seine Regierung wurde deshalb als „Präsidialkabinett" bezeichnet. Auf der Grundlage von Notverordnungen nach Art. 48 der Verfassung versuchte er, sein Programm zur Sanierung der Wirtschaft durchzusetzen. Dazu zählten ein ausgeglichener Staatshaushalt mit dem Ziel, eines neue Inflation zu vermeiden. Brüning ergriff einschneidende Maßnahmen. Er kürzte Löhne und Gehälter im öffentlichen Dienst und das Arbeitslosengeld. Hinzu kamen Steuererhöhungen und die Verknappung des Geldes durch hohe Kreditzinsen (Deflationspolitik).

Als die Reichstagsmehrheit am 16. Juli 1930 Teile dieses Programms, die sie für unsozial hielt, ablehnte, setzte Brüning die gesamte Vorlage in Form von zwei Notverordnungen des Reichspräsidenten gemäß Art. 48 in Kraft. Am selben Tag wurde der Antrag der SPD-Fraktion, Brünings Notverordnungen nach Art. 48 Abs. 3 aufzuheben, vom Parlament mit großer Mehrheit angenommen. Unmittelbar danach löste der Reichspräsident den Reichstag nach Art. 25 der Verfassung auf und rief Neuwahlen aus. Die Notverordnungen setzte er danach in ähnlicher Form wieder in Kraft.

Im Herbst 1931 verschärfte die Regierung durch staatlich festgelegte Lohn-, Preis- und Mietsenkungen noch einmal bewusst die Deflation. Brüning wollte die wirtschaftliche Krisensituation außenpolitisch dazu nutzen, die Unfähigkeit Deutschlands zu weiteren Reparationszahlungen zu dokumentieren. Staatliche Finanzhilfen zur Ankurbelung der Wirtschaft lehnte er ab, um keine neuen Schulden aufzubauen. Durch die Kürzung der privaten Einkommen und die Senkung der Staatsausgaben verringerte sich die Nachfrage und die Produktion ging noch weiter zurück. Die Arbeitslosigkeit stieg sprunghaft an.

M2 Der Reichstag wird eingesargt
Collage von John Heartfield, 1932

✏️: Untersuchen und deuten Sie die Collage. Was hat es mit der Zahl 48 auf sich?

M3 Heinrich Brüning (1885–1970) Reichskanzler von 1930 bis 1932

Präsidialkabinette	Damit bezeichnet man die drei letzten Reichsregierungen unter den Reichskanzlern Heinrich Brüning, Franz von Papen und Kurt von Schleicher, die praktisch nur dem Reichspräsidenten verantwortlich waren. Reichspräsident von Hindenburg stützte diese Minderheitenregierungen mithilfe des Art. 48 der Weimarer Verfassung, indem er Gesetze, die keine Reichstagsmehrheit fanden, in Form von Notverordnungen in Kraft setzte. Zwar konnte der Reichstag die Aufhebung der Notverordnungen einfordern, doch das Parlament riskierte mit diesem Schritt eine vom Reichspräsidenten verfügte Auflösung des Reichstages nach Art. 25 und damit verbundene Neuwahlen. Um dieses den Parlamentarismus schädigende Prozedere zu vermeiden, tolerierte die SPD manche Gesetzesvorlagen der Minderheitsregierungen.

M4 Franz von Papen
(1879–1969)
Reichskanzler 1932

Aufstieg der NSDAP

Die NSDAP hatte nach dem erfolglosen Putschversuch von 1923 ihre Strategie geändert und versuchte nun, auf legalem Weg über Wahlen und Bündnisse mit der DNVP und anderen nationalistischen Kräften die Macht zu erobern. Es gelang ihr, die Phase der wirtschaftlichen und politischen Krise für sich zu nutzen und scharenweise neue Mitstreiter und Wähler zu mobilisieren. Hitler baute die NSDAP zu einer straff organisierten Führer-Partei aus. Die viel gelesenen Zeitungen des Großverlegers Alfred Hugenberg (DNVP) machten Hitler und die NSDAP überall im Reich bekannt. Bei den Reichstagswahlen 1928 mit 2,6 Prozent der Stimmen noch Splitterpartei, landete die NSDAP bei den Wahlen im September 1930 mit 18,3 Prozent einen erdrutschartigen Erfolg. Die Nationalsozialisten verstanden es, sich mit ihrer antidemokratischen, antikommunistischen und antisemitischen Propaganda gegenüber nahezu allen Bevölkerungsschichten als eine Art „Volkspartei" zu präsentieren. Während Angehörige des Mittelstands wie Angestellte, Handwerker, kleine Unternehmer und Beamte aus Angst vor sozialem Abstieg zur NSDAP wechselten, versprachen sich Teile der Oberschicht von der Hitler-Partei eine Rettung vor dem Kommunismus und die Rückkehr zu autoritären Strukturen. Offiziere erhofften sich von der NSDAP Aufrüstung und Ausbau der Reichswehr und mancher Arbeiter einen antikapitalistischen nationalen Sozialismus.

Wo die Propaganda keine Wirkung zeigte, ging die NSDAP mit Einschüchterung und Terror vor. Außerhalb des Parlaments wurde die politische Auseinandersetzung immer gewalttätiger. Kampfverbände der Parteien lieferten sich erbitterte Straßenschlachten. Allein im Sommer 1932 wurden dabei über 300 Personen getötet. Zu den schlagkräftigsten Parteiarmeen zählte die Sturmabteilung (SA) der NSDAP.

Papens „Kabinett der Barone"

Ende Mai 1932 entzog Hindenburg Reichskanzler Brüning überraschend sein Vertrauen. Einflussreiche Kräfte der politischen Rechten hatten den Reichspräsidenten zu diesem Schritt gedrängt. Brünings 1932 durchgesetztes Verbot der SA war ihnen ebenso ein Dorn im Auge gewesen wie sein Vorhaben, nicht sanierungsfähige Agrargüter ostelbischer Großgrundbesitzer gegen Entschädigung zu enteignen und an Arbeitslose abzugeben.

Als Nachfolger Brünings bildete der ehemalige Zentrumsabgeordnete Franz von Papen eine konservative Regierung mit fast nur adligen Ministern ohne parlamentarischen Rückhalt („Kabinett der Barone"). Papen hoffte einerseits, der NSDAP durch eine autoritäre und betont nationale Politik den Wind aus den Segeln zu nehmen und ließ sich andererseits auf eine Tolerierung seiner Politik durch die nationalsozialistische Fraktion im Reichstag ein. Als Gegenleistung für diese Unterstützung

M5 Machtmechanismen der Präsidialregierungen 1930–1933

hob er das SA-Verbot auf und ließ Neuwahlen ausschreiben. Hitler erhoffte sich vom erneuten Urnengang einen weiteren Zuwachs an Wählerstimmen. Zu Recht: Die NSDAP konnte bei den Wahlen im Juli 1932 enorm zulegen, verfehlte die absolute Mehrheit zwar deutlich, wurde mit 37,4 % aber erstmals stärkste Partei. Außenpolitisch erntete Papen die Früchte seines Vorgängers. Auf der Reparationskonferenz von Lausanne (Juni/Juli 1932) erreichte er die von Brüning forcierte endgültige Streichung der Reparationszahlungen. Innenpolitisch verließ Papen den Kurs der Deflationspolitik und bemühte sich um aktive Arbeitsbeschaffung. Im Juli wurde der „freiwillige Arbeitsdienst" ins Leben gerufen und im September sahen Notverordnungen Beschäftigungsprämien und Aufwendungen für öffentliche Arbeiten im Wert einer Dreiviertelmilliarde Reichsmark vor. Zur staatlichen Arbeitsbeschaffungspolitik gehörte auch der Bau eines Autobahnnetzes. Als erste Autobahn wurde im Dezember 1932 die Strecke Köln-Bonn dem Verkehr übergeben.

Papens Scheitern und das Kabinett Schleicher
Hitler forderte nach dem Wahlsieg vom Juli die Reichskanzlerschaft, die ihm Paul von Hindenburg, der im April 1932 erneut zum Reichspräsidenten gewählt worden war, jedoch verwehrte. Ohne die Unterstützung der Nationalsozialisten war Papen mit seiner Politik völlig isoliert. Im Reichstag hatte er keine Mehrheit hinter sich, so ließ er diesen auflösen und Neuwahlen für den 6. November 1932 ausschreiben, bei denen die NSDAP einen Stimmenverlust von vier Prozent hinnehmen musste. Papen blieb weiterhin ohne parlamentarischen Rückhalt. Am 2. Dezember ernannte deshalb Hindenburg den bisherigen Reichswehrminister General von Schleicher zum neuen Reichskanzler. Noch mehr als sein Vorgänger wandte sich Schleicher von der Sparpolitik Brünings ab. Der Staat verpflichtete sich, großzügige Mittel für Arbeitsbeschaffungen und für den freiwilligen Arbeitsdienst bereitzustellen. Kürzungen von Sozialleistungen aus der Ära Brüning wurden aufgehoben. Einflussreiche Industrielle und Großagrarier betrachteten Schleichers Kurs argwöhnisch, konnten sich mit der gewerkschaftsfreundlichen Politik des „roten Generals" nicht anfreunden.

M6 Versorgung von verletzten SA-Leuten nach einer Saalschlacht
Foto, um 1930

✍: Versetzen Sie sich in die Perspektive eines verletzten SA-Manns auf dem Foto. Was er hätte er vermutlich für Gründe dafür genannt, sich den Risiken einer Straßenschlacht auszusetzen? Vermuten Sie, warum die NSDAP dieses Foto an die Öffentlichkeit gegeben hat. Begründen Sie Ihre Vermutung.

Hitlers Weg zur Kanzlerschaft
Anfang 1933 verhandelte der von seiner Absetzung als Reichskanzler bitter enttäuschte Franz von Papen hinter dem Rücken Schleichers heimlich mit Hitler. Papen wollte Hitler mithilfe anderer konservativer Kräfte „einrahmen". Hitler, für dessen Kanzlerschaft bereits im November 1932 einflussreiche Großindustrielle und Großagrarier mit einer Eingabe an den Reichspräsidenten eingetreten waren, sollte als Führer der stärksten Reichstagsfraktion mit Papen als Vizekanzler eine Regierung aller nationalen Kräfte bilden.
Als sich außer Papen auch Hindenburgs engste Vertraute für ein Kabinett Hitler aussprachen, gab der Reichspräsident seine Vorbehalte gegenüber dem „böhmischen Gefreiten" auf. Er ließ den amtierenden Schleicher fallen und ernannte am 30. Januar 1933 Hitler zum Reichskanzler. Außer Hitler gehörten dem Kabinett von 13 Ministern nur zwei weitere Nationalsozialisten an: der preußische Ministerpräsident Hermann Göring als Minister ohne Geschäftsbereich und Wilhelm Frick als Innenminister. Hitler schien tatsächlich „eingerahmt".

M7 Wahlplakate, 1932
von links nach rechts: KPD, SPD, NSDAP

✎: Analysieren Sie die Figuren, Farbgestaltung und Texte. Erläutern Sie, welche Probleme die einzelnen Parteien thematisieren.

M8 „Woher kommen 6½ Millionen Stimmen?"
Anlässlich der überraschenden Stimmengewinne der NSDAP bei den Reichstagswahlen am 14. September 1930 fragt „Die Welt am Montag" nach möglichen Gründen für diesen Erfolg:
Dem Ausland waren die Ausmaße des hitlerischen Wahlsieges natürlich eine noch größere Überraschung als dem Inland, da es auf ein starkes, wenn auch nicht so starkes Anschwellen der nationalsozialistischen Stimmen gefasst gewesen war. Die Welt zerbricht sich den Kopf darüber, worauf die Verneunfachung der Hitlerstimmen zurückzuführen ist. Die verschiedensten Deutungen kommen zum Vorschein.
Die Deutschland besonders wohlgesinnte Presse des Auslandes führt vielfach als Hauptgrund die riesige Arbeitslosigkeit an. [...]
Irrtum! Von den drei Millionen Erwerbslosen hat nur ein verschwindend geringer Prozentsatz Hitler seine Stimme gegeben. Diese drei Millionen stellen vielmehr das Gros der kommunistischen Wähler dar. Wenn die KPD von 55 auf 77 Mandate gestiegen ist, so ist das die automatische Rückwirkung der steigenden Arbeitslosigkeit.
Die Arbeitslosen waren also nicht die Hauptwähler Hitlers. Wohl aber ist richtig, dass die Wirtschaftskrisis, deren äußere Symptome die riesenhafte Arbeitslosigkeit ist, die Grundlage des hitlerischen Sieges war. [...]
Da sind Arbeiter, relativ genommen nicht sehr viele, aber eine Million wird es doch wohl gewesen sein. Es sind Landarbeiter, die sich immer noch vom „gnädigen Herren" abhängig fühlen und von ostelbischen Granden für Hitler kommandiert wurden. Es sind jene labilen Elemente, die erst bei den Kommunisten hospitiert haben und sich nun den Nationalsozialisten zuwenden, weil diese sich noch radikaler gebärden. Es sind junge Leute, Friseurgehilfen, Chauffeure usw., die sich etwas Besseres dünken als die Masse der gewerkschaftlich organisierten Fabrikarbeiter.
Da sind Massen von Angestellten, insbesondere aus den Kreisen der deutschnationalen Handlungsgehilfen, die berühmten oder berüchtigten Stehkragenproletarier. Ihr Interesse müsste sie in eine Einheitsfront mit den Arbeitern führen. Aber „Standesgefühl" ist stärker als ihre soziale Einsicht.
Da ist das Gros der Studenten und sonstigen jungen Akademiker. Bei ihnen fällt die antisemitische Hetzphrase auf besonders dankbaren Boden. Der Jude wird eben als unbequemer Konkurrent empfunden. Sie sind fanatisch nationalistisch. Den Krieg kennen sie nicht. [...]
Da sind bedauerlich viele Beamte. Ihre politische Freiheit verdanken sie ausschließlich der Republik. Aber leider hat ihnen die Republik mit der politischen Freiheit nicht auch zugleich das politische Denken geben können, das ihnen in der Kaiserzeit ausgetrieben worden war. Sie sind ein besonders dankbares Objekt für Demagogen.
Da ist vor allem der große Block des so genannten selbstständigen Mittelstandes. Diese Millionen von Handwerkern, Gewerbetreibenden und Kleinkaufleuten führen seit der nach 1871 einsetzenden großindustriellen Entwicklung einen verzwei-

felten Kampf um ihre Existenz. Es fehlt ihnen an wirtschaftlicher Einsicht. Darum fallen sie auf jeden Schwätzer herein, der ihnen die Wiederherstellung des „goldenen Bodens" durch Kampf gegen Juden und Warenhäuser, gegen Börse und Gewerbefreiheit verspricht. [...]

Das ist das erschütternd Trostlose an dem Wahlergebnis vom 14. September, dass die Welt sehen muss, wie viel Millionen politische Analphabeten es noch in Deutschland gibt.

Hans Gerlach. In: Die Welt am Montag vom 6. Oktober 1930, Nr. 30

M9 Öffentliche Investitionen in Deutschland
(in Mill. RM)

	1928	1932
Reichswehr	827	620
Öffentliche Verwaltung	1830	800
Versorgungsbetriebe	1023	218
Wohnungsbau	1330	150
Summe	**7240**	**2590**
Index:		
nominal	100	36
real	100	47

Nach: H. Aubin/W. Zorn (Hg.): Handbuch der deutschen Wirtschafts- und Sozialgeschichte, Bd. 2, Stuttgart 1976, S. 818

M10 Entwicklung der Arbeitslosigkeit
1931 bis 1933

Monat/Jahr	Arbeitslosenzahl
Ende März 1931	4 744 000
Ende Juni 1931	3 954 000
Ende Dezember 1931	5 668 000
Ende Februar 1932	6 128 000
Ende September 1932	5 103 000
Ende Dezember 1932	5 773 000
Ende Februar 1933	6 001 000

Zit. nach: Herbert Krieger/Wolfgang Kleinknecht: Handbuch des Geschichtsunterrichts, Bd. 5, Frankfurt a. M., 1965, S. 229

M11 Wirtschaftspolitik von Reichskanzler Brüning

Reichskanzler Brüning erklärte am 16. Oktober 1930 dem Reichstag seine Deflationspolitik:
Die Grundlagen des Reformplanes der Reichsregierung sind ein vollkommen ausgeglichener Haushaltsplan für 1931, Selbstständigmachen der Arbeitslosenversicherung, Sparsamkeit auf allen Gebieten, auch an den Gehältern, Vereinfachung des behördlichen Apparates, insbesondere auf dem Gebiete der Steuerverwaltung, eine Steuerpolitik, die den Produktionsprozess nicht unerträglich belastet, vielmehr die Kapitalbildung, namentlich auch bei den kleinen Sparern, fördert, und schließlich die Vorbereitung eines endgültigen Finanzausgleichs zwischen Reich, Ländern und Gemeinden. [...] Die Gehalts- und Preispolitik der Reichsregierung verfolgt [...] in ihrem auf längere Sicht eingestellten Plan keine dauernde Senkung des Reallohns; sie will vielmehr das sachlich vielfach nicht gerechtfertigte und daher unhaltbare deutsche Preisgebäude unter allen Umständen ins Wanken bringen. Dieses Ziel ist nicht zu erreichen, ohne dass auch nur eine gewisse Beweglichkeit in die Gehälter und Löhne gebracht wird, die in Deutschland zu etwa 70 Prozent, sei es durch Gesetz, sei es durch Tarifverträge, gebunden sind.

[...] Nur dann kann die Sozialpolitik der allgemeinen Wohlfahrt dienen [...], wenn sie auf soliden wirtschaftlichen Verhältnissen fußt.

H. Michaelis/E. Schraepler (Hg.): Ursachen und Folgen. Vom deutschen Zusammenbruch 1918 und 1945 bis zur staatlichen Neuordnung Deutschlands in der Gegenwart. Eine Urkunden- und Dokumentensammlung zur Zeitgeschichte, Band 8, Berlin 1962, S. 107 ff.

M12 Brünings Politik und die Sozialdemokraten

Die SPD begründet ihre Tolerierungstaktik, 18. Oktober 1930:
Die Sozialdemokratie [steht] in entschiedenster Gegnerschaft gegen diese Regierung. Trotzdem hat sie keinen Misstrauensantrag gegen das Kabinett Brüning eingebracht. [... Dies] bedeutet aber nicht, dass die Sozialdemokratie Vertrauen zu der jetzigen Regierung habe. Diese taktische Stellung der sozialdemokratischen Reichstagsfraktion besagt nichts anderes, als dass sie selbst den Zeitpunkt bestimmen wird, an dem sie zum Angriff gegen das Kabinett Brüning vorgeht. [...] Die sozialdemokratische Fraktion ist jeden Tag in der Lage, mit Nationalsozialisten, Kommunisten und Deutschnationalen die Regierung zu stürzen, sie kann aber unmöglich mit solchen Bundesgenossen gemeinsam eine neue Regierung bilden. Deshalb und weil die Sozialdemokratie von dem Gefühl der Verantwortung für die arbeitende Klasse durchdrungen ist, lehnte sie jetzt die Zustimmung zu den Misstrauensanträgen der anderen Parteien ab. Und zwar solcher Parteien, die, wie die Nationalsozialisten und die Deutschnationalen offen arbeiterfeindlich sind oder, wie die Kommunisten, durch ihre Taktik zur Schwächung der Arbeiterklasse und zur Stärkung des Faschismus beitragen.

W. Michalka/G. Niedhart (Hg.): Deutsche Geschichte 1918–1933. Dokumente zur Innen- und Außenpolitik. Frankfurt a. M. 1992, S. 194

4 Die Weimarer Republik

M13 Forderung nach einer Berufung Hitlers

Eingabe führender Persönlichkeiten aus Wirtschaft und Landwirtschaft an Hindenburg, November 1932:

Mit Eurer Exzellenz bejahen wir die Notwendigkeit einer vom parlamentarischen Parteiwesen unabhängigen Regierung, wie sie in dem von Eurer Exzellenz formulierten Gedanken eines Präsidialkabinetts zum Ausdruck kommt.

5 Der Ausgang der Reichstagswahl vom 6. November d. J. hat gezeigt, dass das derzeitige Kabinett, dessen aufrechten Willen im deutschen Volke niemand bezweifelt, für den von ihm eingeschlagenen Weg keine ausreichende Stütze im deutschen Volk gefunden hat, dass aber das von Eurer Exzellenz
10 gezeigte Ziel eine volle Mehrheit im deutschen Volke besitzt, wenn man – wie es geschehen muss – von der staatsverneinenden kommunistischen Partei absieht. Gegen das bisherige parlamentarische Parteiregime sind nicht nur die Deutschnationale Volkspartei und die ihr nahe stehenden kleineren
15 Gruppen, sondern auch die Nationalsozialistische Deutsche Arbeiterpartei grundsätzlich eingestellt und haben damit das Ziel Eurer Exzellenz bejaht. Wir halten dieses Ergebnis für außerordentlich erfreulich und können uns nicht vorstellen, dass die Verwirklichung des Zieles nunmehr an der Beibehal-
20 tung einer unwirksamen Methode scheitern sollte.

Es ist klar, dass eine des Öfteren wiederholte Reichstagsauflösung mit sich häufenden, den Parteikampf immer wieder zuspitzenden Neuwahlen nicht nur einer politischen, sondern auch jeder wirtschaftlichen Beruhigung und Festigung entge-
25 genwirken muss. Es ist aber auch klar, dass jede Verfassungsänderung, die nicht von breitester Volksströmung getragen ist, noch schlimmere wirtschaftliche, politische und seelische Wirkungen auslösen wird.

Wir erachten es deshalb für unsere Gewissenspflicht, Eure
30 Exzellenz ehrerbietigst zu bitten, dass zur Erreichung des von uns allen unterstützten Zieles Eurer Exzellenz die Umgestaltung des Reichskabinetts in einer Weise erfolgen möge, die die größtmögliche Volkskraft hinter das Kabinett bringt. Wir bekennen uns frei von jeder engen parteipolitischen Einstel-
35 lung. Wir erkennen in der nationalen Bewegung, die durch unser Volk geht, den verheißungsvollen Beginn einer Zeit, die durch Überwindung des Klassengegensatzes die unerlässliche Grundlage für einen Wiederaufstieg der deutschen Wirtschaft erst schafft. [...]
40 Die Übertragung der verantwortlichen Leitung eines mit den besten sachlichen und persönlichen Kräften ausgestatteten Präsidialkabinetts an den Führer der größten nationalen Gruppe wird die Schlacken und Fehler, die jeder Massenbewegung notgedrungen anhaften, ausmerzen und Millionen Menschen, die
45 heute abseits stehen, zu bejahender Kraft mitreißen.

Wolfgang Michalka/Gottfried Niedhart (Hg.): Die ungeliebte Republik, München 1980, S. 341

M14 Eine Berliner SA-Kolonne auf einem Propaganda-Marsch
Foto, 1932

✎: Sie stehen mit anderen Passanten am Straßenrand. Tauschen Sie mit Ihrem Nachbarn/Ihrer Nachbarin Ihre Eindrücke von der SA-Kolonne aus.

4.3 Die Zerstörung der Republik

M15 Ergebnisse der Reichstagswahlen 1919 bis 1933

	19. Jan. 1919	6. Juni 1920	4. Mai 1924	7. Dez. 1924	20. Mai 1928	14. Sept. 1930	31. Juli 1932	6. Nov. 1932	5. März 1933
Wahlbeteiligung in %	83,0	79,2	77,4	78,8	75,6	82,0	84,1	80,6	88,8
KPD	–	2,1	12,6	9,0	10,6	13,1	14,5	16,9	12,3
USPD	7,6	17,9	0,8	0,3	0,1	0,0	–	–	–
SPD	37,9	21,7	20,5	26,0	29,8	24,5	21,6	20,4	18,3
DDP/DStP	18,6	8,3	5,7	6,3	4,9	3,8	1,0	1,0	0,9
Zentrum	15,9	13,6	13,4	13,6	12,1	11,8	12,5	11,9	11,2
BVP	3,8	4,2	3,2	3,8	3,1	3,0	3,7	3,4	2,7
DVP	4,4	13,9	9,2	10,1	8,7	4,7	1,2	1,9	1,1
DNVP	10,3	15,1	19,5	20,5	14,2	7,0	6,2	8,9	8,0
NSDAP	–	–	6,5	3,0	2,6	18,3	37,4	33,1	43,9
Sonstige	1,6	3,3	8,6	7,5	13,9	13,8	2,0	2,6	1,6

M16 Reichsregierungen 1919 bis 1933

	Wahlen	Reichskanzler	Regierungskoalitionen
Nationalversammlung	19.01.1919	Scheidemann, Bauer, Müller (alle SPD)	WK: SPD, Zentrum, DDP
1. Reichstag	06.06.1920	Fehrenbach (Z), Wirth (Z), Cuno (-), Stresemann (DVP), Marx (Z)	BK: Z, DDP, DVP, BVP; WK; GK: SPD, DDP, DVP, BVP
2. Reichstag	04.05.1924	Marx (Z)	BK
3. Reichstag	07.12.1924	Luther (-), Marx (Z),	BRK: Z, DVP, DNVP, BVP; BK
4. Reichstag	20.05.1928	Müller (SPD), Brüning (Z)	GK; Präs.-Kab.
5. Reichstag	14.09.1930	Brüning (Z), v. Papen (-)	Präs.-Kab.
6. Reichstag	31.07.1932	v. Papen (-)	Präs.-Kab.
7. Reichstag	06.11.1932	v. Schleicher (-)	Präs.-Kab.
8. Reichstag	05.03.1933	Hitler (NSDAP)	NSDAP/DNVP

WK = Weimarer Koalition; **GK** = Große Koalition; **BRK** = Bürgerliche Rechtskoalition; **BK** = Bürgerliche Koalition
Zusammenstellung des Verfassers

1. Beschreiben Sie Ursachen und Verlauf der Weltwirtschaftskrise in den USA und in Deutschland (**VT, M9**).

2. Erörtern Sie Wege und Ziele der Deflationspolitik Brünings (**VT, M11**). Kennzeichnen Sie die Reaktion der Sozialdemokraten auf diese Politik (**M12**).

3. Listen Sie Gründe für den Aufstieg der NSDAP (**M13**) in der Endphase der Weimarer Republik auf (**VT, M7**).

4. Fassen Sie die Argumente zusammen, mit denen Unternehmer in **M13** die Kanzlerschaft Hitlers fordern.

5. Zeichnen Sie mithilfe von **M15** ein Diagramm, in dem zu den Reichstagswahlen vom Mai 1928 bis zum November 1932 jeweils in einer Säule die Stimmanteile der demokratischen Parteien (SPD, Zentrum, DDP bzw. seit 1930 DStP), in einer zweiten Säule die Anteile der NSDAP, in einer dritten Säule die der KPD und in einer vierten Säule die Anteile der konservativ-autoritär-monarchistischen Parteien (DNVP, DVP) aufgezeigt werden. Vergleichen Sie die Ergebnisse.

6. Erläutern Sie die These, Weimar sei eine „Republik ohne Republikaner" gewesen.

Ein Rollenspiel durchführen

Rollenspiele ermöglichen die Übernahme von fremden Haltungen und Ansichten und das Sich-Hineinversetzen in andere Menschen, Situationen und Zeiten. Sie eignen sich daher besonders, unterschiedliche gesellschaftliche und historische Positionen und daraus resultierende Konflikte zu verstehen. Zu einem gelungenen Rollenspiel gehören eine genaue Beschreibung der Ausgangssituation, des Ziels und der einzunehmenden Rollen, eine gute Vorbereitung der Spielerinnen und Spieler, Regeln für die Durchführung und eine gemeinsame Auswertung.

- Beamter im Innenministerium
- Zentrum
- Sekretär des Reichspräsidenten
- SPD
- KPD

Die Situation

Ende Februar 1932 sind 6 128 000 Menschen in Deutschland arbeitslos. Banken und Unternehmen gehen in die Insolvenz und der Staat ist hoch verschuldet. Gleichzeitig nimmt die politische Radikalisierung zu und es wird für die Parteien schwieriger, stabile Regierungsmehrheiten zu bilden. Bei den letzten Reichstagswahlen haben die KPD 13,1 Prozent, die SPD 24,5 Prozent, das Zentrum 11,8 Prozent, die DNVP 7,9 Prozent und die NSDAP 18,3 Prozent der Stimmen erhalten. Der Reichspräsident Paul von Hindenburg muss eine Partei oder Parteienkoalition, die eine Lösung der Krise und eine stabile Entwicklung verspricht, mit der Regierungsbildung beauftragen.

Die Teilnehmer

Die Diskussion wird von einem Moderator in der Rolle des Sekretärs des Reichspräsidenten geleitet. An der Diskussion nehmen außerdem vier Personen teil: drei Reichstagsabgeordnete der Parteien KPD, SPD und des Zentrums sowie ein Beamter des Innenministeriums, der über die Positionen der NSDAP referiert. Die NSDAP hatte eine Teilnahme verweigert. Alle anderen nehmen die Rolle beobachtender Reporter ein, die sich Notizen zur Diskussion machen.

Methodische Arbeitschritte

Die Vorbereitung

Bereiten Sie sich mithilfe des Verfassertextes und der Materialien im Kapitel 4 auf Ihre Rolle vor, versetzen Sie sich in die Sichtweise eines Abgeordneten der jeweiligen Partei und sprechen Sie aus dessen Position. Sie können also in Ihrer Rolle Meinungen vertreten, die Sie selbst nicht teilen.

Bereiten Sie sich in einer Kleingruppe auf Ihre Rolle vor: Bestimmen Sie dazu einen Spieler/eine Spielerin in Ihrer Gruppe, der/die in die Rolle schlüpft.

Info-Kasten

Wirtschaftskrise und politische Krise: VT S. 180–182, S. 184–186 M7–M14

Die Zentrumspartei (Z): S. 170 M12, S. 190 M2, Reichskanzler Brüning VT S. 181, S. 185 M11 und M12

Die Sozialdemokratische Partei Deutschlands (SPD): S. 170 M12, VT S. 180/181, S. 185 M12, S. 187 M15 und M16

Die Kommunistische Partei Deutschlands (KPD): S. 170 M12, S. 184 M7 und M8, S. 187 M15 und M16

Die Nationalsozialistische Deutsche Arbeiterpartei (NSDAP): S. 170 M12, VT S. 182/183, S. 186 M13 und M14

Spieler:
1. Lesen Sie die im Info-Kasten genannten Verfassertexte und Materialien zu Ihrer Partei genau durch und fassen Sie in Stichworten zusammen
   - welche politischen Ziele (Staatsverständnis) Ihre Partei verfolgt,
   - welche gesellschaftlichen Gruppen sie vertritt,
   - wie sie sich die künftige Wirtschaftsordnung vorstellt,
   - wie ihr Verhältnis zu den anderen Parteien ist.
2. Warum sind Sie und Ihre Partei besonders befähigt, die Regierung zu übernehmen und die Krise zu überwinden? Formulieren Sie Argumente für die Diskussion.
3. Wollen Sie die Regierungsverantwortung allein oder zusammen mit einer anderen Partei übernehmen? Überlegen Sie, wie Sie sich in der Diskussion zu den anderen Parteien verhalten wollen (Annäherung/Ablehnung). Notieren Sie Ihre Ideen.
4. Geben Sie Ihrer Person einen Namen und schreiben Sie eine Tischkarte für die Diskussion mit dem Namen Ihrer Partei.

Moderator:
1. Informieren Sie sich über die Auswirkungen der politischen und wirtschaftlichen Krise im Land (vgl. Info-Kasten) und schreiben Sie mindestens drei wichtige Aspekte auf, die Sie in Ihrer Moderation verwenden wollen.
2. Charakterisieren Sie die vier Parteien in Stichworten.
3. Geben Sie Ihrer Person einen Namen und schreiben Sie eine Tischkarte für die Diskussion mit Ihrer Funktion.

Reporter:
1. Notieren Sie die Argumente der jeweiligen Partei, Ihre Eindrücke der Diskussion und das Ergebnis.

Durchführung
1. Der Moderator eröffnet die Diskussion mit dem Hinweis, dass er am Ende der Diskussion eine Empfehlung zur Regierungsbildung an den Reichspräsidenten geben wird. Er bittet dann die Teilnehmer, sich kurz vorzustellen (Name, Partei).
2. Der Moderator bittet nun den Vertreter der noch regierenden Zentrumspartei um seine Vorschläge zur Überwindung der wirtschaftlichen und politischen Krise.
3. Die Abgeordneten der anderen Parteien können unmittelbar darauf eine Gegenposition äußern. Wenn sich niemand zu Wort meldet, fordert der Moderator einen Teilnehmer auf, seine Meinung zu sagen.
4. Die Diskussion müsste nun rasch in Gang kommen. Der Moderator sollte darauf achten, dass jeder zu Wort kommt und auch ausreden kann. Falls die Diskussion ins Stocken kommt, kann er um konkrete Vorschläge zur Überwindung der Krise bitten.
5. Wenn alle Argumente ausgetauscht sind, sollte der Moderator jeden Teilnehmer bitten, seinen Vorschlag an den Reichspräsidenten in einem Satz zusammenzufassen.
6. Zum Schluss bittet der Moderator um eine Abstimmung über die Vorschläge der einzelnen Abgeordneten. Er selbst darf mitstimmen. Mit dem Abstimmungsergebnis beendet der Moderator die Diskussion und bedankt sich bei den Teilnehmern.

Auswertung
Der Moderator wertet die Diskussion gemeinsam mit den Beobachtern und Diskussionsteilnehmern aus. Ein Zuschauer protokolliert die Ergebnisse:
1. Diskutieren Sie das Abstimmungsergebnis der Diskussionsrunde.
2. Bewerten Sie die Argumente und Vorschläge der einzelnen Parteien. Wurden sie verständlich und klar vorgestellt? Sind sie geeignet, die Krise zu überwinden? Lassen sie sich gewaltlos und im Rahmen einer demokratischen Ordnung umsetzen?

---

1. Verfassen Sie auf der Grundlage der gemeinsamen Auswertung ein Empfehlungsschreiben an den Reichspräsidenten, wen Sie mit der Regierung des Landes beauftragen würden.

2. „Was wäre, wenn …?" Beschreiben Sie ein Zukunftsszenario aus dem Blickwinkel des Jahres 1932, bei dem eine stabile demokratische Regierung gebildet und die Wirtschaftskrise überwunden wird.

1. Begriffe und Personen zuordnen

Verbinden Sie die Personen mit dem jeweils passenden Begriff und begründen Sie kurz den Zusammenhang.

Rosa Luxemburg	Dolchstoßlegende
Heinrich Brüning	Reparationen
Philip Scheidemann	Räterepublik
Adolf Hitler	Sparpolitik
Paul von Hindenburg	Parlamentarisches System
Franz von Papen	Putschversuch
Walter Rathenau	Bündnis mit dem Militär
Friedrich Ebert	Attentat

2. Eine Karikatur interpretieren

Erläutern Sie die Aussage der Karikatur. Für welche sozialen Gruppen stehen die abgebildeten Personen? Wer könnte der KPD, der SPD, dem Zentrum, der DDP, der DNVP und der NSDAP angehören?

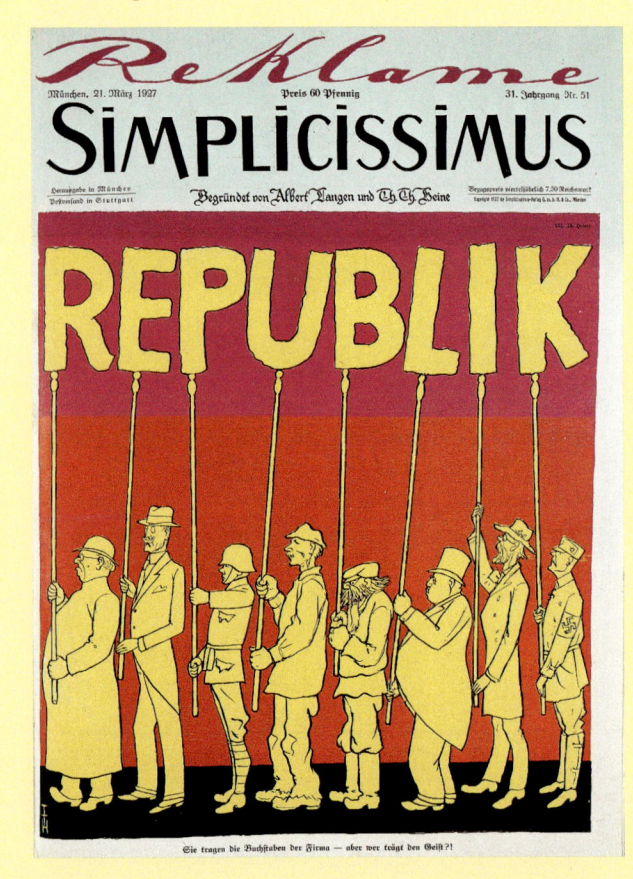

3. Ein politisches Plakat analysieren

Untersuchen und deuten Sie das Wahlplakat. Verwenden Sie dazu die methodischen Arbeitsschritte von S. 167.

M2 Wahlplakat, Zentrum, 1932

M1 „Sie tragen die Buchstaben der Firma – aber wer trägt den Geist?"
Karikatur von Th. Th. Heine aus dem „Simplicissimus", 1927

Wiederholen und Anwenden

4. Texte zum Scheitern der Weimarer Republik vergleichen
Arbeiten Sie die in **M3a** und **M3b** von zwei deutschen Historikern genannten Ursachen für das Scheitern der Weimarer Republik heraus und stellen Sie sie einander gegenüber. Wo liegen die Schwerpunkte der jeweiligen Argumentation?

M3 Das Scheitern der Weimarer Republik

a) Karl Dietrich Bracher:

Zu einfach wäre gewiss die Auffassung, die Weimarer Republik sei, wenn nicht sogleich, so doch auf lange Sicht, zum Scheitern verurteilt gewesen, weil sie schwer wiegende Strukturfehler aufwies, die aus der unvollendeten Revolution und der starken Kontinuität vordemokratischer Elemente in Staat und Gesellschaft stammten. Wider Erwarten wurde sogar das Krisenjahr 1923 mit seinen Katastrophenereignissen überstanden, die auch eine fester verwurzelte Demokratie hätten zu Fall bringen können. Aber das Hauptproblem war und blieb: Die deutsche Demokratie, als Ergebnis der unerwarteten Niederlage empfunden, war und blieb alles andere als populär. Schon ein Jahr nach der Annahme der Verfassung, bei den ersten Reichstagswahlen von 1920, waren die sie tragenden Parteien in die Minderheit geraten. Es gab eine zunehmende Unterstützung für die extremen Parteien der Linken und der Rechten, die die Republik erbittert bekämpften. Sie sahen in ihr entweder, wie die Kommunisten, das Ergebnis eines Verrats der Sozialdemokraten und Gewerkschaften an der Arbeiterklasse: durch Kompromisse mit den Kapitalisten, der Armee und der alten Führungsschicht. Oder aber sie denunzierten die Demokratie als Produkt eines Verrats der Revolution an der kämpfenden Front im Sinne der Dolchstoßlegende und zugleich eines ausländischen Diktats über Deutschland: als eine „undeutsche", importierte Staatsform, wie die rechts stehenden Gegner der Demokratie unablässig behaupteten. Die „Kapitalistenklasse" oder aber die „Novemberverbrecher" sind schuld am deutschen Elend: Das waren die beiden Pole einer antidemokratischen Agitation, die der Republik von Anfang an machtvoll und suggestiv entgegentrat. […] Versailles und die Revolution waren die großen Stichworte, mit denen agitiert wurde: 1919 wie 1933. Dieses große antidemokratische Potenzial, das sich als das „eigentliche" Deutschland verstand, war also stets vorhanden […]. Man muss sich jene fatale Einkreisung der Demokratie durch ihre Feinde bewusst machen, um auch der Leistung der republikanischen Parteien und Politiker gerecht zu werden. Die Weimarer Republik war in Wahrheit nichts Fremdes, Importiertes, sondern der Durchbruch einer demokratischen Tradition, die von der Glorifizierung der „Realpolitik" und des starken Staates im Zweiten Reich überdeckt worden war, und sie bedeutete zugleich die Wiederaufnahme einer übernationalen, „weltbürgerlichen" Kultur- und Gesellschaftstradition jenseits der nationalstaatlichen Verengung. Die Weimarer Republik war im Grunde ein Versuch, den Bismarckstaat mit 1848 und 1789 zu verbinden. Darin lag ihr teils national konservativer, teils liberal und sozial vorausweisender Charakter beschlossen. Er wird sichtbar in der so kurzen, so reichen Entfaltung der Kultur in den „Goldenen Zwanziger Jahren", die nicht zuletzt ein Durchbruch von Vorkriegsströmungen in neuer Form waren.

Karl Dietrich Bracher: Die Auflösung der Republik. Gründe und Fragen. In: G. Schulz (Hg.): Ploetz. Weimarer Republik, Freiburg/Würzburg 1987, S. 130 ff.

b) Hans-Ulrich Thamer:

„Versailles und Moskau", hat der preußische Ministerpräsident und Sozialdemokrat Otto Braun auf die Frage geantwortet, welches die Ursachen für das Scheitern der Weimarer Republik gewesen seien. Heute wissen wir, dass noch andere Faktoren hinzukamen, aber die beiden Stichworte bezeichnen in der Tat wichtige Belastungen mit denen die neue Verfassung konfrontiert wurde.
Versailles meint die außenpolitischen Belastungen, nämlich die Folgen des Krieges und des Friedensvertrages – bald lernte jeder Schuljunge, dass dies ein Diktat sei. Alle Parteien waren sich in der Ablehnung des Vertrages und in der Forderung nach einer Revision der internationalen Friedensregelung und Grenzziehung einig, wobei die Parteien das Ziel mit durchaus unterschiedlichen Mitteln zu verwirklichen suchten. Aber die allgemeine Forderung nach einer Revision von Versailles bot der nationalsozialistischen Agitation die Möglichkeit, die eigenen weitergehenden und radikaleren Ziele hinter der populären Revisionsforderung zu verstecken. […]
Zur Konsolidierung der politischen Strukturen trug die Revolution der Bolschewiki bei. Die Mehrheitssozialdemokratie, verschreckt durch die Moskauer Ereignisse, suchte die parlamentarische Republik gegen alle rätepolitischen, linksradikalen Herausforderungen zu stabilisieren, und da sie zusätzlich noch die Aufgaben der Demobilisierung von Millionen Soldaten und der Versorgung der Bevölkerung zu lösen hatte, musste ihr an einer raschen Wiederherstellung von Ordnung und Verwaltung gelegen sein. So begab sie sich notgedrungen in die Abhängigkeit von Armee, Bürokratie und Freikorps. In einem Kompromiss von Sozialdemokratie und Bürgertum wurde die Revolution sozusagen aufgehoben; die entstehende politisch-soziale Ordnung war eher durch die der Revolution abgerungenen Elemente der Kontinuität als durch einen radikalen Bruch charakterisiert. […] Zum einen förderte die Politik der Mehrheitssozialdemokratie das Anschwellen einer linken Protestbewegung, zum anderen verlor sie durch das Bündnis mit Armee und Bürokratie immer mehr Handlungsspielraum für eine Fortsetzung der Demokratisierung von Staat und Gesellschaft.

Hans-Ulrich Thamer: Verführung und Gewalt. Deutschland 1933–1945, Berlin 1998, S. 50 ff.

5 Nationalsozialistische Diktatur und Zweiter Weltkrieg

Die Nationalsozialisten zerstörten die demokratischen Strukturen der Weimarer Republik, traten die Menschenrechte mit Füßen, terrorisierten und ermordeten Minderheiten und politische Gegner, entfesselten den Zweiten Weltkrieg und organisierten den Völkermord an Millionen europäischer Juden. Wie war das alles möglich und wie waren „die ganz normalen Deutschen" daran beteiligt?

- Wie gelangten die Nationalsozialisten an die Macht und wie übten sie ihre Herrschaft aus?
- Welche konkreten Vorstellungen beinhaltete die nationalsozialistische Ideologie?
- Wie bereiteten die Nationalsozialisten den Krieg vor?
- Wie planten und organisierten die Nationalsozialisten die Vernichtung der Juden in Europa?
- Warum wehrten sich so wenig Menschen gegen die nationalsozialistischen Verbrechen?

Online-Link
416450-0501

1933

30. Januar 1933
Hitler wird Reichskanzler.

28. Februar 1933
Die „Reichstagsbrandverordnung" setzt die Grundrechte außer Kraft.

23. März 1933
„Ermächtigungsgesetz": Der Reichstag entmachtet sich selbst.

September 1935
Die „Nürnberger Gesetze" grenzen Juden aus Staat und Gesellschaft aus.

1936

9./10. November 1938
„Reichspogromnacht": Organisierte Ausschreitungen gegen jüdische Deutsche

März 1938
„Anschluss" Österreichs

M1 „Der 30. Januar 1933"
Gemälde von Arthur Kampf, 1938

M2 Ortsschild „Juden unerwünscht"
Foto, 1935

Legende:
- Staatsgrenzen 1937
- Grenze der Tschechoslowakei bis September 1938
- Deutsches Reich bis 1937
- eingegliedert März 1938
- eingegliedert Oktober 1938
- annektiert März 1939
- Grenze des Deutschen Reiches am 31.8.1939
- von Ungarn annektiert November 1938
- März 1939

Deutsche Machterweiterung bis Kriegsbeginn

1939

1. September 1939
Mit dem deutschen Überfall auf Polen beginnt der Zweite Weltkrieg.

22. Juni 1941
Deutscher Angriff auf die Sowjetunion

ab 1941
Beginn der systematischen Ermordung der Juden in Europa

1942

20. Juli 1944
Attentat auf Hitler

1945

8. Mai 1945
Ende des Zweiten Weltkriegs, Kapitulation Deutschlands

M3 Schuhe von in der Gaskammer ermordeten Juden

M4 Junge deutsche Soldaten werden 1945 von den Amerikanern gefangen genommen.

5 Nationalsozialistische Diktatur und Zweiter Weltkrieg

5.1 Machtübernahme und Etablierung der nationalsozialistischen Herrschaft

M1 Im Zeichen des Hakenkreuzes
Übung der Berliner Schutzpolizei, März 1934

Am 30. Januar 1933 ernannte Reichspräsident Hindenburg den Führer der NSDAP Adolf Hitler zum Reichskanzler. Einmal an den Schalthebeln der Macht, begannen die Nationalsozialisten in den folgenden Monaten, sämtliche Fundamente der Demokratie in Deutschland einzureißen und eine Diktatur zu errichten.

1933	Reichspräsident Hindenburg ernennt den Führer der NSDAP Adolf Hitler zum Reichskanzler (30. Januar). Die Notverordnung „zum Schutz von Volk und Staat" („Reichstagsbrandverordnung") setzt wesentliche Grundrechte außer Kraft (28. Februar). „Ermächtigungsgesetz": Die Reichsregierung kann nun Gesetze ohne Kontrolle durch den Reichspräsidenten oder das Parlament erlassen (23. März). Gesetze zur Gleichschaltung der Länder mit dem Reich (März/April)
1934	Nach dem Tod Hindenburgs lässt sich Hitler Anfang August zum „Führer und Reichskanzler" ernennen. Er wird Oberbefehlshaber über die Reichswehr (seit 1935 Wehrmacht).

Verfolgung der politischen Opposition

Bereits unmittelbar nach Hitlers Übernahme der Kanzlerschaft zeigte sich, dass die Nationalsozialisten gewillt waren, ihren Machtanspruch radikal umzusetzen. Hitler forderte als Erstes bei Reichspräsident Hindenburg Neuwahlen ein. Von einem neuen Urnengang erhoffte er sich die absolute Mehrheit für die NSDAP. Nur so ließ sich auf legale Weise die nationalsozialistische Herrschaft ausbauen. Die Zeit bis zu den auf den 5. März 1933 festgelegten Neuwahlen stand im Zeichen von brutaler Gewalt gegen den politischen Gegner, von Einschüchterungsversuchen gegen die Opposition und einer beispiellosen Propagandaschlacht, in der Hitler als Retter einer durch „Versailles" und die Weltwirtschaftskrise völlig verunsicherten Nation dargestellt wurde. Angehörige von **SA** und **SS** wurden als „Hilfspolizisten" eingesetzt und terrorisierten die politischen Gegner in so genannten „wilden KZs" und Folterkellern. Zahlreiche oppositionelle Politiker und Intellektuelle flohen vor dem Terror ins Ausland. Diejenigen, die blieben, wurden verfolgt, gingen in den Untergrund oder hofften darauf, dass der Spuk bald vorbei sein würde.

Lässt sich eine Diktatur verhindern?

Viele vertrauten auch darauf, dass die Nationalsozialisten zu kontrollieren sein würden. Hoffnungen ruhten vor allem auf den Konservativen, die in Hitlers Kabinett über eine deutliche Mehrheit verfügten. Hitler schien außerdem von der Unterstützung des Reichspräsidenten abhängig zu sein. Zudem würde die Reichswehr die SA-Truppen in Schach halten können. Und verfügte nicht die Arbeiterbewegung immer noch über eine gut organisierte Gefolgschaft, die man zu einem Generalstreik aufrufen könnte? Schließlich gab es die Eliten aus Wirtschaft, Verwaltung und Wissenschaft, die schon wegen ihrer großen sozialen Distanz die nationalsozialistischen Emporkömmlinge auf Abstand zu den Machtposten halten würden. Auch existierten noch die demokratischen und rechtsstaatlichen Institutionen, die eine unkontrollierte Ausbreitung des Nationalsozialismus verhindern würden.

Doch gerade diese Institutionen wurden von den Nationalsozialisten innerhalb kürzester Zeit zerschlagen. Entscheidend dafür waren vor allem zwei Ereignisse.

„Reichstagsbrandverordnung" ...

Wenige Tage vor den Neuwahlen brannte am 27. Februar 1933 plötzlich der Reichstag in Berlin. Der sich zum Kommunismus bekennende Holländer van der Lubbe wurde als Brandstifter festgenommen. Die Nationalsozialisten verkauften den Brand als Signal für einen kommunistischen Aufstand und nahmen die Tat zum willkommenen Anlass, die Weimarer Reichsverfassung auszuhebeln: Am nächsten Tag unterschrieb Reichspräsident Hindenburg die Notverordnung „zum Schutz von Volk und Staat" und schuf damit einen permanenten Ausnahmezustand. Diese „Reichstagsbrandverordnung" hob zahlreiche Grundrechte auf und legalisierte die Gewalt der Nationalsozialisten gegen politische Gegner. Bis zum Zusammenbruch des NS-Regimes 1945 blieb die Notverordnung in Kraft. Nun war es den Nationalsozialisten möglich, politische Gegner ohne den Urteilsspruch eines Richters oder irgendeine rechtsstaatliche Kontrolle in „Schutzhaft" zu nehmen und zeitlich unbegrenzt in Gefängnisse, Strafvollzugsanstalten und bald auch in die neu errichteten Konzentrationslager zu stecken.

Diktatur	Eine nicht beschränkte und zeitlich unbefristete Ausübung der Herrschaft durch eine Person oder eine gesellschaftliche Teilgruppe (zum Beispiel eine Partei). Die Institutionen der Begrenzung der staatlichen Gewalt wie Gewaltenteilung bzw. gegenseitige Kontrolle der Gewalten, Pluralismus der Parteien oder die Möglichkeit der Abwahl der Regierung sind in der Diktatur außer Kraft gesetzt. Gegenbegriff: Demokratie
SA (Sturmabteilung)	Paramilitärischer (militärähnlicher) Verband der NSDAP, der in der Weimarer Republik mit Straßenterror und Gewaltaktionen politische Gegner bekämpft und die Bevölkerung eingeschüchtert hatte. Nach der Machtübernahme fungierten die SA-Angehörigen als Hilfspolizei. Nach dem so genannten „Röhm-Putsch" wurde die SA verkleinert und entmachtet, spielte aber eine tragende Rolle beim Terror des Novemberpogroms 1938.
SS (Schutzstaffel)	Ursprünglich war die SS die Leibwache Hitlers. Unter ihrem Führer Heinrich Himmler entwickelte sie sich während der NS-Diktatur zum gefürchteten Terrorinstrument der Nationalsozialisten. Himmler versuchte, die SS zur NS-Eliteorganisation zu formen, die ihre Mitglieder nach ideologischen und rassistischen Kriterien auswählte. Zur SS gehörten auch die Wachmannschaften der Konzentrationslager, die SS-Totenkopfverbände.

M2 Der Rechtsstaat am Galgen

Der preußische Justizminister Hanns Kerrl (in SA-Uniform direkt unterhalb des Galgens) besucht ein Ausbildungslager für Rechtsreferendare, Foto, 1934. Referendare wurden dort ideologisch und sportlich gedrillt.

✎ : Arbeiten Sie heraus, welche Auffassung zum Rechtsstaat hier zum Ausdruck kommt.

... und „Ermächtigungsgesetz"

Trotz Unterdrückung und Propaganda brachten die Wahlen vom 5. März 1933 der NSDAP nur 43,9 Prozent statt der erhofften absoluten Mehrheit. Die Kalkulation Hitlers war damit zunächst gescheitert. Doch die Nationalsozialisten fanden eine Alternative, den Reichstag als Legislative auszuschalten. Sie planten ein Gesetz, das die Reichsregierung (und vor allem Hitler selbst) „ermächtigen" sollte, fortan Gesetze ohne Kontrolle von Reichstag, Reichsrat oder Reichspräsident erlassen zu können. Ein solches Gesetz benötigte allerdings eine Zweidrittelmehrheit im Parlament, da ja die Weimarer Reichsverfassung pro forma noch gültig war. Und so galt es, sich die Zustimmung der anderen Parteien im Reichstag für deren Selbstentmachtung zu besorgen.

Während die Nationalsozialisten gegen die Parteien der Arbeiterbewegung SPD und KPD mit Einschüchterungsversuchen und Gewalt vorgingen, versuchten sie, die bürgerlichen Parteien zur Zustimmung zu überreden. Viele Abgeordnete ließen sich dabei von Hitlers falscher Zusage täuschen, das Gesetz nur begrenzt anwenden zu wollen. Neben der NSDAP und der DNVP stimmten schließlich auch die DVP, das Zentrum, die Bayerische Volkspartei und die Deutsche Staatspartei (ehemals DDP) für das Ermächtigungsgesetz und verhalfen den Nationalsozialisten somit zu der benötigten Mehrheit. Nur die Abgeordneten der SPD votierten dagegen. Die Parlamentarier der KPD waren schon vorher verhaftet worden oder geflohen.

Nun hatten die Nationalsozialisten freie Bahn, lagen doch exekutive und legislative Gewalt in ihrer Hand. Die Parteien der Weimarer Republik wurden bis zum Sommer 1933 entweder verboten (SPD) oder lösten sich – teilweise unter Zwang – selbst auf. Am 14. Juli 1933 erklärte das „Gesetz gegen die Neubildung von Parteien" die NSDAP schließlich zur einzigen im Deutschen Reich zugelassenen Partei.

Gleichschaltung der Länder ...

Am 30. Januar 1933 hatte Hitler zwar die Reichskanzlerschaft übernommen, damit aber noch nicht die Kontrolle über die Länder des Deutschen Reiches inne. Doch auch die demokratischen Strukturen der Länder fielen der nationalsozialistischen Machteroberung zum Opfer. Sie wurden mithilfe zweier Gesetze bis zum April 1933 „gleichgeschaltet". Die demokratisch gewählten Regierungen und Parlamente der Länder des Reiches wurden abgesetzt. Statt ihrer übernahmen nationalsozialistische „Reichsstatthalter" die Regierungsgewalt. Im Zuge dieser Gleichschaltung wurden zahlreiche staatliche Ämter mit Nationalsozialisten besetzt. Die Reichsstatthalter waren zumeist besonders überzeugte NSDAP-Mitglieder aus der Frühzeit der NS-Bewegung. Ziel der Gleichschaltung, die auch die Kreise und Gemeinden einschloss, war die strikte Reorganisation der staatlichen Strukturen auf allen Ebenen nach dem Führerprinzip. Damit erfuhr Hitler einen massiven Machtzuwachs.

... und der Gesellschaft

Gleichschaltung bedeutete auch die Umformung von Verbänden, Vereinen und Behörden bis hin zu den Handwerksinnungen, wo die Innungsobermeister und die Mitglieder der Lehrlingsausschüsse der NSDAP anzugehören hatten. Am 2. Mai 1933 zerschlugen die Nationalsozialisten die freien Gewerkschaften und gründeten kurz darauf die der NSDAP angeschlossene Deutsche Arbeitsfront (DAF), in der fortan sämtliche Arbeitnehmer und

Arbeitgeber zwangsweise Mitglied werden mussten.

Bereits seit dem 7. April 1933 ermöglichte das „Gesetz zur Wiederherstellung des Berufsbeamtentums" mithilfe des so genannten „Arierparagraphen" die Ausschaltung der Juden aus staatlichen Behörden sowie den Ausschluss politischer Gegner des Nationalsozialismus. Parallel zu der „von oben" gesteuerten Gleichschaltung vollzog sich eine nach und nach zunehmende „Selbstgleichschaltung". Zahlreiche Sport- oder Gesangsvereine wandten ohne staatlichen Zwang den „Arierparagraphen" an.

Sicherung der Führerdiktatur

Trotz seines rücksichtslosen Vorgehens war Hitlers Führungsanspruch in den ersten Monaten seiner Herrschaft noch nicht vollständig durchgesetzt. Teile der SA unter der Führung von Ernst Röhm forderten eine weitergehende „revolutionäre" Umformung von Staat und Gesellschaft. Damit kritisierten sie indirekt Hitlers Vorgehensweise der Machteroberung. Die Gewaltaktionen der SA vor und nach der Machtübernahme hatten wesentlich zur Einschüchterung der Bevölkerung und zur Durchsetzung des nationalsozialistischen Machtanspruchs beigetragen. Kreise um Röhm forderten nun ihren „Lohn", wollten den Einfluss der SA ausbauen und strebten deswegen nach einer Zusammenlegung von SA und Reichswehr unter Führung der SA. Diesen Plänen widersetzte sich die Reichswehrführung. Hitler, auf die Unterstützung der Reichswehr angewiesen, entschied sich in diesem Konflikt gegen die SA und ließ im Juni 1934 nahezu die gesamte SA-Führung, darunter auch Röhm, ermorden. Dieser als „Röhm-Putsch" verschleierten Mordaktion fielen auch einige politische Oppositionelle zum Opfer, unter anderem der ehemalige Reichskanzler Kurt von Schleicher. Hitler hatte damit seine letzten Widersacher in den eigenen Reihen ausgeschaltet und sich die Zusammenarbeit mit der Reichswehr gesichert, die nun die SA nicht länger als Konkurrenzorganisation fürchten musste.

Die letzte alte Institution, die Hitlers absoluten Machtanspruch formell noch begrenzte, war Reichspräsident von Hindenburg. Als dieser am 2. August 1934 starb, vereinigte Hitler die Ämter des Reichspräsidenten und des Reichskanzlers in seiner Person, ließ sich zum „Führer und Reichskanzler" ernennen und übernahm den Oberbefehl über die Reichswehr. Die Soldaten der Reichswehr schworen ihren Eid nun fortan auf den „Führer".

M3 Festumzug zum „Tag der nationalen Arbeit" am 1. Mai 1933 in Lemgo
Das Foto zeigt den Schmuckwagen der Steinbildhauerinnung, der bei dem Festumzug präsentiert wurde.

✎ : Beschreiben Sie das Foto und erklären Sie, welche Haltung zur neuen Regierung von den Mitgliedern der Innung ausgedrückt wird.

Zustimmung der Bevölkerung

Auch wenn die Nationalsozialisten die Macht mithilfe von Gewalt und Terror erobert hatten, glaubten doch viele Deutsche an die Legitimität der nationalsozialistischen Herrschaft. Mittels Pseudowahlen und „Plebisziten" ließen sich die Nationalsozialisten die Gefolgsbereitschaft der Deutschen immer wieder bestätigen und so manche politische Entscheidung nachträglich „legitimieren".

Nach der Reichstagswahl vom März 1933 gab es bis 1938 noch drei „Wahlen", bei denen einer NSDAP-Einheitsliste zugestimmt werden konnte – die „Ja-Stimmen" lagen jeweils bei fast 100 Prozent. Die Zustimmungsquoten der „Volksabstimmungen" lagen ebenfalls zwischen 89 und 99 Prozent. Auch wenn man berücksichtigen muss, dass diese „Wahlen" nicht geheim waren und unter massivem Propagandadruck stattfanden, stellt sich dennoch die Frage, warum ein Großteil der Bevölkerung die auf Ausgrenzung und Gewalt basierende Herrschaft der Nationalsozialisten mittrug.

M4 Tag von Potsdam
Hitler und Hindenburg, Foto 1933

✎: Beschreiben Sie die Szene auf dem Foto. Wie wirkt diese Pose und was wollte Hitler mit dieser Selbstdarstellung erreichen (**VT**)?

Viele Deutsche sehnten sich nach den turbulenten Weimarer Jahren nach Stabilität, die Hitler als „starker Mann" zu versprechen schien. Die Anwendung von Gewalt, der Terror gegen Andersdenkende, ja selbst die Errichtung von Konzentrationslagern wurden als „Übergangsphänomene" abgetan. Die offenbar weit verbreitete antidemokratische Gesinnung in der Bevölkerung bereitete dabei den Boden für diese politische Einstellung.

Unterstützung durch die konservativen Eliten
Der Legitimation der Herrschaft diente auch die Zweckkoalition der Nationalsozialisten mit den konservativen Eliten. Diese kam symbolisch im Tag von Potsdam (21. März 1933) zum Ausdruck, als der ausnahmsweise im bürgerlichen Anzug gekleidete Hitler die Galionsfigur der Konservativen, Reichspräsident Hindenburg, in der Potsdamer Garnisonskirche traf. Das „Dritte Reich" inszenierte sich dabei bewusst als Erbe des 1871 gegründeten und mit der Weimarer Republik untergegangenen Kaiserreiches.

Allerdings: Je länger Hitler an der Macht war, und je effektiver die Nationalsozialisten ihren Machtapparat ausbauten, desto weniger waren sie auf die Zustimmung der alten Eliten der deutschen Gesellschaft angewiesen. Die ehemals führenden Kräfte in Verwaltung und Militär wurden im Verlauf der 1930er-Jahre immer häufiger kaltgestellt, sofern sie sich nicht den nationalsozialistischen Vorstellungen anpassten. Selbst die Bastionen der Konservativen, etwa das Auswärtige Amt oder auch die Wehrmachtführung, konnten dem nationalsozialistischen Machtanspruch immer weniger entgegensetzen. Spätestens 1938 hatte die nationalsozialistische Führung fast absolute Macht über Gesellschaft und Staat.

Schaffung von Parallelstrukturen
In den Ministerien und im Verwaltungsapparat, also in den staatlichen Behörden, gab es zunächst nur wenige Nationalsozialisten. Um in diesen zentralen Schaltstellen die Macht übernehmen zu können, wandten die Nationalsozialisten verschiedene Strategien an. Zum einen wurden politische Gegner ihrer Posten enthoben, zum anderen Parallelstrukturen zu den staatlichen Organisationen aufgebaut, um damit die eigentlich vorgesehenen Verwaltungsstrukturen zu umgehen.
Die nationalsozialistischen Parallelinstanzen waren oft für dasselbe Tätigkeitsfeld zuständig wie die alten staatlichen Organisationsstrukturen. Daraus resultierte ein Kompetenzwirrwarr, eine kaum gezügelte Konkurrenz um Machteinfluss und ein organisatorisches Chaos, in das sporadisch Hitler eingriff, um auf der Grundlage seiner diktatorischen Vollmachten eine Entscheidung zu treffen.
Im Verlauf der NS-Herrschaft wurden die staatlichen Stellen immer konsequenter entmachtet. Stattdessen gewannen die zahlreichen Sonderbevollmächtigten und die NS-Organisationen und Parteigliederungen an Einfluss. Gerade die Konkurrenz um Einflussfaktoren und der Kampf um Machtmittel und die Durchsetzung persönlicher Interessen waren wesentliche Ursachen dafür, dass der Nationalsozialismus eine derart verheerende und gewaltsame Dynamik entfalten konnte. Viele Funktionäre und kleine Machthaber wollten zeigen, dass sie vorbildliche Nationalsozialisten waren.

M5 „Reichstagsbrandverordnung"

Aus der „Verordnung des Reichspräsidenten zum Schutz von Volk und Staat" („Reichstagsbrandverordnung") vom 28. Februar 1933:
Auf Grund des Artikels 48 Abs. 2 der Reichsverfassung wird zur Abwehr kommunistischer staatsgefährdender Gewaltakte folgendes verordnet:
§ 1 Die Artikel 114, 115, 117, 118, 123, 124 und 153 der Verfassung des Deutschen Reichs werden bis auf weiteres außer Kraft gesetzt. Es sind daher Beschränkungen der persönlichen Freiheit, des Rechts der freien Meinungsäußerung, einschließlich der Pressefreiheit, des Vereins- und Versammlungsrechts, Eingriffe in das Brief-, Post-, Telegraphen- und Fernsprechgeheimnis, Anordnungen von Haussuchungen und von Beschlagnahmen sowie Beschränkungen des Eigentums auch außerhalb der sonst hierfür bestimmten gesetzlichen Grenzen zulässig.
§ 2 Werden in einem Lande die zur Wiederherstellung der öffentlichen Sicherheit und Ordnung nötigen Maßnahmen nicht getroffen, so kann die Reichsregierung insoweit die Befugnisse der obersten Landesbehörde vorübergehend wahrnehmen.

Heinz Hürten (Hg.): Deutsche Geschichte in Quellen und Darstellung, Bd. 9: Weimarer Republik und Drittes Reich 1918–1945, Stuttgart 1995, S. 153 f.

M6 „Ermächtigungsgesetz"

Aus dem „Gesetz zur Behebung der Not von Volk und Reich" („Ermächtigungsgesetz") vom 24. März 1933:
Artikel 1. Reichsgesetze können außer in dem in der Reichsverfassung vorgesehenen Verfahren auch durch die Reichsregierung beschlossen werden. […].
Artikel 2. Die von der Reichsregierung beschlossenen Reichsgesetze können von der Reichsverfassung abweichen, soweit sie nicht die Einrichtung des Reichstags und des Reichsrats als solche zum Gegenstand haben. Die Rechte des Reichspräsidenten bleiben unberührt.

Heinz Hürten (Hg.): Deutsche Geschichte in Quellen und Darstellung, Bd. 9: Weimarer Republik und Drittes Reich 1918–1945, Stuttgart 1995, S. 164 f.

M7 Terror der SA

Nach der Machtübernahme wurde der Terror gegen Oppositionelle zum legalisierten Alltag. Ein Mithäftling des kommunistischen Schauspielers Hans Otto (1900–1933), der in den Untergrund gegangen war, schilderte 1948 rückblickend dessen Martyrium in verschiedenen Folter- und Gefängnisräumen der SA und der Gestapo:
Hans Otto wurde verhaftet am Mittwoch, dem 13. November [1933], abends in einem kleinen Restaurant am Viktoria-Luise-Platz in Berlin. Ein Verräter hatte die SA dort hingeführt. Wir wurden einander gegenübergestellt im SA-Lokal „Café Komet" in Stralau-Rummelsburg. Damit begann unsere Leidenszeit. Während im Café eine Tanzkapelle spielte, wurde abwechselnd verprügelt, ins Gesicht geschlagen und mit Fußtritten traktiert, bis unsere Folterknechte ermüdeten […].
Nach vier Tagen wurden wir nach Köpenick verschleppt. Hier, in einem feuchten und stinkenden Bunker, in dieser mittelalterlich anmutenden Umgebung waren wir zusammen mit anderen Gefangenen, Männern und Frauen, die anscheinend schon längere Zeit hier waren und von der SA übel zugerichtet worden waren. […]
Von Köpenick wurden wir nach dem SA-Quartier in der Möllendorfstraße gebracht und von dort zur Gestapo in der Prinz-Albrecht-Straße [dem Hauptquartier der Gestapo]. Die ganze Zeit Verhöre und Misshandlungen. Am Donnerstag ging es dann zur Voßstraße. Seit der Einlieferung in der Prinz-Albrecht-Straße hatten wir nichts mehr zu essen und zu trinken bekommen. Aber alles das war nur ein Vorspiel zu dem, was sich nun in der Voßstraße abspielte. Noch einmal sah ich in dieser grauenvollen Nacht Hans Otto. Es muss ungefähr um Mitternacht gewesen sein. Er konnte nicht mehr sprechen, er lallte nur noch. Sein Mund und seine Augen waren dick verschwollen. […]
Einige Stunden später sah ich ihn zum letzten Mal. Er war halbnackt, und ich konnte sein Gesicht nicht wiedererkennen. Sein Körper war eine blutige Masse. Er war bewusstlos. [10 Tage nach seiner Verhaftung starb Hans Otto an den Folgen eines Sturzes aus dem obersten Stockwerk der SA-Kaserne in der Voßstraße. SA-Leute hatte ihn hinuntergestürzt.]

Zit. nach: Reinhard Rürup (Hg.): Topographie des Terrors. Gestapo, SS und Reichssicherheitshauptamt auf dem „Prinz-Albrecht-Gelände". Eine Dokumentation, 10. Auflage Berlin 1995, S. 50 f.

M8 Wer hat die Macht?

Ein SA-Führer beschwerte sich beim bayerischen Ministerpräsidenten:
Die Autorität des Staates steht in Gefahr durch die allseitigen, unberechtigten Eingriffe politischer Funktionäre in das Räderwerk der normalen Verwaltung. Jeder […] politische Kreisleiter erlässt Verfügungen, die in die unteren Befehlsgewalten der Ministerien eingreifen, also in die Befugnisse der Kreisregierungen, Bezirksämter, runter bis zur kleinsten Gendarmeriestation. Jeder verhaftet jeden […], jeder droht jedem mit Dach [Konzentrationslager]. […] Bis zur kleinsten Gendarmeriestation ist bei den besten und zuverlässigsten Beamten eine Instanzenunsicherheit eingetreten, die sich unbedingt verheerend und staatszerstörend auswirken muss.

Zdenek Zofka: Die Entstehung des NS-Repressionssystems oder: Die Macht Heinrich Himmler. In: BLZ-Report, Beilage der Bayerischen Staatszeitung, Januar 2004, S. 1

5.1 Machtübernahme und Etablierung der nationalsozialistischen Herrschaft **199**

M9 Anpassung aus Not

Der sozialistische Schriftsteller Ernst Niekisch, der 1937 verhaftet und zu lebenslänglichem Zuchthaus verurteilt wurde, schrieb 1935:

Der Punkt, an dem der Hebel ansetzt, welcher den Menschen gleichschaltet, ist die Existenzfrage. Wenn der Mann nicht richtig liegt, bekommt er kein Futter mehr. Unverhüllter wurde noch niemals auf den Magen gedrückt, um die richtige
5 Gesinnung herauszupressen. Der Beamte zittert um Gehalt und Versorgung. […] Angestellten und Arbeitern erging es nicht besser; sie verloren die Arbeitsplätze, wenn ihr Eifer der Gleichschaltung enttäuschte. Entzog sich ein Arbeiter dem anbefohlenen Aufmarsch, wurde er fristlos entlassen: Er war
10 als Staatsfeind nicht würdig, wirtschaftlich geborgen zu sein. […] Wurden sie (die freien Berufe wie Architekten, Ärzte, Rechtsanwälte, Gewerbetreibende, Handwerker und Kaufleute) aus ihrer Berufskammer entfernt, war ihnen das Recht auf Berufsausübung genommen; sie waren brotlos und ins
15 wirtschaftliche Nichts verstoßen. Die nationalsozialistische Weltanschauung zog ihre überzeugende Kraft aus der Sorge um den Futterplatz; weil der nationalsozialistische Herr den Brotkorb monopolisiert hatte (weil er alleiniger Arbeitgeber war), sang jedermann sein Lied.

Ernst Niekisch: Das Reich der niederen Dämonen, Hamburg 1953, S. 131 ff.

M10 Volksabstimmungen während der NS-Herrschaft

Datum	Gegenstand der Volksabstimmung	Ja-Stimmen	Wahlbeteiligung
12.11.33	Austritt aus dem Völkerbund	95,10 %	96,30 %
19.08.34	Zusammenlegung der Ämter von Reichskanzler und Reichspräsident	89,90 %	95,70 %
10.04.38	Anschluss Österreichs*	a) 99,01 % b) 99,73 %	a) 99,59 % b) 99,71 %

*Abstimmung in Österreich und im Deutschen Reich;
a) Zahlen für das Deutsche Reich; b) Zahlen für Österreich
Daten nach der amtlichen Statistik des Deutschen Reiches. Zit. nach: Otmar Jung: Plebiszit und Diktatur. Die Volksabstimmungen der Nationalsozialisten. Die Fälle „Austritt aus dem Völkerbund" (1933), „Staatsoberhaupt" (1934) und „Anschluß Österreichs" (1938), Tübingen 1995, S. 51 f., 68 f., 119 f.

M11 **Stimmscheine für die Reichstagswahlen** am 5. März (oben) und am 12. November 1933 (unten)

✎: Bei den Reichstagswahlen vom 5. März 1933 schnitt die NSDAP noch deutlich schlechter ab als bei den Wahlen vom 12. November 1933. Nennen Sie die Gründe für diese Entwicklung (auch **VT**).

Das NS-Herrschaftssystem

Gewaltapparat
- Reichsführer SS und der deutschen Polizei
- Polizei Geheime Staatspolizei (Gestapo)
- SS, Sicherheitsdienst

Adolf Hitler – „Führer und Reichskanzler"

Oberbefehlshaber → **Reichswehr ab 1935 Wehrmacht**

Staat
- Reichsregierung (Reichsminister)
- Reichsstatthalter (Reichsbezirke)
- Länderregierungen
- Regierungspräsidenten (Regierungsbezirke)
- Landräte (Landkreise)
- Bürgermeister (Städte, Gemeinden)

Partei
- Reichsleiter (Parteikanzlei)
- Gauleiter (Reichsgaue)
- Kreisleiter
- Ortsgruppenleiter
- Zellenleiter
- Blockleiter

Rivalität Kompetenzüberschneidungen Konkurrenz

Reichstag (Scheinparlament ohne Befugnisse)

Zustimmung in Volksabstimmungen

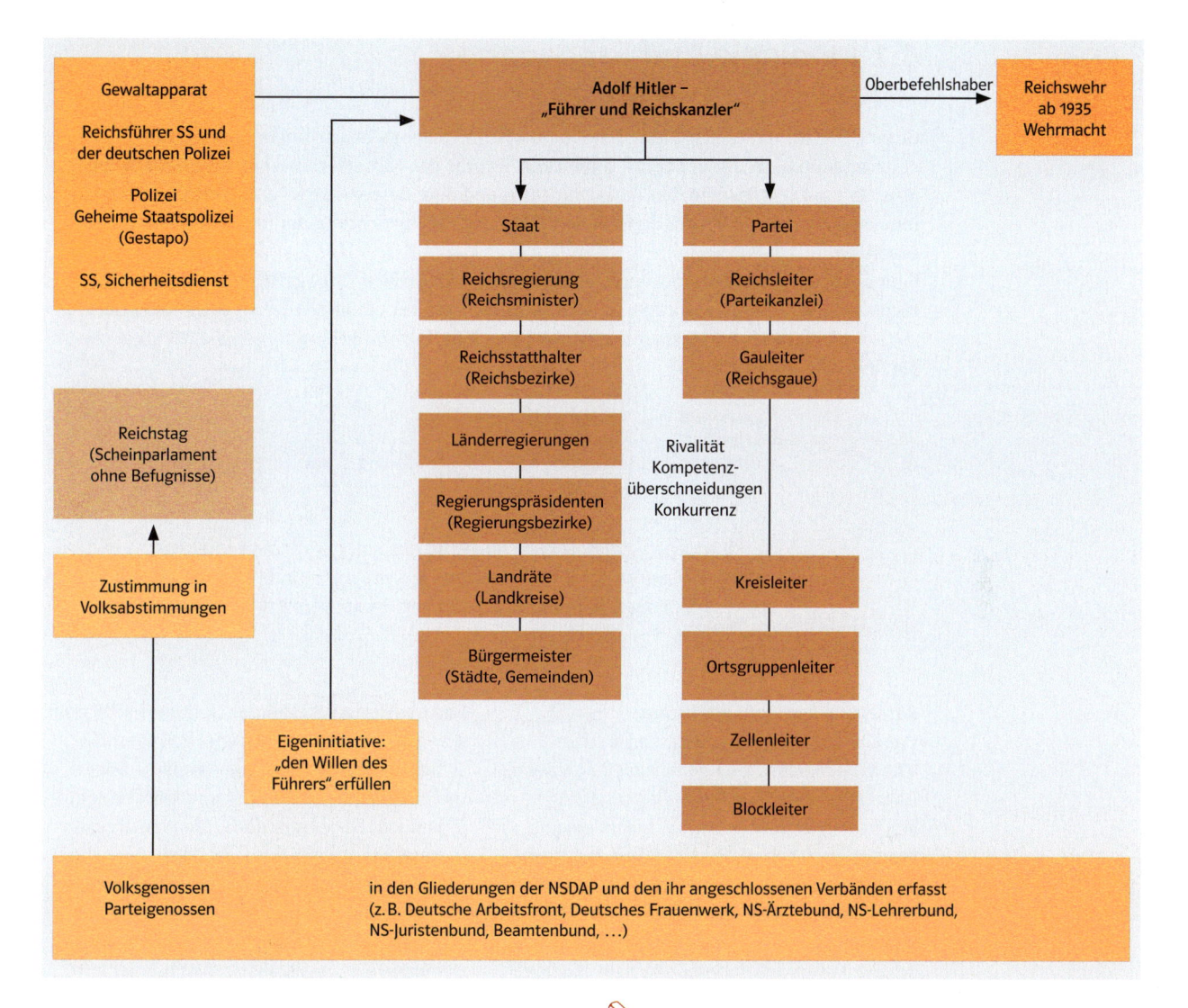

Eigeninitiative: „den Willen des Führers" erfüllen

Volksgenossen / Parteigenossen in den Gliederungen der NSDAP und den ihr angeschlossenen Verbänden erfasst (z. B. Deutsche Arbeitsfront, Deutsches Frauenwerk, NS-Ärztebund, NS-Lehrerbund, NS-Juristenbund, Beamtenbund, …)

M12 Das NS-Herrschaftssystem

✎ Erklären Sie Hitlers Form der Machtausübung. Ziehen sie Vergleiche zur Weimarer Republik.

---

1. Stellen Sie die wesentlichen Phasen der nationalsozialistischen Machtübernahme in tabellarischer Form zusammen (**VT**).

2. Skizzieren Sie die Funktionen der „Reichstagsbrandverordnung" und des „Ermächtigungsgesetzes" für die Festigung von Hitlers Macht (**VT, M5, M6**).

3. Analysieren Sie, inwieweit schon in den ersten Monaten der nationalsozialistischen Herrschaft der Rechtsstaat außer Kraft gesetzt war (**VT, M7, M11**).

4. Erklären Sie, welche Auswirkungen das Nebeneinander von staatlicher Macht und Machtstellung der NSDAP auf politische Entscheidungen haben konnte (**M8, M12**).

5. Erläutern und bewerten Sie die Gründe für die Unterstützung des NS-Regimes durch die deutsche Bevölkerung (**M1, M9**).

5.2 Ideologie und Propaganda

Hitler hatte die nationalsozialistische Ideologie im Wesentlichen schon in seinem 1925 erschienenen Buch „Mein Kampf" entwickelt. Er griff das völkisch-rechtsextreme Gedankengut jener Zeit auf und machte den Antisemitismus und den „Rassenkampf" zum Mittelpunkt seiner Ideologie. Schon damals kündigte er den Krieg und die Vernichtung der Juden als Ziele seiner Politik an.

Einmal an der Macht verbreiteten die Nationalsozialisten ihre Propaganda mit einem hoch technisierten Apparat. Zeitungen und Zeitschriften wie der „Völkische Beobachter" oder der „Stürmer", Plakate und Massenveranstaltungen, Rundfunk und Filme trugen die NS-Ideologie in die deutsche Öffentlichkeit.

1925	Adolf Hitler veröffentlicht seine ideologischen Grundgedanken in seinem Buch „Mein Kampf".
1933	Joseph Goebbels wird zum Chef des neu gegründeten Reichsministeriums für Volksaufklärung und Propaganda ernannt (März). Bücherverbrennung in zahlreichen deutschen Städten (Mai)

Rassismus und Antisemitismus

Das Kernstück der nationalsozialistischen Ideologie bildete die so genannte „Rassenlehre". Danach gehörten alle Menschen unterschiedlich wertvollen Rassen an, die sich in einem beständigen „Kampf der Arten" um das „Recht des Stärkeren" befänden. Hitler und die Nationalsozialisten waren der Überzeugung, dass die germanische „Rasse", zu denen sie die Deutschen zählten, den anderen „Rassen" überlegen sei. Diese Überlegenheit legitimiere die germanische „Rasse" zur Herrschaft über andere Völker. Die Angehörigen der überlegenen „Rasse", die Arier, seien durch bestimmte körperliche und charakterliche Eigenschaften von anderen Menschengruppen deutlich zu unterscheiden. Als Wurzel sämtlicher Übel galten Hitler die Juden. Er bezeichnete sie als „Weltvergifter", die die Kraft und Eigenart der Völker zerstörten, um die Weltherrschaft an sich zu reißen. Deshalb sah er sie als Urheber aller von ihm als negativ empfundenen Strömungen wie Pazifismus, Demokratie, Parlamentarismus, Liberalismus, Individualismus, Bolschewismus und Marxismus. Konsequenz dieses Denkens war die Vorstellung vom Ausschluss der jüdischen Deutschen aus dem „deutschen Volk" und letztendlich auch ihre Vernichtung.

Das Gesellschaftsideal der Nationalsozialisten war eine „rassisch homogene" Volksgemeinschaft, die durch Zucht und Selektion über mehrere Generationen geformt werden sollte. „Selektion" bedeutete dabei die Vernichtung all jener Menschen, die nicht dem „rassischen Ideal" entsprachen. Neben den Juden waren dies etwa die Angehörigen slawischer Volksgruppen sowie Sinti und Roma, Schwarze oder Behinderte. Jene als „rassisch minderwertig" angesehenen Menschen wurden während der NS-Diktatur von Medizinern und „Rassehygienikern" sterilisiert, ermordet oder zu Forschungszwecken missbraucht.

Sozialdarwinismus und Lebensraumideologie

Eng mit diesem rassistischen Weltbild verknüpft war die Vorstellung, dass der Kampf der „Rassen" treibender Motor historischer Prozesse sei und dass sich über den Kampf das stärkere Volk gegenüber den schwächeren durchsetzen würde. Die unterlegenen Völker würden durch ihre Vernichtung schließlich aus der Geschichte verschwinden.

Aus dieser Auffassung von Geschichte als „Rassenkampf" resultiert auch das nationalsozialistische Verständnis von Krieg und Gewalt. Im Krieg würde sich erweisen, welches

Volk das stärkere sei. Krieg galt Hitler als ein legitimes Mittel zur Durchsetzung des Rechts des Stärkeren.

Aus diesen Vorstellungen leitete Hitler auch das Ziel einer kriegerischen Expansion Deutschlands ab, denn es gehe um die Gewinnung von „Lebensraum" für das überlegene deutsche Volk. Für Hitler lag dieser „Lebensraum" in Osteuropa. Die Deutschen sollten nach seinen Vorstellungen gewaltsam die Länder im Osten erobern, die dortige slawische Bevölkerung vernichten oder versklaven und die kriegerisch gewonnenen Gebiete besiedeln und wirtschaftlich ausbeuten. Hitler sah diese kriegerische Expansion als eine Form der Kolonienbildung an, die es Deutschland ermöglichen würde, zur Weltmacht aufzusteigen. Diese Lebensraumideologie wurde später Grundlage für die Planung des Krieges gegen die Sowjetunion.

Antikommunismus und Antibolschewismus

Hitler war ein fanatischer Gegner des Kommunismus. Ein zentraler Bezugspunkt für ihn war dabei die russische Oktoberrevolution von 1917, die mit dem Sieg der Bolschewiki geendet hatte, aber auch die Revolution in Deutschland 1918/1919, die von ihm ebenfalls als eine kommunistische Verschwörung gedeutet wurde. Kommunismus setzte er mit dem russischen „Bolschewismus" gleich, verknüpfte seine Vorstellung vom Kommunismus aber auch mit seinem Antisemitismus. „Jüdisch" und „bolschewistisch" war für Hitler oft das Gleiche. Insbesondere seit Beginn des Feldzugs gegen die Sowjetunion wurde diese begriffliche Koppelung propagandistisch immer wieder herausgestellt.

Demokratiefeindlichkeit und Antihumanismus

Charakteristisch für die NS-Ideologie war zudem die Verachtung der Demokratie. Die pluralistischen Elemente der westlichen Demokratie, wie das Mehrparteiensystem, die

M1 „Der ewige Jude"
Plakat für eine am 8. November 1937 in München eröffnete Propagandaausstellung

✏: Beschreiben Sie die Bildelemente des Plakats und erläutern Sie die Aussageabsicht mithilfe des VT.

Ideologie	Die Gesamtheit der politischen Ideen einer sozialen Gruppe bzw. deren Weltanschauung. Die Ideologie einer Gruppe beinhaltet die politischen Zielsetzungen: Sie ist damit ein Orientierungsmittel für das politische Handeln ihrer Anhänger. Ideologien sind nicht logisch zusammenhängend aufgebaut, haben aber den Anspruch, die verschiedenen Aspekte der Wirklichkeit verbindlich zu erklären.

5.2 Ideologie und Propaganda

5 Nationalsozialistische Diktatur und Zweiter Weltkrieg

1933 — 1945

M2 Masseninszenierung auf dem Reichsparteitag in Nürnberg 1936

✎ : Nennen Sie anhand des Fotos wichtige Elemente der nationalsozialistischen Masseninszenierungen. Informieren Sie sich, was darüber hinaus zu solchen Veranstaltungen gehörte.

Vielzahl unterschiedlicher Interessenverbände, Rechtsstaatlichkeit, Gewaltenteilung und Parlamentarismus, freie Wahlen, Meinungsvielfalt, Toleranz gegenüber Andersdenkenden und der Schutz von Minderheiten galten den Nationalsozialisten als „undeutsch".

Führerkult und Führerprinzip

Als Gegenentwurf zum demokratischen Rechtsstaat wollten die Nationalsozialisten einen autoritär gelenkten Führerstaat. Viele Deutsche glaubten an die Auserwähltheit Hitlers. Hitler selbst sprach in seinen Reden häufig von der „Vorsehung", die ihn zum Führer der Deutschen gemacht habe. In diesen Begriffen, ebenso wie in Formeln wie „Deutschland erwache!", kam eine fast religiöse Bindung zwischen der Bevölkerung und Hitler zum Ausdruck. Historiker haben deshalb den Nationalsozialismus als „charismatische Führerherrschaft" beschrieben. „Charismatisch" meint in diesem Zusammenhang, dass eine Gruppe von Menschen einem Führer besondere Fähigkeiten und eine außergewöhnliche Ausstrahlung zuschreibt.

Das Führerprinzip durchdrang die ganze Gesellschaft. Der Grundsatz von Befehl und Gehorsam stand im strikten Gegensatz zu den demokratischen Bestrebungen der verbotenen Arbeiterparteien. Die Meister galten nun als Führer eines Handwerksbetriebs, die Betriebsleiter als die Führer eines Industriebetriebs. Arbeiter, Gesellen und Lehrlinge wurden zu einer abhängigen Gefolgschaft herabgestuft.

Propaganda und Inszenierung

Die Inszenierung des Führerkults oblag in erster Linie Propagandaminister Joseph Goebbels, der einen modernen Propagandaapparat installierte. Detailliert geplante Massenveranstaltungen wie die Reichsparteitage in Nürnberg sollten Gefühle der

Allmacht in der Masse wecken und die Bindung der Anhänger an das Regime und den Führer stärken. Sie wurden von regimekonformen Künstlern wie der Regisseurin Leni Riefenstahl ins Bild gesetzt. Aber auch Paraden von SS-Verbänden oder Verbänden der Wehrmacht gehörten zur Selbstinszenierung des neuen Regimes. In oft nächtlichen Veranstaltungen, die kirchlich-religiösen Ritualen nachgeahmt waren, versuchte man ebenfalls, Macht zu inszenieren. Dazu gehörten Fahnenweihen oder der so genannte „Lichterdom" des Architekten Albert Speer, eine gigantische Lichtinstallation mithilfe von Flak-Scheinwerfern.

Ende der Meinungsfreiheit

Die Propagandamaschinerie diente auch dem Zweck, kritische Stimmen einzuschüchtern und zum Verstummen zu bringen. Schon früh wurde die Propaganda dabei von Gesetzesmaßnahmen unterstützt. So wurde unmittelbar nach dem Regierungsantritt Hitlers am 4. Februar 1933 per Notverordnung in die Presse- und Versammlungsfreiheit eingegriffen. Auch durch die „Reichstagsbrandverordnung" wurden das Recht auf freie Meinungsäußerung sowie die Pressefreiheit eingeschränkt.

In der Folge gelang es den Nationalsozialisten, die öffentliche Meinung zu monopolisieren und die Presse und den Rundfunk gleichzuschalten. Oppositionelle Intellektuelle, Schriftsteller, Künstler, Wissenschaftler und Journalisten wurden verfolgt und mundtot gemacht. Viele derjenigen, die in der Weimarer Republik noch die Stimme gegen die Nationalsozialisten erhoben hatten und für die Republik eingetreten waren, mussten ins Ausland fliehen. Die kulturelle Elite der Weimarer Republik wurde so ausgeschaltet. Allein 30 damalige oder spätere Nobelpreisträger, etwa Albert Einstein, waren gezwungen, Deutschland zu verlassen. Im Mai 1933 verbrannten nationalsozialistische Studenten und Mitglieder der Hitlerjugend in 70 deutschen Städten öffentlich Bücher oppositioneller, politisch links stehender, pazifistischer und/oder jüdischer Schriftsteller und Publizisten. Die Schriften der Verfasser (unter anderem Karl Marx, Sigmund Freud, Kurt Tucholsky, Erich Kästner, Erich Maria Remarque) wurden zudem verboten.

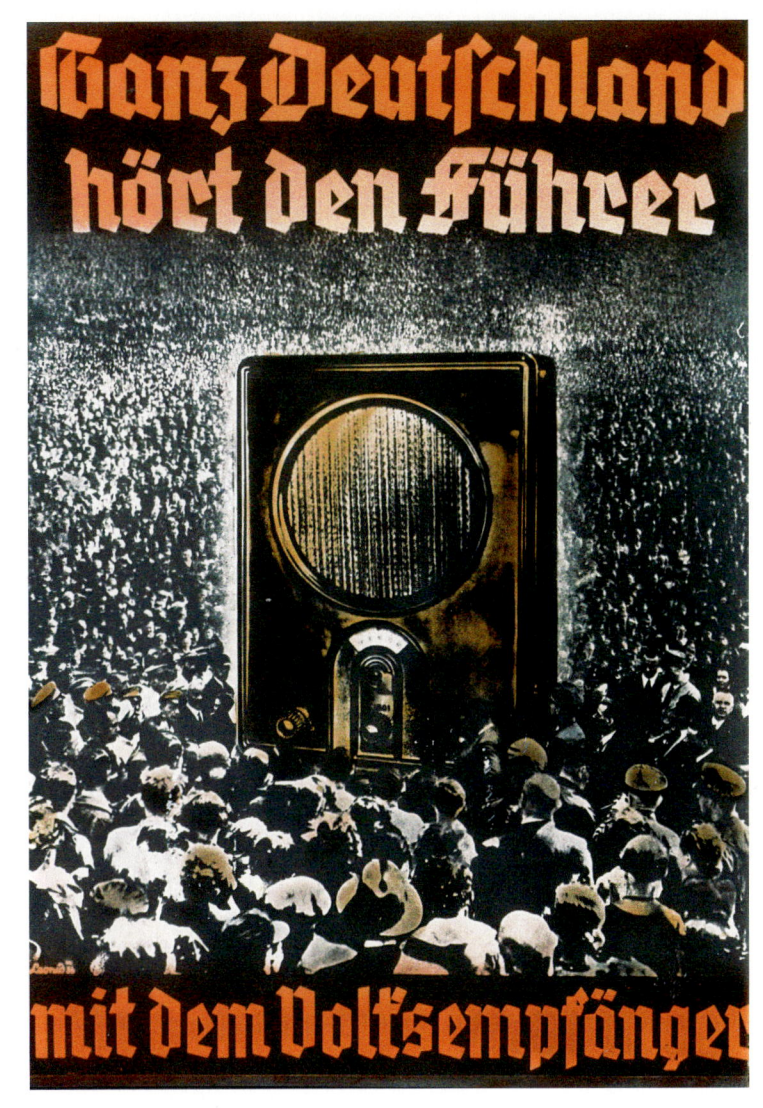

M3 Werbeplakat für den Volksempfänger, 1936
Der Radioapparat wurde ab 1933 preisgünstig produziert. Gab es 1928 zwei Millionen Rundfunkteilnehmer in Deutschland, wuchs die Zahl bis 1934 auf fünf Millionen, 1939 waren es bereits 12,5 und 1943 dann 16,1 Millionen.

✎: Untersuchen Sie die Bild- und Textsprache des Werbeplakats. Wie werden die einzelnen Menschen dargestellt? Welche Botschaft wird im Text betont?

M4 Bücherverbrennung in Hamburg
Im Mai 1933 organisierte das Propagandaministerium großangelegte Bücherverbrennungen.

✏️: Recherchieren Sie, welche Autoren in den Bücherverbrennungen symbolisch verbrannt wurden. Diskutieren Sie, warum die Nationalsozialisten Bücher verbrannten.

M5 Ideologie des Hasses
Auszüge aus Hitlers „Mein Kampf":

Menschliche Kultur und Zivilisation sind auf diesem Erdteil unzertrennlich gebunden an das Vorhandensein des Ariers. [...] Als Eroberer unterwarf er sich die niederen Menschen und regelte dann deren praktische Betätigung unter seinem Befehl, nach seinem Wollen und für seine Ziele. [...] Die Blutsvermischung und das dadurch bedingte Senken des Rassenniveaus ist die alleinige Ursache des Absterbens aller Kulturen. [...] Was nicht gute Rasse ist auf dieser Welt, ist Spreu. [...] Den gewaltigsten Gegensatz zum Arier bildet der Jude. [...] Er ist und bleibt der ewige Parasit [...], wo der auftritt, stirbt das Wirtsvolk nach kürzerer oder längerer Zeit ab. [...] Die Internationalisierung unserer deutschen Wirtschaft, d. h. die Übernahme der deutschen Arbeitskraft in den Besitz der jüdischen Weltfinanz, lässt sich restlos nur durchführen in einem politisch bolschewistischen Staat. Soll die marxistische Kampftruppe des internationalen jüdischen Börsenkapitals aber dem deutschen Nationalstaat endgültig das Rückgrat brechen, so kann dies nur geschehen unter freundlicher Nachhilfe von außen. Frankreichs Armeen müssen deshalb das deutsche Staatsgebilde so lange berennen, bis das innen mürbe gewordene Reich der bolschewistischen Kampftruppe des internationalen Weltfinanzjudentums erliegt. So ist der Jude heute der große Hetzer zur restlosen Zerstörung Deutschlands. [...] Die Bolschewisierung Deutschlands, d. h. die Ausrottung der völkischen deutschen Intelligenz und die damit ermöglichte Anpassung der deutschen Arbeitskraft im Joche der jüdischen Weltfinanz, ist nur als Vorspiel gedacht für die Weiterverbreitung dieser jüdischen Welteroberungstendenz.

Zit. nach: Adolf Hitler: Mein Kampf, München 1934, S. 324 ff., 350 f., 702 f.

M6 Aus Hitlers Monologen
Der folgende Ausschnitt vom 17. Oktober 1941 entstammt den sogenannten „Monologen" Hitlers aus dem Führerhauptquartier, die Hitler zumeist nachts vor einem ausgewählten Kreis von Vertrauten hielt:

Die Eingeborenen [die Bewohner der Sowjetunion]? Wir werden dazu übergehen, sie zu sieben. Den destruktiven Juden setzen wir ganz hinaus. Der Eindruck, den ich im weißrussischen Gebiet hatte, war besser als der in der Ukraine. In die russischen Städte gehen wir nicht hinein, sie müssen vollständig ersterben. Wir brauchen uns da gar keine Gewissensbisse zu machen. Wir leben uns nicht in die Rolle des Kindermädchens hinein, wir haben überhaupt keine Verpflichtung den Leuten gegenüber. Das Wohnhaus reformieren, die Läuse fangen, deutsche Lehrer, Zeitungen? Nein! Lieber richten wir einen Rundfunk ein, der von uns abhängig ist, und im Übrigen sollen sie nur die Verkehrszeichen kennen, damit sie uns nicht in die Wagen laufen! Unter Freiheit verstehen diese Leute, dass sie sich nur alle Festtage zu waschen brauchen. Wenn wir mit der Schmierseife kommen, erben wir keine Sympathien. Man muss da ganz umlernen. Es gibt nur eine Aufgabe: eine Germanisierung durch Hereinnahme der Deutschen vorzunehmen und die Ureinwohner als Indianer zu betrachten. Wenn diese Menschen über uns gesiegt hätten, gnade Gott! Hass? Nein, den kennen wir nicht; wir handeln nur aus Überlegung. [...] Ich gehe an diese Sache eiskalt heran. Ich fühle mich nur als der Vollstrecker eines geschichtlichen Willens.

Zit. nach: Werner Jochmann (Hg.): Adolf Hitler: Monologe im Führerhauptquartier 1941–1944. Die Aufzeichnungen Heinrich Heims, Hamburg 1980, S. 39, 58, 90 f. und 239

M7 SS-„Moral"
Auszug aus Heinrich Himmlers Rede bei der SS-Gruppenführertagung in Posen am 4. Oktober 1943 über das Ausleseprinzip bei der SS:

Entstanden sind wir durch das Gesetz der Auslese. Wir haben ausgelesen aus dem Durchschnitt unseres Volkes. Dieses Volk ist durch das Würfelspiel des Schicksals und der Geschichte entstanden vor langen Urzeiten, in Generationen und Jahrhunderten. Über dieses Volk sind fremde Völker hinweggebraust und haben ihr Erbgut zurückgelassen. In dieses Volk sind fremde Blutskanäle eingemündet, aber dieses Volk hat trotzdem, trotz entsetzlichster Not und entsetzlichster Schicksalsschläge doch in seinem Blutskern die Kraft gehabt, sich durchzusetzen. So ist dieses ganze Volk von nordisch-fälischgermanischem Blut durchtränkt und zusammengehalten, so dass man letzten Endes doch immer noch von einem deutschen Volk sprechen konnte und kann. Aus diesem Volk, vielfältig in seinen Erbanlagen gemischt, so wie es aus dem Zusammenbruch nach den Jahren des Freiheitskampfes vorhanden war, haben wir nun das nordisch-germanische Blut bewusst auszulesen versucht, da wir von diesem Blutsteil am meisten annehmen konnten, dass er der Träger der schöpferischen und heldischen, der lebenserhaltenden Eigenschaften unseres Volkes ist. Wir sind teils nach dem äußeren Erscheinungsbild gegangen und haben zum anderen Teil dann dieses Erscheinungsbild überprüft durch immer neue Forderungen, durch immer neue Proben, körperlich und geistig, charakterlich und seelisch. Wir haben immer wieder ausgesucht und abgestoßen, was nicht taugte, was nicht zu uns passte. Solange wir dazu die Kraft haben, so lange wird dieser Orden [die SS] gesund sein. In dem Augenblick, in dem wir das Gesetz unserer Volksgrundlage und das Gesetz der Auslese und Härte gegen uns selbst vergessen würden, in dem Augenblick würden wir den Keim des Todes in uns haben, in dem Augenblick würden wir zugrunde gehen, wie jede menschliche Organisation, wie jede Blüte in dieser Welt einmal zu Ende geht. Dieses Erblühen und dieses Fruchttragen für unser Volk möglichst lange und – erschrecken Sie nicht – möglichst in die Jahrtausende gehen zu lassen, muss unser Bestreben, muss unser inneres Gesetz sein. Deswegen sind wir verpflichtet, wann immer wir zusammenkommen und was wir auch tun, uns unseres Grundsatzes zu besinnen: Blut, Auslese, Härte. Das Gesetz der Natur ist eben dies: Was hart ist, ist gut, was kräftig ist, ist gut, was aus dem Lebenskampf körperlich, willensmäßig, seelisch sich durchsetzt, das ist das Gute – immer auf die Länge der Zeit gesehen.

Aus: IMT; Bd. XXIX, S. 147 f

M8 Funktion der NS-Propaganda
Der Historiker Winfried Ranke analysiert die Funktionsmechanismen der nationalsozialistischen Propaganda:
Das komplexe Ineinandergreifen von Festdekoration, Musik, Aufmarschzeremoniell, Formierungszwängen und Veranstaltungsdramaturgie hatte – noch ehe ein Redner vielleicht auf politische Inhalte zu sprechen kam – emotionale Ergriffenheit und Glaubensbereitschaft zu erzeugen. Die schließlich folgende Ansprache des/eines „Führers" war dann nur noch der Auslösereiz für die letzte Steigerung im ekstatischen Gemeinschaftserlebnis – für das zuckende Emporrecken der Arme und die zustimmenden „Sieg-Heil"-Rufe aus hunderttausend Kehlen. Zur Manipulation von Massenverhalten war die propagandistische Ausbeutung christlich-patriotischer Gewohnheiten des Glaubens besonders geeignet. Schon 1927 hatte Hitler beteuert: „Seien Sie versichert, auch bei uns ist in erster Linie das Glauben wichtig und nicht das Erkennen! Man muss an eine Sache glauben können. Der Glaube allein schafft den Staat. Was lässt den Menschen für religiöse Ideale in den Kampf gehen und sterben? Nicht das Erkennen, sondern der blinde Glaube."
Die Preisgabe kritisch prüfender Erkenntnis, die eingeübte Disziplin, als Teil einer paramilitärischen Formation zu funktionieren, und das willige Sicheinfügen in das Funktionsschema von Befehl und Gehorsam waren notwendige Voraussetzungen, um die deutsche Bevölkerung für Hitlers größenwahnsinnige Kriegspläne zu mobilisieren. Offenbar ließ sich so viel noch nicht verlässlich voraussetzen, als der „Führer" am 10. November 1938 [am Tag nach der Pogromnacht!] vor Pressevertretern forderte, „das deutsche Volk psychologisch allmählich umzustellen und ihm langsam klarzumachen, dass es Dinge gibt, die, wenn sie nicht mit friedlichen Mitteln durchgesetzt werden können, mit Mitteln der Gewalt durchgesetzt werden müssen". Um dies zu erreichen, war ein noch so pompöser Aufwand auf Großveranstaltungen nicht genug; dazu bedurfte es zahlreicher anderer Instanzen und Veranstaltungen, die alle dazu beitragen sollten, die Gesellschaft in der gewünschten Weise zu formieren. Neben der Schule gehörten dazu die Hitlerjugend, der Reichsarbeitsdienst, die seit 1934 zum Wehrsportverband domestizierte SA, die unter Himmlers Führung immer selbstbewusster werdende SS und schließlich auch die Wehrmacht.

Zit. nach: Winfried Ranke: Artikel „Propaganda". In: Enzyklopädie des Nationalsozialismus. Hg. v. Wolfgang Benz, Hermann Graml und Hermann Weiß, Stuttgart 1997, 3. Aufl. 1998, S. 45 f.

---

1. Lesen Sie die Auszüge aus „Mein Kampf" (**M5**) und den Monologen Hitlers (**M6**) genau durch. Ordnen Sie die folgenden Begriffe einzelnen Textpassagen als Überschriften zu: Antibolschewismus, Sozialdarwinismus, Antisemitismus, Rassismus, Kolonialismus.

2. Arbeiten Sie heraus, welche typischen Elemente der NS-Ideologie in der Rede Himmlers (**M7**) stecken.

3. Diskutieren Sie, welche Erfahrungen Sie selber schon mit Massenveranstaltungen (z.B. einem Fußballspiel, einem Konzert) gemacht haben und beschreiben Sie die emotionalen Wirkungen solcher Massenveranstaltungen. Erarbeiten Sie dann aus **M8** die Funktionen der Propaganda für die Umsetzung der NS-Ideologie.

4. Begründen Sie, warum viele Menschen die nationalsozialistische Ideologie teilten.

5.3 „Volksgemeinschaft" und Terror – das NS-Herrschaftssystem

Nach der Etablierung ihrer Herrschaft bauten die Nationalsozialisten den Regierungsapparat aus und festigten ihre Machtposition in der deutschen Gesellschaft. Mit dem Versprechen, eine „Volksgemeinschaft" ohne Klassen- und Standesgegensätze zu schaffen, dem Bemühen, die Arbeitslosigkeit abzubauen und sozialpolitische Neuerungen durchzuführen, sollte die Bevölkerung vom Regime überzeugt werden. All jenen, die nicht zur Mitarbeit am „neuen Deutschland" bereit waren, drohte das Regime mit Verfolgung und Terror.

1933	Erste Konzentrationslager werden errichtet. Staatliche Arbeitsbeschaffungsprogramme senken die Arbeitslosigkeit. Gründung der NS-Gemeinschaft „Kraft durch Freude" (November)
1936	Heinrich Himmler, der Führer der SS, wird Chef der Deutschen Polizei und verschmilzt die SS-Organisation mit der Polizei in Deutschland.
1939	Das Reichssicherheitshauptamt (RSHA) wird zur zentralen Terrorbehörde des NS-Staates (September). Beginn der Euthanasie-Morde (Oktober)

Propagandabild „Volksgemeinschaft"

Die „Volksgemeinschaft" war ein wesentliches Element der NS-Ideologie, das in der Bevölkerung über eine hohe Anziehungskraft verfügte. Mit der „Volksgemeinschaft" versprach die NS-Propaganda den Deutschen eine Gesellschaft ohne Klassen- und Standesunterschiede. Das Interesse des Einzelnen sollte sich dem Gemeinwohl des Volkes unterordnen. Das Versprechen einer Gemeinschaft ohne soziale Gegensätze hatte nach den Erfahrungen mit der konfliktgeladenen pluralistischen Gesellschaft der Weimarer Zeit und deren heftigen innenpolitischen Auseinandersetzungen erhebliche Attraktivität. Nach den Krisenjahren Anfang der 1930er-Jahre herrschte in weiten Teilen der deutschen Gesellschaft eine tiefe Sehnsucht nach Harmonie.

Während die Propaganda nicht müde wurde, die Zusammengehörigkeit der Volksgenossen in der „Volksgemeinschaft" zu beschwören, sah die Wirklichkeit im NS-Staat jedoch anders aus. All jene, die nicht ins weltanschauliche Bild passten, wurden von vornherein aus der „Volksgemeinschaft" ausgeschlossen. Dazu zählten neben den politischen Gegnern wie Kommunisten, Gewerkschaftern und Sozialdemokraten vor allem jene, die nicht dem Rasseideal der Nationalsozialisten entsprachen, also Juden, Sinti und Roma oder Behinderte, aber auch Homosexuelle. Sie alle wurden von Anfang an ausgegrenzt und terrorisiert.

Volksgemeinschaft bedeutete auch nicht, dass sich Löhne und Unternehmereinkommen einander annäherten, im Gegenteil: Die Schere der Einkommensunterschiede öffnete sich während der NS-Zeit noch weiter. Die Arbeiter mussten Einbußen hinnehmen, die Reallöhne sanken, die Arbeitszeiten wurden länger, die Arbeit intensiver, Unfälle häufiger. Die Profiteure von Aufrüstung und Krieg waren Unternehmer und Kapitaleigner. Dazu kam, dass Funktionäre der NSDAP und ihr nahestehender Organisationen vielerlei Privilegien besaßen, z. B. in Form von schnelleren Aufstiegschancen im öffentlichen Dienst.

Die organisierte „Volksgemeinschaft"

Ihren organisatorischen Ausdruck fand die „Volksgemeinschaft" in zahlreichen Verbänden und Unterorganisationen, die der NSDAP angeschlossen waren, wie dem Reichsarbeitsdienst oder der DAF (Deutsche Arbeitsfront). In möglichst allen gesellschaftlichen Bereichen sollten NS-Organisationen für die Betreuung und Beeinflussung der Volksgenossen im gewünschten ideologischen Sinne zur Verfügung stehen. So gründeten sich bald das Nationalsozialistische Kraftfahrer-Korps oder der Nationalsozialistische Lehrerbund. Der Zulauf zu diesen Organisationen war groß. Die NSDAP selbst hatte schließlich 8,5 Millionen „Parteigenossen", die DAF über 23 Millionen Mitglieder. Möglichst ein Leben lang sollte der Volksgenosse den Organisationen der Nationalsozialisten angehören und dabei weltanschaulich indoktriniert werden. Schon im Kindesalter begann die Einflussnahme. Über die Hitlerjugend (HJ) bzw. den BDM (Bund deutscher Mädel) wurden Kinder und Jugendliche an das Regime gebunden.

Zu den nationalsozialistischen Massenorganisationen zählte auch die NS-Volkswohlfahrt (NSV), die bis zu 17 Millionen Mitglieder hatte. Die NSV organisierte unter anderem Spendenaktionen für das „Winterhilfswerk", wie den so genannten „Eintopfsonntag". An diesen Tagen sollten alle Deutschen auf Fleisch verzichten und Eintopf essen. Das eingesparte Geld wurde dem „Winterhilfswerk" gespendet, das damit Bedürftige bedachte. Auch prominente Nationalsozialisten nahmen an solchen Eintopfessen teil, um den Eindruck zu vermitteln, alle – egal ob arm oder reich – seien Teil der großen „Volksgemeinschaft". Die „freiwillige" Spende wurde allerdings als Pflicht jedes Volksgenossen betrachtet. Wer nicht spendete, machte sich verdächtig, Gegner des NS-Regimes zu sein.

Als propagandistisch wirksam erwies sich auch die Organisation „Kraft durch Freude" (KDF). Sie bot all jenen, die sich zur „Volksgemeinschaft" bekannten, ein kulturelles und touristisches Freizeitprogramm. Besonders attraktiv waren die zu günstigen Preisen angebotenen Ausflüge und Auslandsreisen, die auch für weniger wohlhabende Arbeiter und Angestellte erschwinglich sein sollten. Besonders begehrt waren Kreuzfahrten im Mittelmeer oder in der norwegischen See.

Wirtschaftlicher Aufschwung …
Eine Aufgabe der nationalsozialistischen Wirtschafts- und Sozialpolitik war es, der Ideologie der „Volksgemeinschaft" eine feste Grundlage zu verschaffen. Dabei stand bei 6 Millionen Arbeitslosen im Jahr 1933 die Schaffung von Arbeit an erster Stelle. Das NS-Regime nutzte das Abflauen der Krise und führte die Konjunkturprogramme der Weimarer Regierungen fort. Der Weiterbau der Reichsautobahn, die Ankurbelung der Produktion von Privat-PKWs durch Steuererleichterungen sowie staatliche Beschäftigungssubventionen für die Einstellung von Erntehelfern, vor allem aber die heimliche Aufrüstung seit 1934 mit dem Bau von Flughäfen, Kasernen und der Waffenproduktion schufen neue Arbeitsplätze. Gab es im Februar 1936 noch mehr als 2,5 Millionen Arbeitslose, so waren es ein Jahr später nur noch 1 610 000. Der Anteil der Staatsausgaben für Rüstung und Militär erhöhte sich von 4 % (1933) auf 39 % (1936).

Die Einführung der Arbeitspflicht im Reichsarbeitsdienst (RAD) und der allgemeinen Wehrpflicht wirkten sich ebenfalls positiv in der Arbeitslosenstatistik aus. Außerdem wurden bis 1935 rund 370 000 Frauen aus dem Berufsleben gedrängt. Denn nach Auffassung der Nationalsozialisten sollten Frauen ihre

M1 KdF-Reisen
Urlauber an Bord eines KdF-Schiffes; das Foto wurde am 25. November 1936 anlässlich des dritten Jahrestages der Gründung der Organisation „Kraft durch Freude" veröffentlicht.

✎: Formulieren Sie zu dem Foto einen kurzen Werbetext.

Erfüllung nicht im Beruf, sondern in der Rolle als Mutter finden.

Der Rückgang der Arbeitslosigkeit bedeutete einen wesentlichen Prestigegewinn für das NS-Regime. Hinzu kamen steuer- und sozialpolitische Maßnahmen, die Familien begünstigten und gleichzeitig Unternehmen stärker belasteten und damit den Eindruck einer gerechteren Lastenverteilung schufen. Die „Volksgemeinschaft" schien für viele Deutsche Wirklichkeit zu werden, auch wenn sie längere Arbeitszeiten, niedrige Löhne und die Ausschaltung der Gewerkschaften in Kauf nehmen mussten.

... und seine Opfer

Die nationalsozialistische Wirtschaftspolitik war allerdings von Anfang an mit der Vorbereitung auf den Krieg und der Ausgrenzung und Vernichtung der Juden verknüpft. Die Finanzierung von Vollbeschäftigung und Rüstung erfolgte durch die Aufnahme riesiger Staatsschulden bei der Reichsbank, die Hitler später mit zu erwartender Kriegsbeute begleichen wollte. Als die Reichsfinanzen 1938 in eine kritische Lage gerieten, nutzte das Regime den Terror gegen die Juden, um den Reichshaushalt zu sanieren. Aus der systematischen Enteignung jüdischen Besitzes und Vermögens zugunsten von Nichtjuden, der „Arisierung", speisten sich allein 9 % der laufenden Einnahmen im Haushaltsjahr 1938/39. Nach dem Novemberpogrom von 1938 wurde der jüdischen Bevölkerung zusätzlich als „Sühnezahlung" eine „Judenbuße" in Höhe von einer Milliarde Reichsmark auferlegt. Der Ausschluss aus der „Volksgemeinschaft" bedeutete für sie zuerst die Vernichtung der wirtschaftlichen Existenz.

Aus der „Volksgemeinschaft" ausgegrenzt

Im selben Maße wie scheinbare Erfolge des NS-Regimes sichtbar wurden, traf die Propaganda von einer hinter dem Führer gesammelten „Volksgemeinschaft" auf positive Resonanz in der Bevölkerung. Parallel stieg die Bereitschaft, Ausgrenzung und Verfolgung derjenigen, die nicht in der „Volksgemeinschaft" willkommen waren, zu akzeptieren. Der Terror gegen die Ausgegrenzten erschien den meisten Deutschen weniger als bedrohlicher Verlust von Rechtsstaatlichkeit, sondern viel eher als imponierendes Zeichen politischer Entschlossenheit und Stärke.

Neben den Juden, dem ideologischen „Hauptfeind", richtete sich die Verfolgung der Nationalsozialisten gegen alle politischen Gegner, vor allem aber gegen jene, denen die rassistische und inhumane Ideologie die Gleichberechtigung absprach: Die als „rassisch minderwertig" betrachteten Sinti und Roma etwa wurden verhaftet und zur Zwangsarbeit in Arbeitslager eingewiesen. Ihre Kinder durften keine Schulen mehr besuchen, Frauen und Männer erhielten Berufsverbot. Schließlich wurden während des Zweiten Weltkrieges die Sinti und Roma in die Vernichtungslager deportiert. Mehrere Hunderttausend wurden so ermordet.

Zu Opfern der mörderischen Ideologie wurden ebenso die geistig und körperlich Behinderten. Schon bald nach 1933 verboten die Nationalsozialisten psychisch kranken, missgebildeten oder geistig behinderten Deutschen zu heiraten und Kinder zu bekommen. Frauen und Männer mit „Erbkrankheiten" wurden zwangssterilisiert. 1939 wurde gesetzlich festgelegt, dass „unwertes Leben" planmäßig vernichtet werden durfte. Im Rahmen der „**Euthanasie**" ermordeten Ärzte und Pflegepersonal mit Unterstützung von Beamten sowie Parteifunktionären in Heil- und Pflegeanstalten über 100 000 Behinderte durch Giftinjektionen oder Giftgas.

Im Fadenkreuz der Nationalsozialisten befanden sich zudem Homosexuelle und so genannte „Asoziale". Sie hatten ebenfalls unter Terror und Diskriminierung zu leiden und waren ebenso wenig Teil der „Volksgemeinschaft" wie die während des Zweiten Weltkrie-

---

Euthanasie	(griech. = „leichter bzw. schöner Tod") Begriff für die NS-Mordpolitik gegenüber geistig und körperlich Behinderten. Die interne Tarnbezeichnung für die Euthanasiemorde war „Aktion T4", nach der Adresse der Euthanasiezentrale Tiergartenstraße 4 in Berlin.

ges so genannten „Volksschädlinge", die nicht bereit waren, blinden Gehorsam zu leisten und die Zwangsarbeiter, die während des Krieges nach Deutschland deportiert wurden, damit man ihre Arbeitskraft ausbeuten konnte.

Kontrolle und Denunziation

Die ideologische Geschlossenheit der „Volksgemeinschaft" wurde auch dadurch gesichert, dass Funktionäre der NSDAP in Betrieben und in Wohngebieten (die so genannten „Blockwarte") die Bevölkerung kontrollierten und überwachten. Dabei lebten sie und die Verfolgungsbehörden wie die Gestapo (Geheime Staatspolizei) von der Bereitschaft vieler „Volksgenossen", ihre Mitmenschen zu denunzieren. Oft waren persönliche Streitigkeiten ein Anlass, jemanden beim Blockwart anzuschwärzen. Den vordergründigen Anlass bot etwa eine regimekritische Äußerung oder die Nichtbeflaggung der Wohnung mit der Hakenkreuzfahne. Selbst wer den „Deutschen Gruß" (den erhobenen rechten Arm und die Formel „Heil Hitler") nicht verwendete, konnte sich verdächtig machen und Gefahr laufen, von einem Denunzianten verraten zu werden.

Aufbau des Terrorstaates

Schon in der Anfangsphase des Regimes war durch die Notverordnungen vom 4. und vom 28. Februar 1933 der Rechtsstaat in weiten Teilen außer Kraft gesetzt worden (vgl. Kap. 5.1). In der Folge verlor die Justiz ihre Unabhängigkeit und wurde ein Teil des Verfolgungsapparats. Neben den regulären Gerichten wurden Sondergerichte und der Volksgerichtshof errichtet. Politischen Gegnern drohten drastische Strafen, oft sogar der Tod. Insbesondere nach Kriegsbeginn und dann erneut während der sich abzeichnenden Niederlage wurde das Strafmaß erheblich verschärft.

Neben den Sondergerichten gehörte die „Schutzhaft" zu den Charakteristika der nationalsozialistischen Verfolgungspolitik. Ohne Urteil eines regulären Gerichts konnten Verdächtige zeitlich unbefristet in Haft genommen werden. Nach 1938 konnte die „Schutzhaft" allein von Angehörigen der Gestapo angeordnet werden.

Zentral für Überwachung und Terror im NS-Staat erwies sich bald der Aufbau des Polizeiapparats. Heinrich Himmler, der Führer der SS, hatte sich seit 1933 um die Kontrolle der politischen Polizei in den Ländern des Reiches bemüht und schon bald den gesamten Polizeiapparat unter seine Kontrolle bekommen, den er mit der SS verschmolz. Die Polizei im NS-Staat bestand aus verschiedenen Unterorganisationen: der Schutz- und Ordnungspolizei, der Kriminalpolizei und der politischen Polizei. 1936 wurden sämtliche politischen Polizeien der Länder unter dem Oberbegriff „Gestapo" zentralisiert. Hauptaufgabe der Gestapo war die systematische Bekämpfung politischer und weltanschaulicher Gegner des NS-Staates. Gemeinsam mit der Kriminalpolizei war die Gestapo im Hauptamt für Sicherheitspolizei (Sipo) unter der Leitung von Reinhard Heydrich zusammengefasst.

Dieser hatte mit dem Sicherheitsdienst (SD) zunächst den Nachrichtendienst der NSDAP geführt. Dessen Aufgabe bestand darin, mit einem Netz von Spitzeln die Bevölkerung zu

M2 Ausgestoßen

Der 31-jährigen Martha W. werden auf dem Marktplatz von Altenburg/Thüringen öffentlich die Haare abrasiert. Ihr wurde vorgeworfen, intime Kontakte zu einem polnischen Fremdarbeiter gehabt zu haben.
Fotos vom 7. Februar 1941.

✎: Erläutern Sie, warum diese Frau aus Sicht der Nationalsozialisten bestraft werden musste und warum diese Form der Bestrafung gewählt wurde. Beurteilen Sie dieses Vorgehen.

M3 Politische Häftlinge im KZ Dachau
Foto, Mai 1933

✎ : Versetzen Sie sich in die Lage eines Häftlings, der das Plakat liest. Erklären Sie, was die Machthaber mit der Veröffentlichung solcher Fotos bezweckten.

überwachen und potenzielle Gegner zu ermitteln. Kurz nach Beginn des Zweiten Weltkrieges wurde der SD mit der Gestapo zum Reichssicherheitshauptamt (RSHA) verbunden. Dies war fortan die zentrale Terrorbehörde im NS-Staat. Ihr Chef war ebenfalls Reinhard Heydrich.

Welt der Lager
Ein wesentliches Kennzeichen der nationalsozialistischen Terrorherrschaft waren die Lager, die zunächst Deutschland und später das ganze besetzte Europa durchzogen. Erste Konzentrationslager wurden bereits unmittelbar nach der Machtübernahme errichtet, zum Teil auch als sogenannte „wilde KZ" der SA ohne jede staatliche Aufsicht. Doch schon bald wurden Bau und Verwaltung der Lager unter Führung der SS – und somit Heinrich Himmlers – zentralisiert. Die SS stellte fortan das Wachpersonal, das in den Lagern eine menschenverachtende Willkürherrschaft ausübte.
Die Konzentrationslager waren furchtbare Orte des Schreckens, in denen Hunderttausende gefoltert und ermordet wurden. Etliche starben bei Menschenversuchen durch sadistische SS-Ärzte.

Die Deutschen – überzeugte Nazis?
Wie reagierte die deutsche Bevölkerung auf das System von Terror und Verführung durch die Nationalsozialisten? Zusammenfassend lässt sich festhalten, dass bereits 1933 Hitlers Machtübernahme und die zunehmende Etablierung seiner Herrschaft von immer mehr Deutschen als Chance zur Überwindung der Staats- und Wirtschaftskrise und des Vertrages von Versailles aufgefasst wurde. Am Vorabend des Zweiten Weltkrieges hatte Hitler wohl die große Mehrheit der Bevölkerung hinter sich. Vor allem der Glaube an den „Führer" und das Gefühl der Mehrheit der deutschen Bevölkerung, Teil der propagierten „Volksgemeinschaft" zu sein, spielten eine große Rolle für die Bindung an das Regime. Dass Angehörige bestimmter Gruppen von der neuen „Gemeinschaft" von Anfang an ausgeschlossen waren und auch in aller Öffentlichkeit verfolgt wurden, fand wenig oder keine Kritik. Gewalttaten gegen ideologische Gegner wurden als notwendige Maßnahmen auf dem Weg der „nationalen Erneuerung" betrachtet und die Hetze gegen die Juden fiel bei manchen Deutschen auf fruchtbaren Boden.
Jene, die mit gewalttätigen Übergriffen gegen andersdenkende Menschen nicht einverstanden waren, schwiegen – aus Furcht, sich selbst in Gefahr zu bringen. Viele Menschen profitierten aber auch von der Ausgrenzung anderer, etwa im Beruf. Sie waren bereit, das Regime zu unterstützen, auch wenn es mit verbrecherischen Mitteln vorging. Selbst die Folgen des Krieges, die spätestens 1944 jedem und jeder Deutschen täglich vor Augen geführt wurden, führten nicht dazu, dass sich nennenswerte Bevölkerungsteile vom Regime abwandten oder gar Regimegegner wurden. Die Masse der Deutschen waren Mitläufer, die vom nationalsozialistischen Regime profitieren wollten.

M4 „Alle Hände strecken sich dem Führer entgegen"
So lautet die Originalunterschrift zu dem Foto, das 1938 auf einer Massenveranstaltung in Hamburg aufgenommen wurde.

✎: Charakterisieren Sie das Verhalten der abgebildeten Frauen. Erläutern Sie, wie in diesem Foto Hitler in Erscheinung tritt.

M5 Die Volksgemeinschaft
Hitler in einer Rede am 12. April 1922:
Erstens: „national" und „sozial" sind zwei identische Begriffe. […] Wir haben uns bei Gründung dieser Bewegung ent-
5 schlossen, sie […] „Nationalsozialistische" zu taufen. Wir sagten uns, daß „national" sein in allererster Linie heißt, in grenzenloser, alles umspannender Liebe zum Volke zu handeln und, wenn nötig, dafür auch zu sterben.
Und also heißt sozial sein, den Staat und die Volksgemeinschaft so aufzubauen, daß jeder einzelne für die Volksgemeinschaft handelt und demgemäß auch überzeugt sein muß von
10 der Güte und ehrlichen Redlichkeit dieser Volksgemeinschaft, um dafür sterben zu können.
Zweitens aber sagten wir uns: Es gibt und kann keine Klassen geben. […] Ja, Stände kann es geben. Aber was diese Stände auch untereinander um den Ausgleich ihrer Wirtschaftsbe-
15 dingungen zu kämpfen haben, so groß darf der Kampf nie werden und die Kluft, daß darüber die Bande der Rasse zerreißen […].

Ernst Boepple: Adolf Hitlers Reden, München 1934, S. 18

M6 Das „Fest der nationalen Arbeit"
Friedrich Karl Florian, Gauleiter der NSDAP, schreibt über den 1. Mai 1933:
Selbst für den, der schaffend und kämpfend mitten im gewaltigen Geschehen der deutschen Revolution stehen darf, ist es oft schier unfaßlich, welch eine riesige Leistung in den wenigen Monaten seit der Machtübernahme durch Adolf Hitler erzielt wurde. Es ist, als ob mit gewaltigem Ruck ein Schleu- 5 sentor aufgerissen worden wäre, durch das sich nun in breitem Energiestrom Tatwelle auf Tatwelle ins deutsche Leben ergieße, dieses befruchtend und zu ungeahnter Entfaltung treibend.
Zu den schönsten und in ihrer Wirkung reichsten geschicht- 10 lichen Taten dieser Tat gehört die Schaffung des Festes der nationalen Arbeit. Vorher ein Tag der Verhetzung, des Klassenhasses, der bolschewistischen Internationale, wurde der 1. Mai mit einem Schlage zum Volksfest erhoben. Wie von einem Alpdruck befreit, griff die Nation in allen ihren Schich- 15 ten und Ständen freudig den Gedanken des Führers auf und fand sich am Tage der nationalen Arbeit in nie gekannter Geschlossenheit als feiernde Gemeinschaft zusammen. […]
Die Erklärung dieses Wunders liegt zutiefst im deutschen Volkscharakter begründet. Kein Volk auf dieser Erde ist so 20 sehr dazu veranlagt, den Begriff der Arbeit zu adeln wie das deutsche. Die rührende Liebe und Sorgfalt, mit der der deutsche Industriearbeiter sein Werkstück behandelt, mit der der Landarbeiter die Scholle bebaut, die doch nicht sein eigen ist, sind Zeugen dafür. Es ist deutsche Art, eine Sache um ihrer 25 selbst, nicht um des Lohnes willen zu tun; und es ist deutsches Schicksal, ohne Arbeit und Leistung nicht glücklich sein zu können. Das große Wort Goethes, daß nur der sich Freiheit wie das Leben gewinnt, der täglich sie erobern muß, paßt auf den Charakter unseres Volkes wie auf den keines andern 30 in der ganzen Welt. […] Adolf Hitler hat bewußt vor 14 Jahren seine Bewegung als Arbeiterpartei gegründet und damit das höchste und schönste Ziel seines Kampfes schon in dem Namen seiner politischen Organisation festgelegt. Es galt, die unheilvolle Spannung zwischen Besitzenden und Nicht- 35 besitzenden zu beseitigen und als einzigen Generalnenner, als einzigen Wertmesser für alle Tätigkeit des privaten und öffentlichen Lebens den werktätigen Dienst an der Volksgesamtheit aufzurichten.

Renzo Vespignani: Über den Faschismus, hrsg. v. der Neuen Gesellschaft für Bildende Kunst und dem Kunstamt Kreuzberg, Berlin 1976, S. 100

M7 Arbeitslosigkeit, Rüstung, Staatsverschuldung

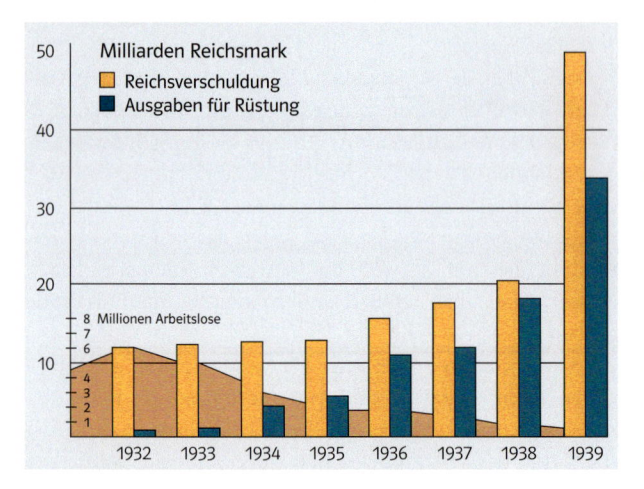

Milliarden Reichsmark
- Reichsverschuldung
- Ausgaben für Rüstung

8 Millionen Arbeitslose

(Jahre: 1932, 1933, 1934, 1935, 1936, 1937, 1938, 1939)

M8 Entwicklung der Tarif-Stundenlöhne
(in Pfennig)

	1929	1932	1936	1939
Facharbeiter	101,1	81,6	78,3	79,1
Hilfsarbeiter	79,4	64,4	62,3	62,8
Facharbeiterin	63,4	53,1	51,6	51,5
Hilfsarbeiterin	52,7	43,9	43,4	44,0

M9 Durchschnittlicher Jahresverbrauch in einem Vier-Personen-Haushalt

	1928	1937
Fleisch (kg)	146,5	118,5
Eier (Stück)	472	258
Milch (l)	481	358
Kartoffel (kg)	507,8	530,3
Gemüse (kg)	127,3	117,8
Obst (kg)	96,2	64,9

M7 bis M9 Zit. nach: R. Erbe: Die nationalsozialistische Wirtschaftspolitik 1933 bis 1939 im Licht der modernen Theorie, Zürich 1958, S. 36 ff

M10 Gesunde Arierin gesucht

In einer Heiratsanzeige der „Münchner Neuesten Nachrichten" aus dem Jahr 1940 heißt es:
Zweiundfünfzig Jahre alter, rein arischer Arzt, Teilnehmer an der Schlacht bei Tannenberg, der auf dem Lande zu siedeln beabsichtigt, wünscht sich männlichen Nachwuchs durch eine standesamtliche Heirat mit einer gesunden Arierin, jungfräulich, jung, bescheiden, sparsame Hausfrau, gewöhnt an schwere Arbeit, breithüftig, flache Absätze, keine Ohrringe, möglichst ohne Eigentum.

Münchner Neueste Nachrichten vom 25. Juli 1940. Zit. nach:: Klaus-Jörg Ruhl: Brauner Alltag. 1933–1939 in Deutschland, Düsseldorf 1981, S. 69

M11 Mathematik der NS-Zeit

In einem Schulbuch befand sich folgende Aufgabe:
Ein Geisteskranker kostet täglich etwa 4 RM [Reichsmark], ein Krüppel 5,50 RM, ein Verbrecher 3,50 RM. In vielen Fällen hat ein Beamter täglich nur etwa 4 RM, ein Angestellter kaum 3,50 RM, ein ungelernter Arbeiter noch keine 2 RM auf den Kopf der Familie.
a) Stelle diese Zahlen bildlich dar. – Nach vorsichtigen Schätzungen sind in Deutschland 300 000 Geisteskranke, Epileptiker usw. in Anstaltspflege;
b) Was kostet diese jährlich insgesamt bei einem Satz von 4 RM?;
c) Wie viel Ehestandsdarlehen zu je 1000 RM könnten – unter Verzicht auf spätere Rückzahlung – von diesem Geld jährlich ausgegeben werden?

Zit. nach: Klaus-Jörg Ruhl: Brauner Alltag. 1933–1939 in Deutschland, Düsseldorf 1981, S. 56

M12 „Zehn Gebote für die Gattenwahl"

Folgende Leitlinien veröffentlichte der Reichsausschuss für Volksgesundheit im Jahr 1934 (Hervorhebungen im Original):
1. *Gedenke, dass Du ein Deutscher bist.*
Alles, was Du bist, bist Du nicht aus eigenem Verdienst, sondern durch Dein Volk. Ob Du willst oder nicht willst, Du gehörst zu ihm; denn Du bist aus ihm hervorgegangen. Darum denke bei allem, was Du tust, ob es Deinem Volke förderlich ist. Gemeinnutz geht vor Eigennutz.
2. *Du sollst, wenn Du erbgesund bist, nicht ehelos bleiben.*
Alles, was an Dir vorhanden ist, alle Eigenschaften Deines Körpers und Geistes sind vergänglich. Sie sind ein Erbe, ein Geschenk Deiner Vorfahren. Sie leben in Dir in ununterbrochener Kette weiter. Wer ohne zwingenden Grund ehelos bleibt, unterbricht diese Kette der Geschlechter. – Dein Leben ist nur eine vorübergehende Erscheinung; Sippe und Volk bestehen fort. Geistiges und körperliches Erbgut feiert in den Kindern Auferstehung.
Erbgut, Bluterbe ist alles das, was an körperlichen, geistigen und seelischen Anlagen dem Menschen durch seine Ahnen bei der Zeugung übermittelt worden ist. Bei der großen Menge dieser Anlagen kann im Einzelmenschen nur ein Teil davon während seines Lebens in Erscheinung treten. Da dieses Erbgut immer wieder bei den Nachkommen in Erscheinung tritt, ist es ewig. Es ist das Erbbild, dem das Erscheinungsbild des Einzelmenschen gegenübersteht.
[…]

5. Wähle als Deutscher nur einen Gatten gleichen oder nordischen Blutes.

Wo Anlage zu Anlage passt, herrscht Gleichklang. Wo ungleiche Rassen sich mischen, gibt es einen Missklang. Mischung nicht zueinander passender Rassen (Bastardisierung) führt im Leben der Menschen und Völker häufig zu Entartungen und Untergang; umso schneller, je weniger die Rasseneigenschaften zueinander passen. Hüte Dich vorm Niedergang, halte Dich von Fremdstämmigen außereuropäischer Rassenherkunft fern! Glück ist nur bei Gleichgearteten möglich.

Die Geschichte lehrt, dass unsere germanischen Vorfahren dem Wunschbild des Nordischen Menschen in hohem Maße entsprachen. Die Nordische Rasse ist nach allen Forschungen die für das Deutsche Volk und seine Brudervölker germanischer Sprache und ihre Entwicklung wertvollste Rasse. Alle deutschen Stämme haben einen Einschlag Nordischer Rasse gemeinsam, mögen sie sich auch sonst durch Einschläge nichtnordischer Rassen unterscheiden. Der Nordische Blutseinschlag verbindet das ganze deutsche Volk. Jeder Deutsche hat daran mehr oder weniger Teil. Diesen Anteil zu erhalten und zu mehren ist heilige Pflicht. Wer sein Blut mit Fremdstämmigen außereuropäischer Rassenherkunft mischt, arbeitet der Aufartung seines Volkes entgegen.

6. Bei der Wahl Deines Gatten frage nach seinen Vorfahren.

Du heiratest nicht Deinen Gatten allein, sondern mit ihm gewissermaßen seine Ahnen. Wertvolle Nachkommen sind nur zu erwarten, wo wertvolle Ahnen vorhanden sind. Gaben des Verstandes und der Seele sind ebenso ein Erbteil wie die Farbe der Augen und Haare. Schlechte Anlagen vererben sich ebenso wie gute. Ein guter Mensch kann in sich Keime (Erbgut) tragen, die in den Kindern sich zum Unglück gestalten. Darum heirate nie den einzigen guten Menschen aus einer schlechten Familie.

Wer offenen Blickes Eltern und Verwandtschaft betrachtet, wird manche Gefahr erkennen. Bist Du unsicher, verlange eine erbbiologische Sippschaftstafel, frage einen mit Erbgesundheitsfragen vertrauten Arzt.

Es gibt nichts Kostbareres auf der Welt als die Keime edlen Blutes, verdorbene Keimmasse kann keine Heilkunst in gute verwandeln. […]

10. Du sollst Dir möglichst viele Kinder wünschen.

Erst bei drei bis vier Kindern bleibt der Bestand des Volkes sichergestellt. Nur bei großer Kinderzahl werden die in der Sippe vorhandenen Anlagen in möglichst großer Zahl und Mannigfaltigkeit in Erscheinung treten. Kein Kind gleicht genau dem anderen. Ein jedes Kind hat verschiedene Anlagen seiner Vorfahren ererbt. Viele wertvolle Kinder erhöhen den Wert eines Volkes und sind die sicherste Gewähr für seinen Fortbestand. Du vergehst; was Du Deinen Nachkommen gibst, bleibt; in ihnen feierst Du Auferstehung. Dein Volk lebt ewig.

Zit. nach: Klaus-Jörg Ruhl: Brauner Alltag. 1933–1939 in Deutschland, Düsseldorf 1981, S. 71 ff.

M13 Plakat zur Rechtfertigung von Massensterilisierungen um 1938

✎: Erläutern Sie, welche Botschaft das Plakat im Rahmen der Kampagne gegen „lebensunwertes Leben" vermitteln sollte.

---

1. Erklären Sie die ideologische Vorstellung einer „Volksgemeinschaft" (**VT, M5**).

2. Erläutern Sie, welches Konzept von Ehe bzw. Familie und welches Frauenbild in **M4**, **M10** und **M12** zum Ausdruck kommen.

3. Analysieren Sie das Säulendiagramm **M7** und die Tabellen **M8** und **M9** unter Berücksichtigung des **VT**. Gehen Sie danach kritisch auf die „Erfolge" der nationalsozialistischen Wirtschafts- und Sozialpolitik ein.

4. Erläutern Sie, welche Funktionen die staatsterroristischen Maßnahmen des NS-Regimes hatten (**VT**).

5.4 NS-Außenpolitik und Zweiter Weltkrieg

Den Vertrag von Versailles rückgängig zu machen – dieses Ziel einte die Deutschen und die NS-Regierung 1933. Doch schon bald ging es den Nationalsozialisten mehr darum, Gebiete mit einer vorwiegend deutschsprachigen Bevölkerung wie Österreich und das Sudetenland „heim ins Reich" zu holen. Und hinter den Kulissen liefen die Vorbereitungen des Eroberungskrieges im Osten.

1933	Austritt des Deutschen Reiches aus dem Völkerbund (Oktober)
1935	Wiedereinführung der allgemeinen Wehrpflicht
1936	Einmarsch deutscher Truppen in das entmilitarisierte Rheinland
1938	„Anschluss" Österreichs (März) Münchner Abkommen: Abtretung tschechoslowakischer Gebiete („Sudetengebiet") an das Deutsche Reich (September)
1939	Einmarsch in die Tschechoslowakei (März) Mit dem Überfall auf Polen beginnt der Zweite Weltkrieg (1. September).
1941	Überfall auf die Sowjetunion (22. Juni) Eintritt der USA in den Krieg auf Seiten der Alliierten (Dezember)
1944	Landung alliierter Truppen in der Normandie (6. Juni)
1945	Bedingungslose Kapitulation der Wehrmacht Ende des Zweiten Weltkrieges in Europa (8. Mai)

Außenpolitische Ziele

Die außenpolitischen Ziele der Nationalsozialisten entstammten maßgeblich Hitlers ideologischen Vorstellungen. Hitler strebte die Neugliederung Europas unter deutscher Vorherrschaft an und gemäß der rassistischen NS-Weltanschauung die Eroberung von „Lebensraum im Osten", also die kriegerische Expansion in den mittel-, südost-, und osteuropäischen Raum. Die dort ansässige Bevölkerung sollte in einem Eroberungs- und Vernichtungskrieg entweder ausgerottet oder versklavt werden, um Siedlungsraum für deutsche bzw. „germanische" Siedler zu gewinnen. War die Vorherrschaft in Europa erobert, so wollte Hitler Deutschland als Weltmacht etablieren. Expansionspläne hatten auch die mit Deutschland verbündeten Diktaturen Italien und Japan.

Revision von Versailles

In ihrer offiziellen Haltung nach außen übte die NS-Regierung in den Anfangsmonaten des Jahres 1933 Zurückhaltung. Die Außenpolitik war der Innenpolitik untergeordnet, galt es doch zunächst, die Macht im Innern zu erobern. Insgeheim wussten Außenpolitiker und Militärs allerdings schon früh, in welche Richtung Deutschland steuern würde. Bereits am 3. Februar 1933 hielt Hitler vor Generalen der Reichswehr einen geheimen Vortrag, in dem er die zukünftigen außenpolitischen Ziele seiner Politik – unter anderem die „Gewinnung von Lebensraum im Osten" – skizzierte.
Die nach außen demonstrierte Zurückhaltung wurde im Oktober 1933 mit den Austritten des Deutschen Reiches aus dem Völkerbund und aus der Genfer Abrüstungskonferenz schrittweise aufgegeben. Hitler verließ damit jene Institutionen, die ihm enge Begrenzungen für

das Militär und die Rüstung auferlegten. Mit dem 100000-Mann-Heer, das der Versailler Vertrag den Deutschen vorschrieb, und der dem Reich zugestandenen Minimalrüstung waren Hitlers Expansionspläne nicht zu verwirklichen. Hitler verfolgte fortan eine doppelte außenpolitische Strategie. Zum einen versuchte er, über bilaterale Verträge die drohende Isolierung Deutschlands zu umgehen – so schloss das Deutsche Reich 1934 einen Nichtangriffspakt mit Polen und 1935 ein Flotten-Abkommen mit Großbritannien. Zum anderen verletzte er immer häufiger die Bestimmungen des Versailler Vertrags und nahm dabei erhebliche Risiken in Kauf. Den Vertragsbestimmungen entsprach es noch, dass die Bevölkerung des Saargebiets 1935 darüber abstimmte, ob das Saargebiet an Frankreich oder Deutschland fallen solle. Das Votum von über 90 % Befürwortern einer Rückkehr zum Reich feierte die NS-Propaganda als grandiosen Erfolg Hitlers. Einen offenen Bruch mit dem Versailler Vertrag bedeuteten dann die Wiedereinführung der allgemeinen Wehrpflicht 1935 und der Einmarsch ins entmilitarisierte Rheinland im Jahr 1936. Großbritannien und Frankreich, denen es möglich gewesen wäre, diesen Einmarsch militärisch zu stoppen, vermieden die Konfrontation. Hitlers riskante Außenpolitik schien erfolgreich zu sein.

Ausnutzen der Appeasement-Strategie

Die internationale Situation seit Anfang der 1930er-Jahre trug dazu bei, dass die europäischen Großmächte Hitlers Vertragsbruch tolerierten und es seiner Außenpolitik innerhalb weniger Jahren gelang, die Ergebnisse des Ersten Weltkrieges zu revidieren. Die Weltwirtschaftskrise hatte zahlreiche Länder, darunter die außenpolitischen Schwergewichte USA, Großbritannien und Frankreich, so heftig erfasst, dass diese Staaten sich kaum für das interessierten, was jenseits ihrer eigenen Grenzen stattfand. Zudem litten Großbritannien und Frankreich noch unter den massiven Folgen des Ersten Weltkrieges. Man scheute eine neuerliche kriegerische Auseinandersetzung. Insbesondere die britische Regierung fand sich dazu bereit, den Frieden auch durch Beschwichtigung und Zugeständnisse an Hitler zu sichern (**Appeasement-Politik**).

Österreich, Sudetenland, Tschechoslowakei

Die internationalen Rahmenbedingungen trugen dazu bei, dass Hitler noch weitere außenpolitische Erfolge feiern konnte. Im März 1938 marschierte die Wehrmacht in Österreich ein. Hitler verkündete vom Balkon der Hofburg in Wien unter dem Jubel Hunderttausender Österreicher den „Anschluss" seiner Heimat an das Reich. Die von Hitler geforderte Abtretung des Sudetenlandes, einem überwiegend von einer deutschsprachigen Bevölkerung besiedelten Randgebiet der Tschechoslowakei, an das Deutsche Reich (Münchner Abkommen) wurde von den europäischen Großmächten nur wenige Monate später ebenfalls gebil-

M1 Hitlers Außenpolitik in der Karikatur Amerikanische Karikatur nach einer „Friedensrede" Hitlers vom 17. Mai 1933

✎ : Untersuchen Sie die Aussage der Karikatur. Was hält der Zeichner von Hitlers Friedensrede?

Appeasement-Politik	(von engl. „to appease" = beruhigen, beschwichtigen) Außenpolitische Strategie Großbritanniens in den 1930er-Jahren gegenüber dem Deutschen Reich. Durch „Beschwichtigung" wollte Premierminister Neville Chamberlain die aggressiven territorialen Ansprüche Deutschlands begrenzen und so den Frieden in Europa sichern, zumindest aber Zeit für die eigene Aufrüstung gewinnen. Höhepunkt der Appeasement-Politik war das Münchner Abkommen von 1938.

5 Nationalsozialistische Diktatur und Zweiter Weltkrieg

ligt. Damit begann die Zerschlagung der Tschechoslowakei durch Deutschland. Denn trotz seiner Beteuerungen, die Abtretung des Sudetenlandes sei seine letzte territoriale Forderung gewesen, erteilte Hitler unmittelbar im Anschluss an das Münchner Abkommen den Geheimbefehl zur „Erledigung der Rest-Tschechei". Die Wehrmacht marschierte im März 1939 in Tschechien ein, woraufhin dort das „Reichsprotektorat Böhmen und Mähren" errichtet wurde. Die Slowakei erklärte sich zwar für souverän, unterstellte sich aber gleichzeitig dem „Schutz des Deutschen Reiches".

Am Vorabend des Krieges

Unter Beteiligung deutscher Außenpolitiker und Militärs hatte sich Hitler mithilfe von taktischem Kalkül, Vertragsbrüchen, Erpressungen und militärischen Einmärschen eine günstige Ausgangsposition für die weitere Expansion nach Osten geschaffen. Obwohl der außenpolitische Kurs Hitlers bis dahin nicht ohne Risiko gewesen war, wurde er von einem Großteil der deutschen Eliten in der Wehrmacht, im Auswärtigem Amt und in der Wirtschaft mitgetragen. Dabei musste den führenden Militärs und Außenpolitikern spätestens Ende 1937 die aggressive Zielsetzung der Außenpolitik klar sein, hatte Hitler ihnen in einer Besprechung doch seine zukünftigen Kriegspläne offen dargelegt. Jene, die sich Hitlers expansionistischen Bestrebungen nicht anschließen wollten, wie Außenminister von Neurath, oder skeptische Militärs, wie Generaloberst Beck, wurden spätestens 1938 abgesetzt oder traten selber von ihren Ämtern zurück.

Bündnispolitisch hatte sich Deutschland seit Mitte der 1930er-Jahre auf den Weltkonflikt

M2 Der Krieg in Europa 1939–1942

✎: Stellen Sie die wichtigsten Etappen des Zweiten Weltkrieges bis 1942 zusammen. Kennzeichnen Sie die dadurch entstandenen europäischen Machtverhältnisse.

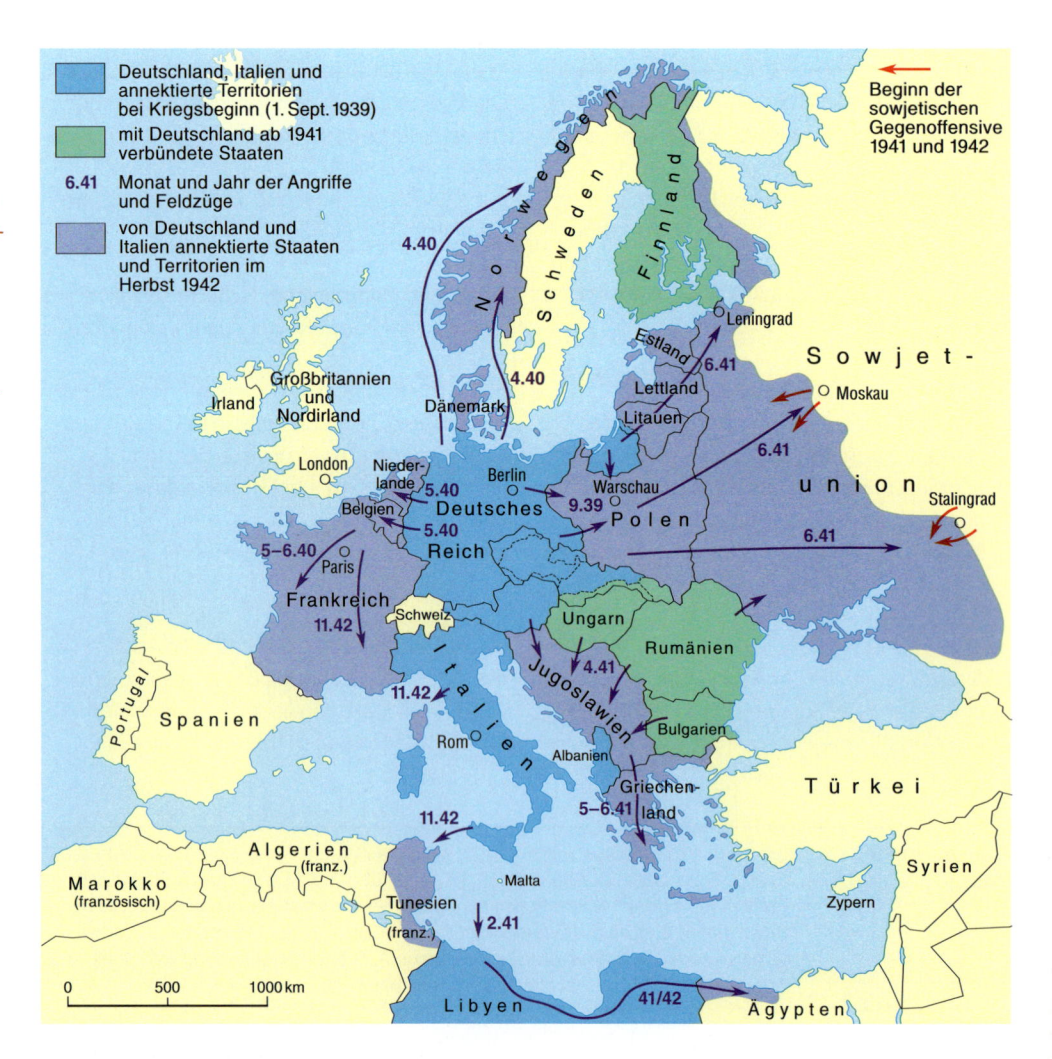

vorbereitet. Die Zusammenarbeit mit den ebenfalls nationalistisch-expansiv geprägten Staaten Italien und Japan wurde intensiviert, etwa in Form des 1936 geschlossenen, gegen die Sowjetunion gerichteten „Antikominternpaktes". Zudem griffen deutsche und italienische Truppen gemeinsam auf Seiten des gegen eine linke „Volksfront"-Regierung putschenden Generals Franco in den Spanischen Bürgerkrieg ein.

Kriegsfähige Wirtschaft?

Die Vorbereitungen auf den Krieg erstreckten sich auch auf die Wirtschaft. Die Nationalsozialisten überführten die Marktwirtschaft in eine gelenkte Wirtschaft: Löhne, Gewinne und Preise wurden staatlich beeinflusst, Rohstoffe zwangsbewirtschaftet. Das Privateigentum blieb zwar erhalten, persönliche Initiativen und Unternehmergeist wurden aber überwacht und gezügelt. Unternehmer, die sich staatlichen Anordnungen widersetzten, wurden durch geringere Zuteilungen importierter Rohstoffe oder der seit 1936 knapper werdenden Arbeitskräfte bestraft. Bereits 1936 waren Wirtschaft und Rüstungsindustrie in Deutschland auf den sich abzeichnenden Krieg neu ausgerichtet worden. Hitler hatte gefordert, die deutsche Wirtschaft „innerhalb von vier Jahren kriegsfähig" zu machen. Um dies zu erreichen, sollte sie von Rohstoff- und Nahrungsmittelimporten möglichst unabhängig (autark) werden. Obwohl auch die Herstellung von synthetischen Ersatzstoffen (Gummi, Treibstoff) vorangetrieben wurde, blieb Deutschland bei wichtigen Rohstoffen wie Erdöl oder Eisenerz weiterhin auf Importe angewiesen. Viele Industriebetriebe wurden aus grenznahen Standorten Sachsens, Oberschlesiens und des Ruhrgebiets in die Mitte Deutschlands verlegt, wo sie vor Land- und Luftangriffen sicherer zu sein schienen.

Überfall auf Polen und die „Blitzkriege"

Hitler spekulierte darauf, dass sich die Westmächte wieder still verhalten würden, als er zu seinem nächsten Schlag ansetzte: der Eroberung Polens. Vorbereitet hatte er den militärischen Überfall durch einen überraschenden Nichtangriffspakt mit dem ideologischen Todfeind, der Sowjetunion. Dieser Vertrag mit dem kommunistischen Diktator Stalin wurde von Hitler aus taktischen Gründen geschlossen, um in den kommenden Auseinandersetzungen einem Zweifrontenkrieg aus dem Weg zu gehen. In einem geheimen Zusatzprotokoll einigten sich beide Länder zudem auf eine Aufteilung Polens.

Mit dem Angriff des Deutschen Reiches auf Polen begann am 1. September 1939 der Zweite Weltkrieg. Schon in den ersten Tagen des Feldzuges zeigten sich die neue Dimension militärischer Gewalt in der deutschen Kriegsführung und der menschenverachtende Charakter des nationalsozialistischen Weltanschauungskrieges. Großstädte wie Warschau wurden ohne Rücksicht auf die Zivilbevölkerung bombardiert. Teile der polnischen Bevölkerung – vor allem Angehörige der polnischen Intelligenz (Priester, Ärzte, Lehrer) – wurden im Rücken der rasch vorwärts stürmenden Wehrmacht von mobilen Einheiten der Sicherheitspolizei und des Sicherheitsdienstes (Sipo/SD), den Einsatzgruppen, ermordet. Diese Verbrechen riefen zwar den Protest von einigen Offizieren der Wehrmacht hervor, doch dieser wurde von der NS-Führung ignoriert.

Die Großmächte Frankreich und Großbritannien erklärten Deutschland wider Hitlers Erwarten am 3. September 1939 den Krieg. Wie im Ersten Weltkrieg drohte den Deutschen nun eine Auseinandersetzung an zwei Fronten. Aber die Westmächte griffen das Deutsche Reich nicht an. Stattdessen folgten nach dem Sieg der Wehrmacht über Polen rasch die Eroberung und Besetzung Dänemarks und Norwegens (April bis Juni 1940) sowie die militärischen Siege über die Niederlande, Belgien und schließlich auch Frankreich. Hitler und seine Generale hatten innerhalb kürzester Zeit den „Erzfeind" bezwungen. Nach diesem Triumph über den französischen Nachbarn war Hitlers Ruhm auf dem Zenit. Die eigentliche Zielsetzung war aber weiterhin die kriegerische Expansion nach Osten. Zunächst wurden im Frühjahr 1941 Jugoslawien und Griechenland erobert. Dies diente der Vorbereitung des Angriffs auf die Sowjetunion.

Überfall auf die Sowjetunion

Mit dem Überfall auf die Sowjetunion am 22. Juni 1941 begann eine neue Phase des Krieges. Der Feldzug, der innerhalb weniger Monate beendet sein sollte, war von Anfang an als ein unbarmherziger Weltanschauungs- und Vernich-

M3 Gräueltaten der deutschen Besatzer
Das Foto aus dem Jahr 1942 zeigt Überlebende eines von Wehrmacht und SS verübten Massakers im ukrainischen Kertsch auf der Krim bei der Suche nach ihren ermordeten Angehörigen.

✎: Schreiben Sie als westeuropäischer Kriegsberichterstatter über die deutsche Kriegsführung an der Ostfront.

tungskrieg geplant worden. Kommunistische Kommissare der Roten Armee sollten „erledigt", Partisanen konsequent erschossen werden. Auch auf die Zivilbevölkerung wurde keine Rücksicht genommen. Der unter Federführung Heinrich Himmlers und der SS erstellte „Generalplan Ost" sah die Kolonisierung („Germanisierung") der eroberten Gebiete im Osten als deutschen „Lebensraum" vor. Die besetzten Landstriche sollten wirtschaftlich rücksichtslos ausgebeutet werden. Während der Jahre der deutschen Besetzung sowjetischer Gebiete (1941–1944) wurden so Millionen von Menschen ermordet, als Zwangsarbeiter versklavt oder aus ihrer Heimat vertrieben. Tausende von Dörfern und zahlreiche sowjetische Städte wurden zerstört.

Kriegswende und Niederlage
Die Sowjetunion sollte nach Hitlers Planungen bis spätestens Ende 1941 besiegt sein. Doch der Vormarsch geriet im November 1941 ins Stocken. Mit dem Scheitern der Blitzkriegsstrategie und der Kriegserklärung Deutschlands an die USA im Dezember 1941 war der Krieg verloren, auch wenn die Deutschen zu diesem Zeitpunkt weite Teile Europas beherrschten. Nach der Niederlage der 6. Armee in Stalingrad Anfang des Jahres 1943 gerieten die deutschen Truppen zusehends in die Defensive. Der darauf folgende Übergang zum „totalen Krieg" bedeutete sowohl eine weitere Radikalisierung der Kriegsführung in den besetzten Gebieten als auch des Terrors in Deutschland.

Nach der Landung britischer und amerikanischer Truppen auf Sizilien und in Süditalien 1943, der Invasion der Alliierten in Frankreich im Juni 1944 und dem kurze Zeit später erfolgenden Zusammenbruch des Großteils der Ostfront waren die deutschen Truppen überall auf dem Rückzug. Im Angesicht der Niederlage begingen zahlreiche Einheiten und Verbände der Wehrmacht, der Waffen-SS und der Polizei Massaker an der Zivilbevölkerung, nicht nur in der Sowjetunion, sondern auch in Polen, in Griechenland, Jugoslawien, Italien und Frankreich. Die NS-Führung radikalisierte nun auch den Kampf gegen diejenigen Deutschen, die Kritik am Regime oder nur „Zweifel am Endsieg" äußerten. Es kam zu einem drastischen Anstieg von Todesurteilen gegen deutsche Soldaten und Zivilisten.

In strategisch sinnlosen militärischen Operationen wurde der Krieg unnötig verlängert. Dadurch wurden jeden Tag mehr deutsche Städte in Schutt und Asche gebombt, starben Hunderttausende von Zivilisten und Millionen von Soldaten. Die mit Abstand größten Verluste erlitten die Deutschen im letzten Kriegsjahr. Das Deutsche Reich brach Ende 1944 militärisch zusammen, doch bis zum Mai 1945 zogen sich noch die Kämpfe.

Der Zweite Weltkrieg, der nach der japanischen Expansion im ostpazifischen Raum auch diesen Teil der Erde umspannte, war der verheerendste Krieg in der Geschichte der Menschheit. Man schätzt, dass mindestens 55 Millionen Menschen ihr Leben verloren.

Totaler Krieg	Kriegsführung, in der die Grenzen zwischen Front und Heimat aufgehoben sind. Die gesamte Bevölkerung wird eingebunden und „mobilisiert", sei es als Soldaten oder als Arbeiter in der Kriegswirtschaft an der „Heimatfront".

M4 „Wirtschaft muss in vier Jahren kriegsfähig sein"

In Hitlers geheimer Denkschrift über den Vierjahresplan vom August 1936 heißt es:

Deutschland wird wie immer als Brennpunkt der abendländischen Welt gegenüber den bolschewistischen Angriffen anzusehen sein. Ich fasse dies nicht als eine erfreuliche Mission auf, sondern als eine leider durch unsere unglückliche Lage
5 in Europa bedingte Erschwerung und Belastung unseres völkischen Lebens. Wir können uns aber diesem Schicksal nicht entziehen. [...]
Es ist nicht der Zweck dieser Denkschrift, die Zeit zu prophezeien, in der die unhaltbare Lage in Europa zur offenen Krise
10 werden wird. Ich möchte nur in diesen Zeilen meine Überzeugung niederlegen, dass diese Krise nicht ausbleiben kann und nicht ausbleiben wird und dass Deutschland die Pflicht besitzt, seine eigene Existenz dieser Katastrophe gegenüber mit allen Mitteln zu sichern und sich vor ihr zu schützen, und
15 dass sich aus diesem Zwang eine Reihe von Folgerungen ergeben, die die wichtigsten Aufgaben betreffen, die unserem Volk jemals gestellt worden sind. Denn ein Sieg des Bolschewismus über Deutschland würde nicht zu einem Versailler Vertrag führen, sondern zu einer endgültigen Vernichtung, ja Ausrot-
20 tung des deutschen Volkes. [...]
Die militärische Auswertung soll durch die neue Armee erfolgen. Das Ausmaß und das Tempo der militärischen Auswertung unserer Kräfte können nicht groß und nicht schnell genug gewählt werden! Es ist ein Kapitalirrtum, zu glauben, dass über
25 diese Punkte irgendein Verhandeln oder ein Abwägen stattfinden könnte mit anderen Lebensnotwendigkeiten. So sehr auch das gesamte Lebensbild eines Volkes ein ausgeglichenes sein soll, so sehr müssen doch in gewissen Zeiten einseitige Verschiebungen zuungunsten anderer, nicht so lebenswichtiger
30 Aufgaben vorgenommen werden. Wenn es uns nicht gelingt, in kürzester Frist die deutsche Wehrmacht in der Ausbildung, in der Aufstellung der Formationen, in der Ausrüstung und vor allem auch in der geistigen Erziehung zur ersten Armee der Welt zu entwickeln, wird Deutschland verloren sein! Es gilt hier
35 der Grundsatz, dass das, was in Monaten des Friedens versäumt wurde, in Jahrhunderten nicht mehr eingeholt werden kann. Es haben sich daher dieser Aufgabe alle anderen Wünsche bedingungslos unterzuordnen. [...]
Wir sind übervölkert und können uns auf der eigenen Grund-
40 lage nicht ernähren. [...]
Die endgültige Lösung liegt in einer Erweiterung des Lebensraumes bzw. der Rohstoff- und Ernährungsbasis unseres Volkes. [...]
Ich stelle damit folgende Aufgabe:
45 I. Die deutsche Armee muss in vier Jahren einsatzfähig sein.
II. Deutsche Wirtschaft muss in vier Jahren kriegsfähig sein.

Zit. nach: Wolfgang Michalka (Hg.): Deutsche Geschichte 1933–1945. Dokumente zur Innen- und Außenpolitik, Frankfurt/Main 1993, S. 110 ff.

M5 „Hoßbach-Niederschrift"

Im Anschluss an eine Zusammenkunft am 5. November 1937 in der Reichskanzlei, bei der Hitler führenden Militärs und Ministern seine außenpolitischen Pläne darlegte, fertigte der anwesende Oberst Hoßbach eine Niederschrift der Besprechung an. Neben Hitler nahmen Reichskriegsminister v. Blomberg, der Oberbefehlshaber des Heeres v. Fritsch, der Oberbefehlshaber der Kriegsmarine Raeder, der Oberbefehlshaber der Luftwaffe Göring, der Reichsminister des Auswärtigen v. Neurath sowie Oberst Hoßbach an dem Treffen teil. In der Niederschrift heißt es:

Der Führer führte sodann aus:
Das Ziel der deutschen Politik sei die Sicherung und die Erhaltung der Volksmasse und deren Vermehrung. Somit handele es sich um das Problem des Raumes.
5 Die deutsche Volksmasse verfüge über 85 Millionen Menschen, die nach der Anzahl der Menschen und der Geschlossenheit des Siedlungsraumes in Europa einen in sich so fest geschlossenen Rassekern darstelle, wie er in keinem anderen Land wieder anzutreffen sei und wie er andererseits das Anrecht auf
10 größeren Lebensraum mehr als bei anderen Völkern in sich schlösse. [...]
Wenn die Sicherheit unserer Ernährungslage im Vordergrund stände, so könne der hierfür notwendige Raum nur in Europa gesucht werden, nicht aber ausgehend von libe-
15 ralistisch-kapitalistischen Auffassungen in der Ausbeutung von Kolonien. Es handele sich nicht um die Gewinnung von Menschen, sondern von landwirtschaftlich nutzbarem Raum. Auch die Rohstoffgebiete seien zweckmäßiger im unmittelbaren Anschluss an das Reich in Europa und nicht in Übersee
20 zu suchen, wobei die Lösung sich für ein bis zwei Generationen auswirken müsse. Was darüber hinaus in späteren Zeiten notwendig bleiben sollte, müsse nachfolgenden Geschlechtern überlassen bleiben. Die Entwicklung großer Weltgebilde gehe nun einmal langsam vor sich, das deutsche Volk mit sei-
25 nem starken Rassekern finde hierfür die günstigsten Voraussetzungen inmitten des europäischen Kontinents. Dass jede Raumerweiterung nur durch Brechen von Widerstand und unter Risiko vor sich gehen könne, habe die Geschichte aller Zeiten – Römisches Weltreich, Englisches Empire – bewiesen.
30 Auch Rückschläge seien unvermeidbar. Weder früher noch heute habe es herrenlosen Raum gegeben, der Angreifer stoße stets auf den Besitzer.
Für Deutschland laute die Frage, wo größter Gewinn unter geringstem Einsatz zu erreichen sei.
35 Die deutsche Politik habe mit den beiden Hassgegnern England und Frankreich zu rechnen, denen ein starker deutscher Koloss inmitten Europas ein Dorn im Auge sei, wobei beide Staaten eine weitere deutsche Erstarkung sowohl in Europa als auch in Übersee ablehnten und sich in dieser Ablehnung
40 auf die Zustimmung aller Parteien stützen könnten. [...] Zur Lösung der deutschen Frage könne es nur den Weg der Gewalt

geben, dieser niemals risikolos sei. [...] Stelle man an die Spitze der nachfolgenden Ausführungen den Entschluss zur Anwendung von Gewalt unter Risiko, dann bleibe noch die
45 Beantwortung der Fragen „wann" und „wie". [...]
An sich glaube der Führer, dass mit hoher Wahrscheinlichkeit England, voraussichtlich aber auch Frankreich die Tschechei bereits im Stillen abgeschrieben und sich damit abgefunden hätte, dass diese Frage eines Tages durch Deutschland berei-
50 nigt würde. Die Schwierigkeiten des Empire und die Aussicht, in einen langwährenden europäischen Krieg erneut verwickelt zu werden, seien bestimmend für eine Nichtbeteiligung Englands an einem Kriege gegen Deutschland. Die englische Haltung werde gewiss nicht ohne Einfluss auf die Frankreichs
55 sein.

Zit. nach: Wolfgang Michalka (Hg.): Deutsche Geschichte 1933–1945. Dokumente zur Innen- und Außenpolitik, Frankfurt/Main 1993, S. 140 ff.

M6 Mit drakonischen Maßnahmen durchgreifen

Aus einem Armeebefehl Generalfeldmarschalls Walter von Reichenau, vom 10. Oktober 1941 über das Verhalten der Truppe im Ostraum [= in der Sowjetunion]:

Hinsichtlich des Verhaltens der Truppe gegenüber dem bolschewistischen System bestehen vielfach noch unklare Vorstellungen. Das wesentliche Ziel des Feldzuges gegen das jüdisch-bolschewistische System ist die völlige Zerschlagung
5 der Machtmittel und die Ausrottung des asiatischen Einflusses im europäischen Kulturkreis. Hierdurch entstehen auch für die Truppe Aufgaben, die über das hergebrachte einseitige Soldatentum hinausgehen. Der Soldat ist im Ostraum nicht nur ein Kämpfer nach den Regeln der Kriegskunst, sondern
10 auch Träger einer unerbittlichen völkischen Idee, und der Rächer für alle Bestialitäten, die deutschem und artverwandten Volkstum zugefügt wurden.
Deshalb muss der Soldat für die Notwendigkeit der harten, aber gerechten Sühne am jüdischen Untermenschentum volles
15 Verständnis haben. Sie hat den weiteren Zweck, Erhebungen im Rücken der Wehrmacht, die erfahrungsgemäß stets von Juden angezettelt werden, im Keime zu ersticken.
Der Kampf gegen den Feind hinter der Front wird noch nicht ernst genug genommen. Immer noch werden heimtückische,
20 grausame Partisanen und entartete Weiber zu Kriegsgefangenen gemacht, immer noch werden halb uniformierte oder in Zivil gekleidete Heckenschützen und Herumtreiber wie Soldaten behandelt und in die Gefangenenlager abgeführt. Ja, die gefangenen russischen Offiziere erzählen hohnlächelnd,
25 dass die Agenten der Sowjets sich unbehelligt auf den Straßen bewegen und häufig an deutschen Feldküchen mitessen. Ein solches Verhalten der Truppe ist nur noch durch völlige Gedankenlosigkeit zu erklären. Dann ist es aber [...] Zeit, den Sinn für den gegenwärtigen Kampf wachzurufen.
30 [...] Wird im Rücken der Armee Waffengebrauch einzelner Partisanen festgestellt, so ist mit drakonischen Maßnahmen durchzugreifen. Diese sind auch auf die männliche Bevölkerung auszudehnen, die in der Lage gewesen wäre, Anschläge zu verhindern. Die Teilnahmslosigkeit zahlreicher angeblich
35 sowjetfeindlicher Elemente, die einer abwartenden Haltung entspringt, muss einer klaren Entscheidung zur aktiven Mitarbeit gegen den Bolschewismus weichen. Wenn nicht, kann sich niemand beklagen, als Angehöriger des Sowjetsystems gewertet und behandelt zu werden. Der Schrecken vor den
40 deutschen Gegenmaßnahmen muss stärker sein als die Drohung der umherirrenden bolschewistischen Restteile.
Fern von allen politischen Erwägungen der Zukunft hat der Soldat zweierlei zu erfüllen:
1. die völlige Vernichtung der bolschewistischen Irrlehre, des Sowjetstaates und seiner Wehrmacht,
45
2. die erbarmungslose Ausrottung artfremder Heimtücke und Grausamkeit und damit die Sicherung des Lebens der deutschen Wehrmacht in Russland.
Nur so werden wir unserer geschichtlichen Aufgabe gerecht, das deutsche Volk von der asiatisch-jüdischen Gefahr ein für
50 allemal zu befreien.

Zit. nach: Peter Steinkamp/Gerd R. Ueberschär: Die Haltung militärischer Verschwörer zum Antisemitismus und zu den NS-Verbrechen im Spiegel von Dokumenten. In: Gerd R. Ueberschär (Hg.): NS-Verbrechen und der militärische Widerstand gegen Hitler, Darmstadt 2000, S. 157 f.

M7 Politisches Testament Adolf Hitlers

In einem Auszug aus dem politischen Testament Adolf Hitlers vom 29. April 1945 heißt es:

Es ist unwahr, dass ich oder irgendjemand anderer in Deutschland den Krieg im Jahr 1939 gewollt habe. Er wurde gewollt und angestiftet ausschließlich von jenen internationalen Staatsmännern, die entweder jüdischer Herkunft waren oder für jüdische Interessen arbeiteten. Ich habe zu viele Ange-
5 bote zur Rüstungsbeschränkung und Rüstungsbegrenzung gemacht, die die Nachwelt nicht auf alle Ewigkeiten wegzuleugnen vermag, als dass die Verantwortung dieses Krieges auf mir lasten könnte. Ich habe weiter nie gewollt, dass nach dem ersten unseligen Weltkrieg ein zweiter gegen England oder
10 gar gegen Amerika entsteht. Es werden Jahrhunderte vergehen, aber aus den Ruinen unserer Städte und Kunstdenkmäler wird sich der Hass gegen das letzten Endes verantwortliche Volk immer wieder erneuern, dem wir das alles zu verdanken haben: dem internationalen Judentum und seinen Helfern.
15

Zit. nach: Hans-Adolf Jacobsen/Hans Dollinger (Hg.): Der Zweite Weltkrieg in Bildern und Dokumenten. Bd. 3, München/Wien/Basel 1962, S. 372

M8 Nach der Schlacht bei Stalingrad
Deutsche Soldaten auf dem Marsch ins Kriegsgefangenenlager, Foto, Januar 1943

✎: Schreiben Sie aus der Sicht eines Gefangenen nach Hause. Bringen sie darin auch zum Ausdruck, was Sie erwarten.

M9 Brief von der Ostfront
Der an der Ostfront eingesetzte Major Hellmuth Stieff schreibt am 21. November 1939 an seine Frau:

Warschau selbst macht einen trostlosen Anblick. Kaum ein Haus, das unberührt geblieben ist. Ganze Stadtviertel liegen in Trümmern oder sind ausgebrannt. Die bewohnbaren Häu-
5 ser (etwa 50%) tragen mehr oder weniger alle Spuren der Beschießung in Gestalt von mit Brettern oder Pappe vernagelten Fensterhöhlen, Splitterwirkung von Bomben oder Artillerieeinschlägen. […]
Die Masse der Millionenbevölkerung der Stadt vegetiert irgendwo und irgendwie; man kann nicht sagen wovon. Es
10 ist eine unsagbare Tragödie, die sich dort abspielt. Man sieht auch gar nicht, wie das weiter werden soll. Selbst ein reiches Volk und ein reicher Staat würde Mühe haben, all das wieder aufzubauen, was jahrelanger Arbeit doch eines ganzen Volkes bedurft hat, um es entstehen zu lassen. Der Staat dieser
15 Hauptstadt ist vernichtet. […]
Dazu kommt noch all das Unglaubliche, was dort am Rande passiert, und wo wir mit verschränkten Armen zusehen müssen! Die blühendste Phantasie einer Gräuelpropaganda ist arm gegen die Dinge, die eine organisierte Mörder-, Räuber- und
20 Plündererbande [gemeint sind die Einsatzkommandos der SS und des SD] unter angeblich höchster Duldung dort verbricht. Da kann man nicht mehr von „berechtigter Empörung über an Volksdeutschen begangenen Verbrechen" sprechen. Diese Ausrottung ganzer Geschlechter mit Frauen und Kindern
25 [Ermordung von Polen] ist nur von einem Untermenschentum möglich, das den Namen Deutsch nicht mehr verdient. Ich schäme mich, ein Deutscher zu sein! Diese Minderheit, die durch Morden, Plündern und Sengen den deutschen Namen besudelt, wird das Unglück des ganzen deutschen Vol-
30 kes werden, wenn wir ihnen nicht bald das Handwerk legen. Denn solche Dinge, wie sie mir von kompetentester Seite an Ort und Stelle geschildert und bewiesen wurden, müssen die rächende Nemesis [Figur aus der griechischen Mythologie, Rachegöttin] wachrufen. Oder dies Gesindel geht gegen uns
35 Anständige eines Tages ebenso vor und terrorisiert mit seinen pathologischen Leidenschaften auch das eigene Volk. […]
Lodz ist eine ganz scheußlich hässliche Stadt. Ungezählte Juden, die alle eine gelbe Armbinde am rechten Oberarm tragen müssen. Mindestens die Hälfte aller Menschen in Lodz
40 tragen gelbe Armbinden. Und was für Typen sieht man da! Es ist einfach unfassbar, dass so etwas vorhanden ist!

Zit. nach: Peter Steinkamp/Gerd R. Ueberschär: Die Haltung militärischer Verschwörer zum Antisemitismus und zu den NS-Verbrechen im Spiegel von Dokumenten. In: Gerd R. Ueberschär (Hg.): NS-Verbrechen und der militärische Widerstand gegen Hitler, Darmstadt 2000, S.191 f.

---

1. Analysieren Sie die Ziele der Außenpolitik des Nationalsozialismus (**VT, M4–M6**).

2. Erarbeiten Sie aus dem **VT**, **M4** und **M5** ein Ablaufmodell für die nationalsozialistische Außenpolitik bis 1939.

3. Beschreiben Sie in eigenen Worten, welches Vorgehen der deutschen Soldaten von der Armeeführung erwartet wurde (**M6**). Arbeiten Sie heraus, inwieweit in diesem Befehl eine nationalsozialistisch geprägte Weltanschauung zum Ausdruck kommt.

4. Erarbeiten Sie nach der Lektüre von **M7** eine Gegenargumentation unter Berücksichtigung der Geschichte der nationalsozialistischen Außenpolitik und Kriegführung.

Historische Reden untersuchen

Eine Aufgabe politischer Reden ist es, die Zuhörer von einer Aussage zu überzeugen und zu einer bestimmten Handlung zu bewegen. Dabei bedienen sich die Redner einer Rhetorik (Redekunst) und Gestik, die ihre Argumente unterstützen soll. Die Sportpalastrede des Reichspropagandaministers Joseph Goebbels gilt als ein Paradebeispiel einer Rhetorik und Propaganda, die es vermochte, Menschen in einer verbal aufgeheizten Atmosphäre sogar dazu zu bewegen, angekündigte Verbrechen zu bejubeln. Goebbels versuchte damit, die Deutschen aus dem Stimmungstief zu holen und sie davon zu überzeugen, dass trotz der bereits deutlich absehbaren Niederlage, der Zweite Weltkrieg weitergeführt werden müsste.

M1 Joseph Goebbels
Foto um 1931

M2 „Totaler Krieg"

Auszug aus einer Rede des Reichspropagandaministers Joseph Goebbels im Berliner Sportpalast am 18. Februar 1943:

Ihr also, meine Zuhörer, repräsentiert in diesem Augenblick die Nation. Und an euch möchte ich zehn Fragen richten, die ihr mir mit dem deutschen Volke vor der ganzen Welt, insbesondere aber vor unseren Feinden, die uns auch an ihrem
5 Rundfunk zuhören, beantworten müsst! Wollt ihr das? [stürmische Rufe „Ja!]

Die Engländer behaupten, das deutsche Volk habe den Glauben an den Sieg verloren. [wiederholte stürmische Rufe: „Nein!", „Nie!", Niemals!"] Ich frage euch: Glaubt ihr mit dem
10 Führer und mit uns an den endgültigen, totalen Sieg des deutschen Volkes? [stürmische Rufe: „Ja"!, starker Beifall, Sprechchöre fünf Mal „Sieg Heil, Sieg Heil"]. Ich frage euch: Seid ihr entschlossen, mit dem Führer in der Erkämpfung des Sieges durch dick und dünn und unter Aufnahme auch schwerster
15 persönlicher Belastungen zu folgen? [stürmische Rufe: „Ja", starker Beifall, mehrfach wiederholte Sprechchöre „Sieg Heil, Wir grüßen unseren Führer"]

Zweitens: Die Engländer behaupten, das deutsche Volk ist des Kampfes müde. [Rufe: „Nein", „Pfui"]. Ich frage euch: Seid
20 ihr bereit, mit dem Führer als Phalanx der Heimat hinter der kämpfenden Wehrmacht stehend, diesen Kampf mit wilder Entschlossenheit und unbeirrt durch alle Schicksalsfügungen fortzusetzen, bis der Sieg in unseren Händen ist? [stürmische Rufe: „Ja!", starker Beifall]. [...]
25 Viertens: Die Engländer behaupten, das deutsche Volk wehrt sich gegen die totalen Kriegsmaßnahmen der Regierung. [Rufe „Nein!"]. Es will nicht den totalen Krieg, sondern die Kapitulation! [stürmische Rufe, u. a.: „Nein!", „Pfui"]. Ich frage euch: Wollt ihr den totalen Krieg? [stürmische Rufe: „Ja!", starker
30 Beifall, Trampeln und Klatschen]. Wollt ihr ihn [Rufe: „Wir wollen ihn"], wenn nötig, totaler und radikaler, als wir ihn uns heute überhaupt noch vorstellen können? [stürmische Rufe „Ja", Beifall].

Fünftens: Die Engländer behaupten, das deutsche Volk hat sein
35 Vertrauen zum Führer verloren. [stürmische Empörung und Pfui-Rufe, lang anhaltender Lärm]. Ich frage euch: [Sprechchöre, drei Mal: „Führer befiehl, wir folgen!" Heilrufe]. Ist euer Vertrauen zum Führer heute größer, gläubiger und unerschütterlicher denn je? Ist eure Bereitschaft, ihm auf allen seinen
40 Wegen zu folgen und alles zu tun, was nötig ist, um den Krieg zum siegreichen Ende zu führen, eine absolute und uneingeschränkte? [lebhafte Rufe: „Ja"]. [...]

Ich frage euch neuntens: Billigt ihr, wenn nötig, die radikalsten Maßnahmen gegen einen kleinen Kreis von Drückebergern und Schiebern [stürmische Rufe: „Ja!", starker Beifall,
45 Zurufe], die mitten im Kriege Frieden spielen und die Not des Volkes zu eigensüchtigen Zwecken ausnutzen wollen? [Rufe: „Aufhängen!", Geschrei]. Seid ihr damit einverstanden, dass, wer sich am Krieg vergeht, den Kopf verliert? [stürmische Rufe „Ja", starker Beifall].
50

Zit. nach: Iring Fetscher: Joseph Goebbels im Berliner Sportpalast 1943: „Wollt Ihr den totalen Krieg?", Hamburg 1998, S. 94 ff.

M3 Berliner Sportpalast
Goebbels hielt dort am 18. Februar 1943 eine Rede, die später von der Reichspropagandaabteilung unter dem Titel „Nun Volk, steh auf – und Sturm brich los!" in gedruckter Form herausgegeben wurde.

Methodentraining

Methodische Arbeitsschritte

1 Beschreiben

- Lesen Sie die Rede einmal gründlich durch. Nennen Sie wesentliche Inhalte. Achten sie auf Personen- und Ortsangaben.
- Beschreiben Sie den Schauplatz der Rede, falls ein Bilddokument vorliegt.
- Wie ist die Rede gegliedert? In welcher Reihenfolge werden die Argumente vorgetragen?

2 Untersuchen

- Wann und wo wurde die Rede gehalten? Was wissen Sie über den Redner?
- Welchen Anlass hatte die Rede? Wer waren die Zuhörer?
- Ordnen Sie die Rede in die damalige politische Situation ein.

3 Deuten

- Welche sprachlichen Mittel wurden verwendet? Welche Funktion haben sie? Liegt von der Rede ein Ton- oder Bilddokument vor, können Sie auch Gestik und Mimik des Redners sowie die Reaktionen der Zuhörer beurteilen.
- War die Rede als Monolog oder als Dialog mit dem Publikum konzipiert?
- Beurteilen Sie die Reaktion der Zuhörer. Hat die Rede wohl Eindruck hinterlassen oder war sie langweilig?

Beschreiben

Der Schauplatz der Rede war gründlich vorbereitet. Die Rednertribüne war mit Hakenkreuzfahnen geschmückt, dahinter an der Wand ein Spruchband: „Totaler Krieg – kürzester Krieg". Für die eigene Kriegspropaganda bediente sich Goebbels einer dialogischen Rhetorik, die vom Publikum Stellungnahmen zu angeblichen englischen Behauptungen einforderte. Dabei appellierte er an den deutschen Glauben zum Sieg, machte klar, dass es in dem Krieg um Leben oder Sterben ging, propagierte die totale Kriegsführung und bedrohte Zweifler und „Schieber" mit dem Tod.

Untersuchen

Um die Jahreswende 1942/43 war die Lage an der deutschen Ostfront katastrophal geworden. Trotz wohldosierter Propagierung von Siegeszuversicht breitete sich in der deutschen Bevölkerung als Reaktion auf die militärische Niederlage bei Stalingrad Resignation aus. Goebbels begegnete dieser Situation in seiner Eigenschaft als Reichspropagandaminister mit einer noch intensiveren Kriegspropaganda. Höhepunkt war dabei seine 2½ stündige Durchhalterede, die er am 18. Februar 1943 im Berliner Sportpalast hielt, und die über alle deutschen Rundfunksender ausgestrahlt wurde; auch die Wochenschau in den Kinos zeigte Auszüge aus der Ansprache. Die gesamte Rede liegt als Tondokument im Internet vor. Goebbels hatte sich vorgenommen, mit dieser Rede die deutsche Bevölkerung aus ihrem Stimmungstief herauszureißen. Die mehr als 10 000 Besucher im Sportpalast wurden sorgfältig ausgewählt, die Einladungen von den Parteiorganisationen verteilt. Damit war ein Publikum ausgewählt, das die Bereitschaft zum Mitmachen besaß. Der von Goebbels beabsichtigte Propagandaerfolg trat ein, die Brutalität des Krieges spitzte sich noch einmal zu.

Deuten

Die Rede war durchsetzt mit rhetorischen Stilmitteln, durch die Goebbels versuchte, die Zuhörer zu überzeugen, sie emotional anzusprechen und zu manipulieren. Als sprachliche Mittel setzte er u. a. ein:

- ständige Wiederholungen von Begriffen und Endungen: „die Engländer behaupten", „totaler Krieg", „totaler Sieg".
- Superlative: „totaler und radikaler, als wir ihn uns […] vorstellen können", „Kampf mit wilder Entschlossenheit und unbeirrt durch alle Schicksalsfügungen".
- Suggestivfragen: „Vertraut Ihr dem Führer?".
- Einbeziehung des Publikums: „Ihr […] repräsentiert die Nation", „Ihr […] als Phalanx der Heimat".
- religiösen Sprachgebrauch: „Glaube an den Sieg", „Bereitschaft, [Hitler] auf allen seinen Wegen zu folgen".

Es gelang Goebbels, die gewünschten emotionalen Reaktionen des Publikums gegen den Feind und für den Führer hervorzurufen und es schließlich zu hysterischer Zustimmung zum „totalen Krieg" und zu „radikalsten Maßnahmen" zu bringen. Die Übertragung der Rede zusammen mit dem Jubel im Radio vervielfachte deren Wirkung.

---

1. Fassen Sie zusammen, warum die Rede damals so viel Jubel auslöste.

2. Untersuchen Sie die Rede Himmlers **M7** auf Seite 206 mithilfe der Arbeitsschritte. Welche „Moral" propagierte Himmler?

5.4 NS-Außenpolitik und Zweiter Weltkrieg **225**

5.5 Verfolgung und Vernichtung der europäischen Juden 1933 bis 1945

Mit der Verfolgung und Vernichtung der europäischen Juden realisierten die Nationalsozialisten systematisch ihre mörderische Ideologie. Bis heute zeigt uns dieses beispiellose Verbrechen die Grenzen unserer Vorstellungskraft auf. Nach wie vor fällt es schwer, Erklärungen für den entsetzlichen Völkermord zu finden. Fragen drängen sich auf: Wie gelang es den Nationalsozialisten innerhalb kürzester Zeit, die politischen und gesellschaftlichen Voraussetzungen für einen Genozid (Völkermord) zu schaffen? Wie planten und organisierten sie die Ermordung von Millionen von Menschen in Europa? Und: Wie stark waren die „ganz normalen Deutschen" – jene, die sich selbst vielleicht nicht einmal als überzeugte Nationalsozialisten betrachteten – an der Verfolgung und Vernichtung der Juden beteiligt?

1933	Boykottaktion gegen jüdische Geschäfte (1. April) „Gesetz zur Wiederherstellung des Berufsbeamtentums": Per „Arierparagraph" werden Juden vom Staatsdienst ausgeschlossen (7. April).
1935	„Nürnberger Gesetze" (15. September)
1938	Pogromnacht (9./10. November)
ab 1939	Verfolgung der Juden in den von den Deutschen besetzten Ländern
1941	Nach dem Überfall auf die Sowjetunion Massenerschießungen von sowjetischen Juden durch Einsatzgruppen (ab Juni) Beginn des Baus von Vernichtungslagern in Polen Beginn von Deportationen jüdischer Deutscher (ab Herbst)
1942	„Wannseekonferenz" (20. Januar) Systematische Deportation und Ermordung der europäischen Juden in Vernichtungslagern, unter anderem in Auschwitz (seit Frühjahr)

Ausgrenzung einer Minderheit

Die 1933 rund 500 000 in Deutschland lebenden Angehörigen der jüdischen Religion stellten zwar mit nicht einmal einem Prozent der Bevölkerung eine kleine Minderheit dar, dennoch richtete sich der fanatische Rassismus der Nationalsozialisten vorwiegend gegen sie. Sie galten gemäß der NS-Ideologie als Wurzel aller Übel.

Schon früh ergriffen die Nationalsozialisten erste Maßnahmen, um die Juden von der nichtjüdischen Bevölkerung zu isolieren. Sie wurden entrechtet, schikaniert und planmäßig in den wirtschaftlichen Ruin getrieben. Gewaltsame Übergriffe gegen Juden waren eine alltägliche Erscheinung. Damit verfolgten die Nationalsozialisten in den Anfangsjahren ihrer Herrschaft das Ziel, die Juden aus Deutschland zu vertreiben.

Boykott jüdischer Geschäfte am 1. April 1933

Unmittelbar nach der Machtübernahme begannen die Nationalsozialisten, die bürgerliche Existenz der deutschen Juden systematisch zu zerstören. Ein erstes Zeichen setzten sie am 1. April 1933 mit dem Aufruf zum Boykott jüdischer Geschäfte. Angehörige der SA und der SS versammelten sich an diesem Tag vor jüdischen Läden, beschmierten die Schaufenster mit antisemitischen Parolen und bedrohten Kunden,

M1 Boykott jüdischer Geschäfte
Foto, Berlin 2. April 1933

M2 Ein Paar wird öffentlich gedemütigt
Foto, Cuxhaven 27. Juli 1933

✎: Viele Deutsche behaupteten 1945, sie hätten von der Verfolgung jüdischer Mitbürger nichts gewusst. Nehmen Sie anhand von **M1** und **M2** dazu Stellung.

die die Geschäfte betreten wollten. Die Nationalsozialisten demonstrierten damit der Öffentlichkeit, dass sie bereit waren, ihre antisemitische Überzeugung in Taten umzusetzen.

Ausgrenzung durch „Arierparagraphen"
Mithilfe des „Gesetzes zur Wiederherstellung des Berufsbeamtentums" vom 7. April 1933 wurden Juden aus dem öffentlichen Dienst entlassen. Der Anteil von jüdischen Studenten wurde begrenzt, jüdische Ärzte und Zahnärzte verloren ihre Kassenzulassung. Insgesamt gab es fast 2000 Gesetze, Erlasse und Verordnungen, die sich gegen die deutschen Juden richteten. Doch die Ausgrenzung wurde nicht nur von staatlichen Behörden und Institutionen betrieben. Auch Vereine und Verbände erließen „Arierparagraphen", die jüdische Mitglieder ausschlossen, ebenso wie manche Aufsichtsräte und Vorstände von Großunternehmen, die sich von ihren jüdischen Teilhabern trennten. An der freiwilligen Ausgrenzung beteiligten sich auch die Kommunen: Gemeinden verboten Juden den Aufenthalt in den Gemeindewäldern oder die Benutzung öffentlicher Schwimmbäder. Doch auch die Masse der Bevölkerung, die aus Gleichgültigkeit nicht protestierte, als ihre jüdischen Kolleginnen und Kollegen, Nachbarn und Bekannten immer mehr in die Isolation getrieben wurden, unterstützte mit ihrem Verhalten den Kurs der Ausgrenzung.

„Nürnberger Gesetze"
Eine zentrale Stellung in der Phase der Entrechtung und Verfolgung bis 1939 nehmen die „Nürnberger Gesetze" vom 15. September 1935 ein. Mit ihnen wurden die Juden in Deutschland zu Bürgern zweiter Klasse. Durchführungsverordnungen dazu entzogen den Juden das Wahlrecht und schlossen sie von öffentlichen Ämtern aus. Jüdische Ärzte, Professoren und Lehrer wurden aus dem Staatsdienst entlassen. Jüdischen Ärzten, Steuerberatern, Notaren, Viehhändlern u. a. wurde die Zulassung aberkannt.
Das im September 1935 verabschiedete „Reichsbürgergesetz" unterschied fortan zwischen der „Reichsbürgerschaft" und der „Staatsbürgerschaft". „Reichsbürger" mit politischen Rechten konnten nur noch „Arier" werden. Außerdem regelten das Gesetz und nachfolgende ergänzende Verordnungen, wer

M3 Vor dem Brand
Angehörige der SS zwangen Dr. Artur Flehinger, Mitglied der jüdischen Gemeinde in Baden-Baden, aus Hitlers „Mein Kampf" vorzulesen, bevor sie die Synagoge anzündeten, 10. November 1938.

: Charakterisieren Sie das Verhalten der örtlichen SS-Mitglieder.

„Jude" war. Zudem verbot das Gesetz „zum Schutz des deutschen Blutes und der deutschen Ehre" unter Androhung harter Strafen Ehen zwischen Juden und Nichtjuden. Intime Beziehungen zwischen Juden und Nichtjuden galten von nun an als „Rassenschande".

Vertreibung und Auswanderung
Der Auswanderungsdruck durch den Ausschluss der Juden aus dem gesellschaftlichen und wirtschaftlichen Leben nahm immer mehr zu. Dennoch fiel die Entscheidung, auszuwandern und damit die Heimat zu verlassen, nicht leicht. Auf viele Emigranten wartete ein hartes Leben in Isolation und Armut. Wer nicht fliehen konnte oder wollte, um den schloss sich der Ring der Verfolgung immer enger. 1939 gab es noch etwa 220 000 Juden in Deutschland.
Die Vertreibungspolitik der Nationalsozialisten war überaus widersprüchlich. Alle Maßnahmen zielten zwar darauf ab, den Juden ein Leben in Deutschland unmöglich zu machen. Gleichzeitig erschwerte das Regime jedoch die Auswanderung.

Die Pogromnacht
Die Politik der Entrechtung und Ausgrenzung erreichte mit dem Novemberpogrom 1938 einen vorläufigen Höhepunkt. Anhänger der SA und anderer NS-Organisationen verübten nach einer Hetzrede von Propagandaminister Goebbels in der Nacht vom 9. auf den 10. November überall im Reich brutale Übergriffe auf die jüdische Bevölkerung: Synagogen wurden in Brand gesteckt, Tausende jüdische Geschäfte und Wohnungen geplündert und zerstört. Juden wurden mitten in der Nacht aus ihren Wohnungen gezerrt und durch die Straßen geprügelt, Hunderte kamen dabei oder später in Folge der Ausschreitungen ums Leben, Tausende wurden verletzt. Über 25 000 Juden wurden im Anschluss an diesen Gewaltexzess in die Konzentrationslager Buchenwald, Sachsenhausen und Dachau eingewiesen. Dies sollte den Druck auf die jüdische Bevölkerung erhöhen, aus Deutschland auszuwandern.

Für das an ihnen begangene Unrecht sollten die Juden eine „Sühneleistung" von über einer Milliarde Reichsmark zahlen. Die den Opfern zustehende Versicherungssumme für entstandene Schäden wurde beschlagnahmt. Jüdische Unternehmer wurden gezwungen, ihre Betriebe zu verkaufen – oft zu Schleuderpreisen. Nicht wenige deutsche Unternehmer profitierten davon.

Juden verloren ihre Ansprüche auf Renten und Pensionen. Die beschlagnahmten Vermögen flossen in den kurz vor dem Bankrott stehenden Staatshaushalt des Deutschen Reiches. Weitere Schikanen betrafen das Alltagsleben: Jüdische Kinder durften nicht mehr auf öffentliche Schulen, jüdische Studenten wurden von den Universitäten ausgeschlossen.

Die Signale der Nationalsozialisten waren eindeutig: Die Juden sollten aus Deutschland vertrieben werden. Sollte es nicht gelingen, die Auswanderung zu erzwingen, so zeichnete sich im Zusammenhang mit dem sich anbahnenden Krieg immer klarer eine zweite Variante ab: die „Evakuierung", also die Deportation.

Die Verfolgung der Juden in Polen
Mit Beginn des Zweiten Weltkrieges radikalisierte sich die nationalsozialistische Judenpolitik weiter. Der Krieg lieferte das Umfeld für den Übergang von der staatlichen Ausgrenzung und Verfolgung zur systematischen Vernichtung, die auch als Holocaust oder Shoa bezeichnet wird.

Die nach dem Überfall auf Polen den Truppen der Wehrmacht folgenden Einsatzgruppen begingen grausame Massaker an der polnischen Zivilbevölkerung. Unter den Ermordeten waren auch viele Juden. Misshandlungen und Demütigungen polnischer Juden waren nun an der Tagesordnung. Auf offener Straße wurden sie schikaniert und gequält, etwa wenn orthodoxen Juden in aller Öffentlichkeit Haupthaar und Bärte abgeschnitten wurden. Ab Dezember 1939 mussten alle polnischen Juden Armbinden mit einem Davidstern tragen. Sie wurden in Gettos gesperrt und mussten dort Zwangsarbeit leisten.

Die Deutschen teilten die eroberten polnischen Gebiete in unterschiedliche Zonen ein. Während Teile des westlichen Polens dem Deutschen Reich angegliedert wurden, entstand mit dem sogenannten „Generalgouvernement" eine Zone minderen Rechts – vergleichbar einer Kolonie. Teile der jüdischen Bevölkerung wurden in Gettos (z. B. in Krakau, Lemberg, Lodz, Lublin, Warschau) zwangsumgesiedelt. Ab 1941 wurden immer mehr Juden aus dem Reich und den anderen besetzten Gebieten mit Viehwaggons dorthin deportiert, um später in die Vernichtungslager überführt zu werden. In den überfüllten Gettos waren sie von der Außenwelt abgeschottet und unter extrem beengten Wohnverhältnissen bei einer katastrophalen Versorgungslage und entsetzlichen hygienischen Bedingungen dem Terror der SS ausgeliefert. Im Warschauer Getto, mit 350 000 Menschen dem größten Europas, entschlossen sich jüdische Widerstandsgruppen 1943 zum Aufstand. Diese Aktion des Widerstands wurde jedoch niedergeschlagen, die SS nahm grausame Rache. Die Gettobewohner wurden entweder getötet oder in Vernichtungslager transportiert, die meisten nach Treblinka.

Planungen des Völkermordes

Durch den Eroberungskrieg gegen Polen und andere europäische Staaten gerieten Millionen Juden unter die Kontrolle der Deutschen. Wie sollte mit der jüdischen Bevölkerung im sich ausdehnenden nationalsozialistischen Herrschaftsbereich verfahren werden? Pläne kamen auf, die Juden in unwirtliche Gegenden zu vertreiben, in denen sie auf Grund der dort herrschenden Mangelwirtschaft und der extremen klimatischen Bedingungen langfristig keine Überlebenschance hätten.

Massenerschießungen in der Sowjetunion

Die Vernichtungspolitik wurde erneut beschleunigt, als die Deutschen die Sowjetunion im Juni 1941 überfielen. Im Rücken der Wehrmacht führten die Einsatzgruppen Massenerschießungen an Juden mit Zehntausenden von Toten durch. Bis Mitte April 1942 wurden auf diese Art ca. 500 000 sowjetische Juden – Männer, Frauen, Kinder – ermordet. In späteren Tötungswellen ermordeten Mitglieder von Polizeibataillonen der Ordnungspolizei und der Wehrmacht weitere Hunderttausende sowjetischer Juden.

Errichtung der Vernichtungslager

Währenddessen entwickelten die nationalsozialistischen Instanzen ihre Vernichtungspläne für die Juden im übrigen Europa weiter. Federführend war dabei das Reichssicherheitshauptamt (RSHA) unter Führung von Heinrich Himmler. Ab Dezember 1941 wurden in Polen mehrere Vernichtungslager eingerichtet. In Chelmno (Kulmhof) setzte man eigens entwickelte Gaswagen ein, um Juden zu ermorden. In Belzec, Sobibor und Treblinka baute man stationäre Vernichtungslager.

Unter Vorsitz des Chefs der Sicherheitspolizei und des SD Reinhard Heydrich trafen sich am 20. Januar 1942 in einer Villa am Wannsee in Berlin hohe Beamte der wichtigsten Ministerien, Vertreter von Behörden aus den besetzten Gebieten sowie hohe SS-Offiziere und besprachen, wie die Vernichtung der Juden in Europa organisiert und koordiniert werden könnte. Ein Teilnehmer der Konferenz, Adolf Eichmann, der Leiter des „Judenreferats" im RSHA, war entscheidend für die Organisation der Deportationen der Juden in die Vernichtungslager zuständig.

Holocaust oder Shoa	Als Holocaust (griech: Brandopfer) oder Shoa (hebräisch: große Katastrophe) wird der planmäßig betriebene Völkermord an 6 Millionen Juden bezeichnet.

5 Nationalsozialistische Diktatur und Zweiter Weltkrieg

M4 Das System der Konzentrationslager

Die Karte bildet die Konzentrations-Hauptlager und die Vernichtungslager [1] ohne die zugeordneten Nebenlager ab. Allein in den Vernichtungslagern auf polnischem Territorium wurden – neben Angehörigen anderer verfolgter Gruppen – fast drei Millionen Juden ermordet. Die Zahl der ermordeten Juden wird insgesamt auf sechs Millionen geschätzt. [2]

1) Nach: G. Schwarz: Die nationalsozialistischen Lager, Frankfurt a. M. 1996, S. 6 ff.
2) Zahlen nach: W. Benz: Dimensionen des Völkermordes. Die Zahl der jüdischen Opfer des nationalsozialismus, München 1996, S. 17

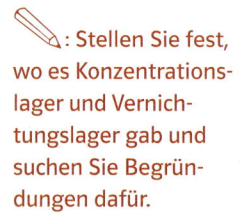

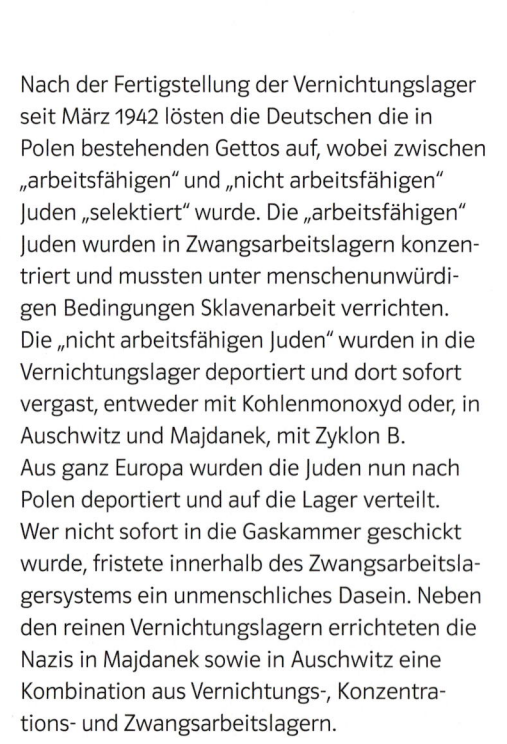

✎ : Stellen Sie fest, wo es Konzentrationslager und Vernichtungslager gab und suchen Sie Begründungen dafür.

Nach der Fertigstellung der Vernichtungslager seit März 1942 lösten die Deutschen die in Polen bestehenden Gettos auf, wobei zwischen „arbeitsfähigen" und „nicht arbeitsfähigen" Juden „selektiert" wurde. Die „arbeitsfähigen" Juden wurden in Zwangsarbeitslagern konzentriert und mussten unter menschenunwürdigen Bedingungen Sklavenarbeit verrichten. Die „nicht arbeitsfähigen Juden" wurden in die Vernichtungslager deportiert und dort sofort vergast, entweder mit Kohlenmonoxyd oder, in Auschwitz und Majdanek, mit Zyklon B.
Aus ganz Europa wurden die Juden nun nach Polen deportiert und auf die Lager verteilt. Wer nicht sofort in die Gaskammer geschickt wurde, fristete innerhalb des Zwangsarbeitslagersystems ein unmenschliches Dasein. Neben den reinen Vernichtungslagern errichteten die Nazis in Majdanek sowie in Auschwitz eine Kombination aus Vernichtungs-, Konzentrations- und Zwangsarbeitslagern.

Auschwitz

Auschwitz war das größte Konzentrations- und Vernichtungslager. Es wurde zum Inbegriff für den bürokratisch geplanten und industriell durchgeführten Völkermord. In ganz Europa trieben deutsche Polizeieinheiten gemeinsam mit den kollaborierenden Behörden der besetzten Gebiete Juden zusammen und pferchten sie in Güterwaggons, in denen sie ohne Nahrung und Trinkwasser nach Auschwitz transportiert wurden. Schon während des Transportes starben viele. Bei ihrer Ankunft wurden die Juden von SS-Ärzten begutachtet und an der Rampe von Auschwitz „selektiert". Die Alten, Schwachen und Kinder wurden unmittelbar nach ihrer Ankunft vergast, ihre Leichen verbrannt. Die arbeitsfähigen Frauen und Männer mussten Zwangsarbeit leisten. Wer unter den unmenschlichen Arbeitsbedingungen zusammenbrach, wurde ebenfalls ins Gas getrieben.

Todesmärsche

1944 war ein Großteil der europäischen Juden schon ermordet. Wegen des Rückzugs der Wehrmacht wurden die Vernichtungslager aufgelöst. Die übrig gebliebenen Häftlinge wurden entweder sofort ermordet oder in andere Lager verlegt. Seit Juli 1944 zogen Tausende von Lagerinsassen unter Bewachung des Lagerpersonals aus den aufgelösten Lagern in Konzentrationslager im Reich bzw. in Gebiete, die noch unter deutscher Kontrolle standen. Wer zu erschöpft war, um weiterzumarschieren, wurde erschossen. Die anderen verblieben im noch existierenden Konzentrationslagersystem. Mit erbarmungsloser Konsequenz versuchten die Nationalsozialisten bis zum Schluss, zumindest ein zentrales Ziel ihrer Politik umzusetzen: die vollständige Ermordung der europäischen Juden.

Systematische Vernichtung

Im Rückblick auf den Völkermord wird die Systematik dieses unfassbaren Verbrechens sichtbar. Deutlich treten die allmähliche Steigerung der Gewalt und die zunehmende Radikalisierung während der NS-Herrschaft zutage. Wurden die Juden anfangs in Deutschland isoliert, entrechtet, enteignet und ausgebeutet, um sie zur Auswanderung zu zwingen, so änderte sich die Situation nach Beginn des Zweiten Weltkrieges und der Ausdehnung des nationalsozialistischen Machtbereichs. Ab 1939 wurden die osteuropäischen Juden in Gettos konzentriert und dabei bewusst ausgehungert, Krankheiten ausgesetzt und zu Sklavenarbeit gezwungen. Bereits zu diesem Zeitpunkt kam es zu ersten Erschießungen, die spätestens ab Juni 1941 systematischen Charakter annahmen. Im Zuge der Ausdehnung des Krieges gingen die Nationalsozialisten zum quasi industriell durchgeführten Völkermord mittels Giftgas in eigens dafür errichteten Lagern über.

Zentral für die Umsetzung der Vernichtungspläne war der Krieg, der sich als entscheidendes Umfeld für die Radikalisierung der Judenverfolgung und als Voraussetzung für den Genozid erwies. Dem systematischen Völkermord der Nationalsozialisten fielen zwischen 5,3 und 6 Millionen Juden zum Opfer. Etwa ein Viertel von ihnen waren Kinder.

Von allem nichts gewusst?

Die monströsen Pläne zur Verfolgung und Ermordung der Juden wurden unter Beteiligung einer Vielzahl von Tätern und Organisationen umgesetzt. Verwaltungsbeamte, Buchhalter, Ingenieure, Lokführer, Bahnpersonal, Transportarbeiter, Lieferanten oder Wachpersonal – Tausende Deutsche waren unmittelbar am Völkermord beteiligt. Doch auch viele der nicht direkt Beteiligten waren wohl Mitwisser der Morde. Die Vertreibung der jüdischen Deutschen geschah in aller Öffentlichkeit. Oft standen die nichtjüdischen Deutschen Spalier, wenn die Juden zum Bahnhof der Stadt getrieben wurden. Und auch wenn die Vernichtungslager bewusst im Osten errichtet wurden, um die Morde geheim zu halten, kursierten in der Bevölkerung zahlreiche Gerüchte. Soldaten berichteten auf ihrem Heimaturlaub von Massenerschießungen und Lagern. Wer wissen wollte, was mit den Juden vor sich ging, hatte genügend Indizien, um sich vorstellen zu können, dass Schreckliches geschah. Die nichtjüdischen Deutschen hatten sich jedoch über die Jahre der NS-Herrschaft an die Grausamkeiten gegenüber der jüdischen Bevölkerung so gewöhnt, dass sie schließlich Deportationen, Zwangsarbeit und die massenhafte Ermordung als Alltagsnormalität ansahen, die kaum noch ein schlechtes Gewissen bereitete.

Genozid (Völkermord)	Die massenhafte Ermordung der Mitglieder eines Volkes bzw. einer ethnischen Gruppe. Beispiele für Völkermorde sind neben der Judenvernichtung der Deutschen die Massenmorde an Armeniern durch die Türken während des Ersten Weltkrieges und die Ermordung von etwa einer Million Tutsi durch die Hutu in Ruanda im Jahr 1994.

M5 „Der Zutritt von Juden ist unerwünscht"

Auszug aus dem Verhandlungsbericht über die Beratung der Ratsherren der Reichshauptstadt Berlin am 3. Juni 1937 über die Vertreibung der Juden aus den öffentlichen Badeanstalten:

Ratsherr Körner: […] Ich möchte von mir aus die Anregung geben und den Antrag stellen, dass die Stadtverwaltung bei öffentlichen Einrichtungen – die privaten Badeanstalten sollen im Moment gleichgültig sein – erklärt: Der Zutritt von Juden ist unerwünscht!

Stadtmedizinalrat Dr. Conti: Zurzeit ist es so, dass ein städtisches Hallenbad den Juden den Zutritt direkt verboten hat. In einem weiteren wird den Juden kein Zutritt gewährt. Die übergroße Mehrheit der städtischen Bäder, sowohl der Hallenbäder wie der Freibäder, haben Tafeln, dass das Baden von Juden unerwünscht sei. Einige, darunter auch Wannsee, haben den Juden keinerlei Beschränkungen dieser Art bisher auferlegt. […]

Ich bin selber der Ansicht, dass wir diesen Zustand der Ausschaltung der Juden aus den Badeanstalten allmählich verschärfen sollten. Es durch irgendeine Anordnung von oben her zu tun, hielte ich für unzweckmäßig wegen der außenpolitischen Auswirkungen, die in keinem Verhältnis dazu stehen. […]

Es gibt einen salomonischen Erlass des Reichsinnenministeriums, der ungefähr sagt: Man darf ihnen die Benutzung der Bäder insgesamt nicht ganz verwehren, aber wo Beschränkungen mit dieser Einschränkung durchgeführt werden können, kann es geschehen. Wir wären also z. B. nach dem Erlass in der Lage, alle Badeanstalten mit Verbotstafeln zu versehen bis auf eine, die wir ohne Verbotstafel belassen. Man kann dann, wenn ein Jude kommt und baden will, ihm sagen: Du kannst dahin gehen. […]

Ob es bei Wannsee ratsam ist? Wannsee wird sehr viel von Ausländern besucht. Wannsee ist also der kritische Punkt. Ich habe mich dieser Ansicht bisher nicht anschließen können. Sollten die Klagen zunehmen, so berichtet der Bezirksbürgermeister. Natürlich achte ich darauf sehr.

Oberbürgermeister und Stadtpräsident Dr. Lippert: […] Zur Frage der Freibäder – Wannsee – möchte ich Folgendes sagen. Wir haben im Jahre 1935 dort ein Schild angebracht: „Juden ist das Baden und der Zutritt verboten!" Auf Wunsch des Auswärtigen Amtes haben wir es wieder wegnehmen müssen, als die Vorbereitungen zur Olympiade [1936] rollten. Es stimmt durchaus, was der Herr Stadtmedizinalrat sagte: Insofern ist das Strandbad Wannsee ein wunder Punkt. Ich habe mit dem damaligen Leiter des Strandbades Wannsee gesprochen und ihn gewissermaßen auf den Weg einer geschickt formulierten Selbsthilfe verwiesen. Das hat sich eigentlich sehr gut bewährt. Ich glaube, man sollte […] daran denken, dass es schließlich Gott sei Dank SA- und SS-Leute gibt, die ohne Uniform auch so, wie sie Gott erschaffen hat, da sind und sitzen. Das sind unsere politischen Soldaten, die die Augen offen haben und sehen, was gespielt wird und unter Umständen auch mit der nötigen Forsche einschreiten. (Ratsherr von Jagow: Das ist mit dem Polizeipräsidenten gleich zu regeln).

Im Strandbad Wannsee hat es sich sehr gut bewährt, Herr Obergruppenführer. Dort haben sich die SA-Leute vorher beim Strandbadleiter gemeldet. […] Der Bademeister hat dann den Betreffenden aufgefordert, das Bad sofort zu verlassen. Wo es nötig schien, haben die wackeren SA-Leute draußen im Walde außerhalb des Badebetriebs ein bisschen gewartet, bis der Mann herauskam, und ihm dann das Nötige eröffnet (Heiterkeit).

Zit. nach: Kurt Pätzold (Hg.): Verfolgung, Vertreibung, Vernichtung. Dokumente des faschistischen Antisemitismus 1933 bis 1942, Leipzig 1987, S. 136 ff.

M6 Protokoll der „Wannseekonferenz", 20. Januar 1942

Darin heißt es:

II. Chef der Sicherheitspolizei und des SD, SS-Obergruppenführer Heydrich, teilte eingangs seine Bestellung zum Beauftragten für die Vorbereitung der Endlösung der europäischen Judenfrage durch den Reichsmarschall [Göring] mit und wies darauf hin, dass zu dieser Besprechung geladen wurde, um Klarheit in grundsätzlichen Fragen zu schaffen. Der Wunsch des Reichsmarschalls, ihm einen Entwurf über die organisatorischen, sachlichen und materiellen Belange im Hinblick auf die Endlösung der europäischen Judenfrage zu übersenden, erfordert die vorherige gemeinsame Behandlung aller an diesen Fragen unmittelbar beteiligten Zentralinstanzen im Hinblick auf die Parallelisierung der Linienführung.

Die Federführung bei der Bearbeitung der Endlösung der Judenfrage liegt ohne Rücksicht auf geographische Grenzen zentral beim Reichsführer SS und Chef der Deutschen Polizei [Himmler] (Chef der Sicherheitspolizei und des SD) [Heydrich].

Der Chef der Sicherheitspolizei und des SD gab sodann einen kurzen Rückblick über den bisher geführten Kampf gegen diesen Gegner. Die wesentlichsten Momente bilden

a) die Zurückdrängung der Juden aus den einzelnen Lebensgebieten des deutschen Volkes,

b) die Zurückdrängung der Juden aus dem Lebensraum des deutschen Volkes.

Im Vollzug dieser Bestrebungen wurde als einzige vorläufige Lösungsmöglichkeit die Beschleunigung der Auswanderung der Juden aus dem Reichsgebiet verstärkt und planmäßig in Angriff genommen. […]

Inzwischen hat der Reichsführer SS und Chef der Deutschen Polizei im Hinblick auf die Gefahren einer Auswanderung im Kriege und im Hinblick auf die Möglichkeiten des Ostens die Auswanderung von Juden verboten.

III. Anstelle der Auswanderung ist nunmehr als weitere

Lösungsmöglichkeit nach entsprechender vorheriger Genehmigung durch den Führer die Evakuierung der Juden nach dem Osten getreten.
Diese Aktionen sind jedoch lediglich als Ausweichmöglichkeiten anzusprechen, doch werden hier bereits jene praktischen Erfahrungen gesammelt, die im Hinblick auf die kommende Endlösung der Judenfrage von wichtiger Bedeutung sind.
Im Zuge dieser Endlösung der europäischen Judenfrage kommen rund 11 Millionen Juden in Betracht […]
Unter entsprechender Leitung sollen nun im Zuge der Endlösung die Juden in geeigneter Weise im Osten zum Arbeitseinsatz kommen. In großen Arbeitskolonnen, unter Trennung der Geschlechter, werden die arbeitsfähigen Juden straßenbauend in diese Gebiete geführt, wobei zweifellos ein Großteil durch natürliche Verminderung ausfallen wird.
Der allfällig endlich verbleibende Restbestand wird, da es sich bei diesen zweifellos um den widerstandsfähigsten Teil handelt, entsprechend behandelt werden müssen, da dieser, eine natürliche Auslese darstellend, bei Freilassung als Keimzelle eines neuen jüdischen Aufbaues anzusprechen ist. (Siehe die Erfahrung der Geschichte.)
Im Zuge der praktischen Durchführung der Endlösung wird Europa vom Westen nach Osten durchgekämmt. […]
Die evakuierten Juden werden zunächst Zug um Zug in sogenannte Durchgangsghettos verbracht, um von dort aus weiter nach dem Osten transportiert zu werden. […]
IV. Im Zuge der Endlösungsvorhaben sollen die Nürnberger Gesetze gewissermaßen die Grundlage bilden, wobei die Voraussetzung für die restlose Bereinigung des Problems auch die Lösung der Mischehen- und Mischlingsfragen ist. […]
Abschließend wurden die verschiedenen Arten der Lösungsmöglichkeiten besprochen, wobei […] der Standpunkt vertreten wurde, gewisse vorbereitende Arbeiten im Zuge der Endlösung gleich in den betreffenden Gebieten selbst durchzuführen, wobei jedoch eine Beunruhigung der Bevölkerung vermieden werden müsse.
Mit der Bitte des Chefs der Sicherheitspolizei und des SD an die Besprechungsteilnehmer, ihm bei der Durchführung der Lösungsarbeiten entsprechende Unterstützung zu gewähren, wurde die Besprechung geschlossen.

Zit. nach: Peter Longerich (Hg.), unter Mitarbeit von Dieter Pohl: Die Ermordung der europäischen Juden. Eine umfassende Dokumentation des Holocaust 1941–1945, 2. Aufl. München/Zürich 1990, S. 83–92

M7 Deportation
Jüdische Bürger des Ortes Gailingen werden deportiert.
Foto, Oktober 1940

✎ : Setzen Sie sich auch anhand dieses Fotos mit der Behauptung auseinander, die Deutschen hätten vom Holocaust nichts gewusst.

M8 „Ruhmesblatt unserer Geschichte"?
Auszug aus Heinrich Himmlers Rede bei der SS-Gruppenführertagung in Posen am 4. Oktober 1943:
Ich will hier vor Ihnen in aller Offenheit auch ein ganz schweres Kapitel erwähnen. Unter uns soll es einmal ganz offen ausgesprochen sein, und trotzdem werden wir in der Öffentlichkeit nie darüber reden. Genauso wenig, wie wir am 30. Juni 1934 gezögert haben, die befohlene Pflicht zu tun und Kameraden, die sich verfehlt hatten, an die Wand zu stellen und zu erschießen, genauso wenig haben wir darüber jemals gesprochen und werden je darüber sprechen. Es war eine Gott sei Dank in uns wohnende Selbstverständlichkeit des Taktes, dass wir uns untereinander nie darüber unterhalten haben, nie darüber sprachen. Es hat jeder geschauert und doch war sich jeder klar darüber, dass er es das nächste Mal wieder tun würde, wenn es befohlen wird und wenn es notwendig ist.
Ich meine jetzt die Judenevakuierung, die Ausrottung des jüdischen Volkes. Es gehört zu den Dingen, die man leicht ausspricht. – „Das jüdische Volk wird ausgerottet", sagt ein jeder Parteigenosse, „ganz klar, steht in unserem Programm, Ausschaltung der Juden, Ausrottung, machen wir." Und dann kommen sie alle an, die braven 80 Millionen Deutschen, und jeder hat seinen anständigen Juden. Es ist ja klar, die anderen sind Schweine, aber dieser eine ist ein prima Jude. Von allen, die so reden, hat keiner zugesehen, keiner hat es durchgestan-

den. Von Euch werden die meisten wissen, was es heißt, wenn 100 Leichen beisammenliegen, wenn 500 daliegen oder wenn 1000 daliegen. Dies durchgehalten zu haben, und dabei – abgesehen von Ausnahmen menschlicher Schwächen – anständig geblieben zu sein, das hat uns hart gemacht. Dies ist ein niemals geschriebenes und niemals zu schreibendes Ruhmesblatt unserer Geschichte, denn wir wissen, wie schwer wir uns täten, wenn wir heute noch in jeder Stadt – bei den Bombenangriffen, bei den Lasten und bei den Entbehrungen des Krieges – noch die Juden als Geheimsaboteure, Agitatoren und Hetzer hätten. Wir würden wahrscheinlich jetzt in das Stadium des Jahres 1916/1917 gekommen sein, wenn die Juden noch im deutschen Volkskörper säßen.

[…] Insgesamt […] können wir sagen, dass wir diese schwerste Aufgabe in Liebe zu unserem Volk erfüllt haben. Und wir haben keinen Schaden in unserem Inneren, in unserer Seele, in unserem Charakter genommen.

Aus: IMT, Bd. XXIX, S. 145 f.

M9 Massaker von Babi Yar

Auszug aus einer Vernehmung eines Zugwachtmeisters einer Polizeikompanie, die das Erschießungsgelände von Babi Yar bei Kiew absperrte. Bei den Erschießungen am 29./30. September 1941 wurden über 30 000 jüdische Menschen, Männer, Frauen und Kinder, ermordet:

In Kiew waren Plakate erschienen, auf denen in russischer Sprache zu lesen stand, dass sich die Juden zur Umsiedlung an einem bestimmten Punkt der Stadt sammeln sollten. Wir alle mussten im Hof der Unterkunft, ich glaube es war Ende Sept. 1941, antreten. Es war alles da, was zum Kommando gehörte, selbst die Schreibstubenleute und die Leute aus dem Revier. Auch alle Offiziere waren da. Blobel [Führer des Sonderkommandos 4a] hielt eine Ansprache […]. Wir wurden dann mit LKWs durch die Stadt Kiew gefahren zu einer großen Pappelallee. Auf unserer Fahrt sahen wir schon, dass sich lange Kolonnen Juden jeglichen Alters und jeglichen Geschlechts zu dieser Allee bewegten. Dieser Allee schloss sich ein Hochplateau an. Auf diesem Plateau mussten sich die Juden ausziehen. Die Juden wurden bewacht von Wehrmachtseinheiten und von einem Hamburger Pol.[izei] Bat.[aillon], das […] die Nr. 303 hatte. Blobel hatte die Oberleitung über die gesamte Organisation und Durchführung der Exekution. Die Juden mussten ihre Kleider ablegen, es türmten sich große Haufen auf. Anschließend mussten sie zum Grubenrand gehen und sich hinlegen. Sie wurden dann erschossen. Beim Erschießen wurde abgewechselt. Die Erschießung erstreckte sich über die Länge der gesamten Schlucht. Die jeweiligen Schützen bekamen von anderen Einheitsangehörigen die fertig geladenen Magazine der M. P. [Maschinenpistolen] jeweils gereicht. Die Erschießung dauerte 2 Tage. Es wurden 1000e und Abertausende von Juden erschossen.

Sie gingen alle gefasst in den Tod. Es wurde nicht geschrieen und nicht gejammert. Soweit ich mich erinnern kann, waren damals alle bei der Einheit befindlichen Führer in diese große Tötungsaktion mit irgendwelchen Aufgaben eingeordnet.
[…]
Wir bekamen damals Schnaps in großen Mengen, damit wir besser die ganze abscheuliche Sache überstehen konnten. Nach Abschluss der Exekution hörte man, dass ein Teil der Führer ausgewechselt worden sei. Welche Führer dies waren, kann ich nicht sagen, weil ich dies nicht weiß. Blobel soll sogar ausgezeichnet worden sein wegen dieser Massaker.

Zit. nach: Peter Longerich (Hg.), unter Mitarbeit von Dieter Pohl: Die Ermordung der europäischen Juden. Eine umfassende Dokumentation des Holocaust 1941–1945, 2. Aufl. München/Zürich 1990, S. 123 f.

M10 Vergasungen in Auschwitz

Auszug aus der Eidesstattlichen Erklärung des Angehörigen der Politischen Abteilung von Auschwitz, Perry Broad, 20. Oktober 1947:

5. Im Jahre 1943 hatte ich Gelegenheit, die von den Desinfektoren benutzten Gasbüchsen aus der Nähe zu sehen. Ich sah sie in einem Krankenwagen, der das Desinfektionspersonal zu einer Gasaktion nach Birkenau brachte. Ich las die Aufschrift „Zyklon B, Achtung Gift, nur durch geübtes Personal zu öffnen, zur Bekämpfung von Ungeziefer". Ich habe auch einmal gesehen, wie ein Desinfektor seine Gasmaske aus dem Schrank nahm, die mit einem Spezialeinsatz versehen war. Der Filter war blau lackiert und trug die Aufschrift „Zyklon B".

6. Ungefähr Ende 1942 wurde mit dem Bau von 4 großen Krematorien, die mit Gaskammern verbunden waren, in Birkenau begonnen. Der Bau wurde von der Zentralbauleitung der Waffen-SS ausgeführt in Zusammenarbeit mit zivilen deutschen Firmen, deren Namen mir jedoch nicht bekannt sind. Ich vermag nur anzugeben, dass zahlreiche Zivilarbeiter polnischer und deutscher Nationalität ebenfalls dort gearbeitet haben.

Die baulichen Anlagen der Gaskammern, die bei den Krematorien I und II unter der Erde lagen und mit Aufzügen zu den Verbrennungsräumen versehen waren, müssen den Zivilarbeitern über die tatsächliche Verwendung dieser Kammern Aufschluss gegeben haben. Außerdem war einer der provisorischen Gasbunker, der damals noch in Betrieb war, von der Baustelle der Krematorien IV und V aus zu sehen. Die Zivilarbeiter, die außerhalb des Lagerbereiches wohnten, mussten gesehen haben, wie aus einem der Bunker Leichen herausgezerrt und auf Loren verladen wurden, um dann auf offenen Brandstätten verbrannt zu werden. Es gab in der Umgebung von Birkenau etwa 10 große Brandstätten, wo 200–1000 Menschen jeweils auf Scheiterhaufen verbrannt wurden. Der Schein dieser Feuerstellen war mindestens in einem Umkreis von 30 km noch sichtbar. Ebenso weit war der unverkennbare

Geruch von verbranntem Fleisch zu bemerken. Es müssen also alle Bewohner von Auschwitz und den umliegenden Ortschaften, sowie alle in den Fabriken beschäftigten Leute, das Eisenbahnpersonal, die umliegenden Polizeistationen und Reisende auf der Linie Krakau-Kattowitz die Tatsache gewusst haben, dass in Auschwitz täglich eine große Masse von Leichen verbrannt wurde.

[…]

8. Die Transporte wurden von Begleitkommandos der Ordnungspolizei und von Eisenbahnbegleitpersonal der Reichsbahn bis zur Ausladerampe, die zwischen Auschwitz und Birkenau lag, gebracht. Gleich nach dem Ausladen begann die Aussonderung der für die Vergasung bestimmten Menschen. Die Züge standen meistens noch einige Minuten leer an der Rampe, so dass die Eisenbahner und die Polizisten Gelegenheit hatten, diese Selektionen zu beobachten. Sie konnten weiterhin sehen, dass den Ankömmlingen ihr ganzes Hab und Gut abgenommen wurde und konnten aus den Umständen entnehmen, dass sie ihre Sachen niemals wieder bekommen sollten. Außerdem konnten sie sehen, wie der größte Teil von Neuankömmlingen in einer Gruppe abgesondert wurde, der dann auf Lastwagen unter brutaler Behandlung verladen wurde. 8–10 dieser Lastwagen fuhren dann in Richtung der sichtbaren Brandstätten, die nach einiger Zeit leer zurückkamen.

Die Eisenbahner blieben gern längere Zeit an der Ausladerampe und täuschten selbst Maschinenschaden vor, um die von den Häftlingen zurückgelassenen Koffer zu bestehlen. Das Aufsichtspersonal der Reichsbahn, das längere Zeit bei der Bahnstation Auschwitz stationiert war, muss gewusst haben, dass eine außerordentlich große Zahl von Transporten nach Auschwitz eingeliefert wurde. Diese Beamten müssen außerdem gewusst haben, woher die Transporte kamen und müssen einen ungefähren Überblick über die Zahl der Zugänge gehabt haben. Dies gilt namentlich für das Frühjahr 1944, wo täglich durchschnittlich 3 Transporte in Auschwitz eintrafen. Es sind im April-Mai-Juni 1944 oftmals 8–10 000 Menschen täglich in Auschwitz eingetroffen. Im Verhältnis zu den ankommenden sind nur wenige Transporte weitergeleitet worden zu anderen Konzentrationslagern innerhalb des Reiches.

Zit. nach: Peter Longerich (Hg.), unter Mitarbeit von Dieter Pohl: Die Ermordung der europäischen Juden. Eine umfassende Dokumentation des Holocaust 1941–1945, 2. Aufl. München/Zürich 1990, S. 376 ff.

M11 Befreites KZ Buchenwald
Angehörige der US-Truppen zwingen Weimarer Bürger zum Besuch des befreiten Konzentrationslagers.

✎ : Erläutern Sie, warum die US-Truppen so vorgegangen sind.

---

1. Analysieren Sie die Überlegungen und Zielsetzungen der an der Beratung Beteiligten in **M5**. Diskutieren Sie, welche Bedeutung solchen antijüdischen Maßnahmen im Kontext der nationalsozialistischen Judenverfolgung zukommt. Berücksichtigen Sie auch **M1**.

2. Geben Sie einzelnen Abschnitten von **M6** eigene Überschriften und nennen Sie jeweils wesentliche Aussagen.

3. Stellen Sie dar, wie Himmler (**M8**) die Ermordung der europäischen Juden begründet. Wie charakterisiert Himmler die Rolle der Mörder, wie schätzt er die Reaktion der Bevölkerung ein?

4. Rekonstruieren Sie den Ablauf der Massenerschießung von Babi Yar unter Berücksichtigung der an den Erschießungen beteiligten Organisationen und Akteure (**M9**). Beurteilen Sie die Rolle des Zugwachtmeisters.

5. Analysieren Sie, welche Personengruppen in der Schilderung Broads (**M10**) an den Massenmorden der Juden in Auschwitz direkt oder indirekt beteiligt waren bzw. davon Kenntnis hatten. Beurteilen Sie den Quellenwert der Aussagen von Akteuren, die an Mordaktionen beteiligt waren (**M9, M10**).

5.6 Widerstand gegen den Nationalsozialismus

In den Jahren der NS-Herrschaft gab es in Deutschland nicht nur Mitläufer und begeisterte Anhänger der Nationalsozialisten. Es gab auch Menschen, die in Opposition standen, die sich verweigerten oder sich offen der NS-Herrschaft widersetzten. Dabei bewiesen sie großen Mut, denn Andersdenkende wurden ausgegrenzt, verfolgt, ermordet.

1939	Georg Elser verübt ein Bombenattentat auf Hitler, dem dieser nur knapp entgeht (8. November).
1942/43	In München verteilen Mitglieder der Weißen Rose Flugblätter gegen das NS-Regime.
1944	Hitler überlebt ein Attentat von Offizieren der Wehrmacht um Claus Schenk Graf von Stauffenberg (20. Juli).

Was heißt eigentlich „Widerstand"?

„Widerstand" ist ein politisches Verhalten, das sich bewusst und unter Inkaufnahme von schweren Nachteilen gegen eine als nicht legitim empfundene Herrschaft richtet. Die Bandbreite des Widerstands reicht dabei von eher passiven Formen der Verweigerung über offen artikulierten Protest bis hin zur geplanten Anwendung von Gewalt gegen den oder die Herrschenden. Widerstand kann folglich in sehr unterschiedlichen Erscheinungsformen auftreten, etwa als Verweigerung von Anordnungen oder Befehlen, durch die Unterstützung der vom Regime Verfolgten, in Form von Sabotageakten, als Streik und Demonstration oder als Attentat auf die Herrschenden. Diejenigen, die den Widerstand ausüben, binden ihr Handeln dabei an eine höhere Rechtsordnung oder ihr Gewissen. Wenn das geltende Recht von einem Unrechtsregime außer Kraft gesetzt worden ist, kann sich der Widerständler darauf berufen, durch die Ausschaltung der Herrschenden wieder die legitime Rechtsordnung in Kraft zu setzen.

Nicht jedes von den Befehlen und ideologischen Vorstellungen des NS-Regimes abweichende Denken und Handeln bedeutete schon „Widerstand". Unterschiedliche Interessen existierten auch in der nationalsozialistischen „Volksgemeinschaft", und viele Interessenkonflikte, gerade zwischen den verschiedenen Elitegruppierungen aus NSDAP, den Parteiorganisationen und den staatlichen Dienststellen, wurden geradezu erbittert ausgefochten. Doch hier ging es immer um die Steigerung des persönlichen Vorteils. Die Kämpfe auf den unteren Rängen waren fester Bestandteil der absoluten Führerherrschaft. Sie waren das genaue Gegenteil von Widerstand.

Widerstand ohne Volk

Zwar gab es während der NS-Diktatur oppositionelle Bestrebungen seitens verschiedener gesellschaftlicher Gruppierungen, eine breit angelegte, einheitlich organisierte Widerstandsbewegung hat jedoch nie existiert. Den Nationalsozialisten gelang es schon in der Anfangsphase ihrer Herrschaft, größere Oppositionsbewegungen radikal zu bekämpfen und konsequent auszuschalten. Andersdenkenden drohte von Beginn an der Terror des NS-Regimes: Verfolgung, Verhaftung, Misshandlung und Ermordung. Die oppositionellen Gruppierungen verfügten im Rahmen der herrschenden Ideologie und Rechtsauffassung über keine Möglichkeit der legalen Organisation ihres Protestes. Auch der Zugang zu den Massenmedien blieb ihnen versperrt. Sie waren somit auf persönlichen, konspirativen Austausch in kleinen Gruppen angewiesen – eine Form des Widerstands, die mit dem hohen Risiko verbunden war, von den staatlichen Sicherheitsorganen aufgedeckt zu werden. Neben diesen organisatorischen Problemen fehlte einem breit aufgestellten Widerstand vor allem aber auch die Basis: Die große Mehrheit der deutschen Bevölkerung war in den Anfangsjahren mit dem NS-Regime ja durchaus zufrieden. Andere hatten sich arrangiert und protestierten nicht, selbst wenn sie mit manchem nicht einverstanden waren. Die wenigsten waren bereit, Widerstand zu leisten, und liefen in einer Atmosphäre der Bespitzelung und Denunziation ständig Gefahr, entdeckt zu werden. Umso höher ist der Mut derjenigen zu bewerten, die unter diesen Bedingungen bereit waren, sich gegen die NS-Herrschaft aufzulehnen.

Die Arbeiterbewegung

In den Anfangsmonaten der NS-Diktatur widersetzten sich mit Gewerkschaftern, Sozialdemokraten und Kommunisten vor allem jene, die bereits vor 1933 überzeugte politische Gegner der Nationalsozialisten gewesen waren. Sie alle traf schon früh die volle Wucht des NS-Terrors. Unmittelbar nach der Machtübernahme sahen sich die Führer der Arbeiterbewegung, insbesondere der KPD, der Verfolgung durch SA, SS und auch der Polizei ausgeliefert. Viele fanden dabei den Tod. Andere wurden verhaftet oder mussten untertauchen. Die Verhafteten wurden in Konzentrationslagern interniert, wo sie oft jahrelang blieben. Einem Teil der Arbeiterbewegung gelang es, ins Ausland zu fliehen. Doch die Möglichkeiten, aus dem europäischen Exil gegen das NS-Regime zu agieren, waren schon 1933 eingeschränkt. Die Situation verschlechterte sich, nachdem das Deutsche Reich seit 1938 begann, viele Staaten Europas zu besetzen und zu kontrollieren. Aktionen der Arbeiterbewegung beschränkten sich deshalb schon früh auf das Agieren im Untergrund, etwa auf das Anfertigen von Flugblättern, das Planen von Sabotageakten, vor allem aber das Halten von Kontakten untereinander.

Die christlichen Kirchen

Die evangelische und die katholische Kirche reagierten zunächst vorsichtig auf den Regimewechsel. Obwohl die nationalsozialistische Ideologie in zentralen Punkten gegen die kirchliche Lehre und den christlichen Glauben verstieß, gab es zunächst kaum Gegenwehr.

M1 Der Werftarbeiter August Landmesser (obere Bildmitte mit verschränkten Armen) verweigerte 1936 beim Stapellauf eines Kriegsschiffes den Hitler-Gruß. Obwohl Parteimitglied, war er in Gegensatz zum NS-Regime geraten. Landmesser liebte eine Jüdin, die er nach den „Nürnberger Gesetzen" nicht heiraten durfte.

: Recherchieren Sie über das Schicksal von August Landmesser, seiner Frau und seiner Kinder. Tragen Sie die Ergebnisse in der Klasse vor.

Innerhalb der evangelischen Kirche kam es schon früh zur Spaltung zwischen der Mehrheit der sich zum NS-Regime bekennenden „Deutschen Christen" und der Minderheit der „Bekennenden Kirche", die dem Nationalsozialismus kritisch gegenüberstand. Die „Bekennende Kirche" wehrte sich gegen staatliche Eingriffe in ihren Bereich, als politische Oppositionsbewegung verstand sie sich jedoch nicht. Protest gegen die menschenverachtende Ideologie des NS-Staates blieb somit einzelnen Personen vorbehalten. Pfarrer der „Bekennenden Kirche" wie Martin Niemöller oder Dietrich Bonhoeffer verurteilten etwa in ihren Predigten den Nationalsozialismus öffentlich als unchristlich. Beide wurden verhaftet, Bonhoeffer gar ermordet.
Verheerend für die katholische Kirche wirkte sich das 1933 zwischen dem Deutschen Reich und dem Vatikan geschlossene Reichskonkordat aus. Zwar wurde in diesem Abkommen

5 Nationalsozialistische Diktatur und Zweiter Weltkrieg

M2 Widerstandskämpfer
Oben: Oberst Claus Graf Schenk von Stauffenberg (militärischer Widerstand), Sophie Scholl (Widerstandsgruppe „Weiße Rose"), Liselotte Herrmann (kommunistischer Widerstand), Johann Georg Elser (Einzel-Attentäter)
Unten: Julius Leber (Sozialdemokrat), Dietrich Bonhoeffer (evangelischer Theologe), Clemens August Graf von Galen (katholischer Bischof), Bartholomäus Schink (Widerstandsgruppe „Edelweißpiraten"). Bis auf Bischof Galen wurden alle hingerichtet.

✎ : Informieren Sie sich über eine der abgebildeten Personen und präsentieren Sie Ihre Ergebnisse in einem Kurzreferat.

vordergründig die Position der katholischen Kirche in Deutschland verbessert, weil die Reichsregierung der Kirche den Schutz des kirchlichen Eigentums und der religiösen Einrichtungen vertraglich zuzusichern schien. Aber der Vertrag mit dem Vatikan schwächte den Widerstand kritisch eingestellter Kirchenvertreter gegen den Nationalsozialismus. Anfangs ging es auch der katholischen Kirche vor allem um die Bewahrung kirchlicher Organisationsstrukturen. Allerdings gab es auch einzelne katholische Kirchenvertreter, die aus christlichen bzw. ethisch-moralischen Motiven gegen die nationalsozialistische Politik Position bezogen, etwa im Zusammenhang mit den „Euthanasie"-Morden. Der Münsteraner Bischof Clemens August Graf von Galen protestierte in seinen Predigten gegen die Ermordung von Behinderten und bewirkte damit die zeitweilige Einstellung der Tötungsaktionen.
Kaum jemand aus den Kirchenkreisen nahm Stellung zur Verfolgung und Ermordung der Juden. Einer der wenigen, der sich mutig gegen die Vernichtungspolitik stellte, war der Dompropst der Sank-Hedwigs-Kathedrale in Berlin, Bernhard Lichtenberg, der seit der Pogromnacht vom 9./10. November 1938 täglich öffentlich für die Juden betete. 1941 wurde er verhaftet, kam 1943 in Gestapo-Schutzhaft und starb kurze Zeit später nach brutalen Misshandlungen.

Die bürgerlich-konservativen Eliten
Die bürgerlich-konservativen Eliten hatten 1933 in das Bündnis mit Hitler eingewilligt und selbst die Morde an Oppositionellen aus den eigenen Reihen während des „Röhm-Putsches" 1934 hingenommen. Die scheinbaren wirtschafts- und sozialpolitischen Erfolge des Regimes, insbesondere aber die Revisionspolitik gegen Versailles und die Wiedergewinnung außenpolitischer Stärke bis 1937/38 hatten viele Konservative und Vertreter der alten Eliten aus Adel, Verwaltung und Militär zu Mitläufern des Regimes werden lassen. Vor den Ausmaßen des innenpolitischen Terrors schloss man die Augen, da man nicht betroffen schien. Später erkannten führende Militärs wie der Generalstabschef Ludwig Beck und konservative Politiker wie der ehemalige Leipziger Bürgermeister Carl Friedrich Goerdeler, dass die Expansionspolitik der Nationalsozialisten in einer Katastrophe für das Deutsche Reich enden würde. Um Goerdeler herum, der über den 1938 aus dem Amt scheidenden Beck Kontakt zu oppositionellen militärischen Kreisen hielt, bildete sich ein Kreis von nationalliberalen und konservativen Beamten und Fachleuten. Sie machten sich Gedanken über eine Neuordnung Deutschlands nach einem Sturz Hitlers und arbeiteten sogar Entwürfe für eine „Schattenregierung" aus.
Auch andere bürgerliche, stärker zivil geprägte Widerstandsgruppen, wie die Mitglieder des „Kreisauer Kreises" um Helmuth James Graf von Moltke, diskutierten ab 1940 Möglichkeiten eines Umsturzes und einer staatlichen Neuordnung. Trotz aller Verschiedenheit in ihren Zielsetzungen lehnten die bürgerlich-konservativen Gruppierungen die nationalsozialistische Unrechtsherrschaft ab. Sie waren darin einig, dass das zukünftige Deutschland ein Rechtsstaat auf christlich-humanistischem Fundament zu sein habe.

Die „Weiße Rose"

Von christlich-humanistischen Überlegungen ließen sich auch die Mitglieder der kleinen Münchner Studentengruppe „Weiße Rose" um Alexander Schmorell, Christoph Probst, Willi Graf sowie Hans und Sophie Scholl leiten. Sie verteilten ab 1942 Flugblätter gegen Hitler und den Nationalsozialismus und hinterließen Parolen an den Häuserwänden wie „Nieder mit Hitler" oder „Hitler Massenmörder". Beim Auslegen ihres letzten Flugblattes im Februar 1943 in der Münchener Universität wurden Hans und Sophie Scholl beobachtet, denunziert und von der Gestapo verhaftet. Sie und die meisten anderen Mitglieder der Gruppe wurden vom Volksgerichtshof zum Tode verurteilt und schließlich hingerichtet.

Jugendopposition

Oppositionelles Verhalten gegenüber dem totalen Erfassungsanspruch des NS-Staates gab es auch unter Jugendlichen. Nach der Machtübernahme 1933 hatten die Nationalsozialisten begonnen, die Jugend systematisch „gleichzuschalten". Bis Mitte der 1930er-Jahre waren die meisten organisierten Jugendgruppen verboten und zerschlagen oder in der Hitlerjugend (HJ) aufgegangen.

Gegen die Einbindung in die HJ rebellierten manche Jugendliche. Sogenannte „wilde Cliquen" entstanden, etwa die „Leipziger Meuten" oder die „Edelweiß-Piraten" im Rheinland. Sie kleideten sich bewusst leger, unternahmen gemeinsame Wanderungen oder Ausflüge und grenzten sich damit bewusst vom militärischen Drill der HJ ab. Ihr Protest war selten politisch motiviert, vielmehr widersetzten sie sich dem totalen Kontrollanspruch der Nationalsozialisten.

Ein großstädtisch-bürgerliches Jugendphänomen war die sogenannte Swing-Jugend, die ihren Namen der von ihnen bevorzugten Musikrichtung des Swing-Jazz verdankten. Ihre Erkennungszeichen waren betont lange Haare, legere Kleidung sowie besondere Ausdrücke wie „lottern"(für: lässig sein). Die zur Schau gestellte Lässigkeit widersprach so sehr den Idealen der Nationalsozialisten, dass der Reichsführer der SS Heinrich Himmler die „Rädelsführer" dieser Swing-Bewegung 1940 verhaften und in Konzentrationslager einweisen ließ.

Das Attentat vom 20. Juli 1944

Die bürgerlich-militärischen Kreise hatten die besten Aussichten auf eine erfolgreiche Widerstandsaktion, standen doch manche Beteiligte aufgrund ihrer Stellung in direktem Kontakt zu Hitler. Innerhalb der Wehrmacht hatte es seit 1938 Überlegungen gegeben, Hitler zu stürzen. In den Jahren 1943 und 1944 konkretisierten sich diese Pläne. Mehrere Attentatsversuche auf Hitler waren schon gescheitert, als der Wehrmachtsoffizier Oberst Claus Schenk Graf von Stauffenberg am 20. Juli 1944 in Hitlers Führerhauptquartier in Ostpreußen eine Bombe zündete und danach den vermeintlich erfolgreichen Anschlag und den Tod Hitlers nach Berlin meldete. Doch das Attentat schlug fehl. Als die Nachricht vom Überleben Hitlers Berlin erreichte, brach der begonnene Umsturz schon bald zusammen. Die Verschwörer fanden zu wenig Unterstützung bei ihren Standesgenossen. Viele hohe Offiziere fühlten sich weiterhin ihrem Eid auf Hitler verpflichtet. Noch kurz vor einer Rundfunkansprache Hitlers in der Nacht zum 21. Juli 1944 wurde Stauffenberg zusammen mit einigen Mitverschwörern standrechtlich erschossen.

In den Wochen nach dem Attentat wurden die Mitverschwörer Generalstabsoffizier Henning v. Tresckow und der Chef des Allgemeinen Heeresamts General Friedrich Olbricht wie auch zahlreiche Mitglieder des Goerdeler-Kreises und des Kreisauer Kreises verhaftet und hingerichtet.

Rettung von Verfolgten

Moralisch aus dem Verhalten der großen Mehrheit der Deutschen ragt das mutige Widerstandshandeln Einzelner heraus, die sich weniger zum Ziel setzten, die NS-Regierung auszuschalten, als vielmehr von den Nationalsozialisten verfolgten Menschen zu helfen: etwa jene Soldaten oder Polizisten, die sich weigerten, an Exekutionen von Zivilisten teilzunehmen oder Menschen, die Juden vor dem Zugriff der Gestapo versteckten. Dazu gehörten auch Menschen, die die Familie von Anne Frank in einem Hinterhaus in Amsterdam versteckten. Das Tagebuch der Anne Frank, die 1945 als 15-Jährige ermordet wurde, gehört bis heute zu den erschütterndsten Zeugnissen nationalsozialistischer Verbrechen.

M3 Stufen abweichenden Verhaltens

Der Historiker Detlev Peukert entwickelte folgendes Schema zur Kategorisierung der verschiedenen Formen abweichenden Verhaltens zwischen 1933 und 1945:

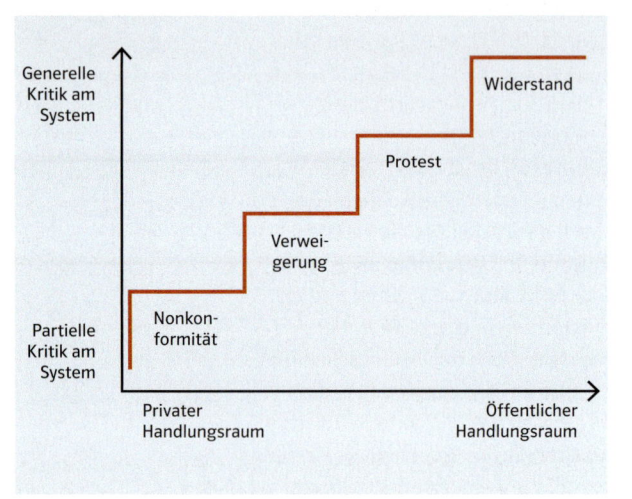

Nach: Detlev Peukert: Die Edelweißpiraten, Köln 1980, S. 236

M4 Unterschiedliche Formen von Widerstand

– Nicht wenige Schriftsteller und Künstler zogen sich aus der Politik ins Privatleben zurück.

– Der Münchner Staatsanwalt Wintersberger versuchte 1933 hartnäckig, aber vergeblich, Mörder aus den Reihen der SA vor Gericht zu bringen, obwohl dies politisch unerwünscht war. Er widersetzte sich den Zumutungen des Regimes, ohne auf dessen Überwindung hinzuarbeiten.

– Ende Februar 1943 demonstrierten rund 200 nichtjüdische Frauen in der Berliner Rosenstraße eine Woche lang für die Freilassung ihrer verhafteten und für die Deportation vorgesehenen jüdischen Männer. Sie beendeten ihre Aktion, als man ihre Forderung erfüllte.

– Einzelne Personen drückten ihre Unzufriedenheit aus, indem sie für Staaten spionierten, gegen die das „Dritte Reich" Krieg führte, sich als deutsche Kriegsgefangene im Ausland engagierten (so z. B. innerhalb des „Nationalkomitees Freies Deutschland" in der Sowjetunion) oder aus der Wehrmacht desertierten.

– In den letzten Kriegstagen entwaffnete der Bauer Friedrich Hanselmann aus dem württembergischen Brettheim vier Hitlerjungen, die das Dorf verteidigen sollten. Die SS verur-

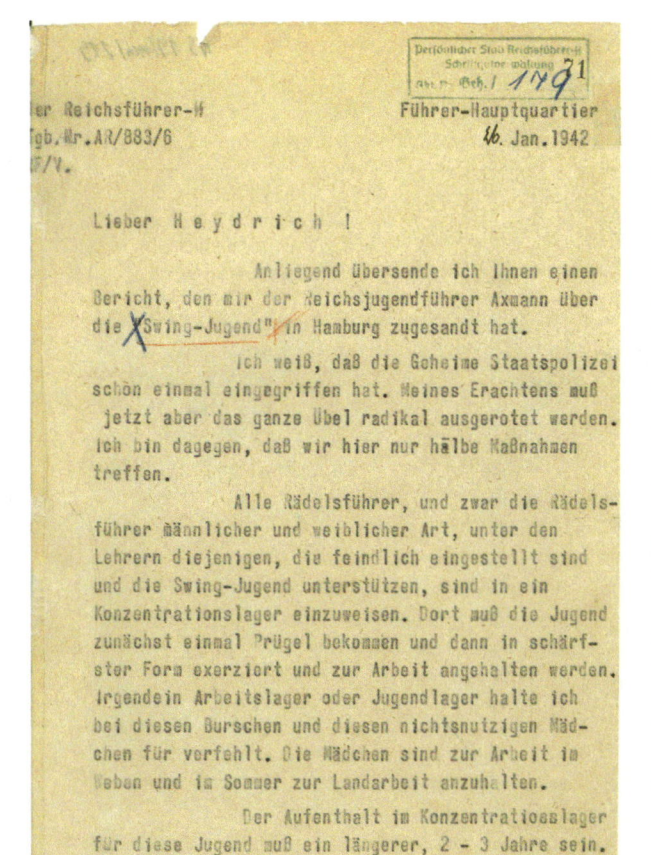

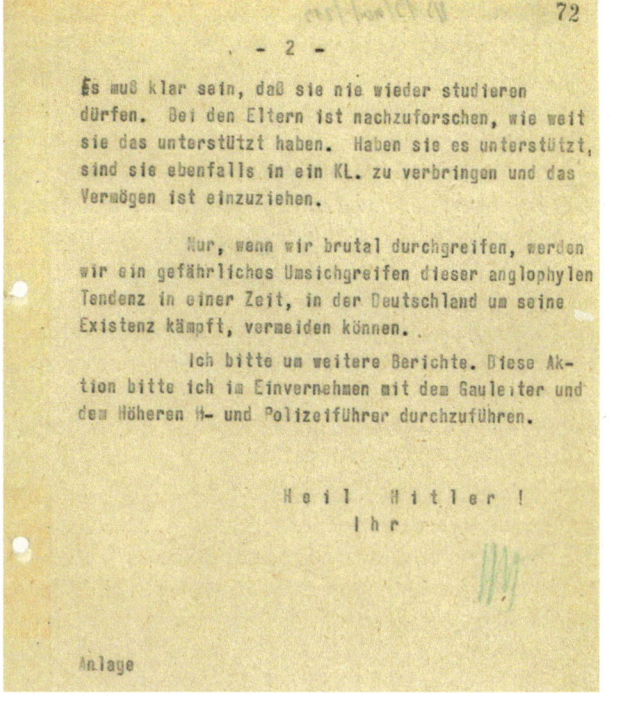

M5 „Zunächst einmal Prügel"

Der „Reichsführer der SS" und Chef der deutschen Polizei Heinrich Himmler an den Leiter der Gestapo Reinhard Heydrich, Januar 1942.

teilte ihn dafür vor einem Standgericht zum Tode. Allerdings verweigerten Bürgermeister Gackstatter und NS-Ortsgruppenleiter Wolfmeyer ihre Unterschriften unter das Todesurteil. Alle drei Männer wurden am 10. April 1945 auf dem Brettheimer Friedhof erhängt.

Zusammenstellung der Redaktion

M6 „Zufälle sind Denkfehler" – Widerstand der Sozialisten

Aus den Anweisungen für das Verhalten im Widerstand („Sozialistische Aktion"), Mai 1936:

2. Die erste Voraussetzung für eine erfolgreiche illegale politische Arbeit ist das Bekenntnis zu vorbehaltloser Schweigsamkeit und bedingungsloser Disziplin in jeder Situation. Viele deiner Vorkämpfer mussten den Weg in den Kerker gehen. Lerne aus ihren Fehlern. Viele traf ihr Schicksal durch die Aufgeschlossenheit ihres Wesens. Auch nur andeutungsweise Bemerkungen, selbst gegenüber Frau und Braut, sind in vielen Fällen der Anfang zur Vernichtung Erfolg versprechender illegaler Arbeit gewesen. Du musst in der politischen Arbeit weitestgehend selbstständig und verschwiegen sein und deine Funktionen und Aufgaben selbst gegenüber Genossen verschweigen, denen du vertraust, die aber an deiner Arbeit nicht unmittelbar beteiligt sind.

3. Du musst in deiner ganzen Lebenshaltung indifferent sein. Wer deine Gepflogenheiten kennt, ist dein Feind. Wenn du über deine Gepflogenheiten befragt wirst, so gib deinem Nachbarn eine eindeutige, bestimmt glaubwürdige und logische Erklärung deines Handelns. Du machst dich auch verdächtig, wenn du dich demonstrativ vom Volksgemeinschaftsrummel fern hältst. Besuche die Veranstaltungen im Betrieb, im Haus und in den NS-Organisationen, wenn es dir angetragen wird. Dort bist du Berichterstatter und offenes Ohr deiner illegalen Organisation. […]

4. Kontrolliere ständig deine Wohnung. Gewöhne dich an den Gedanken, dass es kein Versteck gibt, das man nicht findet. […]

8. Allen Genossen gegenüber, auch wenn sie dir lange bekannt sind, sei anonym. Wer deine Adresse fordert, ist unsauber. Die Organisation braucht deine Adresse nicht. […]

10. In der Öffentlichkeit übersieh deine Genossen. Es gibt keine Versammlung, Zusammenkünfte von mehr als höchstens 4 Personen fallen auf. Treffe dich nicht zweimal oder gar anschließend nach einer Verabredung im gleichen Lokal wieder. […]

17. […] Es gibt keine Zufälle, Zufälle sind Denkfehler. Die Praxis wird dich erkennen lassen, dass auch bei uns Fehlschläge nicht restlos vermeidbar sind, dass sie aber häufig selbst verschuldet und dadurch nicht notwendig waren. Das musst du ändern.

Zit. nach: Geschichte in Quellen, Bd. 5; München 1961, S. 345 f.

M7 Fünftes Flugblatt der „Weißen Rose"

Nach einem Entwurf von Hans Scholl und Alexander Schmorell mit Korrekturen von Kurt Huber, Januar 1943:

Aufruf an alle Deutschen!

[…] Was aber tut das deutsche Volk? Es sieht nicht und es hört nicht. Blindlings folgt es seinen Verführern ins Verderben. Sieg um jeden Preis! haben sie auf ihre Fahne geschrieben. Ich kämpfe bis zum letzten Mann, sagt Hitler – indes ist der Krieg bereits verloren.

Deutsche! Wollt Ihr und Eure Kinder dasselbe Schicksal erleiden, das den Juden widerfahren ist? Wollt Ihr mit dem gleichen Maße gemessen werden wie Eure Verführer? Sollen wir auf ewig das von aller Welt gehasste und ausgestoßene Volk sein? Nein! Darum trennt Euch von dem nationalsozialistischen Untermenschentum! Beweist durch die Tat, dass Ihr anders denkt! […]

Glaubt nicht der nationalsozialistischen Propaganda, die Euch den Bolschewistenschreck in die Glieder gejagt hat! Glaubt nicht, dass Deutschlands Heil mit dem Sieg des Nationalsozialismus auf Gedeih und Verderb verbunden sei! Ein Verbrechertum kann keinen deutschen Sieg erringen. Trennt Euch rechtzeitig von allem, was mit dem Nationalsozialismus zusammenhängt! Nachher wird ein schreckliches, aber gerechtes Gericht kommen über die, so sich feig und unentschlossen verborgen hielten.

Was lehrt uns der Ausgang dieses Krieges, der nie ein nationaler war?

Der imperialistische Machtgedanke muss, von welcher Seite er auch kommen möge, für allezeit unschädlich gemacht werden. Ein einseitiger preußischer Militarismus darf nie mehr zur Macht gelangen. Nur in großzügiger Zusammenarbeit der europäischen Völker kann der Boden geschaffen werden, auf welchem ein neuer Aufbau möglich sein wird. Jede zentralistische Gewalt, wie sie der preußische Staat in Deutschland und Europa auszuüben versucht hat, muss im Keime erstickt werden. Das kommende Deutschland kann nur föderalistisch sein. Nur eine gesunde föderalistische Staatsordnung vermag heute noch das geschwächte Europa mit neuem Leben zu erfüllen. Die Arbeiterschaft muss durch einen vernünftigen Sozialismus aus ihrem Zustand niedrigster Sklaverei befreit werden. Das Truggebilde der autarken Wirtschaft muss in Europa verschwinden. Jedes Volk, jeder Einzelne hat ein Recht auf die Güter der Welt!

Freiheit der Rede, Freiheit des Bekenntnisses, Schutz des einzelnen Bürgers vor der Willkür verbrecherischer Gewaltstaaten, das sind die Grundlagen des neuen Europas.

Unterstützt die Widerstandsbewegung, verbreitet die Flugblätter!

Zit. nach: Der Nationalsozialismus. Dokumente 1933–1945. Hg., eingeleitet u. dargestellt von Walther Hofer, Frankfurt/Main, 1982, S. 327

M8 Regierungserklärung der Verschwörer vom 20. Juli 1944
Darin heißt es:
Nachdem uns die Geschäfte der Reichsregierung übertragen sind, ist es unsere Pflicht, die Grundsätze bekanntzugeben, nach denen wir die Regierung führen werden, und die Ziele mitzuteilen, die wir erstreben.

1. Erste Aufgabe ist die Wiederherstellung der vollkommenen Majestät des Rechts.
[…]
Die Sicherheit der Person und des Eigentums werden wieder gegen Willkür geschützt sein. Nur der Richter darf nach dem Gesetz in diese persönlichen Rechte des Einzelnen, die für den Bestand des Staates und für das Glück der Menschen unerlässlich sind, eingreifen.
Die Konzentrationslager werden aufgelöst, die Unschuldigen entlassen, Schuldige den ordentlichen gerichtlichen Verfahren zugeführt werden.
[…]
2. Zur Sicherung des Rechts und des Anstandes gehört die anständige Behandlung aller Menschen. Die Judenverfolgung, die sich in den unmenschlichsten und unbarmherzigsten, tief beschämenden und gar nicht wiedergutzumachenden Formen vollzogen hat, ist sofort eingestellt. Wer geglaubt hat, sich am jüdischen Vermögen bereichern zu können, wird erfahren, dass es eine Schande für jeden Deutschen ist, nach solchem unredlichen Besitz zu streben. Mit solchen Marodeuren und Hyänen unter den von Gott geschaffenen Geschöpfen will das deutsche Volk in Wahrheit auch gar nichts zu tun haben.
Wir empfinden es als eine tiefe Entehrung des deutschen Namens, dass in den besetzten Gebieten hinter dem Rücken der kämpfenden Truppe und ihren Schutz missbrauchend, Verbrechen aller Art begangen sind. Die Ehre unserer Gefallenen ist damit besudelt.

Zit. nach: Hans-Adolf Jacobsen (Hg.): „Spiegelbild einer Verschwörung." Die Opposition gegen Hitler und der Staatsstreich vom 20. Juli 1944 in der SD-Berichterstattung. Geheime Dokumente aus dem ehemaligen Reichssicherheitshauptamt, Bd. 1, Stuttgart 1984, S. 147 ff.

M9 Aus dem Widerstand lernen
Der heutige Bundestagspräsident Norbert Lammert beschreibt die politische Bedeutung des Widerstands gegen den Nationalsozialismus für die politische Kultur der Bundesrepublik Deutschland:
Der Widerstand in Deutschland gegen Hitler ist gescheitert, aber er ist politisch weder wirkungslos noch folgenlos geblieben. Der Widerstand ist ein Symbol des Anstands und der Zivilcourage, der Einsicht in die Notwendigkeit fundamentaler Veränderungen und der Entschlossenheit, diese Veränderung herbeizuführen, unabhängig von ihren Erfolgsaussichten. Für mich gibt es vier nachhaltige Wirkungen des politischen Widerstandes gegen das nationalsozialistische Terrorregime:

1. Der Widerstand war Voraussetzung und Grundlage für die Wiederherstellung des Ansehens Deutschlands in der Welt. Früher als in Deutschland selbst wurde in Großbritannien, Frankreich und den USA die Bereitschaft zum Wiederaufbau unseres Landes, das politisch, militärisch, ökonomisch und moralisch zugleich am Boden lag, mit dem verzweifelten Aufbäumen gegen das Unrechtregime begründet. […]
2. Der Widerstand war und bleibt die Manifestation eines aufgeklärten Patriotismus, der das eigene Land weder in Abgrenzung zu anderen definiert noch als ihnen überlegen behauptet und der schon gar nicht bereit ist, Volk, Staat oder Nation für wichtiger zu halten als Person, Menschenwürde und Recht.
3. Der Widerstand hat entscheidend beigetragen zur Wiederentdeckung des Rechtsstaates als unverzichtbarer Grundlage für Freiheit und Gerechtigkeit, er wirkt als dauerhafte Orientierung für den Umgang mit Totalitarismus und Extremismus.
4. Die Auflehnung gegen staatliches Unrecht hat in einer auch international beispiellosen Weise ihren Niederschlag im Grundgesetz gefunden. Im zeitlichen Kontext der Debatte um die sogenannten Notstandsgesetze [1969] und damit verbundener Besorgnis erneuter staatlicher Bedrohung unentziehbarer Grundrechte ist im Art. 20, Abs. 4, nun das Recht auf Widerstand verankert „gegen jeden, der es unternimmt, diese Ordnung zu beseitigen […], wenn andere Abhilfe nicht möglich ist".
Man mag darüber streiten, ob sich ein Recht auf Widerstand überhaupt kodifizieren lässt. Dass unsere Verfassung, solchen Bedenken zum Trotz, ausdrücklich ein Recht auf Widerstand integriert, um diese Verfassung gegen ihre mutwillige Zerstörung zu schützen, zeigt die Nachwirkung des im Scheitern erfolgreichen deutschen Widerstandes.
Geschichte wiederholt sich nicht, aber sie vermittelt Orientierungen für ähnliche, vergleichbare Situationen. Die deutsche Geschichte des 20. Jahrhunderts ist weiß Gott keine ungebrochene Erfolgsgeschichte, vielmehr hat sie über eine Serie von Niederlagen einen erfolgreichen Neuanfang und am Ende die Einheit der Nation in Freiheit, in Frieden mit den Nachbarn gefunden. Das Bewusstsein der Voraussetzungen dieses Erfolges wach zu halten, ist nicht die Aufgabe der Historiker, sondern aller Demokraten.

Norbert Lammert: Das politisch-moralische Erbe des Widerstands. Eine Würdigung des 20. Juli 1944 nach 60 Jahren. In: Günther Brakelmann/Manfred Keller (Hg.): Der 20. Juli 1944 und das Erbe des deutschen Widerstands, Münster 2005, S. 190 f.

M10 Gedenkstätte Plötzensee
Hier wurden die Widerstandskämpfer des 20. Juli 1944 erhängt.

M11 Späte Würdigung eines Widerstandskämpfers
Im Januar 2004 wurde in Duisburg offiziell die Schulze-Boysen-Straße eingeweiht. Schulze-Boysen hatte zusammen mit Freunden in Berlin Flugblätter gegen Krieg und Nazis verteilt und wurde im Dezember 1942 wegen Hochverrats hingerichtet.

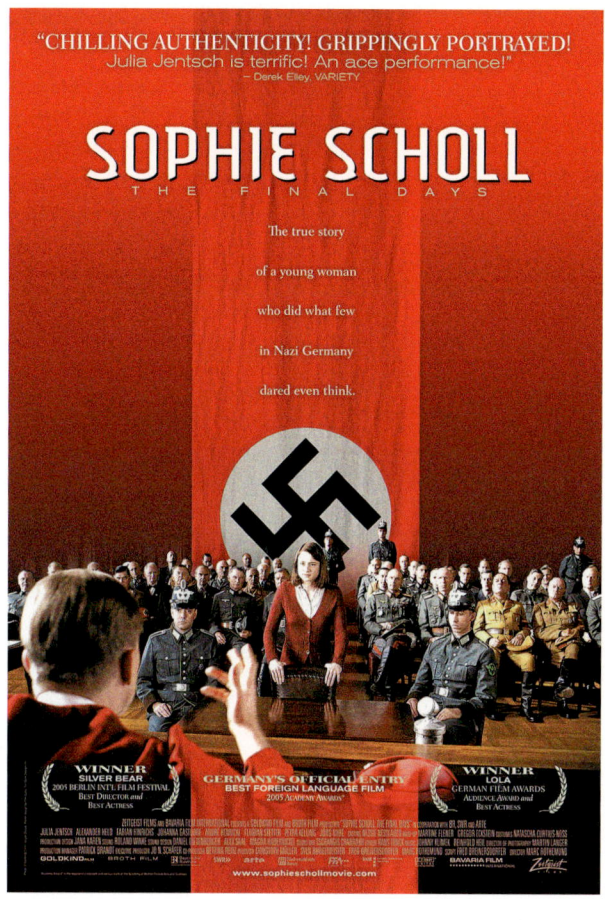

M12 Plakat zum Film „Sophie Scholl – Die letzten Tage"
Film von Marc Rothemund (Regie) und Fred Breinersdorfer (Drehbuch), aus dem Jahr 2005

---

1. Ordnen Sie die in **M4** beschriebenen Fälle in das Stufenmodell von Detlev Peukert ein (**M3**).

2. Analysieren Sie die Vorstellungen von der künftigen Ordnung Deutschlands, die in **M7** und **M8** zum Ausdruck kommen.

3. Erörtern Sie, warum nur verhältnismäßig wenige Menschen aktiven Widerstand gegen das nationalsozialistische Regime leisteten (**VT, M5, M6**).

4. Skizzieren Sie die Argumentation des Verfassers von **M9**. Diskutieren Sie dann (vgl. **VT**), welche Bedeutung der Widerstand gegen den Nationalsozialismus für die politische Kultur der Bundesrepublik Deutschland heute hat.

5. An den Widerstand gegen das NS-Regime wird heute in ganz unterschiedlicher Weise erinnert. Sammeln Sie weitere Beispiele (vgl. **M10–M12**) und untersuchen Sie die Absicht und die Wirkung der unterschiedlichen Formen der Erinnerung. Präsentieren Sie Ihre Ergebnisse.

5.6 Widerstand gegen den Nationalsozialismus

5 Nationalsozialistische Diktatur und Zweiter Weltkrieg

1933 — 1945

Denkmäler erkunden

Wohl zu allen Zeiten haben Menschen versucht, Personen und Ereignisse, die sie für besonders wichtig halten, zu „verewigen", um sie den nachfolgenden Generationen zu überliefern. So finden sich heute an vielen öffentlichen Orten Denkmäler als Zeugen der Vergangenheit – meist aus haltbaren Materialien wie Stein oder Bronze. Sie sind wichtige historische Quellen, denn sie geben uns nicht nur Hinweise auf historische Ereignisse oder Persönlichkeiten, sondern verraten auch etwas über die Absichten ihrer Urheber und deren Auftraggeber. Außerdem repräsentieren sie in ihrer Gestaltung als Reiterstandbilder, Statuen, Plaketten oder gegenstandslose Kunstwerke die Kultur ihrer Zeit und deren Verhältnis zur Vergangenheit. Deshalb lohnt es sich, sie genau zu betrachten und zu „befragen".

M1 Stolpersteine in Stuttgart (oben) und Freiburg (unten)

Methodentraining

Methodische Arbeitsschritte

1 Beschreiben

- Beschreiben Sie die äußere Erscheinungsform des Denkmals (figürliche Plastik, Relief, Bauform wie Säule, Kubus, Wand …)
- Benennen Sie Zeichen und Symbole, die sie an dem Denkmal finden (Kreuz, Anker, Fahne usw.)
- Geben Sie die Inschriften wieder, die Sie am Denkmal finden.
- Beschreiben Sie den Standort und die Umgebung des Denkmals (Platz, Friedhof, Hain, Park …)

2 Untersuchen

- Stellen Sie fest, um welchen Typ von Denkmal es sich handelt (Mahnmal, Siegesdenkmal, Heldendenkmal, Standbild …)
- Finden Sie anhand geeigneter Informationen und Materialien heraus, wer die Erbauer und die Auftraggeber des Denkmals waren und welche Absichten sie verfolgten.
- Ermitteln Sie, in welchem geschichtlichen und gesellschaftlichen Zusammenhang das Denkmal errichtet wurde.
- Prüfen Sie, wie das Denkmal wahrgenommen und genutzt wurde und wird (Eröffnung, Gedenkveranstaltungen, Kritik).

3 Deuten

- Charakterisieren Sie den Gesamteindruck des Denkmals.
- Fassen Sie die Gesamtaussage zusammen und erläutern Sie, welche Rolle die einzelnen Elemente dabei spielen.
- Diskutieren Sie die Bedeutung dieses Denkmals in der heutigen Zeit.

Beschreiben

Eine besondere Form der Erinnerung an die Zeit des Nationalsozialismus ermöglichen die sogenannten „Stolpersteine", die sich in immer mehr Städten in Deutschland und in einigen europäischen Ländern finden. Es handelt sich dabei um kleinere in den Gehweg eingelassene Messingplatten, auf denen Namen von Menschen eingraviert sind, die in der Zeit des Nationalsozialismus verfolgt und ermordet wurden. Die „Stolpersteine" sind genau an jenen Stellen im Bürgersteig zu finden, an denen die Verfolgten früher gelebt haben. Auf den Gedenkplatten finden sich nur wenige Angaben zu den Personen, an die erinnert werden soll.

Untersuchen

Die Stolpersteine sind ein Kunstprojekt des Kölner Bildhauers Gunter Demnig, der die vom NS-Regime Verfolgten und Ermordeten so vor dem Vergessen retten will. Bürger übernehmen die Patenschaft für die Herstellung und Verlegung eines Stolpersteins.
Hinweise zu den Biografien der Personen, an die die „Stolpersteine" erinnern, gibt es u. a. im Internet. Über den 1904 geborenen Jakob Kraus z. B. erfahren wir dort, dass er eine Bäckerlehre absolvierte, aber in diesem Beruf keine Stelle fand. 1930 zog er nach Feuerbach und nahm dort einen Arbeitsplatz als Schleifer an. 1931 wurde er für die KPD in den Feuerbacher Gemeinderat gewählt. Er beteiligte sich an Aktionen gegen die Nationalsozialisten, beteiligte sich an einer Gefangenenbefreiung, organisierte unerlaubt einen Straßenumzug und verteilte, auch nach dem KPD-Verbot, Flugblätter gegen das NS-Regime. Im Oktober 1933 wurde er von der Gestapo deshalb verhaftet, im Juli 1934 vom Oberlandesgericht Stuttgart wegen Vorbereitung zum Hochverrat zu 5 ½ Jahren Zuchthaus verurteilt. Nach seiner Entlassung 1939 setzte er seinen aktiven Widerstand fort, wurde erneut verhaftet und 1943 vermutlich von der Gestapo ermordet. Im heutigen Stuttgarter Stadtteil Feuerbach ist eine Straße nach Jakob Kraus benannt, der Stolperstein wurde 2006 vor dem Haus, in dem er wohnte, gesetzt.

Deuten

Stolpersteine sind Mahnmale. Sie sollen Menschen und deren Schicksal vor dem Vergessen retten und beim Betrachter Betroffenheit auslösen. Ihren Namen haben die „Stolpersteine" mit Bedacht bekommen. Sie sollen uns aus dem Tritt bringen. Wer eine solche Messingplatte auf dem Gehweg bemerkt, bleibt fast zwangsläufig stehen und liest die Inschrift. Die wenigen Hinweise werfen weitere Fragen auf. Wer war die Person, die verfolgt wurde? Warum musste sie sterben? Gibt es noch ältere Menschen, die sie persönlich kannten? Ein solches „Denkmal" provoziert Fragen an die Geschichte, denen man durch weitere Recherchen nachgehen kann.

---

1. Informieren Sie sich im Internet über „Stolpersteine" in Ihrer Stadt. Versuchen Sie, über die Geschichte der Menschen, an die erinnert wird, mehr in Erfahrung zu bringen.

2. Erkunden Sie „Stolpersteine" oder ein anderes Denkmal zur NS-Zeit in Ihrer Nähe. Beobachten Sie, wie die Menschen sich bei der Besichtigung verhalten.

5.6 Widerstand gegen den Nationalsozialismus

5 Nationalsozialistische Diktatur und Zweiter Weltkrieg

1. Wichtige Ereignisse der Ausgrenzung, Verfolgung und Vernichtung der Juden
Zeichnen Sie einen Zeitstrahl mit dem Anfangsdatum 1933 und dem Enddatum 1945. Tragen Sie darauf die unten genannten Daten ab und ordnen Sie ihnen die Ereignisse zu. Charakterisieren Sie den Zusammenhang der Ereignisse.

Boykott jüdischer Geschäfte	„Arierparagraph"
„Nürnberger Gesetze"	Aufstand im Warschauer Getto
„Reichspogromnacht"	Erste Vernichtungslager
Wannseekonferenz	

Zeitstrahl: 1. April 1933 – 7. April 1933 – 15. Sept. 1935 – 9./10. Nov. 1938 – Dez. 1941 – 20. Jan. 1942 – 1943

2. Ein Denkmal für den Widerstand untersuchen
a) Untersuchen Sie das Denkmal mithilfe der methodischen Arbeitsschritte auf S. 245.
Berücksichtigen Sie besonders die Gestaltung des Denkmals und seinen Standort.
b) Erläutern Sie, inwiefern die Handlung des Deserteurs Teil des Widerstands gegen den Nationalsozialismus war.
c) Nehmen Sie Stellung zu der Entscheidung der Stadt Ulm, das Denkmal nicht an einem öffentlichen Platz aufzustellen.

M1 Denkmal für einen Deserteur in Ulm
Inschrift: „Hier lebte ein Mann, der sich geweigert hat, auf seine Mitmenschen zu schießen. Ehre seinem Andenken."
Die Stadt Ulm erlaubte nicht, das Denkmal auf dem Marktplatz aufzustellen. Es steht jetzt im Garten einer Ulmerin.

3. Die Rolle der Wehrmacht kontrovers diskutieren
Vor allem seit den 1990er-Jahren wird unter Wissenschaftlern kontrovers darüber diskutiert, in welchem Umfang Angehörige der Wehrmacht an der Ermordung von Juden in Osteuropa mitgewirkt haben. Listen Sie Argumente der Texte von Karl-Heinz Janßen und von Hans-Adolf Jacobsen auf und ziehen Sie Vergleiche.

M2 „Da zerrinnt die Legende von der ‚sauberen Wehrmacht'"
Der Redakteur und Historiker Karl-Heinz Janßen in der Wochenzeitung „Die Zeit" vom 17. März 1995:
Da zerrinnt die Legende von der „sauberen Wehrmacht", die, fern von allen Naziverbrechen, nur tapfer und treu das Vaterland verteidigt hat, und aufgehoben ist der Freispruch für Millionen Soldaten, die nichts gewußt, nichts gesehen, nichts gehört haben wollten. Stattdessen wird die fürchterliche Wahrheit offenbar, die zwar Fachleute und einem zeithistorisch interessierten Leser- und Fernsehpublikum schon länger bekannt war, sich jedoch gegen eine Mauer einverständlichen Schweigens in der deutschen Öffentlichkeit nie durchsetzen konnte. […] Hier wird der Begriff „Holocaust" in die Kriegsgeschichte eingeführt. In der Regel denken Menschen dabei an Auschwitz und andere Vernichtungslager. Aber die Einsatzgruppen der SS, die Polizeibataillone, die baltischen und ukrainischen Hilfstrupps und eben auch Einheiten der Wehrmacht betreiben bereits im Sommer und Herbst 1941, noch ehe die Krematorien von Auschwitz rauchten, massiven Judenmord.
Zit. nach: Heribert Prantl (Hg.): Wehrmachtsverbrechen. Eine deutsche Kontroverse, Hamburg 1997, S. 29, 30

M3 „... eine kaum zulässige Verallgemeinerung"
Der Historiker Hans-Adolf Jakobsen 1997:
[…] Fraglos waren jedoch Teile der deutschen Wehrmacht (vornehmlich des Heeres) weitaus mehr an NS-Verbrechen direkt oder indirekt beteiligt, als es von Memoirenschreibern und in Aussagen von Veteranen nach 1945 zugegeben worden ist – ganz zu schweigen von den Tätern.
Es gab darüber hinaus viele Mitwisser und solche, die die Mordtaten stillschweigend zur Kenntnis genommen haben, ohne einzuschreiten und zu versuchen, das Schlimmste zu verhüten. In diesem Zusammenhang aber von der Wehrmacht als Ganzem zu sprechen, dürfte eine kaum zulässige Verallgemeinerung sein. Die in jüngster Zeit recht apodiktisch (keine andere Meinung duldend) formulierten Pauschalurteile sind weder quellenkritisch hinreichend belegt, noch den Realitäten des totalen Krieges angemessen, zumal bei diesen die mannigfachen Zeugnisse der Humanitas, soldatischer „verdammter Pflichterfüllung" und militärischer Opposition gegen das NS-Unrechtssystem nur unzureichend berücksichtigt werden.
Zit. nach: Hans-Günther Thiele (Hg.): Die Wehrmachtsausstellung. Dokumentation einer Kontroverse, bpb, Bonn 1997, S. 48

Wiederholen und Anwenden

4. Eine politische Rede analysieren
Untersuchen Sie die Rede mithilfe der methodischen Arbeitsschritte von S. 225.
Wie stellt Hitler seinen Weg an die Macht dar? Welche politischen Ziele verkündet er den Deutschen?

M4 Rede Adolf Hitlers im Berliner Sportpalast, 10. Februar 1933:

Deutsche Volksgenossen und -genossinnen! Am 30. Januar dieses Jahres wurde die neue Regierung der nationalen Konzentration gebildet. Ich und damit die nationalsozialistische Bewegung traten in sie ein. […]
Und so, wie diese Bewegung heute die Führung des Deutschen Reiches überantwortet bekommen hat, so werden wir einst dieses Deutsche Reich führen wieder zur Größe, zum Leben zurück, und sind hier entschlossen, uns durch gar nichts dabei beirren zu lassen! (Bravo!) [Starker Beifall]
Und so komme ich zum zweiten Punkt dieses Programms. Ich will Ihnen nicht versprechen, dass diese Wiederauferstehung unseres Volkes von selbst kommt. Wir wollen arbeiten, aber das Volk selbst, es muss mithelfen. (Sehr richtig! Sehr richtig!) [Beifall] […]
Und drittens … und drittens wollen wir unsere ganze Arbeit leiten lassen von einer Erkenntnis, von einer Überzeugung: Glaube niemals an fremde Hilfe, niemals an Hilfe, die außerhalb unserer eigenen Nation, unseres eigenen Volkes liegt! In uns selbst allein liegt die Zukunft des deutschen Volkes. [Beifall] […]
Und ein vierter Punkt dieses Programms, er lautet dann: Die Gesetze des Lebens sind immer gleich und immer dieselben. Und wir wollen den Aufbau dieses Volkes vornehmen nicht nach blassen Theorien, die irgendein fremdes Gehirn ersinnt, sondern nach den ewigen Gesetzen, die die Erfahrung, die Geschichte uns zeigt, und die wir kennen. Das heißt also: Im Leben, politisch und wirtschaftlich gesehen, gibt es bestimmte Gesetze, die immer Geltung besitzen, und nach diesen Gesetzen wollen wir den Aufbau des deutschen Volkes durchführen, nicht nach blassen Theorien, nicht nach blassen Vorstellungen. (Bravorufe) [Beifall]
Und diese Gesetze, die fassen wir in einem fünften Punkt, in einer Erkenntnis zusammen: Die Grundlagen unseres Lebens beruhen auf zwei Faktoren, die niemand uns rauben kann, außer wir selbst geben sie preis. In unserem Volk als Substanz von Fleisch und Blut […] und in unserem Boden. Volk und Erde, das sind die beiden Wurzeln, aus denen wir unsere Kraft ziehen wollen und auf denen wir unsere Entschlüsse aufzubauen gedenken. Und damit ergibt sich als sechster Punkt klar das Ziel unseres Kampfes: Die Erhaltung dieses Volkes und dieses Bodens, die Erhaltung dieses Volks für die Zukunft in der Erkenntnis, dass dies allein überhaupt für uns einen Lebenszweck darstellen kann. […]
14 Jahre lang haben die Parteien des Verfalls, des Novembers, der Revolution das deutsche Volk geführt und misshandelt, 14 Jahre lang zerstört, zersetzt und aufgelöst. Es ist nicht vermessen, wenn ich heute vor die Nation hintrete und sie beschwöre: Deutsches Volk, gib uns vier Jahre Zeit, dann richte und urteile über uns! Deutsches Volk, gib uns vier Jahre, und ich schwöre dir: So, wie wir und so wie ich in dieses Amt eintrat, so will ich dann gehen. Ich tat es nicht um Gehalt und nicht um Lohn, ich tat es um deiner selbst wegen. (Bravo) [Jubelnder Beifall] […]
Ich kann mich nicht lossagen von dem Glauben an mein Volk, […] und hege felsenfest die Überzeugung, dass eben doch dann einmal die Stunde kommt, in der die Millionen, die uns heute verfluchen, hinter uns stehen und mit uns begrüßen werden dann das gemeinsam geschaffene, mühsam erkämpfte, bitter erworbene neue Deutsche Reich (Bravo!) der Größe und der Ehre und der Kraft und der Herrlichkeit und der Gerechtigkeit. – Amen! (Heil!) [Jubelnder Beifall]

Zit. nach: Karl Friedrich Reimers, J. Bauer, W. Funke, M. Held, H. Piontkowitz: Begleitpublikation zur Edition Filmdokumente zur Zeitgeschichte, IWF, Göttingen 1971

Verzeichnis der Namen, Sachen und Begriffe

Wichtige verwendete Abkürzungen

amerik. = amerikanisch; athen. = athenisch; bayer. = bayerisch; chin. = chinesisch; christl. = christlich; dt. = deutsch; engl. = englisch; evang. = evangelisch; fläm. = flämisch; frz. = französisch; griech. = griechisch; holl. = holländisch; ital. = italienisch; Jh. = Jahrhundert; kathol. = katholisch; kommunist. = kommunistisch; marxist. = marxistisch; milit. = militärisch; NS = Nationalsozialismus; österr. = österreichisch; parlament. = parlamentarisch; pers. = persisch; port. = portugiesisch; preuß. = preußisch; prolet. = proletarisch; relig. = religiös; röm. = römisch; serb. = serbisch; sowjet. = sowjetisch; sozialist. = sozialistisch; span, = spanisch

➜ Verweis auf ein anderes Stichwort

Bei historischen Grundbegriffen, die im Buch erläutert werden, ist die entsprechende Seitenzahl **farbig** gesetzt. Bei Herrschern und kirchlichen Amtsträgern sind soweit möglich die Regierungs-/Amtsdaten, bei allen anderen Personen die Lebensdaten angegeben.

Absolutismus 72, **73**, 75
Afghanistan 115, 117
Agora 8
Akropolis (Athen) 22, 28
Alembert, Jean Le Rond d' (1717–1783; frz. Aufklärer, Mitherausgeber d. Enzyklopädie) 73
Allgemeine deutsche Arbeiterverbrüderung 142, 145
Allgemeine Erklärung der Menschenrechte ➜ UN-Menschenrechtserklärung
Allmende 53
Amerika (Entdeckung) 8, 58
Amnesty International 114, **115**, 118
Amtsadel 77
Anatomie 60, 65
Angestellte 98, 99
Anschluss (Österreich 1938) 192, 216, 217
Antibolschewismus 202, 203
Antifolterkonvention (UN 1984) 112
Antijudaismus, relig. 104
Antikominternpakt 219
Antikommunismus 202, 203
Antisemitismus 104, 105, 152, 202, 203
Appeasement-Politik **217**
Arbeiter- und Soldatenräte 160, **161**, 163, 168, 169
Arbeiter(klasse) 98
Arbeiterbewegung (NS) 237
Arbeiterbewegung, sozialist. 140
Arbeitervereine 141
Arbeitsbeschaffungsprogramme 183, 208, 209
Arbeitsdienst 183

Arbeitseinkommen 18
Arbeitskosten 12
Arbeitslosengeld 116, 117
Arbeitslosigkeit 12, 13, 19, 159, 177, 179–181, 185, 208–210, 214
Arbeitsmarkt 10–13, 116
Arbeitsrechte 119, 120
Arbeitswelt 10, 11
Architekten/Architektur 22, 48, 59, 60, 200, 205
Arierparagraph 197, 226, 227
Aristokratie **23**, 33, 35
Aristoteles (384–322 v. Chr.; griech. Philosoph u. Naturforscher) 37, 39, 55
Armut 13, 42, 48, 49, 58, 96, 97, 112, 116–118, 121, 125, 228
Assignaten (Papiergeld d. Französischen Revolution) 82
Astronomie 62
Atheismus **73**
Athen 22, 27–29, 31, 33, 38, 39
Athene (griech. Schutzgöttin v. Athen u. Göttin d. Weisheit) 28
Attentat 20. Juli (1944) 193, 236, 239, 242
Attentat von Sarajevo (26. Juni 1914) 153
Attika (Halbinsel) 38
Attischer Seebund 28
Aufklärung (Zeitalter) 72, **73**, 74, 75, 110, 111
Auschwitz 109, 226, 230, 235
Auswanderung (Juden) 228
Autobahn(bau) 183
Azteken (Hochkultur) 63

Babi Yar (Massaker) 236
Bahamas 63
Bahnhöfe 96
Balkan(krise) 153
Ballhausschwur (1789) 81
Bankenkrise 180
Bankgesellschaften 59
Bankier 59, 64
Barrikadenkämpfe (1848 Berlin) 128, 139
Barth, Emil (1879–1941; USPD-Politiker) 162
Bastille (Sturm auf die Bastille 1789, Beginn d. Französischen Revolution) 72, 81, 92, 111
Bauernbefreiung 139
BDM (Bund Deutscher Mädel) 209
Beck, Ludwig (1880–1944; Generaloberst/Mitglied des 20. Juli) 219, 238
Befreiungskriege (1812/1813) 130
Bekennende Christen 237
Bellarmino, Roberto (1542–1621; ital. Theologe u. Kardinal) 67
Benedikt von Nursia (um 480–547; Ordensgründer) 51
Benediktinerregel 51
Benz, Carl Friedrich (1844–1929; dt. Ingenieur/Erbauer eines 4-Takt-Motors) 96
Bergbau 64, 98, 152, 163
Berlin 22, 98, 128, 139, 158, 159, 161
Berliner Nationalversammlung 138
Berufe/Berufswahl 18
Beschwerdehefte, frz. 84

248

Besteuerungsrecht, engl. 79
BGB (Bürgerliches Gesetzbuch) 102
Bildungsmonopol 61, 62
Bill of Rights (1689) 74
Bismarck, Otto von (1815–1898;
　dt. Staatsmann/erster
　Reichskanzler)148, 149, 152
Blitzkriegsstrategie (NS) 219, 220
Blockwarte 211
Blum, Robert (1807–1848; Abgeordneter
　d. Nationalversammlung) 142
Bonhoeffer, Dietrich (1906–1945
　ermordet; evang. Theologe) 237, 238
Born, Stephan (1824–1898;
　sozialist. Politiker) 142, 145
Boston Tea Party (1770) 79
Botticelli, Sandro (1445–1510; ital.
　Renaissancemaler) 61
Bracher, Karl Dietrich (geb. 1922;
　dt. Historiker) 191
Brandenburger Tor 22
Brüning, Heinrich (1885–1970; dt.
　Politiker u. Reichskanzler) 159, 179,
　181–183, 185, 187
Bry, Theodor de (1528–1598; dt.
　Kupferstecher u. Verleger) 69
Buchdruck 8, 58, 61, 62, 66
Buchenwald 228, 235
Bücherverbrennung (NS) 202, 205, 206
Buchmalerei, mittelalterl. 106
Büchner, Georg (1813–1837; dt. Dichter)
　134
Bülow, Bernhard Fürst von (1849–1929;
　dt. Reichskanzler) 152, 154
Bund deutscher Frauenvereine 102
Bundesakte (1815) 131, 133
Bundesstaaten 131, 133, 140
Burg/Burgenbau 8, 40, 46, 47, 52
Bürger 27
Bürgerkrieg, amerik. (1861–1865) 94
Bürgerliste, griech. 27
Bürgerrechte, griech. 38, 39, 42
Bürgerrechtsbewegung, amerik. 111
Bürgertum 73
Bürgerversammlungen, griech. 23, 27
Burschenschaften 132, 156
BVP (Bayrische Volkspartei) 176, 180,
　196

Calonne, Charles Alexandre de
　(1734–1802; frz. Finanzminister) 80
Chancengleichheit 18, 19
China 11, 114–116, 118, 119, 154, 155
Christentum 40, 41, 64
Christus/Christi 41, 56
Cluny (Kloster in Burgund) 41
Code civil 89, 93
Cohen-Reuss, Max (1876–1963;
　dt. SPD-Politiker) 169
Colbert, Jean-Baptiste (1619–1683;
　frz. Staatsmann u. Wirtschafts-
　politiker) 78

Dahlmann, Friedrich (1785–1860;
　dt. Historiker u. Staatsmann) 146
Daimler, Gottlieb (1834–1900;
　dt. Ingenieur) 96, 98
Dänemark 94, 131, 141, 148, 149, 219
Dareios I. (549–486 v. Chr.;
　pers. Großkönig) 28
Darwin, Charles (1809–1882;
　Naturforscher) 9, 96, 97, 100
Däumig, Ernst (1866–1922;
　sozialist. Politiker) 169
DDP (Deutsche Demokratische Partei)
　170, 171, 173, 176, 180, 196
Declaration of Independence →
　Unabhängigkeitserklärung, amerik.
Deflationspolitik 181, 183, 185
Deismus 73
Demagogen (Volksverführer) 133
Demografischer Wandel 12
Demokratie, parlament. 169
Demokratie, repräsentative 27
Demokratie/Demokraten 22–26, **27**, 28,
　29, 33, 34, 38, 140
Denkmäler 244–246
Denunziation (NS) 211
Deutsche Arbeitsfront (DAF) 196, 209
Deutsche Christen 237
Deutscher Bund 130, 131, 149
Deutsches Kaiserreich → Deutsches
　Reich
Deutsches Reich (Gründung 1871) 128,
　148–155
Deutsch-Französischer Krieg (1870/1871)
　129, 148, 149
Diaz, Bartolomeo (um 1450–1500;
　port. Seefahrer) 63

Diderot, Denis (1713–1784;
　frz. Philosoph u. Schriftsteller;
　Aufklärer u. Begründer/Herausgeber
　d. Enzyklopädie) 73
Dienstmädchen 102, 103
Diktatur **195**
Direktorium 89
Dittmann, Wilhelm (1874–1954;
　USPD-Politiker) 162
DNVP (Deutschnationale Volkspartei)
　170, 176, 182, 184, 196
Dolchstoßlegende 173, 177
Dreieckshandel 64
Dreifelderwirtschaft 41, 53
Dreiklassenwahlrecht **142**
Dritter Stand, frz. 72, 77, 78, 80, 84
Dürer, Albrecht (1471–1528; dt. Maler)
　66
DVP (Deutsche Volkspartei) 170, 176,
　180, 181, 196

Ebert, Friedrich (1871–1925; dt.
　Staatsmann u. Reichskanzler)
　(1871–1925, dt. Politiker) 160–163, 168
Edelweißpiraten 238
Ehegattensplitting **13**
Eichmann, Adolf (1906–1962;
　Leiter RSHA) 229
Einstein, Albert (1879–1955;
　dt. Physiker) 205
Eintopfsonntag 209
Einwanderung 16, 17
Eisenbahn(bau) 9, 98, 152
Eisenhüttenindustrie 98
Eisner, Kurt (1867–1919; dt. Politiker
　u. bayer. Ministerpräsident) 173
Eliten, konservative 195, 198, 238
Elsass 149
Elser, Johann Georg (1903–1945
　hingerichtet; Schreiner/Hitler-
　Attentäter) 238
Elterngeld **13**
Elternzeit **13**
Emanzipation 92, 102
Entdeckungsfahrten 63
Entente cordiale 152
Entwicklungsländer 119, 120
Enzyklopädisten 73
Erasmus von Rotterdam (1466–1536;
　dt. Humanist) 60, 66

249

Erhard, Hans (1887–1980; dt. Jurist u. CSU-Politiker, bayer. Ministerpräsident) 178
Erklärung der Menschen- und Bürgerrechte (1789) 82, 108, 110–113
Erklärung der Rechte der Frau und Bürgerin (1791) 93
Ermächtigungsgesetz (1933) 192, 194, 196, 199
Erster Allgemeiner Kongress der Arbeiter- und Soldatenräte Deutschlands 163
Erster Weltkrieg 99, 148, 152, 153, 158, 180, 173, 217
Erzberger, Matthias (1875–1921; dt. Politiker) 162, 173
Euripides (ca. 480–406 v. Chr.; griech. Dichter) 37
Euthanasie 208, 210, 238
Evolutionstheorie 9, 96, 97, 100
Exekutive 74, 75, 86, 110, 132, 141
Expertengespräch 124, 125

Fachkräfte(mangel) 12, 13
Faktoreien 64
Feudalismus 45
Ficino, Marsilio (1433–1499; Humanist u. Philosoph) 65
Finanzkrise 179–181
Fischer, Samuel (1859–1934; dt. jüd. Verleger) 104
Folter 108, 114, 115, 118, 127, 195, 199, 212
Forschung, wiss. 97, 98
Franco, Francisco (1892–1975; span. General u. Diktator) 219
Frank, Anne (1929–1945; jüd. Mädchen) 239
Frankfurt am Main 128, 129, 140, 142
Frankfurter Paulskirche 129, 140, 142
Frankfurter Reichswahlgesetz (1849) 157
Franklin, Benjamin (1706–1790; amerik. Politiker u. Schriftsteller) 111
Franz Ferdinand (1863–1914; Erzherzog) 153
Französische Revolution 9, 77–85, 111, 128, 131
Frauen(leben) 18, 19, 33, 36, 37, 54, 55, 92, 93
Frauenbewegung, prolet. 102

Frauenbewegungen 102, 103, 126
Frauenclubs, patriot. 92, 93
Frauenrechte 102, 103
Frauenvereine, dt. 102
Freiburg im Breisgau 52
Freie 42, 43
Freiheit, Gleichheit, Brüderlichkeit (Losung der Französischen Revolution) 72, 130
Freikorps 163, 173, 174
Freud, Sigmund (1856–1939; österr. Arzt u. Psychologe) 205
Frick Wilhelm (1877–1946; Reichsinnenminister) 183
Frieden von Paris (1783) 79
Friedensvertrag von Versailles ➔ Versailler Vertrag
Friedrich Wilhelm IV. (1840–1861; preuß. König) 135, 138, 139, 142, 143, 147
Fron/Fronhof 42, 43, 50
Frühkapitalismus 64
Fugger (Augsburger Handelshaus) 64
Fugger, Jakob (1459–1525; dt. Handelsherr u. Fernhändler) 67
Führerdiktatur 197
Führerkult 204, 213
Führerprinzip 204

Gagern, Heinrich Freiherr von (1799–1880; dt. Politiker/1. Präsident der dt. Nationalversammlung) 141
Galapagosinseln 97
Galen, Clemens August Graf von (1878–1946; kathol. Bischof) 238
Galilei, Galileo (1564–1642; ital. Mathematiker u. Astronom) 9, 58, 62, 63, 66, 67
Geburtenraten 13
Gegenrevolution (Österreich) 138
Geld- und Kapitalverkehr 11
Geldwechsel/Geldverleih 56, 70, 71
Geldwirtschaft 56, 64
Generalplan Ost 220
Generalstände, frz. 80, 81
Generationenvertrag 13
Genfer Abrüstungskonferenz 216
Genozid 231
Geoffrin, Marie-Thérèse (1699–1777; frz. Salonière) 72
geozentrisches Weltbild 62

Geschlechtsvormundschaft 54
Gesetz gegen die Neubildung von Parteien (1933) 196
Gesetz über die Verdächtigen (1793) 72, 91
Gesetz zur Gleichschaltung der Länder mit dem Reich (1933) 194
Gesetz zur Wiederherstellung des Berufsbeamtentums (1933) 197, 226, 227
Gestapo (Geheime Staatspolizei) 211, 238, 239
Getto 229, 230
Gewaltenteilung 74, 84, 110, 111
Gewaltenverschränkung 84
Gewerkschaften 98, 173, 174, 196, 208
Gilden 49
Girondisten 86, 87, 88
Gleichberechtigung 92, 102
Gleichschaltung 196, 197
Globalisierung 9, 11, 12, 13, 115, 116, 118
Glorious Revolution (1688) 74
Goebbels, Joseph (1897–1945), Reichspropagandaleiter) 202, 204, 224, 225
Goerdeler, Carl Friedrich (1884–1945 hingerichtet; bürgerl. Widerstandskämpfer/Leipziger Oberbürgermeister) 238, 239
Goldene Bulle (1556) 43
Göring, Hermann (1893–1946; Reichsfeldmarschall) 183
Götter(glaube) 22, 24, 25, 32, 33, 40
Gottesgnadentum 44
Göttinger Sieben (Professorenvereinigung) 133, 146
Gouges, Olympe de (1748–1793; frz. Frauenrechtlerin) 92, 93, 112
Graf, Willi (1918–1943; Mitglied der Weißen Rose) 239
Grimm, Jakob (1785–1863; dt. Germanist) 133
Grimm, Wilhelm (1786–1859; dt. Germanist) 133
Groener, Wilhelm (1867–1939; dt. General) 163
Großdeutsche 142, 146
Großstadt(leben) 159
Gründerkrise (1873–1878) 152

Grundgesetz (Bundesrepublik Deutschland) 87, 141
Grundherr(schaft) 43–45, 50, 51, 81
Grundrechte 141, 149, 170, 192, 194, 195
Grundrechtekatalog (1848) 141
Guantanamo (US-Stützpunkt auf Kuba) 115
Gutenberg, Johannes (1397/1400–1468; Erfinder d. Buchdrucks) 8, 58, 61, 62

Haase, Hugo (1863–1919; USPD-Politiker) 162
Haiti (früher: Saint-Domingue) 68, 112
Hambacher Fest (1832) 128, 130, 133, 134
Handel/Händler 41, 47
Handelsgesellschaften 59
Handwerk(er) 41, 46, 54, 64
Hansemann, David (1790–1864; dt. Wirtschaftspolitiker) 135
Hartz IV/Hartz-Gesetze 116, 117, 121
Heartfield, John (1891–1968; dt. Collage-Künstler) 181
Heilige Allianz (1815) 130, 131, 141
Heilige Schrift 66, 67
Heiliges Römisches Reich (Deutscher Nation) 42 (K), 43, 131
Heine, Thomas Theodor (1867–1948; dt. Schriftsteller u. Karikaturist) 190
Heinrich IV. (1084–1106; röm. Kaiser) 57
Heinrich VIII. (1509–1547; engl. König) 106
heliozentrisches Weltbild 58, 62
Hera (griech. Göttermutter, Beschützerin d. Ehe u. Familie, Gemahlin d. Zeus) 33
Herodot (ca. 484–425 v. Chr.; griech. Geschichtsschreiber) 24, 26, 34
Herrenhof 42
Herrmann, Liselotte (1909–1938 ermordet; kommunist. Widerstandskämpferin) 238
Hessischer Landbote (Flugschrift 1834) 134
Heydrich, Reinhard (1904–1942; Leiter d. RSHA) 211, 229
Hildegard von Bingen (um 1098–1179; Benediktinerin, Äbtissin u. Mystikerin) 50

Himmler, Heinrich (1900–1945; stellv. Reichspropagandaleiter d. NSDAP) 195, 206, 208, 211, 220, 233, 239
Hindenburg, Paul von (1847–1934; Reichspräsident) 160, 173, 176, 177, 181–183, 186, 194, 195, 198
Hitler, Adolf (1889–1945 Selbstmord; dt. Diktator) 175, 176, 178, 179, 182, 183, 186, 187, 192, 194–196, 198, 201–204, 206, 213, 216, 217, 221, 222, 238, 247
Hitlerattentate 193, 236, 239, 242
Hitlerjugend 209, 239
Hitler-Ludendorff-Putsch (München 1923) 172, 175, 176
Hitler-Stalin-Pakt 219
Holocaust 228, 229
Homer (8. Jh. v. Chr.; griech. Dichter) 22
Hopliten 28
Hörige 43
Hoßbach, Friedrich (1894–1980; Adjutant Hitlers) 221
Hoßbach-Niederschrift (1937) 221
Hugenberg, Alfred (1865–1951; DNVP-Politiker) 182
Humanismus 60
Humanisten 60–62, 65
Hutten, Ulrich von (1488–1523; dt. Ritter u. Humanist) 52

Ideologie 203
Imperialismus 153
Indianer/Indios 63, 64
Indien 11, 63, 118, 119
Indonesien 120
Industrialisierung 98
Inflation 158, 175, 177, 178
Inka (Hochkultur) 63
Innozenz III. (Papst 1215) 57
Integration 16, 17
Internationaler Strafgerichtshof für Menschenrechte (IStGU) Den Haag 109, 110, 112, 118
Internetrecherche 122, 123
Isokrates (436–338; griech. Redner) 34

Jakobiner 72, Jakobiner 86, 87, 88, 89, 92
Jakobinerdiktatur 72, 88
Jefferson, Thomas (1743–1826; dritter Präsident der USA 1801–1809) 83, 94

Johann, Erzherzog (1782–1859; Reichsverweser) 141
Juden(tum) 56, 57, 104, 105, 109, 112, 152, 192, 183, 202, 208, 210, 226–235, 238
Judendeportationen (ab 1941) 193, 226, 233
Judenprivileg 106
Judikative 74, 75, 86, 110, 132
Jugend/Jugendliche 9–19
Jugendbewegung (19. Jh.) 99
Jugendopposition (NS) 239
Julirevolution (1830 Paris) 129, 133

Kabinett der Barone 182
Kahr, Gustav Ritter von (1862–1934; bayer. Ministerpräsident) 176
Kaiserkrone (Ablehnung 1849) 129, 138, 142, 143, 147
Kampf, Arthur (1864–1950; dt. Maler) 192
Kant, Immanuel (1724–1804; dt. Philosoph) 75
KAPD (Kommunistische Arbeiterpartei Deutschlands) 163
Kapitulation, bedingungslose (8. Mai 1945) 193, 216
Kapp, Wolfgang (1858–1922; dt. Beamter) 173
Kapp-Lüttwitz-Putsch (1920) 172, 173
Karadzic, Radovan (geb. 1945; serb. Präsident) 109, 118
Karikturen 10, 12, 14, 92, 114, 120, 130, 132, 136, 137, 144, 148, 155, 156, 190, 217
Karl der Große (747–814; Frankenkönig u. röm. Kaiser) 44, 55
Karl IV. (1316–1378; dt. Kaiser) 43
Karl V. (1519–1556; röm.-dt. Kaiser) 64
Karl X. (1824–1830; frz. König) 133
Karlsbader Beschlüsse (1819) 130–133
Kartographie 63
Kästner, Erich (1899–1974; dt. Schriftsteller) 205
Katholizismus, polit. 140
Kaufhäuser 104, 105
Kaufkraftschwund 180
Kaufleute 38, 47, 49, 54, 56, 59, 61, 62, 64, 73, 78, 90, 94, 95, 98, 104, 140, 184, 200
Kerrl, Hanns (1887–1941; NS-Politiker) 196

251

Kessler, Emil (1813–1876; Baden-Badener Eisenbahnpionier u. Unternehmer) 97
Ketzer(prozess) 9, 63, 58
Kinderarbeit 11, 116
Kinderrechtskonvention (UN 1989) 112
Kirche, christl. 237
Klassengesellschaft 98, **99**
Kleindeutsche 142, 146
Kleisthenes (um 500 v. Chr.; athen. Staatsmann) 8, 22, 27
Klöster 46, 47, 51
Klubs, polit. 87. 140, 141
Kokarde, frz. 108
Köln 47, 54
Kolonien 63, 72, 79, 94
Kolonien, nordamerik. 72
Kolonisation, griech. 22, 23
Kolumbus, Christoph (1451–1506; ital. Seefahrer) 8, 58, 63, 67
Kommunikation, weltweite 11
Kommunisten → KPD
Königswahl 8
Konjunktur auf Pump 180
Konservative 140, 151, 154
Konsuln 89
Kopernikus, Nikolaus (1473–1543; Jurist, Arzt und Astronom) 62, 96
Korinth 23
Kotzebue, August von (1761–1819; dt. Schriftsteller) 132
KPD (Kommunistische Partei Deutschlands) 163, 164, 170, 173, 184, 196, 208, 237
Kraft durch Freude (KdF) 208, 209
Kreationisten 100
Kreditwesen/Kreditwirtschaft 56, 64
Kreisauer Kreis 238, 239
Kriegseintritt USA (1917) 153
Kriegseintritt USA (1941) 216
Kronvasallen 44, 45
Kurfürsten 8, 43, 44, 64
Kyrene 24–26
KZ (Konzentrationslager/Vernichtungslager) 195, 208, 212, 228, 229, 230 (K), 231

La Rotonda (Villa bei Vicenza) 60
Laien(prediger) 41
Lammert, Norbert (geb. 1948; dt. Politiker, Präsident des Deutschen Bundestages) 242
Landsberg, Otto (1869–1957; SPD-Politiker) 162
Landwirtschaft 40, 41, 46, 149
Laterankonzile (12./13. Jh.) 56, 57
Lebens- und Arbeitsverhältnisse 20, 21
Lebenserwartung 12
Lebenshaltungskosten (F) 85
Lebensraum(ideologie) 202, 203, 216, 220
Leber, Julius (1891–1945 hingerichtet; Mitglied Kreisauer Kreis) 238
Legislative 74, 75, 86, 110, 132
Legitimation 130
Legitimität **131**
Lehnsherrschaft 44, 45
Lehnswesen 8, 40, **45**
Leichensektionen 9, 60
Lemmonier, Gabriel (1743–1824; frz. Maler) 72
Leo X. (1513–1521; Papst) 66
Leonardo da Vinci (1452–1519; ital. Universalgenie) 60, 65
Liberale 140
Liberalismus **132**
Libyen 24, 25
Lichtenberg, Bernhard (1875–1943; kathol. Priester u. Widerstandskämpfer) 238
Liebig, Justus von (1803–1873; dt. Chemiker) 98
Liebknecht, Wilhelm (1826–1900; dt. Politiker) 161–164, 168, 173
Literatur 22, 58, 59, 101, 104
Liu Xiaobo (geb. 1955; chin. Schriftsteller u. Dissident) 114, 115, 119
Locarno-Konferenz (1925) 172
Locke, John (1632–1704; engl. Philosoph) 73–75, 83
Löhne/Lohnkosten 11, 12
Lokomotivenbau 98
Lothringen 149
Lubbe, Marinus van der (1909–1934; holl. Arbeiter u. angebl. Reichstagsbrandstifter) 195
Ludendorff, Erich (1865–1937; preuß. General) 160, 163, 173, 176

Ludwig XIV. (1643–1715; frz. König, genannt der „Sonnenkönig") 72, 73, 75, 77, 78
Ludwig XVI. (1774–1792; frz. König) 80–82, 86, 87
Lüttwitz, Walther von (1859–1942; dt. General) 173
Luxemburg, Rosa (1870–1919 ermordet; sozialist. Politikerin) 162–164, 168, 173

Magellan, Fernando (um 1480–1521; port. Seefahrer) 63
Malczak, Agnieszka (geb. 1985; dt. Politikerin) 16
Mandat, imperatives 161
Manufakturen 77, 78, 84, 86
Markt(wesen) 48, 49, 52
Marx, Karl (1818–1883; dt. Philosoph) 205
Märzforderungen 138, 142, 144
Märzrevolution 138, 140
Maschinenbau 11
Massenerschießungen (Sowjetunion) 226, 229, 231
Matrosenaufstand (1919) 161
Max Prinz von Baden (1867–1929; dt. Reichskanzler) 160–162
Maximilian I. (1493–1519; dt. Kaiser) 64
Maya (Hochkultur) 63
Medizin 60
Mehrheitswahlrecht 150
Mein Kampf (Hitler 1925) 202, 206, 228
Menschenrechte 108–110, **111**, 112–127
Menschenrechtsverletzungen 112, 114, 118, 119
Merkantilismus 73, 78, 84
Metöken 38, 39
Metsys, Quentin (1466–1530; fläm./holl. Maler) 70
Metternich, Klemens Fürst von (1773–1859; österr. Staatsmann) 131, 132, 139
Michelangelo Buonarroti (1475–1564; ital. Bildhauer und Maler) 58–60
Migration 11, 16, 17
Milet 27, 28
Militarismus 151, 154, 155
Ministeriale 46, 47
Missionare/Missionierung 64

Moderne (Zeitalter) 96–101
Moltke, Helmuth James Graf von (1907–1945; dt. Widerstandskämpfer) 238
Mommsen, Theodor (1817–1903; dt. Historiker) 105
Monarchie, 33, 35
Monarchie, konstitutionelle 72, **74**, 86, 160
Monarchie, parlament. 160
Montesquieu, Charles Louis de Secondat (1689–1755; frz. Schriftsteller u. Philosoph) 74, 76, 94, 110
Mosse, Rudolf (1843–1920; dt. Verleger) 104
Münchner Abkommen (1938) 216, 217
Mykene 22

Napoléon Bonaparte (1769–1821; frz. Kaiser) 72, 89–91, 93, 130, 131
Napoléon III. (1852–1870; frz. Kaiser) 149
Nation **132**
Nationalismus 152
Nationalkonvent, frz. 87–91, 94
Nationalliberale 151, 154
Nationalsozialismus (NS) 192–245
Nationalsozialistischer Lehrerbund 209
Nationalstaat, dt. → Deutsches Reich
Nationalversammlung, dt. 129, 138, 140–143, 147, 158
Nationalversammlung, frz. 72, 81, 82, 86–88, 113
Nationalversammlung, preuß. 142
Nationalversammlung, verfassunggebende (1919) 160, 162, 164
Naturwissenschaft 19, 62, 66, 67, 73, 97, 98, 104
Navigation 63
Neurath, Konstantin Freiherr von (1873–1956; dt. Politiker u. Reichsaußenminister) 218, 221
Niedriglohn(länder) 11
Niekisch, Ernst (1889–1967; dt. Schriftsteller) 200
Niemöller, Martin (1892–1984; evang. Pfarrer u. Widerstandskämpfer) 237
Nobelpreis 98
Norddeutscher Bund 149
Noske, Gustav 163, 164
Notverordnungen 180, 181
Novemberrevolution (1918) 158, 161
NSDAP (Nationalsozialistische Deutsche Arbeiterpartei) 175, 176, 179, 180, 182–184, 194–197, 201, 208, 209, 211, 236
NS-Herrschaftssystem 201, 208–215
NS-Ideologie 226
Nürnberg/Fürth (Eisenbahnstrecke) 9, 98
Nürnberger Gesetze 192, 226, 227

Obama, Barack (geb. 1961; amerik. Präsident) 115
Obrigkeitsstaat 151
OHL (Oberste Heeresleitung) 158, 160, 162, 163
Oktoberrevolution (Russland 1917) 153, 160, 161, 203
Olbricht, Friedrich (1888–1944; dt. Offizier u. milit. Widerstandskämpfer) 239
Olympische Spiele 32, 34
Orakel von Delphi 24–26
Osmanisches Reich 153
Osterweiterung (EU) 17
Ostfront (Zweiter Weltkrieg) 219–225
Otto, Hans (1900–1933; dt. kommunist. Schauspieler) 199
Outsourcing 115, 116

Pädagoge, griech. 36
Palastkultur, mykenische 22
Panslawismus 153
Papen, Franz von (1879–1969; dt. Politiker u. Reichskanzler) 181–183, 187
Parallelstrukturen (NS) 198
Parlament, dt. 128, 129
Parteien(bildung) 151, 154
Parteien(entwicklung) 148, 151
Parteiprogramme (1919–1923) 170
Patrizier 40, **49**
Payer, Friedrich von (1847–1931; dt. Politiker) 177
Peloponnesischer Krieg (431–404 v. Chr.) 28
Perikles (ca. 450–430 v. Chr.; athen. Staa6tsmann) 22, 28, 29
Perserkriege 8, 22, 267, 28, 30 (K), 31
Pestepidemie (1348/49) 56, 58
Peukert, Detlev (1950–1990; dt. Historiker) 240
Philosophen 33, 34, 59, 61, 72, 110
Philosophie 22, **33**
Plakate, polit. 166, 167, 166, 171, 184, 190
Platon (428–348 v. Chr.; griech. Philosoph) 33
Pogrom/Pogromnacht 192, 195, 210, 226, 228
Polen (Überfall 1939) 216, 219, 229, 230
Polis/Poleis **23**, 28, 32, 33
Präsidialkabinette **181**
Präsidialregierungen 159, 179–182
Preuß, Hugo (1860–1925; dt. Jurist) 164
Preußisch-dänischer Krieg (1864) 148
Privilegien 77, 80, 81, 89, 111
Probst, Christoph (1919–1943; Mitglied der Weißen Rose) 239
Propaganda (NS) 182, 194, 202, 204, 205, 207, 208, 224, 225
Ptolemäus (um 100–um 170; griech. Astronom) 62

Rapallo-Vertrag (1922) 172
Rassenlehre (NS) 202
Rassentrennung 95, 111
Rassismus 202
Rastatt (Festung) 143
Rat der 500 (Antike) 27
Rat der Volksbeauftragten 158, 160, 162
Rätesystem 169
Rathenau, Emil (1838–1915; erster Präsident der AEG) 104
Rathenau, Walther (1867–1922; Außenminister d. Weimarer Republik) 173
Rede, polit. 29, 34, 134, 146, 154, 157, 168, 169, 206, 213, 224, 225, 233, 247
Reform **80**
Reformbewegung, christl. 41
Reichenau, Walter von (1884–1942; dt. Offizier u. Generalfeldmarschall) 222
Reichsarbeitsdienst (RAD) 208, 209
Reichsbürgergesetz (1935) 227
Reichsgesetz zugunsten der Fürsten (1232) 45
Reichskonkordat (1933) 237, 238

Reichsministerium für Volksaufklärung und Propaganda 202
Reichsparteitag (Nürnberg 1036) 204
Reichspogromnacht ➔ Pogromnacht
Reichspräsident (Befugnisse) 165
Reichssicherheitshauptamt (RSHA) 208, 212, 229
Reichsstatthalter 196
Reichstag 148, 150, 164, 176, 181, 192
Reichstagbrandverordnung (1933) 192, 194, 195, 199, 205
Reichstagswahlen 154, 184, 187, 197, 200
Reichsverfassung (1849) 129, 138, 142
Reichsverfassung (1871) 143
Reichswehr 182, 194, 197
Remarque, Erich Maria (1898–1970; dt. Schriftsteller) 205
Renaissance 59, 60, 61, 71, 72
Rentenmark (Einführung 1923) 158, 175
Rentenversicherung 12, 13
Reparationen 173, 174, 176, 216
Reparationskonferenz von Lausanne (1932) 183
Restauration 130, 131
Revolution (1848/49) 102, 128, 129, 138–147, 148
Revolution 80
Rheinland 216
Riefenstahl, Leni (1902–2003; dt. Filmregisseurin) 205
Ritter(tum) 46, 52, 55
Ritterschlag 46
Robespierre, Maximilien (1758–1794; frz. Revolutionär) 88, 89, 92
Röhm, Ernst (1887–1934 ermordet; Leiter d. SA) 197
Röhm-Putsch (1934) 195, 197, 238
Rollenspiel 188, 189
Roma 202, 208, 210
Rousseau, Jean-Jacques (1712–1778; schweiz.-frz. Philosoph) 9, 74, 76, 92, 110
Ruhrkampf (1923) 158, 172, 174, 175
Russlandfeldzug (1812) 130
Rüstungsindustrie (NS) 219

SA (Sturmabteilung) 182, 183, 186, 195, 197, 199, 212, 226, 228, 237
Salamis (Schlacht) 28, 31
Sansculotten 86, 87, 89, 90, 92

Scheidemann, Philipp (1865–1939; SPD-Politiker/1. Ministerpräsident d. Weimarer Republik) 161, 162, 187
Scherbengericht 27, 29
Schink, Bartholomäus (1927–1944; hingerichtet; Mitglied der Edelweißpiraten)
Schleicher, Kurt von (1882–1934; dt. General u. Reichskanzler) 181, 183, 187, 197
Schleswig-Holstein 141, 149
Schmorell, Alexander (1917–1943; Mitglied der Weißen Rose) 239, 241
Scholl, Hans (1918–1943 hingerichtet; Mitglied d. Weißen Rose) 239
Scholl, Sophie (1921–1943 hingerichtet; Mitglied d. Weißen Rose) 238, 239
Schreckensherrschaft ➔ Jakobinerdiktatur
Schriftlichkeit (Ausbreitung) 61
Schriftsteller 72
Schulze-Boysen, Harro (1909–1942 ermordet; dt. Widerstandskämpfer) 243
Schutzbriefe, jüd. 56, 57
Schutzhaft 195, 211
Schwarzer, Alice (geb. 1942; dt. Frauenrechtlerin u. Feministin) 126
Schwellenländer 11, 119, 120
Seefahrer 63
Selbstverwaltung, städt. 47, 49
Shoa 228, 229
Sicherheitsdienst (SD) 211, 212, 219
Sicherungssysteme, soziale 13
Siebenpfeiffer, Jakob (1789–1845; dt. Publizist u. Politiker) 134
Sieyès, Abbé (1748–1836; frz. Revolutionär u. Politiker) 84
Sinti 202, 208, 210
Sipo (Sicherheitspolizei) 211, 219
Sklaverei/Sklaven 33, 36, 38, 39, 63, 68, 94, 95, 111, 112
Slawen 153
Sokrates (470–399 v. Chr.; griech. Philosoph) 33
Sonntagsarbeit (Verbot) 55
Sowjets (Räte) 161
Sowjetunion (Überfall 1941) 216, 220
Sozialdarwinismus 97, 202, 203

Sozialdemokratie ➔ SPD (Sozialdemokratische Partei)
Sozialistengesetz (1878–1890) 154
Sozialstudie 30, 21
Sozialversicherungen 12, 15
Spanischer Bürgerkrieg 219
Sparta 23, 28, 29
Spartakusaufstand (1919) 160, 163, 164
Spartakusbund 163
SPD (Sozialdemokratische Partei Deutschlands)/Sozialdemokratie 98, 102, 151, 164, 162–164, 166, 167, 170, 173, 176, 180, 181, 185, 196, 208
Speer, Albert (1905–1981; dt. Architekt und NS-Reichsminister) 205
SS (Schutzstaffel) 195, 206, 211, 212, 220, 226, 228, 237
Staats- und Herrschaftsform, antike 33–35
Städtegründungen 40, 47–49, 52
Stadtherren 47, 48
Stalin, Jossif W., eigtl. Josef Wissaniossowitsch Dschugaschwili (1879–1953; sowjet. Staats- u. Parteichef) 219
Stalingrad (Schlacht 1943) 220, 223
Ständegesellschaft, mittelalterl. 40–57
Ständegesellschaften 77, 78, 98, 99
Ständelehre 50
Stauffenberg, Claus Graf Schenk von (1907–1944 hingerichtet; milit. Widerstandskämpfer) 236, 238, 239
Stellungskrieg (Erster Weltkrieg) 153
Stolpersteine (Gedenksteine) 244, 245
Stresemann, Gustav (1878–1929; DVP-Politiker u. Reichsaußenminister) 174, 187
Struve, Gustav (1805–1870; dt. Politiker) 146
Stuttgart 96, 143
Sudetenland/Sudentengebiete 216, 217
Swing-Jugend 239, 240

Tag der nationalen Arbeit (1. Mai) 197, 213
Tag von Potsdam 198
Terrorismus, intern. 115
Textilindustrie/Textilgewerbe 11, 63, 64, 116, 119

Thales von Milet (624–545 v. Chr.; griech. Gelehrter) 33
Thomas von Aquin (1224/1225–1274; Philosoph u. Theologe) 55
Todesstrafe/Todesurteile 88, 114, 118, 127, 220, 241
Totaler Krieg **220**, 224, 225
Treitschke, Heinrich von (1834–1896; preuß. Historiker) 105
Tresckow, Henning von (1901–1944; dt. Offizier u. Widerstandskämpfer) 239
Trumbull, John (1756–1843; amerik. Maler) 108
Tschechoslowakei (Annexion) 216, 217
Tucholsky, Kurt (1890–1935; dt. Journalist u Schriftsteller) 205

Uhland, Ludwig (1787–1862; dt. Dichter) 146
Ullstein, Leopold (1826–1899; dt. jüd. Verleger) 104
Unabhängigkeitserklärung, amerik. (1776) 9, 72, 79, 83, 108, 110, 111
Unabhängigkeitskrieg, amerik. (1775–1783) 111
UN-Charta 112
Unfreie 42, 43
Universalmensch 60
Universitäten 73, 98, 149
UN-Menschenrechtscharta 108–110
UN-Menschenrechtserklärung (1948) 112, 113
UN-Menschenrechtsrat (2006) 109, 112
UNO (Vereinte Nationen) **112**
Urbanisierung (Verstädterung) 47, 99
USPD (Unabhängige Sozialdemokratische Partei Deutschlands) 161, 162, 164, 166, 167, 170, 173

Vasall 44, **45**
Verfassung, amerik. (1789) 83
Verfassung, dt. (1871) 150, 151
Verfassung, frz. (1791) 72, 86
Vergasung (KZ) 230, 234, 235
Verkehrswesen 9, 47
Verleger (Buch) 104
Verleger/Verlagswesen 64, 77
Vernichtungslager → KZ

Versailler Vertrag (1919) 158 (K) 172, 173, 216, 217
Vertreibungspolitik (NS) 228
Vesalius, Andreas (1514–1564; fläm. Anatom) 60
Viehzucht 41
Vierzehn-Punkte-Programm (Wilson) 160
Virginia Bill of Rights (1776) 108, 110, 113
Völkerbund 216
Völkermord (Genozid) 229–235
Volksabstimmungen (NS) 197, 200
Volksempfänger (Radioapparat) 205
Volksgemeinschaft 208–210, 212, 213
Volksgerichtshof 211
Volksherrschaft → Demokratie
Volkssouveränität 74, 110, 111, 131
Volksversammlung, griech. 27
Volkswohlfahrt (NSV) 209
Voltaire (1694–1778; eigtl. Francois Marie Arouet, frz. Schriftsteller u. Philosoph) 72, 73
Vom Geist der Gesetze 74, 76, 94, 110
Vom Gesellschaftsvertrag 9, 74, 76, 110
Vormärz **131**
Vorparlament, gesamtdt. 140

Waffenstillstand (1918) 153, 158, 160, 162
Wahlplakate 166, 171, 184, 190
Wahlrecht, allg. 148, 156
Wahlrecht, frz. 86
Währungsreform (1923) 158, 175
Wandel, gesellschaft. 10–19
Wandervögel (Mädchengruppe) 99, 100
Wannseekonferenz (1942) 226, 229, 232, 233
Warschauer Getto 229
Wartburgfest (1817) 128, 130–132, 135
Washington, George (1732–1799; erster Präsident der USA v. 1789–1797) 79, 80, 94, 111
Wasser(krise) 117, 124, 125
Wassermann, Jakob (1873–1934; dt. jüd. Dichter) 105
Waterboarding **115**
Wehrmacht 194, 217–220, 229, 236, 239, 246
Wehrpflicht (levée en masse) 89
Wehrpflicht, allg. 216

Weidig, Friedrich Ludwig (1791–1837; evang. Theologe u. Publizist) 134
Weimarer Republik 158–187
Weimarer Verfassung 160, 164, 165, 170
Weiße Rose (Widerstandsgruppe) 236, 239, 241
Weltanschauung, marxist. 97
Weltmarkt 11
Weltumseglung, erste 63
Weltwirtschaftskrise (1929) 159, 179, 180, 195
Widerstand (NS) 236–245
Widerstandskämpfer (NS) 238–243
Wiener Kongress (1814/1815) 128, 130, 131
Wilhelm I. (1871–1888; erster dt. Kaiser/König von Preußen v. 1861–1888) 148, 149, 151, 152, 154
Wilhelm II. (1888–1918; dt. Kaiser u. König von Preußen) 129, 148, 151, 152, 154, 155, 160
Wilson, Thomas Woodrow (1856–1924; amerik. Präsident) 160, 172
Windfuhr, Michael (geb. 1961; Leiter des Menschenrechtsreferats beim Diakonischen Werk der EKD) 124, 125
Winterhilfswerk 209
Wirtschaftspolitik (NS) 209, 210
Wissenschaften 59

Xenophon (um 430–354; griech. Dichter) 37
Xerxes (519–464 v. Chr.; pers. König) 28, 31

Zensur (Presse) 132, 136, 137, 145
Zentralperspektive 60, 71
Zentrum (Partei) 151, 154, 170, 171, 180, 196
Zetkin, Clara (1857–1933; dt. Politikerin/Frauenrechtlerin) 102
Zeus (griech. Göttervater) 22, 32, 33, 61, 65
Zünfte 40, 48, **49**, 52, 53
Zuwanderung 16, 17
Zweifelderwirtschaft 41
Zweiter Weltkrieg 193, 210, 216–245

11. September/Nine Eleven (2001) 115

Bildnachweis

Cover AKG, Berlin; **8.M1** AKG, Berlin; **8.M2** Sachsenspiegel/Heidelberger Hs./um 1315 Buchmalerei, um 1300/1315. "Sachsenspiegel" (Heidelberger Hs.). - Lehnsgericht/Witwe im Wochenbett/Unebenbuertiger Erbe/Tod eines Erben/Aufkuendigung des Lehens/Absprechung des Lehens/Bischofsgut als Lehen. - Pergament, 23,5 x 30 cm. Heidelberg, Universitaetsbibliothek, Cod. Pal. Germ. 164 fol.5r.; **9.M3** AKG (Bibliotheque Nationale, Paris), Berlin; **9.M4** Ullstein Bild GmbH, Berlin; **10.M1** Heiko Sakurai, Köln; **11.M2** Picture-Alliance (Globus-Infografik), Frankfurt; **12.M3** CCC, www.c5.net (Thomas Plaßmann), Pfaffenhofen a.d. Ilm; **13.M4** Picture-Alliance (Globus-Infografik), Frankfurt; **14.M5** CCC, www.c5.net (Mester/CCC,www.c5.net), Pfaffenhofen a.d. Ilm; **16.M1** Malczak, Agnieszka, Berlin; **18.M1 li** Ullstein Bild GmbH (Kiefer), Berlin; **18.M1 re** www.bilderbox.com, Thening; **19.M2** Picture-Alliance, Frankfurt; **22.M1** creativ collection Verlag GmbH, Freiburg; **22.M2** MEV Verlag GmbH, Augsburg; **25.M2** BPK, Berlin; **25.M3** Bridgeman Art Library Ltd., Berlin; **26.M5** Klett-Archiv, Stuttgart; **27.M1** Bridgeman Art Library Ltd. (The Ashmolean Museum), Berlin; **28.M2** Ullstein Bild GmbH, Berlin; **29.M6** American School of Classical Studies at Athens: Agora Excavations; **32.M1** Badisches Landesmuseum, Karlsruhe; **32.M2** Picture-Alliance (Picture-Alliance, Frankfurt akg, Connolly), Frankfurt; **33.M3** BPK, Berlin; **34.M4** Klett-Archiv, Stuttgart; **35.M8** AKG, Berlin; **36.M1** AKG (Peter Conolly), Berlin; **37.M2** BPK (The Metropolitan Museum of Art), Berlin; **38.M1** BPK, Berlin; **39.M3** BPK, Berlin; **40.M1** BPK, Berlin; **43.M3** BPK, Berlin; **44.M4** AKG, Berlin; **46.M6** AKG, Berlin; **47.M7** AKG, Berlin; **49.M10** AKG, Berlin; **49.M9** Ullstein Bild GmbH (Granger Collection), Berlin; **51.M15** Bridgeman Art Library Ltd. (Jean Loup Charmet), Berlin; **54.M1** Interfoto (Bildarchiv Hansmann), München; **55.M4** AKG, Berlin; **56.M1** AKG, Berlin; **57.M2** AKG, Berlin; **58.M1** AKG (Erich Lessing), Berlin; **59.M2** AKG (Erich Lessing), Berlin; **60.M3** Thinkstock (Hemera), München; **60.M4** AKG, Berlin; **61.M5 li** AKG (British Library), Berlin; **61.M5 re** AKG (Rabatti/Domingie), Berlin; **62.M6** Interfoto, München; **62.M7** BPK, Berlin; **65.M11** AKG, Berlin; **66.M13** BPK (Jörg P. Anders), Berlin; **68.M19** AKG, Berlin; **69.M20** BPK (Knud Petersen), Berlin; **70.M1; 70.M2; 70.M2** AKG (Musée du Louvre), Berlin; **72.M1** AKG, Berlin; **73.M2** AKG, Berlin; **74.M4** Ullstein Bild GmbH (Roger Viollet), Berlin; **77.M1** AKG (Erich Lessing), Berlin; **79.M4** AKG, Berlin; **80.M5** AKG, Berlin; **81.M6** AKG, Berlin; **82.M7** Bridgeman Art Library Ltd., Berlin; **87.M2** BPK (RMN/Bulloz), Berlin; **88.M3** AKG, Berlin; **88.M4** BPK, Berlin; **89.M5** AKG, Berlin; **90.M6** AKG, Berlin; **92.M1** BPK (Bulloz), Berlin; **93.M2** AKG, Berlin; **94.M1** Ullstein Bild GmbH (AISA), Berlin; **95.M2** AKG, Berlin; **96.M1** AKG, Berlin; **97.M2** Picture-Alliance (dpa), Frankfurt; **98.M3** AKG, Berlin; **99.M4** Klett-Archiv (Dr. Jürgen Kochendörfer), Stuttgart; **100.M7** Ullstein Bild GmbH, Berlin; **101.M10** Staatliche Museen zu Berlin, Kunstbibliothek/bpk, Dietmar Katz; **102.M1** BPK, Berlin; **103.M2** Ullstein Bild GmbH, Berlin; **104.M1** Stöckle, Wilhelm, Filderstadt; **105.M2** AKG, Berlin; **106.M1** AKG, Berlin; **108.M1; 108.M2** AKG, Berlin; **109.M3** AKG, Berlin; **109.M4** Picture-Alliance (EPA/ANP/Jerry Lampen), Frankfurt; **109.oben** nach: Unterrichtsmagazin Menschenrechte, 3-12-065520-6, Spiegel@Klett, S.4-5, Spiegel Verlag; **111.M1** AKG, Berlin; **112.M1** Corbis (Leonard de Selva), Düsseldorf; **114.M1** Heiko Sakurai, Köln; **114.M2** Photoshot (Ho/EPN), Hamburg; **115.M3** Picture-Alliance (epa/Shane), Frankfurt; **116.M4** Corbis (Danny Lehman), Düsseldorf; **117.M5** vario images GmbH & Co.KG (Rainer Unkel), Bonn; **120.M12** Stuttmann, Klaus, Berlin; **121.M14** Picture-Alliance (dpa-Infografik), Frankfurt; **122.M1** www.bpb.de; **124** Brot für die Welt (Christoph Püschner), Stuttgart; **127.M2** Picture-Alliance (Globus Infografik), Frankfurt; **128.M1; 128.M2** AKG, Berlin; **129.M3** Generallandesarchiv Karlsruhe, J-S Karikaturen, Nr. 111; **129.M4** BPK, Berlin; **130.M1** AKG, Berlin; **132.M2** AKG, Berlin; **134.M3** BPK, Berlin; **135.M7** AKG, Berlin; **136.M1** BPK, Berlin; **139.M1** AKG, Berlin; **140.M2** BPK, Berlin; **143.M3** BPK, Berlin; **144.M4 o.; 144.M4 u.** Dietz Verlag, Berlin; **145.M7** AKG, Berlin; **146.M11** BPK, Berlin; **148.M1** BPK, Berlin; **149.M2** Otto-von-Bismarck-Stiftung, Friedrichsruh; **153.M5** BPK, Berlin; **155.M11** AKG, Berlin; **156.M1** Ullstein Bild GmbH (Archiv Gerstenberg), Berlin; **158.M1** Cesar Klein,VG Bild-Kunst, Bonn 2010, bpk-images, Berlin; **158.M2** Interfoto (Friedrich), München; **159.M3; 159.M4** Süddeutsche Zeitung Photo (Scherl), München; **160.M1** Friedrich Ebert-Stiftung, Bonn; **161.M2** Süddeutsche Zeitung Photo (Scherl), München; **162.M3** BPK, Berlin; **162.M4** AKG, Berlin; **163.M5** Langewiesche-Brandt Verlag, Ebenhausen; **163.M6** BPK, Berlin; **166.M1** Hessisches Landesmuseum (Inv. KIR 18), Darmstadt; **168.M8** Klett-Archiv, Stuttgart; **171.M14 li** DHM, Berlin; **171.M14 re** AKG, Berlin; **173.M1** Langewiesche-Brandt Verlag, Ebenhausen; **174.M2** AKG, Berlin; **175.M3** Ullstein Bild GmbH, Berlin; **176.M4** BPK (Heinrich Hoffmann), Berlin; **176.M5** BPK, Berlin; **179.M1** AKG, Berlin; **181.M2** [John Heartfield, Der Reichstag wird eingesargt] © The Heartfield Community of Heirs/VG Bild-Kunst, Bonn 2010. Akademie der Künste, Berlin; **181.M3** AKG, Berlin; **182.M4** Ullstein Bild GmbH, Berlin; **184.M7 li** BPK, Berlin; **184.M7 mi** Stadtarchiv (ISG), Mannheim; **184.M7 re** AKG, Berlin; **185.M6** BPK, Berlin; **186.M14** BPK (Carl Weinrother), Berlin; **190.M1** Thomas Theodor Heine, BPK Berlin, © VG Bild-Kunst, Bonn 2009; **191.M2** Ullstein Bild GmbH (Stary), Berlin; **192.M1** AKG, Berlin; **192.M2** BPK, Berlin; **193.M3** BPK, Berlin; **193.M4** Süddeutsche Zeitung Photo, München; **194.M1** Süddeutsche Zeitung Photo, München; **196.M2** BPK, Berlin; **197.M3** Lippische Landesbibliothek, Detmold; **198.M4** AKG, Berlin; **200.M11** Stadtarchiv, Nürnberg; **203.M1** BPK, Berlin; **204.M2** Süddeutsche Zeitung Photo, München; **205.M3** BPK, Berlin; **206.M4** BPK (Joseph Shorer), Berlin; **209.M1** Ullstein Bild GmbH, Berlin; **211.M2** Ullstein Bild GmbH (ddp), Berlin; **212.M3** Ullstein Bild GmbH (Archiv Gersstenberg), Berlin; **213.M4** Süddeutsche Zeitung Photo (Scherl), München; **215.M13** Staatsarchiv Bamberg (A 241 Nr. T 14006), Bamberg; **217.M1** BPK, Berlin; **220.M3** FOCUS (Magnum), Hamburg; **223.M8** BPK, Berlin; **224.M1** Ullstein Bild GmbH (AKG Pressebild), Berlin; **224.M3** AKG, Berlin; **227.M1** Corbis (Hulton Deutsch Collection), Düsseldorf; **227.M2** laif (Keystone/Eyedea), Köln; **228.M3** Ullstein Bild GmbH (SZ Photo), Berlin; **233.M7** BPK, Berlin; **235.M11** Getty Images (Margaret Bourke-White), München; **237.M1** Süddeutsche Zeitung Photo, München; **238.M2-1; 238.M2-3** AKG, Berlin; **238.M2-2; 238.M2-4; 238.M2-5; 238.M2-6; 238.M2-7; 238.M2-8** Ullstein Bild GmbH, Berlin; **240.M5** Bundesarchiv, Koblenz; **243.M10** Ullstein Bild GmbH, Berlin; **243.M11** Kirchner, Hannes, Duisburg; **243.M12** images.de digital photo GmbH (The Kobal Collection), Berlin; **246.M1** Klett-Archiv (Reinhold Thiel), Stuttgart; **246.M1 o.** Klett-Archiv (Henning Küppers), Stuttgart; **246.M1 u.** Ullstein Bild GmbH (imagebroker.net), Berlin; **Zeitstrahl.1** Ullstein Bild GmbH, Berlin; **Zeitstrahl.2** AKG, Berlin; **Zeitstrahl.3** AKG, Berlin; **Zeitstrahl.4** AKG (Erich Lessing), Berlin; **Zeitstrahl.5** AKG, Berlin; **Zeitstrahl.6** BPK, Berlin; **Zeitstrahl.7** Interfoto (Friedrich), München; **Zeitstrahl.8** Süddeutsche Zeitung Photo, München

Sollte es in einem Einzelfall nicht gelungen sein, den korrekten Rechteinhaber ausfindig zu machen, so werden berechtigte Ansprüche selbstverständlich im Rahmen der üblichen Regelungen abgegolten.